联有限责任公司

省农超对接领导小组来公司检查工作，并实地考察望江、枞阳横埠、钱桥等门店

世纪华联代表队参加安庆首届妇女运动会，并获得金牌

董事长　童辉

司积极投身教育事业，图为公司创办的安徽海棠书院

安慶雲珠房地產開發公司

公司下属的安庆云珠房地产公司开发的云珠—海棠花园

安庆年鉴

2012

安庆市人民政府 主办

全国百佳图书出版单位
时代出版传媒股份有限公司
安徽人民出版社

图书在版编目(CIP)数据

安庆年鉴. 2012/安庆市地方志办公室编著.
—合肥:安徽人民出版社,2012.9

ISBN 978-7-212-05705-3

Ⅰ. ①安… Ⅱ. ①安… Ⅲ. ①安庆市－2012－年鉴Ⅳ. ①Z525.43

中国版本图书馆CIP数据核字(2012)第213820号

安庆年鉴. 2012

安庆市地方志办公室 编著

出 版 人:胡正义 责任编辑:胡小薇

出版发行:时代出版传媒股份有限公司 http://www.press-mart.com
安徽人民出版社 http://www.ahpeople.com
合肥市政务文化新区翡翠路1118号出版传媒广场八楼
邮 编:230071
营销部电话:0551-3533258 0551-3533292(传真)

印 制:安徽省地质印刷厂
(发现印装质量问题、影响阅读,请与承印厂联系调换)

开 本:889×1194 1/16 印 张:21.75 彩 插:34页 字 数:600千
版 次:2012年9月第1版 2012年9月第1次印刷

标准书号:ISBN 978-7-212-05705-3 定 价:200.00元

推进科学发展　谋划全面小康建设

2011年9月16日，中共安庆市第十次代表大会第二次全体会议会场

2012年1月31日，安庆市第十五届人民代表大会第四次会议召开

2012年1月30日，政协第十三届安庆市委员会第四次会议召开

2012年8月22日，中共安庆市第十届委员会第四次全体(扩大)会议召开，讨论审议“安庆精神”征文。

2012年7月21日，国务院参事室办公室副主任陈廷佑出席“安庆精神”专家论证会。

领导关怀　促进经济平稳较快发展

2011年7月，中共中央政治局常委、国务院副总理李克强前来安徽考察经济社会发展情况。7月4日，李克强在安庆同安徽企业界人士座谈

7月4日，李克强在安庆桐城市杨安村考察水稻生产情况

7月5日，李克强在桐城市和平农贸市场考察农副产品供应和销售情况

黄梅飘香　全力打造"文化安庆"品牌

1992年10月，第一届黄梅戏艺术节开幕式

1995年10月，第二届艺术节，赵忠祥、周涛主持

2003年11月，第三届黄梅戏艺术节开幕式主会场

2006年11月，第四届黄梅戏艺术节晚会场景

2009年10月，第五届黄梅戏艺术节开幕式

保障有力　抗震救灾稳民生

2011年1月30日，省委书记张宝顺看望灾区老人

2011年1月25日，省长王三运在市委书记朱读稳、市长肖超英陪同下慰问受灾群众

2011年1月19日，
市领导奔赴灾区

墙体震裂

部队官兵运送救灾物资

编辑说明

一、《安庆年鉴》是安庆市人民政府主办的大型综合性年刊，具有权威性、史料性、综合性、实用性。2012年卷是连续出版的第18卷本。本卷年鉴全面、系统、翔实地记载2011年度全市“推进科学发展，加快富民强市”和全面建设实力安庆、活力安庆、和谐安庆、文化安庆的基本情况，是社会各界了解安庆、研究安庆、建设安庆的最新综合性市情资料。

二、本卷按类目、栏目、条目编排。除设置特载、市情概览、特辑、年度人物、大事记、附录等类目外，其他按工业经济、农业和农村经济、教育、文化等分类编排，共计33个类目，200多个栏目。所刊图片均由相关单位提供，不署摄影作者名称。

三、除注明外，本卷文字资料、数据等截至2011年底。部分省内城市2011年社会经济发展综合指标由各有关城市地方志办公室（或政府公布的数据）提供，供参考。统计资料中的全市性主要数据由市统计部门提供，均为快报数。

四、本卷数据计量基本采用法定计量单位表述。除统计公报外，涉及农村土地面积的统计，一般保留传统“亩”的计量方式，其换算公式为：1万平方米＝15亩＝1公顷。通用计量单位的使用，如公里（千米或km）、公斤（千克或kg）等，一般用中文表述为主，少数表格中用符号表示。

五、本卷年鉴配备中文详细目录、英文简目和主题索引多重检索工具。主题索引包括除图片外的全部内容，按主题词（或中心词）首字汉语拼音字母顺序排列；栏目用黑体字标示，统计表用“（表）”标示；主题词（或中心词）后的数字表示页码，英文字母a、b分别表示左、右栏；单位名称一般用简称。

六、本卷年鉴编纂工作得到各参编单位和社会及个人的广泛支持，审定审稿人员付出了大量细致、艰苦的劳动，在此一并表示感谢。如有错漏之处，恳请各位读者批评指正。

安庆年鉴

（2012）

电　话：(0556)5579672　5513495（传真）
网　址：http://www.aqdfz.gov.cn
邮　箱：aq5579672@163.com
邮　编：246003

目　录

特　　载

市情概览

特　　辑

年度人物

大　事　记

城建·环保

交通·邮政

信息化建设

工业经济

商贸经济

民营经济

农业和农村经济

农场·水电站·灌区

旅　　游

财政·税务

银行·保险·证券·投资

经济监督管理与服务

招商引资·开发园区

中国共产党安庆市委员会

人大·政府·政协

民主党派·工商联

社会团体

外事·侨务·对台事务

公安·检察·审判·司法

军　　事

教　　育

科　　技

文化・传媒

卫生・体育

社 会 生 活

县(市)区

附　　录

主题索引

内文补白

Concise Contents

Special Records

Overview on Anqing City

Special Notes

Person of the Year

Great Events

City Construction Environment Protection

Transportation Post Service

Information Service Development

Industrial Economy

Commerce and Trade Economy

Private Economy

Agriculture and Rural Economy

Farms — Hydropower Stations — Irrigation Area

Tourism

Finance— Taxation

Banks — Insurance — Securities — Investment

Supervision, Management and Service for Economic Sector

Investment Promotion — Development Zones

Anqing Municipal Committee of the CPC

People's Congress — Government — People's Political and Consultative Conference Committee

Democratic Parties — Federation of Industry and Commerce

Social Organization

Foreign Affairs — Overseas Chinese Affairs — Taiwan Affairs

Public Security — Procuratorial Work — Trials — Administration of the Justice

Military

Education

Science and Technology

Culture and Media

Public Health—Sports Promotion

Social Life

Counties (County—level City) Districts

Appendix

Subject Index

特　　载

推进科学发展　加快富民强市
为基本建成全面小康社会而努力奋斗

——在中国共产党安庆市第十次代表大会上的报告（节录）

市委书记　朱读稳

（2011年9月16日）

一、过去五年的工作回顾

市第九次党代会以来，市委团结带领全市人民，抢抓机遇，奋力拼搏，有效应对国际金融危机冲击，科学战胜多重严重自然灾害，着力推进科学发展，加速追赶跨越，圆满完成了第九次党代会提出的各项目标任务，谱写了追赶跨越、奋力崛起的崭新篇章。

——经济实力迈上新台阶。坚持以经济建设为中心，扎实推进省"861"和市"3231"重点项目建设，着力扩大有效投入，推动经济持续快速发展。"十一五"期间，全市生产总值连续跨越五个百亿元台阶，2010年达到989亿元，是"十五"末的2.3倍；财政一般预算收入跨越百亿元台阶，达到121亿元，是"十五"末的3.2倍，经济总量位居全省前列。全市工业总产值实现1350亿元，是"十五"末的3.8倍；累计完成固定资产投资2419亿元，是"十五"时期的4.5倍；金融机构存款余额达到1156亿元，比"十五"末净增729亿元，经济发展的内生动力明显增强。农业综合生产能力稳步提高，粮食等主要农产品持续增产，农业产业化水平跃居全省前列；工业振兴取得丰硕成果，石化炼化一体化、华茂国际纺织工业城、林浆纸一体化等重大项目快速推进，优势产业集群化发展，战略性新兴产业加快发展；现代服务业发展水平不断提高，经济结构进一步优化。

——城乡统筹展现新面貌。坚持城乡统筹协调发展，扎实开展"三看三比"、"宜城崛起推进年"活动，着力推动宜城率先崛起和县域经济争先进位。"双百"城市框架基本建成，皖西南中心城市地位得以确立，现代化历史文化名城建设成效显著。六潜高速建成通车，安庆港实现对台直航，宁安城际铁路、望东长江公路大桥、岳武高速等重大项目扎实推进。城乡统筹发展机制逐步形成，基础设施和公共服务向农村延伸覆盖，一批乡镇工业集中区和特色农业示范区相继建成，新农村建设成效显著。扎实开展"宜城杯"竞赛活动，县城和中心镇加快发展，城镇化水平显著提高。节能减排任务全面完成，国家森林城市创建工作顺利推进，环境保护和生态建设取得长足发展。

——改革开放实现新突破。坚持不懈地深化各项改革，行政管理体制改革深入推进，国有集体企业和事业单位改革改制取得重要进展，非公有制经济发展环境不断优化。农村综合改革和集体林权制度改革扎实有效，扩权强县和扩权强镇试点稳步推进。投融资体制改革步伐加快，直接融资实现重要突破，金融服务体系逐步完善，金融活力显著增强。国家知识产权试点市建设有效开展，区域创新能力不断增强。扎实推进承接产业转移示范区建设，安庆经济开发区晋升国家级，承接产业转移集中区建设取得重大进展，新增省级以上开发区8家。积极参与泛长三角分工合作发展，招商引资质量和水平不断提高，对外贸易稳步增长，全方位开放格局基本形成。

——人民生活得到新改善。坚持把保障和改善民生作为一切工作的出发点和落脚点，千方百计提高人民群众生活质量和水平。2010年，城镇居民人均可支配收入、农民人均纯收入分别达到15147元和4985元，年均增长12.5%和13.8%。民生工程扎实推进，事关群众切身利益的热点难点问题不断得到解决。就业和再就业工作扎实有效，城镇登记失业率控制在4.5%以内。社会保险覆盖面进一步扩大，城镇居民医保和“新农合”实现全覆盖。社会救助体系框架基本建立，城乡低保实现应保尽保，困难群众的基本生活得到有效保障。保障性住房建设步伐加快，农村危房改造工作全省领先。扶贫开发工作成效明显。

——社会建设取得新成效。坚定不移地推进文化强市建设，一批文化惠民工程如期建成，文化体制改革取得阶段性成果，荣获“全国文化体制改革工作先进地区”称号。成功举办第四、第五届中国黄梅戏艺术节，安徽再芬黄梅艺术股份有限公司挂牌运营。全面加快教育改革发展，义务教育经费保障机制全面建立，“校安工程”扎实推进，基础教育不断巩固，职业教育和高等教育加快发展，安庆技师学院成功组建，安庆卫校、桐城师范和安徽黄梅戏学校升格大专。扎实推进基层医药卫生体制综合改革，城乡卫生服务体系逐步完善。深入开展社会治安综合治理和平安创建，社会局面和谐稳定。安全生产责任制普遍落实，社会应急和动员机制进一步完善。“五五”普法顺利推进，全社会法制意识明显提升。高度重视国防教育和后备力量建设，双拥创建水平不断提高。人口计生、新闻出版、党史档案、民族宗教、老龄和残疾人事业等健康发展。

——党的建设得到新加强。市委自身建设切实加强，党内民主建设取得新进展。各级人大、政协职能作用不断增强，各民主党派和人民团体的作用充分发挥。学习实践科学发展观活动取得丰硕成果，创先争优活动得到中央领导批示肯定。加强党员干部教育培训工作，党员干部整体素质明显提高，涌现出吴勇祥、刘磊等一批先进典型。不断深化干部人事制度改革，圆满完成县(市)区和乡镇党委换届工作，各级领导班子的执政能力和水平明显提高。深入开展“三级联创”活动，基层党组织建设进一步加强，形成传统领域和新兴领域基层党建工作共同推进的新格局。认真落实党风廉政建设责任制，从源头上预防和治理腐败的力度不断加大。扎实开展“万名干部下基层，当好群众贴心人”活动，全面加强机关效能建设，党员干部作风明显改善，干群关系进一步密切。

同志们，过去的五年，是全市经济快速发展、人民群众得到实惠最多的五年，是社会事业全面进步、城乡面貌显著变化的五年，是政治生态持续良好、党的建设取得明显成效的五年。这是中央和省委正确领导的结果，是全市各级党组织团结带领人民群众顽强拼搏、不懈努力的结果，是社会各界大力支持、团结奋斗的结果。在此，我代表九届市委，向全市广大党员和人民群众，向各民主党派、人民团体，向所有关心支持安庆发展的同志们、朋友们，表示衷心的感谢！

成绩来之不易，经验弥足珍贵。回顾五年来的工作，我们深刻体会到：

——必须在解放思想中统一思想，坚持走符合安庆实际的追赶跨越之路。我们始终把握安庆发展的阶段性特征，从开展“解放思想、科学发展”主题实践活动入手，引领全市上下在解放思想中统一思想，在改革创新中破解难题，着力推进加快发展、转型发展、创新发展、统筹发展、和谐发展，打牢崛起基础，增添跨越动力，走出了一条具有安庆特色的科学发展之路。

——必须在统筹兼顾中分类指导，推动经济社会全面协调可持续发展。我们始终立足基本市情，坚持全市发展“一盘棋”，因地制宜、分类指导，着力完善统筹发展机制，统筹推进宜城板块与县域经济竞相崛起，城镇建设和新农村建设良性互动，传统产业与新兴产业协调共进，发展的速度、质量、结构和效益有机统一，促进全面协调可持续发展。

——必须在加快发展中改善民生，实现和维护好人民群众的根本利益。我们始终坚持以人为本、执政为民理念，切实把保障和改善民生作为推进和谐社会建设的重点，加快构建基本公共服务体系，着力提高社会管理能力，千方百计实施民生工程，切实提升人民群众的生活质量和水平，努力实现好、维护好、发展好人民群众的根本利益。

——必须在改进作风中提升效能，不断提高决策部署的执行力。我们始终坚持求真务实、真抓实干，建立健全分工负责、分层落实和重大项目领导领衔等工作推进机制，积极开展“领导干部述效能”、“百名科长群众评”和政风行风民主评议活动，深入推进机关效能建设，不断完善激励和约束机制，以务实高效作风推动工作落实。

——必须在团结奋进中干事创业，着力营造风清气正的政治生态。我们始终坚持正确的用人导向和舆论导向，着力提高领导班子执政能力，充分发挥各级党组织战斗堡垒作用和广大党员先锋模范作用，团结一切可以团结的力量，调动一切积极因素，营造干事创业、风清气正的政治生态，聚精会神抓发展，一心一意搞建设，为经济社会又好又快发展提供坚强保证。

在充分肯定成绩的同时，还必须清醒地看到存在困难和问题，主要是：发展不足、发展不优的问题仍然突出，自主创新能力还不强，人均发展水平不高；社会管理还存在一些薄弱环节，协调社会利益关系的难度增大，维护社会和谐稳定的任务繁重；一些党员干部对加快转型发展的重要性认识不足，领导科学发展的水平亟待提高；少数党员干部群众观念淡薄，作风不够扎实，违纪违法问题时有发生，反腐倡廉的任务十分艰巨。我们一定要直面困难、正视问题，采取有力措施，认真加以解决。

二、今后五年的目标任务

今后五年，是实施"十二五"发展规划、全面建设小康社会的攻坚时期，是工业化城镇化加速推进、经济社会转型发展的关键时期。这一时期，我们要立足新起点，迈出新步伐，努力保持经济社会又好又快发展的良好势头。随着国家区域发展战略的纵深推进，我市"三省交界、四圈交汇"的区位优势更加凸显，已成为承接产业转移的战略支点、优选之地。尤其是经过"十一五"发展，经济实力迈上"千亿安庆、百亿财政"的新台阶，已经站在科学发展、全面转型、加速崛起、富民强市的新起点。我们必须进一步振奋精神，坚定信心，乘势而上，在新的起点上，朝着基本建成全面小康社会的新目标，迈出更加坚实的步伐。这一时期，我们要迎接新挑战，破解新难题，不断加快转型崛起进程。今后五年，我们既面临加快发展与加快转型的双重压力，又担负着做大总量与提升质量的双重任务，生产要素和环境资源制约的矛盾日趋突出，创新社会管理、构建和谐社会的任务更加迫切。随着皖江部分城市的区划调整，区域经济格局将发生重大变化，区域竞争更趋激烈，我们面临着前所未有的重大挑战。我们必须树立强烈的忧患意识和责任意识，坚持用发展和改革的办法破解难题，在创新中发展，在发展中转型，在转型中崛起。这一时期，我们要抢抓新机遇，完成新使命，努力实现基本建成全面小康社会目标。应当看到，我国总体处于重要战略机遇期，随着国家促进中部崛起战略深入实施，承接产业转移示范区建设加速推进，大别山区生态建设和革命老区发展将获得更多政策支持，我们正迎来前所未有的发展机遇。能不能抓住机遇，加快发展，加快转型，不仅关系到全省全面建设小康社会的大局，而且关系到今后五年安庆在全省发展中的地位。我们必须抢抓机遇，拉高标杆，奋发有为，努力走在全省发展前列，以基本建成全面小康社会的崭新业绩，不负党和人民的厚望与重托！

今后五年，全市各项工作的总体要求是：高举中国特色社会主义伟大旗帜，以邓小平理论和"三个代表"重要思想为指导，深入贯彻落实科学发展观，以科学发展为主题，以全面转型、加速崛起、富民强市为主线，坚持工业化、城镇化双轮驱动，大力实施工业强市、三产兴市、创新推动、园区带动、城乡统筹、和谐发展战略，全面加强经济、政治、文化、社会、生态文明建设和党的建设，着力建设实力安庆、活力安庆、文化安庆、和谐安庆，努力走在全省发展前列，为基本建成全面小康社会而努力奋斗。

建设"实力安庆"——就是加快转变经济发展方式，打造千亿园区和三大千亿产业，着力提高战略性新兴产业和现代服务业对经济增长的贡献率，基本建成全国重要的石化、轻纺产业基地和区域性商贸物流中心。到2015年，地区生产总值、财政收入、工业增加值、服务业增加值、城乡居民收入在2010年基础上翻一番，地区生产总值和财政收入力争分别达到2300亿元和300亿元，经济综合实力明显增强，成为安徽崛起的重要增长极。

建设"活力安庆"——就是坚持市场化改革取向，用足用活先行先试权，让一切劳动、知识、技术、管理和资本的活力竞相迸发，一切创造社会财富的源泉充分涌流。到2015年，努力实现重点领域和关键环节改革取得新突破，体制机制不断完善；自主创新能力和科技进步水平明显提高，研发支出占生产总值的比重达1.2%以上；对外开放广度和深度不断拓展，利用市外资金年均增长35%；人才队伍活力进一步增强，创新创业的氛围更加浓厚；多种所有制经济共同发展，社会各个领域焕发勃勃生机。

建设"文化安庆"——就是充分发挥安庆文化资源优势，大力倡导积极向上、文明健康的生活方式，群众文明素质和社会文明程度不断提高；深入推进历史文化遗存的保护、研究和开发，大力发展繁荣黄梅戏艺术，地域文化特色日益彰显；加快建设一批重大文化设施，全面发展教育、科普、体育、文艺等事业，公共文化服务体系进一步完善；推动文化与产业深度融合，基本建成区域文化旅游目的地，到2015年，文化产业增加值达100亿元，努力成为全省领先、全国知名的文化强市。

建设"和谐安庆"——就是坚持以人为本，高度关注民生，增进人民福祉，努力提升人民群众幸福指数。实现社会充分就业，社会保障体系更加完善，人民生活水平普遍提高，力争到2015年城镇居民人均可支配收入和农村居民人均纯收入分别达到3万元和1万元；民主法制建设有序推进，社会管理和公共服务水平显著提高，社会持续和谐稳定；城乡统筹发展机制更加完善，区域发展更加协调；资源利用和环境保护切实加强，生态环境良好，人与自然和谐相处。

建设“实力安庆、活力安庆、文化安庆、和谐安庆”，是全面建设小康社会的必然选择，是全市人民的共同愿望，更是广大党员干部必须肩负的历史使命。我们坚信，在科学发展观的引领下，通过全市广大党员干部和人民群众的共同奋斗，我们的目标一定能够实现。

三、努力保持经济又好又快发展

建设“实力安庆”，实现“十二五”经济发展目标，关键是把加快发展与加快转型结合起来，把承接产业转移示范区建设与统筹城乡协调发展结合起来，在推进新型工业化、新型城镇化和农业现代化上取得更大突破。

（一）推进产业结构优化升级，着力加快新型工业化进程。立足安庆特色优势，做大做强支柱产业，培育发展战略性新兴产业，构建具有核心竞争力的现代产业体系。一是深入推进工业强市。充分发挥骨干企业和重大项目的牵动效应，加快打造三大“千亿产业”和一批“百亿企业”。按照“技术先进、环境友好、生产清洁”的要求，推进安庆石化炼化一体化、上海华谊化工新材料基地等重点工程，积极谋划大乙烯等项目，打造绿色化工，发展循环经济，建设全国重要的石化产业基地。推动纺织服装、制浆造纸、包装印刷、农副产品加工等产业集群化发展，建设全国重要的轻纺产业基地。发展壮大汽车零部件、船用设备和船舶修造产业，加快发展数控机床、通用机械等产业，提高机械和装备制造业水平。大力发展新材料、高端装备制造、节能环保、电子信息、新能源等战略性新兴产业，推动信息化与工业化加快融合，带动整体产业向价值链高端延伸。二是着力强化园区带动。坚持基础建设与功能开发并重、扩容与提质并重，提高项目投入产出标准，把好节能环保准入门槛，增强园区综合承载和配套服务能力，让园区成为承接产业转移的主战场。坚持统筹规划、定向定位，壮大园区主导产业和首位产业，将安庆经济技术开发区和安庆承接产业转移集中示范园区打造成“千亿园区”，支持有条件的省级开发区创建国家级开发区。坚持创新机制、整合资源，积极探索园区建设管理新模式，加速释放园区发展活力，成为体制机制创新的先行区。三是大力实施三产兴市。以规模化、品牌化、网络化为方向，改造提升传统服务业，加快发展现代服务业，促进服务业跨越式发展。挖掘旅游特质资源，推进优势旅游项目和重点旅游集聚区建设，开发精品旅游线路和旅游产品，打造泛长三角和中部地区重要的文化旅游目的地。推进特色物流园区建设，提升城乡商贸业态，争创全国商贸物流示范市，建设区域性商贸物流中心。大力发展金融保险、研发设计、服务外包、休闲健身、社区服务等服务业，推动房地产业持续健康发展。

（二）推进皖西南中心城市建设，着力构建新型城镇化体系。坚持高水平规划、高质量建设、高效能管理，打造高品质城市，促进城镇化发展水平实现新的跃升。一是加快构建现代化综合交通体系。加快建设宁安和合安城际铁路、北沿江高速公路、区域中心枢纽港口等重大交通设施，积极做好安庆新机场项目前期工作，推动多种现代化运输方式有效衔接，打造联结东西、贯通南北的立体交通体系。坚持以交通圈拓展城市圈、链接城镇群，积极推进沿江一级公路、安庆长江二桥、大龙山隧道等项目，构筑环“大宜城”快速通道，全面提升中心城市辐射带动能力。二是加快提升中心城市综合功能。坚持“东进北扩、环山发展”思路，加快骨干路网建设，推进东部新城、北部新城、大观新城等组团发展，拉开“滨江襟湖环山”现代化大城市框架。以承办第十三届省运会为契机，完善市政基础设施和配套设施，加快建设热电联供、东部水系整治等重大项目，增强城市综合承载功能。优化城市功能分区，加快老城区改造升级，高水平打造商务新区和特色街区，规划建设文化体育中心、金融中心和大型城市综合体，创造建筑精品，提升城市品质。加快现代化历史文化名城建设，全面提高城市管理服务水平，着力打造滨江、环湖景观带和龙山凤水文化产业园，推动城市绿化、亮化、美化、净化，彰显“人文安庆、山水宜城”的城市魅力。三是加快推进县城和小城镇建设。坚持把县城建设作为推进城镇化的关键节点，扩大规模、提升品位、增强承载能力，促进人口和产业快速集聚。支持桐城参与合肥经济圈共建，打造合安之间节点城市和现代化中等城市；推进怀宁、枞阳与中心城区同城化发展，成为安庆都市区重要组成部分；加快潜山撤县建市，建设新型旅游休闲城市；支持望江依托桥港经济打造滨江产业新城，岳西、太湖依托特质资源打造生态旅游城市；支持宿松在省直管县试点中探出新路，建设三省交界节点型新兴城市。提升中心镇规划建设水平，统筹各类小城镇发

安庆市农业委员会

市领导在农交会安庆展区指导

扎实开展送农业科技下乡

着力打造纺织服装产业集群

探索开展职业农民培训

农机培训现场

新农村建设成效明显

安庆市总工会

安庆市工会第十五次代表大会会场

安庆市总工会组织全市企事业单位向困难职工送温暖活动现场

2011年安庆市总工会紧紧围绕经济转型大局，坚持服务社会、服务职工，扎实推进重点工作，各项工作统筹发展。全年新建基层工会组织2640个，新发展工会会员3.6万人。目前，全市基层工会组织数达9052个，工会会员达59.8万人。一年来，共获得“全国安康杯竞赛优秀组织单位”、“全总财务工作先进单位”、“全国工会帮扶工作先进集体”、“全国职工互助保障工作先进单位”、“全省厂务公开民主管理工作先进单位”、“全省劳动竞赛先进组织单位”、“全省市级工会经审工作规范化建设考核特等奖”、“全省基层组织建设工作创新成果一等奖”等荣誉；连续三年获得省总目标考核特等奖。

全市工会推进工资集体协商工作会议会场

《廉政准则》主题教育暨创先争优动员大会会场

全市工会组织建设工作会议会场

安庆市委宣传部、市委组织部、市纪委主办，安庆市总工会、市广播电视台、市文明办承办的庆祝中国共产党成立90周年歌咏比赛会场

安庆市物价局

市政协副主席、市物价局局长杨林（右二）陪同省物价局副局长王启康（左一）一行调研农村价格工作

市委常委、常务副市长汪莹纯（右二）主持召开稳价工作联席会议。时任市政府副市长宋圣军（右三）和市政协副主席、市物价局局长杨林（右一）参加会议。

市政协副主席、市物价局局长杨林（前排右一）与机关部门负责人签订2011年度党风廉政责任书

市政协副主席、市物价局局长杨林（左二）检查超市食用油价格

市物价局召开城区出租车运价调整听证会

市物价局召开贯彻实施商品房销售明码标价规定工作会议

安庆市地方税务局

党组书记、局长　周文平

纳税服务大厅

自编自演节目《守住这道门》在全省地税系统反腐倡廉文艺节目展示赛中荣获一等奖

安庆市地税局代表队参赛并获二等奖

办公楼外景

局长周文平深入企业车间调研生产经营情况

市局党组中心组召开扩大会议学习贯彻省委第九次党代会精神

市局召开2011年春训大会

在大走访活动中，局长周文平深入基层分局调研

党支部书记、副院长　夏良道

院长、副书记　汪永杰

安庆市城乡规划设计院

安庆市城乡规划设计院，最初成立于1984年，历经20多年的发展，现成为皖西南地区最大的甲级城市规划综合设计单位。集城市规划设计、市政工程设计、工业与民用建筑设计、古建修缮设计、概预算技术咨询、工程勘察和市政基础设施工程施工图审查等专业于一体。具备国家甲级城市规划编制资质，同时具有乙级建筑设计、市政工程设计、岩土工程勘察资质及文物保护工程勘察设计资质，专业门类齐全，拥有较先进的技术装备和健全的质量保证体系。职工近百人，中、高级以上职称50余人，一、二级注册结构工程师，一、二级注册建筑师，注册规划师，注册设备师，注册岩土工程师，注册监理师，注册咨询师等共30余人。技术力量雄厚，拥有一批具备丰富设计经验的专业人才。

建院20多年来，始终本着"竞争出创新、敬业保质量、服务出效益"的企业宗旨，遵循"科学规划、精心设计、与时俱进、开拓创新"的工作思路，全体职工以"用户至上、质量第一"的服务理念，竭诚为建设单位提供优质服务，使企业赢得客户的普遍好评和良好的社会信誉。本着互惠互利、共谋发展的原则，近几年来，与中国科学规划设计研究院、北京市规划设计研究院、东南大学城市规划设计研究院等多家单位保持长期合作和业务联系，发展协作平台。

展望未来，面对方兴未艾的城市建设和不断创新的设计理念，设计院将积极培养优秀的设计人才，加强团队精神，提升整体实力，以只争朝夕的精神，一如既往地为政府当好技术参谋和助手，为安庆市城市建设事业做出更大的贡献。

院领导班子

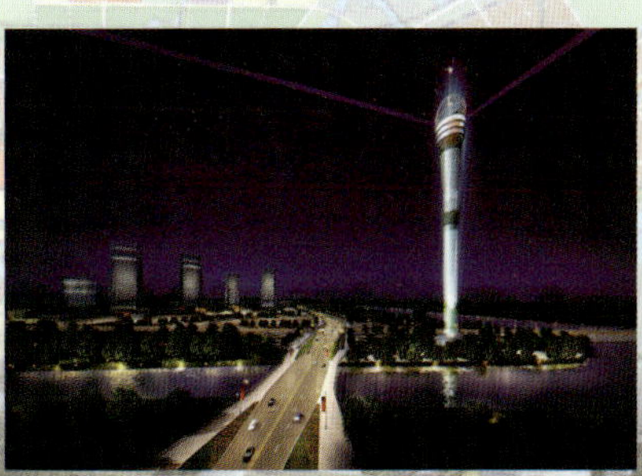

安庆市区山体保护暨集贤关地区综合整治规划

安庆市公安局

一大队副大队长殷农被评为全国公安机关爱民模范，受到公安部隆重表彰

省委常委、政法委书记、公安厅长徐立全来我市调研指导工作

市委书记朱读稳领导视察春运工作并慰问一线公安交警

市长肖超英调研市区道路交通管理工作

我市公安
管部门积极应
特大暴雨天气
全力维护道路
全畅通

支队召开2012年全市公安交通管理工作会议

交通警察支队

市委副书记陶方启、市委常委、常务副市长汪莹纯慰问春运工作一线执勤交警

市委常委、市政法委书记王章来深入基层检查“酒后禁驾”工作并看望慰问执勤交警

市政府副市长、公安局局长李胜荣督查“五一”期间道路交通安全工作

公安部交管局副巡视员奚路彪来我市督察调研执法规范化建设工作

局党委副书记、常务副局长陈侠清督导全市交通安全宣传日工作

省厅交警总队总队长赵强检查指导道路春运工作

公安局副局长、交警支队支队长姜安亲切看望慰问文明交通志愿者

政委吴节海参加“世界道路交通事故受害者纪念日”宣传活动

安庆市林业局

安庆市委、市政府领导到岳西县调研集体林权制度改革工作

安庆市召开创建国家森林城市推进会

市委副书记陶方启在安庆主城区督查创森工作

安庆市代表团赴合肥市考察国家森林城市创建工作

王志宏局长到岳西县调研林下经济工作

我市市民积极踊跃参加义务植树活动

安庆市扶贫开发办公室

市扶贫办主要负责同志受到中共中央政治局委员、国务院副总理回良玉亲切接见

中央扶贫开发工作会议为扶贫开发工作作出突出贡献的先进集体代表颁奖

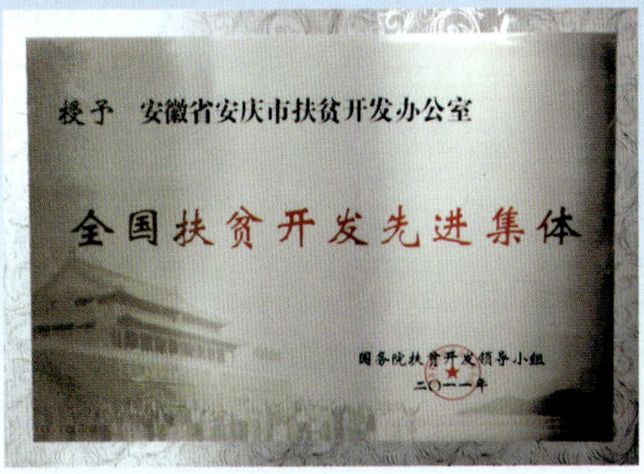

2011年11月29日，市扶贫办作为安徽省获奖唯一代表，赴北京人民大会堂参加了中央扶贫开发工作会议，接受全国扶贫开发先进集体表彰。这是我市落实2010年省委及市委主要领导赴岳西扶贫调研的新指示，积极贯彻市委有关专项决议精神，明确安庆市是全省扶贫大市、是扶贫工作主战场，全市扶贫工作只能加强，不能削弱的指导思想，我市扶贫开发工作所取得的又一重大成绩。正是由于我市研究出台的一系列推进扶贫开发新措施突出，以及近年来部门各项工作勇于创新，得到了国务院扶贫办的极大关注和省扶贫办的高度赞扬，在2010年首次被评为全省扶贫开发工作一等奖的基础上，2011年又首次被评为全国扶贫开发工作先进集体，这是对我市开展扶贫开发工作以来的极大肯定，更是多年来首次连续受到国家及省的最高荣誉表彰。

安庆市长江河道管理局

市领导参加世界水日执法宣传活动

市河道局领导带队参观学习

与长航公安联合执法

打击非法采砂四部门联动会议

打击非法采砂并进行水法宣传

打击非法采砂专项行动协调会

安庆市邮政局

2012年5月，安庆市邮政局党委书记、局长陆小鹏被授予“省劳动模范”光荣称号

安徽省邮政公司总经理王小东视察安庆怀宁县局函件业务

发挥邮政优势　服务安庆市民

安庆市邮政局下辖桐城、怀宁、枞阳、潜山、岳西、太湖、望江、宿松8个县(市)局和迎江大观、宜秀、开发区3个营业分局。现有在岗员工2416人。

全市邮政营业局所达206处，邮运二级干线8条，县内汽车邮路19条，投递邮路426条，服务网络遍布城乡，满足了社会需求。构建了遍布全市的“便民服务站”，通过信息化手段，将邮政业务以较低的成本，方便、快捷地延伸到社区、农村、工厂、学校等人群密集地，为老百姓提供缴费、票务、报刊等家门口的便捷服务。同时，安庆邮政加大服务“三农”力度，从2006年开始，通过搭建独具特色的农村物流服务平台，不断拓展服务内涵，强化科技支撑，提高农业生产水平，降低农户的生产成本，使邮政服务“三农”工作日益成熟并深入农村百姓生活。目前，安庆邮政已建成了54处农资配送中心，665处三农服务店，服务范围覆盖全市近一半的行政村。

在企业硬实力不断提升的同时，安庆邮政注重提升企业软实力，优质的服务得到了社会的广泛认可，先后获得“安庆市第一、二届文明行业”、“安徽省第七、八、九届文明单位”、“全国邮政用户满意企业”、“全国通信行业用户满意企业”等荣誉称号。

安庆邮政代理金融网点所开展反假币宣传活动

服务广大农民的“三农服务店”

安庆邮政依托覆盖城乡的网络，在企业和消费者之间构筑供销平台，建立绿色通道，促进农村地区商品的双向流通。

安庆一中考生杨春喜中邮政“高考大礼包”一等奖，获得苹果平板电脑ipad2一台

安庆市市政工程管理处

朱建成主任当选为迎江区第十六届人大代表(前排左五)

皖江大道铁路平交道口在市政工程管理处不懈努力下成功开通

市政工程管理处帮助社区文明创建工作

市政泵站检修

主干道路灯安装

主干道抢修

安庆市水利局

省委书记张宝顺考察花凉亭水库大坝除险加固工程

水利部副部长胡四一来安庆视察水利工作

防汛会商视频会议

局长李跃云接受《安庆新闻联播》专访

水利职工迎春联欢会之舞蹈《天路》

水利职工迎春联欢会之舞蹈《美丽家园》

安庆市人民防空办公室

国家人防办李杨主任与安庆市人防办党组成员留影

近年来，我市人民防空工作以科学发展观为指导，以新时期军事战略方针为统揽，以军事斗争准备为牵引，以提高城市综合防护能力为主要职能，坚持“长期准备、重点建设、平战结合”的方针，紧紧围绕经济社会发展大局，服务经济，服务民生。以深入贯彻第六次全国人民防空会议精神为主线，推进人民防空融入经济建设、融入城市建设、融入应急管理，实现融合式发展。以提升人民防空预警报警能力、指挥控制能力、综合防护能力、应急救援能力和持续发展能力建设为总体目标，实现安庆人防建设科学发展。市人防办（民防局）在市委、市政府、安庆军分区的坚强领导下，凝心聚力，真抓实干，开拓创新，锐意进取，全市人防（民防）工作步入快速发展阶段。连续五年被省人防办评为全省人防先进单位，2010年被南京军区国动委表彰为“人民防空先进单位”，被国家人力资源和社会保障部、解放军总参谋部授予“全国人民防空先进集体”荣誉称号。

省军区、市委等领导参观人防指挥所先进设备

安徽省人防办黄亚洲主任（左一）在安庆人防地下工程指导工作

市领导参观安庆市人防民防国防教育展览中心

上街宣传人防工作

八县人防机动指挥车

安庆市花凉亭水库管理局

花凉亭水库位于太湖县境内，属长江流域的皖河支流长河水系，坝址坐落在太湖县城西北约5公里处。水库于1958年8月始建，是以防洪、灌溉为主，兼有发电、旅游、供水、航运、养殖等综合效益的大型水利枢纽工程。水库控制流域面积1870平方公里，总库容23.66亿立方米，调洪库容10.235亿立方米，兴利库容8.745亿立方米。水库设计正常蓄水位88.0米，汛限水位85.5米（2011年汛限水位按78～82.8米运行），死水位74.0米。水库枢纽工程主要包括拦河大坝、溢洪道、泄洪隧洞、引水隧洞和电站厂房。局属花凉亭水电站总装机4万千瓦，输电线路与华东电网连接。

2011年水库流域降雨量1192毫米，来水量9.14亿立方米，最高水位76.09米（8月13日），最大入库洪峰2883.8立方米每秒，电站发电6504万千瓦时。截至年底，水库管理局机关在职职工23人，退休3人；电站在职职工206人，内部退养职工68人，离退休职工196人。

溢洪道

泄洪洞

发电洞

办公楼

文化墙

坝下休闲广场

大坝

安庆救助站

站长　余秀珍

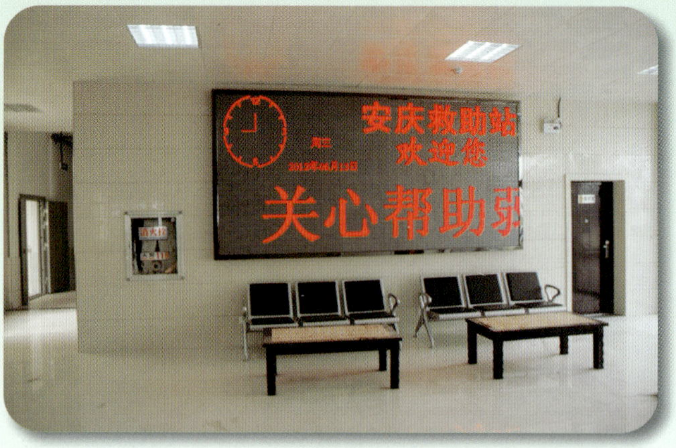

营业大厅

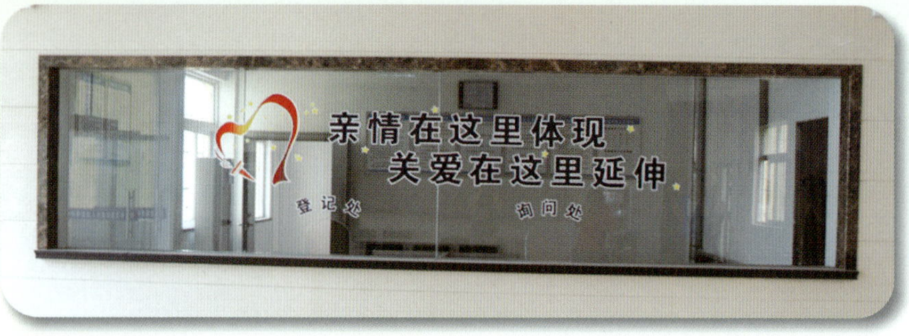

教室

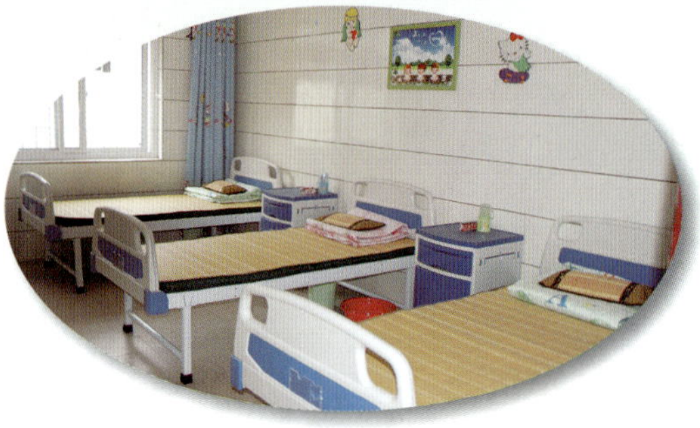

寝室

流浪未成年人救助保护中心

餐厅

枞阳县国土资源局

2011年共组织实施增减挂钩试点项目25个，落实增减挂钩周转指标1170亩。全年共组织报批14个批次88个项目的建设用地，面积131公顷，其中农用地54.53公顷；独立选址项目1个，面积为6.624公顷。全年共收储土地62宗，面积1606.7亩；组织出让建设用地56宗，土地出让金额近10亿元。

全力推进土地整理项目的组织实施，完成了陈瑶湖羁马圩项目竣工初验，基本完成钱桥大塘土地整理项目工程，对义津土地整理项目进行了工程招投标，即将开工建设。全力推进省级农村土地整治示范项目建设。出台了《关于枞阳县民间资本投资补充耕地项目建设的实施意见》，鼓励和引导民间资本投资补充耕地项目建设。积极开展新增耕地项目的申报实施，全年共组织实施新增耕地项目32个，可新增耕地3465亩。

持续整顿规范矿产资源秩序，坚决查处以探代采、越界开采、乱采滥挖等违法行为。共办理采矿权延续3宗，收取价款72万元，收取矿山环境恢复治理保证金216万元，矿产资源补偿费40万元。查处越界开采2宗、盗采1宗，追缴矿产资源补偿费5万元。坚持做到防查并举两手抓、标本兼治两手硬，查人与查事相结合，加大国土资源违法案件查处力度，提高案件查处的质量和效果。全年共组织联合执法16次，立案17件，结案14件，移送3件，共涉及土地面积18.77公顷，拆除违法占地建设面积约3000平方米，行政处分1人。同时，切实抓好信访工作，共受理信访件74件，均得到妥善处理。

加快推进农村集体土地确权登记工作进程，已完成近9000宗宅基地的测量和权属调查工作。继续加强基层国土所规范化建设，不断改善基层单位的工作、学习和生活条件，充分调动和发挥基层在国土资源管理中的“前哨”作用。同时，坚持教育与管理并重，加强干部队伍建设，打造“四个国土”。即：开展特色教育培训，打造“素质国土”；推进国土文化建设，打造“活力国土”；深化审批制度改革，打造“高效国土”；深入开展主题活动，打造“廉洁国土”。

全年新引进招商引资项目7个（工业项目3个、其他项目4个），续建项目3个，完成招商引资任务2.385亿元。

国家五部门领导来枞阳县检查考核耕地保护工作

国土资源部领导来枞阳县局检查验收“两整治一改革”工作

枞阳县第三届土地招商推介会

文艺演出

怀宁县地税局

党组书记、局长何平(前排中)深入偏远乡村开展大走访并看望慰问困难群众

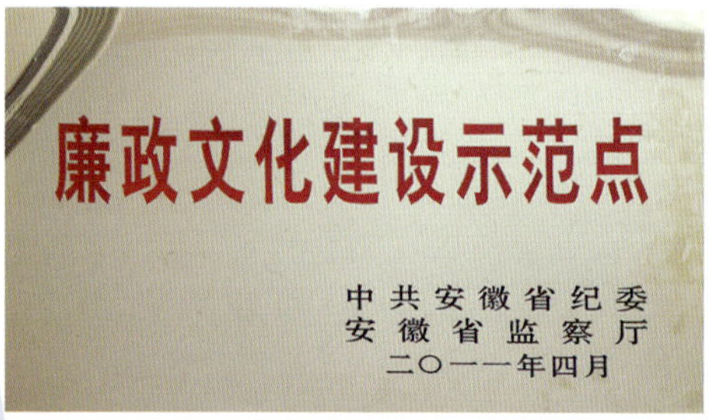

该局被中共安徽省纪委、监察厅授予省级“廉政文化建设示范点”

2011年，怀宁县地税局上下一心、务实求进，紧紧围绕省、市局的工作部署，以服务科学发展、共建和谐税收为主题，以推进管理转型升级为主线，坚持“一个确保、两个提高”，大力推进依法行政，积极推行专业化信息化管理，不断优化纳税服务和税收征管，切实加强干部队伍和反腐倡廉建设，努力发挥地方税收对转变经济发展方式、保障和改善民生的积极作用，全面完成年度各项工作任务，各项工作再上新台阶、再创新局面，为促进地方经济平稳较快发展做出了应有贡献。税收收入在起步开局中再创新高；依法治税在强本固基中全面加强；征管水平在转型升级中持续提升；税收职能在服务大局中充分发挥；干部队伍在三和建设中迸发活力；地税品牌在创先争优中彰显特色。全年入库税费首次突破5亿元关口，达5.14亿元。其中地方税3.45亿元，同比增收1.13亿元，增幅达48%。县局蝉联九届“安徽省文明单位”；被省纪委、省监察厅授予省级“廉政文化建设示范点”；先后荣获 “安庆市先进集体”、“全市纪检监察工作先进集体”、全县“优质服务先进单位”、“党风廉政建设先进单位”和“思想宣传工作先进单位”等多项荣誉称号；连续14年获得全市地税系统“优秀单位”。作为2011年全省重点推介的六个“为民服务、创先争优”成效显著的基层单位之一，《人民日报》、安徽电视台、《安徽日报》等国家级、省级主流媒体先后来该局进行采访并给予专题报道。

组织税法宣传教育基地——怀宁县独秀小学学生到企业开展“小学生税收知识主题班会”

开展系统“三项能手”竞赛，打造专业化人才队伍，助推现代化分局建设

办税服务中心被评为“怀宁县百窗效能提升活动示范窗口”，全县窗口单位纷纷前来观摩学习

举办税收知识专题讲座，深化税收宣传，促进纳税遵从

基层税干深入企业生产车间，了解生产流程，帮助企业强化财务管理、规范成本核算

安庆市公路管理局怀宁分局

怀宁分局局长潘晓久就《公路安全保护条例》的宣贯走进怀宁新闻网与广大网民交流互动

国道怀宁段文化墙

安庆市公路管理局怀宁分局前身为安庆地区公路管理段怀宁养路工区，1962年7月建立了怀宁县公路管理站。1992年3月升格为正科级事业单位，隶属县交通局领导；1993年3月更名为“怀宁县公路管理局”；1998年2月，更名为“安庆市公路管理局怀宁分局”，隶属安庆市公路管理局，下设工会、办公室、政工科、工养科、路政科、财务科、安全设备科、安庆市宁通公路工程养护公司等职能科室、直属单位。

分局办公楼坐落于高河镇独秀大道78号，占地20亩，现有职工190人，在职111人，其中中共党员56人，专业技术人员23人，中级以上职称14人。负责全县2条国道(G206线36.309千米、G318线32.908千米)、3条省道(S209线13.796千米、S212线35.03千米、S332线22.04千米)、2条重要县道(X002线33.58千米、X020线17.84千米)计191.503千米的日常养护、管理工作，宁通公路工程养护公司对外承接路、桥的新建和改建工程业务。

近几年来，在县委、县政府和省、市公路局的领导下，广大干部职工团结协作，奋力拼搏，年年较好地完成上级下达的各项工作任务，受到了各级的赞扬和表彰。2008至2011年连续四年荣获省公路局和市公路局“先进单位”称号、连续四年荣获“安庆市安全生产先进单位”称号；2007年市委、市政府授予“安庆市文明单位标兵”称号；2011年市委、市政府授予“新一届全市文明单位标兵”称号；2011年获全国工会“优秀职工书屋”称号。

随着事业单位分类改革和税制体制的深入推进，公路事业资金供给渠道、建设模式发生重大改变，怀宁分局新一届领导班子带领广大职工锐意进取、励精图治、奋发向上，紧紧围绕公路中心工作，大力弘扬“铺路石”精神，着力推广“修路修身、养路养心”的文化核心理念，发扬主人翁精神，激励职工奋发有为向上，充分展示公路职工的劳动价值和创新价值，积极推进物质文明和精神文明双丰收，再创辉煌。

职工书屋飘书香

国道路容路貌

低碳施工冷再生工艺

安庆市政府机关幼儿园

园长杨笑频被评为安庆市第二届十大杰出母亲

安徽省首例五胞胎在该园接受三年半学前教育

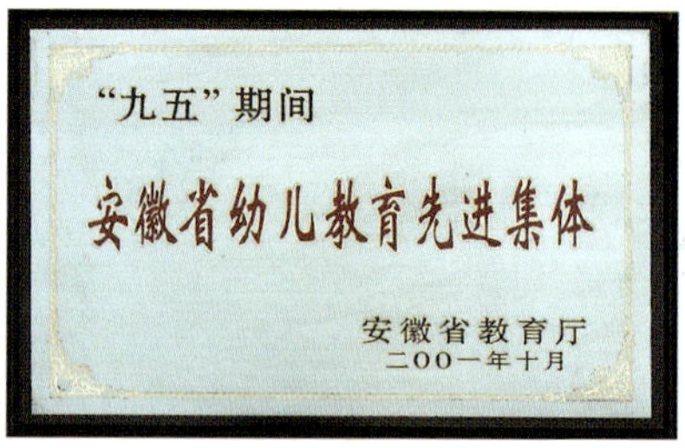

荣获安徽省幼儿教育"九五"先进集体

安庆市政府机关幼儿园前身为安庆地直机关幼儿园，创建于1979年。1988年地市合并，改名为安庆市政府机关幼儿园，隶属市直机关事务管理局，正科级事业单位，为公办市级一类园。

幼儿园现有3个园区，总园位于宜园路80号（宜园小区内），有9个班级；2002年开办工农街分园，有6个班级；2012年新设碧桂园分园，占地面积7000多平方米，有24个班级，规模为全省最大，设施最先进的幼儿园。

幼儿园教师均为幼教专业毕业，学历达标率为100%。其中副高职称1人，中级职称14人，初级职称16人，党员人数占45%。先后多人在演讲、舞蹈、教玩具制作，公开课比赛等活动中，获全国、全省、全市多项大奖，百余篇论文在省内外各类期刊发表。学生在全国、全省、全市的绘画、讲故事及文艺汇演等比赛中，获奖累累。太湖五胞胎免费入园接受学前教育后，生长发育超过同龄孩子标准，智力测试五个全优，成为市、省电视台乃至中央电视台的"明星宝宝"。

建园至今，先后获得"安徽省幼儿教育先进集体"、"省卫生先进单位"、"市级文明单位"、"先进基层党组织"、"工人先锋号先进集体"等殊荣；省级一类园已通过初评，园食堂均达到卫生A级标准。涌现出省先进工作者、市劳动模范、优秀教师等先进典型人物；园长杨笑频多次获市"优秀党员"、"安庆市十大杰出母亲"等光荣称号。省、市领导赵树丛、朱读稳、黄杰专门为幼儿园30周年园庆题词祝愿。

幼儿园恪守"团结、勤奋、创新、奉献、发展"园训园风，攀登"管理一流、师资一流、教学一流、环境一流"的高峰，争当安徽省一类园排头兵。

2011年6月我园教师代表市行管局参加安庆市唱红歌比赛荣获二等奖

大班幼儿参加毕业典礼文艺汇演

幼儿参加市级庆六一文艺演出

团结战斗的集体

展，打造一批特色鲜明的工业强镇、商贸重镇和旅游名镇，形成梯次分布、多点支撑、层级带动、协调发展的新型城镇化格局。

（三）推进现代农业和新农村建设，着力促进城乡统筹协调发展。坚持把“三农”工作放在全局工作重中之重的位置，积极探索县域工业化、城镇化和农业现代化同步推进的有效途径，推动城乡和区域一体化发展。一是加快传统农业向现代农业转变。坚持以增加农民收入为核心，以工业化理念抓农业，走市场化、规模化、集约化道路，建设现代农业示范区，打造农业特色产业集群。完善农业社会化服务体系、农业科技创新体系、农产品质量安全检验检测体系，提高优势农产品生产基地建设水平，统筹推进“菜篮子”工程建设，大力发展设施农业、生态农业、循环农业。鼓励民间资本、工商资本和外来资本开发农业，重点扶持一批农业产业化龙头企业，加快建设一批各具特色、形成规模的农业产业化基地。积极推进农村土地经营权规范流转，加快发展土地适度规模经营。大力发展各类专业合作经济组织，进一步提高农民组织化程度。二是完善农村基础设施和公共服务体系。按照全域、全程、全面规划的要求，完善农村基础设施和公共服务体系。加快水利发展，切实增加农田水利建设投入，推进下浒山水库、华阳河蓄滞洪区安全工程等重点项目建设，构建防洪抗旱减灾综合体系。深入实施“千村百镇”示范工程、农村土地整治和农村清洁工程，加大农村危房改造和村庄整治力度，加快农村基础设施建设，加强新型农民培训，打造农村新型社区。有序推进农村人口向城镇转移，加快城市公共服务向农村延伸，实现城乡资源双向流动、城乡经济融合发展。实施少数民族和民族聚居地区“共同发展提升行动”，全面提高新时期扶贫开发工作水平，努力实现贫困人口大面积减少、农民收入大幅度增加。三是推动县域经济争先进位。进一步落实扩权强县、扩权强镇等政策措施，完善县域经济分类考核办法，鼓励各县（市）因地制宜、发挥优势、竞相发展，全面提升县域经济综合实力，争创全省科学发展先进县。积极实施主体功能区规划，推进承接产业转移示范区与大别山生态经济示范区两大板块互动发展，打造特色品牌，放大竞争优势，促进县域经济全面转型、加速崛起。

（四）推进改革开放和自主创新，着力增强发展动力和活力。用足用活先行先试权，加快推进科技创新、管理创新和体制机制创新，增创科学发展新优势。一是深入推进重点领域和关键环节的改革。深化行政审批制度改革，加快政府管理创新步伐，提高机关效能和行政效率。推进事业单位改革，增强多层次的公共服务供给能力。继续深化以产权制度为核心的国有企业改革。支持有条件的企业通过增资扩股等方式，实现战略性重组。完善促进非公有制经济发展政策措施，放宽市场准入，公平市场待遇，推动各类非公企业加快制度创新、扩大经营规模、提升发展水平。进一步健全金融组织体系，推进各类金融机构改革发展。创新政府投融资体制，完善国有资产运营机制，发挥产业引导基金对扩大社会投资的杠杆效应。创造多元化融资方式，积极发展创业投资、风险投资和私募股权基金，支持有条件的企业开展债券融资和上市融资。二是大力发展开放型经济。积极主动参与区域分工协作，完善与长三角等地的区域合作机制，积极构建优势互补、共同发展的新型合作关系。按照“招大、引强、选优”的要求，加强与世界500强、央企和知名民企的对接合作，全面提升招商引资质量和水平。统筹做好外资、外贸、外经工作，进一步优化进出口结构，鼓励有条件的企业“走出去”，努力开创开放型经济发展新局面。三是加快建设创新型城市。实施技术创新工程，推进重点产业技术攻关，加快高新技术产业化、传统产业高新化，不断提升自主创新能力。集聚整合创新资源，推进高新技术产业基地建设，支持各类开发区建立科技企业孵化器，创建高新技术开发区。推进产学研紧密结合，使企业成为研发投入、技术创新和成果应用的主体。实施知识产权战略和品牌战略，创建国家知识产权示范城市，支持企业创造更多名牌产品和驰名商标。加强产业创新团队和创新文化建设，努力为各类人才提供广阔的创业平台和发展空间。

（五）推进资源节约和环境保护，着力建设生态宜居的美好家园。牢固树立生态文明理念，加快构建资源节约、环境友好的生产方式和消费模式，促进绿色发展、清洁发展、低碳发展、可持续发展。建立健全源头预防、过程控制、末端治理的全程约束机制，实施重点企业、工业园区和公共机构节能工程，加快淘汰落后产能，推进污水和垃圾处理等基础设施建设，确保完成节能减排任务。加强对新形势下环境保护的系统研究和整体设计，推进安庆石化安全卫生防护区规划建设，扎实开展重点区域环境综合整治，切实解决好人民群众关注的突出环境问题。加强土地管理和耕地保护，推进土地节约集约利用。全面实行资源利用总量控制、供需双向调节、差别化管理，着力提高资源综合利用效率。积极推动大别山生态经济区建设，大力创建国家森林城市、生态示范县、生态村镇和环境优美乡镇，统筹各类自然保护区、生态功能区、湿地保护区建设保护，努力形成布局合理、覆盖城乡的绿色生态屏障，让安庆天蓝水清、生态宜居。

四、加强以改善民生为重点的社会建设

坚持发展为了人民、发展依靠人民、发展成果由人民共享，千方百计提高城乡居民收入水平、社会公共服务水平和社会管理科学化水平，确保人民安居乐业、社会和谐稳定。

（一）坚持富民优先导向，努力提高居民收入水平。把增加城乡居民收入作为最大的民生工程，加快构建居民收入持续较快增长的多元支撑体系，促进居民收入增长与经济发展同步、劳动报酬增长与劳动生产率提高同步。实施更加积极的就业政策，创造更多就业机会，提高居民就业能力，构建和谐劳动关系，建立健全工资正常增长机制，不断增加工资性收入。大力倡导创业富民，完善创业扶持政策，健全创业服务体系，创建省级创业型城市，让更多的人想创业、能创业、创成业，不断增加经营性收入。注重将尽力而为与量力而行结合起来，构建民生工程长效机制，进一步加大民生投入，不断增加转移性收入。进一步激活城乡资源要素，加大对公民财产权保护力度，不断拓宽城乡居民投资理财渠道，积极推进农村产权制度改革，不断增加财产性收入。认真贯彻收入分配制度改革政策措施，让广大中低收入群体得到更多实惠。

（二）健全社会保障体系，切实保障群众基本生活。坚持广覆盖、保基本、多层次、可持续方针，加快建立与全面小康社会相适应、覆盖城乡居民的社会保障体系。继续扩大社会保险覆盖面，重点推进农民工、非公经济组织从业人员、灵活就业人员和自由职业者参加社会保险。完善新型农村合作医疗制度，实现城乡居民社会养老保险全覆盖。完善被征地农民就业制度和养老保障制度，逐步提高就业能力和保障标准。推进养老服务体系建设，发展社会福利和慈善事业。健全城乡社会救助保障机制，规范城乡低保工作，不断提高困难群众的生活保障水平。加快保障性住房建设，改善中低收入群体居住条件。更加重视人文关怀，努力提供更高质量、更为多样的社会保障，让人民群众安居乐业、幸福生活。

（三）加快社会事业发展，不断提升公共服务水平。坚持教育优先发展战略，创新教育发展体制机制，办好更加规范的学前教育、更加均衡的基础教育、更具特色的职业教育和更高水平的高等教育，加快建设教育强市和人力资源强市。深化医药卫生体制改革，加强公共卫生服务体系建设，推动城乡医疗卫生资源优化配置，不断满足人民群众基本医疗卫生需求。加快发展城乡公共交通，方便人民群众出行。坚持计划生育基本国策，稳定低生育水平，促进人口长期均衡发展。全面发展体育事业，提升人民群众的健康水平。举全市之力，高水平、有特色地办好第十三届省运会和第六届省残运会。深化全民国防教育，加强国防动员和后备力量建设，争创“全国双拥模范城”。

（四）加强和创新社会管理，确保社会和谐稳定。坚持把人民满意作为加强和创新社会管理的基本标准，建立科学有效的利益协调、诉求表达、矛盾调处和权益保障机制，完善党委领导、政府负责、社会协同、公众参与的社会管理格局。坚持重心下移，加强群众自治组织和各类社会组织建设，积极探索创新基层社会管理的体制机制。健全社会管理网络，加强对非公有制经济组织、社会组织、流动人口、特殊人群和互联网的管理。坚持用群众工作统揽信访工作，健全社会稳定风险评估机制，严格落实矛盾纠纷定期排查、带案下访、公开接访和领导包案等制度，不断拓宽社情民意表达渠道，加快构建有效预防和化解社会矛盾的长效机制。加强公共安全体系建设，完善突发事件应急机制。加强食品药品、公共卫生和安全生产监管，不断增强人民群众的安全感。继续开展平安安庆创建活动，完善社会治安防控体系，依法打击各类违法犯罪活动，确保社会安宁祥和。

五、推动文化大发展大繁荣

充分发挥安庆文化资源优势，以高度的文化自觉和文化自信，大力推进文化改革发展，加快建设现代化历史文化名城，全面提升安庆文化软实力和竞争力。

（一）提高文明素质，进一步增强思想文化引导力。坚持用社会主义核心价值体系引领社会思潮，用中国特色社会主义理论体系武装头脑、教育人民，引导广大干部群众深刻领会党的理论创新成果，坚定理想信念。弘扬以爱国主义为核心的民族精神和以改革创新为核心的时代精神，筑牢全市人民团结奋斗的共同思想基础。坚持用社会主义荣辱观引领社会风尚，深入推进社会公德、职业道德、家庭美德、个人品德建设，加强对青少年的德育培养，在全社会形成积极向上的精神追求和健康文明的生活方式。深入持久地开展群众性精神文明创建活动,广泛动员全社会力量参与文明城市、文明行业、文明村镇等创建活动,争创全国文明城市,不断提高群众文明素质和社会文明程度。

(二)彰显文化特色,进一步扩大历史文化影响力。坚持保护与利用、改造与复兴并重的方针,推进文化传承和城市发展,把安庆历史文化独特的资源优势转化为竞争优势。加强对古皖文化、宗教文化、戏曲文化和桐城派文化的收集整理和研究开发,系统挖掘辛亥革命、洋务运动对安庆文化的影响,大力弘扬历史文化中蕴含的"崇文重教、传承创新、开放包容"的主流价值,不断丰富和提升安庆人文精神的时代内涵,进一步增强安庆人民的自信心、自豪感和凝聚力。注重历史遗存的形态、反映的文化神态和现代经营业态有机融合,以一批历史建筑、历史文化街区、非物质文化遗产为重点,推动整体保护、全面保护、活态保护,实现历史文化与现代文明交相辉映。大力繁荣发展黄梅戏艺术,加强安徽黄梅戏艺术职业学院建设,培养一批黄梅戏艺术专业人才;实施黄梅戏艺术精品工程,推出一批在全国有较大影响的优秀黄梅戏艺术作品;继续办好中国黄梅戏艺术节,进一步拓展艺术节品牌效应,以黄梅戏艺术魅力提升安庆城市魅力,让黄梅戏唱响中国、走向世界。

(三)繁荣文化事业,进一步强化公共文化服务力。坚持以政府为主导,按照公益性、基本性、均等性、便利性的要求,深入实施文化惠民工程,建立覆盖城乡的公共文化服务体系。加快推进文化馆、博物馆、图书馆等重点文化设施建设,完善乡镇、村和社区文化设施网络,推动公共文化服务向基层倾斜、向农村延伸、向公众开放。开展形式多样、丰富多彩的文化艺术活动,不断丰富民间文化,活跃基层文化,满足人民群众精神文化需求。继续深化文化体制改革,最大限度地焕发广大文化工作者勇于创新的积极性,使文化创造活力充分释放、文化创新成果不断涌现。创新文化服务方式,引导社会资金投入公益性文化事业,增强公共文化产品供给和服务能力,促进公共文化服务多元化、社会化。

(四)发展文化产业,进一步提升区域文化竞争力。加强对全市文化产业的统一规划和布局,积极实施重大文化产业项目带动战略,推进文化产业结构调整,提高文化产业规模化、集约化、专业化水平。充分利用历史文化、红色文化、民间文化和生态文化资源,重点推进天柱山国际养生旅游基地、五千年文博园等一批文化旅游景区建设,丰富旅游文化内涵,推动文化与旅游的深度融合。规划建设一批文化产业基地,培育引进一批骨干文化企业和战略投资者,形成一批具有较高知名度和美誉度的文化品牌。继续支持再芬黄梅艺术股份有限公司等文化企业做大做强,鼓励有条件的文化企业上市发展。积极发展文化会展、文化传媒、文化创意、演艺娱乐等新兴文化业态,推进文化与现代服务业、高新技术和工商企业联动发展。加快发展文化中介机构和行业组织,培育和完善文化市场,营造良好的文化发展环境,促进文化产业蓬勃发展。

六、积极发展社会主义民主政治

坚持党的领导、人民当家做主和依法治市的有机统一,扩大公民有序政治参与,充分调动和发挥各方面的积极性、主动性和创造性,形成推进科学发展、加快富民强市的强大合力。

(一)坚持和完善民主集中制,不断扩大党内民主。坚持把党委的主要精力放在把方向、议大事、管全局上,集中力量抓好带有全局性、战略性和前瞻性的重大问题,有效实施党在各个领域的政治、思想和组织领导。坚持以民主集中制为核心,发展党内民主,推进党的建设制度化、规范化、程序化。完善常委会、全委会议事规则和决策程序,不断提高党委科学决策、民主决策、依法决策水平。推进实施党代表任期制,建立代表参与重大决策、列席党委有关会议等制度。积极稳妥推进党务公开,完善党内情况通报、情况反映、重大决策征求意见等制度。积极拓展党员参与党内事务的渠道,广泛凝聚党员意愿和主张,维护党的团结统一。充分发挥党委总揽全局、协调各方的领导核心作用,支持人大、政府、政协、司法机关和人民团体依照法律和各自章程独立负责、协调一致地开展工作。

(二)坚持和完善人民代表大会制度,支持人大及其常委会依法履行职权。支持人大及其常委会围绕全市工作大局,依法行使监督权、重大事项决定权和选举任免权,把党委的决策和主张通过人大法定程序变成人民群众的共同意愿。支持人大围绕市委中心工作和群众关心的重大问题,开展专项督查和执法检查,增强监督实效。积极推进人大常委会自身建设,进一步规范代表建议和议案办理程序,支持和保障人大代表依法履行职责、发挥作用。大力推进依法治市,扎实做好"六五"普法工作,加强依法行政,促进司法公正，维护社会公平正义。

（三）坚持和完善多党合作和政治协商制度，巩固壮大新时期爱国统一战线。支持人民政协围绕团结和民主两大主题，认真履行政治协商、民主监督、参政议政职能。推进人民政协履行职能的制度化、规范化和程序化建设，丰富政治协商形式，完善民主监督机制，拓宽参政议政渠道。支持政协围绕全市工作主题主线，通过专题资政会等多种形式，不断提高参政议政水平。巩固和壮大新时期的爱国统一战线，广泛凝聚各民主党派、工商联和无党派人士的智慧和力量，以思想上同心同德、目标上同心同向、行动上同心同行为基本准则，倾力打造统一战线的“同心”品牌。充分发挥工会、共青团、妇联等人民团体联系群众的桥梁和纽带作用。做好民族、宗教、外事、侨务、对台工作，巩固和发展安定团结的政治局面。

（四）坚持和完善基层群众自治制度，积极发展基层民主。健全基层群众自治机制，扩大公民有序政治参与，依法保障群众知情权、参与权、表达权、监督权。完善村党组织领导的村民自治机制，规范村级重要事务决策内容和决策程序。加强社区建设，充分发挥社区在居民自治和公共管理服务方面的作用，努力把城乡社区建设成为管理有序、服务完善、文明祥和的社会生活共同体。建立完善以职工代表大会为基本形式的企事业单位民主管理制度，落实职工民主管理权利。深化基层政务、厂务、村务等办事公开制度，保障人民群众依法行使民主权利。

七、着力提高党的建设科学化水平

实现基本建成全面小康社会的目标，关键在党，关键在人。必须坚持以提高执政能力和保持先进性为主线，以改革创新精神全面推进党的建设，不断提高党建工作科学化水平。

（一）进一步加强思想政治建设，着力形成勇于创新、锐意进取的发展氛围。按照“科学理论武装、具有世界眼光、善于把握规律、富有创新精神”的要求，大力推进学习型党组织建设，不断提高党员干部思想政治水平。必须坚持解放思想、实事求是、与时俱进的思想路线，始终把推动思想解放作为思想政治建设的重要任务，促进广大党员干部深入把握转型崛起的新形势，主动适应富民强市的新要求，始终保持政治上清醒坚定、思想上与时俱进，进一步焕发勇于创新、锐意进取的思想活力。必须完善党员干部学习考核评价制度，增强干部学习教育培训的针对性和实效性，不断提高科学发展能力、组织协调能力、应对风险能力和探索创新能力，真正做到学以立德、学以增智、学以创业，切实增强勇于创新、锐意进取的工作本领。必须大力弘扬理论联系实际的学风，引导广大党员干部注重对现实问题的理论思考，善于把中央精神、上级要求与安庆具体实践相结合，善谋突破之策，力行创新之举，以创造性工作的实际成效，引领全市上下进一步形成勇于创新、锐意进取的发展氛围。

（二）进一步加强领导班子和干部队伍建设，着力造就引领发展、干事创业的中坚力量。坚持德才兼备、以德为先用人标准，按照政治上靠得住、工作上有本事、作风上过得硬、人民群众信得过的要求，选优配强各级领导班子，努力把各级领导班子建设成为坚定贯彻党的路线方针政策、善于领导科学发展、促进社会和谐的坚强领导集体。继续深化干部人事制度改革，更好地落实广大党员和人民群众对干部选拔任用的知情权、参与权、选择权和监督权，逐步建立科学的干部选拔任用、考察评价、监督激励和培养锻炼机制。牢固树立“多为发展育人才、敢为事业用人才”的观念，大力推行公开选拔、竞争上岗，大力推动干部轮岗交流经常化、制度化，进一步激发干部队伍活力。把基层一线作为培养锻炼干部的基础阵地，有组织、有计划地加大干部实践锻炼力度，多层次、多渠道、多角度培养塑造干部人才。尤其要加强年轻干部的党性修养和实践锻炼，大力培养和使用优秀年轻干部，努力以更宽的视野、更高的境界、更大的气魄，广开进贤之路，把各方面优秀年轻干部及时发现出来、合理使用起来。更加注重培养和选拔女干部、党外干部和少数民族干部，进一步优化干部队伍结构。继续做好老干部工作，充分发挥老干部的作用。坚持党管人才原则，认真组织实施《安庆市中长期人才发展规划纲要》，加大各类人才培养和引进力度，完善人才激励办法，着力构建开放、灵活、管用的人才工作体制机制，努力为各项事业发展进一步聚集优秀人才资源。

（三）进一步加强基层组织建设，着力发挥服务发展、服务群众的战斗堡垒作用。按照“围绕中心、服务大局、拓宽领域、强化功能”的总体要求，建立健全基层组织建设常抓常新的工作机制，继续推进创先争优活动，实施基层党组织建设创新工程，增强基层党组织的创造力、凝聚力和战斗力，努力使基层党组织成为推动发展、服务群众、凝聚人心、促进和谐的坚强战斗堡垒。进一步扩大党组织的覆盖面，重点在新经济组织和新社会组织中，实现党的组织和工作“双覆盖”。着眼于强化功能、发挥作用，继续抓好“三级联创”、“双培双带”，强化农村基层党组织在“三农”工作中的核心作用；深化“双结双促”活动，全面提升街道社区党组织建设水平；扎实推进企业、机关、学校、文化团体等企事业单位的党建工作，加快形成条块结合、覆盖全面、管理规范的基层党建工作格局。进一步完善城乡统筹的基层党建工作机制，切实抓好机关、企事业单位与村级党组织结对共建活动，促进城乡基层党建资源共享、优势互补、协调发展。要以强化服务理念和大局观念为重点，进一步加强对基层党组织领导班子的管理。积极发展党的新生力量，加强党员教育、管理和服务工作，切实发挥党员的先锋模范作用。广大基层党员干部长期奋斗在工作第一线，为安庆改革发展稳定作出了重要贡献，各级党组织要切实关心他们的工作和生活，建立健全党内关怀激励机制，充分调动广大基层党员干部的积极性和创造性。

（四）进一步加强作风建设，着力培育一心为民、求真务实的优良风气。党的作风，关系人心向背、事业成败。必须始终坚持立党为公、执政为民理念，始终牢记“两个务必”要求，持续加强作风建设，切实以优良的党风，引领政风行风和社会风气进一步好转。要把密切联系群众作为作风建设的核心，巩固“万名干部下基层、当好群众贴心人”活动成果，教育引导广大党员干部强化群众观念，站稳群众立场，增进群众感情，自觉践行党的群众路线，真心实意听民声、帮民困、解民忧、暖民心，以亲民为民的实际行动，赢得人民群众的信赖和拥护。要始终保持求真务实的作风，把加快发展的强烈愿望和科学务实的工作态度结合起来，把抓好当前与谋划长远结合起来，坚持经常深入实际、深入基层、深入群众，广泛开展调查研究，找准影响本地本部门发展的突出问题和破解办法，努力用切实可行的举措，谋求发展的更大成效，一步一个脚印地把各项工作推向前进。要把提高执行力作为改进作风的重中之重，实行更加严格的问责制，严肃查处不作为、慢作为、乱作为，持续加强机关效能建设，促进服务理念不断强化，发展环境不断优化，各项决策部署落到实处。各级党员领导干部要积极发挥表率作用，勇于负责，敢于碰硬，善于领导，团结带领干部群众，创造出无愧于时代、无愧于人民、经得起历史检验的工作业绩。

（五）进一步加强反腐倡廉建设，着力保持党员干部的纯洁性和清廉本色。坚持把反腐倡廉建设摆在更加突出的位置，按照标本兼治、综合治理、惩防并举、注重预防的要求，以更加坚定的信心、更加坚决的态度、更加有力的举措推进惩治和预防腐败体系建设，不断推进廉政建设和反腐败斗争。深入开展反腐倡廉教育，推进廉政文化建设，教育和引导广大党员干部筑牢拒腐防变的思想道德防线。围绕用制度管权、用制度管事、用制度管人，推进制度创新，强化制度执行，注重发挥法律监督、民主监督、社会监督和舆论监督的作用，加强对权力运行的制约，提高反腐倡廉的制度化、法制化水平。保持高压态势，严肃查办各种违纪违法案件，加大纠风治乱力度，切实解决群众反映强烈的突出问题。严格掌握政策，注意把改革探索中的问题、工作中的失误，与违纪违法区别开来，保护好干部干事创业的积极性和创造性。坚持和完善反腐败的领导体制和工作机制，强化责任分解、责任考核和责任追究，推动党风廉政建设责任制落到实处。各级领导干部要立身不忘做人之本、为政不移公仆之心、用权不谋一己之私，讲党性、重品行、作表率，切实谋一方发展，正一方风气，努力做到干成事不出事，向党和人民交上满意答卷。

同志们，山水秀丽的安庆，积淀着深厚的文化底蕴，承载着辉煌的发展历史；勤劳智慧的安庆人民，谱写了一个又一个壮丽篇章。站在新的历史起点，续写新篇章，再创新辉煌，责任重大，使命光荣。让我们高举中国特色社会主义伟大旗帜，在中共安徽省委的坚强领导下，团结带领全市人民，同心同德，奋发图强，为安庆科学发展、全面转型、加速崛起、富民强市，基本建成全面小康社会而努力奋斗！

安庆市人民政府工作报告(节录)

——2012年1月31日在安庆市第十五届人民代表大会第四次会议上

市长　肖超英

一、2011年工作回顾

过去的2011年，是实施“十二五”规划第一年。全市人民在省委省政府和市委的坚强领导下，深入贯彻落实科学发展观，加快经济发展方式转变，顺利完成市十五届人大三次会议确定的年度目标任务，实现了“十二五”良好开局。预计全市生产总值1200亿元，同比增长13%以上；财政一般预算收入156.7亿元，增长29.4%；全社会固定资产投资830.2亿元，增长27.9%；社会消费品零售总额397.5亿元，增长17.5%；进出口总额8.2亿美元，增长25%；城镇居民人均可支配收入17400元，增长17%，农民人均纯收入5900元，增长18%；城镇登记失业率控制在4.2%以内；人口自然增长率为4.9‰。

(一)有效需求不断扩大。千方百计增投入、扩内需、稳外需。省“861”重点项目完成投资215.3亿元，市“3231”重点项目完成投资316.2亿元。争取中央和省补助资金16.64亿元，带动地方投资35.74亿元。安庆长江铁路大桥等项目加快建设，望东长江公路大桥、岳武高速公路安徽段等开工建设。积极培育消费热点，家电下乡和以旧换新工作居全省前列。大力促进机电和高新技术产品出口。加快地方金融体系建设，农信社改制基本完成，新设立村镇银行4家、小额贷款公司15家。全市金融机构存款余额1408.6亿元，总量、增量均居全省第3位；贷款余额694.3亿元，新增贷款143.3亿元，居全省第4位，创历史最好水平。

(二)承接产业转移势头强劲。编制出台“6+2”重点产业发展专项规划。出台实施园区带动战略若干意见。推进园区合作共建，望江县与绍兴共建桥港经济开发区，怀宁县与浙江共建诸暨机械工业园，宿松县与浙江瑞唐公司共建浙商产业园。园区工业总产值达730亿元，增长40%。桐城双新开发区、宿松临江产业园加快建设。市产业集中区(化工区)基本形成凤凰片10平方公里骨干路网。突出集群承接，狠抓招大引强，引进50亿元以上重大项目1个，当年新签约并履约5亿元以上项目32个、亿元以上114个，当年在建投产和新开工亿元以上项目149个。上海华谊集团总投资100亿元化工新材料基地项目落户，总投资40亿元安踏工业园项目开工建设，与中石化共同投资10亿元丁辛醇项目加快推进。实际利用市外资金717.6亿元，增长22.3%；利用境外资金2.72亿美元，增长15.76%。

(三)工业转型升级步伐加快。制订公布产业目录，落实结构性减税政策，发挥财政资金引导作用，加速壮大优势产业，改造提升传统产业，积极培育战略性新兴产业。规模以上工业企业1145家，实现增加值455.1亿元，增长21.2%。全市新增私营企业1900家。石油化工、纺织服装、机械与装备制造业产值分别达到375.9亿元、252.6亿元、220.5亿元，增长22.9%、57.7%、49.1%。林浆纸一体化等项目建成，800万吨石化炼化一体化、怀宁上峰水泥二期、华茂纺织工业城加快建设。安庆中船与世界500强美国卡特彼勒公司合资生产马克柴油机项目顺利签约。新增省级高新技术和创新型企业12家，发明专利授权量增长143.8%。开展首届质量奖评选活动。华茂集团创立国家企业技术中心。和兴化工生化合成技术列入国家“863”计划。建立5亿元战略性新兴产业发展引导资金。中船动力、海康通讯等一批高新技术项目投产运营，非晶软磁设备、安簧活塞生产线等项目加快建设。

(四)节能减排成效明显。对饮用水源保护区、重金属、化工、造纸企业开展环境隐患安全大排查、大整改，建立巡查、挂牌督办、约谈、责任追究等监管制度。共排查企业985家，停产整改54家，关闭17家。加强建设项目环保验收和“三同时”环境监管。强化规划环评，严把新建项目环境准入关。加强对重点领域、重点行业和关键环节监管，基本完成化学需氧量、氨氮、二氧化硫、氮氧化物减排总量任务。8个县(市)城镇污水处理厂全部建成并投入运行。市区日处理600吨生活垃圾焚烧发电厂和日处理30吨医疗废弃物集中处置中心建成运营，国家级区域性大型再生资源回收利用基地二期工程加快建设。加大重点行业工程减排投入，重点企业污水处理厂加快建设。

(五)新农村建设取得实效。粮食总产达267.6万吨，获全省粮食生产先进市。落实强农惠农政策，一卡通发放补贴资金17.65亿元。畜牧业、水产业规模养殖比重提高3.5个百分点。桐城、怀宁现代农业示范区加快建设。启动实施农业产业化转型倍增计划，龙头企业产值达374亿元，增长22%，国家级龙头企业达6家，省级龙头企业69家，各类农业产业化组织发展到1900多个。推进水利基础设施建设，除险加固中小型水库55座，解决32.24万农村人口饮水安全问题。实施千村百镇示范工程，省级示范村、镇达200个和21个。改造县乡公路123.6公里。严格耕地保护，耕地保有量613.5万亩，新增耕地2.2万亩。规范土地流转，耕地规模经营比重达28.5%，居全省前列。集体林权制度配套改革扎实推进，新增营造林15.1万亩。

(六)新型城镇化扎实推进。新一轮城市总体规划获省批准。获批建设用地1.7万亩，收储土地1万余亩，出让土地合同价款64亿元。市政务、商务、体育中心建设加快推进。顺安路二期、振风大道二期、人民路延伸段、华亭大沟区域清淤、集贤关山体整治一期等续建工程基本完工，钱牌楼街、工农街中段等10条老城区小街小巷道路改造完工。人防工程建设突破10万平方米。启动创建国家森林城市工作，城区新增47万株苗木栽植。成功创建安徽省文明城市。桐城、太湖获省级文明县城。重点建设项目快速推进，桐城龙眠河整治工程完工，枞阳莲花湖公园建成开放。完成130个村庄整治，改造1.7万户农村危房。累计投入4.78亿元升级改造农村电网。宜秀区杨桥地震灾后重建17万平方米小区主体工程完工。引导非农产业、农村人口有序向城镇转移，城镇化率达43.9%，提高1.9个百分点。

(七)文化旅游融合发展。天柱山风景区成功创建国家5A景区，荣获世界地质公园称号。太湖五千年文博园建成开园，成为全国文化旅游产业示范基地。再芬黄梅股份有限公司挂牌成立。亿元以上在建旅游项目达116个。孔雀东南飞影视基地、石莲洞、浮山、明堂山、天峡创建4A景区获批。孔城老街、枞阳浮山试开放，岳西彩虹瀑布基本建成，天柱山养生中心、中国桐城派文化博物馆、花亭湖旅游码头等项目进展顺利。安庆港实现与台湾直航。全年接待海内外游客2312万人次，增长28.3%；旅游总收入159.5亿元，增长31.8%。

(八)人民生活持续改善。出台实施价格调节基金征管办法，完善社会救助和保障标准与物价上涨挂钩联动机制，及时发放城区困难群众价格补贴，强化生猪和蔬菜市场供应，实行肉价临时补贴。出台推进新一轮“菜篮子”工程建设意见，新建城郊蔬菜基地4295亩。大观区海口镇加强“菜园子”建设，中心城区加强“菜市场”建设和管理。居民消费价格指数增长5.5%，低于全省水平。42项民生工程投入资金55.83亿元。城镇新增就业5.18万人，帮扶下岗失业人员再就业2.39万人，农村富余劳动力新增转移就业6万人。加快完善社会保障体系，基本养老、基本医疗、失业保险参保人数分别达到52.07万、39.33万和25.9万，新农合参保人数488.18万，参合率98.4%。累计农村五保供养床位2.3万张，供养率31%。提高失地农民养老金补助标准。加强保障性住房建设，开工2.4万套，建成1.4万套。开展扶贫新一轮整村推进工程，减少贫困人口7万人，扶贫开发工作获全国先进。高度重视校园安全，校安工程投入资金8.62亿元，加固改造校舍131.6万平方米。新建农村户用沼气8300户。新建乡镇综合文化站42个、农家书屋609个，2136个自然村实现广播电视村村通。

(九)社会事业加快发展。全民健身运动蓬勃开展，市首届妇女运动会成功举办。我市荣获全国听力语言康复工作基层示范单位称号。健全医疗纠纷和交通事故调处机制。安全生产形势基本平稳。加强食品药品安全监管。加强社会管理创新，城乡社区功能不断完善。依法打击各类违法犯罪，有效处置突发性事件，社会治安持续稳定，人民群众安全感进一步提升。教育事业稳步发展，安徽黄梅戏学校升为艺术职业学院。卫生工作积极进展，基层医改取得实效。持续加强人口和计划生育工作。国防动员、人民防空、国家安全、双拥优抚和民族宗教工作进一步加强。外事、侨务、对台、统计、档案、地方志、地震、气象、妇女、儿童、老年人事业取得新的进步。

(十)政府自身建设不断加强。坚持把建设人民满意政府放在重中之重，政府服务和管理水平有了新提高。自觉接受市人大及其常委会法律监督和市政协民主监督，进一步密切与工青妇等人民团体的联系，主动加强与各民主党派、工商联、无党派人士的对口联系。办理人大代表建议147件、政协提案523件，办复率100%。“六五”普法全面启动，依法行政深入推进。政务公开不断深化，全年依法公开政府信息5.4万条，清理市政府规范性文件187件，废止、修改81件。深入开展大走访、带案下访活动。健全完善网络问政机制，认真办理网友留言回复。全面强化应急管理机制。进一步规范招投标市场。认真落实党风廉政建设责任制，着力加大重点领域、关键环节的行政监察和审计监督，查处违法违纪案件144件，坚决纠正损害群众利益的不正之风。

各位代表!

回顾一年来的工作,成绩来之不易。这是省委省政府和市委正确领导、科学决策的结果,是全市人民同心同德、奋力开拓的结果。在此,我谨代表市人民政府,向全市广大工人、农民、知识分子、干部,向驻宜解放军指战员、武警部队、消防官兵和政法干警,向各民主党派、工商联、无党派人士、各人民团体和社会各界人士,致以崇高的敬意!向关心支持安庆发展的中央和省驻宜单位,向在宜的所有投资者和建设者,表示诚挚的感谢!

在充分肯定成绩的同时,我们也清醒地看到困难和问题,主要是:经济结构不优,大项目大企业少,新兴产业和现代服务业发展基础薄弱;自主创新能力不强,环境保护压力加大;资金土地等要素制约趋紧,中小微企业生产经营困难增多;城市管理体制机制法制不够完善,一些薄弱环节的整治还不到位;有些部门服务意识不强,工作中扯皮推诿、行政不作为、乱作为等现象时有发生。我们必须认真负责地对待这些问题,不回避、不推卸、不护短,尽最大努力切实加以解决。

二、着力抓好2012年各项工作

2012年,是实施"十二五"规划承上启下的重要一年。我们既要看到,当前全球经济复苏的不稳定性不确定性上升,我国经济发展中"两难"问题增多,保持经济平稳较快发展面临新的挑战,总体形势仍将十分严峻复杂;也要看到,经济全球化和区域经济一体化持续深入,产业转移势头强劲,中部地区加速崛起,皖江示范区提速建设;更要看到,我市工业化、城镇化和农业现代化进程加速,经过多年来持续抓项目、增投入、快发展,经济发展的内生动力加速释放。特别是市第十次党代会描绘了建设"四个安庆"的宏伟蓝图,为做好今年乃至今后一个时期工作指明了方向。我们一定要正确把握形势,化挑战为机遇,变压力为动力。

今年工作的总体要求是:以邓小平理论和"三个代表"重要思想为指导,全面贯彻中央和全省经济工作会议精神,围绕科学发展主题和全面转型、加速崛起、富民强市主线,把握稳中求进、好中求快的工作总基调,着力稳定经济增长,着力调整经济结构,着力深化改革开放,着力保障改善民生,保持经济又好又快发展,保持社会大局和谐稳定,为全面建设"四个安庆"、基本建成全面小康社会奠定坚实基础,以优异成绩迎接党的十八大胜利召开。

综合考虑,今年全市经济社会发展的主要目标是:地区生产总值增长12%以上,财政一般预算收入增长15%,社会消费品零售总额增长17%,固定资产投资增长25%,城镇居民人均可支配收入增长15%,农民人均纯收入增长17%,居民消费价格涨幅控制在4%左右,城镇新增就业5万人以上,城镇登记失业率控制在4.2%以内,人口自然增长率控制在6.5‰以内,节能减排指标完成省下达任务。

实现上述目标,必须着力抓好以下十个方面工作:

(一)持续加大投入力度

保持经济平稳较快发展,是今年的首要任务。必须牢牢把握扩大内需这一战略基点,密切关注宏观环境变化,强化有效投入,增强经济增长的内生动力。

狠抓项目建设。加强重点项目调度,全力抓好项目落地和竣工投产。围绕战略性新兴产业、装备制造业和现代服务业等领域,谋划建设一批重大产业项目。加快建设宁安城际铁路、石化炼化一体化、望东长江公路大桥及接线、岳武高速等项目,开工建设皖江电厂二期。大力推进百万吨乙烯、济祁高速安庆段、枞阳至池州长江公路大桥、北沿江高速、阜景铁路、合安城际铁路、民航新机场等项目前期工作。激活民间资本,促进社会投资稳步增长。

强化金融支持。引导金融机构加大信贷投入,保持信贷增长高于全省平均水平。优化信贷结构,加强对重大项目、重点企业、中小微企业、"三农"和民生工程倾斜。举办第十届银企信贷项目洽谈会。支持市城投公司发行企业债券20亿元;深化与开行合作,融集保障性住房建设资金12亿元。支持市开发区发行6亿元企业债券。新增2家企业进入上市辅导期。深化农信社改革,培育发展村镇银行等新型农村金融机构,新设小额贷款公司5家以上、融资性担保公司2家。力争引进2家股份制商业银行来安庆设立分支机构。加强金融生态环境建设。

坚持强势招商。加大利用境外和市外资金力度。加强驻外招商,遴选干部组建市直驻外招商小组,实行招商项目全程代理制。组织参与徽商大会、中博会、投洽会等重大招商活动。突出产业招商,在京、苏、浙、沪等地举办专题产业推介会。积极参加皖粤合作活动。加强督查调度,强化安商服务,促进项目落地。着力引进总投资50亿元以上项目1个、5亿元以上20个、亿元以上100个,新开工和建成投产亿元以上项目100个。

(二)坚持做好"三农"工作

"三农"工作始终处于重中之重的位置。必须大力提高农业综合生产能力,提升农业现代化水平,加快农民增收步伐。加强水利项目建设。抓住国家加快水利建设机遇,谋划推进一批重大项目。加强农田水利建设,完成高标准农田8万亩,新增高效节水灌溉工程1.5万亩。全力推进下浒山水库、华阳河分蓄洪区安全建设,加快大沙河、皖河流域治理。抓好抗旱设施建设,加快实施大中型灌区续建配套和节水改造,再解决38万农村人口饮水安全问题。开工80座病险水库除险加固、7条中小河流治理、2个山洪地质灾害防治等工程。突出平安水利、资源水利和生态水利,提升水资源综合保障能力。

推进农业科技创新。继续实施新增粮食生产能力规划,大力创建高产高效粮食生产示范区和万亩吨粮田示范县。加快实施农业特色板块经济发展规划,着力打造农业特色产业集群。深入实施畜牧业升级计划和水产跨越工程,扶持标准化规模养殖示范场和示范县建设,加强农产品质量安全监控和重大动物疫病防控。扎实开展"农业科技创新年"活动,推进农业科技体制创新。加强基层农技推广、畜牧技术推广、农产品质量监管体系建设。落实"菜篮子"市长负责制,以发展设施蔬菜为重点,深入实施蔬菜产业提升行动。加快实施农业机械化推进工程。积极开展林木、大棚蔬菜、生猪等特色农业保险。

扎实推进新农村建设。推广潜山、岳西经验,深入实施农村危房改造和村庄整治,完成7000户农村危房改造任务。推进32个乡镇农村清洁工程建设,建立村收集、乡镇转运、集中处理的农村生活垃圾处理模式和卫生保洁制度。改造升级县乡公路300公里,建设通村公路延伸260公里,完成危桥加固改造210座。

大力促进农民增收。实施促进农民收入倍增计划。完成农村土地承包经营权登记试点,盘活农村集体资产。推进土地流转和规模经营。落实惠农补贴政策,加强农民负担监管。深入实施农业产业化转型倍增计划,提升龙头企业带动能力。大力发展农民专业合作社。精心开展农村资金互助试点。深入开展职业农民和农村劳动力转移培训,设立返乡农民工创业投资引导资金,实现农民工创业园县区全覆盖,鼓励农民就地就近创业就业。

切实加强扶贫开发工作。实施新10年扶贫开发纲要,执行新的扶贫标准和政策。扎实推进开发式扶贫,构建专项扶贫、行业扶贫和社会扶贫格局。抓好大别山革命老区连片特困地区开发,加快国家扶贫开发重点县贫困乡村发展。完成100个村整村推进工程,加强贫困村基础设施建设,改善生产生活生态条件。促进产业化扶贫,扶持发展产业化扶贫龙头企业。实施雨露培训计划,促进贫困群众就业,增加贫困人口收入。实行扶贫与农村低保两项制度衔接,再减少贫困人口10万人。

(三)着力提升新型工业化水平

加快新型工业化进程是产业结构调整的重要引擎。必须牢牢把握发展实体经济这一坚实基础,推进新兴产业规模化、传统产业现代化,全面提升产业素质和核心竞争力。

培育发展战略性新兴产业。实施战略性新兴产业发展规划,围绕新能源、新材料、节能环保、高端装备制造、电子信息等谋划储备一批重点项目。加快建设省新型工业化产业示范基地。大力实施中船马克柴油机、西锐重工等离子和激光切割机、盛运环保设备、和兴化工、海康通讯、风力发电、矿井安全救生设施等一批新兴产业重点项目。

着力打造千亿产业。实施石油化工、纺织服装、机械与装备制造业发展规划,打造"十亿项目、百亿企业、千亿产业"。运用先进适用技术改造提升传统产业。加快企业技术改造,实施30个亿元以上重点技术改造项目和列入省调度的45个技术创新项目。大力发展石化炼化下游产品配套项目,推进曙光升级改造,加快华谊新材料、泰发能源科技项目建设。加快建设华茂纺织工业城、安踏工业园。发展壮大汽车零部件、船舶制造产业,积极培育数控机床、输送机械、电工电器、石化通用机械和环保机械等装备制造产业。

倾力扶持中小微企业发展。落实各项政策措施,切实减轻企业负担。围绕特色产业和龙头企业,发展配套服务,延长产业链,推进企业集聚,壮大市场主体。建立产业、融资、技术创新、人才培训等公共服务平台,着力破解用工难、用地难、融资难等问题。加强企业资金链风险防范。强化企业家职业素质培训。大力培育"专、精、特、新"企业,提质扩量,新增规模以上企业100家以上。

加快信息化工程建设。推进数字城市、无线城市和智慧安庆建设。促进信息化和工业化深度融合,推进信息技术融入企业研发、过程控制、企业管理、市场营销、技术改造、节能减排等环节，实现实时监测和调控，提高生产精确度、工作效率和资源利用率。发展电子商务，提高企业网络采购和销售水平。加快信息产业发展，重点推进汽车电子、船舶电子、机床电子等产品研发。

(四)不断加快现代城镇体系建设

城镇化对加快发展具有重要的驱动作用。必须加快新型城镇化进程，构建中心城市、特色县城、风情小镇、秀美乡村“四位一体”的新型城镇体系。提高城镇化率2个百分点。

加快中心城市建设。以新一轮城市总体规划为引领，加快构筑“大宜城”，建设皖西南区域中心城市。完成基础设施投资100亿元以上。加快市政务中心、体育中心、商务中心和金融中心建设，推进东部新城、北部新城、大观新城组团式发展和城市基础设施贯通，启动规划建设市区通往怀宁、枞阳的快速通道。加快环城南路建设，完成环城西线，开工建设潜江路、柘山路二期、文苑路、宜秀大道、机场大道延伸线、振风大道与高速公路连接线。加强大龙山高速出入口综合整治。推进城区主干道路面黑色化。加大力度建设国家农发行贷款40亿元新河综合整治项目以及顺安河、顺安路泵站工程，深入推进花亭南北村内涝综合治理。开工建设城东污水处理厂二期工程，实施污水泵站提升工程。启动一水厂异地扩建。实施人民路、湖心路、老城区小街小巷改造。完善消防基础设施，建设化工区消防站。积极创建国家森林城市。

推进县城和中心镇建设。按照城市的标准规划建设县城，加强县城道路、给排水、燃气、园林绿化、环卫、防灾减灾等基础设施建设。加快体育场馆建设。强化规划，完善小城镇基础设施，促进人口向城镇流动，带动农村发展。推进省级扩权强镇试点镇建设，继续开展“宜城杯”小城镇建设竞赛活动，提升城镇建设质量和水平。推动每个县(市)区建设2～3个风情小镇。推进1640个村庄环境整治，着力建设一批秀美乡村。

加强城镇管理。创新城市管理，推进城市管理重心下移，强化区级政府城市管理职能。加强县城、城镇的城市管理执法，推进“城管进社区”，建立精简高效、分工合理、职责明确的城镇管理新体制，提高城镇管理效能。加强城市道路管理，提高市政公用设施维护质量。坚决制止、有效遏制违法违章建设行为。严格建筑渣土处置、户外经营和户外广告管理。加强临时摊点设置管理。建立卫生保洁等精细化管理长效机制。健全部门联动机制，加大治乱保畅力度，强化交通秩序整治。营造方便快捷的交通环境、干净整洁的市容环境和舒适宜人的生活环境。

(五)扎实推进服务业大发展

推动服务业发展，是扩大需求、提升综合竞争力的重要举措。必须强化政策支持，建立1亿元服务业发展引导资金，加快提升传统服务业，壮大现代服务业，大力发展生产性和生活性服务业。

改造提升商贸服务业。大力发展连锁经营、仓储式超市、商业特许经营等新兴业态，改造提升传统商贸业。培育发展商贸流通骨干企业，力争年销售收入过亿元的企业达30家、过10亿元企业6家。支持迎江区建设省城市商贸服务业发展示范区。深入开展“农超对接”、“区超对接”，建立完善鲜活农产品供应链。进一步改造、提升和完善现有综合性市场，推进农贸市场回归公益性改革。大力推进城区商业设施转型升级。开发利用人防工程，建设大型地下商贸城。培育区域性再生资源回收体系。支持老字号与知名品牌餐饮业加快发展。大力发展现代物流业。规划建设20个服务业集聚区，打造区域性物流中心。引进培育一批第三方、第四方物流品牌企业。大力发展城市配送物流、农村物流、区域物流和国际物流，扶持壮大一批龙头企业，建立完善现代物流体系。积极开发和应用物流先进技术，加快建立功能齐全的公共物流信息平台，加强物流标准化建设，促进信息资源共享和物流网络互联互通。大力推进皖江农产品、城西综合物流园等4个特色物流园区及一批配送中心和专业市场建设，在市区和8县(市)建设9个物流中心。加强口岸和通关建设，加快岸线资源整合和开发进程。

着力壮大旅游业。加快天柱山景区体制改革，寻求战略合作伙伴，发展旅游集团。强力推进百亿旅游项目工程，建成开放浮山、孔城老街一期、天峡、妙道山、仙龙湖等景区，加快天柱山旅游度假中心、孔雀东南飞文化园、司空山等项目建设，开工建设龙山凤水、潜山温泉、皖文化园、太湖梅河谷等重点项目。加强景区旅游公路等基础设施建设。强化宣传营销，拓展游轮、专列、直通车和大型团队市场。整合城区文化旅游资源，组建旅游集团公司。创建4A景区3个以上。加快培育新兴服务业。围绕消费和产业结构升级，加快发展新兴服务业。为自主创新提供支撑，积极培育研发设计、科技孵化及咨询、创意服务、节能环保、信息软件等产业；为承接产业转移和集群发展提供配套，积极培育总部经济、会展经济、教育培训、人才中介、金融保险和服务外包；为提高人民幸福指数，积极培育体育健身、社区服务、物业管理、家政养老、休闲娱乐等生活性服务业。

（六）强力推进示范区建设

今年是示范区建设关键之年。必须着眼于转型升级，突出加快产业培育、载体建设和环境优化，力促示范区建设取得实效。

高水平承接产业转移。坚持招大引强，提升产业承接规模和水平。围绕园区主导产业，加强承接关联配套企业，积极引进基地型和龙头型项目，推进集中连片开发。着力引进世界500强企业、大型央企和全国知名民企。坚持招才引智，引进国内外研发团队和高端人才，加快科技成果就地转化。引进一批符合产业发展方向、高附加值、低碳环保、拥有一定技术优势和核心竞争力的优势企业。

加快园区转型升级。明确各园区发展方向和战略重点，全面把好市场准入关、投资强度关和环境评价关，围绕主导产业和首位产业承接转移，优化园区产业结构。开展产业集中示范园区创建，加快中船配套产业园、中国（安庆）食品工业城等一批特色园区建设。大力推进园区合作共建，探索建立利益分享机制，创新园区建设管理模式。支持桐城申报建设国家级开发区。继续支持有条件的开发区升格为省级开发区。支持市化学工业区发展“绿色化工、生态园区、循环经济”，创建省级高新技术开发区。

切实优化示范区发展环境。充分运用先行先试权，完善示范区政策支持体系。构建多元平台，积极发展符合中小企业特点的投资基金，支持具有高成长性的中小企业申报发展集合债券和集合票据。加强职业教育和公共实训基地建设，融入皖江劳务合作，改善务工人员生活保障。积极创造条件，提高建设用地保障能力。

（七）全力加强节能减排和环境保护

加强环境保护是科学发展的刚性要求。必须把能源资源节约集约和环境保护摆上更加重要的位置，走低碳环保的新路子。

强化节能减排。推进建筑、交通运输、商业、公共机构等领域节能减排，突出抓好石油化工、建材、电力等重点耗能行业和年耗能3000吨标煤以上重点耗能企业节能降耗。强化主要污染物排放监控。严格新上项目节能评估，加大节能减排技术改造，淘汰落后产能，关闭高耗能、高污染企业，实行清洁生产审核，鼓励发展低能耗、低排放产业。继续加大重点行业环境执法。加快节能新技术、新工艺、新产品推广应用。着力提升县级污水、垃圾处理设施运行能力，加大重点建制镇环保设施投入，加强低碳燃烧、脱硝设施建设和管理。

加强资源节约集约利用。强化耕地保护，规范推进城乡建设用地增减挂钩试点，扎实推进农村土地整治。严格清理占而未用土地，支持旧城、旧镇、旧村改造，推进土地开发复垦整理，盘活存量土地。严格考核投资强度、产出率、建筑容积率、土地供应率等指标，节约集约利用土地。加强饮用水源区保护，确保居民饮水安全。

推进循环经济发展。探索建立能量回收体系，加强余热余压等资源综合利用，认真谋划资源综合利用项目。积极申报国家级循环经济示范园区、国家级再生资源试点市。争取部分园区和企业列入国家低碳试点。落实生产者责任延伸制度，建立循环经济评价指标体系，推动更多产业循环发展。

（八）继续深化改革扩大开放

改革开放是建设活力安庆的必由之路。必须牢牢把握加快改革创新这一强大动力，深化重点领域、关键环节改革，推进体制机制创新，为加快发展增添强大动力。

深化重点领域改革。全面深化国库集中收付制度改革，建立覆盖全市的预算执行动态监管体系；深化城区管理体制改革，进一步完善市区两级财税分配体制，合理界定城区经济社会管理权限；加快园区管理体制改革，积极推行园区市场化、公司化运营新机制；加快推进市直行政事业单位资产管理改革，将资产变成资本，在资本运营中实现国有资产保值增值，做强政府投融资平台；深化行政管理体制、基层医药卫生体制、文化体制和事业单位分类改革，建立适应市场经济要求的运行机制；大力推进农村金融创新，探索林权、承包经营权、住房和保单等抵押贷款的有效模式，广泛开辟农村融资渠道；大力发展非公有制经济，增强非公有制企业内生动力；实施企业一套表改革，提高统计数据质量。

不断提升科技创新能力。扎实推进国家技术创新工程试点，支持企业建立博士后工作站。争创国家级企业技术中心1户、省级企业技术中心4户以上，加强市级企业技术中心建设。建成桐城国家高分子材料质检中心。实施商标品牌战略，开展质量兴市、质量兴企活动，培育省级新产品、名牌和著名商标，鼓励企业以品牌为纽带进行并购重组。加快创新型企业建设，鼓励传统及优势产业大力实施科技创新，促进技术、人才等创新资源向优势企业聚集。推进与中科院等科研院所合作，深化与安庆师院校企合作。

大力发展外向型经济。推动出口结构升级，鼓励机电、高新技术、农副产品扩大出口。重点培育发展出口品牌，新增境外注册商标10个以上，企业和产品认证10个以上。加快纺织服装、高新科技、机械化工、农副产品、造船等出口基地建设，扩大自主知识产权、自主品牌、自主营销产品出口。推动对外承包工程与劳务合作。支持企业“走出去”，深化国际经济合作。加强进口工作，积极扩大进口，引导外资更多投向高端制造、节能环保等领域。

(九)大力推进文化安庆建设

文化安庆赋予未来发展新的内涵。必须强力推进文化改革发展，加快实现由文化资源大市向文化强市跨越。

繁荣发展文化事业。实施文化民生工程，扎实推进乡镇综合文化站、农家书屋、广播电视村村通等公共文化设施建设，深入开展剧场、广场文艺演出、文化下基层进社区活动，发展新闻出版、广播影视、文学艺术事业。实施文艺精品工程，打造黄梅戏艺术创作研究基地，开展黄梅戏巡演活动，拓宽演出市场。精心办好第六届中国(安庆)黄梅戏艺术节。加快推进市博物馆、图书馆、文化馆、美术馆、独秀园二期工程建设。科学保护、合理利用各类文物和非物质文化遗产，开展宗教文化研究，加强历史文化名城名镇名村和街(区)保护。

加快发展文化产业。编制实施文化产业发展专项规划，建立文化产业发展基金。支持再芬黄梅公司建立现代企业制度，加快改制上市进程。加强文化企业家队伍建设。培育一批具有竞争力的骨干文化企业，组建市演艺集团。推进文化与科技融合，重点发展文化传媒、文化创意、演艺娱乐和文化会展等各类文化产业。大力发展黄梅戏特色演艺产业。加强历史文化资源开发利用，精心打造文化产业链。推进石牌戏曲文化产业园、邓石如碑林文化园等建设。积极开展对外文化交流，提升安庆文化传播力和竞争力。

努力提高城市文化品质。坚持以社会主义核心价值体系引领社会思潮，深入开展社会公德、职业道德、家庭美德、个人品德教育，加强和改进青少年思想道德建设；坚持用社会主义荣辱观引领社会风尚，提高群众文明素质，培育新时期市民精神，拓展公民道德实践；坚持以城市精神引领社会进步，强化“一个市民就是一扇窗口”意识，深入开展群众性精神文明创建活动，广泛开展“迎省运、讲文明、树新风”活动。以公共秩序、文明交通、市容市貌为重点，推动创建工作制度化、规范化、常态化，巩固省级文明城市创建成果，为争创全国文明城市奠定坚实基础。

(十)切实加强以改善民生为重点的各项社会建设

提高人民生活水平是全部工作的出发点和落脚点。必须牢牢把握保障改善民生这一根本目的，坚持以人为本，着力提高社会管理和公共服务水平，促进社会和谐稳定。

拓展提升民生工程。今年计划投入56亿元，实施42项民生工程。省定民生工程33项。市定民生工程9项，其中被征地农民基本养老保险转入常态化管理；新增城市公交发展项目，尽快编制城市公交发展规划，推进公交线路延伸，填补公交线网空白点，改善居民乘车环境。新开工建设各类保障性住房2.12万套，逐步解决城镇低收入群众、新就业职工、农民工住房困难。建立稳定多元的筹资机制，加强民生工程项目管理和考核，探索创新项目管护机制，进一步提高已建成项目的使用效率，实现民生工程效益最大化。

加强就业和社会保障。重点做好高校毕业生、城镇就业困难人员和农民工就业，大力促进农村劳动力转移就业。加快建设统一规范灵活的人力资源市场，着力解决就业供需矛盾。加强社保和社会救助体系建设，加大对低收入群体帮扶救助，全面推进城乡医疗救助一站式服务，完善临时救助制度。保障粮油肉蛋菜等生活必需品市场供应，加强价格监测和监管，保持市场物价基本稳定。完善低保标准动态调整机制和困难群众物价补贴联动机制，切实保障特殊困难群体基本生活。继续实施残疾人康复救助工程。积极推进城乡养老保障体系建设。

加快发展社会事业。建立学前教育基金，实施学前教育三年行动计划。推进城乡义务教育学校标准化建设。推动普通高中多样化发展。大力发展职业教育。争取安庆技师学院早日获批，加快建设与发展。提升高等教育服务地方发展水平。巩固发展新型农村合作医疗制度，确保参合率稳定在98%以上。加强重大传染病防治工作。完善医疗卫生服务和基本药物供应保障体系。切实稳定低生育水平，综合治理出生人口性别比，大力提高出生人口素质。积极开展全民健身运动，办好市第十二届运动会，备战第十三届省运会。加强宗教事务管理，做好民族工作。加强县级国家综合档案馆建设。充分发挥工会、共青团、妇联等人民团体的作用。做好科普、地方志、外事、侨务、对台、老龄等工作。

切实维护社会稳定。深入推进社区综合管理体制改革，强化城乡社区自治和服务功能。加强流动人口和特殊人群管理服务，健全实有人口动态管理机制。落实企业安全生产主体责任，加强交通运输、建筑施工、消防、非煤矿山等重点领域安全隐患排查治理，严防重特大事故发生。认真实施“六五”普法规划。深入推进社会矛盾化解，严厉打击违法犯罪活动，加快建设覆盖城乡的社会治安防控体系。加强校园安全、校车安全、食品药品安全、医疗安全等工作。大力加强应急处置体系建设，切实抓好地震、地质、气象等灾害防治，提高保障公共安全和处置突发事件的能力。支持部队和后备力量建设。着力推进平安安庆建设，维护社会和谐稳定。

三、加强政府自身建设

加快“四个安庆”建设，深入实施“十二五”规划，对政府工作提出了新的更高要求。新一届县(市)区政府也面临新的使命。必须更加自觉地加强政府自身建设，切实提高科学发展水平。

(一)强化责任意识，保持良好精神状态

保持良好精神状态是责任政府履职尽责的重要前提。必须始终保持昂扬向上、奋发进取的良好状态。事业心和责任感决定工作姿态，彰显精神状态。要在解放思想上切实破除消极落后的观念束缚，敢闯敢干、大胆实践；在改革创新上不为任何困难和风险所阻碍，勇于担当、善于创造；在推进工作上说到做到、务求实效。切实以争创一流的志气、百折不挠的勇气、奋力开拓的锐气，咬定目标不动摇，真抓实干见成效。

(二)强化法治意识，始终坚持依法行政

坚持依法行政是法治政府提高公信力的重要手段。必须强化依法行政意识，提高依法行政水平。坚持市政府常务会议学法制度。进一步清理、减少和调整行政审批事项。完善重大决策的调查研究、专家论证、群众评议制度，建立健全跟踪反馈和评估制度，全面推进重大决策和重点项目的社会稳定风险评估，优化行政决策程序，不断提高政府决策科学化、民主化水平。深化行政执法责任制，规范执法行为，强化执法监督，推进依法执法、公正执法、文明执法。实施行政强制法。加强行政执法队伍建设。自觉接受市人大及其常委会的工作监督、法律监督和市政协的民主监督，认真办理人大代表建议和政协委员提案。

(三)强化为民意识，切实做好群众工作

坚持做好群众工作是为民政府密切干群关系的重要抓手。必须以人民满意为追求，强化为民意识，做到贴近群众、依靠群众、为了群众。推行服务质量公开承诺制，实行规范服务、便利服务。坚持调研工作制度。构建“大走访、下基层”活动长效机制。扎实推进网络问政常态化、制度化，拓宽民意表达渠道。创新群众工作方法，完善领导干部接访和工作联系点制度。重视做好来信来访工作，及时办理网友回复，引导群众理性合法地表达利益诉求，解决利益纠纷，依法保障群众利益。

(四)强化效率意识，不断提升执行力

坚持提高行政效率是效能政府建设的重要追求。必须始终坚持效率至上，提速增效。深化“主要领导述效能、百名科长群众评”活动，实行职能部门主要领导年初公开承诺、年终公开述职，接受媒体、群众和社会监督。加强行政服务中心建设，强力推进“两集中、两到位”。创新政务公开方式，凡涉及群众利益和公共政策的事项，都要实行公开办理、限时办结。拓展电子政务范围，加强电子政务平台和服务中心建设。不断改进文风会风。完善政府绩效评价机制，加强目标管理，加大明察暗访力度，强化行政问责，严肃查处不作为、慢作为、乱作为，增强工作执行力。

(五)强化廉洁意识，永葆人民公仆本色

坚持清廉为民是廉洁政府执政宗旨的重要体现。必须恪守廉洁从政准则，做到为政不移公仆之心、用权不谋一己之私、立身不忘做人之本。落实党风廉政建设责任制，完善惩治和预防腐败体系，强化廉政风险防控。重点开展对加强和改善宏观调控、做好“三农”工作、保障和改善民生等政策措施落实情况的监督检查，确保政令畅通。进一步加大专项治理力度，严肃查办发生在工程建设、房地产开发、土地管理和矿产资源开发等领域的案件。加强政风行风建设，严肃查处损害群众利益、破坏发展环境的行为。严格控制“三公”经费开支，加强节约型机关建设。以廉洁之风推动发展、促进和谐、赢得民心。

市情概览

区划沿革

【行政区划】 安庆市为安徽省直辖市。位于安徽省西南部，长江下游上段北岸，北纬 29°47′～31°17′、东经 115°46′～117°44′。长江流经市境 240 余公里。四至为：隔江与江西省九江、湖口、彭泽和安徽省东至、贵池、铜陵等地相望；北、西绵亘大别山南脉，与安徽省霍山和湖北省英山、蕲春、黄梅等地峰壑相通；东北与安徽省无为、庐江、舒城等坦途相接。面积 15398 平方公里，户籍人口 6186477 人。

全市辖 7 县 1 市 3 区，共设 17 个街道办事处和 96 个镇、57 个乡、240 个居委会、1600 个村委会。另外，省属农垦企业华阳河农场和皖河农场均坐落在市境内。

【历史沿革】 市境春秋时为皖、桐两国之域，后属楚、吴。战国时，复属楚。秦属九江郡。西汉初，属淮南王国；高后四年(前 184)，分封松兹侯国(今宿松县境)。初平四年(193)，庐江郡治迁皖县。三国时，初属魏，后属吴。东晋义熙年间(405～418)，分庐江郡置晋熙郡，于皖县旧地设怀宁县(治今潜山县)和新冶县(今望江县)。

南北朝至隋朝初期，先后设豫州、晋州、江州、熙州等。隋大业三年(607)，改熙州为同安郡，治怀宁，领怀宁、同安、太湖、宿松、望江 5 县。唐武德四年(621)，改同安郡为舒州，隶淮南道。天宝元年(742)，改舒州为同安郡。至德二年(757)，同安郡改名盛唐郡。五代十国，为舒州，治怀宁，仍领 5 县。先后属吴、南唐和后周。

北宋政和五年(1115)，置舒州德庆军。南宋绍兴十七年(1147)改德庆军为安庆军(安庆之名始于此年)。庆元元年(1195)升舒州为安庆府，府治怀宁。嘉定十年(1217)，在“盛唐湾宜城渡之阴”，即今城区所在地建筑新城，安庆府自怀宁县移治安庆新城，怀宁县治亦迁皖口(今大观区山口乡)。景定元年(1260)复筑安庆城，怀宁县始迁附郭。安庆城自此府、县同城而治。

元至元十三年(1276)，改安庆府为安庆路。至治三年(1323 年)，划怀宁县清朝、玉照 2 乡，设置潜山县。安庆路领怀宁、桐城、太湖、宿松、望江、潜山 6 县。至正二十一年(1361)八月，朱元璋改安庆路为宁江府，次年四月改为安庆府，仍领 6 县。明永乐元年(1403)，安庆府直隶南京(又称南直隶)。

清顺治十八年(1661)，安庆府隶江南左布政使司(治江宁)。康熙六年(1667)，江南左布政使司改为安徽布政使司(俗称安徽省)，仍寄治江宁。乾隆二十五年(1760)，安徽省治由江宁移驻安庆，安庆始为省会，自此省、府、县同城而治。咸丰时，太平军占领安庆，改安庆府为安庆郡。同治四年(1865)，设安庐滁和道，道署驻安庆，光绪三十四年(1908)裁撤。安庆府一直领 6 县。

民国二年(1913)，废安庆府，各县直属省。三年，设安庆道，领怀宁、桐城、潜山、太湖、宿松、望江、合肥、庐江、舒城、无为、巢县、和县、含山、滁县、全椒、来安 16 县(后滁县、全椒、来安 3 县归属淮泗道，六安、英山、霍山划入安庆道)。民国十七年安庆道废，各县直属省。十六年 11 月至十八年 2 月，析怀宁县城建立安庆市，并成立市政府。二十一年，安庆为安徽省第一行政督察区，统怀宁、桐城、潜山、太湖、宿松、望江 6 县。二十五年增加岳西县。督察区专员公署驻太湖，二十九年改驻桐城(同时无为、庐江 2 县划入，第一区统 9 县)。安庆沦陷时，省会迁往六安。抗日战争胜利后，督察区专员公署移驻安庆，督察区统怀宁、桐城、潜山、太湖、宿松、望江、东流、至德等县。民国三十七年 12 月省会迁回安庆，民国三十八年 3 月迁往屯溪。

1949年2月，中共皖西区党委、皖西行署决定，以怀宁县城原有4镇建立安庆市。4月23日安庆解放。安庆专区辖桐城、怀宁、桐庐、潜山、太湖、宿松、望江、岳西8县和安庆市。9月，专、市合并，保留安庆市的名称。1950年5月，撤销安庆市，改为怀宁县城关区。10月，恢复安庆市，隶安庆专区。1951年2月，桐庐县更名为湖东县。8月，改安庆市为皖北行政区辖市，由安庆专区代管。1952年1月，皖北安庆专区与皖南池州专区合并为安徽省安庆专区，辖桐城、怀宁、湖东、潜山、太湖、宿松、望江、岳西、贵池、东流、至德、青阳、铜陵13县，仍代管安庆市。10月，安庆市由省直辖。1955年7月，湖东县改名为枞阳县。1958年10月，安庆专区与安庆市合并。1959年3月，专、市分开，安庆市由专区代管。1961年4月安庆市改为省直辖市。1965年7月，安庆市改为专区所辖；恢复池州专区，贵池、东至、青阳、铜陵4县划归池州专区。1968年8月，安庆专区改称安庆地区。

1979年11月4日，安庆市改为省辖市，并代管国营皖河农场。1980年1月，池州地区所属贵池、东至2县并入安庆地区。1987年12月，徽州地区的石台县划入安庆地区。1988年8月17日，撤销安庆地区和原安庆市，实行地、市合并。新组建的安庆市辖迎江区、大观区、郊区和桐城、怀宁、枞阳、潜山、太湖、宿松、望江、岳西8县。1996年8月20日，撤销桐城县，设立桐城市（县级），安庆市辖3区1市7县。1998年9月25日，怀宁县在高河镇建设新县城。2005年5月，调整安庆市部分县（市）区行政区划，市辖迎江、大观、宜秀3区和桐城、怀宁、枞阳、潜山、太湖、宿松、望江、岳西等1市7县，至今未变。

人口与民族

【人口】 2011年末全市总户数为1837753户，与上年相比，总户数增加32037户。年末全市总人口数为6186477人（男3196980人，女2989497人）。与上年相比，总人口共增加30302人，在总人口中，非农业人口为1127494人，占总人口的18.2%，与去年相比，非农业人口增加15489人；未落常住户口人员3842人，占总人口的0.06%，与去年相比，未落常住户口人员减少3396人。全市平均每户3.4人，男女性别比例为107∶100。

人口自然变动情况。年末全市出生人口为63886人（男34132人，女29754人），出生率为10.3‰，比去年上升0.2‰；死亡人口为27975人（男16199人，女11776人），死亡率为4.5‰，比去年下降6.3‰。

人口机械变动情况。年末全市迁入人口为37605人，迁入率6.1‰，其中省内迁入25937人，省外迁入11668人；迁出人口为43150人，迁出率7.0‰，其中迁往省内25513人，迁往省外17637人，人口机械变动净迁出为5545人，人口机械净迁出率为0.89‰。

（安公办）

【民族】 市境以汉族集居为主，各少数民族散杂居住其中。全市有登记名号的少数民族总计34个，另有未识别的少数民族2人。2011年底，少数民族总人口1.7万人，约占全市总人口的2.8‰，其中回族人口1.3万人，占少数民族总人数的76%以上。

自然环境

【资源】 矿产资源。全市有各类矿产资源70余种，其中非金属矿藏中肥料、建筑材料、化工原料、美术工艺原料等类储量大，品种全，品质优，为全省之最。

土地资源。安庆地貌丰富多样，总体特征西北部是大别山中低山区，东南部为长江洲圩滩地，中部丘陵起伏，间有低山、湖泊。山区面积占35.69%，丘陵面积占33.1%，圩区面积占20.05%，江湖水面占10.58%，长江外滩占0.58%。土壤也呈多样化，分属6个土纲、12个土类、25个亚类、94个土属、147个土种。

湿地资源。市境湿地总面积13.3亿平方米，占全市总面积的8.7%；其中沿江湿地12.06亿平方米，占全省湿地面积的30%以上，位居全省之首。有湿地植物152种，占全省湿地植物种数的76.5%。脊椎动物349种，占全省脊椎动物种数的50.7%，其中国家一级保护动物白头鹤的数量占全球的3.3%、全国的30%；国家一级保护动物东方白鹳的数量占全球6.7%。据调查统计，沿江湿地计有水鸟54种13.8万多只，约占全省水鸟查出总数的80%，其中有国家重点保护的水鸟白鹤、白头鹤、白枕鹤等7种。

气候资源。安庆属北亚热带湿润气候区，适宜农林牧渔全面发展。主要特点是：季风明显，四季分明，气候湿和，雨量适中，光照充足，无霜期长，严寒期短。太阳辐射总量112～117千卡/平方厘米，年平均气温14.5～16.6℃，秋季略低于春季。年均降水1250～1430毫米。

水资源。地表水是安庆水资源的主体，径流量多年平均为91.15亿立方米，过境流量多年平均为9104亿立方米；年平均地下水储量约20亿立方米，可开采量约6亿立方米。水能资源的理论蕴藏量449836千瓦，可开发利用量242111千瓦，其中装机1.2万千瓦以上中型电站可开发总量为12.28万千瓦。

生物资源。林业用地902.2万亩，森林覆盖率38%，活立木总蓄积量1260多万立方米。在山丘、滩涂和圩畈等多种地形中拥有各类乔灌木1048种，其中被国家列入保护树种有香杲树、银杏、大别山五针松、马挂木、金钱松、樟树等。天然草场17亿多平方米，可利用面积达90%，其中650万平方米以上的草场50余处。陆生脊椎动物有200种，其中兽类30种、鸟类132种、爬行类24种、两栖类14种。中药材1281种，分属269科，其中药用植物类200科1160种、药用动物类69科102种，药用矿物类12种、其他类7种。

旅游资源。市境有国家级风景名胜区2处、省级风景名胜区6处，国家森林公园5个，国家历史文化名城1座、省级历史文化名城2座，国家级自然保护区(鹞落坪)1个，国家级重点文物保护单位5个、省级重点文物保护单位53个。具有雄、奇、灵、秀特色的天柱山，为国家级5A风景名胜区，景区面积8345平方公里，保护带面积333平方公里。司空山因古洞、危崖、险峰、瀑布等景观称胜，更因禅宗二祖在此筑坛说法而扬名千古。以佛教闻名的浮山，为安徽省五大名山之一，自古为旅游胜地。“长江绝岛”小孤山矗立江中，素有“江上小蓬莱”之美誉。“南国小长城”白崖寨、花亭湖风景名胜区和大龙山风景区均各具特色，吸引着八方游客。

【气候】 2011年安庆市区主要气候特点是：气温正常，降水偏少，光照充足，冬春连旱明显，极端天气相对较少。

气温：安庆市年平均气温为16.8℃，较1971～2000年同期平均值偏高0.1℃，其中1月只有1.0℃，同比明显偏低3.0℃，2月偏高1.0℃，4月偏高1.3℃，11月偏高2.8℃，12月偏低1.2℃，其余月份基本接近正常值。年极端最高气温37.5℃，出现在7月26日；极端最低气温零下4.5℃，出现在1月8日；全年大于等于35℃的高温日数21天，比多年同期平均值16.5天多4.5天。

降水：年雨日131天，接近常年，其中暴雨日3天(5月1天，6月2天)，比多年同期平均值少3天。雪日19天，主要集中在1月，达12天。降雨量1117.5毫米，偏少24.2%，一日最大降雨量为74.5毫米，出现在6月14日。最长连续降水日数10天，出现在7月10～19日。1～5月降雨持续偏少，其中1月偏少53%，2月偏少66.2%，3月54.1%，4月偏少67.4%，5月偏少53.4%，冬春连旱现象较为明显，对午季作物生长有严重影响。6月降雨量为377.1毫米，偏多34.5%；7月降雨量为245.2毫米，偏多25.2%；9月为28.3毫米，偏少68%；10月为27.3毫米，偏少66.6%；12月为16.5毫米，偏少50%。最长连续无降水日数为23天，出现在12月9～31日。

日照及其他：年日照时数为1746.5小时，偏少4.6%，年日照百分率为39%。年蒸发量为907.8毫米，接近常年。年雾日仅有2天，轻雾138天，霾日却高达28天(其中12月多达22天)，雷暴日24天(只有常年的一半)，结冰日42天(其中1月为25天)，积雪日8天，无霜期253天(偏多6天)。年最多风向为东北风(5～7月以西南风为主导风向)，出现频率为27%，年极大风速为15.7米/秒，全年没有出现8级以上的大风、冰雹、龙卷等恶劣天气。

【主要灾害性天气及其影响】 1月20日暴雪天气过程：受东移低槽和中低层切变线影响，且中低层大气温度均低于零度，1月17日入夜后，全市普降小到中雪；19日夜，700hPa西南风速增大，急流北侧的切变增强，降雪也相应加强．19日20时至20日20时，市区降雪量为10.3毫米，最大积雪深度13厘米。受低温冷冻和降雪影响，造成市辖8县(市)3区受灾。据市民政部门统计：全市受灾人口共计43.595万人，紧急转移安置242人，农作物受灾面积32.25万亩，成灾面积14.47万亩，因灾倒塌房屋189间，其中民房79户183间，损坏房屋2711间，因灾直接经济损失8888万元，其中农业经济损失3860万元、工矿业损失286万元、基础设施损失3450万元、公益设施损失638万元、家庭财产损失654万元。

春季气象干旱灾情：据市防办5月下旬统计资料显示，2011年春季以来，受降水持续偏少等因素影响，全市河湖库水位整体偏低，蓄水明显偏少。内河大多数出现低于历史同期的最低水位状况，其中皖河石牌站今年以来水位始终低于历史同期值、潜水潜山站5月10日流量一度只有0.02立米/秒，接近断流。全市10座中型水库和花凉亭水库总蓄水量比常年同期(1984～2010年)少2成以上；沿江湖泊总蓄水量比常年同期偏少近6成。全市出现了严重的旱情，旱灾面积高达122.4万亩，其中重旱面积33.1万亩；饮水困难人口一度多达有5.785万人。6月集中强降水天气过程：受太平洋副热带高压西北侧稳定的西南暖湿气流与从东路扩散南下的弱冷空气的共同影响，9～11日，安庆地区出现了较强降水天气过程。9日08时至11日08时，全市139个雨量点中共有101个雨量点过程累积降水量超过50毫米，其中有24个雨量点超过100毫米(主要集中在沿江地区)，最大降水出现在宿松县高岭为204.7毫米。

6月14日，500hPa受副高边缘的南支槽和低层低涡切变线的共同影响，安庆市出现暴雨天气，14日20时至15日20时市区降雨量为75.5毫米。

6月18日，500hPa受中层副高边缘的槽线和低层切变线共同影响，安庆市出现暴雨天气，18日05时至19日05时安庆市区降水量为94.8毫米。

受集中强降雨影响，全市出现洪涝灾害，据民政部门提供的统计数据显示，6月4～19日共造成1048829人受灾，紧急转移安置11728人；农作物受灾面积83.59万亩(其中成灾面积40.96万亩，绝收面积2.5万亩)；倒塌房屋2150间(其中倒塌居民住房2058间)，损坏房屋4154间；直接经济损失36747万元(其中农业损失24730万元、工矿企业损失1690万元、基础设施损失6290万元、公益设施损失932万元，家庭财产损失3105万元)。

(张金平)

2011年国民经济和社会发展情况

2011年全市围绕“十二五”主线，坚持加快发展、加快转型，总体保持速度较快、结构趋优、民生改善、社会稳定的良好态势，完成了市十五届人大三次会议确定的年度目标任务，实现了“十二五”良好开局。

(一)经济速度、质量同步提高，总体经济高位运行。全市生产总值增长13%以上，为新世纪以来增速最快的年份之一。全部工业增加值超过600亿元，全市工业化率有望突破50%；全社会固定资产投资830.2亿元，增长27.9%。全市规模以上工业企业1145户，实现增加值455.1亿元，增长21.2%。三大收入较快增长。全市一般财政收入156.7亿元，增长29.4%，其中地方财政收入达到72.4亿元，增长43.1%。城镇居民人均可支配收入和农民人均纯收入分别达到17400元和5900元，分别增长17%和18%。

2011年安庆市国民经济和社会发展主要目标完成情况

指标名称	单位	2011年计划		2011年完成	
		绝对值	增长(%)	绝对值值	增长(%)
地区生产总值	亿元	1180	13	1215.7	13.2
财政一般预算收入	亿元	141.7	17	156.7	29.4
全社会固定资产投资	亿元		25	830.2	27.9
社会消费品零售总额	亿元	403	19	397.5	17.5
进出口总额	亿美元	8.5	10	8.58	26
居民消费价格指数	%	104	4		5.5

指标名称	单 位	2011年计划		2011年完成	
		绝对值	增长(%)	绝对值值	增长(%)
城镇居民人均可支配收入	元	16964	12	18004.76	18.9
农民人均纯收入	元	5633	13	5900	18.3
城镇新增就业人数	万人	4.5		5.18	
城镇登记失业率	%	4.5	4.2以内		
人口自然增长率	‰				4.9
万元地区生产总值能耗	‰		－4		－4

(二)产业结构调整步伐加快

支柱产业不断壮大。石油化工、纺织服装、机械与装备制造三大产业产值达到849亿元,占全部工业产值比重超过50%。重大项目加快实施,华茂国际纺织工业城的德生印染项目建成投产、色织面料项目部分投产,林浆纸一体化项目一期基本建成,炼化一体化项目进入设备安装阶段,安踏工业园项目开工建设,上海华谊新材料基地项目和中船马克柴油机项目签约。

新兴产业强势启动。出台全市《加快培育和发展战略性新兴产业的实施意见》,设立了启动资金5亿元的战略性新兴产业引导资金,下达2011年度1.04亿元项目资金计划,重点扶持10个新兴产业项目。非晶软磁及设备制造、西锐重工等离子和激光切割设备、飞凯光电材料、海康通讯、白兔湖高性能粉末冶金、宿松风力发电等项目加快推进。全年战略性新兴产业实现产值156.4亿元,增长50.4%。第三产业较快发展。城乡市场持续繁荣稳定,全年实现社会消费品零售总额397.5亿元,总量继续位居全省前列。文化旅游产业取得积极进展。天柱山风景区成功创建5A级风景区并荣膺"世界地质公园"称号,五千年文博园成为全国文化旅游产业示范基地,桐城孔城老街试开放,安徽再芬黄梅艺术股份公司挂牌运营,旅游业总收入和接待人数分别增长31.8%和28.3%。房地产市场平稳健康发展,房地产投资突破100亿元。

(三)城乡统筹发展稳步推进

农业农村经济稳步发展。全年粮食、棉花、油料、蔬菜、肉类、禽蛋、水产品总产分别达到267.6万吨、11.5万吨、27万吨、123万吨、30.4万吨、16.92万吨和34.25万吨,均较上年增产。新增国家级龙头企业2个,创建省级农业产业化示范区2个,全市农业产业化龙头企业实现产值374亿元。农民专业合作组织达1900多家,带动农户近40万人。农业农村基础设施条件不断完善。新建农村户用沼气8300户、乡村沼气服务网点80个、除险加固中小型水库55座,改造县乡公路123.6公里。解决32.24万农村人口安全饮水问题。

中心城市建设稳步推进。"大宜城"快速通道纳入全市"十二五"重大项目先期启动计划。花亭大沟整治一期、振风大道二期、顺安路二期、人民路延伸段、集贤关山体整治一期、皖江大道黑色化改建、菱湖公园景观亮化等工程基本完工;钱牌楼街、工农街中段等10条老城区小街小巷道路改造项目全面完成。国家森林城市创建工作正式启动,获2011年中国十佳绿色城市称号。综合交通枢纽建设不断加强。望东长江大桥、岳武高速公路安徽段开工,宁安城际铁路安庆段及安庆长江铁路大桥加快建设,五里庙二期、长风港一期扎实推进。安庆港正式对台直航。安庆民航机场迁建选址正式展开,宿松、潜山一级公路改造工程获批。

(四)示范区建设全面提速

园区发展不断加快。完成《安庆市集中承接示范园区总体规划》编制,安庆化学工业园区凤凰片10平方公里"四纵四横"骨干路网全面拉开,累计完成投资10亿元。桐城经济开发区申报国家级开发区已经省政府同意,并上报国务院待批。潜山、怀宁省级开发区扩区工作顺利推进。预计全市园区工业总产值和固定资产投资分别达到730亿元和325亿元,分别增长40%和30%。

招商引资取得实效。全市实际利用市外资金717.6亿元,增长22.3%;利用境外资金2.72亿美元,增长15.76%。安庆中船与美国卡特彼勒柴油机项目签约,实现了世界五百强企业在安庆直接投资的突破。成功举办2011皖江城市带承接产业转移示范区建设银企对接会，达成意向性贷款60亿元，占总贷款的1/6。

融资工作取得进展。安徽华茂集团发行短期融资券3亿元，市开发区和大桥开发区信托融资1.8亿元。全市新设立村镇银行4家、小额贷款公司15家，新设立融资性担保公司6家。安徽时联、安徽华业和安徽白兔湖等企业启动上市工作。全市金融机构新增贷款143.3亿元，增长24.88%。

（五）节能减排和环保工作力度加大

节能工作不断加强。深入实施"12345"节能行动计划，强化目标责任考核。全部推行新上项目节能评估工作，启动了《安庆市"十二五"节能规划》编制工作。全市规模以上工业企业增加值能耗和重点用能企业节能目标任务全面完成。

环保工作扎实推进。排查环境安全隐患企业985家，停产整改和关闭企业71家。加强新上项目环保验收和"三同时"环境监管。责令停建的未批先建项目26个，责令停产超时试生产企业23家。加大城镇垃圾和污水处理设施建设力度，马窝污水处理厂、生活垃圾焚烧发电厂、医疗废弃物集中处置项目建成投产。8个县（市）区城镇污水处理厂全面建成并投入运营。

（六）和谐安庆建设取得明显成效

民生工程建设顺利实施。全市42项民生工程投入资金55.83亿元。开工建设各类保障性住房2.4万套，建成1.4万套。全市城镇新增就业人数高于计划目标0.7万人。基本养老、失业、医疗参保人数分别达到52.07万人、25.9万人和39.33万人，新农合参合率达到98.4%。对符合政策规定的城镇未参保集体企业退休人员，全部纳入基本生活费补助范围。争取国家、省各类扶贫资金2.38亿元，减少贫困人口7万人。

各项社会事业全面发展。校安工程加固改造校舍131.6万平方米。市职业教育中心、技师学院、职业学院及实训基地建设加快。新建乡镇综合文化站42个，农家书屋609个，2136个自然村实现广播电视村村通。人口自然增长率4.9‰。加大社会维稳工作，社会局面总体和谐稳定。

总体上看，2011年全市经济社会保持了平稳较快发展的良好势头。但全市经济社会发展中还面临一些突出的矛盾和问题：一是发展不快、发展不优仍是我们面临的主要矛盾，经济社会发展面临着扩大总量和提高质量的双重压力；二是加快发展、转型发展既面临土地、资金的硬约束，又面临环境、节能、人才的软约束；三是扩大就业、社会保障、城乡居民增收等民生建设需要进一步加强；四是工作思路、工作方式、工作能力与加快发展、转型发展的要求不相适应。

重点项目建设

2011年市"3231"重点项目完成投资316.2亿元，占计划的110.3%；其中省"861"重点项目完成投资215.3亿元，占计划的132.4%。总投资52亿元的岳武高速安徽段、总投资50亿元的望东长江公路大桥、总投资40亿元的安踏工业园、总投资11.7亿元的安徽皖江农产品生产物流中心等一批重大项目开工建设，林浆纸一体化项目一期基本建成，安庆石化炼化一体化、怀宁上峰水泥二期、华茂国际纺织工业城加快建设。

项目谋划取得突破。中船安庆集团与美国卡特彼勒集团公司合作的马克柴油机项目成功签约；总投资75亿元的安庆电厂二期扩建工程前期工作全面启动；总投资45亿元的煤制氢、丁辛醇项目和总投资100亿元的华谊新材料基地项目取得积极进展；安庆民航新机场选址工作已经开展；环"大宜城"交通骨干工程的前期工作正式启动。

投融资工作进一步加强。全年共争取中央和省补助资金16.6亿元，带动地方投资35.7亿元。加强与央企和国内知名民企的战略合作，积极争取重大项目在我市布局。成功举办了皖江城市带承接产业转移示范区建设银企对接会，争取项目贷款56.3亿元。加强重点项目调度。不断完善重点项目市级领导联系制、重点项目调度制和重点项目考核制，积极解决重点项目推进中的突出问题，确保重点项目顺利实施。

（发改委）

栏目编辑：刘帅钢

2011年安庆市与省内部分城市国民经济和社会发展主要指标比较

指　　标	单位	安庆	马鞍山	芜湖	铜陵	宿州	合肥	淮南	六安	黄山	宣城	蚌埠
国土面积	平方公里	15398	1686	3317	1113	9787	7266	2596	17976	9807	12340	5952
总人口	万人	618.65	228.61	385.36	74.15	649.23	752	245.6	709.6	148.1	279.4	350
城市人口(非农业人口)	万人	112.75	81.53	145			486	113.7		36.7		
地区生产总值	亿元	1215.7	1144.18	1658.24	579.4	802.4	3636.61	709.5	821	378.8	671.4	780.24
#第一产业增加值	亿元	180.7	66.90	107.01	11.0	217.5	208.2	55.9	182.1	45.1	102.1	144.38
第二产业增加值	亿元	672.7	779.04	1092.55	433.0	325.7	2002.2	461.4	372.1	175.4	349.9	384.88
第三产业增加值	亿元	362.3	298.24	458.68	135.4	259.2	1426.2	192.2	266.8	158.2	219.4	250.98
全社会固定资产投资额	亿元	830.2	1311.0	1354.21	412.7	480.03	3376.97	501.3	558.1	370.0	635.6	650.92
社会消费品零售总额	亿元	397.5	226.09	421.01	117.8	229.23	1111.12	222.0	331.3	148.3	228.9	319.28
进出口总额	亿美元	8.58	41.97	39.65	41.3	2.21	123.09	2.39	6.26	4.62	9.95	7.70
金融机构年末存款余额	亿元	1408.63	1094.03	1678.51	481.6	851.44	5756.3	959.5	1054.9	559.3	676.4	836.08
地方财政总收入	亿元	72.4	91.04	139.97	45.4	38.96	338.51	71.4	56.8	45.5	68.4	64.36
财政总支出	亿元	213.4	138.25	238.18	70.3	156.75	474.89	108.4	209.7	94.4	141.7	141.29
邮电业务总量(收入)	亿元	24.4	12.89	24.25	5.71	21.65	69.58	14.36	25.7	20.4	15.4	15.39
城市居民人均可支配收入	元	18004.76	27329	21561	21825	17384	22459	18219	17095	18669	17994.6	18143
农村居民人均纯收入	元	5900	9505	8413	8562	5720	7862	6795	5643	7952	7844	6615
普通高校在校学生数	万人	4.32		14.07	2.84	3.24	40.95	6.4	3.74	1.64	0.6	5.32
中小学在校学生数	万人	78.46	34.39	40.61	8.05	74.13	86.33	27.98	64.14	13.18	26.26	44.05
医疗卫生机构床位数	张	14780	6165	14004	4261	13000	34300	11649	14842	5217	85.56	
旅游总收入	亿元	159.5	81.99	155.34	34.7	42.02	383.0	42.4	65.46	251.0	61.1	54.4

注:表内数据源自各地2011年国民经济和社会发展统计公报,部分数据为快报数。

特　　辑

中共安庆市第十次代表大会纪要

9月10日，中共安庆市第九届委员会第十次全体会议在安庆召开并作出决定，将于9月16日至9月19日召开中共安庆市第十次代表大会。

9月16日上午，中国共产党安庆市第十次代表大会在黄梅戏艺术中心隆重开幕。大会的主题是：高举中国特色社会主义伟大旗帜，深入贯彻落实科学发展观，动员和带领全市人民推进科学发展，加快富民强市，为基本建成全面小康社会而努力奋斗。

本次大会应到代表497名，因病因事请假8名，实到代表489名，符合规定人数。本次大会的执行主席是朱读稳、肖超英、张金锐、陶方启、康正和、胡南亭、王章来、王强、盛云生、刘大群、汪卫东、汪莹纯、王彪、陈大林、何小祥、刘斌、李胜荣、高开甲、郭华平、胡腊香、汪恕东、范先汉、卓晓静。省委换届指导组组长金春忠到会指导并在主席台就座。

上午9时，大会主持人肖超英宣布大会开幕。朱读稳代表中共安庆市第九届委员会向大会作题为《推进科学发展，加快富民强市，为基本建成全面小康社会而努力奋斗》的工作报告。报告共分七个部分：一是过去五年的工作回顾；二是今后五年的目标任务；三是努力保持经济又好又快发展；四是加强以改善民生为重点的社会建设；五是推动文化大发展大繁荣；六是积极发展社会主义民主政治；七是着力提高党的建设科学化水平。

9月17日上午，中国共产党安庆市第十次代表大会举行第二次全体会议。大会由陶方启主持。本次大会应到代表497名，因事、因病请假19名，实到478名，符合规定人数。大会以举手表决的方式通过了《中国共产党安庆市第十次代表大会选举办法》和大会总监票人、监票人名单。本次大会的执行主席是：陶方启、胡南亭、王章来、王强、汪莹纯、王彪、陈大林、陈再忠、朱士群、丁一轩、万士其、殷金福、鲁德、张兆都、孙晓峰、曹艳平、方一清、姚永恒、王芯茹、李玉萍、龙道金、夏吉苗、曹立新。

同日上午，市第十次党代会举行主席团第三次会议。朱读稳主持会议。会议听取了关于市委委员、市委候补委员、市纪委委员候选人预备人选建议名单（草案）的说明；审议通过了市委委员、市委候补委员、市纪委委员候选人预备人选名单（草案）；听取了关于出席省委九次党代会代表候选人预备人选建议名单（草案）的说明，审议通过了这个人选名单（草案）。下午，第十次党代会举行主席团第四次会议。朱读稳主持会议。会议听取了市委委员、市委候补委员、市纪委委员候选人预备人选建议名单（草案）酝酿情况的汇报；审议通过了市委委员、市委候补委员、市纪委委员预选候选人名单；听取了出席省第九次党代会代表候选人预备人选律议名单（草案）酝酿情况的汇报，并通过了出席省第九次党代会预选候选人名单。

中国共产党安庆市第十次代表大会经过认真审议，决定批准朱读稳代表九届市委所作的《推进科学发展，加快富民强市，为基本建成全面小康社会而努力奋斗》的工作报告。大会认为，九届市委的工作报告，高举中国特色社会主义伟大旗帜，以邓小平理论和“三个代表”重要思想为指导，以科学发展观为统领，主题鲜明，重点突出，求真务实，催人奋进，充分体现了中央精神和省委要求，符合本市实际和全市人民的共同愿望，是今后五年推进安庆科学发展、全面转型、加快崛起、富民强市的纲领性文件。

历时4天的中国共产党安庆市第十次代表大会圆满完成各项任务后，于9月19日上午在黄梅戏艺术中心闭幕。大会号召，全市各级党组织和全体共产党员，更加紧密地团结在以胡锦涛为总书记的党中央周围，在中共安徽省委的坚强领导下，团结带领全市人民同心同德，奋发图强，为安庆科学发展、全面转型、加速崛起、富民强市，基本建成全面小康社会而努力奋斗！

朱读稳主持闭幕式。本次大会执行主席朱读稳、肖超英、张金锐、康正和、盛云生、刘大群、汪卫东、项小龙、宋圣军、徐晓华、黄菊旺、杨积满、汪洪、程学东、王俊科、石卫民、杨维东、朱大宁、汪谦慎、章松、张金华、张小青、詹灵芝在主席台就座。陶方启、胡南亭、王章来、王强、汪莹纯、王彪、陈大林等大会主席团其他成员同在主席台就座。

大会选出中国共产党安庆市第十届委员会委员51人、候补委员9人，中共安庆市纪律检查委员会委员35人和出席省第九次党代会代表62人。大会还以举手表决的方式，通过了《中国共产党安庆市第十次代表大会关于中共安庆市第九届委员会工作报告的决议》、通过了《中国共产党安庆市第十次代表大会关于中共安庆市纪律检查委员会工作报告的决议》。

大会完成各项议程后，朱读稳发表了讲话。他说，中国共产党安庆市第十次代表大会，经过全体代表的共同努力，圆满完成了各项预定任务。这次大会，是一次科学民主、务实创新、团结奋进的大会。大会期间，各位代表认真审议报告，充分发表意见，切实履行了党代表的神圣职责，表现出崇高的使命感和强烈的政治责任感。大会审议通过了九届市委和市纪委工作报告，这对于推进科学发展，加快富民强市，基本建成全面小康社会，全面提高党的建设科学化水平，必将产生重要的现实意义和深远的历史影响。

9月19日下午，中国共产党安庆市第十届委员会举行第一次全体会议。朱读稳受第十次党代会主席团委托，主持本次大会。会议通过无记名投票方式，选举朱读稳、肖超英、陶方启、王章来、王强、刘大群、汪卫东、汪莹纯、陈大林、项小龙、宋圣军、章松为中共安庆市第十届委员会常务委员会委员；选举朱读稳为中共安庆市委书记，肖超英、陶方启为市委副书记。全会还通过了中国共产党安庆市第十次纪律检查委员会常务委员会委员、书记、副书记名单；讨论通过了《中共安庆市委关于进一步加强自身建设的若干意见》。

新任市委书记朱读稳代表新一届市委和常委会在会上作重要讲话。他说，从现在起，新一届市委就正式接过"接力棒"，肩负着建设"四个安庆"、走在安徽发展前列的责任和使命，承载着全市各级党组织、广大党员和620万人民的希望和重托。市委班子的每一位成员，都要倍加珍惜时代提供的机遇和舞台，倍加珍惜安庆来之不易的良好发展局面，不辱使命，不负重托，同心同德，开拓奋进，坚决完成市第十次党代会确定的各项任务。

全市园区产业建设基本情况综述

一、园区及其产业基本情况

（一）各类园区竞相发展，园区发展体系初具雏形

安庆的园区经济起步于1993年，经过17年的发展，目前全市拥有国家级开发区1个，即安庆经济技术开发区；省级开发区9个，即安庆大观经济开发区、安庆大桥经济开发区、桐城经济开发区、怀宁经济开发区、枞阳经济开发区、潜山经济开发区、太湖经济开发区、宿松工业园、望江经济开发区；已批筹建的省级开发区7个，即岳西经济开发区、桐城双新经济开发区、宿松临江产业园、安庆临港经济开发区、望江桥港经济开发区、大观海口经济开发区、潜山源潭经济开发区；另有拟批筹的安庆市承接产业转移集中示范园区。在空间分布上，既兼顾均衡又突出重点，每个县（市）区至少设有一个省级园区；在产业分布上，涉及石油化工、轻工纺织、装备和机械制造、建筑建材和新材料、农副产品加工、文化旅游创意、现代商贸物流等多个行业，与安庆市的产业发展方向基本一致；在园区层次和规模上，已形成以国家级开发区为龙头，以省级开发区为主体，以乡镇特色经济板块为补充的园区发展体系，各园区竞相发展的格局正在形成。

2010 年安庆市各园区主要经济指标

序号	开发区名称	等　级	建成区面积（km^2）	工业总产值（亿元）	财政收入（亿元）	固定资产投资（亿元）	利用外资（万美元）
1	安庆经济技术开发区	国家级	14.70	130.90	5.95	67.25	7400
2	安庆大桥经济开发区	省级	8.60	26.21	3.60	26.08	3579
3	安庆大观经济开发区	省级	3.00	8.24	0.85	8.03	2305
4	桐城经济开发区	省级	10.00	69.00	3.45	30.90	1000
5	怀宁经济开发区	省级	12.00	63.40	2.50	15.23	984
6	枞阳经济开发区	省级	14.20	48.11	3.50	25.59	638
7	潜山经济开发区	省级	10.00	54.00	1.40	18.00	205
8	太湖经济开发区	省级	4.50	28.00	0.91	12.00	303
9	宿松工业园	省级	7.58	29.41	1.50	11.24	984
10	望江经济开发区	省级	10.00	51.47	1.98	20.40	1049
	合　计		100.58	529.34	26.70	248.22	19048

注：桐城双新经济开发区、宿松临江产业园、望江桥港开发区、潜山源潭开发区、大观海口开发区、安庆化学工业区、安庆承接产业转移示范园区的建设刚刚启动，无相关统计数据。

（二）园区带动作用日益显现，成为区域经济发展的增长极

近年来，安庆市园区经济保持了持续快速增长态势，已成为全市经济要素最密集、发展最具活力的区域。2010 年，安庆市园区固定资产投资 248.22 亿元，占全市比重达 35%；园区当年实际利用外资 19048 万美元，占全市比重超过 85%；园区工业总产值 529.34 亿元，占全市规模以上工业总产值的 38.6%；园区财政收入 26.7 亿元，占全市财政收入的 22%，其中财政收入过亿元的园区达 7 家。园区主要经济指标的增长幅度均高于全市平均水平，对安庆区域经济发展的支撑作用日益增强。与此同时，园区的快速发展，也有力促进了全市工业化、城市化进程的不断加快。

（三）产业承载平台不断夯实，成为招商引资的重要载体

安庆市各园区始终坚持基础先行，不断加大基础设施投入，完善园区硬件环境，创优发展平台。截止 2010 年底，省级以上各类园区建成面积 100.58 平方公里，基本形成了纺织、机电制造、建材、农副产品加工为主的产业集聚带。近年来，各园区努力强化招商引资工作，注重招商机制创新，外引内聚，不断夯实发展基础，积极承接沿海地区尤其是长三角地区的产业转移。连续多年，园区实际利用省外资金超过全市的 80%。园区已成为安庆市承接产业转移的重要平台，引进外部资金、技术和管理的重要窗口。

（四）园区特色逐步彰显，主导产业日益明确

安庆市省级以上园区基本都有较为清晰的功能定位、明确的主导产业方向，园区经济各具特色。安庆经济技术开发区在做大做强已经初具规模的汽车零部件、装备制造、化工医药、轻工纺织等主导产业基础上，正在打造国家级汽车零部件高新技术产业基地，并大力发展商贸物流业；大观经济开发区以循环经济为目标，重点建设循环经济产业园；大桥经济开发区侧重承接、壮大食品产业，积极推进食品工业城建设；桐城经济开发区充分发挥当地民营经济优势，全力打造中国包装印刷产业基地；怀宁经济开发区突出专业园区建设，浙商机械工业园、台湾工业园独树一帜，机械及汽车零部件工业园异军突起；枞阳经济

开发区推进"一区七园"的发展模式，轻纺、建材、造船、汽车零配件等特色产业园发展势头强劲；潜山经济开发区按照"一区三片"的空间布局模式，强调工业主导，配套发展现代综合服务业；太湖经济开发区依托本地资源优势和初具规模的机械制造业基础，正在全力打造汽车零部件的铸造基地，侧重发展旅游文化、农副产品加工、装备制造业；宿松工业园区、望江经济开发区的纺织服装业发展迅猛；岳西经济开发区注重后发优势，定位生态型、环保型，高起点、高标准推进生态园区建设。

安庆市各园区特色、主导产业一览表

序号	开发区名称	园区特色	主导产业
1	安庆经济技术开发区	汽车零部件高新技术产业基地、物流园	汽车零部件及船舶制造、机械、纺织服装、现代服务业
2	大观经济开发区	循环经济产业园	石油化工、新材料、电力
3	大桥经济开发区	食品工业城	食品轻工、医药
4	安庆临港经济开发区	临港产业区	轻工、纺织
5	海口经济开发区	机械电子产业区	机械设备、电子信息
6	安庆承接产业转移示范园区	新兴的现代产业集中区	石油化工、机械装备制造、新材料、现代物流
	其中：化学工业区	沿江石化产业基地	石油化工、环保设备、专用物流等
7	桐城经济开发区	包装印刷产业基地	轻工、机械
8	怀宁综合经济开发区	专业园区	轻工、机械
9	枞阳经济开发区	特色产业园	汽车零部件及船舶制造、建材
10	潜山经济开发区	特色产业园区	轻工、纺织
11	太湖经济开发区	特色园区	轻工、旅游服务
12	宿松工业园	纺织工业园	轻工、纺织服装
13	望江经济开发区	纺织产业基地	纺织服装、轻工
14	岳西经济开发区	生态园区	纺织服装、轻工
15	桐城双新经济开发区	包装印刷产业集聚区	轻工、机械
16	宿松临江产业园	临江港口工业新城	轻工、新型建材
17	望江桥港经济开发区	临江港口工业新城	轻工、现代物流
18	潜山源潭经济开发区	全国刷业基地	轻工、纺织

二、园区发展存在的主要问题

（一）园区布局分散

由于受行政区域分割影响，安庆所辖各县（市）区的园区基本上处于单独规划、自行开发、相对分散的局面，这在宜城板块表现得最为明显。宜城板块内拥有安庆经济技术开发区、大观开发区、大桥开发区、临港经济开发区、安庆市承接产业转移集中示范园区、化学工业区等六个园区，它们类型各异、规模不等，但却毗邻接壤，犬牙交错，甚至区在区中。各园区选址缺乏多方案的比较和分析，起点低，没有科学预留相应的发展空间，存在一定的盲目性和随意性。地域的邻近也带来了产业定位上的雷同，功能区分不明确，导致各开发园区间的不正当竞争时有发生。六个园区相互分割，导致基础设施和公共服务难以共享。

（二）产业关联度低

安庆的开发园区基本上都是工业区，各种工业“大杂烩式”集中在一起发展。在园区发展问题上地方政府虽然都提出了要发展园区主导产业，但目前各园区主导产业基本上都是多元化的，缺乏具有引领新性的主导产业，形成一种包罗万象、庞杂无序的态势。园区内企业不是围绕主导产业关联发展，也不是处于同一产业链上集聚式发展，而是相互独立、各谋其事，园区企业之间的产业关联度并不高，导致园区产业配套能力低，产业链条难以延伸，资源的共享性比较差，以至园区目前普遍没有形成自己的核心竞争力。

（三）产业同构严重

安庆的园区由于大多依赖于本地初级生产要素，而各地由于地理接近性，使得资源同一性高，以至各园区产业同构现象突出。以纺织业为例：望江经济开发区把纺织业作为自己发展的支柱产业，宿松工业园把纺织服装作为自己积极发展的主导产业，枞阳经济开发区也着力发展轻纺工业。园区因缺乏产业链统筹规划导致的产业低水平同构现象带来的是低水平的重复建设、产业的布局分散，难以形成产业聚集效应和规模效应，从原料和市场两个方面限制了地方工业园区的进一步做大做强。

（四）龙头企业偏少

安庆园区在引进世界五百强等大企业、大项目上没有取得突破。各园区缺乏顶天立地的大企业和企业集团，导致园区经济规模扩张速度不快，总体带动能力有限。在宜城板块园区中，达到一定规模的企业数量不多，大多数是本地一些小规模、劳动密集型和技术含量不高企业的简单聚合，不能起到带动宜城经济快速发展的作用，对全市经济的辐射带动作用也很有限。

（五）园区效益偏低

由于园区建设初期功能定位不明确且各自为政，导致园区布局分散、关联度低、平均规模偏小；加上超大型企业缺乏、产业层次较低、创新能力不足、高层次人才难以引进、体制机制不够完善、管理效率不高等原因，园区的各种资源被粗放利用，全市100平方公里的开发园区创造的生产总值只有201亿元，投入产出率较低。

注：此篇文字节录于2011年11月16日市政府发出的《关于印发安庆市产业承载平台与园区建设规划的通知》附录《规划》文件的第一章原文。现选录其中两大要点资料（年度数据截止于2010年），存史资鉴，综其大观。

市郊抗震救灾纪实

2011年1月19日中午12时07分42秒，一场4.8级地震在市境宜秀区与怀宁县交界处发生了。顷刻间，地震造成宜秀、怀宁、枞阳等县区1.8万余间房屋受损，3.74万群众受灾，因灾直接经济损失约2.36亿元。截至1月23日7时，安庆震区共发生余震40次，其中1.0级以上地震14次，最大震级为2.6级。但幸运的是，地震没有造成人员伤亡。

地震发生后，党中央、国务院和省委、省政府高度重视。1月20日夜，国务院副总理回良玉作出重要指示：安庆地震后又遭遇大雪天气，对安置和救灾工作可能会造成困难，希望各级部门全力支持。省委书记张宝顺，省长王三运，省委常委、副省长赵树丛，副省长倪发科、谢广祥分别作出指示，要求妥善安置群众生活，加强震情跟踪监测，核实灾情，防止次生灾害发生。省长王三运，省委常委、副省长赵树丛先后代表省委、省政府深入灾区察看灾情，慰问受灾群众，指导抗震救灾。省政府应急办和地震、民政部门负责人第一时间赶到震中地区，省财政、住建、公安、教育、新闻出版等部门负责人亲临指导，给予大力支持。华东部分省市地震部门也派出应急工作队。1月24日，省政府常务会议又专门听取市抗震救灾情况汇报。1月25日，省长王三运、副省长倪发科在市委书记朱读稳、市长肖超英等陪同下深入杨桥镇实地察看灾情，慰问受灾群众。1月30日，省委书记张宝顺、副省长赵树丛、省委秘书长詹夏来在市领导朱读稳、肖超英等陪同下来到杨桥地震灾区看望群众、慰问奋战在抗震救灾第一线的干部群众。

人民的利益高于一切。地震发生后，正在合肥参加省“两会”的市委书记朱读稳、市长肖超英立即请假离会，与副市长宋圣军率相关市直部门主要负责人，第一时间赶赴地震受灾最为严重的宜秀区杨桥镇，与省地震局地震现场工作队会合，深入现场察看灾情、部署抗震救灾工作、慰问受灾群众。接到地震发生在杨桥等地的消息后，市委副书记陶方启于19日中午1时许在市委常委会议室召集市直相关部门及有关县区主要负责人，部署灾情摸排、隐患排查、信息发布、震区群众安置等各项工作。市委、市政府于19日中午启动《安庆市地震应急预案》三级响应，迅速向各地各部门发出《关于做好抗震救灾工作的紧急通知》，随即又召集市直相关部门及有关县区主要负责人，部署震区群众安置、隐患排查、灾情摸排、信息发布等各项工作。成立由市长肖超英担任指挥长、4位副市长任副指挥长的安庆市抗震救灾指挥部，下设综合组、生活救助组、监测预测和调查评估组、救治防疫组、通信保障组、基础设施保障组、恢复重建组、宣传组、社会治安组等9个工作组，抽调人员集中办公。指挥部每天召开会议，听取情况汇报，加强督查力度，协调解决问题。市委、市政府主要负责人每天深入灾区，落实各项措施，全力抗震救灾。1月26日晚上，市委、市政府召开专题会议，听取宜秀区及市委宣传、财政、地震、建委、民政、卫生规划等部门前期抗震救灾工作汇报及今后工作安排，重点部署地震受灾群众安置和灾后重建工作。

在市指挥部的统一指挥下，相关部门连夜组织专家深入灾区察看损坏严重的房屋，动员群众立即转移，能投亲靠友的投亲靠友，不能投亲靠友的就近安排到灾区安置点集中安置。根据省地震局专家意见，当晚宜秀区分别在杨桥镇中心学校、舒州中学和宣店小学设立3个集中安置点，妥善安排床位、被子、取暖设施等生活用品。杨桥镇敬老院90名老人在震后3小时内全部转移完毕，所有受灾群众均在19日晚10时前得到安置。

为切实把转移出来的群众生活安排好，各级各部门紧急向灾区调拨安置资金和物资，确保在安置点统一安置的受灾群众有热饭吃和热水喝，有取暖保暖设备设施，有临时医务室，有干部轮流值守和专人接访，有公安干警日常值守和巡逻，有防火防滑措施，有宣传标语和固定标识，有被安置人员花名册。据统计，到1月24日，共调运2200床棉被、1000件棉衣、500顶帐篷、534件棉大衣，省财政调拨200万元，市区财政调拨资金100万元用于救灾。

为查明震区受损情况，市抗震救灾指挥部派出由市区、镇、村260名干部组成的工作组，深入到震区，对震中烈度为5度和6度区域进行拉网式排查，不留死角；对其他区域进行重点排查，对人员伤亡及财产损失情况准确统计。区镇村干部配合省市专业技术人员组成20个工作组，对受灾乡村逐户进行摸底排查，对房屋受损情况拿出应急排查意见，并逐户登记造册，做到情况明、底数清，为灾民安置和灾后重建提供可靠依据。经对烈度为5度和6度灾区9647户民房进行排查，发现受损户数为4650户，占48%；其中受损严重不能居住需要拆除的605户（需全部拆除重建的388户，需部分拆除重建的217户），受损较重、需要观察加固的2005户。

为及时发布正面信息，加强舆情引导，1月19日下午18时，市政府召开新闻发布会，向到会的20多家新闻单位通报情况。震区基层干部同时深入到受灾群众中，宣传地震部门的科学预测，积极做好信息通报和科学解释工作，避免群众恐慌。

在市指挥部的统一部署下，各部门齐心协力，各负其责。地震部门在省地震局的支持下，在杨桥镇架设3台流动测震仪，密切监视和关注省内及周边地区震情动态和余震情况，及时做好震情会商；民政等部门积极调度救灾物资，确保受灾群众正常生活；卫生等部门加强灾区食品安全监管和指导，确保食品安全；公安等部门加强治安巡逻，维护灾区正常生活秩序；建设等部门加强危房、环境检测和设备检修，保证灾区供电、供水、供气、公交、环卫等市政公用设施运行正常，环境不受破坏；通信等部门切实保障通信安全畅通；安庆石化对地上地下管网和装置设备进行全面检查检测，确保安全运行。

民生工程

【概况】 在巩固2010年实施的民生工程的基础上，实施42项民生工程，其中省统一实施的33项、市自定的9项。2011年3月，市政府根据《安徽省人民政府关于2011年实施33项民生工程的通知》精神，结合安庆实际，印发《安庆市人民政府关于2011年实施42项民生工程的通知》，树立民生为重、民生优先的理念，精心组织实施好每一项民生工程，不断提升人民群众的幸福指数，有效缓解民生热点难点问题，有效地保证了各项民生工程扎实开展。

市民生办对全市各县（市）区民生工程资金进行认真测算，市民生工程需资金53.55亿元，其中中央和省安排资金41.47亿元、市本级财政配套1.07亿元、县(市)区财政配套7.58亿元、其他非财政渠道筹措资金3.43亿元。市财政局印发《关于2011年42项民生工程资金筹措有关问题的通知》,进一步优化支出结构,尽量压缩一般性支出,在得到各预算单位大力支持和理解的基础上,千方百计挤出资金,确保配套资金及时足额落实到位。截至12月底,共投入资金55.83亿元,其中中央和省级资金43.27亿元、市县配套12.56亿元,以上资金已100%拨付。

3月3日,市委常委、常务副市长汪莹纯主持召开全市民生工程协调领导小组会议,总结2010年的工作,研究部署2011年民生工程的各项工作。3月14日,市政府召开全市民生工程暨财政工作会议,市长肖超英就做好全市民生工程和财政工作作重要讲话;市委副书记陶方启主持会议;市委常委、常务副市长汪莹纯宣读了2010年度全市民生工程工作组织实施工作报告;各县(市)区政府签订2011年民生工程目标责任书。3月18日至4月8日期间,各县(市)区召开民生工程工作会议,细化、量化目标任务,全面落实工作责任。4月15日,市财政局(民生办)召开全市民生工程工作座谈会,市民生工程领导小组各成员单位,各县(市)区参会同志汇报今年以来各地民生工程进展情况,提出了具体意见和建议。6月27日,市财政局召开工程类民生工程推进会,分析民生工程进展态势,强化各地各部门工作责任,加大民生工程实施力度;7月28日,市委书记朱读稳主持召开保障性安居工程建设调度会,就下一部加快保障性住房建设进行研究和部署,确保今年保障性住房建设任务完成。10月10日,市政府在怀宁县召开全市民生工程现场推进会议,市长肖超英出席会议并讲话,要求抓好考核工作,全面推进全市民生工程的深入实施及任务的完成。

督查贯穿民生工程实施全过程。市政府出台《关于实行市政府领导包干负责县(市)区民生工程推进工作制度的通知》,多次召开民生工程汇报会、协调会、调度会,市民生办适时召开联络员会议,分析形势、研究对策、制定办法,及时解决民生工程实施过程中存在的问题,确保各项民生工程均衡发展,扎实推进。3月下旬,市直各单位开展第一轮部门专项督查,就2011年度民生工程的目标任务落实、前期准备工作等情况进行督查指导。4月下旬,由市监察局、市审计局、市财政局带队,对各县(市)区开展2011年度第一次综合督查,重点对2011年各地配套资金落实、项目进展和2010年度部分工程类项目“回头看”情况进行督查。5月上旬,市民生办以“致市长一封信”的形式对各位市长包干负责县(市)区和分管部门存在的问题进行专题汇报。6～7月,市政府各位市长到包干县(市)区和牵头部门巡视、督查,了解情况,解决问题,有力地推进了全市的民生工程。8月,市直各部门开展第二轮部门专项督查。9月下旬,由市政府督办室、市审计局、市财政局带队,对各县(市)区开展2011年度第二次综合督查,重点督查工程类民生工程进展情况。全年的督查工作,既避免了重复,又突出重点;既减轻基层负担,又有针对性,效果明显。

政策宣传到位。3月下旬,市委宣传部、市民生办制定《2011年民生工程宣传方案》,广泛利用广播、电视、网络、报刊、宣传栏、橱窗、简报、明白纸、一封信、横幅标语等形式,多角度、深层次、全方位宣传民生工程政策。4月,全市各级各部门开展丰富多彩的民生工程宣传月活动。各县(市)区民生办开展民生工程“上街下乡”宣传活动,与群众面对面,宣传民生工程政策。7月,市直工委和市财政局联合举办“民生杯”“党在我心中”诗歌(散文)朗诵比赛。市报社、电台、电视台纷纷开辟专栏、专题,及时报道全市民生工程的新举措、新进展、新成果,让民生工程政策措施深入基层、深入人心,提高了广大人民群众对民生工程的知晓度和满意度,逐渐形成全社会了解、关心、支持、参与和监督民生工程的浓厚氛围。

各县(市)区开展全面走访活动,就存在的问题,有针对性的提出建议和意见。通过边走访、边检查、边整改、边完善,切实巩固民生工程实施成效,提高人民群众对民生工程的满意度,确保民生工程持久发挥效益。

【省33项民生工程实施情况】 1.农村居民最低生活保障制度。印发《安庆市农村居民最低生活保障实施办法》,持有省内农业户口的农村居民,凡共同生活的家庭成员年人均收入低于户籍所在地农村低保标准的,均有权享受农村低保待遇。各地规范农村低保审批审核程序,进一步规范农村低保工作。全市农村低保户数227603户,保障227603人,累计发放资金25033.44万元,将符合低保条件的农村居民全部纳入保障范围,按规定标准及时、准确、足额发放补助资金。

2.农村“五保户”供养制度。加强对五保供养对象的动态管理,加大农村五保供养服务机构投资,提高集中供养率。截止年底，全市五保户发放人数为57320人，累计发放资金9821.02万元。五保供养资金按规定及时发放，逐步提高农村“五保户”供养标准，使其达到当地农村居民平均生活水平，2011年分散供养标准年人均不低于1400元。

3. 计划生育家庭奖励扶助制度。对符合政策规定的计划生育家庭给予奖励(特别)扶助，确保奖励(特别)扶助资金及时、准确、足额发放。全市初步确定并报省确定的奖助对象人数为18897(农村奖励扶助16769人、城乡特别扶助2128人)，“半边户”农业居民一方奖励扶助262人。

4. 大中型水库移民后期扶持政策。及时、准确、足额将直补资金发放到移民个人，每人每年补助600元，继续对移民村实行项目扶持。全市实际农村移民人口数为133894人，已发放直补资金7749.73万元。2011年大中型水库移民后期扶持项目下达资金4075.9万元，项目受益人数341963人，各县(市)区已完成实施方案审批，部分项目已开工建设。

5. 城市低收入家庭住房困难保障机制。城市低保住房困难家庭保障范围继续扩大到城市低收入住房困难家庭，保障总户数为21935户，其中实物配租9476户、租赁补贴12430户、其他方式29户，超额完成全年任务。全年廉租房竣工1270套，公租房竣工1916套，超额完成目标任务。

6. 贫困重度残疾人生活救助制度。全市贫困重度残疾人累计完成的救助人数为46020人(城镇6155人、农村39865人)，超任务数2024人，对符合政策规定的贫困重度残疾人每人每年补助600元，救助资金已按季打卡发放，累计拨付资金2761.2万元。全市贫困精神残疾人累计完成救助5224人，超任务数691人，按每人每年500元基本精神药物治疗费用补助，累计拨付资金259.3万元。

7. 社会(儿童)福利中心建设。2011年应完成建设项目3个，床位270张，现已全部完工，完成投资1342万元，满足孤残儿童和城镇“三无”人员养护、康复、医疗、教育、托管等服务需求，并对辖区内孤残儿童福利保障工作提供指导、走访、技术培训、监督检查等服务，为多种养育模式提供稳固的依托和载体。

8. 光荣院建设。安庆市第三光荣院坐落于潜山县，规划用地30亩，建筑面积4329平方米，编制床位100张。截至12月底，基本完工，完成投资额526万元。

9. 城乡义务教育经费保障机制改革。同步推进城乡义务教育经费保障机制改革，继续免除城乡义务教育阶段学生学杂费，全面免除农村地区义务教育阶段学生教科书费用，并补助农村贫困寄宿生生活费。免除义务教育阶段45855名学生学杂费，对579261名农村学生、1307名城市低保家庭学生提供免费教科书，补助18993名贫困寄宿生生活费。截至12月底，拨付农村公用经费43411.72万元；拨付城市免杂费及公用经费1361.3万元；拨付城市免费提供教科书资金49.45万元；农村免费提供教科书由省统一采购、直接结算；补助贫困寄宿生生活费1824.31万元。

10. 中职学校和普通高中家庭经济困难学生资助制度。落实各项助学政策，扩大受助学生比例，对农村家庭经济困难学生和涉农专业学生免除学费，逐步提高资助水平，从制度上基本解决家庭经济困难学生的就学问题。2011年，高校享受国家助学金学生数343人，校内贫困学生资助127人，累计发放金额46.89万元。发放29444名中职学生国家助学金2672.02万元，发放41243名高中学生国家助学金4024.82万元。校内贫困学生资助完成高中助学金发放学生数34311人，发放金额5146.65万元；完成中职校内贫困学生资助3323人，发放金额216.33万元；发放7122名中职学生免学费资金1304.7万元。

11. 新型农民培训工程。完成新型农民培训任务57007人，其中农村劳动力转移培训阳光工程18385人、农业专业技术培训27242人、农民创业培训2442人、农民科技示范培训8725人，累计支出资金2232.67万元。

12. 农民工技能培训工程。完成农民工技能培训2.3万人，培训后取得职业资格证书率达到60%以上。全市已培训25538名农民工，占任务数的111%，支出资金1099.14万元。

13. 校舍安全工程。以全市校舍排查鉴定结果为基础，以国家规定的重点设防类校舍抗震和综合防灾为重点，结合城镇化的进程，实施校舍安全工程。截至12月底，共完工1593个，完成投资额9.43亿元。

14. 农村留守儿童之家建设。已完成672个留守儿童之家建设任务，完成投资201.6万元；2011年计划在56个乡镇创办留守流动儿童活动室，现已全部完成并对外开放。进一步改善了农村留守儿童课外活动条件，为促进留守儿童身心健康成长提供保障条件。

15. 新型农村合作医疗制度。巩固和完善新型农村合作医疗制度，合理设计不同级别医疗机构的住院费用起付线和分段补偿比例，提高补偿比例，参合农民全年累计补偿封顶线提高到15万元；全面普及门诊统筹，扩大参合农民受益面，单次门诊的补偿比例提高到35%以上。2011年，全市农民参合人数达488.18万人，参合率为98.4%，实际筹集资金9.26亿元。

16. 城镇居民基本医疗保险制度。将本地区城镇非从业居民纳入城镇居民基本医疗保险制度覆盖范围。2011年，城镇居民参保人数87.65万人，完成目标任务的118.4%，基金累计支出8084.37万元。

17. 城乡医疗救助制度。扩大城乡医疗救助覆盖面，简化程序，规范操作，方便群众，增强医疗救助的及时性。全市共开展医疗救助31.95万人次，救助资金支出8077.54万元。

18. 重大传染病病人医疗救治和生活救助保障机制。对艾滋病、结核病、晚期血吸虫病等重大传染病病人及时进行医疗救治，并对其医疗救治费用按规定标准给予减免。2011年，救治艾滋病病人86人，贫困结核病病人945人，晚期血吸虫病人2060人。

19. 贫困白内障患者复明工程。完成贫困白内障患者免费手术1280例，手术100%成功，手术患者100%复明，超额完成任务。

20. 城乡卫生服务体系建设。农村卫生服务建设方面，按照农村卫生民生工程服务体系总体规划，并结合各地区划调整情况及中央和省年度投资控制数，完成29个村卫生室业务用房建设和设备添置的填平补齐任务。城市社区卫生服务方面，至2011年底，社区卫生服务机构总数已达到158个，完成投资额738万元。

21. 提高妇女儿童健康水平。全市婚前健康检查率80%以上，婴儿出生缺陷发生率控制在1%以下；提高孕产妇住院分娩率，逐步实现平产住院免费分娩；完成辖区2所县区级妇幼保健机构规范化建设；国家扩大免疫规划疫苗接种率达90%以上。截至12月底，完成免费婚检84374人，占目标任务的112%；补助农村孕产妇45099人；累计接种扩大国家免疫规划疫苗130.16万剂次，达到并超过省规定指标要求。

22. 政策性农业保险制度。积极引导、组织和推动政策性农业保险试点，努力扩大农业保险的覆盖面，有效提高农户参保率，确保损失配股兑现率。截至年底，全市种植业农作物已承保1051.3万亩，占全市种植面积的90%以上，保险覆盖率和部分保险品种覆盖率均已达到省厅要求；经安庆市种植业局统计，全市农户1318189户，各品种参保户次达6193422户，平均每户参保4.7次(早、中、晚稻及其他5个品种)，其中水稻参保1516093户次，农户投保率100%，油菜投保678703户，小麦投保305755户，棉花投保494842户，粮棉油等主要农作物农户投保率均已达省厅要求；能繁母猪截止11月末投保144805头，投保率达95.47%，奶牛投保35头，投保率100%；到目前已经拨付保险经办机构保费补贴12132.12万元，省拨市保费补贴资金、市及各县(市)区财政配套资金已全部拨付经办机构。

23. 农村饮水安全工程。结合各地新农村建设要求，因地制宜地确定农饮水安全工程模式和布局。2011年度，按国家有关标准，全市共解决28.8万农村人口的饮水不安全问题，243处农村饮水安全项目全面完成，累计拨付资金15291万元。

24. 农村五保供养服务机构建设。加大农村五保供养服务机构新建、改建、扩建力度，逐步提高集中供养率，在现有183所农村敬老院的基础上，再新建、改扩建50所标准化乡镇敬老院，2011年新增床位3500张，累计投入资金4069万元。

25. 农村沼气建设工程。进一步加大农村沼气建设，促进节能减排，改善农村环境，促进农村沼气发展上规模、上水平，让更多的农民受益。2011年，建设农村户用沼气池8300户，农村沼气乡村服务网点80个，县级服务站8个，大中型沼气工程7处。

26. 病险水库除险加固工程。2011年应完成国家新编规划中8座小一型水库，列入省级除险加固规划的42座小二型水库年底都已完工；应开工建设列入国家新编规划的53座小一型水库、29座省计划小二型水库，已全部开工，开工率100%，有效保障了下游群众的生命财产安全。

27. 广播电视“村村通”工程。全市完成2136个20户以上已通电广播电视盲村“村村通”建设任务，累计拨付资金2136万元。

28.“农家书屋”工程。建成609个农家书屋，每个书屋可使用面积不少于20平方米，每个书屋配套图书不少于1500册，种类不少于1200种，报刊不少于30种，电子音像制品不少于100种，每个书屋配备书橱不少于5个，一定程度上满足农民群众的文化需要。累计拨付资金1218万元。

29. 乡镇综合文化站建设。完成42个乡镇综合文化站建设，实际完成投资2047万元，一定程度上促进了县乡村三级文化服务网络的健全和完善。

30. 一事一议财政奖补。完善一事一议筹资筹劳办法，促进城乡统筹发展。全市2011年共有157个乡镇1609个村39997个村民组开展了一事一议财政奖补工作，村级覆盖面占全市1660个村的96.93%；受益人数443.88万人，占全市农业人口数的86.8%。各乡镇共申报项目2043个，各县(市)区政府共审批1975个，其中：农田水利设施573个、道路修建1161个、植树造林5个、安全饮水38个、环卫设施39个、文化体育设施41个、其他28个。截止到11月底共完成1879个工程项目，完工率95.14%。

31. 农村公路危桥加固改造。2011年计划建设132座，截至年底，完工87座，剩余45按计划于2012年完工，累计完成投资额7313.65万元。

32. 农村危房改造及清洁工程。完成17728户农村危房改造任务，优先解决经济最困难、住房最危险的农村困难家庭的居住安全问题。完成28个乡镇的农村清洁工程，开展乡镇环境卫生综合整治，促进农村环境改善。

33. 家电下乡和家电以旧换新政策。引导更多的企业关注农村市场，进一步扩大消费需求，提高农村家电的普及率，逐步建立完善废旧商品回收、利用等体系。截至2011年底，家电下乡申请补贴用户购买662255台，补贴661629台，补贴金额22513.79万元，补贴兑付率达99.27%。

【市定9项民生工程实施情况】 1. 帮扶就业困难人员就业再就业。坚持以人为本，建立实施就业援助制度，着力解决“零就业家庭”和就业困难人员就业问题。2011年，成功帮扶4740名就业困难人员实现就业，占全年任务的115.52%。

2. 实施被征地农民基本养老保险。进一步完善被征地农民基本养老保险制度，将符合政策规定的被征地农民全部纳入被征地农民基本养老保险范围。全市22.54万余名被征地农民被纳入养老保障范围，实际发放被征地农民养老保险金人数为45464人，累计发放7162.89万元。

3.“菜篮子”工程。加快市辖区城郊型农业发展，促进城郊“菜篮子”基地建设，提升产品产量和质量，保障城市供应，让老百姓吃得放心、吃得安全、吃得满意。新建蔬菜基地4640亩，占总目标任务的116%。

4. 平安社区建设工程。构建流动人口社会化管理工作信息平台。加强以流动人口、出租房屋、高危人群及社区矫正对象等实用人口管理为重点的基层工作。加大人防、技防工作力度。三类可防性案件得到有效遏制(增幅控制在5%以内)，无重特大治安灾害事故和重特大群体性事件，社会治安状态良好，群众安全感明显提高，满意率达95%以上。

5. 食品药品放心工程。全面整治和规范食品药品市场秩序，重点打击制售假劣食品药品的违法行为，建立健全食品药品安全责任体系和长效监管机制，继续完善食品药品应急预案，确保不因工作失职而造成各类食品药品安全事故，及时有效地处置食品药品安全突发事件，保障人民饮食用药安全。

6. 开展文化下基层进社区。开展广场文艺演出，开展“送戏、送电影、送图书”和“送展览、送书画”进社区下基层活动。2011年共组织送戏下乡21场、送戏到社区67场，广场演出46场；送电影进社区707场，送电影下乡1059场；送展览到社区72场，送书画展览到社区91场，建设基层流动图书馆11个，送图书下乡册，超额完成目标任务。

7. 法律援助工程。将本辖区内符合政策规定的困难群众全部纳入法律援助范围，进一步扩大法律援助覆盖面，增加法律援助办案数量，提高法律援助案件质量，切实为经济困难的群众提供法律援助。

8. 城区小街小巷路灯工程。推进城区小街小巷路灯设施建设，做好路灯设施维护管理工作。全年共安装路灯233盏，完成目标任务的114.08%。

9. 城区人口出生缺陷干预一级预防。开展待孕夫妇“孕前优生健康检查”，全面普及出生缺陷预防知识，提高代孕夫妇健康水平，有效遏制和降低婴儿出生缺陷发生率。

栏目编辑：刘帅钢

年度人物

李亚栋

李亚栋，男，1964年出生，宿松县人。1986年7月毕业于安徽师范大学化学系。1995至1998年在中国科学技术大学化学系钱逸泰教授指导下攻读博士。1999年3月起在清华大学化学系任教授、博士生导师，清华大学化学系无机化学研究所所长，化学系学术委员会主任。李亚栋教授主要从事无机功能纳米材料的合成、结构、性能及其应用研究，在多种国际一流的刊物上发表论文50余篇，申请中国发明专利10余项，应科学出版社的邀请翻译英国牛津出版社《无机化学精要速览》一书，担任美国化学会《无机化学》(Inorg. Chem.)杂志顾问编委，国际《材料研究快讯》副主编、《材料研究学报》责任编辑。李亚栋教授获得2000年中国科学院自然科学奖一等奖和国家杰出青年科学基金。他还先后获得1998年中国科学院院长特别奖、1999年柳大刚优秀青年科学奖和国家自然科学基金委优秀论文奖、2001年国家自然科学二等奖和教育部"长江特聘教授"、2002年北京市茅以升青年科技奖、2006年北京市科学技术奖一等奖、2008年国家自然科学奖二等奖。李亚栋教授先后培养博士生20余名，其中3人获得全国优秀博士学位论文奖，2人获得国家杰出青年科学基金资助。2011年12月9日李亚栋教授当选中国科学院院士。

徐宗本

徐宗本，男，1955年生于陕西省柞水县，祖籍安徽省岳西县，1973年就读于西北大学数学系，1987年获西安交通大学理学博士学位，英国Strathclyde大学博士后。曾获国家自然科学二等奖、教育部自然科学一等奖、教育部科技进步一等奖、中国工业与应用数学学会苏步青应用数学奖。徐宗本教授任教于西安交通大学数学与统计学院，为博士生导师。作为应用数学家、信号与信息处理专家，徐宗本教授长期从事智能信息处理基础研究，在相关数学理论上取得系统性创新成果。徐宗本教授提出稀疏信息处理的L(1/2)正则化理论，为稀疏微波成像新体制提供了重要基础，已在中科院电子所微波成像技术国家级重点实验室得到应用，并被国家安全重大基础研究项目采用。他发现并证明机器学习的"徐—罗奇"定理，解决了神经网络与模拟演化计算中的一些困难问题。他提出的数据建模新原理与新方法，应用于某国有大型企业和国家重大工程，产生了重大经济和社会效益。徐宗本教授先后主持完成"973"、"863"国家自然科学基金及香港UGC科学基金等国家级科研课题15项。在著名杂志发表学术论文172篇，被SCI论文引用785次(他引642次)，单篇引用率59人次。12月9日，徐宗本教授成为2011年中国科学院新增院士。

钱前

钱前，男，1962年出生，枞阳县人，中国水稻研究所稻种资源研究领域首席科学家、水稻生物学国家重点实验室主任。他率领的科研小组获得"十一五"国家科技计划执行优秀团队奖。

1989年钱前在日本获得硕士学位，之后来到位于富阳的中国水稻研究所，随后又考取了中国农科院博士研究生，师从我国著名的水稻遗传育种家熊振民与闵绍楷先生，从事水稻遗传学研究。博士毕业后，他再次东渡日本进行博士后研究。1998年获浙江省青年科技奖，同年成为中国科学院知识创新工程第一批高级访问学者，先后获得浙江省特级专家、浙江省和农业部中青年突出贡献专家称号、政府特殊津贴、浙江省与中国农学会青年科技奖、中国农科院杰出人才一级岗位称号和新世纪国家百千万人才工程培养人选。2001至2009年发表并被SCI收录的论文达50余篇，发明专利3项，主编专著2部，钱前将生物技术和遗传资源渗透到水稻育种领域中，形成了鲜明的研究特色。

钱前领导的国家重点实验室，在短短几年时间里，先后获得国家科技进步奖一、二、三等奖及国家自然科学奖二等奖、三等奖等多项奖励，研究成果分别在《自然》、《科学》等国际顶尖科学杂志上发表。钱前与中国科学院李家洋院士合作的“揭示水稻理想株型形成的分子调控机制”项目，被评为2010年度中国科学十大进展项目。2011年，钱前入围中国工程院院士初选名单。

汪珍连

汪珍连，男，1953年出生，望江县人，生前系望江县太慈中心学校桥慈小学高级教师。上世纪70年代，汪珍连在朝阳小学担任民师，1980年9月，被原桃岭中心小学任命为许冲小学校长。1988年由民师转为公办教师，任公办教师的13年间，曾在3所完小任教，并在原许冲小学连续26年担任校长。汪珍连几十年如一日，扎根乡村教育，在教学、管理一线辛勤耕耘，经常挑灯夜战整理资料，走村串户做扫盲工作，落下终生眼疾。当时农村学校的现状是教师少、班级多，往往一人要带两门以上主课，并且是复式班教学，汪珍连至少带了34年的复式班教学。期中、期末考试没有现成的试卷，汪珍连主动担负起全校的制卷工作。汪珍连喜欢带“差班”，还有一套带“差班”的工作经验。对“差生”，他在耐心辅导的同时，还经常进行家访，同家长一起努力促进孩子进步。2006年8月5日，汪珍连主动辞去许冲小学校长职务，调任到桥慈小学任教。2011年4月7日上午，汪珍连在上第二节数学课时，因长期超负荷工作，积劳成疾，突发心肌梗塞，倒在工作岗位上，经抢救无效去世，年仅58岁。为大力宣传汪珍连的先进事迹，激励广大教师更好地教书育人，中共安徽省委教育工委、省教育厅决定追授汪珍连“安徽省优秀教师”荣誉称号，在全省教育系统开展向汪珍连学习的活动。

王德红

王德红，女，1963年出生，岳西县人，1986年12月加入中国共产党。2005年8月王德红担任岳西县妇联主席，开展各种活动帮助解决妇女儿童最关心、最直接的问题，得到上级妇联和县委县政府的充分肯定。县妇联先后被授予全省妇联系统“五五”普法先进集体、安庆市先进妇联组织、全省实施“两纲”先进县、全省留守流动儿童活动室建设工作先进县，全国城乡妇女岗位建功先进集体，县妇联连续三年被授予安徽省“三八”红旗集体荣誉称号。

2009年从省委党校法律专业本科班毕业后，王德红每年都亲自组织专门的下乡调研活动，通过整合资源，建立“岳西县妇女儿童活动中心”，争取省妇联支持资金18万元；2010年通过争取社会支持，建立了“岳西县栋梁贫困母亲救助基金”，仅2011年就为贫困母亲60人发放救助款7.9万元。

王德红把妇联组织建设成为广大妇女姐妹的“温暖之家”。几年来，县“春蕾计划”积极争取社会取救助资金100多万，使2000名贫困学生得到了资助，共为14名患重大疾病的妇女儿童发出募捐倡议，共募得社会捐款20多万元。2011年王德红当选为中共岳西县第十三次代表大会委员和纪律检查委员会常委，还当选为中共安庆市第十次代表大会代表。

储昭华

储昭华，男，1964年生，岳西县人，肢残，县昭华饮品厂厂长。1982年，储昭华被土炮误伤，失去了双手和左眼。从医院回家后，他带着柴刀上山练砍柴、下田练锄草，半年后终于可以做些简单的农活。农活之余，喜欢动脑的储昭华开始尝试做点小生意，收购中药材，同时在家窖茯苓、天麻。由于勤奋，他不仅解决了温饱，开始略有积蓄。

2000年，在乡政府和村委会干部的帮助下，储昭华多方贷款，购置设备，创办酒厂和养猪场，用酒糟养猪，探索出农业循环经济模式。到2011年，两个经营实体共安排39名残疾人和5名群众就业，取得良好的经济效益和社会效益。在岳西县残联的扶持下，储昭华还实施“贷仔养猪”扶残项目，帮助200多名残疾人通过养猪摆脱贫困。他的酒厂和养猪场被安徽省残联批准为“残疾人就业实训基地”。储昭华荣获安庆市残疾人创业之星称号，并入选安徽省双十佳先进人物。

2011年8月16日，《人民日报》以《储昭华：寻找属于自己的天空》为题，图文并茂地报道了储昭华创办酒厂和养猪场、带领残疾人脱贫的先进事迹。

叶小红

叶小红，女，1969年生，安庆市人，市聋儿康复中心主任。2011年被评为“十一五”全国听力语言康复工作先进个人。

2007年以来，叶小红组织实施了全市彩金项目救助(92人)、中残联贫困聋儿(助听器)项目救助(100人)、国家人工耳蜗项目的材料初筛、复诊验配、语训安置、集中收训、家庭指导、亲子同训等项工作(21人)。在工作中主动争取财政及社会各方支持,新增现代化办公设备、符合听障儿童身心发育特点的教学玩具等;进一步建立健全各项规章制度、安全管理机构和人才培养机制;加大师资培训,所有工作人员均参加过省及国家级专业培训,其中有4人取得了国家级资格认证。

市聋儿康复中心在原有服务职能的基础上,新增了全市0～6岁残疾儿童的筛查和诊断、助听器验配,基层社区康复机构师资培训,成人听障康复等项服务职能;进一步规范门诊服务、康复教学、个别训练及社区指导工作,中心的收训能力由原来的年均20人增加到年均70人。市中心已建设成为集语言训练、康复教研、听力服务为一体的听障儿童康复机构。

在试点期间,康复中心主动配合市残联拟定《安庆市听力语言康复事业规范化建设试点工作方案》、《安庆市0～6岁儿童听力筛查实施方案》、《安庆市听力语言康复机构规范化建设方案》,《安庆市0～6岁听障儿童康复救助暂行办法》等文件,组织专业人员开展筛查、诊断、转介、康复服务及对基层机构的技术指导和服务工作。

何　胜

何胜,男,1987年生,怀宁县人,安庆首例造血干细胞成功捐献者。自2008年起,何胜参加无偿献血已经3年,累积献血量达到1900毫升。2008年11月,何胜成了中华骨髓库安徽分库的一名志愿者。2011年7月,何胜接到红十字会的电话。当得知救助对象是一个小孩的时候,他向家人说明自己准备捐助的想法,家人非常支持他的善举。9月14日上午,何胜赶赴安徽省立医院接受全面体检,体检报告显示合格。而远在天津接受治疗的小患者也正在进行移植前的化疗。19日上午8点,何胜开始了造血干细胞采集,经过了近4个小时的努力,于中午时分成功捐献215毫升造血干细胞混悬液,并被立即送往天津。安徽省红十字会领导高度赞扬了何胜乐于奉献的精神,并为他颁发了荣誉证书和5000元慰问金。安庆市卫生局、安庆市红十字会、怀宁县政府相关负责人都对何胜的善举表示支持,并专程前来看望何胜。

祝日升

祝日升,男,1971年出生,宿松县人,1988年独闯深圳,从建筑工地的工人成长为高级模具师,再到深圳语林文化公司高管,并成为广东省青年作家协会、深圳市作家协会会员。2007年出版《感恩》第一部;2008年获得深圳市改革开放30周年征文优胜奖;2009年主编《当代祝氏名人谱》、出版《感恩》第二部,《走出大别山》获得深圳市"新中国60周年征文奖"。

作为中国当代文史资料收藏爱好者,祝日升收藏了近30年的火车票、打工书信、电话卡、深圳地图等万余件,两次受邀请参加"中国(深圳)国际文化产业博览交易会",无偿捐赠1000多件藏品给深圳博物馆和深圳劳务工博物馆。作为中华骨髓库干细胞捐献志愿者,祝日升资助了3名贫困大学生,无偿献血11次,曾入选首届深圳市民"慈善行为楷模"、十一届深圳"十大杰出青年"正式候选人。

祝日升主动向深圳博物馆和深圳劳务工博物馆捐赠的个人务工藏品,引来全国各地的媒体关注、报道,包括中央人民广播电台和中央电视台的记者或编导都前来做专访。在此期间,他还应邀与原国家外经贸部长龙永图先生一起到深圳电视台做对话节目,以劳务工代表的身份为国家的改革而提出建议,得到深圳文化、宣传部门领导的认可。

吴凯龙

吴凯龙,男,1981年出生,宿松县人,重庆市作家协会会员,重庆市文学院创作员。2005年7月毕业于池州师范专科学校(现为池州学院)中文系,当年参加大学生志愿服务西部活动,赴重庆开展志愿服务工作。在重庆志愿服务期间,承担服务单位大量文字编写、编辑和活动组织策划工作。在共青团武隆县委、武隆县项目办服务期间,起草各类文件和材料共计90余篇,策划和实施各类活动20余项,参与全县增强团员意识主题教育活动、"2006中国重庆·青年人才论坛武隆分论坛"活动、"文明从我做起"征文比赛等活动,创办、编辑出版大学生志愿刊物《青春征程》3期。在共青团重庆市委、重庆市青联服务期间,起草领导讲话稿、总结材料等共计110余篇,积极协助做好大量文秘、接待工作。他还参加《重庆共青团》、《重庆青联》、《青联快讯》等杂志、简报的编辑工作。为了编写简报、及时反映工作动态,有一次长达42小时没有合眼,为了编辑一套160万字的文稿,每晚休息1～2个小时。志愿服务以来,通宵工作不下80次。

作为武隆县大学生志愿者服务队队长，带领队友充分发挥各自的专业优势，利用节假日开展法律宣传、免费家教等志愿服务活动；广泛参与义务植树、环保宣传、禁毒宣传、清扫社区等社会公益活动。2007年4月，他重返母校，以“放飞梦想，无悔青春”为主题给母校各班班长和团支部书记近400名同学，讲述了他的心路历程以及在重庆服务近两年生活的经历和感悟。

2005年8月以来，吴凯龙在中青网西部频道开辟个人专栏《永不褪色的青春容颜》，已发表文章20余篇，在“榕树下”网站发表小说1篇，有若干文章在各大媒体发表，所有的文字都是志愿者生活的反映。真实表现志愿者生活的长篇小说——《我把青春献给谁》，15万字初稿已完成。

到2011年为止，他先后获得“全国大学生志愿服务西部计划优秀志愿者”、“安徽省十佳青年学生”、“重庆市十大杰出志愿者”、“武隆县优秀大学生志愿者”、“重庆市优秀大学生志愿者”、“第二届中国大学生校园文化节筹备工作先进个人”的称号。

夏明远

夏明远，男，1912年出生，怀宁县人，中国民主同盟盟员。早年毕业于上海美术专科学校，2011年已届百岁高龄，是著名的艺术家、教育家，天津市文史研究馆馆员，中国美术家协会会员。上世纪30年代初，夏明远先生毕业于上海美术专科学校，得到刘海粟、黄宾虹、潘天寿等大家亲传，画风清新朴拙，笔力刚劲，尤以画柳著称。曾于汉口、西安、天津等地举办过七次个人画展，并多次参加国内外联展。天津人民美术出版社出版了《夏明远画集》。

1994年2月，夏明远被菲律宾有关部门授予国际文化交流荣誉金奖。1997年画作《黄陵庙》获国务院三峡工程建设委员会移民开发局、中国美术家协会展览部、中国三峡画院授予特别荣誉金奖。1999年画作《青龙涧一角》获中国美术家协会、中国诗书画研究院建国五十周年诗书画大展优秀奖。

由天津美术学院、安庆市政府主办，天津美术家协会、天津市文史研究馆、中国民主同盟天津市委员会协办的夏明远艺术回顾展，于2011年10月27日在天津美术学院展览馆隆重开幕，共展出先生横跨两个世纪的大作146幅。夏明远艺术创作研讨会多方位深入探讨了先生几十载艺术创作实践和对国画发展创作的理念，以期推动传统国画艺术创作繁荣发展。与开幕式同时，还举办了夏明远艺术创作研讨会和大型画集《中国近现代名家画集——夏明远》、大型文献《世纪明远》首发式。

栏目编辑：汪忠民

大事记

2011年十件大事

一、发生4.8级地震

1月19日12时7分42秒，市宜秀区与怀宁县交界处(北纬30.6度、东经117.1度)发生里氏4.8级地震，震源深度9公里。地震造成宜秀区、怀宁县、枞阳县等县区1.8万余间房屋受损，3.74万人受灾，直接经济损失2.36亿元。

二、安徽再芬黄梅戏艺术股份有限公司成立

4月13日，安徽再芬黄梅戏艺术股份有限公司成立。这是全国第一家转企改制、股份制改造和争取上市融资"三步并作一步走"的国有文艺院团。

三、遭遇史上罕见降温

5月20日，市气温快速升高，出现年内第一个高温日，最高气温除岳西外均在35℃以上；23日，因全市普降中雨，平均气温由20日的30.2℃降到12.7℃。

四、市第一家生物质能发电项目投产

市政府不断推进新兴产业建设。6月13日，召开全市加快培育战略性新兴产业暨园区和重点项目建设推进大会。7月2日，安徽省最大的焚烧发电项目，市重点新兴产业——安庆山口垃圾焚烧发电厂第一台机组与安庆电网成功并网，安庆市第一家生物质能发电项目投产发电。

五、开通长江大桥公交线

7月21日 安庆、池州两地长江大桥公交专线正式开通，这是安徽省首条跨江城际公交专线。大桥专线起自安庆客运中心站，讫至大渡口镇汽车站，全长17.4公里，设6个站点。首班车为6点15分，末班车为18点30分，平均间隔25分钟一班。

六、市第十次党代会召开

9月16～19日，中共安庆市第十次党员代表大会召开。大会应到代表497名，实到代表489名。大会通过《中国共产党安庆市第十次代表大会关于中共安庆市第九届委员会工作报告的决议》、《中国共产党安庆市第十次代表大会关于中共安庆市纪律检查委员会工作报告的决议》，选举产生新一届中共安庆市委员会和市纪律检查委员会，选举朱读稳为中共安庆市委书记，肖超英、陶方启为市委副书记，王章来、王强、刘大群、汪卫东、汪莹纯、陈大林、项小龙、宋圣军、章松为市委常委。

七、天柱山成为5A级风景区和全国第25个世界地质公园

5月5日，国家旅游局正式批准天柱山风景名胜区为国家5A级旅游景区，天柱山风景区进入全国100强景区和国家精品旅游景区行列。9月18日，天柱山通过世界地质公园评审，成为全国第25个世界地质公园。

八、五千年文博园开园

5月18日，由安徽省文化厅、安徽省旅游局、安庆市人民政府主办，太湖县委、县人民政府承办的五千年文博园开园仪式暨第三届中国花亭湖旅游文化节开幕。五千年文博园位于太湖县虎形山，由安庆市五千年工艺美术有限责任公司建设。占地约500亩，为国家4A级旅游景区，省"861"项目。总投资5.45亿元。

九、获省文明城市称号

安徽省开展创建文明城市活动以来，安庆市政府积极推动全市创建工作。年内，创建活动屡见成效，公民素质明显提高，城市品位提升。11月上旬，安庆市被授予"第二届安徽省文明城市"称号。年内，国家森林城市创建工作也不断推进，12月3日，在第四届中国绿色发展高层论坛上，安庆市首次获2011年"十佳绿色城市"称号。

十、望东长江公路大桥和岳武高速公路安徽段开工建设

12月20日，望东长江公路大桥开工建设，八百里皖江将再添新通途。望江长江公路大桥设计为主跨638米的钢混组合梁斜拉桥，起于望江县茶庵，顺接潜山至望江高速公路，于华阳镇跨长江，在池州市香隅镇与东至至九江高速交叉。路线全长38.081公里，其中大桥全长4.045公里，项目总投资估算为50.38亿元。同天，岳武高速公路安徽段开工建设。岳武高速公路安徽段地处皖西大别山区，起于岳西县莲云乡，与六潜高速公路连接，终至岳西县白帽镇，接湖北省武汉至英山高速公路，全线位于岳西县境内。路线总里程为46.235公里，概算投资52.59亿元。

2011年大事记

1 月

1日　出台并实施《安庆市建筑施工企业农民工工伤保险暂行规定》。

4～5日　召开全市经济工作会议，市领导朱读稳、肖超英等出席会议。

5日　市委、市政府召开全市创建国家森林城市动员大会，全面推进国家森林城市创建工作。市领导朱读稳、肖超英等出席会议。

6日　副省长赵树丛到太湖县调研。

市城市春季客货运输市场专项整治行动启动。

8日　市天然气转换工作全部结束，约5万余户市民用上天然气。

市政府在怀宁县召开新闻发布会，通报怀宁县部分儿童血铅超标事件调配处置情况。

9日　十三年如一日甘做五保老人“保姆”的退伍军人刘磊入选2010年度安徽“十大新闻人物”。

即日起，在全市开展为期二个月的环境安全隐患大排查。

上旬　市第一个中长期人才发展规划——《安庆市人才中长期发展规划纲要(2010～2020)》出台。

市委、市政府出台《关于支持产业创新团队建设的意见》。

11日　市政协十三届委员会第三次会议开幕。

安徽华茂国际纺织工业城开工。副省长黄海嵩宣布开工，中国纺织工业协会副会长王天凯、市委书记朱读稳等出席开工仪式。

12日　市第十五届人大代表大会第三次会议开幕。

13日　由世界品牌组织、美中经贸投资总商会、欧美亚工商界合作联盟联合推选的2010年度“中国特色魅力城市200强”公布，安庆市入围。

15日　市司法局联合市总工会在火车站站前广场举行为期45天的“为了农民工兄弟——法律援助在行动”大型专项农民工维权活动启动仪式。

17日　召开全市重大紧急事件信息工作会议，强调要做好重大紧急信息报送，确保渠道畅通。

19日　12时7分42秒，市区与怀宁县交界处(北纬30.6度、东经117.1度)发生里氏4.8级地震。

25日　省长王三运与副省长倪发科到市杨桥镇察看地震灾情，慰问受灾群众。

27日　举行2010年度廉租房交房仪式，200户低收入住房困难家庭享受廉租房。

28～29日　全省城市战线共青团工作会议在市召开，团省委副书记王琦等出席会议。

30日　省委书记张宝顺在副省长赵树丛等陪同下来市杨桥镇地震灾区看望受灾群众。

市委、市政府举行新春团拜会，市领导朱读稳、肖超英等出席会议。

是月　市人社局、残联在元旦、春节期间共同开展“就业援助月”活动。

市2011年调整企业退休人员基本养老金工作启动。

市领导朱读稳、肖超英等看望老同志并赴基层走访慰问。

2 月

12日 召开安庆市办好十三届省运会、加快中心城市建设动员会。省体育局局长冯潮，市领导朱读稳、肖超英等出席会议。

15日　举办2011春风行动启动仪式暨春季大型招聘会，市常务副市长汪莹纯等出席启动仪式。

宜秀区召开加快推进市体育中心项目征迁工作动员会，拉开市筹办省十三届运动会体育场馆建设序幕。

17日　武警森林部队靠前驻防安庆揭牌仪式在

市大龙山林场举行，省林业厅厅长韩柏泉、市长肖超英、武警森林机动支队副支队长吴广欣等出席揭牌仪式。

18日　市委召开九届十次全委(扩大)会议。

召开安庆北部新城2011年建设工作动员大会。

21日　独秀园国家4A级旅游景区揭牌，省人大副主任朱先发、市人大副主任康正和等出席。

举行2011年中国(安庆)红色旅游节启动仪式暨《中国共产党早期领导人(三)》纪念邮票首发式，省人大副主任朱先发，市领导康正和、胡南亭出席并共同按下纪念邮票发行启动球。

22日　市政协召开促进工业经济转型升级座谈会，市政协主席张金锐出席会议。

23～25日　国家文物局副局长童明康一行来市检查文物保护工作，省文化厅厅长杨果，市委书记朱读稳等分别陪同。

24日　市政协主席张金锐率政协委员到集贤关山体整治工程、城东污水处理厂等地就城市建设民生工程工作进行调研。

25日　市委、市政府召开全市农村工作会议，市委书记朱读稳、市长肖超英出席会议。

市委、市政府召开全市工业强市暨招商引资推进大会，市长肖超英出席会议。

27日　上海安庆经济文化促进会换届大会暨新春团拜会在上海华纳国际会议中心举行，上海市副市长赵雯到会祝贺，市领导朱读稳、肖超英等出席会议。

2011年春运结束。自1月19日春运启动以来，市投放客车90988台次，投入船舶144艘次，投入民航班机220架次，公路、水路(内河)、铁路、民航运送旅客379.6万人次。

是月　兴起本土就业热。市人力资源市场实行天天开市招聘，全市仅劳动就业部门就举办近百场招聘会，提供就业岗位10万多个。

桐城市被列为中国气象局开展的乡村气象服务专项建设项目实施单位。

3　月

1日　零时起启动全市流动人口计生普查。

市委书记朱读稳等与市直机关干部一起参加义务植树活动。

2日　全市“作风效能建设年”活动启动。

市检察院在全市检察机关启动“进百家企业提供法律保障和服务”、“进百户贫困家庭帮助排忧解难”、“进百所学校开展法制教育预防青少年违法犯罪”、“回访百件案件征求意见”等“四百”活动。

省人大副主任张俊率调研组来市就皖江城市带承接产业转移示范区建设情况进行专题调研，市长肖超英等陪同。

4日　市纪念三八国际妇女节101周年大会暨市首届妇女运动会在市体育场开幕，市长肖超英宣布运动会开始。运动会于6月21日闭幕。

8日　由市残联牵头实施的贫困重度残疾人生活特别救助和贫困白内障患者免费复明工程启动。

11日　市干部群众在北部新城开展义务植树活动。

14日　召开全市民生工程暨财政工作会议，年内继续推进42项民生工程。市长肖超英出席会议。

17日　因部分地区食盐抢购风波的影响，市长肖超英主持召开市政府常务会议，紧急通知加强市场监管，确保食盐供应。

17～19日　市劳动就业局组织安徽华茂、永安科技等用工需求企业赴蚌埠市开展用工招聘。

18日　市政府举行公共安全知识讲座。

19日　市地方志办公室成立30周年庆典暨明《安庆府(郡)志》点校本首发式在皖源国际大酒店召开，省志办主任朱文根，市领导张金锐、陶方启、黄杰等出席会议。

19～20日　上海市副市长赵雯赴太湖县考察旅游工作，副省长花建慧，省旅游局局长胡学凡，市领导朱读稳、肖超英等陪同。

24日　由安庆日报社、市经济和信息化委员会、市农业委员会、市商务局、市企业(企业家)协会联合举办的“影响安庆”企业家评选活动揭晓并颁奖，市长肖超英等出席颁奖晚会并为获奖者颁奖。

25日　市政协主席张金锐率市政协委员调研市供销社工作。

26日　安庆市与上海华谊(集团)公司发展合作交流会在凤凰大酒店举行，市领导朱读稳、肖超英，华谊集团董事长金明达等出席会议。

27日　19时40分，位于大观区凤凰循环经济工业园的鑫富化工公司制造车间3号低温氯化釜发生爆炸，2人死亡、1人重伤、1人轻伤。

28日　宜秀区杨桥镇地震重建集中安置小区正式开工。

29日　在市十五届人大常委会第十次会议上，

首次启动专题询问监督方式。“首问”聚集点是“工业大气污染治理”。

举行以“维护长江生态、保护生命之河”为主题的人工放流活动，百万尾“四大家鱼”被放流入长江。

31日　人社部副部长杨士秋来市就人力资源和社会保障工作进行调研，省人社厅厅长刘莉，市领导朱读稳、肖超英等陪同。

下旬　下浒山水库工程可研报告通过水利部审查。

安庆市区2011年中央补助公共卫生专项资金儿童口腔疾病综合干预试点项目正式启动。

是月　市关心下一代工作委员会在全市青少年中开展“在党的阳光下健康成长”主题教育活动。

由怀宁县委、县政府与中央电视台中国国际电视总公司联合拍摄的电视剧《孔雀东南飞》获第二十五届中国电视金鹰奖。

4　月

1日　长江全线禁渔。

7日　召开全市旅游发展大会，市领导朱读稳、肖超英出席会议。

中国纺织“十二五”产业转移座谈会暨安徽华茂国际纺织工业城承接转移研讨会在市召开，中国纺织工业协会副会长王天凯、市委副书记陶方启等出席会议。

10日　安徽省2011年考试录用公务员安庆考区笔试开考，9723人竞争348个职位。

上旬　市政府出台《安庆市政府质量奖管理办法》，首设政府质量奖。

12日　市委书记朱读稳召集各县(市)区书记就严明县(市)区党委换届工作纪律进行提醒谈话。

国务院台办主任王毅在副省长花建慧、市长肖超英等陪同下到天柱山考察。

市“百名人大代表看执行”活动启动。活动持续到5月底结束。

13日　安徽再芬黄梅艺术股份有限公司成立，省委宣传部部长臧世凯，市领导朱读稳、肖超英出席揭牌仪式。

13～16日　外交部服务中心主任林长满一行来市考察职业教育情况，并与市政府签订培养与就业合作框架协议。

14日　国宾礼茶基地落户岳西县竹山古茶园，国家外交部服务中心主任林长满，市委组织部长汪卫东等出席基地春茶开采仪式。

15日　市委书记朱读稳、市长肖超英就市区城建重点工程及保障性住房建设实施情况进行督察调研。

16日　第四届大别山(安徽・岳西)映山红旅游文化月活动开幕，省人大常委会副主任郭万清宣布旅游文化月开幕，市领导朱读稳、肖超英等出席开幕式。

军分区组织全市基层专职武装部长在军分区教导队召开集训动员，军分区政委潘玉柱、市委组织部长汪卫东等出席集训动员。

第四届全国黄梅戏戏迷联谊会在岳西县举行，省旅游局局长胡学凡出席开幕式。

17～24日　安徽经贸文化宝岛行安庆分团在市长肖超英率领下赴台开展台湾安徽经贸合作研讨会、安庆(台北)经贸文化旅游推介会等系列活动。宝岛行活动共签约21个，协议投资6亿多美元。

19日　《安庆市产业承载平台与园区建设规划》通过评审。

20日　市政协主席张金锐率政协委员到市中级人民法院就法院民事执行工作进行调研。

中旬　市交警支队在全市开展夜间道路交通安全专项整治，整治活动延续到12月底。

市计生委等单位联合制定出台《2011年计划生育保险工作实施方案》，为农村计生绝育手术对象和城区基层社居计生专干家庭买单投保。

21日　2011全国听力评议康复工作会议在安庆碧桂园大酒店召开，中残联副理事长孙先德出席会议并讲话，市委书记朱读稳等出席会议。

22日　市“扫黄打非”领导小组开展2011年侵权盗版及非法出版物集中销毁活动，市委宣传部部长胡南亭出席活动。

26日　安庆市新河水系整治工程项目贷款评估会在宜召开。

召开全市公安机关反腐倡廉网上督察系统建设推进会。

召开《安庆市区出租车市场秩序整治方案》听证会。

29日　安庆市劳动模范和先进集体表彰大会在安庆黄梅戏艺术中心举行，市领导朱读稳、肖超英出席会议。

全市“争先创优在行动”主题演讲比赛在安庆大酒店举行。

是月　薛家岗文化遗址公园一期保护工程竣工。

月底，市消防安全委员会在全市开展消防安全“十万人大培训”活动。活动持续到12月底结束。

5　月

1日　市城区医疗救助一站式服务平台正式开通。

5日　国家旅游局正式批准天柱山风景名胜区为国家5A级旅游景区。

5～7日　市党政代表团在市委书记朱读稳、市长肖超英率领下，先后赴浙江省、上海市和江苏省考察。

7～8日　省委组织部部长段敦厚来宜就严肃换届纪律分别与市11名县(市)区委书记开展谈心谈话。

8日　全市小学教育创新与发展论坛在迎江区开幕，市委宣传部部长胡南亭宣布论坛开幕。

9日　全国检察机关惩治和预防渎职侵权犯罪展览安庆巡展活动在安庆科技馆开幕，市委书记朱读稳等出席开幕式。

10～11日　市政协主席张金锐率市政协委员到太湖、潜山、岳西县就保障性安居工程建设进行专题调研。

上旬　长江安庆段遭遇罕见超低水位。5月4日，长江安庆段水位6.47米，与上年同日的12.13米相比低5.66米。

12日　市委书记朱读稳率市直有关部门负责人到枞阳县就防汛抗旱、承接产业转移示范区建设、文化旅游事业发展等工作进行调研。

全市校舍安全工程领导小组扩大会议暨现场推进会在怀宁县召开，市长肖超英出席会议。

市区出租车市场秩序整治活动启动。

13日　全市经济形势分析会召开，市长肖超英出席会议。

15日　零时起，出租车运价正式调整，起步里程2公里，起步价为5元。

16日　2011年民营企业招聘周活动启动。

16～20日　军分区在大观区海口镇组织全市民兵水上抢险分队骨干集训。

17日　湖北省委书记李鸿忠率湖北省党政代表团来市考察，省长王三运，市领导朱读稳、肖超英等陪同。

副省长花建慧来市调研文化旅游产业发展工作，市委书记朱读稳等陪同。

召开全市科学技术奖励大会，66项专利获资助5.5万元。

18日　五千年文博园开园仪式暨第三届中国花亭湖旅游文化节开幕。上海市副市长赵雯、省人大副主任胡连松、市委书记朱读稳、市长肖超英等出席开幕式。

副省长黄海嵩来市检查防汛抗旱工作，市长肖超英陪同。

安庆市醉驾入刑第一人季某因涉嫌危险驾驶罪在宜秀区人民法院接受公开审理。

20日　市政协召开“以科技创新推动新兴产业发展”专题资政会暨十三届十一次常委会议，市领导朱读稳、肖超英等出席会议。

安庆有线电视网络中心举行互动数字电视开通仪式，市委宣传部长胡南亭出席并启动开通按钮。

20～21日　副省长余欣荣来市调研农业产业化工作并检查防汛工作，市委书记朱读稳等陪同。

中旬　国家级安庆市区域性大型再生资源回收利用基地项目一期工程竣工投产。

22日　“两弹元勋”邓稼先文献捐赠仪式在宜秀区五横中学举行。浓缩了邓稼先人生精华的文献及影像资料无偿捐献家乡。

23日　市人大副主任康正和带领市人大农工委、财经委及市农委等部门负责人前往迎江区督办市人大代表提出的有关城区蔬菜基地建设议案办理并开展调研。

23～24日　市政协主席张金锐率政协委员和有关单位负责人实地考察桐城大沙河流域治理、枞阳长河上段防洪工程、望江泥塘沟河上段防洪工程施工现场。

24日　2010年度安庆市青年文明号集体命名表彰大会召开，53个集体被命名为青年文明号。

26日　市长肖超英率大观区、安庆化学工业园区等单位负责人到巢湖市考察上海华谊集团煤基多联产精细化工基地。

27日　省“861”项目，市“十二五”规划重点项目之一的中国·岳西国际养生文化产业园开工。

27～28日　全国人大常委会内务司法委员会副主任陈建国带领全国人大执法检查组来市检查执行《中华人民共和国老年人权益保障法》情况。省人大副主任胡连松，市领导朱读稳、肖超英等陪同。

28日　市青少年爱国主义读书教育活动组织委员会举办市第十七届青少年爱国主义读书教育活动中学生演讲小学生讲故事比赛。

29日　市人口出生缺陷干预一级预防项目暨“生育关怀、幸福家庭”活动正式启动。

31日　市委举办的“十二五规划专题研讨班”开班。

是月　遭遇史上罕见降温。20日，市气温快速升高，出现年内第一个高温日，最高气温除岳西外均在35℃以上；23日，因全市普降中雨，平均气温由20日的30.2℃降到12.7℃。

工资集体协商制度在市企业实行，到2013年底，市内建立工会组织的企业85%以上将建立工资集体协商制度。

安徽华茂成功发行短期速效券，成为市首家银行间债券市场实现融资的企业。

6　月

1日　为期6天的庆“六一”师生书画摄影展在市科技馆开幕，展出书画摄影作品250幅。

市食品监督所对餐饮服务单位进行突击检查，被检单位食品安全状况总体良好。

3日　安庆和省沿江6市同时启动环保世纪行活动。

8日　市政府召开加强交流合作、促进共同发展台商座谈会，常务副市长汪莹纯等出席会议。

9日　副省长倪发科来市调研地震灾后重建、保障性安居工程建设、城市生活垃圾处理、农村危房改造和村庄整治工作，市领导朱读稳、肖超英陪同。

11日　全市公共机构节能宣传周活动启动。

13日　召开全市加快培育战略性新兴产业暨园区和重点项目建设推进大会，市领导朱读稳、肖超英等出席会议。

14日　启动突发地质灾害应急预案Ⅲ级响应，应对强降雨。

16～17日　省人大副主任郭万清率省人大调研组来市就战略性新兴产业发展情况进行调研，市领导朱读稳等陪同。

20日　安庆市无党派知识分子联谊会成立，市委书记朱读稳发贺信祝贺。

中旬　全市县(市)区党委换届工作完成。

21日　2011年扶贫捐赠“爱心包裹”、关爱革命老区学生，向建党90周年献礼活动启动。

23日　《红色记忆——中共安庆地方史》展在黄镇生平事迹陈列馆展出，市委书记朱读稳等出席开幕式。

24日　全市村党组织委员会和第八届村民委员会换届选举工作开始。

27日　举行市保障性住房建设集中开工仪式，市委书记朱读稳出席仪式并启动水晶球。

28日　举行庆祝中国共产党成立90周年大会，市委书记朱读稳出席会议并作党课报告。

29日　市政协举行各界人士庆祝中国共产党成立90周年座谈会，市长肖超英等出席会议。

下旬　2011年度民主评议政风行风、“百名科长群众评”活动启动。

是月　各界分别开展“唱红歌”等形式多样的庆祝建党90周年活动。

7　月

1日　庆祝中国共产党成立90周年第二届大型书画作品展在安庆科技馆开幕，市长肖超英等出席开幕式并为之剪彩。

即日起上调最低工资标准，市区每人每月750元。

2日　市委、市政府召开全市经济形势分析会，市领导朱读稳、肖超英出席会议。

安徽省最大的焚烧发电项目——安庆山口垃圾焚烧发电厂第一台机组与安庆电网成功并网发电。

4～5日　国务院副总理李克强一行在省领导张宝顺、王三运，市领导朱读稳、肖超英等陪同下，深入安徽华茂集团有限公司、桐城市范岗镇杨安村等市中小企业、田间地头实地考察经济社会发展情况。

5日　马鞍山市党政代表团在市委书记郑为文、市长张晓麟率领下来市考察，市领导朱读稳、肖超英等陪同。

“江淮先锋”事迹报告团安庆专场报告会在安庆大酒店报告厅举行，市委组织部部长汪卫东主持报告会。

7日　市政府召开全市“菜篮子”工程农(户)超(市)对接会。

8日　“技能培训进园区，校企合作促发展”活动启动仪式在市经济开发区举行，开启市校中设厂、厂中设校、半工半读、工学交替的技能培训新模式。

国家高分子材料质量监督检验中心在桐城市开工建设，市长肖超英、省质量技术监督局局长朱琳等出席开工典礼。

15日　即日起，在迎江区、开发区、宜秀区和潜山县等地的12个流动人口动态监测点首次进行流动人口动态监测。

中旬　市政府出台《关于落实计划生育有关奖励政策意见》，提高独生子女保健费。

21日　安庆、池州两地长江大桥公交专线正式开通。

市政府召开全市物价调控工作会议，对生猪经营户给予一定的补贴。

26日　市委、市政府、安庆军分区在黄梅戏艺术中心隆重举行庆祝建军84周年大会暨慰问驻宜部队文艺晚会。市领导朱读稳、肖超英，安庆军分区司令员陈再忠、政委陈大林等出席会议。

29日　市委、市政府召开全市服装产业集群推进暨银企对接会。

下旬　市政府启动价格临时补贴机制。给市城区城乡低保对象、重点优抚对象和农村五保对象发放价格临时补贴。

8　月

1日　即日起，上调市区失业保险金，由每人每月390元提高到470元。

1～2日　省人大常委会副主任朱维芳率部分在皖的全国人大代表对市农村三级卫生服务网络建设及新型农村合作医疗制度完善等情况进行专题调研。

2日　宜秀区育才幼儿园一幼童被关闭于校车内窒息死亡。

3～4日　副省长花建慧率领省发展改革委、省国土资源厅、省环保厅、省交通厅、省旅游局等部门负责人，在市领导朱读稳、肖超英等陪同下考察安庆旅游业发展情况。

4日　市委召开全市党员领导干部会议，对市委、市政府、市纪委领导班子和省管干部进行民主测评和民主评议。

由省消防总队主办的大型石油化工单位灭火救援实战演练在中石化安庆分公司举行，这是省举行的首次跨区域石油灭火救援综合演练，市长肖超英到场观摩并讲话。

8日　市长肖超英率各区及市直有关部门对城区创建工作进行督察。

9日　市政府召开全市食品安全工作会议，市长肖超英等出席会议。

代表安徽参与“寻找江豚最后的避难所”湿地使者行动的安庆行动者队齐聚宜城，探访江豚栖息地，为江豚保护项目收集基线数据。

上旬　安庆港被国家交通运输部批准为对台海运直航港口。

15日　安庆市“律师进社区”法律服务活动启动。

17日　国家开发银行安徽省分行与安庆市政府在宜举行项目对接会。国家开发银行安徽省分行行长宋伟农，市长肖超英等参加对接会。

团市委召开全市农村青年信用示范户创建工作总结表彰大会。张建政等100人、安徽咯呵呵禽蛋食品有限公司等11家单位被授予“农村青年信用示范户”、“农村青年就业创业示范基地”。

19日　中央纪委副书记吴玉良到市就全国纪检监察机关查办案件工作座谈会贯彻落实情况、农村基层党风廉政建设及公务用车清理情况进行调研，省纪委副书记吴秀兰、市委书记朱读稳等陪同调研。

20日　市委书记朱读稳率领市直有关部门负责人和迎江、大观、宜秀区以及安庆经济技术开发区负责人督察城区文明创建工作。

中旬　启动小餐饮整治规范试点。

24日　市人大常委会组织驻宜省人大代表开展专题调研活动。调研组分组实地察看了公交换乘中心、部分公交路线调度站、停车场，龙狮桥蔬菜批发市场及部分食品生产企业、超市、饭店等处，就调研情况提出意见和建议。

25日　市政协主席张金锐率部分政协委员到桐城市调研基层医改进展情况。

市总工会举行第十四届“育才关怀行动”资助仪式，市289名年内考入大学的困难职工子女接受资助。市委副书记陶方启等出席仪式。

26日　省人大常委会副主任朱维芳率部分省人大代表来市考察民生工程实施情况。

27日　2011年安庆市高校毕业生招聘会暨就业见习对接会举行。

31日　市政府与中国电信安徽公司签署战略合作协议，全面启动“无线城市、智慧安庆”建设，市长肖超英出席签约仪式并致辞。

2011年安庆市希望工程“爱心圆梦大学行动”助

学金发放仪式举行，胡小义等126名同学接受资助，市委副书记陶方启出席仪式并向受助学生代表发放助学金。

下旬　岳西县获2011年“中央专项彩票公益金支持贫困革命老区整村推进试点项目”支持。

9　月

1日　8月31日至9月1日，省委宣传部长臧世凯来市就文化旅游产业发展情况进行考察，市领导朱读稳、肖超英等陪同。

《安庆市城市规划管理技术规定》正式实施。老城区以“双增双减”（增加城市公共绿地、增加城市公共空间，减少建筑总量、减少建筑密度）为基本原则，限制零星建设；新城区以“建设一片、配套一片、成景一片”为目标，限制低密度、低容积率开发。

2日　市长肖超英率市发改委、建委、房地产局等部门负责人赴芜湖市，就保障性安居工程建设情况进行考察。

桐城市启动建立居民电子健康档案工作。

5日　由中国中小企业协会、市政府共同主办的安庆中小企业投融资论坛在市境举行，论坛以“开拓中小企业融资新路与创新发展”为主题进行探讨，还举行了项目对接活动。中国中小企业协会副秘书长李鲁阳、省经信委副主任吴韦人等出席论坛开幕式。

总投资1.8亿元的安庆电厂蒸汽管缆项目一期工程建成开通。

6日　市人大常委会组织部分省市人大代表走进安庆监狱和潜山县看守所，开展“百名人大代表看诉讼监督”活动。

7日　副省长倪发科率队到岳西县考察指导危房改造和村庄整治工作，市领导朱读稳、肖超英陪同。

8日　全省农村危房改造和村庄整治现场会在市潜山县召开。省长王三运出席会议并讲话，市领导朱读稳、肖超英等出席会议。

市领导朱读稳、肖超英赴潜山野寨中学看望慰问教育工作者，并祝全市教师节日快乐。

城区开展校车安全专项大检查。

上旬　市立医院启动东部新院区全科医生培养基地建设项目。

14日　市2011年全国科普日活动启动，市委副书记陶方启等出席启动仪式。

15日　市与中央直属企业中船集团合作项目——中船集团柴油机配套产业园项目签约，中船集团党组书记胡问鸣，市领导朱读稳、肖超英等出席签约仪式。

16日　国家农业发展银行批复同意向市城市建设投资发展（集团）有限公司发放农业综合开发中长期贷款40亿元，用于市新河水系整治工程项目。

16～19日　中共安庆市第十次党员代表大会召开。

18日　天柱山通过世界地质公园评审。

中旬　市政协主席张金锐率经贸代表团赴台考察招商。

20～21日　新一届市委常委会组成人员到岳西县和潜山县开展第一次集体活动。

22日　安庆机场总体规划通过专家评审。

23～25日　2011中国安徽（合肥）农业产业化交易会在合肥举行，市有机稻米、大闸蟹等农产品亮相交易会，市委书记朱读稳出席开幕式。交易会期间，市招商签约项目9个，协议投资18.4亿元，达成供货贸易总金额2.6亿元，现场销售386万元。

25日　赴山西太原市参加第六届中国中部投资贸易博览会的市领导朱读稳、肖超英率相关部门负责人考察太原不锈钢生态工业园区，了解园区建设与运营模式。

26～28日　第六届中部投资贸易博览会在山西太原市举行，市领导朱读稳、肖超英率安庆代表团参加。26日，市政府主办第六届中博会安徽安庆推介会，市长肖超英出席会议。6个经贸文化旅游合作项目在推介会项目签约仪式上签约，合同签约额35亿元。

28日　省人大副主任文海英一行来市就侨务工作进行考察调研，市领导朱读稳、肖超英等陪同。

30日　市长肖超英带队督察保障性住房建设。

是月　在全市新闻战线启动“走基层、转作风、改文风”活动。

桐城市大力推进山清水秀工程，将“山清水秀地干净，城乡遍地树新风”作为发展的重要指标。

10　月

1日　即日起，市对居民基本医疗保险实施普通门诊统筹，将门诊小病费用纳入医保报销范围。

市政府发布并施行《安庆市医疗纠纷预防与处置办法》。

5～15 日　市委书记朱读稳率市经贸代表团成功对德国、瑞士和希腊 3 国进行经贸考察和友好访问。

9～10 日　在全省“五级书记带头大走访”活动期间，副省长余欣荣深入太湖县寺前镇安仓村走访农户，了解农民生产生活情况，就农民群众关心的问题与农民群众进行交流。市长肖超英等陪同。

举行全市各界人士纪念辛亥革命 100 周年座谈会，市领导张金锐、康正和等出席会议。

10 日　全市民生工程建设现场推进会在怀宁县召开，市长肖超英出席会议。

11～12 日　副省长花建慧深入潜山农村走访调研，花建慧走田间、访农户，详细了解农民的经济状况、存在困难。市长肖超英等陪同。

14 日　市政府、中石化安庆分公司、上海华谊集团公司在安庆举办战略合作交流会，华谊集团董事长金明达、市长肖超英、安庆石化副总经理李继炳出席会议。

15 日　市政府与省教育厅签订促进安庆教育发展合作框架协议，市长肖超英、省教育厅厅长程艺分别代表双方在协议上签字。

18 日　召开全市党的基层组织党务公开暨廉政风险防控管理工作会议，市委书记朱读稳出席会议并讲话。

中国侨联、上海市侨联、安徽省侨联和市政府主办的中国侨联“健康光明安庆行”启动，中国侨联副主席王永乐，上海市侨联党组书记李葳萍，省侨联党组书记康晓萍，市领导肖超英、张金锐等出席启动仪式。

19 日　市政府召开全市耕地适度规模经营推进会，市人大常委会副主任康正和等出席会议。

22 日　市迎江区举行“安徽省城市商贸服务业发展示范区”授牌仪式，省商务厅副厅长张光建，副市长宋圣军出席仪式。

23 日　中国文联副主席陈晓光来市调研文化产业发展情况，市领导肖超英、黄杰陪同。

24 日　市顺安路及化工总厂保障房安置房项目、市政务新区体育中心保障房安置房项目集中举行开工仪式，市人大常委会副主任康正和等出席开工仪式。

28 日　市农村实用人才能力提升培训班开班。

30 日　市赵朴初故居被省委统战部列为安徽统一战线教育基地，安庆市在赵朴初故居门前举行揭牌，省委统战部副部长周庆、市政协主席张金锐等出席仪式。

第五届中国（安庆）国际民俗风情旅游美食节开幕。

是月　长江安庆段联合开展整治水上交通肇事逃逸等严重违法行为百日会战活动启动。

市太湖县赵朴初纪念馆被中国民主促进会中央委员会确定为首批会史教育基地。

11　月

1 日　《安庆市城市总体规划（2010～2030 年）》、《安庆市历史文化名城保护规划（2010～2030 年）》通过省政府审议。

国务委员、公安部部长孟建柱签署命令，给安庆市公安局大观分局法制科等 4 个全国公安法制基层单位记集体一等功。

3 日　常务副省长詹夏来来宜考察安庆重点项目建设情况，市领导朱读稳、康正和陪同。

4 日　庆祝市关工委成立 20 周年暨“双先”表彰大会举行，市委书记朱读稳出席会议并讲话。

5 日　纪念赵朴初先生诞辰 104 周年暨缅怀陈邦织先生追思会在太湖县寺前镇举行，中央统战部副部长黄跃金，省政协副主席、省委统战部部长沈素琍，上海市副市长赵雯，市委书记朱读稳等出席纪念活动。

自 10 月 10 日开始至 11 月 5 日，在全市范围开展生猪定点屠宰环节“瘦肉精”专项监督检测行动，抽检样本 1168 份，未发现用“瘦肉精”饲喂生猪现象。

6 日　第五届“长江渡船安全周”活动启动。

7 日　发放首批小餐饮临时经营许可证，首批对光彩大市场 12 户小餐饮经营户发证。

8～11 日　第七届中国国际徽商大会暨第十一届中国（合肥）自主创新要素对接会在省会合肥市举行，市委书记朱读稳率团参加。8 日，市政府、上海华谊（集团）公司、中石化安庆分公司“华谊安庆新材料基地”战略合作举行签约仪式，市委书记朱读稳等出席签约仪式。常务副市长汪莹纯等参加大会的安徽旅游推介会，市签约了 4 个项目，签约金额 43 亿元。9 日，市委、市政府举行安庆市重点投资项目集中签约仪式，市委书记朱读稳出席仪式并致辞，市本级 61 个项目在会上集中签约，投资额达 243.36 亿元。市委书记朱读稳参加项目签约仪式，签约 4 个项目，投资总额 114.43 亿元。市委宣传部部长胡南亭出席大会的文化产业项目推介会暨签约仪式，安庆市独秀文化产业园、岳西中华禅文化园、桐城投子山文化园成功签约，项目投资总额34.8亿元。

10日 省委宣讲团党的十七届六中全会精神报告会在市举行，市委书记朱读稳主持报告会。

农业部副部长牛盾率农业部调研组来市就渔业工作进行调研，副市长宋圣军陪同。

10～12日 市委书记朱读稳深入岳西县白帽镇、河图镇，访民情、听民声，共谋致富之路。

12日 副省长谢广祥一行来安庆调研全省第十三届省运会筹备情况，市领导朱读稳、肖超英等陪同。

15日 举行省"861"重点调度项目和安庆市"3231"重点推进项目——安徽皖江农产品生产物流中心项目开工奠基仪式。此项目总投资11.7亿元，分三期建设，2014年全面建成。副省长黄海嵩，市领导朱读稳、肖超英等出席奠基仪式。

16日 市产业承载平台与园区建设规划正式实施。

16～17日 市长肖超英深入太湖县江塘乡开展"五级书记带头大走访"活动。

17～18日 市人大常委会组织驻宜省人大代表集中视察市农田水利建设和保障性住房及商品房建设情况。

全国政协副主席李金华来宜就人口文化建设情况进行调研，国家人口计生委副主任崔丽，省政协副主席张学平，市领导朱读稳、肖超英等陪同。

19日 全国人大常委会副委员长、全国总工会主席王兆国来安庆考察。省人大副主任任海深，省总工会主席王秀芳，市领导朱读稳、肖超英陪同。

中旬 市"阳光村务工程"建设通过省检查验收。

21日 市首家风力发电项目获省发改委核准。

市首台地面远程遥控人工影响天气烟炉在岳西县姚河乡落户，正式投入业务运行。

23日 市首个世界500强外资工业企业直接投资成套设备项目——安庆中船柴油机有限公司与卡特彼勒(中国)投资有限公司合资生产卡特彼勒马克柴油机项目落户安庆经济技术开发区。

市领导朱读稳、肖超英到安庆承接产业转移集中区，就集中区建设及重点工程项目进展情况进行调研，并就具体问题现场调度。

24日 副省长花建慧来宜就安庆文化旅游产业发展情况进行考察，市领导朱读稳、肖超英等陪同。

26日 由省委宣传部、省文明办主办，市委宣传部、市文明办承办的"德耀江淮"——安徽省"全国道德模范故事汇"基层巡演活动在市举行，市委宣传部部长胡南亭等出席活动。

26～28日 中央文明调研组来市调研精神文明建设工作，省委宣传部副部长、省文明办主任贺懋燮，市委宣传部部长胡南亭陪同调研。

30日 省图书馆将800册外借图书及600册期刊送到太湖县刘畈乡刘畈村，设立全省第一个农村基层服务点。

是月 市经信委牵头在全市范围开展普及企业上网工程。

市图书馆与宜秀区文广新局联合开展"图书漂流行动"，农民在家门口就能享受图书服务。

桐城市蝉联安徽省第二届文明县城。

出台《安庆市创建省级创业型城市工作方案》，市创建省级创业型城市工作启动。

市食品监督所成立学校食堂监管大队，市学校(含托幼机构)食堂食品安全监管进入常态化。

12 月

3日 2011年中国十佳绿色城市公布，安庆市获"2011年十佳绿色城市"称号。

5日 市人大代表就代表提出的《关于加强菱湖风景区水源保护的议案》进行督办，市人大常委会副主任康正和等参加督办。

市食品药品监督管理局会同迎江区政府联合启动钱牌楼街创建小餐饮规范管理示范街工作。

7～9日 召开市工会第十五次代表大会，选举产生市第十五届工会委员会，姚永恒当选为市总工会第十五届委员会主席。

8日 省委宣讲团省第九次党代会精神报告会在市黄梅戏艺术中心举行，市委书记朱读稳主持报告会，市长肖超英等出席报告会。

9日 国家质检总局发布公告，批准岳西茭白为地理标志保护产品，并从即日起实施保护。

13日 安庆安踏工业园在市大桥经济开发区开工建设，省人大副主任郭万清，市领导朱读稳、肖超英等出席开工仪式。

14日 市2011年全国科普日活动启动。

14～16日 市迎江、大观、宜秀区志稿评议会在皖源大酒店举行，省志办主任朱文根参加评稿会，常务副市长汪莹纯到会致辞。

16 日　市“为了农民兄弟”大型法律援助活动启动。

17 日　市政协主席张金锐率医药界政协委员到市立医院就公立医院建设和医疗保障制度落实情况进行调研。

19 日　省委书记张宝顺到市宿松县、太湖县、望江县就经济社会发展情况进行调研，省委常委、秘书长陈树隆，市领导朱读稳、肖超英等陪同。

市委政法委在新浪网开通“安庆政法”官方微博（WEIBO. COM/AQZF），在市党委系统率先尝试微博问政。

20 日　安徽省望东长江公路大桥、岳西至武汉高速公路安徽段开工建设，省委书记张宝顺，代省长李斌，市领导朱读稳、肖超英等出席开工仪式。

市政府邀请市人大代表、政协委员召开座谈会，就安庆市实施“三产兴市”战略、促进现代服务业跨越式发展征求意见。市长肖超英出席座谈会。

21 日　市政协通过《安庆市政协关于公民旁听会议试行办法》，并于通过之日起执行。

22～23 日　召开全市经济工作务虚会，市委书记朱读稳、市长肖超英分别主持会议。

26～27 日　召开市妇女第十三次代表大会，审议通过《立足新起点，再创新业绩，团结动员全市妇女为全面建成小康社会而努力奋斗》的工作报告，选举产生妇联第十三届执行委员会，王芯茹当选为执委会主席。市领导张金锐、陶方启等出席会议。

27 日　市委、市政府召开全市向困难职工送温暖活动动员暨捐款大会，市领导张金锐、陶方启等出席会议并带头捐款。

28 日　共青团安庆市第十四次代表大会开幕，团省委书记李红、市委书记朱读稳等出席会议。

30 日　市政协举行 2010 年新年茶话会。市领导朱读稳、肖超英等出席茶话会。

是月　设立新兴产业扶持资金，非晶软磁、海康通讯等 10 个项目获首批 1.04 亿元资金扶持。

是年　4～6 月，在全市范围内开展主题为“你用工我服务”的企业用工服务专项活动。

上半年，市公推直选试点的岳西县中关乡采用公推直选方式直接选举方式产生乡镇党委领导班子。

8 月起，在全市开展集中整治“两非”（禁止非医学需要鉴定胎儿性别和选择性终止妊娠）专项行动，专项行动持续至 2012 年 3 月。

栏目编辑：刘宜群

第一届中国安庆黄梅戏艺术节

1992 年 10 月 6 日，’92 中国安庆黄梅戏艺术节隆重开幕。副省长吴昌期宣布艺术节开幕，省委副书记孟富林、省委组织部长刘广才、省人大副主任应宜权参加开幕式。光临本次艺术节的海内外嘉宾和工商客户近 5000 人，中央文化部、中央电视台等 30 多个部门代表莅临会场。10 月 6 日晚，艺术节主题晚会有 200 多名专业和业余演员参加演出，《天仙配》、《王熙凤与尤二姐》、《杨玉环》、《杨柳枝》等优秀剧目选段和黄梅戏歌舞精彩纷呈；吴亚玲、韩再芬、马自俊等全国黄梅戏“十佳”演员登台表演。

城建·环保

城乡建设

【概述】 2011 年,全市完成城镇固定资产投资 142.59 亿元,同比增长 13.96%;全市城镇化水平达 43.9%,比上年增加 1.9 个百分点。市建委荣获全国住房城乡建设系统"五五"普法工作先进单位,全省住房城乡建设系统安全生产先进单位,安庆市先进集体,第十次党代会服务工作先进单位,民生工程组织实施、重点项目推进优质服务称号。

【城建重点工程建设】 市区市政公用基础设施投资 12.15 亿元,同比增长 15.95%。花亭大沟整治、振风大道二期、皖江大道改建、顺安路二期、人民路延伸段、集贤关山体整治一期、马窝污水处理厂、菱湖公园景观亮化等 17 项工程全面完工。城市绿化共完成 22 公里 54 个品种 46.4 万株树木栽植。机场大道、人民路延伸段和集贤关山体整治工程一期、顺安路二期、皖江大道二期 1 号桥及剩余工程、皖江大道三期绿化任务基本完成。

【农村危房改造与城区街巷整治】 争取中央、省补助资金 2.3 亿元,其中农村危房改造和农村清洁工程资金 1.81 亿元,占全省三分之一。17728 户农村危房改造任务全部完成,完成投资 7.5 亿元;28 个乡镇农村清洁工程全部完工,完成投资 3598.1 万元。9 月 7 日,省政府在潜山县召开全省农村危房改造和村庄整治现场会,对潜山、岳西的实践经验给予了高度评价。市区钱牌楼街、工农街中段等 10 条小街小巷整治改造全面完成,228 盏小街小巷路灯安装任务提前 3 个月完成,占年度目标任务的 107.55%。

【县城和小城镇建设】 年初,争取市委、市政府恢复开展小城镇建设"宜城杯"竞赛活动,起草考核办法和考核标准。各县(市)城区及建制镇市政公用基础设施建设完成投资 30.96 亿元。桐城市龙眠河整治工程完工;枞阳县莲花湖公园建成开放;怀宁新县城城市框架进一步拉开;潜山县、岳西县创新工作思路,农村危房改造和村庄整治工作成绩突出;太湖县城镇化进程进一步加快;望江县以大项目建设为龙头,县城建设有序推进;宿松县开展农村建筑工匠培训,农房建筑质量和施工水平显著提高。

建设管理

【工程质量和安全监督管理】 "标准化工地建设"和"保障性住房建设质量安全监管"是"建筑市场管理年"活动的重要内容,建立和完善建设项目联动监管机制,强化日常巡查和检查。全年创省优"黄山杯"工程 3 项,市优"振风杯"工程 37 项;创省级标准化示范工地 12 项,是上年的 6 倍,创市级标准化示范工地 37 项。加大建设稽查力度,全年市区下发处罚决定书 9 份,网站曝光企业 15 家。

【建筑业和房地产开发业管理】 全年建筑业总产值 102.1 亿元,同比增长 18.6%;上缴税收 6.6 亿元,约占全市地方税收 10%以上;全市发放房建项目施工许可、建筑面积、合同造价同比分别增长 10.2%、11.3%和 9.2%。加强房地产开发项目资本金审查,强化市场监管,督促、引导开发企业加快建设进度,保持房地产开发业的持续平稳发展。全年房地产开发企业上缴税收 11.7 亿元,约占全市地方税收 17%以上。

【市政园林公用设施维护管理】 市区路灯综合亮灯率达 95%,排水设施完好率 98%以上,防汛排涝设施完好率 100%。市区公用企业效益持续增长。

全年售水量、销售收入同比分别增长 5.56% 和 5.73%；天然气销售量、销售收入同比分别增长 187%和 73%。

（卢　胤）

城乡规划

【概况】 2011 年 2 月，经市编委批准，成立市规划编制研究中心。由市城乡规划局为主组织编制的安庆市新一轮城市总体规划（2010～2030）获省政府批准。经市政府研究同意，《安庆市城市规划管理技术规定》正式施行。市城乡规划局获得"全市重点项目推进工作优质服务单位"和"推进旅游工作先进单位"称号。

【省政府研究通过新一轮城市总体规划】 《安庆市城市总体规划（2010—2030）》于 2011 年 11 月 11 日经省政府第 86 次常务会议研究通过。新一轮城市总体规划确定安庆市是现代化的历史文化名城、先进制造业和文化旅游基地、综合交通枢纽、滨江山水园林城市、皖鄂赣三省交界的区域性中心城市。确定 901 平方公里的城市规划区范围内，实行城乡统一规划管理。确定到 2030 年，中心城区城市人口控制在 180 万人以内、城市建设用地控制在 180 平方公里以内。明确按照"东进北扩、环山发展"的发展策略，合理安排城市空间的拓展时序，逐步形成"一城两翼、两心七片、山水交融、环状组团"的城市空间布局结构。《安庆历史文化名城保护规划（2010～2030）》已获得省政府批准。

【完善各类规划编制和城市设计】 年内组织编制《安庆市中心城区道路交通改善规划》、《安庆市区山体保护暨集贤关地区综合整治规划》、《安庆市加油站（点）布点规划》和《皖河农场总体规划》。编制安庆市区中心区南片、新河南段地区、B—13 地块（华茂集团总部所在地）、经济技术开发区西片、北部西城西北片、安庆化学工业区、大观工业园和市体育中心及周边地块等 13 项控制性详细规划。完成合安高速北部新城出入口区域、振风大道两侧地块、皖江大道局部地块的城市设计。

【出台《安庆市城市规划管理技术规定》】 经市政府研究同意，市政府办公室印发《安庆市城市规划管理技术规定》，自 2011 年 9 月 1 日起正式施行。该文件规定了城市用地分类、各类建设用地适建范围、建设用地界线及面积确定和绿地率标准，规定了建筑间距、建筑物退让、建筑高度、建筑景观、建筑停车位及地下空间管理、居住小区公共配套服务设施的各项技术指标，提高日照标准，增加居住小区公共配套服务设施；不同性质类别建筑（群）的机动车、（非）机动车停车位指标进行调整；临街建筑退让标准提高；提高计算建筑面积、容积率的标准。

【提升规划服务水平】 年内城市规划委员会召开 6 次会议，研究 24 个重要规划事项。启用规划行政许可软件管理系统、工程建设领域项目信息公开管理系统和日照分析以及容积率、建筑密度、绿地率等技术指标核实制图标准等建设项目审查管理软件。做好重点项目、民生工程、公共基础服务设施规划建设的前期调研论证和规划服务工作。全年共核发《建设项目选址意见书》29 份，选址面积 200.2 公顷；核发规划设计条件 126 份；核发《建设用地规划许可证》77 份，用地面积 598.47 公顷；核发《建设工程规划许可证》417 份，建筑面积 377.96 万平方米；核发《乡村建设规划许可证》29 份；核发《建设工程竣工规划核实意见书》57 份，建筑面积 80.38 万平方米；审查和公示规划、建筑设计方案 98 件。办理市人大代表建议 15 件、市政协委员提案 18 件；参与"1584 政风行风热线"节目上线 11 次，受理群众规划咨询、投诉和建议 57 条；查处人民来信 40 件，接待群众来访 223 人次；答复群众网上咨询 350 多条，办理"市民心声" 150 多件。

（桂　蔚）

城乡规划设计

【城市规划设计】 完成集贤关综合整治规划、皖河农场总体概念性规划、石牌水厂扩建及城区管网改造工程、安庆公安消防支队消防指挥中心、市消防指挥中心规划、十里生活垃圾转运站规划、油库工程改造出入口交通影响评价、高河还建点箱涵工程等基础设施项目。在 2011 年度安徽省优秀城乡规划设计奖评选中，该院参评的《安庆市北部新城西北片控制性详细规划》荣获三等奖。

【建筑勘察设计】 2011年，各项村镇整治规划、还建点建设项目、保障性住房建设项目的比例有所增加，在此基础上又争取到更多的设计项目。完成市民政局光荣院工程、北部新城南山园还建点、安庆大地房地产开发公司大地凤凰城勘察工程、安庆宝达电梯有限公司厂区工程、安踏工业园区建设项目等。在2011年全省工程勘察市场及质量专项检查中，设计院工程勘察设计质量及管理得到了省厅检查组的充分肯定。

【展开交流合作】 安庆“1·19”地震后，设计院及时指派分管院长以及规划、市政、建筑专业工程师，配合宜秀区政府、市建委对震后危房进行普查和调研，为后期宣店还建点项目中标奠定基础。年内，与浙江省规划院合作《宿松县城市总体规划》、与同济大学合作《太湖县城市总体规划》等，通过与兄弟设计院横向交流合作，打造交流学习平台，提升了设计水平和品牌效应。

【拓展业务空间】 设计院已作为安徽省第一批固定资产投资项目节能评估机构备案。设计院以专业平台建设来拓展项目，承担市重点办城东污水处理厂二期工程节能评估、安庆碧桂园房地产开发公司三期节能评估、铜陵苏润公司矿渣微粉生产工程节能评估。

【规范市政基础设施施工图审查中心的管理】 市政施工图审查中心，按统一管理、统一考核的原则，积极开展工作。全年共审查项目75项，查出违反国家规范81条，其中违反强制条文2条。

（裴　蕾）

市政工程

【概况】 2011年，市政工程管理处坚持每天上路巡查，建立巡查日志，及时制止乱破、乱挖道路行为，快速处理路面破损、井盖丢失等问题，消除安全隐患，确保设施完好、路面畅通。全年共受理办结挖掘手续104起(其中补办手续22起)，办结率达100%。充分利用中央财政专项资金，完成狮子山路、排水泵站等水毁设施的建设和修复工作。为做好省级文明城市创建迎检工作，加强责任路段巡查，对不符合创建标准的，督促相关责任单位及时整改。

市政工程处担负着30条总长100公里主干道、220公里排水(污)管道、5个城市广场、16座市政桥梁以及4公里内河道检查、维修和清疏等任务。全年累计维修人行道、快慢车道16000余平方米，调整、维修路沿石910余米，更换雨(污)水井盖和维修井圈160座，应急疏通管道1200米。全年2次对全市主干道13000多座雨(污)井进行全面清疏，共清运井内垃圾杂物560余立方米。同时，加强桥梁检测和维护维修工作。投入150多万元，对振风大道1、2号桥，独秀大道新河桥，元山路1、2号桥，菱南桥等6座桥梁的桥头衔接段进行全面维修，维修面积近8000平方米，有效地解决了桥头“跳车”问题，消除了安全隐患。组织专业检测维修机构对集贤南路白鳍豚人行天桥进行全面安全检测及维护维修，确保人行天桥通行安全。

全年完成皖江大道二期、三期等重点工程的路灯建设、城区部分主干道路灯改造以及纳入民生项目的小街小巷路灯安装任务。完成碧桂园山庄大转盘、菱湖南路七仙女雕塑、菱湖南路牌坊、潜江路大转盘、长江大桥绿化带等5处夜景亮化工程建设安装，首次选用桃花灯、梅花灯、LED树灯、洗墙灯等新型饰灯，共安装灯饰173套。全市路灯已达35682盏、控制箱167座、地下电缆349公里、架空线路33公里。做好全市路灯及5个广场喷泉的管理与维护工作，全年累计维修路灯10000余盏次，更换各种灯泡6785只、镇流器2377只、触发器1813只，路灯亮灯率达到97%以上。

汛前，全面完成沿江4座排水泵站、3座排污泵站以及3座截止闸、6道通江涵闸等设施的检修任务；认真组织实施泵站水毁修复工程，更换、改造2010年汛期受损的泵站部分设备，保持设备完好率达100%，确保泵站运行安全。新河泵站更换前池水位仪、电源通讯模块，同安河泵站重新制作安装钢制拦污栅及钢盖板，立新圩泵站更新改造电动启闭机，加装室内电动葫芦，菱北及华中路泵站更换4台格栅清污机等。全年7座泵站累计开机206台时、排水量370万吨、排污量4002万吨，运送垃圾100余车，顺利完成城区度汛任务。城市排水许可工作有序推进，到12月底，已摸底登记1400余户，市行政服务中心受理近700户，核发排水许可证610户。

【“数字市政”全面启动】 “数字市政”建设全面启动，且已初具规模。实施路灯监控系统升级改造，通过运用GIS技术、GPS定位技术，利用移动GPRS

平台,对原路灯无线电监控系统进行升级改造,已完成原60个监控终端的升级改造任务,新增建设45个GPRS监控终端,基本实现城市照明管理的全覆盖。开展排水、排污泵站自动化控制及视频监控系统建设,实现对7座泵站、3座截止闸进行远程自动化控制和视频监控、实时监控各泵站环境和动态水位运行状态,利用手机短信平台功能实现对泵机实现开、停机操作。

【解民忧办实事】 3月,完成各区小街小巷路灯安装地点勘察和预算编制工作,6至8月,完成全年小街小巷228盏路灯安装任务。解决北正街菜市场、戏校南路社区等急需解决的照明问题,获戏校南路居民赠送"心系光明,造福民众"锦旗。4月,帮助华中西路居民区疏通堵塞数月的化粪池,获市经济和信息化委员会赠送"美化宜城,为民办事"锦旗。7月,动用新购置的联合疏通车,有效解决十四中学和龙眠山路、华中东路、德宽路等门前道路多年积水问题。9月,对锡麟社区一块近300平方米卫生死角进行美化、硬化,铺设地砖,将此处改造成漂亮的休闲广场。

【市政重点工程建设有序推进】 根据市委市政府下达的年度城建项目计划,抽调精干专业技术力量,推进市政重点工程建设,其中,皖江大道二期1号桥及剩余工程、振风大道二期、机场大道、顺安路二期、人民路延伸段已完成竣工验收,皖江大道三期路灯、绿化工程已完工验收,马窝污水处理厂基本完工,华中东路三期、4号污水提升泵站及时推进。新开工建设皖江大道改建、环城南路、长风路、顺安路三期等项目。

(陆英福)

房地产管理

【概况】 根据市政府与省政府签订的《2011年住房保障工作目标责任书》,全年全市建设保障性住房和棚户区改造住房21452套。其中,新增廉租住房4774套,新增发放租赁补贴600户;新增公共租赁住房6500套;城市棚户区改造10178户。全年实际完成固定资产投资10.29亿元,完成廉租住房竣工套数9119套,完成率为101.32%;完成基本建成套数14017套,完成率为123.04%;城市低收入住房困难家庭保障总户数达21202户,完成率为100.96%;新增发放廉租住房租赁补贴621户,完成率为103.5%。

草拟并报市政府出台《关于进一步做好房地产市场调控工作的实施意见》,同时,进一步规范房地产市场数据的采集报送,加强动态监测;加快个人住房信息系统建设;完善房地产市场信息平台;严格实行商品房明码标价,完善销售备案管理等制度,多措并举,严控房价增幅。顺利完成城房指数编制工作,市区个人住房信息系统省市联网已通过测试。全年市区新建商品房批准预售面积74.11万平方米,同比下降14%,其中商品住房预售成交面积59.41万平方米,同比下降21%。新建商品住房销售均价为4860元/平方米,同比增长9%,低于年度控制目标4个百分点,实现了年度新建商品住房价格调控目标。二手房交易面积40.48万平方米,同比下降35%,其中二手住房交易面积33.07万平方米,同比下降38%。二手房销售均价4539元/平方米,全年均处于下行趋势。全年市区存量房资金托管金额约7亿元,全市完成担保贷款金额约8亿元,约3700多户居民圆了住房梦。

草拟并报政府出台《关于贯彻落实〈国务院国有土地上房屋征收与补偿条例〉的实施意见》等相关配套文件,初步建立房屋征收监管政策体系,为规范征收行为,维护群众利益,依法实施征收工作奠定了基础。组织实施国有土地征收项目2件,征收面积16万平方米。扎实开展拆迁认证工作,受理认证项目22个,认证房屋拆迁面积约22万平方米,其中给予补偿21万平方米,核减费用约0.92亿元。推进政务新区体育中心片、顺安路还建点等7个集中还建项目,政务新区体育中心片及中心区南片顺安路还建点已完成前期各项准备,于10月24日分别举行开工典礼。

全年共受理办结行政审批276件,接受咨询3000多人次。建立完善信息发布、审查、每月通报等制度,累计发布信息496条。市局被市政府批准为"全市第一批政务公开示范点",并被推荐为全省第二批示范点候选单位。

【规范和提升物业管理水平】 组织学习培训、经验交流,开展争先创优等活动,落实物业企业资质管理制度,提高从业人员素质,规范行业行为,提升物业管理水平。全市实现物业管理的总项目数407个,建筑面积达1750万平方米,市区2万平方米以上住宅区物业管理覆盖面达78.5%。安庆移动公司第二通信综合楼、香水百合小区被评为省物业优秀示范项目。

【确保房屋安全】 全年实施白蚁预防、灭治面积320万平方米，对市区230处进行蚁害排查。实施房屋安全鉴定140件次，面积6.1万平方米。抓好对危旧直管公房的检查维修养护工作，全年实施各类维修4000余户次，确保国有资产增值和房屋使用安全。

（房产局）

住房公积金管理

【概况】 2011年，全市共为25万名职工缴存住房公积金74.2亿元，支持50328户职工解决住房困难或改善住房条件。年内归集公积金16.1亿元，增幅22.52%，完成政府目标任务161%。年内发放贷款8.2亿元，完成政府目标任务126.1%。为职工办理购房提取达6.6亿元，增幅20.3%，完成政府目标任务162.5%，支持4494户职工家庭解决了住房问题。全市住房公积金使用率达72.5%，贷款逾期率严格控制在规定的1‰以下。

制订出台《安庆市住房公积金服务指南》，对公积金归集、提取、贷款、信息查询、政策咨询、投诉建议等6大类业务服务进行了细化、规范。服务大厅窗口实现"一窗口受理、一站式审批、一条龙服务"。贷款发放将原来规定的15个工作日内控制为7个工作日内。开展咨询、预约和上门服务，推行信息公开，开通住房公积金服务热线，实现即时在线交流指引。市公积金中心2011年被评为全省住房和城乡建设系统第三届文明单位。

【住房公积金数据镜像容灾网络建设】 根据国家住建部部署，安庆公积金数据镜像容灾网络建设列入全国首批联网示范点，为此年内成立信息化建设领导小组，制定周密的技术实施方案，积极筹措资金140多万元进行系统升级改造，实现了国家、省、市公积金网络系统联网实时监控。新系统建成，增强了住房公积金管理信息系统功能，把业务管理的各项政策和制度用现代技术固化在计算机程序中，环节简洁、流程清晰。

【出台贷款新政策】 4月，市公积金中心联合市财政、人行市支行、银监会安庆监管分局等四部门出台《安庆市关于规范住房公积金贷款政策实施意见》，支持职工解决基本住房需求，特别对中、低收入家庭首次使用住房公积金购买中小户型商品房、二手房、经济适用房，贷款额度在原标准基础上上浮20%。第一套房贷款首付比例，套型面积90平方米以下的为20%，90平方米以上的为30%，将公积金贷款最高限额由原35万元调整至45万元，充分发挥住房公积金贷款政策优势作用，为全市5万多职工家庭圆了住房梦。

（林齐国）

住房制度改革

【概况】 2011年，市房改办审批发放职工住房补贴3608人，发放补贴金额1946.85万元；审批出售公有住房5.69万平方米，收回售房款2995.51万元。审批19个企事业单位的住房补贴工作（其中新增单位为8个），审批发放住房补贴1946.85万元，3608人。

2011年，根据安庆市政府办公室《关于印发安庆市房地产管理局主要职责内设机构和人员编制规定的通知》精神，市住房制度改革领导小组办公室并入市房地产管理局。

【住房分配货币化改革不断深化】 市房改办进一步加大对改制企业兑现职工住房补贴力度，全年审批19个企事业单位的住房补贴工作（其中新增单位为8个）。根据市内房价、收入情况，经过认真测算，经过省房改办的批准，对有条件的省直企业单位，住房补贴可执行320元/平方米。

【公房出售工作】 为加快住房私有化进程，市区继续加大存量公房出售力度，公房做到应售尽售。对改制、破产企业存量公房出售资金，按政策规定，除留足20%公共部位维修基金外，80%返还改制企业作为单位职工住房补贴资金。经过与市物价局共同测算，报市政府批准，2011年市区出售公房成本价为791.5元/平方米。并享受两种折扣：(1)工龄折扣额：售房单位应根据购房职工建立住房公积金前的工龄计算工龄折扣，年工龄折扣额为每平方米4.75元。(2)年成新折扣率为2%。使用年限超过30年的，按

30年计算。

【调整房改政策】 市房改办针对企业改制过程中出现的新情况，新问题，根据市政府关于对改制和破产企业违规自行出售公有住房遗留问题处理的精神，对改制和破产企业违规售房情况及时进行纠正，维护改制和破产企业职工的合法权益，支持了企业改制工作，解决企业改制职工购房的后顾之忧。

（查显飞　王　虹）

城管执法

【概况】 2011年，市城管执法部门会同各区政府和安庆石化总厂，对脏乱差现象严重的区域进行集中整治，妥善解决华中东路长江大桥引桥下占道堆放旧家具家电、鸭儿塘路周边区域环境脏乱差等长期影响市文明创建的难点问题。期间，市、区两级财政还专门安排2000万元专项资金，用于购置环卫专业设备和专用车辆。经政府采购的垃圾压缩运输车、转运车、吸污车等专业设备，均已交付各区环卫部门并投入使用。

对直管路段实行全天候监控，发现流动摊点和出店经营，逐一发放整改通知书，督促商家将占道物品搬回店内。坚决清理无证无照流动摊点，对不服从管理的依法予以处罚。严格主干道两侧商业促销活动的审批和管理程序，节庆期间，主城区繁华路段严格控制商业促销活动。要求城区主干道沿街早点店必须在店内经营，不得出店占道，对确需出店经营的餐车，应经城管部门批准，并要按照省文明委要求规范经营。对影响市容和交通秩序的早点摊，依法予以取缔。同时，加强宣传，督促早点摊业主严格遵守市容管理规定，规范经营。

发放“致沿街单位和经营业主的一封信”，与沿街单位、门点签订新的“门前三包”责任书，引导、督促责任单位认真落实“门前三包”责任制，确定专人具体落实“门前三包”工作，维护门前市容秩序。免费为沿街单位、门点提供统一式样的垃圾容器。开展经常性的“门前三包”考核评比活动，对“门前三包”不落实的，依法予以查处。

执法人员重点对市政公用设施和工厂、学校、社区内的绿化树木进行察看，对古树名木予以重点保护，对各类损坏市政设施和城市绿化案件，依法严肃查处。全年共查处违法案件近百件。在查处案件时，执法人员不仅对当事人依法进行处罚，还督促其按要求整改，将损失减到最小。

执法部门组建6个巡查组，实行24小时监控，对城区范围内所有散装货物（包括煤、沙、渣土、石料等）运输车辆，一律要求实行平装覆盖，未按要求运输的，依法从严处罚。

为规范户外广告管理，优化户外广告申办和年审工作流程，对申请人户外广告设置或年审申请，限期予以办结。户外广告申请经许可后需在规定时间内设置完毕，户外广告设置有效期限为一年，期满不再设置的，由设置单位组织拆除；需继续设置的，由设置单位提出续期申请，市容管理部门根据城市规划要求决定是否许可。对现有的户外广告进行排查，督促业主单位修复或拆除破损广告，所有户外广告牌必须上画面，不得出现空白，同时严格按比例设置公益广告。对户外广告、门头招牌进行整治，要求各大队每星期必须完成5个门点的门头招牌整治任务并提交局业务会议验收通过。坚持户外广告、门头招牌集体审批，每周召开局业务会议，集体研究决定。全年共整治户外广告、门头招牌1800余块。通过整治，户外广告、门头招牌设置基本做到了“一楼一标准、一店一招牌”。

从7月1日起，采取市场化运作方式，通过公开招标，确定对城区53条主、次干道的乱贴乱画进行清理的单位，专门负责清除工作。从督察考评情况看，53条主、次干道的乱贴乱画全部清理完毕，同时新产生的乱贴乱画做到了日产日清。市环卫处负责招标的9条道路上的乱贴乱画，由中标单位负责及时清除并进行监管。

【建成城管信息中心】 数字化城市管理系统建设是2011年工作重点之一，市城管执法部门在与公安报警联网系统资源共享的基础上，投资40万元，在城区主要路段和重点部位增设了25个视频监控点，基本实现对城区主干道重点部位的全覆盖。同时，完善城管指挥中心各项工作制度和工作流程，安排专人值班，对主要道路实行视频动态监控，发现违法违规行为，立即通知路段责任队员现场处理，确保在第一时间发现、制止和查处各类违法违规行为。

购置办公设备，成立了城管信息中心，负责城管、市容环卫法律法规、政策规定，市及各县（市）区城管执法部门和市、区环卫部门机构、人员、装备和工作动态等信息的收集、整理、发布、归档工作。

【生活垃圾收运系统建设】 先后对城区10条道路实行清扫保洁和绿化养护打捆招投标，引入社会力量参与城市道路清扫保洁和绿化养护工作。在创建省级文明城市期间，通过市场化运作方式，在城区主干道设置一百余只档次较高的不锈钢果壳箱，解决城区果壳箱不足的问题，改善城市环境，提升城市形象。

市环卫处配备专用督察车辆，每天对城区主要道路和市场化运作道路环境卫生质量进行督察，详细记录，并严格按照《安庆市城区环卫工作目标管理考核暂行办法》和《道路清扫保洁和绿化带保洁、维护招标文件》进行考核评分，编发督察通报，及时向各作业单位进行反馈。着力推进环卫清扫机械化作业，市环卫处按照招标文件要求，督促各中标单位购买道路清扫车，全市环卫系统自筹资金240余万元，购置了7辆道路清扫车，安庆市城区清扫车实现了新中国成立以来零的突破。

推进生活垃圾转运站建设工作，经九路生活垃圾转运站已破土动工，宜园路、程良路、旺园路等生活垃圾转运站改建工作稳步推进。实行清扫保洁和绿化养护打捆招投标路段的各中标作业单位购置了电动四轮翻桶车、电动挂桶保洁车、车厢可卸式垃圾收集车，垃圾清运基本实现机械化。

【生活垃圾焚烧发电项目投入运行】 7月2日、8月5日，两台机组先后成功并网发电，生活垃圾焚烧发电厂正式建成投运。经市政府批准，自10月20日起，安庆市生活垃圾处理场实行封场治理，城区所有生活垃圾均运往生活垃圾焚烧发电厂进行无害化处理。安庆市生活垃圾无害化处理率达到100%。处理场存量生活垃圾也将逐步运至生活垃圾焚烧发电厂进行焚烧处置。6月8日、11月30日，副省长倪发科、市委书记朱读稳、市长肖超英等先后到安庆生活垃圾焚烧发电项目工地实地察看、调研、指导。

【实施城区生活垃圾处理费征收管理】 落实《安庆市城市生活垃圾处理收费管理办法》要求，推进城市生活垃圾处理费征收管理处筹建工作，通过新闻媒体广泛宣传《办法》，与市财政、地税、建设、交通等部门和市自来水公司密切协作，城市生活垃圾处理费征收工作有序开展。针对城区一表多户、一户多表以及未装表户等问题，多次到自来水公司、街道办事处实地调查核实，做到不错征、不漏征。对征收的生活垃圾处理费，严格实行收支两条线管理，确保按时、足额划拨各区。2011年共征收670万元，返还居民卫生费433万元，支付代征手续费34万元，实际征收生活垃圾处理费203万元。

（市容局）

园　林

【概况】 2011年，园林系统完成城区9条主干道路绿化提升工程、菱湖公园景观亮化建设工程，出台《安庆市园林绿化企业信用手册》，城区公园和行道树管养水平得到提高。召开全系统党员大会，组织开展评选表彰“优秀共产党员”、“优秀党务工作者”、和“先进基层党组织”等活动。全系统干部群众积极投入省文明城市的创建工作中，皖江公园荣获安庆市第三届文明行业创建“文明窗口”称号。

【完成城区9条主干道路绿化提升工程】 城区绿化会战于3月全面实施，总投资2000万元，其中市本级1500万元，主要范围为皖江大道、龙眠山路等9条城区主干道和进出口道路计22公里。园林部门集中全力，克服历史罕见的高温少雨天气、苗木货源奇缺和经费现金支付的压力，每天投入400余人、30余台机械进行紧张栽植，共栽植树木54个品种46.35万株。

【菱湖公园景观亮化建设工程完工】 该工程位于菱湖公园内，工程造价188万余元。工程于1月开工，五一前亮灯，7月13日通过竣工验收，公园夜晚景观效果得到增强。

【加强公共绿地管理】 在加强日常管理的同时，加大公共绿地卫生保洁、游园秩序、文明服务、生态环境等方面的管理。皖江公园在菱湖风景区圈养10万株水葫芦、投放4万余尾鲢鱼苗，有效抑制了蓝藻的生长，改善了东、西湖水质。菱湖公园在近4万平方米的水面栽种6000余斤莲藕。狮子山公园修复园内水毁路面，整治园区环境。绿化大队加强绿化管理巡查，全年抢险树木险情60余起，完成对城区13株遭受不同程度虫害侵害古树的医治。莲湖公园首批引进3个类型、32个品种月季，长势良好，扦插月季花4000余株。

（园林局）

绿　化

【概况】 3月1日和11、12日在大观新城和宜秀北部新城组织市领导和市六大班子机关、安庆石化总厂以及大观、宜秀区直单位机关干部3000余人开展三次大型义务植树，共栽植广玉兰、水杉、女贞、紫薇、红叶李、望春花等绿化树苗6000余株；参加3月11日、12日的北部新城义务植树的有机关干部、企业员工、市民(家庭和个人)、学生，社会团(群)体、社区组织，还有周边乡镇的农民，安庆电视台进行现场直播。各县市区绿化委员会也组织开展了内容丰富、形式多样义务植树活动。市绿化办于5月、9月分别对城区几处义务植树基地进行检查验收，其中北部新城城市公园义务植树成活率达90%以上。城区义务植树绿化费收缴工作也于11月正式开展。

【绿色长廊建设加大实施力度】 2011年，将绿色长廊工程建设，特别是合界高速示范工程作为创森工作的重点和难点加以突破和切入，全市共完成国、省、县乡公路、江河渠道绿色长廊线路绿化196.9公里。林带建设163.2公里，高界高速绿色长廊示范工程完成73.93公里。宿松县、太湖县、桐城市、宜秀区全面完成了任务。合界高速(安庆段)绿色长廊示范工程获全省2011年度绿色长廊建设一等奖。

推进安庆大桥连接线绿色长廊工程实施，大桥连接线绿色长廊全长22公里，规划实施面积916亩，工程投资预算800余万元。在实施过程中坚持做到政府租地、大户承包、工程队施工，市林业局负责苗木和栽植，宜秀区政府负责土地落实和整地，同时投资40万元，对大桥连接线两边重点山场植被进行改造提质，栽植蜀桧和女贞大苗3000株，对山场青山白化进行遮盖。全线长廊统一遵从产业兼顾景观、景观兼顾效益，实现生态、景观、效益一体化；两侧原则上各按50米宽度建设长廊，产业发展宽度需要超过50米的不加限制。在长廊建设过程中，引入民间资本，运用市场机制进行运作，实行政府出资租地，积极引进民间资本兴办大苗苗木基地，力争做成绿色长廊中的精品工程和样板工程。

【古树名木保护】 从6月中旬开始，安庆市在前两次调查摸底的基础上，历时两个月，对全市古树名木进行复查核实和统计。本次复查工作，市林业局成立由分管局长任组长的工作领导小组，6月14日专门召开由县(市)区分管林业局局长及绿化办主任参加的全市古树名木复查工作会议，全面部署古树名木复查核实工作。通过对调查资料的重新审核，补缺完善，建立了相对完整的古树名木电子档案，并于9月份将全市普查登记结果汇总后报省绿化委员会。通过初步鉴定，全市现有古树名木6257株，其中一级古树和名木55株，二级古树216株，三级古树5986株，其中现存古树群20处、3064株。本次对全市古树名木普查登记建档，为历年来最全面、最规范的一次。

【花卉盆景协会】 8月，市绿化办、花卉盆景协会牵头各县级协会对全市花卉盆景苗木基地和产业进行摸底统计。全市共有花卉苗木产业基地229个(其中小于500亩的有206个，500～1000亩的有15个，大于1000亩的有8个，)，总投资额约57161.2万元，基地面积46843亩，其中苗木基地39692亩，花卉基地1897亩，其他类4994亩，年产值31895.1万元，年销售收入17086.1万元，年销售利润6167.9万元。各地的花卉苗木产业形成了一定的基础和规模，已成为农村经济增长和农民增收的重要途径。

10月31日，召开市花卉盆景协会第七届会员代表大会，进行换届选举，选举产生市花卉盆景协会第七届理事会理事66人，其中常务理事35人，选举王志宏为市花卉盆景协会第七届理事会会长，推选宋圣军担任市花卉盆景协会第七理事会名誉会长。审议通过《安庆市花卉盆景协会章程》、《市花卉盆景协会会费收缴有关规定》。

10月31日，安庆市第三届盆景艺术精品展暨首届菊花展开幕，展览分成两部分，一部分是盆景艺术精品展，共展出作品200余件，作品来自城区及8县市，许多作品曾在国家和省级展出并获奖；另一部分是首届菊花展览，共展出36个品种，分10个展区，占地面积约2800平方米，展期为10月31日至11月6日，展览期间还举办盆景艺术比赛和鲜切花表演，花卉盆景科普知识宣传和生产企业简介。

【国家森林城市创建活动】 市创森指挥部办公室设在市林业局，负责创森日常工作，办公室下设工作组、宣传组、综合组。1月5日市委、市政府召开全市创建国家森林城市动员大会，3月3日在桐城市召开全市创建国家森林城市工作推进会。各县(市)区均成立高规格的创森机构，并结合各地实际制定创森实施方案。

市“创森办”与市委宣传部联合出台全市创森宣传实施方案，在各大新闻媒体开辟专栏进行集中宣传。植树节期间，安庆电视台在《安庆新闻》和《天天直播》等栏目中对推进会精神及植树节前后的创森情况每天都进行专门报道，《安庆日报》还开辟创森宣传专栏；市创森办还印发创森知识宣传画册2000余份，在两会期间发送给两会代表。在主城区显要位置利用电子显示屏进行创森宣传，在城市主要出入口和高速公路上制作宣传广告。4月组织各媒体机构联合赴全市各地开展部门和领导专访活动，为创建国家森林城市营造良好的氛围。

全市创建国家森林城市九大量化目标任务已分配下达各地，并在桐城市推动会上签订目标管理责任状，各县(市)区结合各自实际迅速将任务分解到各实施主体，落实到具体地块和具体责任人，实行目标管理。到11月底，全市新建建成区绿化面积324.14公顷，占年度任务的146%；环城绿化带189.93公顷，占年度任务的172.6%，绿色长廊工程336.88公里，占年度任务的115%；农田林网建设6089.7公顷，占年度任务的93.5%；森林提质工程17633.3公顷，占年度任务的100.9%；重点营造林工程6122公顷，占年度任务的105.7%；建设森林文化工程33个，占年度任务94%。

市“创森”工程重点实施于高界高速长廊，将高界高速及大桥连接线198公里绿色长廊示范工程作为创森的重点和突破点。配合市建委、市园林局开展春季城区绿化会战，着重增加绿量和提升绿化档次，改善城市生态环境，丰富城市景观结构，共栽植树木54个品种46.35万株，其中香樟、银杏、桂花等乔木2.48万余株，增加了道路绿量；为全面准确掌握全市城区绿化现状，市创森办牵头市园林、区林业、城建等部门组织对市城区范围内各单位、小区、街道及其他公共绿地绿化现状进行调查摸底，在此基础上，对照国家森林城市标准，安排设计新增的绿化任务，提升城区绿化面积和绿化档次。

（绿化办）

环境保护

【概况】 2011年提请市委、市政府研究出台《关于进一步加强环境保护工作的意见》，对整治环境突出问题、防范环境风险、强化污染减排、建立长效机制、加大环保投入等方面做出部署。

开展为期3个月的环境隐患大排查、大整改，逐个区域、逐个企业推进环境问题的排查整改，全面摸清并着力解决环境存量风险。2010年11月5日太湖县黑河水体污染事件发生后，全市召开加强环境监管、打击违法排污行为电视电话会议，2011年1月9日再次召开全市环保专项行动紧急会议，要求在2010年11、12月开展环境安全隐患排查的基础上，再利用两个月时间，在全市范围内各个领域开展环境安全隐患大排查。全市共排查饮用水源保护区58个、工业园区企业260余家、重金属排放企业19家、化工企业39家、各类造纸企业30家(包括7家关闭企业)。饮用水水源保护区内基本违法建设项目和生产经营活动。对存在环境安全隐患的6家工业园区企业、3家重金属企业、8家化工企业、4家造纸企业，逐一提出了整改意见

【开展专项整改】 按照纵向到底、横向到边的要求，通过区域自查、分片核查、开展整改等方式，开展环境安全隐患大排查、大整改。全年先后出动有关人员3226人(次)，排查企业985家，排查出环境安全隐患企业103家，确定重点整改企业71家，采取关闭措施的17家、实行停产整改54家。对存在环境问题的企业，逐一建立企业信息档案，跟踪调查企业整改措施落实情况。

市政府把城镇污水处理厂配套设施建设、提高污水处理厂运行效益作为考核辖区政府任期目标的重要内容，列入2011年市政府民生工程重要专项。国庆节期间，市环保局深入各县(市)区暗访全市10个污水处理厂运行情况，并向各县(市)区政府主要负责同志专题书面反馈暗访结果，要求加快污水处理厂管网建设，规范污水处理厂运行。

大观经济开发区被省环保厅实施“区域限批”。市环保局及时督促大观区加大投入，调整污水处理工艺，保证污水处理厂的正常运行；对园区企业实施停产整治，完善污染治理设施，狠抓园区企业环境监管，全区环境评估执行率达100%，所有生产企业均完成环保验收。8月14日，大观经济开发区顺利通过省环保厅解限验收。

根据国家环保部和省环保厅的要求，制定《安庆市涉重金属工业项目及环境突出问题整改方案》，对涉重金属工业项目28个(涉铅项目12个、电镀项目16个)全部实施停产整顿，依法取缔或关闭卫生防护距离达不到规定要求、污染治理设施不完善、污染严

重的涉重金属建设项目。到年底，全市仅1家规模较大的涉铅企业和5家电镀企业经停产整治后恢复生产；11家涉铅企业、11家电镀企业全部关停。为防患于未然，对全市原有12家涉铅企业实行分片包保责任制，每个企业确定一名副县（区）长包干负责，确保企业按要求取缔关闭到位、按要求停产到位、按要求整改到位。

【建设项目环境管理】 市环保局把规划环评（即环境评估）作为开发区新建项目准入的前提条件，督促14个省级以上工业园区（开发区）完成规划环评的编制和审批，从宏观决策和源头上预防环境污染、优化产业发展。明确各类工业园区（开发区）的产业主攻方向，通过项目环评审批优化工业园区（开发区）的产业布局。

提请市政府成立由分管市长任组长的环评审批领导小组，对重大项目进行审查，严把新建项目的环境准入关。提请市政府建立部门联管机制，对不符合环保要求项目，发改部门不立项，国土部门不供地，规划部门不发规划许可证，建设部门不发施工许可证。继续完善绿色信贷实施机制，将市环保局出具书面认定意见书作为全市商业银行贷款的前置条件。全年市环保部门认真执行《关于落实环保政策法规和污染减排措施防范信贷风险的实施办法》，共审理了企业环保达标认定122起，向人行安庆中心支行、银监会安庆分局建议暂停办理6家单位新增授信业务。

对全市2003年以来的建设项目进行全面清查，先后出动监察人员2000余人（次），检查建设项目602家，26个未批先建项目被责令停建，23家超时试生产企业被责令停产。组织开展建设项目环评文件专项检查，严查违规环评。

【确保完成四项污染减排任务】 将四项减排目标纳入县（市）区政府年度目标考核体系，由市政府分管领导与各县（市）区政府负责人、重点企业负责人签订环保目标责任书，既设置考核分值，又实行"一票否决"，实行最严格的政府目标考核。实行严格的区域总量指标控制，要求本市新建项目同步落实总量减排指标，将增量减排与新建项目准入严格挂钩。

抓住上半年环境安全隐患大排查的有利时机，对整改无法达到环保要求的环境安全隐患企业，包括11家涉铅企业、11家电镀企业，依法予以关闭，淘汰落后产能。采取综合措施，重点推进小化工、小造纸、小水泥、小酿造和丝绸行业的关停，关闭燃煤锅炉，挖掘结构减排潜力。

扩大重点行业工程减排投入，推进石化脱硫、海螺低氮燃烧技术改造及脱硝、重点企业污水处理厂等三大工程建设。控制皖江电力发电量，减少燃煤需求，降低二氧化硫排放。加强减排工程运行监测，监测城镇污水处理厂管网配套和进水浓度，确保石化3、4、5号炉脱硫设施稳定运行，提高减排效益。

安排农业产业化资金，实施农村规模畜禽养殖处理达标工程，促进污水处理达标排放。要求各县（市）区落实年度环保目标责任书中规模化畜禽养殖重点工程减排项目，并纳入年度减排计划组织实施。全面推行干清粪、垫草垫料、生物发酵床等方法，改进养殖方式，提高资源综合利用率，减少污染物排放。

【提升环境应急管理水平】 在市政府与各县（市）区政府签订的《2011年度环境保护目标责任书》中明确规定，县（市）区级环境监察、监测、信息应急人员分别不少于10人、9人、3人。年内全市共增加环境监察、监测等事业编制143个。市、县两级均设立了环境应急处理中心，省级以上开发区均设置专门的环保处室，乡镇和企业一级明确一名领导分管、配备一名专职人员具体负责，化工、纺织、建材等环境敏感企业均设置专门的环保应急处理机构。

提请市政府专门设立环境应急管理联席会议制度，加强部门联动和区域联动，环保部门与安监、交通管理、消防部门、水利、矿山管理等部门在应急管理的信息、技术、装备和经验上互补共享，各县（市）区协调联动应对防范环境风险；促进部门与企业联动，建立相关部门与环境敏感生产运输企业对口联系制度。投入4500多万元，建设占地25亩、建筑面积达1.5万平方米的市环境应急监测中心。推进市、县两级环境监察监测标准化建设，扩大重点污染源在线自动监控系统，完善环境质量监测网络。

【努力推进环保工作水平】 及时建立污染源和排污收费档案，确保排污单位全面纳入管理。严格按照《排污费征收使用管理条例》，建立排污申报动态管理体系，对排污发生变更数据及时调整、录入到排污申报系统软件。2011年度市本级排污申报户数96家，到10月底已征收排污费1600万元、罚款40余万元，全部按照"收支两条线"上缴财政。

2011年，市环保局共承办市人大代表建议和政协提案18件，其中主办12件，协办案件6件；人大建议8件，其中重点议案1件，提案涉及各类环保方面工作。专门召开政协委员提案面复会，委员反馈意见满意率100%。至10月底，全局受理"12369"环保投诉热线、部厅批转、媒体转交、市级部门批转的各类信访投诉434起，环境监察人员对每起投诉案件都进行现场核查，查处率、反馈率均达到100%，结案率达到96%，群众满意率达到95%以上。

国控、省控企业名单进行调整，市环保局积极应对，调整市控企业名单，每月初对辖区所有污染源监察制定监察计划，严格按计划实施，月底对当月的检查情况进行归纳总结，并形成文字报告。按照国、省、市控污染源每月现场监察至少一次，一般污染源每季度现场监察至少一次的要求，全年进行现场日常监察318次，建立污染源档案95份。至年底全市已有39家企业安装59台在线监控设施（气20台、水39台）。除2011年新增国控企业外，全市境内所有国控、省控重点污染源已全部安装自动监控设施并与省厅联网。国控、省控重点污染源企业中除5家自主运营外其他均由第三方运营公司运营，省监控中心平台在线率达到97%以上。

自5月起，市局在全市范围内开展突发环境事件应急预案管理试点工作，召开专题会议，集中学习、研讨《突发环境事件应急预案管理暂行办法》，并对全市突发环境事件应急预案管理工作进行动员和部署。在省厅指导安庆曙光化工（集团）有限公司和安徽永恒动力科技有限公司环境应急预案编制的基础上，增加了安徽安庆南风日化有限责任公司和安庆市宜丰植物纤维制造有限公司做为此次工作的试点企业。通过指导，完成相关企业突发环境事件应急预案的编制工作。上述4家企业均已初步完成应急预案的编制和评估工作，已按规定申请备案。

安庆市各类化工企业众多，加之危险废物单位事故频发，市环保局始终把危废监管工作当做重要工作来抓，严格要求相关单位按照要求，按规定种类、范围、规模收集、贮存、利用、处置危险废物，建立健全转移、运输、接受危险废物转移联单制度，严禁危险废物经营单位私自倾倒危险废物并产生环境污染。全年共受理24家危险废物产生单位申报，共受理10家企业危险废物处理工作。提请市政府专门召开全市加强危险废物和化学品环境管理工作会议，部署开展专项执法检查活动，还督促各县（市）区积极落实饮用水源地保护、污水处理厂建设、重点企业监管和环保能力建设等方面工作。

（环保局）

栏目编辑：汪忠民

第二届中国安庆黄梅戏艺术节

中国安庆第二届黄梅戏艺术节于1995年10月8日隆重举行。本届艺术节由文化部、安徽省政府和中央电视台主办，安徽省文化厅、省旅游局、安庆市政府承办。全国人大常委会副委员长王光英、省长回良玉、省政协主席史钧杰、文化部副部长徐文伯、中央电视台党委副书记李建、副台长赵化勇等领导光临指导。来自14个国家、地区和全国20多个省市的中外宾客4000余人，以及全国30多家新闻单位和省、市戏剧界人士参加了节庆活动。《人民日报》、中央电视台等新闻媒介都编发了艺术节的有关消息。本届艺术节是安庆市建国以来规格最高、规模最大、影响最广的节庆，也是黄梅戏艺术史上一次空前的盛会。确立了安庆“黄梅戏之乡“的地位，提高了安徽、安庆的知名度。本次艺术节展演的新剧目有《孔雀东南飞》、《小乔与大乔》、《富贵图》、《红楼梦》、《祥林嫂》、《未了情》及台湾同胞表演的黄梅戏折子戏等。

交通·邮政

交　　通

【概况】 全市交通局系统共有直属单位8个。市港口局、市公路管理局、市公路运输管理处、市地方公路管理局、市出租车管理处、市交通技工学校、市交通基本建设工程质量监督站、市交通工程监理公司。现有职工1.3万多人。

2011年，交通基础设施建设累计投资23.96亿元，其中农村公路完成投资8.74亿元，高速公路完成投资4.93亿元，国省道完成投资4.23亿元，水运场站建设完成投资2.56亿元，港口建设完成投资3.5亿元。全市公路客运、货运量分别达到7347万人次和2.09亿吨，同比增长14.6%和14.4%；客货运周转量分别达到56.62亿人公里和451.6亿吨公里，同比增长20.59%和20.1%。完成水路货运量1301万吨、货运周转量97.14亿吨公里，同比增长33.29%和55.43%。天柱山机场全年旅客吞吐量76241人次、货邮668吨，保持历史最好水平。

年内完成《安庆市综合交通发展规划(2011～2020)》综合交通规划编制工作。铁路、公路、长江水运3种运输方式共同形成的“三横两纵”对外干线通道布局。“十二五”期间综合交通建设总投资预计超过150亿元，将比“十一五”超出40%以上。其中高速公路80亿元，国省干线公路30亿元，农村公路12亿元，内河水运20亿元，运输站场3亿元，民航机场建设5亿元。分类交通规划《安庆港口“十二五”发展规划》、《安庆国家公路运输枢纽总体规划(2010～2020)》、《安庆民航机场总体规划》、《公交发展规划》已开始实施或即将出台。

推进项目建设。交通重点项目启动。望东长江公路大桥和岳武高速开工建设，望东大桥北岸接线征地拆迁工作启动。S332安庆至望江段、G206桐城至月山段一级路分获亚行专项贷款。港口、水运、民航和枢纽场站等重点项目也加速推进。

推进惠民工程建设。为社会提供“安全、快捷、舒适”的出行环境。危桥加固改造工程超额完成；改善城市公交基础设施工程有序推进，更新淘汰车龄长、车况差的公交车辆，城市公交形象明显提升；开通安庆长江公路大桥公交专线，方便长江两岸经贸活动和人员往来。

规范运输市场管理。开展取缔非法营运机动四轮车活动，出租车市场秩序进一步规范。加强公路客运日常管理及专项整治，市场秩序井然有序。全年交通运输安全形势总体平稳，水上交通安全形势持续稳定，连续12年未发生水上交通安全责任事故；全市道路运输企业发生造成人员死亡的行车事故次数均有下降。重点工程建设安全管理进一步加强，新的“三阶段安全风险分析与预防”得到大范围推广应用，工程建设领域安全有了可靠保障。

【重点项目和工程建设】 望东长江公路大桥和岳武高速正式开工建设。大桥北岸接线工程完成征地、拆迁放样丈量工作，即将进入实质性征地和房屋拆迁。济祁高速公路安庆段及枞阳至池州长江公路大桥工可报告正在修改完善中，北沿江高速前期工作正加快推进。国省干线公路升级改造项目：桐城市西环线改造一级路和G318车轴寺至天柱山大门段一级路工程开工建设。安九公路宿松段一级路、省道212皖河大桥及接线工程二级公路改造经省发改委批准立项。G105潜山段一级路前期工作7个专题报告完成批复5个，工可报告即将上报省发改委审批。G105太湖段一级路项目预可报告正在编制中。S332安庆至望江段、G206桐城至月山段一级路分获亚行专项贷款，在省公路局统一安排下，前期工作正加快进行。西环线二期路基工程已基本贯通，大观区段沥青混凝土路面工程基本完工。S213宿复路白洋河至竹墩段水泥砼路面改造主体工程完工。S209怀宁至岳西段全线进行路基桥涵建设。S211望华段华阳河大桥已完工、路面工程加快进行。安九二期望江段建设继续向前推进，华阳河大桥至杨湾段路基工程完成，路面工程即将开工建设。G318岳西建设桥建成通车。X044马野路生态防护工程开工建设。全年完成国省干线公路大修92公里。

【农村公路建设】 县乡公路升级改造项目34个，全部开工建设，其中已完工项目26个，完成里程170公里，完成投资2.1亿元，其余项目均进入路面工程建设阶段。危桥加固改造工程加快实施，2011年完工92座，超前完成省下达市年度计划18座；其他计划于2012年完工的40座桥梁均已开工建设，并且大多数桥梁进入上部结构施工。完成村村通延伸工程项目129个，完成里程142.6公里。继续推进渡改桥工程建设，完成桥梁15座。

【城市公交建设】 推进城市公交优先发展战略，积极争取城市公交纳入市级民生工程。政府对公交投入持续增加，全年共投入资金2137万元，更新车辆103台，其中空调车3台，结束市公交车无空调车的历史，市民乘车环境进一步改善。全年共开辟新线5条，调整线路14条；制作豪华站亭96座，更新站牌1000余块。在省政府的支持和两岸政府积力下，7月21日安庆长江公路大桥公交专线正式开通，方便两岸市民出行，促进区域间经济联系。新建客运中心公交枢纽站，开创了“政府全额投资建设、公共设施无偿使用，公交遮盖式月台候乘、有组织有导向上公交”的新模式，公交服务水平进一步提升，市民出行条件得到较大改善。

【水运港口建设】 港口系统完成港口吞吐量3000万吨，同比增长7%；外贸吞吐量11万吨，同比增长16%；集装箱吞吐量18091标准箱，同比增长23%。外贸吞吐量及集装箱量多次刷新单月最高纪录。实现安庆港正式对台湾直航。五里庙码头陆域建设征迁工作稳步推进，进港道路完工。长风港一期工程进入上部构造施工。舒美特码头水工部分完工，进入吊车设备安装阶段。完成东方造船基地舾装码头建设。鑫山码头扩建工程进入桩基施工。首条收费航道石门湖航道建设正在进行。启动皖河航道整治工程前期工作，实施花亭湖、华阳河等航道航标配建工程。花亭湖水上巡航搜救基地投入使用。

【场站建设】 保持北京、广州、上海等3条航线正常运行，恢复厦门航线取得进展。推进机场基础设施建设，完成民航安全专项整治Ⅱ、Ⅲ类工程，并通过民航华东局组织的行业验收，结束安庆机场无夜航历史；完成机场净空图制作及机坪绿化改造工程。《安庆机场总体规划》实施，为推进安庆机场改扩建及未来发展奠定坚实基础。枞阳新建客运站工程开工建设，宿松客货运中心站完成征地拆迁。新建农村客运站9座。

【运输市场管理】 积极推进客运站联网售票工作，市二级以上客运站普遍新添电子监控和电子信息显示屏等设备，安庆客运汽车站与邮政网点共同推出联网售票。规范客运班线管理，明确规定今后新发展客运班线，相应企业必须实行公车公营，且实载率必须达到70%以上。落实客运车辆实载率调查核实工作。农村客运网络不断扩大。坚持道路运输经营性矛盾纠纷排查工作常态化，定期排查、及时上报、随时化解，道路运输市场秩序井然有序。继续开展危险货物运输公司诚信考评，引导企业加大科技投入，落实对危险货物运输车辆的动态监管，做到管理更加规范、措施更加到位、安全更有保证。出台《安庆市关于打击非法营运综合整治市区出租车市场秩序的工作方案》和《关于规范市区出租车客运市场秩序的通告》，明确提出依法取缔非法营运机动四轮车。出动执法车辆200多台次，执法人员1900余人次，查处违规经营车辆92台次。政府投入资金400万元，收购残疾人营运车辆77台，占残疾人营运车辆总数的96%。通过整治，市区出租车市场秩序明显好转。

【安全生产管理】 落实“一岗双责”和安全例会制度，严守安全隐患“三定”原则，落实整改责任人、整改期限和整改措施。开展辖区内二类渡口的渡船改造工作。累计治理国省道危险路段10处，整治安全隐患70多处，增补警示牌(桩)1000多个，整改渡口7道，停渡1道。全年交通运输安全形势总体平稳，其中水上交通安全形势持续稳定，连续12年未发生水上交通安全责任事故；全市道路运输企业发生造成人员死亡的行车事故次数同比下降52.9%。加强重点工程建设危险危害因素预防与分析，推行重点工程建设“三阶段安全风险分析与预防”制度，重点把握单元安全风险监控，确保了施工安全。

【工程质量管理】 市质监站标准化建设通过验收，质监内涵进一步丰富。持续加大质量督查力度，创新监督模式，强化质量监督行政执法，提高监管实效。开展“质量通病治理”，提高工程质量精细化管理水平。加强危桥加固改造工程监控，打造农村公路精品工程。实现全年工程质量合格率100%；国省干线公路路网改造工程交工验收合格率100%，农村公路建设工程质量一次抽检合格率98%；国省干线公路技术状况指数（MQI）85分，农村公路养护技术状况71.7分。

【治理超限超载】 全市5个固定治超站和1个流动治超站建成运行。推进治超站的常态化和规范化管理，坚持路面治超和源头治超相结合，源头治理进一步强化。组织开展规范治超年活动，突出抓好55吨以上非法超限车辆治理，狠抓出勤率、查处率、卸载率和移送率。探索政府主导、行业联动的治超长效机制。开展治超执法和联合治超1、2、3号行动。开展砂石运输专项整治，探索区域联动治超新思路，加大农村公路流动治超力度。全年共查处车辆5420台次，其中纠正几何尺寸超限2278台次，卸载超载车辆4210台次，卸载货物51215.54吨，路面治超取得显著成效，超限超载行为得到有效遏制。

（程友彬）

水　　运

地方海事·港航管理

【概况】 2011年，地方海事（港航管理）部门着力抓好市场、安全、船舶、船员、基础设施等监管、服务、建设工作，完成货运量1301万吨、货物周转量971422万吨公里，同比分别增长33.29%和55.43%。获“安徽省第九届文明单位”和“安庆市先进集体”、2010～2011年度全省水上交通安全管理工作先进单位称号。

年内，市交通局调整全市（长江干线除外）客运航线和渡口分类监管方案，地方海事监管的2条客运航线（花亭湖客运航线、牯牛背客运航线）、3道二类渡口（宜秀区团结渡口、大观区万集渡口和望江县丰乐渡口）、61道三类渡口全年安全形势呈持续稳定态势，仅宿松县发生非统计范围内事故1件，造成5人受轻伤，直接经济损失约1.5万元。

排查安全隐患。2011年水路春运，安全运送旅客57.76万人，同比增长5.7%；开展客渡运安全监管和隐患排查整改，枞阳县友好渡口渡船不适航、渡工不适任，怀宁县董祠渡口、陈南埠渡口渡船底板渗漏，望江县大板桥渡口渡船木质船舶老龄化，渡工超龄、无证，怀宁县平山镇和望江县华阳河水域的农用自备船非法载客行为，桐城市牯牛背水库1艘渡船老旧不适航等7处隐患予以督促责任主体落实整改；实施首届中国花亭湖公开水域游泳邀请赛专项护航行动；开展花亭湖旅游码头工程通航安全评价和许可、石门湖航道整治工程通航安全评估报告预审及望复公路华阳河大桥建设等4项临、跨河工程水上水下工程施工作业监管。

专项整治。“以奖代补”实施迎江区团结渡口（省二类渡口）渡船安全设施更新改造。完成太湖花亭湖库区23艘客渡船“四统一”改造（统一方案设计、统一船舱布局、统一规范标识、统一船体外观）。更新桐城、宿松、怀宁等地40道渡口“两牌”，为其中14道客流量较大的渡口安装渡口指示牌。全年共排查宿松白塔渡口“学生渡”等安全隐患7处，得到有效整改。批准枞阳、望江县各设置内河缆渡1道。购置1000件救生衣、100件儿童救生衣和250只救生圈赠送渡船，更换破损的救生设备。开展义渡船舶调研。全年用于专项整治安全经费达50万元。

应急搜救。完善应急值班、突发事件处置等规定，加大应急投入，组建水上应急救援队并开展封闭式集训。太湖花亭湖成立全省第三支水上搜救志愿者队伍，开展专业搜救技能训练。调遣皖海巡1601艇参加2011淮河水上搜救联合演习。经过18个月奋战，花亭湖海事巡航搜救基地正式投入使用，提升花亭湖水域水上综合巡航搜救能力。

【水运行业管理】 2011年全市水运市场快速发展，水运企业新增开业4家，筹建5家，扩大经营范围3家，注册资金累计1218万元，新增固定资产投资2748万元，直接提供就业岗位120个，2家水运企业退出市场。全市水运运力1563780载重吨，共1485艘船舶，总载重吨较2010年末增长17.77%。新增船员服务机构12家，船员服务备案航运公司4家。全年检验船舶1461艘次。完成196艘符合条件的岛际和农村客运船舶2011年成品油价格改革财政补贴资金发放，两批共发放财政补贴资金363.5万元，其中市本级157.2万元。

规范核查。落实水运企业主要管理人员的动态报备制度和企业经营资质动态检查制度。全年核查水运企业61家（其中普货运输企业50家、液货危险品企业5家、客运企业6家)，核查船舶852艘/51.3万载重吨/1050客位，核查水运服务企业14家，责令3家省际内河水运企业限期整改，有效防止企业专职管理人员不到位或跨企业、跨地区兼职等不符合经营资质要求的情况发生。完成5家液货危险品船舶运输企业的23艘液货危险品船舶营业运输证换证。市地方海事局遴选14家具有代表性的水运企业和45艘货运船舶，组织专人跟船调研，在系统了解水运市场情况，掌握辖区内水运企业基本情况和长江干线营运船舶燃油消耗、营运收入、营运成本、吨公里成本等基础数据基础上，发布《安庆市水路运输市场综合调研报告》，为社会各界认识水运、研究水运、投资水运和发展水运提供决策参考。

规范操作。加强船员培训机构、船员服务机构监管，确保船员培训和服务机构规范行为，经营合法。在船员培训监管方面，下放监管权，由属地海事处在培训期间监督检查培训情况，负责签发《船员培训监督检查通知书》，督促培训机构及时整改违规行为，确保培训质量。船员服务机构资质监管，逐户核查25家申报企业资质后转报省局许可16家，并督促其依规运作，保障船员合法权益。强化船员考试组织，规范考试流程，从报名受理、命题、制卷、阅卷、考纪考风监督等方面，力求规范、公平、公正、保密。安庆考点全年共组织全省三类船舶船员理论考试2期、112人次，基本安全培训考试20期、904人次，其中基本安全培训考试合格率92.5%；实际操作考试21期、952人次，未发生影响考试稳定事件。全年换发新版船员适任证书2330本、服务簿1547本，授予1034艘船舶识别号。

规范执检。制订船舶吨位整顿“回头看活动”和船检规范管理年活动方案，完善船检工作流程。全年完成67艘临界吨位船舶整改，督促存在安全隐患的112艘船舶落实整改，在检验中为船东排查船舶质量问题并通知限期整改的有556艘。为方便船东，在张家港、无锡、吴江等市开展驻点集中检验，检验船舶112艘。为切实提高基层船舶检验工作效率，在枞阳海事处试点组建船检工作小组，赋予其一定的职责和检验事务，2011年该工作组共检验船舶99艘。选派5名验船师参与省船检局集中驻点检验湖州、上海、泰州等3个办事处营运检验工作。组织基层处船检人员跟班学习，采取“传帮带”形式，对基层单位9名志愿从事船检工作的人员分批在局船检科跟班培训学习一般船检实务知识，使其能协助完成本单位一般船检基础工作业务，从而减轻专业船检人员一般船检基础工作压力。

规范监管。切实做好航道执法和跨、拦、临河建筑物行政许可，未出现未经许可的涉航建筑物和碍航设施。加强望复公路华阳河大桥、S211公路华阳河大桥施工桥梁、望江倒虹管道穿越华阳河航道、安徽凯迪绿色能源公司生物质能发电厂华阳河取水构筑物工程(取水口)、安庆市生活垃圾焚烧发电项目取排水口工程、怀宁县鑫山码头改扩建工程等工程施工现场监管，督促建设单位办理工程完工验收。指导安庆石化炼化一体化项目部办理山口220kv输变电线跨越石门湖航道工程行政许可。投资22万元维修维护皖河航道和花亭湖水域助航标志，满足船舶安全航行需求。皖河航道设置指路牌3座、沿岸标3座、桥涵标2座和水尺2座；维修维护花亭湖水域岸标12座、浮标2座和指路牌4座。

规范拆解。全年共受理申请长江干线老旧船舶拆解申请183艘(其中液货危险品船舶2艘)、35997总吨，涉及补贴资金2533.054万元。其中拆解完工船舶171艘(其中液货危险品船舶1艘)，完成总数的58.2%，发放财政补贴资金1777.05万元/135艘，超额完成省港航局下达年度拆解任务的190%，完成的各项指标处于全省领先水平。规范的拆解工作受到长航局船型办、省财政厅经建处、省交通运输厅和省港航局肯定。

开展安庆市内河客渡船船型标准化课题研究，并将研究成果运用在首批10艘农村老旧客渡船更新改造工作，牯牛背水库1艘13米40客位落舱机客渡船成为第一艘按标准化船型建造的客渡船。

【基础设施建设】 做好石门湖航道整治服务工作，5月10日，与省港航建设投资集团有限公司就石门湖港实物资产(评估备案价值1378.83万元)整体划转办理交接事宜。该项目由市石门湖航运综合开发公司积极推进之中。年度内如期完成大观海事处办公基地维修改造、长河船闸大修、太湖徐桥海事所管理房重建、花亭湖海事巡航搜救基地建设工程和皖海巡1605、1617、1618艇维修工程，并交付使用。安庆市内河船员适任考试计算机终端考场通过部海事局考试中心验收。启动皖河航道整治工程、皖河口检查站迁址重建工程、怀宁海事处办公基地维修改造工程和花亭湖水上巡航救助基地护岸及接岸工程前期工作。皖河航道整治工程预可报告完成初稿编制，皖河口检查站45米趸船和怀宁海事处办公基地维修改造工程完成招投标程序。

（华丛发）

安庆海事

【概况】 2011年，安庆海事局坚持一个中心（以安全监管为中心），确保两个稳定（安全形势稳定、政风形势稳定），打造三个基地（湖东整改基地、船舶操纵技能培训基地、安检培训基地），实现四个发展（注重高效，为民服务深入发展；注重素质，队伍建设全面发展；注重规范，内部管理科学发展，注重和谐，党建文明丰富发展），较好完成年度方针目标任务，辖区实现"零死亡"和政风"零举报"。

全年辖区共发生事故及险情16件，沉船3艘，其中一般事故1起。事故四项指标同比"三降一升"，事故险情总数下降23.81%，沉船数下降57.14%，直接经济损失上升37.39%，辖区安全状况综合评估P值为25，安全形势明显改善，创十年来最佳。局被评为2010～2011年度全省水上交通安全工作先进单位。

组织辖区重点航运公司、码头作业企业等30余家单位召开安全生产紧急会议，及时制定安全隐患排查治理方案。走访重点船公司、乡镇政府、涉水工程单位达56次，督促船公司、船舶所有人健全安全生产责任制，完善安全规章制度。针对渡船渡口、航运企业、涉水工程、港区水域等重点领域开展安全检查，建立港区水域安全监管长效机制。对辖区风险源调研，探索规律，完善风险源防控措施，制定风险源防控手册。排查隐患329项，整改隐患316项，下发隐患整改通知书36份。坚持"专项整治与长效管理相结合"的原则，开展了"安全生产年"、无线电通信秩序整治、"汛期百日安全"、战枯水等专项活动。

【客渡船管理】 打造"平安渡、放心船"。对渡口渡船实施分类管理，帮助3家渡运公司建立安全管理体系，发放渡运安全知识读本300余册，在重点渡口制作安全宣传栏10处，开展"渡船船员面对面"和航行船体验等活动11次，打击各类非法渡运等违章行为。开展"渡运安全，群防群治"品牌建设，建立定期联系沟通等八项制度，完善成员单位间隐患治理协调机制，形成渡船安全综合管理格局。累计走访地方政府188次，书面通报55次，召开渡船安全管理会议61次，淘汰2艘安全状况差、经济效益差的渡船。实现辖区渡运零险情，连续六年"零死亡"。

【联合执法】 联合长航公安开展突出违法行为整治年活动，对无证驾驶、超载运输等违法行为常态查处。池州处与长航公安池州所签订联合执法合作协议，明确联合巡航等七项合作制度。10月与长航公安开展联合整治水上交通肇事逃逸等严重违法行为百日会战活动，强化监管合力，提升执法威慑力，改善执法环境。共检查船舶万余艘次，查处船舶292艘次。

【危防管理】 建立辖区危防基础资料数据库，汇集编写船厂管理文件。对危险品船舶实施分级管理，完成辖区386艘危险品船舶的分级评定，坚持对到港危险品船舶严格执行"四类船舶的三必查"（首次到港作业、老旧、列入黑名单、C类的危险品船舶设施设备、船员履职能力、安全管理体系必查），试点开展危险品船舶动态跟踪。对辖区29座危险货物码头、6家污染物接收单位、14家船舶修造厂进行年度防污染备案核查。开展危险品码头评估警示，检查危险品码头22座，对评估出的20座一般风险等级码头采取正常监管，对2座中风险等级码头强化监管。港区处实施的"四查一把关"工作模式被长江局拓展为危险品长效管理机制。全年共检查危险品运输船舶2505艘次，装卸作业现场检查率为93.69%。辖区危险货物吞吐量289万吨，危化品实现零污染。

【打造"三个基地"】 打造船舶违法行为整改基地。湖东船舶违法行为整改基地发挥违法行为整改、规范执法、安全教育、廉政建设、资源整合的5个功能，检查船舶2万余艘次，海巡艇日均巡航时间超过9小时，夜航时间日均5.5小时，充分发挥治理船舶违法行为的"尖兵"作用，被部海事局授予"长江水域船舶超载运输专项整治活动先进集体"。

打造船舶操纵技能培训基地。8月初，执法人员船舶操纵技能培训基地在牛头山港执法大队成立，秉承"严训、精炼、博纳、超越"的培训精神，分期打造一支数量稳定、结构合理、素质过硬的既能执法又能操作船舶的复合型执法专业化队伍。执法大队具有船舶操作技能的人员有16人。

打造船舶安检员培训基地。9月底，船舶安检员培训基地在枞阳东方造船有限公司正式启用，分批组织职工实地学习船舶设计、建造、厂检知识，开创安检培训理论与实际相结合新模式。

【做好"三个服务"】 服务水上出行。建立完整的无人农垦洲资料库和责任人联系制度，启动农资专渡安全维护，开通农资绿色通道；对学生渡实施全程维护，并派员随船工作，为学生乘船安全撑起"保护伞”,学生渡专项维护22艘次,维护过渡学生1072人次;实施渡船“三免一送”帮扶措施,为客渡船免费着色,发放通讯补贴7.94万元,赠送救生衣、救生圈等安全用品68件。积极配合当地政府,服务辖区开放口岸工作,进出口岸国际航行船舶94艘次,进出口岸货物总量近20万吨,PSC检查6艘。开展重点港口静态监控、重点船舶GPS和海巡艇互相结合的多元化巡航。全年累计巡航次数8694次,组织演习、演练618次,全年遇险人员730人,获救人员730人,人命救助成功率100%。

服务船员船舶。开办船员流动课堂,免费培训近千人次,免费赠送船员安全知识读本7000余册。贯彻《2010考规》,主持4期船员理论考试,439名船员参考。受理船员证书类业务2011本。帮助船舶安装AIS终端设备,强化安全信息播发,为船舶提供多方位信息服务。实施安全预警29次,播发安全信息5千多分钟,安全通信进网1830艘。深入辖区船厂现场宣传船舶建造重要日期记录和船舶识别号管理规定,走访中国船级社安庆办事处,共同服务在建船舶。并实行船舶业务、船员业务和综合业务等“一个窗口受理”便民模式,华阳处首创“流动政务”便民模式。全年办理各类船舶登记1020艘(次),船舶进出港签证5万余艘次。完成船舶吨位丈量复核工作,把好船舶适航关。完成船公司审核14家,船舶审核32艘,船舶安检2792艘,评定2家A级安全诚信航运公司,8名五星级船长、轮机长。

服务涉水工程。定期走访辖区船舶单位、船厂、港口生产单位,及时宣传新的水上水下通航安全管理规定。审批通航水域岸线安全使用许可6起,水上水下施工许可15起。服务宁安城际铁路安庆大桥施工、望东大桥前期勘探、江西核电码头施工、安庆电厂煤码头施工、航道整治、吉阳矶过江电缆架设等国家重点和民生工程。牛头山处还帮助施工单位把好船舶“进场关”,对存在严重安全隐患的施工船舶建议施工单位解除合同并清出施工水域。现场踏勘安庆一水厂、大渡口自来水厂取水口选址水域。

【基础设施建设】 完成22个信息点的光纤接入,光纤、网络实现全覆盖;3个海事处带宽达10兆以上,传输宽带化;内外网站完成改版;局内会议实现视频化;内河船员适任理论考试实现无纸化;局信息机房达一级标准,2个海事处和3个执法大队信息机房管理实现标准化;无线网桥改造工程全面开工建设;1艘14米玻璃钢海事巡逻艇、65米趸船投入使用;香口、任店、下枞阳、梅龙执法大队4处巡航救助站点接岸设施工程完成竣工验收;完成安庆段交通安全标志牌工程;完成安庆大桥执法大队巡航救助基地工程;完成AIS系统一期工程;安庆船舶交通管理系统工程(VTS工程)7个站点主体基本完工。全年完成计划投资2340万元。市局获长航局“十一五”期长江规划基建工作先进集体,业务用房工程获全国建筑工程装饰奖。

(张　剑)

长江航道管理

【概况】 长江安庆航道管理处隶属于交通运输部长江航道局南京局,其管辖范围上起江西省境内马当矶、下至安徽省境内五步沟全长156.5公里长江主航道。长江安庆航道管理处党建工作和精神文明建设继续加强,为长江航运繁荣、皖江流域经济跨越式发展,提供安全畅通航道保障。

2011年航道维护指标完成情况:航道维护86062座天,占年计划110.20%;航道维护尺度保证率100%,灯光正常率1000‰;船舶设备完好率100%;完成航道维护测量2204.17换算平方公里,占年计划102.98%。安庆航道管理处在枯、洪水期来临之前,根据测量和各航道维护船艇航道探测情况,对马阻、东流、安庆、太子矶等浅险水道进行研究分析,制定了枯、洪两期航道维护工作预案,并进行了周密的工作安排,对各浅险水道做了明确分工、责任到人,圆满完成枯水期与洪水期航道维护工作任务,确保枯水期和洪水期的航道安全畅通。

长江安庆航道管理处有多名职工受到了上级党政机关的表彰。其中,青年杨盛获得长江航道“十大道德楷模”称号;测绘处职工李光林获得“全国交通技术能手”光荣称号。

【航道行政管理】 开展“打击非法采砂宣传年”活动,共参与航道搁浅事故和沉船事故的现场调查取证工作11起,开展航道行政管理现场巡查7次;为增强航道行政联合执法力量,与长航公安、海事等单位加大对超吃水船舶和非法采砂船舶打击力度,确保安庆辖区治安环境的稳定和航道的畅通。航道行政执法人员多次走访专设标志维护协议单位,加强沟通与协调,召开行风座谈会,征求业主意见,将“三个服务”宗旨落到实处。

【省级文明单位创建】 2011年,长江安庆航道管理处经过努力，在巩固“长江安庆航区文明样板”航道创建成功基础上，依托城市文化底蕴，依照既定程序，先后通过属地纪委、计生委、综治办、安监局等相关管理部门审核和省、市、区三级文明办检查考评与抽查，于2011年10月，被安徽省委、省人民政府命名为“第九届安徽省文明单位”。这是长江安庆航道管理处继连续荣获第六届、第七届、第八届“安徽省文明单位”后，再次荣获新一届“安徽省文明单位”称号。

（杨四海　黄　海）

港口管理

【概况】 2011年，全市港口行业基本建设累计投资3.5亿元；实现港口货物吞吐量3000万吨，同比增长7%，其中外贸吞吐量达11万吨，同比增长16%；实现集装箱吞吐量18091标准箱，同比增长23%。港口安全形势持续稳定。

2011年，安庆市港口管理局被再次确认为“安庆市文明单位”称号、被授予“安庆市文明行业创建工作先进单位”荣誉称号，被授予“全省海事港航船检系统目标考核二等奖单位”、“全省海事港航船检系统交通战备先进单位”等称号。

港口建设步伐加快。编制《安庆港口“十二五”发展规划》，启动《安庆港总体规划》调整工作。推进专项规划编制工作，中心港区规划调整完成招投标，进入实施阶段。推进项目前期工作。长风、华阳两个锚地工可报告获批复，石门湖一期工程项目建议书完成编制；配合引进神皖煤炭物流中心项目，推进五里庙码头集装箱物流基地土地征迁工作。推进重点工程建设。交通运输部批准安庆港为对台直航港口。长风一期工程水工部分、舒美特码头和五里庙码头进港道路曙光路建设实现完工。

港口发展环境优化。8月18日，市政府召开第一次港口联席会议，建立港口联席会议制度。全年港口联席会议成员单位累计召开3次联席会议。8月24日，市政府召开港口专题会议，专题研究部署港口的建设与发展工作。积极做好对台直航和招商引资工作。和台湾高雄港签订合作协议，会同市招商局在上海成功承办市临港产业专题推介会。

行政服务效能提升。完成《安庆市港口管理办法》修订，推进《港口基础设施产权抵押登记办法》的修订和《关于加快安庆港集装箱运输发展的政策措施》的出台，协助开展《安徽省港口条例》立法后评估调研工作。规范港口行政执法，清理行政许可项目，做好港口行政职权目录编制。开展行政执法评议考核工作，深入开展准军事化活动。加强港口建设监管，全年共受理、许可或批复港口项目10例，受理、许可非港口项目1例。加大政务信息公开力度，加强行政服务中心窗口工作，及时发布行政许可信息。加大港政执法监察力度，全年共巡查和检查码头经营人和码头船舶800余次，下达巡查通知12份，责令停止违法行为通知书6份。针对某修造贸易公司未经批准擅自延伸使用港口岸线的违法事实，依法做出行政处罚决定，有力地维护港口公共管理秩序。加强港口经营市场准入管理。启动中心港区小码头整合工作，换发简易小码头登记备案证书30份。严格市场准入，加强港口经营、危险货物港口作业资质认定及年度审验工作，全年受理危险品作业申报280万吨左右。超额完成国家非税收入任务。

港口安全保障态势稳定。完善港口安全责任监管体系和责任链，推进企业安全生产标准化建设，建立安全评价制度，完成港辖区危货码头安全现状评价。加强重点时段和重点领域的安全保障，重点开展以港口治理船舶超载和打击非法违法生产经营建设行为等为重点的专项行动，全年受理危险品作业申报280万吨左右，开展安全生产大检查4次，陆上巡航700余车次，水上巡航300余艇次，累计排查港口企业36家，排查出一般隐患8处，全部整改完毕。加强应急救援体系建设，承办全省2011年水路危险货物运输岸上人员培训班，培训学员107人；指导两家港口企业开展危险品码头应急预案演练和消防安全演练，处置两起突发险情。全年未发生因监管责任发生的港口安全事故。

【市政府召开港口专题会议】 8月24日，安庆市政府召开专题会议，研究部署港口建设与发展工作。市长肖超英出席会议并讲话，副市长项小龙对相关工作提出具体要求，副市长万士其主持会议。会议强调，充分利用好港口这一核心战略资源，实施“以港兴市”的总体战略，按照“率先发展、科学发展、和谐发展”的总体要求和“港城一体、多种运输方式一体、港区互动、跨江联动”的总体思路，围绕“构建综合交通运输体系和建设区域性中心枢纽港口”的总体目标，落实“以法兴港、规划兴港、产业兴港、开放兴港、服务兴港、人才兴港”六大举措，科学规划，合理布局，优化结构，加快以码头为重点的港口基础设施建设，大力提高港口通过能力；加速以港口物流为重点的现代运输服务业发展,大力提升水运服务水平;加强以港口公共服务和安全监管为重点的行业管理,大力提升行业管理信息化水平,努力形成以港口建设带动临港产业发展、以临港产业发展推进港口建设的良性互动局面。

【安庆港总体规划调整】 经安庆市政府批准和安徽省港航管理局同意,安庆市港口管理局启动对《安庆港总体规划》局部调整工作。本次局部调整主要涉及安庆港中心港区岸线功能和布局调整及石门湖作业区功能定位等方面内容。

【安庆港成为两岸海运直航港口】 8月,国家交通运输部发布《关于海峡两岸海上直航政策措施的公告》,批准安庆港为两岸海运直航港口。这对于推动安庆市在台湾地区开辟新的物流、信息流渠道,优先承接来自台湾的产业转移,深入推动两地经贸交流与合作等具有重大意义。

【安庆港与高雄港签订合作意向】 9月5日,安庆市港口管理局与高雄市船务代理商业同业公会签订发展合作协议书,确立双方建立业务交流协谈机制,加强双方物流产业的合作、海运市场讯息的交流,推进台湾会员企业入驻安庆港发展。

【长风一期工程获部专项补助资金】 经过努力争取,交通运输部同意下拨长风一期工程补助专项资金3400万元。这笔资金是交通运输部恢复对中西部地区内河港口基础设施建设项目给予补助政策后,同意下拨的第一笔专项补助资金,也是"十二五"以来我省港口获得的首笔补助资金。

【长风一期工程水工部分完工】 安庆港长风一期工程系交通部"十一五"交通重点工程、省"861"行动计划和安庆市"3231"工程项目。该工程位于安庆长江铁路大桥上游1.3公里处,项目总投资估算为1.99亿元。工程新建2个5000吨级件杂(重件)泊位,兼顾10000吨级江海轮,年设计通过能力170万吨,使用港口岸线319米。工程水工部分于2009年9月开工建设,建筑物主要由码头平台及引桥组成。码头采用直立式高桩梁板结构,码头平台总长275米,宽28米,码头共设两座引桥与后方陆域连接;前沿配置16/30带斗门式起重机各2台,并同时配套生产、生活设施。

【安庆市临港产业(上海)专题推介会】 9月6日,市政府和上海组合港管理委员会办公室在上海华纳国际会议中心共同举办"安庆市临港产业(上海)专题推介会"。会议邀请上海组合港管理委员会办公室、上海国际航运中心发展促进会等上海方面有关单位领导和50多名对我市有投资意向的客商参会。会议集中介绍市境长江岸线资源投资环境、临港产业招商项目和相关政策。与会签约临港产业项目5个,投资总额11.6亿元,并与上海国际航运中心发展促进会签订安庆——上海国际航运发展合作协议。

(杨　蕾)

铁　路

【概况】 2009年5月13日,原合九车务段整体并入合肥车务段。现管辖62个车站(2个线路所),其中2等站2个,3等站7个,其余为4等站。运营里程964公里,其中合九线280公里,安庆线41公里。

合肥车务段始终把安全放在首要位置,研究和落实各项安全控制措施。至2011年12月31日实现安全生产2324天和第七个安全年,并被路局评为2011年度"安全优质站段"。

充分抓住"1·11"、"7·1"调图和京沪高铁开通契机,广泛利用各种媒介,悬挂横幅,印制时刻表,开展营销宣传。开行合肥西一成都(重庆)旅游专列,强化大宗团体旅客组织。抓好春运、清明、端午、五一、国庆等节假日运输,积极组织客流上线。充分发挥客票代售点窗口分销作用,拓宽客票销售渠道。制定激励措施,利用网上票额共用、席位复用功能,发售异地票,提高客票收入率。加强大客户管理和动态跟踪,掌握运量变化和新的运输需求,确保铁路运量平稳上升。成立客货营销中心,强化营销队伍建设,推进多经、装卸一体化管理工作,集中资源提高服务质量和效率。全年运输营业收入93268.2万元,完成年度计划93100万元的100.2%。同时,坚持服从大局,完成重点物资运输和专特军运任务。

企业质量管理取得佳绩,2011年,合肥车务段荣获铁道部级质量成果2个,上海铁路局级一等奖质量成果2个、二等奖4个。

【安庆线情况】 安庆线全长41公里。安庆境内设有桐城、安庆西、安庆、安庆北、石镜、天柱山、太湖、宿松等站,隶属上海铁路局合肥车务段,其中桐城、安庆西、安庆、天柱山、太湖、宿松等站办理客货运业务,安庆北、石镜等站办理货运业务，主要承担安庆地区客货运到发任务。

民　　航

【概况】 安庆机场隶属海航机场集团，现开通3条固定航线。2011年全年共安全保障飞机起降1720架次，实现旅客吞吐量76241人次，完成货邮行吞吐量667.45吨，机场货邮行吞吐量创历史最好成绩。

遵照"安全第一、预防为主、综合治理"的安全工作总方针。有效防范安全差错和责任事故。提升机场保障能力和安全裕度，实现持续安全发展。

货运生产。全年安庆机场共安全保障飞机起降架次与上年同比减少1%；实现旅客吞吐量与上年基本持平；完成货邮行吞吐量与上年同比增长67%。机场货邮行吞吐量创历史最好成绩。航班航线。2011年面对航空公司运力紧张，包机价格不断上涨，枢纽机场时刻资源日趋紧张等困难，机场公司领导多次前往民航华东管理局、空军和各执飞航空公司协调航班时刻和运力问题，积极利用各方资源，创造性地开展工作，确保上海、北京、广州航班航行稳定。春运期间，在南航运力和时刻都十分紧张的情况下，安排安庆⇌广州航线加班飞行13班，均为航空公司自营航班(不需支付包机费用)，成为安庆机场首条由航空公司自营的春运加班航线。

航班收益。为提高航班客座率和收益率，切实减轻政府航线补贴压力，安庆机场在总结上年市场开拓与营销经营基础之上，通过推出差异化的销售政策，深入客源地走访，创新宣传策略，与本地大企业大客户订票协议等方式，不断创新销售模式，丰富销售内涵，提高航班客座率，定期召开市场分析会，实时监控航班销售动态，及时调整航班销售政策，提高航班收益率。全年各条航线较上年减亏500余万元。政府航线补贴资金的利用率得到大幅提升。

【安全工作】 年内机场公司开展了"安康杯"竞赛、"安全生产年"、"安全生产月"等建设活动，通过集中治理安全隐患，使机场安全运行可靠性进一步增强；通过开展新版《机场使用手册》的学习考核，以及举办"安全在我心中"航空安全知识竞赛，提高全员合规运行能力，营造积极的企业安全文化氛围；通过专题风险评估，促进安全管理体系建设，将风险管理理念与方法逐步融入到安全管理实践当中；通过加强安全管理和教育培训，提高人员安全意识和职业技能，有效防范安全差错和责任事故。提升了安庆机场保障能力和安全裕度，确保安全年目标的顺利实现。

【服务保障】 安庆机场公司加强服务制度建设和服务创新工作，提升服务品质。通过重新修订《安庆机场航班大面积延误应急处置预案》，使安庆机场航班延误处置工作更加规范。通过高标准装修机场贵宾厅，安装有线电视，开通无线上网，在候机楼增设分段登机告示牌、公用电话等服务设施，美化机场乘机环境。通过召开要客座谈会，开通中转联程业务，为贵宾提供服务提供值机、行李收运、保险等"一条龙服务"，提升机场的服务水平。2011年7月4日，机场协同驻场空军，圆满完成中共中央政治局常委、国务院副总理李克强同志的专机保障工作。

【基础建设】 2011年全部完成民航安全专项整治Ⅱ、Ⅲ类项目工程建设。其中目视助航灯光系统于5月22日顺利完成投产校验，11月20日民航局正式批准投产使用，结束安庆机场没有民航夜航保障的历史。完成机坪绿化改造工程、贵宾厅装饰改造工程和候机楼卫生间改造工程，美化乘机环境，促进机场服务品质的提升。实施空管、空防设备更新改造，目前项目报告已得到民航华东管理局的批复。

【品牌建设】 机场安全管理、航班航线、基础建设等工作均取得长足进展，2011年安庆机场先后被民航华东地区管理局授予"安康杯"竞赛优胜企业、安徽省交通厅授予"全省交通运输系统先进单位"、安庆市人民政府授予"先进集体"等荣誉称号，同时荣获安庆市人民政府通报表彰。

为使机场尽快达到4C级的适航标准，解决机场不能起降B737、A320等中型飞机的"瓶颈"问题，以适应安庆航空市场快速增长的需求。在民航华东局、安徽监管局和安庆市政府及相关部门的大力支持下，于9月完成了安庆机场总规的评审工作，为尽快启动机场改扩建工作奠定坚实的基础。

邮　　政

【概况】 2011年，市邮政坚持社会效益与经济效益并重方针，履行普遍服务和特殊服务义务，确保党报党刊发行量稳中有升，机要通信万无一失。积极融入地方经济建设和社会发展，开展服务中小企业活动，不断拓宽邮政服务“三农”领域，践行国有重点骨干企业的社会责任，确保邮政通信安全畅通。

全市邮政实现业务收入3.47亿元，同比增长27.65%，完成预算目标111.41%。完成率和增长率均创分营以来最好成绩。安庆邮政把调整业务结构作为转变发展方式的主攻方向，逐步优化板块间、专业间及专业内部结构。发展代理金融、信息和代理等高效业务。各专业内部结构调整初见成效。代理金融专业通过加快代理保险和银行卡业务发展，促进中间业务收入快速发展。开展“激情五月”、“走千村，访万户，攻代发，拓商户”等以季度为周期的主题营销活动，创立“强化重点，解决难点，提升薄弱点”新思路，推动代发业务、日常封片卡等业务发展。

【基础管理】 出台《安庆市邮政局强化基础管理工作实施细则》，对企业生产、经营、管理和服务基础工作进行细化。把基础管理着力点放在支局、班组和现场，把基础管理支撑点放在制度执行、流程优化、运作规范上，加强成本管控。在代理金融、电子商务等专业上尝试市局集中管理模式，加大对代理金融等收益较高、市场竞争激烈业务的成本配置，招标购置打印机、终端等设备，有效缓解各金融网点设备老化及不足问题，有力支撑代理金融业务发展。加强人力资源管理。完成大部室改革后各部门工作职责调整工作。成立市、县两级保险业务局和市局名址中心及县级名址维护机构，促进中邮人寿保险业务和数据库建设及维护工作。组织开展新一轮营销人员竞争上岗工作。加强网络运行管理。加强与速递物流公司协调，优化调整3条干线邮路，确保“长三角”等特快邮件有效出口。开展内部处理、运输环节时限达标及创优争先劳动竞赛，网路支撑能力进一步增强。以信息网安全运行年活动为载体，强化信息网日常运行管理和维护管理，提升全局信息网运行质量。加强安全生产和风险防控工作。以金融网点安全评估达标工作为契机，狠抓安全隐患整改工作，确保金融资金安全，被省公安厅、省银监局评为2011年度安全评估工作先进集体。抓安全生产责任制落实，强化现场管理，确保车辆、邮件和消防安全。开展“小金库”专项治理活动，促进企业依法经营、依法管理。以干部选拔任用管理、库存及欠费管理、招投标管理、资金安全管理为重点，开展廉政风险防控工作。加强服务质量管理。加强国内普通邮件全程时限监控，整改存在问题，加快邮件传递速度。适应用户满意度测评方式调整，抓好邮政营业服务规范和投递服务规范，促进营投服务质量提高。

【增强竞争力】 营销体系建设有新成效。完善大客户中心考核办法，加强营销人员动态管理，提高营销工作信息化水平，提升项目运作能力和客户开发维护水平。营投服务有新面貌。在全省率先完成2011年网点标准化改造工作，全年改造网点48处，其中建成精品网点8处。全市标准化网点64处，占比32%。强化社会服务功能，加快综合服务平台建设，全年建成460处便民服务站，4处县域农资配送中心。队伍建设有新提高。制定《安庆市邮政局支局长管理暂行办法》，明确支局长聘期和任职基本条件，建立由定性和定量考核两部分组成支局长年度绩效考核体系。按角色定位进行大规模、针对性培训，流程优化工作有新突破。实施进口邮件封发清单无纸化改革、分拣前置改革和报刊封发清单无纸化改革，提高时限，降低成本。

【文明创建】 开展职工小家建设，全年增建2处职工小家，所有农村网点均已建成职工小家。按照省公司的部署，新建5处城市投递员之家。开放邮政枢纽楼早餐供应，改善基层生产生活条件。精神文明创建成绩显著。安庆局被授予“安徽省第九届文明单位”、“安庆市第三届文明行业”、“安徽省邮政系统创建文明行业先进单位”荣誉称号。3个窗口被授予“安徽省邮政系统文明窗口”，3名员工被授予省“五一”劳动奖章、“安庆市劳动模范”和“安庆市模范文明职工”荣誉称号，9名员工被授予“安徽省邮政系统模范文明员工”荣誉称号。

栏目编辑：张跃建

信息化建设

无线电管理

【概况】 2011 年，安庆无线电管理处树立执政为民、服务第一的工作理念，围绕管频率、管台站、管秩序，服务经济发展、国防建设，重点做好无线电安全保障的总体要求，加强队伍建设、制度建设、基础技术设施建设，圆满完成各项工作任务，被省经信委评为先进管理处。

完善无线电台站月报制度和无线电设备年检制度，在规定时限内及时上报各类无线电台站信息及相关数据，确保各项台站数据的准确、及时。严格执行设备检测的年检制度，全年检测公众设台单位 18 家，移动运营基站 475 座，完成所属设备 3% 的年检工作。

加强无线电监测值班制度，做好重要时期、重大活动期间无线电安全保障。在建党 90 周年、第 26 届世界大学生运动会、防范第九号强台风、“两会”、防汛期间，加强对重点要害部门的无线电监管力度，维护空中电波秩序。

完善频谱监测统计报告制度，做好频谱月报。根据《安徽省无线电频谱监测统计报告工作考核办法》，成立无线电频谱监测统计报告工作领导小组，制定“无线电频谱监测统计报告工作制度”、“频谱监测统计报告工作考核办法”等，形成主班负责、副班协助，工作有落实、业绩有考核的制度模式。到 12 月底，完成省布置的 8 段频率监测任务和管理处制定的 20MHZ－3000MHZ 监测任务，累计监测 7962 小时，发现干扰信号 21 起，排查 16 起。

制定应急预案。印发《关于加强全市应急保障队伍建设的实施意见》，成立由市通信行业为成员单位的安庆市通信应急保障队伍，制定应急抢险实施方案，确保在突发事态下无线电通信联络的快捷和畅通。

在国考保障、市内大型活动、日常无线电管理与监测中全方位宣传无线电的法律、法规，使宣传工作常态化、持久化。9 月，组织无线电法律法规宣传月活动。组织场地宣传、水上管理宣传、航空频率保护宣传、设台用户咨询等活动，宣传和普及无线电法律法规。

开展无线电管理交流，加强区域间无线电管理协调。5 月，管理处和江西省九江市联合对九江庐山架设的广播发射台站加大发射功率影响市 97.7MHZ 广播频率进行协调；8 月，管理处对湖北省黄冈、鄂州毗邻无线电管理进行调研；10 月，湖北省黄冈、鄂州无管局来市进行工作调研，初步形成安庆、九江、黄冈、鄂州跨省区域无线电管理联动工作机制。

依法征收无线电频率占用费，完成 28.86 万元的年收费额度任务。

【无线电设台管理】 完善设台审批手续，规范工作流程。年内，管理处对辖区内所属台站频率、设台数量等相关资料进行严格清理、核实，对安庆移动、联通、电信公司 2G、3G 新建基站进行测试。到年底，核发电台执照 802 份，换发 67 份，办理长航水上临时照 52 份，办理报停设台单位 14 起，3 家部分设备报停。新增设台用户 2 户，新增 2G 基站 626 个。规范台站数据库管理，按照无线电管理的要求和实际监测、检测情况，及时更新频率台站数据库有关技术参数。

【维护无线电通信秩序】 为保障无线电通信安全，和安庆天柱山机场、安庆海事局、安庆气象局、广播电视、公众运营商建立维护无线电通信的长效机制，定期开展对专用频率进行监测和通信设备的检测，预防干扰出现。联合国家安全部门，对军事地区和重要区域进行不定期保护监测，及时了解电磁环境变化。重点加强水上无线电管理。与安庆海事局联合，依据《中华人民共和国无线电管理条例》和《长江机动船舶安全通信管理条例》，着重检查长江安庆段机动船舶无线电通信设备的配置、无线电台设台合法性、船舶安全进网登记、水上无线电通信秩序和船舶AIS电台标志码使用等情况。现场对过往的310余艘船舶配置的无线电台情况进行检查，对未按规定的52艘船舶现场办理无线电台设台手续，对擅自改变电台参数，增大无线电发射功率的行为进行警告，并责令限期整改。12月，管理处与省无线电监测站一起走访安庆海事局，共同探讨维护水上无线电通信秩序的最佳方案，并对部分长江水域的电磁环境进行监测，对过往船舶设台用户进行遵守无线电法律、法规宣传。

【地震期间无线电通信保障】 1月，安庆发生里氏4.8级地震，造成宜秀区杨桥镇部分房屋受损。管理处紧急启动《安庆无线电通信保障应急预案》，迅速组织安庆移动、联通、电信公司召开会议，组织通信保障工作组第一时间赶赴受灾现场，检查无线电通信设施，做好无线电通信保障。

【非法发射台专项整顿】 开展对非法电视台发射台、广播发射台专项整顿。与市文广新局联合行动，对辖区内所属乡镇的电视差转台、广播电台进行全面检查，未发现个人私设非法电视台、非法广播电台现象。通过核查，市乡镇一级广播电台、电视台差转台130部，其中部分未办理频率执照，未领电台执照。经过联合整治，认定保留2部乡镇级电视台差转台（差转中央电视台节目），其余广播电台、电视台差转台停播。

【汛期无线电通信保障】 成立防汛应急工作领导小组，负责组织和协调全市汛期无线电专用频率的调配、使用和无线电通信突发事件的处置。走访市气象局、水文局、防汛抗旱指挥部等相关部门，及时了解降雨趋势，掌握防汛专用频率、防汛专用电台的使用运转情况，协助和指导有关单位做好技术保障和相关应急工作。细化市无线电防汛应急预案，落实防汛信息专管员制度。组织技术人员，开展设备监测、检测，及时对防汛专用设备进行调试和维护，确保防汛指挥过程中各类无线电通信联络畅通。

【设立无线电窗口】 规范业务办理流程，公开办理无线电设台所需资料、手续、时间；方便群众，接受群众咨询和投诉；协调、处理日常无线电管理、监测业务。

【考试通信保障】 管理处与有关招考部门联合，在全国研究生考试、高考、国家公务员招考、大学英语四级和六级考试、会计师资格考试、律师资格考试等15起重要考试现场，利用无线电设备进行监控和监测。共派出工作人员110余人次，出动车辆24辆次，对3起异常信号进行干扰压制，有效地防止和打击了利用无线电设备进行作弊行为，保证考试的严肃性。

信息网络建设

【启动“无线城市、智慧安庆”建设】 8月31日，市政府与中国电信安徽公司签署战略合作协议，全面启动“无线城市、智慧安庆”建设。市长肖超英出席签约仪式并致辞，市人大常委会副主任康正和等参加签约仪式。

根据协议，“十二五”期间，中国电信安徽公司将在安庆投资15亿元，与安庆市共同构建有线光网、无线宽带一体的宽带智能网络体系，搭建“云计算”数据应用平台和综合信息服务平台，推进“智慧政务”、“智慧产业”、“智慧民生”三大领域13个重点信息化项目建设。

【电子政务平台】 2007年11月，安庆电信分公司与安庆市人民政府签订电子政务合作协议，由电信承建安庆市电子政务平台，涵盖100家单位。2008年平台基本建成。在该平台上，电子政务接入单位可以实现单位内部以及单位之间的公文处理、通知管理、电子邮件、即时通信、领导日程、信息简报等功能。2008年5月，市政府办公室发出《关于利用电子政务平台实现网上办公工作的通知》，明确自6月1日起开始试行网上办公和公文传递。试运行一段时间后，由于软硬件条件不够及不习惯等多种原因，平台一直未能正式启用。

2011年8月，省政府召开全省公文处理交流会，总结交流公电子政务建设情况和经验，要求加快推进电子政务平台建设。市政府办公室决定加快推进平台试运行工作。2012年3月15日，市政府召开安庆市电子政务平台试运行动员和培训会。3月28日，安庆市电子政务平台正式进入试运行阶段。

【政府网】 2011年，全市各级各单位在政府信息公开网上发布主动公开信息54796万多条，安庆市政府网站访问量700多万人次。

年底开通国务院电子政务外网安庆节点，并实现市电子政务网和国务院电子政务外网互联互通。市政府信息公开进入全省先进行列，受省政府公开办的通报表扬。

【网络宣传】 加强网上正面宣传和舆论引导，夯实互联网基础管理，净化网络环境，推动全市互联网健康有序发展。

抓好重大主题宣传。精心组织网上主题宣传，唱响主旋律，打好主动仗，巩固壮大积极健康的网上主流舆论。扎实做好省市党代会、“两会”网上宣传工作。全面、准确、及时宣传省市党代会盛况和会议进展情况，市直及各县(市)区新闻网站在醒目位置开设省市党代会宣传专题、专栏，及时报道领导、代表、委员参加的重要活动，引导广大干部群众把思想和行动统一到省市党代会精神上来。为贯彻落实省市党代会、“两会”精神，充分展示市经济社会的良好发展态势，市委书记朱读稳、市长肖超英分别接受中安在线专访。扎实做好庆祝建党90周年活动网上宣传工作。各新闻网站安排重要版面、重要位置开展宣传，制作内容丰富、形式多样、具有网络宣传特点的庆祝建党90周年宣传专题或专栏，及时报道重要消息、评论，汇集各类宣传信息，安排网上热点问题的引导和解读。扎实做好党的十七届六中全会精神的宣传。市、县两级新闻网站全方位、多角度地宣传好党的十七届六中全会精神。扎实做好抗震救灾的宣传。宜秀区与怀宁县交界处发生里氏4.8级地震。针对突如其来的自然灾害，借助人民网安庆专网、中安在线等主流网络媒体平台，大力宣传市抗震救灾工作行动迅速、措施有力的抗震救灾工作，发挥网络媒体快捷放大传播效应，让全国乃至全世界都能知道市抗震救灾取得的成绩。做好深入推进文化体制改革的网上宣传。宣传市文化体制改革、发展文化产业等方面的积极进展和实际成效。及时在显著位置突出转发好中央、省主要新闻媒体对市文化体制改革典型经验的宣传报道。做好市推进文化强市的主题宣传。精心组织网络媒体安庆行活动。为更好地宣传市文化发展方面的新成就，营造推动市文化大发展大繁荣、加速经济转型升级规模扩张的良好氛围，特邀中安在线、人民网安徽视窗、新华网安徽频道记者来市采访，在中安在线、人民网安徽视窗、新华网安徽频道上推出6篇系列文章，并被搜狐、网易等几十家网络媒体转载。做好纪念辛亥革命100周年网上宣传，并及时转发省网宣办要求新闻网站转载的正面新闻数千条。

【网络舆论引导和监管】 5月12日，开展全市“文明办网、喜迎七一”知识竞赛活动，展示市网络宣传战线良好形象，推进市网络文化建设。通过笔试从15支代表队选出桐城、宿松、市国税、枞阳、市卫生局、望江等6支代表队进行现场竞答决赛。组织安庆代表队参加全省比赛获第三名。有序开展互联网法律知识普及月活动。8月30日，为巩固和检测各网站学习涉及互联网法律知识成果，组织全市有关网站负责人进行互联网法律知识竞赛网上答题。2月2～18日开展“首届温馨感人博文帖文大展帖”活动。市重点选送的由安庆网络广播电视网精心制作的视频博文《家有小儿叫震生》，获全国优秀博文帖文奖，《短信叫我这样感动》、《乡情》两篇博文获全省优秀博文帖文奖。市网宣办获全国首届温馨感人博文帖文活动安徽赛区组织工作奖。

及时发现、准确判断、有效处置网上舆情，尽力为领导了解社情民意、进行科学决策提供参考和服务。市网宣办每天坚持全天候监看境内主流网络媒体、主要论坛、博客和境外重点网站，加强对网上舆情尤其是涉宜舆情的实时监测，为市委、市政府掌握情况、做出决策提供高效快捷的服务，同时指导有关县(市)区和部门及时关注、处理和化解倾向性、苗头性问题。全年编报《网上舆情》42期，《网上舆情》专报、专送10余期。对一些重要舆情，采取直接打印报送、手机信息的形式报告市委市政府主要领导，及时处置有害信息。随时接受省网宣办的指令，及时删除各类不良信息。据不完全统计，接省网宣办RTX平台指示，共转发正面新闻2000多条，删除言辞过激、煽动性强、涉黄等内容的帖子近千条。注重突发事件的舆论引导。对于突发敏感热点事件，严格按照《突发公共事件新闻报道应急办法》要求，在第一时间掌握和报告重要信息，在人民网、新浪、中安在线等大网上发出新闻通稿，及时发布权威准确信息，表明党委政府态度和处置意见，牢牢掌握网上舆论的话语权和主动权。如在安庆突发地震后，1月20日新浪网、腾讯、搜狐等大网首页出现“安徽安庆震后急需帐篷，群众雪夜露宿街头”的不实报道，及时安排网评员进行发帖跟帖，澄清事实真相，总帖文达几十条，同时在中安论坛及时发布安庆最新抗震救灾帖文，发布市委市政府及市领导抗震救灾方面的活动，有力地引导网上舆论。怀宁发生血铅事件，网上炒作厉害，及时安排网评员进行跟帖及在主流网站发布最新调查处理结果，阐述党委政府对此次事件的态度以及善后处理措施，缓解矛盾。在安庆市鑫富化工有限责任公司"3·27"爆炸事故、石化倒班工厂罢工、望江"白宫"事件、石化及曙光集团污染事件、环新集团及南风日化有人跳楼事件、安庆一中高材生莫名跳江事件、育才幼儿园闷死儿童事件等等,均在第一时间做出应对,及时组织网评员在网上发帖跟帖,阐明事实真相,最大限度降低负面舆论的影响,压缩网上谣言散布的空间,做到在重大问题上不缺位、关键时刻不失语。

【加强网评员队伍建设】 落实《安庆市网络评论员工作规则》和《安庆市网络评论员考核规则》(试行)文件精神,科学评价网评员的工作实绩,奖励先进,充分提高网评员的工作积极性,有些网评员帖文时常被置顶到中安论坛等论坛的首页,牢牢掌握了网上舆论的话语权和主动权。市两名人员获"十佳"网友。

【新闻网站建设】 加强重点新闻网站建设。扶持安庆新闻网、安庆网络广播电视网建设,帮助其解决发展中的困难和问题,安排相关人员参加省里组织的业务培训,支持其进行全新改版,提高作为市主流新闻网站的影响力,发挥示范和引导作用。全力落实全省新闻宣传统一上网工程。督促各县(市)区开通新闻网站,并按照相关程序进行申报开通。推动各新闻网站建立健全内部管理制度,把好采编、审校、发布等各个关口,确保导向正确、健康向上、及时准确。鼓励多种经营、多元合作、加强创新。全市有县级新闻网站9家,新兴媒体建设成为市网宣工作的一大亮点。加强与主流网络媒体的合作。市继续与人民网合作,在人民网首页位置推出"中国安庆"专题网,大力宣传安庆的三大名片,宣传安庆的经济社会发展,对网页进行精心改版,同时继续在新华网安庆专线上链接。还借助这一平台,继续开辟"聚焦园区看发展"专栏,配合承接产业转移,对各开发区(园区)网站进行链接。与人民网安徽频道合作,开通安庆视窗。

电　信　业

【中国电信股份有限公司安庆分公司】 中国电信安庆公司大力推进"无线城市、智慧安庆"建设,信息化基础设施显著增强,信息化应用水平不断提升,电信服务质量改善,公司党委因此荣获"安庆市先进基层党组织"称号,公司被评为"安庆市先进集体"。

市政府与安徽电信签署"无线城市、智慧安庆"信息化战略合作协议。"十二五"期间,安徽电信将在安庆市累计投入15亿元。到"十二五"末,实现有线全光网络覆盖到乡镇,建成城市无缝覆盖的无线宽带网络,构建集高速全光纤和无线宽带二位一体的宽带网络业务平台。此次市企战略合作,是在市政府与安徽电信2009年信息化战略合作基础上的一次深化。

万家"数字企业"建设活动正式启动。5月13日,市经信委与中国电信安庆分公司共同推进的安徽省万家"数字企业"巡展会(安庆站)成功举办。此举是政府部门推进信息化与工业化深度融合,走新型工业化道路,促进经济发展方式转变和工业转型升级的重要举措之一,也是在通过政府政策引导,聚合优质资源,调动社会各方积极性,推动"两化"融合上的一次有益尝试。该项工程推出了以"七个一"(一条互联网高速接入通道、一个企业数据通信网络、一个企业门户、一套办公自动化系统、一个企业内部图像监控平台、一套网上培训系统、一套电子商务系统)为主要内容的企业信息化解决方案,涵盖了企业生产、经营、管理等各个方面。

"光网家庭"工程全面启动,家庭宽带进入光网时代。12月19日,中国电信安庆分公司在全市率先推出20兆起步最高可达100兆的家庭光速宽带,着力推进"光网家庭"建设,使绝大多数的城市家庭在2012年底具备使用20兆光速宽带的能力,至"十二五"末,城市和乡村基本实现光网到家庭。届时,上网速度将普遍提升5~10倍,平均单价下降近80%。

【中国移动通信集团安徽有限公司安庆分公司】 移动公司总体保持平稳较快发展的良好势头,客户规模和运营收入持续增长,企业影响力和运营效率不断提升,综合实力进一步增强。

公司坚持"网络质量是企业生命线"的宗旨,围绕客户感知提升网络质量,通过开展"工兵行动"、"三高一低"网络整治,加强基站配套整治;开展重点场景专线优化,深入整治、排查网络隐患,定期组织县域网络质量测试、分析、优化;合理规划,加快基站选址进度等工作,全年网络总体运行平稳,2011年各项主要网络质量评价指标均处行业领先。

全面启动"便捷服务、满意100"活动,通过开展"3·15"消费者日和"5·17"世界电信日专项活动,将高品质服务标准延伸到客户中。主动对外公开服务标准,加强业务服务管理,提高窗口人员业务和服务水平;严格管控工作时限,提高服务效率;完善投诉处理流程，强化服务质量考核。严格执行客户信息管理“五项禁令”，第三方调查客户服务满意度持续领先。

加快信息化建设，自启动“无线数字安庆”建设以来，大力发展公共事业手机支付，“无线城市”市民生活信息化已实现多项重点民生信息应用；以行业信息化应用为基础，加快移动执法等项目在智能城市管理中的应用，无线城市建设取得突破。公司基于手机支付的民生信息化、社区信息化、森林防火信息化应用等获省经济和信息化委员会表彰。

【中国联合网络通信有限公司安庆市分公司】 2011年，安庆联通实施“3G领先与一体化创新”战略，以“聚焦增长、提升效率”为总体目标，落实“行业地位提升、核心业务领先、运营效率提高、客户体验卓越、创新能力突破”，企业管理、客户服务、网络质量、3G业务拓展方面取得长足的进步。

安庆联通建成2G、3G、固定三大通信网络，2G、3G移动网络拥有基站超过1200个，覆盖全市所有区域，2G全网开通GPRS功能，部分重点区域、交通干线开通EDGE；3G网络覆盖所有城区、县城、3A级以上景点、重点乡镇及高速公路等交通干线，并全网开通HSPA功能，可实现所有覆盖区域内最高7.2M/s的商用下载速度，是当前市场上接入速度最快的移动互联网服务提供商；固定网络覆盖所有城市、县城和部分重点乡镇，可满足各类速率的接入需求。

安庆联通坚持“服务为本、发展为上”，在中国联通“沃”品牌引领下，充分发挥3G WCDMA全球产业最成熟、应用最广泛、终端最丰富的技术、业务优势和移动、固网资源丰富的全业务优势，致力于打造“宽带通信和信息服务提供商”新形象，全面满足广大用户的综合通信服务需求。3G移动办公平台，可将3G WCDMA手机接入各企事业单位OA系统，使手机成为各单位OA系统的远程处理终端，无论身在何处，工作可瞬间处理完毕。3G视频监控系统，打破必须依靠监控器查看监控场景的查看模式以及必须提前布放监控设施的建设模式，可根据工作需要，在任何时间、任意场所随时布放无线监控系统，实时远程传输监控图像，并实现与监控场所的音视频无线、实时交互。该系统已在电力建设、水文监控、国防应急指挥、智能公交、广电传播、煤矿安全等众多领域得到广泛应用。运行在中国联通WCDMA网络上的iPhone手机，更让用户真正体验到明星终端在移动互联网上的应用优势，让手机不仅仅是一个“手机”。

提升客服水平，践行服务承诺。持续推进营业厅规范达标工作，营业厅服务管理进一步规范化、制度化。重点开展窗口服务“零容忍”、“服务之星评比”活动，公司在所有自有营业厅营业窗口统一安装电子服务评价系统，搭建客户反馈和监督服务平台。践行中国联通客户服务“八项承诺”，客户感知度和服务满意度进一步提高。强化推进客户俱乐部建设，全年新增和续签特约商家、实现VIP服务的不断增值。

栏目编辑：刘宜群

工业经济

综　述

【概况】 2011年是"十二五"规划开局之年，全市规模以上企业累计完成工业现价产值1769.6亿元，同比增长48.3%；实现工业增加值455.1亿元，同比增长21.2％，工业增加值排全省第4位；实现销售收入1726.3亿元，同比增长40.9%；实现利税165.9亿元，同比增长22.4%，其中利润80.4亿元，同比增长31.8%；工业品产销率98.2%，同比下降1.4个百分点，高于全省平均水平0.4个百分点；规模以上工业经济效益综合指数达到298.67，同比提高34.24个百分点。

产业规模持续壮大。规模以上工业企业数达到1145户(新口径)。全市37个工业行业，累计增长幅度超过50%的有17个，产值在10亿元以上的行业有30个，其中通用设备制造、服装鞋帽制造、交通运输设备制造等3个行业产值突破70亿元，石油加工、农产品加工、纺织业、塑料制品、非金属矿物制品业、化学原料及制品业等6个行业产值超过百亿。

工业投入持续加大。全市共实施工业投资项目2017项，较去年同比净增加69项，完成投资474.6亿元，同比增长47.3%，其中新开工项目1411项，完成工业投资371.6亿元，投资额亿元以上的项目99项，完成投资117.2亿元。工业投资占全市固定资产投资比重继续保持较高水平，达到57.2%。

超额完成省下达的淘汰落后产能和节能目标任务。全市共关闭小煤矿企业3户，淘汰落后产能12万吨；钢铁企业1户，产能10万吨；铁合金生产企业1户，产能0.38万吨；非煤矿山企业1户，产能10万吨；造纸企业1户，产能0.3万吨；淘汰拆除粘土砖企业26户、电镀企业3户8条生产线。列入省考核的11户重点用能企业完成节能量4.08万吨标煤，完成年度目标任务263.6%，规模以上工业企业增加值能耗同比下降5%以上，有效地促进了全市重点行业的结构调整和产业水平提升，为新上转产、转型项目提供了市场容量和发展空间。

企业自主创新能力显著提升。2011年，新产品产值100.4亿元，同比增长48.4%。新增省级高新技术企业7家、省级创新型企业5家，新认定1家国家级企业技术中心、1家省级企业技术中心，实现市境国家级企业技术中心零的突破。新认定省级新产品18项，有6家企业获省质量奖、两家企业获省产学研示范企业称号，安庆经济技术开发区、宜秀区大桥经济开发区、安庆临港经济开发区被命名为"安徽省新型工业化产业示范基地"。截至年底，全市共有省级以上企业技术中心26家。

战略性新兴产业发展成效显著。推进传统产业高新技术化和高新技术产业化取得新成果，中建材恒昌太阳能光伏玻璃、中船动力配套公司气缸套、连杆专业化自动化项目、安簧公司高强度钢制模锻活塞生产线、宿松县风力发电、杭州中为集团和杭科光电集团LED等一批项目先后开工建设，进展较快。众和达LED封装一期、上峰水泥光伏太阳能发电一期、非晶软磁复合材料、海康通讯等项目先后投产运行，抢占技术高点，成为市内战略性新兴产业中举足轻重的骨干力量。

与央企、知名民企合作及皖粤经贸合作取得阶段性成果。全市与央企共签订合作发展项目48个，投资总规模983.91亿元，其中已开工项目39个，投资规模422.22亿元，累计完成投资108.59亿元，已竣工项目16个，完成投资18.68亿元。与全国知名民企合作共开工项目310个，投资总规模796亿元，已完成投资369.6亿元，分别完成省下达目标任务160.1%和127.4%。皖粤经贸合作签约项目32个，投资总规模164.36亿元，已开工23个，完成投资19.15亿元。

【加强重点项目建设】 加强项目谋划储备工作，及时组织编制《2011年工业项目投资导向计划》和《2011年技术改造“百千工程”计划》，将项目谋划与落实国家、省出台的重点产业调整振兴规划结合起来。按照“建成一批、在建一批、新开一批、规划一批”的要求，紧抓项目建设不放松，中石化安庆分公司丙烯腈扩建、华茂织染有限公司高档色织面料、安簧机械股份有限公司钢制模锻活塞、环新集团ZR系列发动机运动件、安徽恒昌光电玻璃有限公司太阳能光伏玻璃、安庆虹泰新材料有限责任公司二聚酸及系列产品生产基地建设、卫康医药产业园、安徽盛运科技工程有限公司垃圾焚烧炉炉排及垃圾渗透液污水处理设备等44个亿元以上项目先后开工建设。全年共有1133个项目实现竣工投产，其中亿元项目25个，如安徽顺驰电缆有限公司特种机车电缆、安徽丹凤电子材料股份有限公司池窑玻纤拉丝、安庆环新集团缸套扩能、华茂德生印染、大发柴油机生产基地、皖能中科环保垃圾焚烧、金斗机械制造专用机床、科力新型建材、安徽白兔湖汽配有限公司多缸曲轴、安徽盛运机械股份有限公司生活垃圾焚烧发电项目等。

【开展技术创新活动】 2011年列入省技术创新项目56项，项目总投资12亿元，其中新产品新技术项目51项，技术中心创新能力建设项目5项。截止10月底完成技术创新投资9亿元，到年底有28个项目完成投资进入产业化生产。强化科技创新支撑，组织企业参加武汉产学研对接和省经信委网上对接周活动等，通过活动的开展，市内有多家企业与高校、科研院所签订长期合作意向。不断完善市级企业技术中心评价和认定工作，认定12家市级企业技术中心。鼓励和支持首台(套)重大技术装备的研制和应用，加快全市装备制造业转型升级，安庆恒昌公司成人纸尿裤成型加工包装生产设备、安庆柳溪设备公司整合型集成一体化电泳涂装生产装备、安庆机床公司XK3628数控双端面铣床、安徽索维机电公司分散研磨装置、安徽西锐重工科技公司可自动补偿的等离子六轴五联动坡口切割机、安徽精科公司柔性化全自动冲压成型机等成为2011年安徽省首台(套)重大技术装备。

【加快工业结构转型升级改造】 开展工业结构转型升级调研活动，积极争取国家、省专项资金计划，全年共获国家、省财政重点支持产业振兴、技术改造、技术创新、中小企业、节能、信息化、融资担保、非煤矿山等项目125项，资金3905万元。加大技术改造项目实施力度，截止10月底全市共实施技术改造项目1070项，占全市工业投资项目57%，共完成技术改造投资232.1亿元，同比增长58.2%，占已完成工业投资60%。研究建立培养新兴产业工作机制，完善项目库建设，落实企业名录和资金，推进项目实施。积极推进与央企、知名民营企业对接及皖粤经贸合作发展工作，强化项目调度，推动项目尽快落地与开工建设，增添发展后劲。

【强化节能增效目标管理】 强化目标管理，与各县(市)区政府、市直有关部门，以及29户重点用能企业签订节能目标责任书，实行节能问责制和“一票否决制”，确保节能目标任务完成。对年耗标煤3000吨以上企业能耗情况实行月报制度，逐月分析监控能耗变化情况，发现异常及时分析原因，采取对策。开展企业能效水平对标试点活动，提高企业能源利用效率，安庆石化、枞阳海螺被命名为省行业节能领跑企业。按照《安徽省清洁生产审核暂行办法》要求，对盾安民爆器材、华鹏长江玻璃、万邦高森、安庆石化、曙光化工集团等耗能重点企业实施清洁生产审核工作。继续开展资源综合利用认定工作，共为8户企业(产品)减免税3095.7万元。设立市本级节能降耗专项扶持资金，用以鼓励和支持企业开展节能改造、清洁生产、资源综合利用。安庆市被省政府命名为“十一五”节能目标任务超额完成单位。

【促进信息化与工业化深度融合】 开展“数字企业”建设活动和企业上网工程，引导企业推进产品研发、生产、营销、管理等重点环节的信息技术改造，发展电子商务，提高企业生产、经营和管理效率。与安徽联通安庆分公司联合举办“沃行天下、沃爱安徽”无线城市及行业应用巡展”活动，为各级政府及各行业实施“行业应用”提供新的视角和应用解决方案。组织了“两化融合”(数字化、网络化)专题调研。维护网络信息安全，开展政府网站安全管理基础检查和网络等级安全检查。突出龙头示范带动作用，安徽鸿运集团、安徽盛运股份公司、安庆飞凯高分子公司获得省级“两化融合”示范企业称号。

(胡宜宾)

【首个世界500强外资工业项目落户安庆】 11月23日，市首个世界500强外资工业企业直接投资成套设备项目落户安庆经济技术开发区。

该项目由安庆中船柴油机有限公司与世界500

强排名第229位的卡特彼勒(中国)投资有限公司合资生产卡特彼勒马克柴油机。美国卡特彼勒公司是世界上最大的工程机械和矿山设备生产厂家、燃气发动机和工业用燃气轮机生产厂家之一，也是世界上最大的柴油机厂家之一，此次成立的合资公司是卡特彼勒迄今为止在中速柴油机领域的全球唯一一家合资公司。卡特彼勒在船用动力领域的技术优势以及客户支持能力，结合中船集团公司和安柴对本地市场的了解和强大的制造能力，将使合资公司在中国和亚洲市场更具竞争力，更好地为亚太市场不断扩大的客户群服务。

石油化学工业

【概况】 安庆石化由中国石油化工股份有限公司安庆分公司和中国石化集团资产经营管理有限公司安庆分公司组成，始建于1974年7月，是安徽省最大的中央直属生产企业，也是一家“油、化、纤、电”一体化企业。安庆分公司现有炼油综合配套能力500万吨/年；拥有加工原油550万吨/年的常减压装置、加工能力140万吨/年的催化裂化装置、日处理煤2000吨的壳牌粉煤气化、年产33万吨合成氨、58万吨尿素，年产8万吨丙烯腈、7万吨腈纶、10万吨/年乙苯—苯乙烯装置等生产装置41套；同时拥有吞吐能力50万吨/年的化肥装船码头，20万吨/年的液态烃码头，全长13公里的厂内铁路专用线和一个工业编组站。安庆资产分公司(存续)主要生产能力为:1台220吨/小时、2台410吨/小时、1台630吨/小时燃煤锅炉，4台5万千瓦发电机组，以及吞吐能力760万吨/年的油品码头、80万吨/年的卸煤码头和日产24万吨的供水系统。

截至2011年底，在岗职工总数5906人，固定资产原值116亿元，净值53.55亿元。建厂以来，累计上缴国家和地方税金超过250亿元，为国家和地方经济的发展做出了积极贡献。

【生产经营总量刷新纪录】 为缓解成品油供应持续紧张矛盾，安庆石化克服装置三年运行周期的末期出现的诸多困难，积极挖掘加工潜力，开足马力增产增供。全年累计加工原油482.52万吨，生产成品油305万吨、合成氨18.12万吨、尿素26.57万吨、丙烯腈8.67万吨、苯乙烯7.22万吨、腈纶7.88万吨，发电8.8亿千瓦时、供热1339万吉焦。实现营业收入319亿元，税费45亿元。营业收入、原油加工量、成品油产量、丙烯腈产量、苯乙烯产量、腈纶产量等均创历史新高。原油加工计划和成品油计划完成率排名沿江炼化企业第一，产品出厂合格率保持100%，较好地履行了央企国企的政治责任、社会责任。

【安稳优化运行迈上新台阶】 全年共整改各类隐患4958项，本质安全水平得到进一步提升，保持了“五个重大事故”为零的纪录，并获得集团公司安全生产先进单位四连冠。清洁生产形势总体稳定，工业废水、COD、SO2排放量均优于控制指标。狠抓现场管理，主要设备完好率99.92%，大机组平均故障率0.08%，仪表完好率99.58%，炼油主要装置运行周期均超过3年，化工装置、热电机炉运行水平进一步提升，油品输转、仓储、公用工程、铁路运输等辅助系统也较好地完成了全年的工作任务。特别是化肥煤气化装置A类运行达到153天，创造了同类型装置连续运行的世界新纪录。

【精细管理水平进一步提升】 坚持以“比学先进、打造一流”为目标，着力提高企业的价值创造力。制度标准化改造工作成为集团公司试点，有9项管理创新成果荣获总部等级奖，其中一等奖1项、二等奖5项。信息化建设不断深入，MES项目顺利通过集团公司验收，ERP“物资供应”和“设备”模块被评为炼化板块典型。全年累计挖潜降本增效超过4亿元，有60%以上的完成指标达到或优于奋斗指标，万元产值综合能耗、综合商品率、高价值产品收益率、炼油综合损失率、炼油综合能耗、丙烯腈综合能耗、乙苯耗苯、苯乙烯耗乙苯、腈纶耗三单、腈纶综合能耗、腈纶差别化率、供电标煤耗、吨氨耗煤、配煤合格率等14项关键指标刷新历史纪录，吨油完全费用(含自用)指标继续排名沿江中上游炼化企业第一。

【有效发展及重点工程扎实推进】 炼化一体化项目进展总体良好，截至12月底，累计安全施工607天，完成投资19.22亿元，长周期、次长周期设备订货全部完成，质量总体处于受控状态。配套的S—Zorb、PSA(Ⅲ)、热电、储运、公用工程及辅助生产设施正按网络计划推进。公司“十二五”及中长期发展纲要编制完成，第三次创业的目标路径更加清晰。合作发展取得新成果，合资建设25万吨/年丁辛醇项目的可研报告已上报总部待批，与上海华谊液化气深加工框架协议已正式签订。技术进步取得新进展，全年申报国家专利4项，成功研发了细旦腈纶纤维技术，填补了"十一五"以来企业新产品开发领域的空白。

【职工队伍整体素质稳步提高】 强化领导班子建设，深化人事制度改革，加大领导人员竞争性选拔和人才引进力度，全年公开招聘处科级领导人员30名、专业技术人员59名，引进高校毕业生138名。推进人才成长通道建设，遴选了公司的专业技术及技能操作领军团队，完善了薪酬分配制度，利用绩效考核增量上调了生产装置轮班作业津贴及夜餐费标准，通过健全向骨干和一线职工倾斜的收入增长机制，调动了广大职工争创一流业绩的积极性，实现了企业绩效与职工收入的同步增长，"企业责任共担、发展成果共享"的理念得到广泛认同。深化"创建学习型组织，争做知识型职工"活动，完成远程教育系统建设及职工注册入网，举办112期管理、技术岗位培训班，488期技能操作人员岗位培训，累计培训2万余人次，为各类人才成长拓展了空间。

【党建与和谐稳定工作成效显著】 深入开展创先争优活动，"打造高度负责任，高度受尊敬企业"员工大讨论，党建质量工作体系顺利通过ISO9000质量标准监督审核。创新企业群众工作，健全公司领导联系群众的"五个一"活动机制，组织"双促"调研座谈会，开通"员工心声"网络交流平台，完善"总经理信箱"处理机制，进一步密切了党群干群关系。关心关爱职工，完善基层规范化操作室配置，启动社区亮化美化工程，推进医疗改革最终并轨，全年组织职工疗休养957人次，支付大病医疗保障金和帮困救助金超过120万元，队伍凝聚力进一步加强。中央政治局常委、国务院副总理李克强7月份莅临调研期间，对安庆石化的工作给予充分肯定。企业先后荣获全国安康杯竞赛优胜企业、全国"五五"普法先进单位、全国石油和化工行业信息与统计先进单位、全国石油和化工行业两化融合优秀实践奖，安徽省清洁生产示范企业、十佳环境资源循环利用企业、节能先进单位、文明单位，集团公司节能先进单位、ERP信息化水平A类企业等荣誉称号。

（*石化厂*）

电力工业

发　电

【概况】 安徽安庆皖江发电有限责任公司原是由安徽省能源集团有限公司控股的国有发电企业。2011年10月13日，公司顺利地完成股权转让，由神皖能源公司（神华集团和安徽省能源集团有限公司共同组建，其中神华集团占51%股份，安徽省能源集团有限公司占49%股份）持有公司100%股权。

2011年公司圆满完成年度生产经营工作任务。全年发电35.03亿千瓦时，实现安全生产"八无"目标，再创全年无非停佳绩。同时借助神华集团煤电路港航一体化的优势，一举甩掉了长期亏损的帽子，实现了盈利。公司二期2×1000兆瓦机组扩建工程申请"路条"文件已上报至国家能源局。

【安全生产形势总体平稳】 2011年公司两台机组年利用小时为5473小时，1号机组实现连续运行无非停607天，2号机组实现无非停552天，全厂连续安全生产2536天。

公司始终坚持"安全是立厂之基，效益是立厂之本"的治厂理念，积极运用管理创新改革运营体系，不断强化安全生产和经营管理。认真开展"安全生产年"活动，通过层层分解落实各级安全生产责任制，层层落实各级安全第一责任人到位标准，进一步完善了公司、部门和班组的三级安全管理网络；通过扎实开展"三项行动"，加强了安全生产体制机制建设、保障能力建设和监管队伍建设。

相继开展春季、秋季安全大检查活动，加大对外委单位的检查，包括外委合同、资质、安全协议、三级安全教育和培训、特种作业人员持证情况、用工人员基本信息（包括健康状况）、工伤保险、劳动防护用品的配备等，组织开展职业安全健康检查，提高安全基础保障能力，改善安全生产和劳动保障条件。结合安全生产实际和季节特点，公司还分别开展了反习惯性违章、防汛、防涝、防冻、防小动物等专项安全活动。

在2011年迎峰度夏竞赛活动中，公司获安徽省电力迎峰度夏工作先进集体称号，总经理徐顺荣获先进个人荣誉称号；在安徽省电力公司与电力工会组织开展的"安徽电网2011年迎峰度夏劳动竞赛"活动中，公司荣获三等奖，是省内300MW机组中唯一获奖的火电企业，1号、2号机组同时双双荣获大机组连续运行奖，公司还荣获安庆市"安全生产先进单位"等多项荣誉称号。为实现企业与地方经济的快速和谐发展做出了贡献。

【节能减排效果显著】 利用现代科技成果进行技术改造，实施了一系列节能改造项目。2011年，机组增容和部分电机变频改造项目，顺利通过市安全监督管理局、市环保局的安全、环保专项验收，获得专家组的一致好评。完成＃2机组增压风机变频改造。在平均负荷低于240MW时，节电率达20%左右。综合增压风机变频对引风机造成的影响，实际节电率约在10%左右。

公司充分利用＃1机组A修机会，对＃1机汽轮机汽封进行改造。从A修后安徽电科院出具的性能试验报告数据结果证实，公司＃1机组A修后锅炉效率提高0.63%，相应煤耗下降2.06克/千瓦时，汽机热耗下降86千焦/千克，相应煤耗下降3.12克/千瓦时，＃1机组A修后机组性能得到显著提高。并有效降低了大气污染物的排放量。

按照安庆市政府的要求，9月22日公司对华茂工业园德生公司进行供汽，有效降低了供电煤耗，提高了资源综合利用水平。公司还合作开发了加汽砌块、蒸压砖新型建筑材料项目。

2011年，公司两台机组的各项技术指标达到区域领先水平。综合上网率达到95.06%，全省排名第一；汽轮机汽封改造后，供电煤耗实现326.67克/千瓦时，区域同类型机组最低；全年发电用油66.66吨，比去年下降9.323吨；调度电量考核7个月为零，年度电量考核全省最少；＃1机组A级检修质量达标，年底已连续运行7个月；两台机组强迫停运率均为0%，两台机组等效可用系数均为100%。

公司信息专工王义文荣获安庆市"劳动模范"光荣称号，节能专工潘秀兰荣获安徽省人民政府授予的"安徽省节能先进个人"称号。

【二期扩建工程稳步推进】 7月，公司按照电力项目建设核准制的规定，着手二期2×1000兆瓦机组扩建工程前期工作，进展顺利。公司二期2×1000兆瓦机组扩建工程已上报安徽省发改委，并由省发改委上报国家能源局办理批准手续。市发改委已行文同意开展码头前期工作，并明确按核准程序办理。

按照省政府和投资方的要求，二期工程以2012年8月份开工为目标，配合主体设计院倒排工期安排。各项工作按节点要求正常进行，初可阶段需要的支持性文件已全部取得，可研阶段专题报告已全部委托编制，部分已编制完成，其中水土保持方案设计报告已通过审查。

（神皖安庆发电）

供　电

【概况】 安庆供电公司是隶属于安徽省电力公司的国有中一型企业，担负着安庆市3区和7县1市的供电任务。公司设15个职能部室，10个工区和9个单立、列编机构。2011年底，公司职工人数1241人。

公司管理35千伏及以上变电站40座，其中220千伏8座，110千伏31座，35千伏3座，总容量3982兆伏安；110千伏及以上输电线路87条，共计1651千米。全年实现购网电量62.80亿千瓦时，同比增长13.86%。截止到12月31日，公司实现连续安全生产2983天。

供电可靠性、城市电压合格率达分别完成率达99.94%和99.77%。全力推进配网带电作业，减少用户停电时间，配带电作业竞赛荣获省公司团体三等奖。强化电网安全风险管控，积极开展输电网安全性评价，合理安排电网运行方式，安庆电网负荷4次刷新历史纪录，最大负荷达132.1万千瓦，同比去年增长12.2%，电网运行稳定。110千伏朝阳变、35千伏垃圾电厂和110千伏集贤变扩建工程如期建成，缓解了局部电网"卡脖子"现象。公司荣获"全国文明单位"和"第九届安徽省文明单位"称号。1名员工荣获省五一劳动奖章，计量中心荣获"全国五一巾帼标兵岗"。

牢固树立"电网大计、质量第一"的意识，深入推行资产全寿命周期管理，500千伏文都变电站被国家工程建设质量审定委员会授予2011年"国家优质工程银质奖"，110千伏龙湾变电站荣获省公司一季度质量管理流动红旗称号。公司总经理包玉胜被授予2011年国家优质工程先进个人。

加强应急体系建设，编制完成1个总体和23个专项应急预案，在全省公司率先建成移动式应急指挥车。加快县公司应急指挥中心建设，8县公司应急指挥中心年底前全面建成。积极开展迎峰度夏反事故演习和调度大楼火灾应急演练，提升各种突发事件应对处置能力。成立市电力执法监察支队，理顺电力行政执法工作机制。

推行预付电费模式，开辟电费充值卡新型缴费方式，销售电费充值卡64007张，全省排名第一。拓展缴费渠道，与移动、联通、邮政合作，新增社会化代收网点162个，努力打造10分钟缴费圈。

加大农村“低电压”综合治理力度，完成“低电压”改造5.10万户，整改完成率100%。稳步推进农电体制机制改革，完成最后一批潜山、宿松、望江、岳西4个县公司股权划转工作。怀宁公司创“国一流”、太湖、岳西公司创“省一流”获得批准。加强农电工素质培训，开展农电作业组织专业化管理，公司代表队荣获省公司第五届农电工知识技能竞赛团体一等奖。

【科教创新工作取得新成效】 推进科技创新，完成省控科技项目共4项，完成科技投入104万元，建成全省首家客户用电信息采集仿真实验室等。加强科技立项、实施、验收管理，其中“反窃电综合实验平台的研究”项目荣获省公司科技进步三等奖，荣获群众性科技创新一等奖2项、二等奖2项。专利申报成效突出，获得授权4项，“电力杆塔钢索式防坠系统”获国家发明专利。加强信息系统运行维护，开展信息安全隐患排查和治理，定期进行系统数据库恢复性演练，信息安全可控、在控。加大环评工作力度，开展变电站环境噪音治理，努力构建和谐电民关系。引导员工科技论文发表，发挥技术人才优势，引领公司全面科技创新，发表科技论文31篇。推进信息系统深化应用，信息系统应用综合排名稳步提升。

推进培训基地建设，全年完成建设投资1874万元，进一步完善培训实训室功能和设备配套升级，加强培训基地教学基础设施建设，提升培训功能和服务能力。积极开展各类竞赛培训，在职员工培训和技能鉴定工作，完成各级各类培训4128人次，开展各类各项考核792人次，技能鉴定11827人次，实现培训、考核、鉴定、学历教育和后勤服务总能收入1005万元，发挥培训基地的功效。

【推进新农村电气化建设】 针对农村电网“低电压”情况，自2008年起，开展低电压农户普查。选择典型负荷日或用电高峰期，全面开展客户端电压质量监测工作，摸清客户端电压质量。认真分析低电压产生的技术、管理层面原因，明确整改措施，落实资金和工程项目。确定岳西县作为农村“低电压”综合治理的“推进标杆县”。要求岳西公司要率先在年内完成现有低电压治理任务，积极运用典型治理方法，提炼治理效果突出的工作经验，做到进度领先、措施有效、方法典型、亮点突出，在本地区起到示范引领作用。自2008年以来，共安排低电压专项整改资金12174万元，项目1085个，新建改造10千伏线路242.2千米，新增更换配变492台，50400千伏安，新建改造低压线路2214.22千米，新增线路无功补偿600千乏，配变无功补偿3100千乏。截至2011年底，全市共完成“低电压”改造5.10万户，整改完成率100%。

市境新农村电气化建设工作始于2006年。“十一五”期间，全市电气化建设累计投入资金42748.04万元，共1601个工程项目。新增更换配变1532台/139345千伏安，新建改造10千伏线路1423.9千米，新建改造低压线路3768.7千米，整改农户数达到143789户。加快推进县、镇、村三级电气化建设，截止到2011年底，已累计建成桐城、怀宁2个电气化县，43个电气化乡，441个电气化村（年内新建8个电气化镇、82个电气化村），超额完成“十一五”电气化规划建设目标。加强农电工素质培训，开展农电作业组织专业化管理，公司代表队荣获省公司第五届农电工知识技能竞赛团体一等奖。

（安庆供电公司史志办）

企业选介

【安徽安庆环新集团有限公司】 安庆环新集团紧扣中国汽车工业大发展的脉搏，以汽车发动机关键性零部件为主业，坚持走“引进消化吸收再创新”之路，不断发展壮大，由单一生产活塞环企业发展到目前活塞环、缸套、气门座圈、活塞、弹簧等多种零部件的制造销售企业，产品远销东南亚、欧盟和南非。安庆环新集团生产能力为：活塞环1.4亿片、缸套550万只、气门座圈8000万只、活塞420万只、弹簧3400万片。旗下9家全资及控股公司，集团及所属企业的注册资本已超过10亿元、从业人员为3000人，其中研发及技术人员占15%以上。总投资达到20亿元。

环新集团已为中国前20位汽车和摩托车厂全面配套，为“中国机械工业核心竞争力100强”企业。2006年安庆环新集团被国家发改委和商务部认定为国家汽车零部件出口基地企业，被国家科技部认定为国家级高新技术企业。安庆环新集团的活塞环产品国内市场占有率第一，达到48%以上；铝包容缸套国内独家技术；气门座圈市场占有率国内第一为32%；活塞全面替代进口，为丰田、铃木主机配套。

2010年环新集团结合公司原有生产能力以及国家有关汽车产业的相关发展规划，计划仍将保持新增2亿元固定资产投资规模，活塞环计划完成固定资产投资1亿元;缸套计划完成固定资产投资4000万元;粉末冶金项目计划完成固定资产2000万元;其他项目计划完成固定资产投资4000万元。2011年环新集团将实现总销售收入26.4亿元、实现利税6亿元、上缴税金2.3亿元。

【安徽安簧机械股份有限公司】 安徽安簧机械股份有限公司始创于1969年,2006年7月,由原国有企业改制而成立为现股份制公司。公司注册资本4000万元,总占地面积365亩,建筑面积7.9万平方米,现有职工合计946人。公司为江淮、奇瑞、跃进、金杯、美国MAHLE公司等汽车集团的骨干配套企业,公司现有精密锻造线4条、变截面钢板弹簧生产线4条、工程车桥生产线1条,生产技术水平达国内先进。主导产品为汽车钢板弹簧等悬架件、汽车转向节等精密锻件和工程车桥,年生产规模为:汽车钢板弹簧8万吨、精密锻件400万件、工程车桥5000台(套),产品技术水平处国内同行业先进,“安簧”牌汽车板簧和“百协”精密锻件在国内、外用户中享有盛誉。公司拥有省级技术中心,是安徽省高新技术企业、国家安庆汽车零部件基地骨干企业,现已具备一定的产品开发、研究与试验检测的综合能力。

公司2011年资产总额4.34亿元,完成销售收入6亿多元、利税7800多万元,各项指标与综合效益排名安庆市属企业前10位。

【安徽金光机械集团股份有限公司】 安徽金光机械集团股份有限公司是集研制、开发、生产、销售于一体的国内最大的凸轮轴、曲轴、气门等内燃机零部件专业公司,现为国家中型企业,中国机械500强企业,国家火炬计划重点高新技术企业,安徽省明星企业,部级、省级先进企业,省质量最佳企业,省质量管理奖单位,二级计量合格单位,省国地税“A级纳税信用企业”,省级“守合同重信用”单位,中国汽配工贸集团企业,ISO/TS16949:2002质量管理体系认证企业,是具有自营进出口权资格企业。

公司占地面积30万平方米,其中建筑面积10万平方米,总资产2.2亿元,拥有各类主要设备800台(套);公司现有员工920余人,其中各类中、高级专业技术人员280余人。公司拥有现代化的凸轮轴、曲轴和气门生产线,并从德国、日本和美国分别引进具有国际先进水平的CNC全数控凸轮轴加工、检测中心。公司建有“省级技术中心”和CAD工作站,拥有国内一流的科研开发人才队伍。

公司主导产品为“金光”牌各类内燃机凸轮轴、曲轴、气门等,具有年产各类凸轮轴600万件、曲轴200万件、气门1000万支、供油凸轮100万只的生产能力,产品覆盖轿车、汽车、工程机械、农机、船舶等五大系列,产品主要为一汽、江汽、南汽、朝柴、常柴、全柴等全国30余家大型主机厂配套,国内市场占有率达50%以上,并远销国际市场。主导产品“金光”牌凸轮轴、曲轴、气门均是安徽省名牌产品、全国用户满意产品,“金光”商标荣获安徽省著名商标,2009年4月荣获“中国驰名商标”。

公司目前各类多缸凸轮轴产能达年产100万件,实际年产80万支,实现产值6400万元,其中60%左右产品为一汽、锡柴、朝柴、扬柴等主机厂整机配套。国内市场占有率达30%,部分产品出口东南亚市场。各类单缸凸轮轴产能达年产300万支,实际年产150万支,实现产值达2500万元,单缸曲轴产能达年产80万支,实际年产40万支,实现产值3500万元。各类气门产能年产400万只,实际年产200万只,实现产值800万元。

【东方造船股份有限公司】 东方装备集团有限公司是国内船舶制造行业实力较强的企业之一。集团总部设在浙江温州市,旗下有6个全资子公司。

该集团于2007年6月与自由人陈国俊合资在安徽省枞阳县设立了东方造船股份有限公司。该公司的造船基地位于枞阳县境内长江北岸,基地占地面积1196亩,拥有2000米岸线,投资10.8亿元人民币,全部建成将拥有650米长的舾装码头兼20000吨的卸装码头,30000吨级气囊上水造船台6座,60000吨以上滑道上水造船台2座,船台起重能力配备150吨门式起重机6台,300吨门式起重机2台;钢结构厂房6万平方米,造船平台20万平方米,配备10～25吨门吊60台,年产量达40万载重吨以上,年造船规模不低于40亿元。公司将形成2条船舶生产线。第一条线为30000～40000吨级船舶生产线,主要产品定位在30000吨级以下多用途货船和化学品油轮;第二条船线为60000吨以下散货船生产线。

到2011年,自主开发、建造的主力船舶达到国际先进水平,年造船能力达到40万载重吨,年产量30万载重吨,造船年销售收入30亿元以上(其中出口25万载重吨,内销5万载重吨)。形成一批具有较强国际竞争力的品牌船舶,大力打造东方造船品牌。企业全面实行现代企业制度、现代化总装造船模式和企业管理信息化。船舶修理(包括改装)技术水平大幅度提高,能够承担长江流域船舶修理任务。

【安徽神舟造船有限公司】 安徽神舟造船有限公司是望江县重点招商引资组建的钢质船舶修造企业，旨在开辟长江岸线资源，打造船舶产业园，发展桥港经济。公司占地面积333万平方米，岸线长894米。计划总投资2亿元，2008年初一期工程建成投产。现完成固定资产投入5600余万元。公司的生产技术条件在2008年7月份被省船舶工业办公室组织的专家组现场评定为二级Ⅱ类钢质一般船舶生产企业，到2008年底，公司新建沿海钢质船舶5艘，14300载重吨；内河船舶1艘，1500载重吨；工业产值5350万元。2009年初受全球金融危机的影响。2009～2010年在建内河船舶10艘，15000载重吨，产值约4000万元。2010年签订沿海自卸砂船订单1艘，7000载重吨。

公司总体规划为年设计建造能力为20万吨，或1.5万吨级及以下船舶15～20条。工程分两步实施，第一期建造5000吨级船台6道和相关配套设施、设备。2011年新建2万吨级船台1道、8000吨级船台2道的土方基础工程。

【安庆中船柴油机有限公司】 安庆中船柴油机有限公司隶属中国船舶工业集团公司，是中船集团公司重点配套厂家之一，自1960年建厂以来一直从事船用柴油机备件和整机的生产。现已成为国家二级企业、ISO9001质量认证企业、“安徽省高新技术企业”，1997年成立“省级企业技术中心”。公司现有各类职工1030人，各类专业技术人员246名，其中工程技术人员150余人。现有设备600余台，其中主要生产设备300台，大型设备50台。拥有铸造、热处理、机械加工、冷作焊接、工具动力、冲压、装配、热工仪表、理化试验、长度计量、柴油机测试、微机计算中心等质量控制和生产管理系统。

工厂自1981年引进日本大发公司PS、DS、DL、DK四大系列柴油机专利技术生产“安庆大发”柴油机以来，所生产的“安庆——大发”柴油机曾先后获得国家优秀新产品——金龙奖，省优、部优、国家银质奖。2010年生产“安庆——大发”柴油机达到2000余台，85%随船出口。与江南造船(集团)有限有限责任公司、外高桥造船有限公司、沪东中华造船(集团)有限公司、中船澄西船舶修造有限公司、广州广船国际股份有限公司、渤海船舶重工有限公司、广州文冲船厂有限责任公司、大连船舶重工集团有限公司等厂家配套，为船舶行业走向世界作出了贡献。

公司于2008年搬迁至安庆市经济技术开发区后，柴油机生产主体厂区占地面积17万平方米，加工手段齐全，配套设施完善，研发能力雄厚，工艺布局更加完善，具备了跨越式发展的硬件平台。2011年公司生产柴油机出厂471台，实现销售收入8亿元，实现利润1亿元，占国内市场25%，国内排名第一位。公司现有柴油机主体、合资公司安庆大发金属构件公司、子公司分离机公司、子公司船用电器有限责任公司。

【四八一二工厂】 四八一二工厂创建于1955年，属于海军装备部，是中国通用机械压缩机行业协会副理事长单位。公司占地面积26.5万平方米，资产总额1.73亿元。工厂下设铸造、机械加工、橡胶制品、配套安装、空压机等5个分厂，现有职工816人，各类专业技术人员120人。拥有卧式加工中心、立式加工中心等生产、检验和试验设备764台(套)。

工厂已建成完整的空压机整机、柴油机气缸盖体、D类压力容器、橡胶隔振降噪系统的开发设计、生产和服务体系。主要生产固定式8m3/400Kg大排量高压空压机、移动式4m3/400Kg大排量高压空压机站、舰艇用6610系列8种型号的空压机整机及高、中、低压空压机配件，岸站用高压空压机及控制系统；舰艇用通用和专用橡胶减震器、橡胶密封件、橡胶尾轴轴承、消声瓦、水过滤装置及舰船污水处理设备等。2011年工厂实现销售收入1.10余亿元。“十二五”期间总投资5亿元，实现空压机6000台、橡胶密封件5万件、船用污水处理设备500台(套)的生产能力，到2015年实现年销售收入20亿元的大型船舶配套企业的战略目标。

栏目编辑：刘帅钢

商贸经济

商　　务

【概况】 安庆市商务局主管全市内贸流通、外贸、外资、外经等工作。涉及批发商业、零售商业、餐饮住宿服务业、物资物流、对外贸易、利用外资、对外经济合作、口岸、拍卖、典当、旧货、二手车、再生资源利用、家畜屠宰管理等。局属商贸企(事)业 3 家:市化工轻工有限责任公司、龙狮桥蔬菜批发市场、副食品大楼管理有限责任公司。

2011 年,通过开展"商务系统调研月"等活动,全面了解商务运行状况,突出重点、难点,强化跟踪、督促,协调解决企业困难,争取并落实好各项扶持促进政策,扶持企业做大做强,建立"商务重大决策专家咨询论证"制度,拉高商务发展新标杆。全市消费品零售总额完成 397.5 亿元,同比增长 17.5%,稳居全省前三位。进出口突破 8 亿美元大关,达到 8.58 亿美元,同比增长 26%。全市利用外资 2.72 亿美元,同比增长 15.76%。完成对外投资 142.6 万美元,实现对外劳务合作营业额 2126 万美元,新签合同 2101 万美元,排名全省第一。

【商务民生工程扎实高效】 2011 年"家电下乡"整体推进,全市累计销售家电下乡产品 142.48 万台,销售收入 36.44 亿元,兑现补贴 4.49 亿元。"农超对接"深入实施,康熙河农贸市场、工农街农贸市场改造工作加快推进。在成功实施"放心豆芽"工程的基础上,着手启动"放心豆腐"、"放心菜"等民生项目。"放心肉"体系建设有效推进,全市共取缔生猪屠宰不合格场(点)36 个,监管平台和定点屠宰场监控终端建设基本完成。"放心早餐"工程全面铺开,新增"放心早餐"流动车(亭)55 个,投资 8000 万元、占地 30 亩的城市主食加工配送中心项目一期建成投产。绿色回收工程加快实施,国家级区域性大型再生资源基地一期工程已经完工,二期工程正加紧建设,建成加工分拣中心 5 个,新增社区绿色回收网点 45 个。"放心家政"成绩显著,实施两年累计培训家政服务合格人员 1000 名。

【商务重点工程稳步推进】 新增"万村千乡"市场工程农村商品配送中心 4 个,农家店 180 个,信息化改造农家店 380 个,带动城乡居民就业 6000 人。世纪华联、惠康超市等企业积极参与全省农村市场流通体系改革试点。大金新百上市工作扎实推进,金华联、世纪华联等年销售超 10 亿元企业达 3 家。全市商贸领域固定资产投资完成 32 亿元,同比增长 23%。东部新城中央商务区、金融中心和体育中心建设加快推进。北部新城和大观新城商业中心建设同步实施。舒怡国际家居二期、南铭商贸城建成开业,皖江农产品生产物流中心、大观八佰伴、迎江绿地世纪城、马山国际大酒店、希尔顿大酒店等一批大项目进展顺利。老城商业中心改造有序推进,迎江区获批全省商贸服务业发展示范区试点,家乐福、沃尔玛等国际商业巨头有意入驻。桐城商贸城、潜山商贸中心、太湖文博园二期等大型综合项目加速建设。

【对外贸易实现新跨越】 突出骨干支撑,全市进出口额超千万美元企业 19 家,华茂、鸿润、曙光股份进出口总额约占全市的四分之一。突出群体增值,新增孵化进出口企业 122 家,新增发生实绩企业 53 家,累计实现进出口 2293 万美元。突出传统优势,纺织服装、机电高新进出口分别达 3.79 亿美元和 2.2 亿美元,约占全市进出口总额的 70%。突出市场拓展,组织企业参加国内外重要展会,支持企业发展电子商务,做好网上商品交易会的宣传和推介。突出结构优化,全市累计进口 2.58 亿美元,增长 47%。机电产品、农产品进口分别增长 96%和 98%。突出跟踪服务,结合项目申报,支持重点企业实施转型升级,拓展新市场,累计争取国家、省外贸发展促进资金1500万元。完善外向型经济和口岸工作联席会议协调机制,联合海关、商检、国税、外管等部门组织举办开放型经济政策宣传培训班。

【利用外资跃上新台阶】 精心组织企业参加台湾宝岛行、投洽会、中博会、徽商大会等大型经贸活动,总投资1.5亿美元天柱山旅游度假区温泉开发项目、安踏体育运动休闲项目、旺旺休闲食品增资项目等相继成功签约。依靠园区载体扩大承接规模,省级以上开发区全年实际利用外资1.99亿美元,占全市73%,同比增长12.81%。召开全市利用外资工作调度会,加强工作调度和督促检查。协调解决帝伯粉末、旺旺食品、全力旅游等企业鼓励政策落实,加快项目推进速度。加大机制创新,提高服务效能,投资总额1亿美元以下国家鼓励类、允许类外商投资企业设立及其变更事项全部下放县(市)级商务主管部门和市开发区办理。

【对外合作实现新突破】 支持华祥、天鹅等有实力企业“走出去”,实现跨国经营,全年共为企业争取国家、省“走出去”促进资金105万元。加强应急管理,采取有力措施应对日本地震、北非中东政局动荡对市海外劳务合作的冲击,510名在日研修生继续安心工作,赴利比亚的120名劳务人员得到妥善安顿。

【市场供应保障稳定】 加强市场监测预警,启动社会消费品零售总额通报制度,新增限额以上企业109家,全年限额以上企业实现消费品零售总额120.6亿元,增长37.6%,拉动消费增长10.15个百分点。及时采取应对举措,全力做好蔬菜、猪肉控价保供工作。成功实施干预措施,及时平息“食盐恐慌”。协调相关部门增加柴油供应,稳定成品油市场供应秩序。完善应急商品储备制度,落实省级1.87万头、市级0.5万头生猪活储任务,丰城糖业储运公司成为全省首批省级储备糖四家中标企业之一。坚持日常巡查和隐患排查,加强安全生产工作。拓展12312举报投诉服务中心功能,切实加强畜禽屠宰、酒类流通、药品流通、二手车、拍卖、典当、成品油和茧丝绸等特殊行业监管,鲜茧产量连续五年位居全省第一。牵头组织全市打击侵犯知识产权和制售假冒伪劣商品专项行动,有效遏制违法犯罪势头,净化市场消费环境。

【实施家电以旧换新政策顺利结束】 安庆市家电以旧换新政策实施时间已于2011年12月31日结束。在历时1年半的时间里,安庆市8县(市)3区家电以旧换新五大类家电累计销售量达到173199台,销售额6.01亿元;累计回收旧家电176185台,回收金额196.07万元;财政补贴累计金额为5333.14万元。这一利国惠民政策,对于拉动内需,保护环境,促进经济增长,发挥积极作用。

家电以旧换新五大类家电累计销售总量中,电视机56118台,占32.4%;冰箱23912台,占13.8%;洗衣机20830台,占12%;空调61317台,占35.4%;电脑11022台,占6.4%。分地区看,销售量位居前三位的是:迎江区销售量为65826台,占总量的38%,潜山县销售量为23333台,占总量的13.5%,宜秀区销售量为19532台,占总量的11.1%。

【在第21届华交会上成交1520万美元】 第21届中国华东进出口商品交易会于3月1~5日在上海举办。本届交易会市参展企业共成交1520万美元,取得丰硕的成果。本届华交会,市共有26家企业参展,拥有家用纺织品、服装、家居用品、装饰礼品等展区共34个展位,参展企业数和展位数均居全省首位。其中新参展企业9家,取得成交1520万美元的成果。签约外商主要来自欧美、日本、韩国、东南亚、中东、港澳、澳洲等几十个国家和地区,主要签约产品有纺织品、服装、羽绒制品、毛毯、轻工产品、工艺品、电子消费品等,其中纺织服装成交量占较大比例。通过华交会这个大舞台,市企业展示新实力,树立新形象,为完成全年进出口目标任务和扩大进出口规模、优化出口产品结构奠定良好基础。

【“麦陇香”、“柏兆记”获“中华老字号”称号】 由国家商务部认定一批“中华老字号”,省有17家企业被认定,其中安庆市麦陇香食品厂(注册商标:麦陇香)和安庆市柏兆记工贸实业发展有限公司(注册商标:柏兆记)榜上有名。“麦陇香”是安庆一家生产中式糕点的百年老字号,是安庆乃至整个皖西南地区的著名品牌;“柏兆记”是清末柏绍卿创牌的专营清真名糕细点的百年老店。此前,市“胡玉美”、“余良卿”已被认定为“中华老字号”。

【国家级区域性再生资源基地年加工废钢铁30万吨】 安庆市国家级区域性大型再生资源回收利用基地每天加工废旧钢材800吨,创产值近300万元,并与宝钢、沙钢、杭钢以及武钢四大钢铁集团签订长期合同。2011年向四大钢铁集团提供废钢共计30万吨。目前该基地提供的废钢已在宝钢、杭钢集团废钢综合质量评比中排名第一。

安庆再生资源回收基地项目是商务部重点扶持

项目，也是“十二五”安庆发展循环经济的重点项目，地处怀宁县石门湖港区，项目分一期、二期建设，预计到2012年底将全部建成，届时项目的年再生资源回收总量达60万吨，产值26亿元、税收5亿元，新增就业1200人，具有显著的经济效益和社会效益。一期工程于2010年11月份启动并投资两千多万元建设，已经建成投产，形成年加工废旧钢铁30万吨，创产值10亿元的生产能力。一改过去分散回收加工、效率低下，造成资源浪费、污染等弊端。

【安徽经贸文化宝岛行安庆分团活动在台展开】 安徽经贸文化宝岛行安庆分团在市长肖超英率领下，于4月17日赴台开展系列活动。旺旺集团主席蔡衍明受访时表示对安庆的投资项目感到满意，领导高度重视，投资环境优越，项目效益显现，他愿意继续扩大投资，加快旺旺食品四、五期项目建设。

4月18日代表团走访亚昕集团，双方就在安庆扩大投资意向进行交流。安庆代表团还拜访锂科科技股份有限公司，董事长於贻勋等公司高管人员表示将加快在安庆开发区投资项目的落地进程。

【举办新获权进出口企业孵化培训班】 4月8号，全市新获权进出口企业孵化培训班开班，培训班邀请省商务厅、安徽国际商务职业学院、安徽省服装进出口公司业务专家，重点就进出口业务基础知识；国际市场开拓、出口品牌建设、产品认证、进出口促进政策；出口退税、储运及拼箱业务；出口信用风险防范等内容进行授课。全市已获外贸经营权未发生进出口实绩的企业管理人员及业务、已发生进出口实绩企业的新业务员、各县（市）区商务主管部门工作人员120多人参加培训。

2011年全市外贸进出口业务呈现较大幅度增长，外贸进出口总额达78600万美元，较上一年增长15%以上。其中，新增获权进出口企业达154家，新增外贸实绩企业达52家。开展新获权进出口企业孵化培训对进一步扩大全市进出口规模，提升新获权企业参与国际市场竞争力，帮助拓展国际市场，具有重要意义。

【执行新的外资审批权限】 2011年6月市商务部门公布，从7月1日起，安庆市执行新的外资审批权限。对国家鼓励类、允许类投资总额1亿美元以下外商投资企业的设立及变更事项（除国家法律法规专项规定的外）和原由安庆市商务局批准设立的上述范围内的外商投资企业，其变更事项由各县（市）区商务局和市经济技术开发区负责审批和管理。

【“双打”活动得到省督查组首肯】 2011年7月7～8号，省打击侵犯知识产权和制售假冒伪劣商品专项行动督查组来市，就市打击侵犯知识产权和制售假冒伪劣商品专项行动进展情况进行督查。督查组一行先后前往枞阳、怀宁、市区等地，实地抽查政府组成部门软件正版化情况、抽查批发市场和经营户，查阅打击侵犯知识产权和制售假冒伪劣商品专项行动有关资料，并认真听取市政府相关情况汇报。截止到6月16号，仅市工商系统出去执法人员43368人，检查市场经营主体66959户，立案查办制售商标侵权和假冒伪劣商品案件1555起，结案1256起，捣毁制假售假窝点22个，为消费者挽回经济损失71.5万元。

【市政府召开全市“菜篮子”工程——豆芽农超对接会】 7月7日，安庆市政府召开全市“菜篮子”工程——豆芽农超对接会，金华联、世纪华联、十八开超市、回祥农贸市场、龙狮桥蔬菜批发市场、康熙河农贸市场和芽菜园农副食品有限公司在对接会上签约。

此次对接会，及时推动质量安全有保证的豆芽产品顺利进入市场，保证农产品质量安全。同时，通过扶持具有社会责任感的龙头企业参与“菜篮子”工程建设，有利于提高市“菜篮子”产品生产供应能力和质量安全水平。

【实行政府补贴平抑肉价】 进入7月份，居民消费价格上涨过快，尤其是猪肉价格高位运行，对人民群众特别是困难群体的生活产生一定的影响。为平抑市场猪肉价格，经市政府同意，商务、物价、工商等部门联合从7月25日至7月31日，在城区开展猪肉销售补贴活动。7月25日，在市区回祥净菜市场、工农街市场、龙狮桥蔬菜批发市场、永安市场、四眼井市场等5个农贸市场开展猪肉销售补贴试点活动，按每500克低于市场2元的价格向市民供应，即由从天朋公司生猪屠宰场批发猪肉，一律按12.5元（后腿剔骨肉）500克销售，其他部位相应降2元销售，由商务、工商、物价联合核定销售量，实行每500克由政府补贴2元给猪肉经营户。同时，由商务、物价、工商部门组成三个巡查组进行巡查，保证此项工作有序进行。市民反映良好。

【对台直航贸易新起点】 安庆港是皖江北岸唯一的深水良港和国家一类外贸口岸，皖江两个枢纽港之一。近年来，台湾来安庆投资发展的企业迅速增长，目前在安庆投资的台商规模企业有50多家，怀宁县省级台湾工业园是安徽省在县级设立的3家省级台湾工业园之一。但是，由于安庆和台湾之间一直未能实现直航，安庆对台贸易目前只能通过沿海港口中转，既增大运输成本，也延长货物交付周期，对两地经贸交流合作十分不利。

8月，安庆港成为对台直航港口后，将充分利用获准直航的有利时机，充分利用皖江北岸深水良港的有利条件，加快基础设施建设，尽早建成皖西南、长江中下游北岸集多种运输方式为一体，布局合理、功能完善、服务高效、环境和谐的区域性中心枢纽港口。

【第15届投洽会上取得佳绩】 9月7～11日，第15届中国国际投资贸易洽谈会在厦门市举行。张君毅副市长率8个县(市)区和国家级安庆开发区、市直有关部门主要负责人等70余人组成的代表团参会。9月7日市天柱山旅游度假区温泉开发项目、年产500万片高性能钨铜合金电子封装材料生产线项目、服装产业园标准化厂房项目、年产3500万平方米建筑陶瓷生产基地项目4个项目在省项目签约仪式上签约，项目总投资17.69亿元，其中外资项目1个，总投资达1.5亿元。9月7～11日，市外办、市旅游局分别参加省团举办的第五届海外华商中国投资峰会(海华会)和安徽旅游项目招商推介会，2个旅游项目签订合作意向。各县(市)区、开发区充分利用投洽会资源，选派精通业务的招商人员，组织开展各种形式的对接活动，广泛接触客商、洽谈项目，分别与第五届海外华商中国投资峰会(海华会)、澳中文化科技促进会和参加大会项目对接会的50多名客商就双方感兴趣的项目进行交流洽谈，有些项目达成初步合作意向。

【中博会举办"安庆推介会"】 9月26日下午，安庆市政府主办的第六届中博会安徽安庆推介会在山西省太原市举行。推介会举行项目签约仪式，有6个经贸文化旅游合作项目在仪式上签约，合同签约额达35亿元。推介会结束后，安庆市的艺术家为与会嘉宾进行独具特色的黄梅戏表演。

【迎江区获"省城市商贸服务业发展示范区"授牌】 安庆市迎江区"省城市商贸服务业发展示范区"授牌仪式暨第一次联席会议于10月22日举行。根据示范区建设要求，今后3年，迎江区将结合实际，以便民项目为重点，以符合当地发展规划、商业网点布局和节能环保等要求的具体项目为载体，抓紧编制城市商贸服务业发展示范区建设工作方案，全面推进商贸示范区建设。

【参加第八届东盟博览会喜获成果】 第八届中国一东盟博览会10月21～26日在南宁举行。为巩固前七届市连续参会的成果，抢抓东盟市场先机，市商务部门积极组织企业参展、参会，今年市共有4个企业18人参会，设有展位1个。

展会期间，市组织参会企业分别参加多场对接会和交流会，如：省商务厅组织的安徽企业与中国印尼经贸合作区对接会、老挝国家推介会、越南商贸对接会、柬埔寨对接会、新加坡对接会、中国采购商轻工工艺品专场采购对接会、中国联合国采购促进会等等，在现场企业与许多东盟企业进行一对一洽谈采购。

老挝国家推介会上，市安徽东方独秀绿色科技有限公司在老挝国投资合作的"东方独秀(安徽·老挝)湄公河农业科技示范园"项目，取得老挝国投资发展部第一副部长通米·蓬维赛先生支持性承诺。

安徽明威照明器材有限公司此次共展出电子节能灯、LED灯、紫外线杀菌空气净化灯等产品达45个品种以上。接触客户达46家，其中达成合作意向的有31家：12家意向代理节能灯；4家意向代理LED；1家意向代理外贸出口；有3家意向合作办厂；有6家需后续跟踪；有1家现场意向下单；有4家意向采购。

安徽金庆龙机械制造有限公司在参会期间，结识国内知名的汽车动力厂商广西玉柴集团的相关方面的负责人，约定会后双方接洽具体事宜。目前该项目已经进入实质性合作阶段。

【第110届广交会成交订单7800万美元】 第110届广交会11月4号落下帷幕，经过3期参展交易，安庆市企业累计成交订单7800万美元，成果丰硕。

交易会期间，安庆市有26家企业150多人组团参展，设展位43个，涉及家纺、箱包、裘皮羽绒、家居、汽车配件、电子信息、礼品、工具、服装、家用电器、园艺、体育休闲等展品。与以往相比，机电产品、家用纺织品、礼品等展位有所增加，体现安庆市出口产品越来越趋于多元化。

本届交易会上，安庆市共接待国外客商5800多人。签约客户中，亚洲国家占大多数，达37%，其次为欧盟国家，占16%。尽管接待外商数量比上届有所下降，但与外商的合作更加深入，部分客商下单意愿较强。主要签约产品有纺织品、服装、羽绒制品、毛毯、工艺品等，其中纺织服装成交量占较大比例，木制工艺品、树脂装饰品、体育及休闲用品、园林产品崭露头角，逐渐形成安庆市出口新的增长点。

【安徽皖江农产品生产物流中心项目开工】 11

月15日，安徽皖江农产品生产物流中心项目开工奠基仪式在市举行。副省长黄海嵩，省科技厅厅长徐根应，市领导朱读稳、肖超英、张金锐、康正和等出席奠基仪式。

安徽皖江农产品生产物流中心项目作为省政府重点调度项目和安庆市重点推进项目，是安庆市商贸物流业发展的又一个重要平台。该项目总投资11.7亿元，总规划占地面积约720亩(其中首期用地301亩)、总建筑面积约为625639平方米，项目分三期建设，2014年全面建成。项目建成后，年交易额将逾100亿元、利税超过5亿元，业务范围辐射整个武汉城市圈、环鄱阳湖城市群及长三角地区，成为安徽省及至长江三角洲地区重要的农产品物流枢纽和物流集散中心及长江中下游地区重要的农产品国际物流分拨中心。

【桐城成徽商最佳投资区域】 由《徽商》杂志社、徽商全国理事会、徽商经济研究院主办的2011寻找徽商最佳投资区域活动结果揭晓，桐城市成为2011徽商最佳投资区域之一。

【市企业参加第13届高交会】 第13届中国国际高新技术成果交易会于11月16日至22日在深圳举行。市安徽博隆节能电器有限公司参加本届高交会。公司精心准备宣传册和图片，在安徽展区占据显眼的位置。高交会汇聚中外知名企业，集中展示最新的技术与产品，是广大海内外专业客商展示实力、获取信息、结交客户、推广新产品、进行技术贸易的重要渠道。

【安庆吉宽公司获全国“废钢铁加工配送中心”称号】 2011年11月24日，中国废钢铁应用协会在市举行授牌仪式，授予安庆吉宽再生资源有限公司“废钢铁加工配送中心”称号。这是继吉宽公司去年被授予国家大型区域性再生资源回收基地之后，获得的国家行业授牌，也是省首家被命名的“废钢铁加工配送中心”。中国废钢铁应用协会常务副会长王镇武、市委常委、副市长宋圣军出席仪式并授牌。

【“五谷香”、惠康超市成为全省“诚信经营示范店”】 由安徽省连锁经营协会组织开展的安徽省第二批“诚信经营示范店”创建活动中，市上报的安庆市五谷香食品有限公司和安庆市惠康超市公司，经过省级专家评审、报纸公示等程序，最终被安徽省连锁经营协会评定为安徽省第二批“诚信经营示范店”。

【市商贸代表团成功考察访问南美两国】 应美国辉门公司南美(圣保罗)总部和智利钱氏国际企业集团公司邀请，11月29日至12月9日，市政协主席张金锐率市商贸代表团对巴西、智利两国进行商贸考察和友好访问。

在巴西圣保罗期间，代表团访问安庆环新集团重要合资方和合作伙伴——辉门公司南美(圣保罗)总部和相关企业，并与企业负责人进行会谈。

在智利圣地亚哥期间，代表团访问钱氏国际企业集团公司及其下属时尚乐园服装公司，参观该公司，并与该公司负责人进行会谈。代表团还对当地一家农业产业化龙头企业进行实地考察，进一步加深对农业产业化龙头企业的理解。

【7企业加入省商务厅产业安全数据库】 省商务厅公平贸易局为市7家企业单独举办产业安全数据报送业务培训和密钥授权。7家企业的加入，市产业安全数据报送队伍进一步扩大，目前市列入省产业安全数据库报送企业共计达27家。

【安庆尊悦酒店荣称“中国餐饮名店”称号】 12月26日，安庆尊悦酒店荣获中国饭店协会颁发的“中国餐饮 名店”授牌仪式在尊悦大酒店举行。这是安庆市第二家获得“中国餐饮名店”殊荣，此前安庆惠园酒店已获此称号。在授牌仪式上，尊悦酒店向安庆市迎江区关工委、长风乡、新州乡捐助10万元爱心物品。

【3个商业街与2个品牌获得省级命名】 开展2011年度“安徽特色商业街”、“江淮老字号暨江淮新品牌 ”评定命名活动。2011年，安庆市3个商业街与2个企业品牌榜上有名：安庆市大观区北正街被命名为“安徽特色餐饮街”，安庆市迎江区吕八街、倒扒狮街被命名为“安徽服饰文化街”，安庆市柏兆记实业发展公司“柏兆记”被命名为“江淮老字号”，安庆市安徽皖蜀春酒业有限公司“皖蜀春”被命名为“江淮新品牌”。

(陈一中)

粮食流通

【概况】 2011年，全市粮食总购进185.39万吨，同比增加96.21万吨，增长108%；粮食总销售163.65万吨，同比增加78.35万吨，增长92%。

全年国有粮食购销企业实现利润641万元，同比增长14%。2011年4月和7月配合完成安徽省地方政府性债务审计和安徽省长经济责任审计粮食专题审计工作。利用农发行的有关政策，把推进国有企业产权制度改革与消化处置不良贷款有机结合起来，通过资产重组、国有控股、出售转让、联合经营等多种方式，采用依法破产、关闭注销和依法起诉等办法核销企业不良贷款，化解历史债务，企业产权制度改革积极推进。目前已有潜山、岳西、枞阳、桐城、望江、怀宁等6个县(市)的39个国有粮食购销企业实施破产、关闭注销清算，共核销经营性财务挂账11142万元，宿松县粮食经营性财务挂账核销材料已上报省农发行待批，全市粮食经营性财务挂账核销工作已基本完成。

【产业化工作】 2011年，全市共有18家龙头企业获省财政项目贴息227万元，占全省11%。切实加强行业服务，开展精品粮油展销活动，1月21～23日举办市第一次粮油精品展销会，集中展示市粮油品牌企业形象，回馈市民、丰富老百姓"米袋子"。推进粮油企业无缝对接，充分利用市粮食行业协会这一平台，及时沟通有关信息，让企业实行无缝对接、互利共赢，如农企对接、工商对接、龙头企业和种粮大户之间的对接等等。全市粮食产业化龙头企业获粮食收购贷款约4亿元，技改和项目贷款约1.3亿元，其他商业银行和金融单位贷款约3亿元。品牌建设再创佳绩，2011年市"青草香"牌大米荣获"中国驰名商标"称号。

【园区建设】 全市共有粮食产业园区9个，总占地3561亩，总投资30.83亿元，已完成投资14.84亿元。项目设计总能力：大米加工119万吨/年、油脂31.5万吨/年、仓容81.4万吨，年产方便面3亿包、年产黄酒6吨等。其中安庆现代粮食物流园区、怀宁粮食园区、桐城粮食园区、望江粮食园区等4个园区被列入省粮食局"十二五"期间重点培育和扶持项目库，安庆现代粮食物流园区更是安徽省重点粮食物流园区和国家重点粮食物流园区。通过紧抓机遇和政策扶持，几年来共争取国家及各部门的政策资金达4309万元，其中省财政补助资金1779万元。2011年安庆现代粮食物流项目和怀宁省级储备库又分别获得550万元、500万元的国家项目资金，安庆现代粮食物流园区、怀宁稼仙米业集团、桐城青草香米业集团分别获得省财政资金775万元、200万元和189万元。所有扶持资金均已到位并投入园区建设。重点园区建设速度加快，通过异地拆建安庆现代粮食物流园区一期工程目前已征地189亩，主体工程平房仓正式动工建设，已投入资金4400余万元。

【粮食仓储】 全年仓储物流设施建设共投资7718.5万元，其中仓房物流建设投资6078万元，仓房维修投资1640.5万元。通过全市春季粮油安全普查、安全生产业务培训和粮油仓储企业规范化管理三年提升行动，提高全行业安全意识，增强防汛能力，确保全年无安全事故。加大粮食质量安全监管力度，落实食品安全监管职责，全年采集样品102个，其中早籼稻20个，粳稻40个，中晚籼42个。积极开展粮油仓储企业备案工作，全市备案86家，其中国有企业56家，民营30家。继续推广科学储粮，帮助广大农民掌握家庭储粮科技知识，减少粮食产后损失，2011年市落实农户科学储粮示范户4504户〔分布全市7县(市)18乡镇33村〕，农户储粮示范户逐年上升，发展势头良好。

【粮食监督】 在日常粮食流通和各级储备粮轮换中，认真执行国家政策和流程，通过年度粮食库存检查、政策性粮食出库检查、食用植物油脂库存检查和夏秋粮油收购检查等各类监督检查，规范企业流程，执行国家政策。市局积极与市食品安全办公室协调，争取粮食质量、卫生检测经费5万元，11月份对市及各县(市)的政策性粮、军供粮及部分龙头企业原粮、成品粮开展质量、卫生抽查，检测质量指标样品49个、卫生指标样品11个。

（朱　宏）

供销合作

【概况】 全市供销社系统完成商品销售41.85亿元，同比增长31.85%，其中消费品零售额18亿元，实现利润5806万元，同比增长25.45%，发展专业合作社70个，同比新增长15个，分别完成市政府下达的目标149.46%、112.5%、193.53%、和120%。

【深入推进"新网工程"建设】 认真贯彻市政府《关于加快供销合作社改革发展的实施意见》，采取自建、改建、联建、加盟等形式，推进"新网工程"快速度发展，全年新增网点1472个。在推进网络规模发展的同时，全系统把工作重心放在提高经营能力、增加经济效益上，全年新增利润1178万元。重点支持桐城新天地土地流转、安庆农资大市场二期项目建设。同时，积极争取各级政府支持，仅争取项目资金一项，全年争取到中央财政资金320万元、省财政资金120万元，市财政资金198万元，共计638万元，提升全系统“新网工程”建设的总体水平。

【充分发挥龙头引领作用】 建立现代企业制度，强化经济发展主体。全系统已有63个企业实施“双置换”改制，占改制企业总数的62%；有41个企业实施破产改革，占改制企业总数的39%。其中重组成有限责任公司的45个、股份有限公司2个，以参股、控股形式创立一批股份制企业，培育经济新的增长点。坚持开放办社，搭建发展平台。与安庆市永丰置业有限公司合作，共同出资组建安庆农资大市场，填补市农资经营网络的空缺。同时吸纳世纪华联、江花棉业、农野、禾丰等民营企业，拓展经营服务范围，充实供销组织体系，扩大社会影响力。积极培育龙头，充分发挥引领作用。潜山皖城、皖山商厦、望江白云棉业、怀宁农资、桐城新天地、安庆农资大市场、太湖永丰棉业等对全系统经济增长的贡献率不断提高。

【提高为农服务能力和水平】 到年底，全系统发展各类农民专业合作社70个，同比新增15个。其中被评为全国“千社千品”的12个，荣获全国和全省示范农民专业合作社称号的各1个。实现数量和质量的“双提升”，行业协会实现广度和深度的“双拓展”，各类专业合作组织在参与农业产业化经营上实现了向上和向下的“双延伸”。按照“龙头企业＋专业合作社＋农户”的产业化模式，向上连接农业产业化龙头企业，向下建立农产品商品基地。

【实现经济增长方式转变】 市供销社经营方式发生深刻变革，注意创新发展新型合作经济，即：积极与农村经济，地域经济对接，与广大农民结成利益共同体，发展“公司＋农户＋基地＋专业合作社”等经济发展模式。如“桐城新天地农资公司＋9000多农户＋流转土地3.25万亩＋农机、种子两个专业合作社”，带动一方经济发展，拓展供销社发展新天地。7月4日李克强副总理亲临公司粮食生产基地视察水稻生产，充分肯定这一创举，并指出发展现代农业大有潜力。积极与当地资源对接，实施农业综合开发项目，目前实施六个农发项目，潜山棉花基地项目、桐城新天地土地流转项目、太湖农产品冷链物流项目、宿松爪子基地、望江的棉花棉种基地、枞阳的茶叶基地。通过项目带动，实现“农社共兴”。积极实施“走出去、引进来”的经济发展战略，通过股份合作、参股、控股、加盟发展现代流通企业。

【加强烟花爆竹经营市场监管】 履行政府赋予的烟花爆竹经营安全管理的牵头职责，落实各责任主体责任，积极管理城区烟花爆竹市场。今年，召开由公安、安监、工商、质监、交通、供销社参加的市场管理会议，并利用烟花爆竹零售从业人员安全培训之机，宣传安全知识，管理政策、管理手段。旺季市场到来时，组织开展经营安全大检查，查处非法生产、运输、储存、销售烟花爆竹等违法违规行为。

（吴小群）

烟草专卖

【概况】 至2011年底，固定资产总值32673万元，所有者权益144185万元，全年缴纳税金4.13亿元，同比增长8.74%。其中所得税9456万元，增值税1.38亿元，消费税1.62亿元。

市烟草专卖局（公司）2011年度相继获得“全国烟草行业服务品牌建设先进单位”、“安徽省文明单位”、“全省卷烟打假工作先进集体”、“安徽省厂务公开民主管理工作先进单位”、省纪委、监察厅“廉政文化建设示范点”、“2010～2011年度管理规范免检单位”、“2006～2010年全市依法治市和法制宣传教育先进集体”、中华全国总工会“优秀职工书屋”、“巾帼文明岗”、“安徽省优秀质量管理小组”、“安徽省质量信得过班组”等一系列荣誉。

开展革命老区“情暖江淮 金秋助学”活动，累计向社会捐赠150余万元。

【专卖管理】 专卖管理深入推进，打假工作实现市场查处向源头管理转变，市场整治成效明显。打团破网工作取得重大突破，顺利实现“市场秩序根本好转”，基本买不到假烟、走私烟和无计划流入烟的年度目标。全年破获国家局标值网络案件1起，省局标值网络案件1起，捣毁不法卷烟窝点211个，市场净化率98%。全年共查处各类涉烟违法案件2911起，查获各类违法卷烟86684.7条，涉案总价值915.8万元，行政拘留2人，刑事拘留21人、判刑15人。

【市场营销】 营销服务体系更加完善，营销渠道更趋畅通，网络功能逐步提升，客户满意率不断提高。积极探索“运行模式再实践”、“网络功能再提升”、

“物流配送再整合”三大课题建设，建立“感知徽映”体验式营销中心，立志将行业文化建设与现代营销体系建设相融合，实现经营管理和发展方式转变的创新，其主要做法与经验得到国家烟草专卖局、省烟草专卖局领导充分肯定并拟在全省烟草商业系统推广。

全年实现销量17万箱，同比增长0.6%。市场开放度进一步提升，省外烟销售比重为27.62%（增幅27.72%），同比提高4.15个百分点；知名品牌持续成长，全年累计销售“532”知名品牌12.98万箱，同比增长11.5%；“461”知名品牌累计销售金额35.53亿元，同比增长22.7%；

（烟　草）

盐业专营

【概况】 2011年，安庆盐业履行食盐专营赋予的社会责任，不断强化企业内部管理，扎实推进各项工作，较好地实现全市食盐市场的平稳有序，行业经济运行质量得到稳步提升，经济效益进一步增长。全年实现营业收入12088万元，同比增长31.8%；实现利润总额401万元，同比增长31.6%；国有资产保值增值率106.8%；全系统在岗人员平均工资增长10.15%。

2011年，市非盐商品经营，在销售渠道上，继续坚持以食盐配送渠道与团购相结合的原则；在销售措施上，按品种市场需求，采取淡、旺季有针对性的销售对策；在促销手段上，坚持奖罚分明，销售业绩同绩效工资挂钩；在销售品种上，逐步向经营成熟的品牌集中，持续、有力地推动非盐商品的经营。2011年全市实现非盐商品（主要包括大包装味精、元明粉和汽车贸易）销售额3810.74万元，占年度目标任务的117.25%。

【食盐专营政策优势再次凸显】 3月17日，由日本大地震引起的谣言所诱发的食盐抢购风波，来势汹汹，短时间内市及所属盐业公司仓库门前就聚集千人以上的购盐群众和经营户，是盐业公司有史以来最严重的一次。市盐业系统迅速启动应急预案，立即向地方政府和上级公司汇报，得到强有力的支持和帮助，果断采取一系列行之有效的措施，全市食盐抢购风波在3月17日晚10时已基本平息，避免国家财产和人民群众生命安全受到损害的恶性事件发生，凸显食盐专营政策的优势。

【取消手工分装工作稳步推进】 3月25日省公司发出《关于印发全面取消小包装食盐手工分装指导意见的通知》，要求从7月1日起，全省500克以下的小包装食盐全面实行机械分装，机械分装的产能一时还上不来，这给安庆市的小包装供应带来前所未有的困难。市盐业系统采取一系列有效的保障措施，至年底，全市共调进食盐37449吨，占年度购进计划的109.5%，有效地保障食盐供应。

在安庆分装中心建设方面，市公司行动积极，经多方考证，最终选择武汉人天生产的包装机械，经省公司批复同意后，6月1日同厂家正式签订两台包装机械购货合同，价值50.8万元，并得到省公司30万元的资金支持。按照合同，两台包装机械已于9月份运抵安庆分装中心，由于市政工程修路，暂未安装调试。

【多品种盐销售实现跨越式突破】 2011年，省公司下达多品种盐计划11700吨，占年度小包装目标任务的40.14%，是2010年计划900吨的13倍。

市盐业系统继续促进盐品结构调整。确立春节前继续做好绿色海晶盐销售、春节后大力推进绿色精制盐销售的指导思想；准确判断绿色精制盐小包装起步阶段产区供应跟不上的形势，取得产区和省公司的支持，自行分装3150吨绿色精制盐，迅速推向市场；加强宣传引导和配送服务，并与物价、新闻媒体等相关部门沟通，取得他们的支持。市公司通过多方询问、查找，网上下载的方式，形成绿色食品盐宣传资料，发送到所属县公司，供5·15宣传日活动散发使用，仅市公司就印发5000份，取得良好效果，绿色食品盐逐步被消费者所接受，市场占有率有很大提升，销售局面得到巩固和发展。

至年底，多品种盐销售完成17933吨，占年度目标任务的153.14%。12月当月，多品种盐销售占小包装比例已达99%。

【营销网络体系架构全面形成】 2010年底，市公司以市公司碘盐包装厂为基础，向地方商务部门提出“万村千乡市场工程”配送中心立项申请，经多方努力，最终得到地方商务部门的大力支持。市公司一边对碘盐分装厂进行改造、维修，一边积极落实配送中心验收申报材料，期间地方商务部门领导多次亲临现场指导，使配送中心申报改造工作进展顺利。经过两个月的紧张工作，2月顺利通过市商务局的验收检查。4 月，顺利通过省市场体系建设项目验收组的验收。

申报太湖县“万村千乡市场工程”配送中心项目并组织实施。

2011 年，省公司安排市“万村千乡”农家店指标只有 15 家，市公司全部分解到县公司，但各单位通过全力争取地方商务部门的支持，最终完成 32 个“万村千乡”农家店的建设工作。

全市已完成安庆市“万村千乡市场工程”配送中心建设 1 个，太湖县“万村千乡市场工程”配送中心建设已通过市商务部门的检查验收；共建成徽盐连锁直营店 13 个，徽盐连锁加盟店 250 个(含“万村千乡”农家店 110 个)，签订自愿连锁协议 3895 家，本市营销网络体系架构已全面形成。

【食盐市场进一步净化】 全市盐政管理工作以保障食盐安全、提高市场覆盖率为中心，在推动全员盐政管理效能、做好日常监管的同时，突出专项行动、专项整治和边界联合执法。开展元旦、春节、“中高考”、国庆、中秋期间的食盐安全专项检查及从 9 月 1 日起在全市范围内的秋季食盐市场、“打四黑、除四害”专项整治行动。同时，组织实施部分县市(宿松、太湖、岳西)与湖北接壤的黄梅、英山边界市场的联合执法和区域内接壤的边界互查联合执法。改进盐政稽查思路，加强食品加工单位用盐量的动态分析。市局盐政科成功破获一起涉盐违法案件，没收 1000 公斤盐产品。枞阳县重点监管饲料加工用盐单位，头天购进 50 公斤大包装食盐第二天就被查处。进一步加大盐业法规宣传，积极开展“3·15”消费者权益日和“5·15”防治碘缺乏病宣传日宣传，共发放宣传单 9000 余份。岳西县在“3·15”宣传日当天被安徽省消协授予“诚信单位”。对重大涉盐违法案件，及时通过媒体予以曝光，震慑盐业违法行为，进一步净化食盐市场。

全年共查处涉盐违法案件 27 起，没收违法盐产品 1.75 吨，罚款 3455 元。

【增收节支再结新硕果】 继续实施重点可变费用预算管理。全市系统仅会议费和差旅费节约 21 万元，下降幅度 52%。市公司严格执行《业务招待费暂行规定》，全年共节约招待费 7 万元。太湖县公司强化内部管理，开源节流，剔除职工收入增长 14.95% 因素，费用总额同比下降 29.74%。

怀宁、太湖、岳西、望江 2011 年底清退职工集资款 150 万元，节约财务费用 8 万元。

注重食盐合理经济流向。2011 年购进省外精制盐 6224 吨，降低食盐购进成本近 38 万元；开展省外盐就港直拨 6920 吨，节约费用近 14 万元。

(盐　业)

典当拍卖

【安庆市振风拍卖有限公司】 安庆市振风拍卖有限公司是安庆市首家成立的拍卖机构，成立于 1993 年，该公司是安徽省拍卖行业协会理事单位，安庆市人民政府指定的公物拍卖企业。该公司现有员工 9 人，拍卖师 2 人，其中具有拍卖从业资格的人员达 7 人。2011 年全年累计共举办拍卖会 12 场，成交额 1260 余万元。其中有司法委托拍卖和企业、社会团体及个人等委托的拍卖。该公司被安庆市迎江区消费者协会评为“诚信单位”。

(赵勇奇)

【安庆振风典当有限责任公司】 安庆振风典当有限责任公司是安徽省最早恢复成立的典当行之一，是安徽华茂集团控股子公司，持有商务部颁发的“典当经营许可证”的公司，是安徽省典当行业协会的常务理事单位。该公司现有员工 9 人，全体典当员工通过培训，均取得省典当行业协会所发的典当员工上岗资格证。全年总计发生典当业务 675 笔，同期相比增加了 156 笔，发放贷款余额 1561 万元。

2011 年被安徽省典当行业协会评定为“诚信经营、先进企业”并颁牌匾，同年还被安庆市迎江区消费者协会评为“诚信单位”。

(丁建军)

栏目编辑：袁　忠

民营经济

个体私营经济

【概况】 2011年全市工商系统登记新增个体工商户25353户，比上年底增长17%，新增注册资金15.61亿元，比上年底增长29%，至年底全市实有个体工商户总数达156026户，注册资金达63.47亿元。从行业分类来看，排在第一位的是批发和零售业109270户，第二位的是制造业13833户，第三位的是居民服务和其他服务业13221户，第四位的是住宿和餐饮业10462户。

2011年全市新增私营企业3813户，比上年底增长16%，新增注册资本100.90亿元，比上年底增长42%，至年底全市实有私营企业总数达18916户，注册资本达592.55亿元。全市私营企业产业结构进一步优化，各产业向做大做强方向发展。从行业分类来看，排在第一位的是制造业5492户，第二位的是批发和零售业5298户，第三位的是农林牧渔业1599户，第四位的是租赁和商务服务业1490户，第五位的是建筑业1198户，安庆作为皖江城市带承接产业转移示范区中心城市的地位开始显现。

【农民专业合作社】 2011年新增农民专业合作社560户，比上年底增长56%，新增出资9.87亿元，比上年底增长90%；至年底全市实有农民专业合作社总数达1551户，出资达20.98亿元。按业务范围划分，排在第一位的是与农业生产经营有关的技术信息服务771户，第二位的是种植业604户，第三位的是农产品销售577户，第四位的是农业生产资料购买554户。

【外资企业】 2011年，新登记外资企业20户，与上年相比增长33.3%，其中分支机构8户，同比增长100%；注吊销外资企业21户，同比下降70%，分支机构4个，同比下降89%。到年底，全市实有外资企业378户，分支机构235户，与上年底全市实有外资企业数相比，分别同比下降1.05%、增长1.73%。全年新登记外资企业注册资本14073万美元，同比增长206%；其中外方认缴注册资本7368万美元，同比增长94.1%。到12月底，全市实有外资企业注册资本7.54亿美元，同比增长22.2%；外方认缴注册资本5.66亿美元，同比增长16.7%。2011年全市外资企业新增、期末实有户数同比都有所下降，但注册资本、外方认缴注册资本都有大幅提高，表明市内外资企业正向规模上发展。

（戴　勇）

中小企业和非公经济

【概况】 2011年，全市中小企业达2.7万户，其中私营企业户数达18815户，比上年增加2915户；非公有制经济实现增加值620亿元，比上年增长14.4%，非公有制经济占GDP比重达57%。

通过实施“工业强市”战略和骨干企业“翻番计划”，石油化工、纺织服装、建材、农产品深加工和以汽车零部件、船舶制造为特色的装备制造业全面提速，支撑作用突出。据统计，石油加工、纺织服装、农产品加工等行业产值超过百亿元。

全市已初步形成一批产业集群。如安庆汽车零部件、轻工纺织、石油化工产业群；桐城包装印刷、羽绒制品、机械装备制造产业集群；枞阳造船和建材、岳西纺织工业品、怀宁马庙板材、望江纺织、潜山制刷等产业集群。全市已拥有11个省命名的产业集群镇，占全省的11%。以产业集群发展为主体的产业链内专精特新中小企业达50家，成长性中小企业达124户，分别占全省10%和12.4%。有17个创业基地认定为省级创业基地。安庆汽车零部件产业基地晋升为国家高新技术产业基地，基地年工业产值突破40亿元。大桥开发区被中国食品工业协会授予"中国(安庆)食品工业城"称号，桐城市被中国包装联合会授予"中国包装印刷产业基地"，岳西县被中国家纺协会授予"中国手工家纺名城"称号，望江县和宿松县被中国纺织工业协会授予"中国新兴纺织产业基地"称号，潜山县源潭镇、桐城市范岗镇被中国日杂品协会分别授予"中国刷业基地"和"中国刷业城"称号。

【"专精特新"项目建设】 抓非公经济专项资金项目落实，共有50个项目、8个服务机构，获得资金支持500万元。优选项目争取国家支持，共有9个项目获得资金支持1010万元。启动2011年度市非公经济专项资金项目申报工作，支持"专精特新"中小企业、成长性好的中小企业和服务质量优的服务机构发展。做好2012年省中小企业和产业集群镇项目导向资金计划申报工作。

【促进产业集聚和承接产业转移】 2011年全市民企合作项目实际完成投资额369亿元，完成省下达290亿元127.2%。全年新签约5亿元以上项目33个，其中合同项目31个，投资规模272.7亿元；协议项目2个，投资规模10.1亿元。

【缓解中小企业融资难】 组织召开全市担保业工作会议，并印发政策宣传资料。全市担保公司达42户，全年为企业担保资金75.7亿元，小额贷款公司已发展到38家，已开业28家，实收资本18亿元。主办中小企业融资高峰论坛，400多位中小企业负责人参加学习。同时举办多次银企对接活动。

【增强服务非公经济发展能力】 按照市场化要求，引导中小企业服务体系建设，全市中小企业服务中心已经发展到20家。市中小企业创业辅导中心被工信部定为第一批国家中小企业示范服务平台，年内建立服务大厅，与省中小企业服务中心联网，形成了上下联动服务体系。中共中央政治局常委、国务院副总理李克强率领国务院有关部委负责人于7月4日到该中心进行视察。

加强非公企业运行监测，按季度分析50户"专精特新"中小企业、124户成长型小企业、11个产业集群专业镇、信息服务业等统计监测工作，掌握发展动态。

【优化发展非公经济】 制订安庆市"十二五"非公发展规划。坚持转型发展、开放发展、创新发展、和谐发展，力争到"十二五"末，全市非公有制经济增加值达到1300亿元以上，占全市地区生产总值的比重达到65%，非公有制经济新增就业人数占全社会新增就业人员90%以上。

鼓励扶持中小微企业发展，市财政拿出700万元对城区中小微企业投资项目予以贴息支持。组织中小微企业参加银企对接会、中博会、工博会等活动，突破中小企业融资瓶颈。组织实施中小企业银河培训工程等活动，培训企业高中层管理人员，为企业经济发展提供强有力的人才支撑和智力保障。协调各银行机构加大对中小微企业的信贷资金倾斜，不抽贷、不压贷，切实缓解企业的资金需求矛盾。通过建立企业用工需求信息发布平台，拓宽人才交流渠道，引导企业规范员工待遇，营造良好用工环境，解决用工难问题。引导中小企业服务体系和担保机构做大做强，全市建立市级综合性企业服务机构8家、专业性服务中心28家，其中安庆市创业辅导中心被命名为国家级示范服务平台，望江县中小企业服务中心等4家服务机构命名为省级示范服务平台；全市有担保机构42家，2011年底实收资本共计28.8亿元，共为中小企业提供担保融资65.5亿元。

(胡宜宾)

企 业 选 介

【安徽盛运机械股份有限公司】 1997年，投资50万元在桐城市金神镇创办的"桐城机器厂"为该公司的起步之业。第二年，企业更名为"桐城市输送机械制造有限公司"。

2000年7月，桐城市输送机械制造有限公司将厂址迁到市区，当年产值突破500万元。2003年，企业抓住国营企业改制的大好机会，买断桐城市植物油厂。2004年，通过股权改革组建安徽盛运机械股份有限公司，注册资金2178万元，产品由生产输送机配件转向生产整机。2005年，公司开始介入环保产业，在干法脱硫除尘技术上获得科技奖。2007年，为了寻求更大的发展，公司开始筹划上市工作，并于年底进入上市辅导期。2007年5月，盛运股份投资1.1亿元在合肥市包河工业区征地100亩，新建安徽盛运环保设备有限公司，专业从事新型环保设备的生产。

2008年10月，盛运股份在桐城市经济开发区新征用地143亩，作为上市募投项目，新建安徽盛运科技工程有限公司，投资新建年产6万米带式输送机生产线和年产40台(套)干法脱硫除尘一体化尾气净化处理设备项目。2008年底，公司投资582万元，于2009年元月成功收购了研发和设计力量雄厚的北京欧特顿兰源环保科技有限公司(后改为北京盛运开源环境工程有限公司)，充实环保研发、设计和市场开发人员力量。2009年盛运股份投资2300万元，建成盛运技术研发中心，并通过申报，被省有关部门认定为省级技术研发中心。2010年6月25日上午9时，安徽盛运机械股份有限公司在深圳证券交易所创业板上市，股票交易代码300090。同年8月盛运股份在上海组建上海盛运机械工程有限公司，专业研发矿山、港口、电力工程广泛应用的重型输送机械技术与产品销售。同时在深圳组建深圳盛运环境工程有限公司，专业研发垃圾焚烧新技术与市场销售。2011年1月，安徽盛运科技工程有限公司正式全面投产。

盛运股份先后被评为“全国环境工程50强重点推荐企业”、“全国重点环保产品定点生产企业”、中国重型机械协会带式输送机分会行业前“十强”企业，“安庆市50强企业”、安徽省“民营企业100强”、安徽省“民营科技型企业”。2011年，盛运公司总资产为20亿元，营业收入1.39亿元。

【安庆市五千年工艺美术有限公司】 该公司创建于1996年，以经营工艺品起步；2001年开始由商业向工业拓展；2003年产品成功进入国际市场；2005年公司进军旅游业，投资5000万元创建皖江文化园。

公司于2005年11月被中国乡土艺术协会评为“中国十大传统工艺名牌企业”；2006年5月13日被文化部命名为“国家文化产业示范基地”，是该次评选中安徽省唯一的一家被文化部命名的“国家文化产业示范基地”。2006年8月，五千年公司产品烙铁画又被中国乡土艺术协会评为“中国第一烙画”。2007年11月，五千年公司被国家商务部、文化部、广电总局、新闻出版总署评为“国家文化出口重点企业”。

2007年10月24日在“第四届中国民间工艺品博览会暨2007‘中国创造’民间文化品牌评选活动”中，五千年公司荣获全部大奖——“中国创造民间文化品牌领军人物”、“中国民间文化产业十强企业”、“民间文化产业示范基地 ”、“民间文化品牌艺术家”、“国外使节最喜爱的中国优秀民间文化品牌”、“中国创造民间文化品牌珍贵艺术品”。

五千年文博园位于太湖县高速公路入口处，是由安庆市五千年公司按照国家4A景区标准打造的一座气势恢弘的文化艺术博览园。文博园一期为人文历史景区，占地面积约600亩，总投资5.45亿元，于2010年5月建成并对外开放。五千年文博园由中华百工坊、五千年文化走廊、四大艺术馆、千人表演艺术馆、天人合一景区、天上人间景区、摩崖石刻景区、文化安庆景区、皖江文化景区以及皖江第一街——皖街等十大景区组成，是五千年公司将中国民间文化产业深度演绎，并升级为旅游产业的崭新创造。

【安徽南翔集团】 早期是一家个体商户，始建于1979年。1998年，企业积极响应中央统战部、全国工商联提出“将部分资本同老少边穷地区的资源结合起来，做光彩事业重点项目”的号召，在全国率先开发建设区域商贸物流中心——安庆光彩大市场，成功地走出一条“市场扶贫”之路。随后，为了将商贸物流中心的建设和运营管理的成功模式向全国推广，又借助“强强联合”发展民营经济的新模式，2002年与北京物美集团开发建设蚌埠光彩大市场；2003年与浙江德力西集团、北京物美集团、河北新奥集团联合开发建设山东泰安光彩大市场、河南南阳光彩大市场、四川南充光彩大市场、河南商丘光彩大市场，成为全国商贸物流中心开发建设和运营管理的典范。

安徽南翔集团1995年被国家工商行政管理局评为“中国500家最大私营企业”；2010年被省工商联、商务厅、地税、经济和信息化委员会评为“安徽省民营企业五十强”；经济效益连续7年名列“安徽省民营企业十强”榜首；多次荣获“省先进民营企业”、“安徽十大年度企业”等荣誉称号。

在稳健发展过程中，安徽南翔集团积极肩负社会责任，先后为贫困地区和下岗失业人员创业提供3000多万元的扶持；为发展社会公益事业和福利事业捐资5179万元，其中2340万元用于教育事业，在国家级贫困县建设和援建南翔光彩小学100多所，使8万多贫困学生受益。

【安徽鸿润集团】 创办于1991年7月的安徽鸿润集团，是一家逐步从乡间小厂发展成为国际知名的羽绒被行业巨头企业。短短20年间，公司由2万元资产、4个员工的乡间小厂发展成为总资产8亿元、2000多名员工的现代化企业集团，成为国家农业产业化优秀龙头企业、省80户重点骨干工业企业、省861行动计划重点企业、省农业产业化集团之一。公司是全国最大的羽绒被生产和出口基地，主导产品羽绒被的生产出口量占全国总量的24%，连续10年位居全国第一位。夏吉国董事长先后当选“全国劳动模范”、安徽省农村合作经济组织联合会会长、安徽省第七届党代表、安徽省第十届和十一届人大代表，并享受省政府特殊津贴。

安徽鸿润集团现有5个自然厂区（分别位于桐城市经济开发区、桐城市同安路18号、桐城市吕亭镇、江苏无锡、四川内江），下属3个水禽养殖基地及羽绒加工厂、羽绒制品厂、家纺制品分公司等6家分（子）公司，设有合肥、北京、南京、重庆、昆明、四川、上海、广州和美国纽约等10多个驻外办事处，在全国设有100多家专卖店。公司建设有省级优秀企业技术中心，产品已发展成羽绒被、绗缝被、化纤被、羊毛被、靠垫、睡袋、床上件套、酒店用品等200多个系列产品，年产水洗羽绒8000吨，羽绒被320万条，绗缝被350万条，90%以上产品出口到欧洲、日本、美国、澳大利亚、中国香港等70多个国家和地区。2007年，鸿润集团共实现营业收入13.5亿元，其中出口创汇7560万美元，实现利税7830万元，在桐城市内纳税2665万元，连续8年位居全市第一。2011年，总营业收入为18.6亿元。公司已经连续11年被评为银行AAA级信用企业，海关A级信誉企业（最高等级），是多家欧美大型经销商和零售商的战略合作伙伴。“鸿润”商标已经在德、法、英、意、西班牙、瑞士、澳大利亚、日、美、香港等10个国家和地区注册，鸿润集团是国内羽绒被行业唯一集中国驰名商标、中国名牌产品、国家免检产品、中国知名出口品牌、安徽省十大自主品牌五项荣誉为一身的公司。公司已经通过了5项国际认证：①.国际纺织品环保标准认证（Oeko Textile Standard－100）；②.ISO9001质量体系认证；③.美国联邦的法律生产认证；④.美国联邦的消毒生产认证；⑤.欧洲的SA8000社会责任认证。

【安徽安庆市盛晟油脂有限公司】 设立于2008年12月，是一家由安徽盛晟集团投资兴建以专业生产食用植物油为主的中型民营工业企业，公司坐落于望江县高士镇生态工业园内（高士镇焦赛村）。企业占地面积20740平方米，房屋建筑8277平方米，企业在册员工267人，其中具有中级以上技术职称管理人员5人，初级以上技术职称管理人员20人。

该公司现拥有预处理、预榨、浸出、精炼、配电、锅炉等6个车间组成一条完整的精炼食用油生产线，年生产加工棉籽3.5万吨、成品油4025吨，菜籽1.5吨、成品油5.92吨，主要产品有四级菜油，四级棉油，优质菜粕及各种等级的棉粕，产品经销全国各地，其中四级菜油、四级棉油成为金龙鱼、福临门等著名品牌的原料。公司自2009年6月份投产以来，收购棉籽3500吨，加工棉油420吨，产值800万元，取得良好的经济效益和社会效益。

【安庆市吉宽再生资源有限公司】 坐落于安庆市区与怀宁县结合部的206国道旁边，与安庆高速公路北站、安庆铁路北站相邻，拥有一座直通长江的出港码头。

安庆市吉宽再生资源有限公司成立于2003年3月，注册资本1200万元，现有员工219人。2009年经营废钢铁10.6万吨，上交税收3994万元，在安庆市纳税大户中排名第九，企业经营规模在全省同行业中名列前茅。下属4个货场、1个报废车辆回收部和1个料钢经营部，占地面积约60000平方米，拥有废旧钢铁金属剪断机、打包机等专业设备。公司注重人才战略，先后引进专业技术人员51人。

经过多年发展，吉宽再生资源公司初步形成了以回收废钢铁为主、兼顾汽车回收、回收旧家电的综合性再生资源回收企业，在国内外废钢铁市场较为皮软的情况下，吉宽再生资源公司持续保持高速增长的发展态势，2011年经营废钢铁18万吨，全年实现销售收入8.8亿元，上缴税收1.5亿元。

公司先后被授予省、市、县“守合同重信用”企业。安徽省2009年度再生资源行业“先进单位”、安庆市“金融守信企业”、安庆市“青年文明号”、安庆市“销售收入五十强”企业、“全市纳税第九名”企业、市县“优秀诚信民营企业”等荣誉称号。在杭钢集团2009年废钢订货会上，公司是唯一一家受到表扬的供应商，2010年被宝钢南通钢厂、杭钢确定为排名第一的供应商；2009年公司被江苏沙钢集团列为表彰单位。

【安徽省联河米业有限公司】 安徽省联河米业有限公司是一家省级农业产业化重点龙头企业，安徽省粮食行业排头兵企业，大米加工全国50强企业，全国首批放心粮油示范企业，安徽省第一批循环经济示范单位，安徽省民营科技企业，拥有省级技术中心企业。公司现有职工660人，拥有全智能优质大米生产线3条，碎米制备米蛋白生产线1条，生物质（稻壳）发电机组4000千瓦/时，是一家集优质大米（生态米、富硒米）开发、科研、生产、销售和粮食精深加工、生物质发电及物流等多种行业为一体的综合性大型农产品加工企业。年加工大米能力30万吨、米乳5000万罐、蛋白粉600吨、淀粉12000吨。企业已通过

ISO9001 质量管理体系、ISO14001 环境管理体系、安徽省企业计量检测(合格)体系认证。主要生产"联河"牌优质富硒米、"稻鸭共生"生态米、优质液体蛋白奶、蛋白粉、配方乳粉、淀粉等,"联河"牌大米先后获得国家"A 级绿色食品""中国名牌农产品"和"安徽名牌"产品等殊荣;"富尔德"牌米蛋白质产品填补了国内从大米中提取食用蛋白的空白。产品除覆盖本省市场外,还远销北京、广东、福建、贵州、浙江、湖北、云南、上海等各大城市批发市场及超市。

【安徽美祥实业有限公司】 系省重点侨资私营企业之一,创建于 1981 年。公司占地 8 万平方米,建筑面积 5.8 万平方米,生产产品场地面积有 8000 平方米,拥有先进的生产设备和检测设备 290 台套。企业总资产 2.8 亿元。员工 300 余人,其中大专以上学历的各类专业技术、管理人员占四分之一以上。是一家集科研开发、生产、销售、服务为一体的安徽省高新技术企业。

公司主要生产铁路客货车用配件、橡胶密封条、塑料密封条、止水胶带、气柜橡胶密封膜、储罐配附件系列产品。产品广泛应用于铁路客车、铁路货车、汽车、桥梁、钢铁、石油、化工、船舶、码头、矿山机械、水利电力等行业。公司是铁道部、交通部配件定点生产厂,中国石油化工集团公司、中国石油天然气集团公司物资资源供应一级网络成员。九五期间为"国家级重点新产品"、"星火计划"、省"火炬计划"高新技术产品项目实施单位,1999 年被认定为"安徽省高新技术企业",2002 年荣获中国侨联"科技兴业示范企业",安徽省建行 AAA 级信用等级企业,1999 年 8 月通过 ISO9001 质量管理体系认证。公司总经理项宗祥先后被国务院侨办、中华全国归国华侨联合会授予"全国归侨侨属先进个人"和"爱国奉献奖"称号。

【桐城市华猫塑料有限公司】 成立于 1998 年,注册资本 4000 万元人民币,是由原白果塑料厂(成立于 1980 年)改制形成。公司位于桐城市双港镇,于 2003 年注册成立 2 个全资控股公司:桐城华猫包装材料有限公司、桐城华猫塑胶包装有限公司。2006 年注册成立安徽华猫钢结构有限公司,形成了一个塑料原辅材料生产与销售、钢材制品的加工与制造的多元化的产业集团。

公司连续多年被评为"安徽省民营企业五十强",安徽省"A 类纳税信誉等级单位",省工行"AA 级信用企业",桐城市"十强企业",桐城市"重点保护企业"、"重合同、守信誉单位"、"纳税大户"、"明星企业"。公司严格按照 GB/T19001－2000－ISO9001:2000 国际标准建立一整套质量保证体系,加强生产经营的全过程控制,有效推动了企业产品的不断改进和提高,并于 2003 年获得该证书。

2004 年 4 月在桐城市双港镇征地 100 亩,从事塑料粒料销售及塑料制品生产及销售;2007 年 12 月在桐城市经济开发区征地 88 亩,从事钢结构产品的生产与发展,同年在怀宁经济开发区征地 100 亩从事高档软包装产品的生产;2008 年 12 月注册成立桐城市兴桐小额贷款有限公司,注册资本 4000 万元人民币,至此,安徽华猫集团塑料制品包装、钢结构产品制造、金融业的多元产业已基本形成,三驾马车同步齐放,2011 年度,公司实现销售收入 5 亿多元,固定资产投资额完成 2500 万元,入库税金达千万元,为地方经济的发展作出了贡献。

【安徽省三环纸业集团有限公司】 该公司是一家以特种纸为龙头的民营企业集团,坐落于怀宁县工业园,占地面积 150 亩,拥有员工 500 余人,下属安徽省三环纸业有限公司、安徽省三环纸业集团香料科技发展有限公司、安徽省三环化工发展有限公司、安徽省三环万隆机电设备制造有限公司、安庆市三环泰和纸业有限公司、三环大酒店、安庆市三环星星房地产开发有限公司、三环高中等。主要产品有水松纸、工业用香精香料、纺织工艺品、输送及信息网络设备、工业用纸、卫生材料、塑料粒子销售、餐饮服务等。现有注册资本 6000 万元,总资产 2 亿元。2011 年度实现销售收入 6 亿多元,实现利税 5000 万元。企业先后荣获安徽省明星企业、安徽省重合同守信用单位、安徽省文明纳税单位、安徽省民营企业 50 强、安徽省专精特新企业、安徽省优秀建设者、安徽省中烟公司供应商优先型资格、AAA 级企业信用单位等称号。

三环集团已发展成为集科、工、贸、服务于一体的集团化民营企业。集团前身安徽省怀宁县特种纸厂创建于 1987 年,系安庆市首家民营股份合作制企业。经过 20 余年的积累与发展,企业已拥有国内先进的水松纸印刷设备 12 台套、烫金设备 4 台套、激光打孔设备 4 台套,并拥有独立的水松纸产品设计、研发机构。企业主导产品水松纸已遍布安徽、陕西、吉林、甘肃、河南、江西、江苏、湖南、云南、山东、黑龙江、重庆等国内 30 多个卷烟企业,部分产品已出口蒙古共和国及埃塞俄比亚等非洲国家,并创汇 500 万美元。"三环"已成为全国烟草配套材料行业知名品牌。

【安徽全力集团】 全力集团坐落在安徽省潜山

县境内，其前身是一个由4万元贷款起步的乡办火柴厂，历经三个发展阶段，第一阶段(1984～1989年)是企业初创阶段；第二阶段(1990～1993年)是企业起跳、快速发展时期；第三阶段(1994年至今)是企业超常规模发展、大规划扩张阶段。现已成为一家集日用化工、水电开发、矿山开采、旅游服务为一体的国家大型企业集团。下属安徽扬程日化总公司、安庆全力日用化工有限公司、上海全力日用品有限公司、四川彭山元明粉厂、四川金桐化工有限公司、雷公井水电有限公司、全力国际大酒店等全资控股企业10余家。拥有总资产5.2亿元，员工2200人。具备年产18万吨洗衣粉、5万吨液体洗涤剂、5千万支牙膏、5万吨元明粉、50万件火柴、30万件蚊香等生产规模。已构筑起以集团本部为轴心，上海、四川为两翼，横贯东西、多业并举的战略格局。集团先后被国家农业部和化学工业部分别授予“经济效益好，对社会贡献大”和“全国乡镇企业先进化工集体”的光荣称号，并被省政府授予“省明星企业”、“省重合同守信用先进集团”“省高新技术企业”、“省质量最佳企业”、“省纳税大户”等称号，全力牌洗衣粉荣获“安徽省名牌产品”称号。“全力”商标被国家工商局认定为“中国驰名商标”和“全国重点保护商标”。集团核心企业扬程日化总公司于2010年5月通过ISO002质量体系认证和环保认证。

【安徽白兔湖动力有限公司】 安徽白兔湖动力有限公司是一家拟上市企业，组建于2010年3月，主要从事内燃机曲轴、缸套、活塞等关键配件的开发、设计、生产与销售为一体的科技型企业。为国家高新技术企业、安徽省技术中心企业、安徽省百强企业、是中国内燃机工业协会会员和中国机电产品进出口商会会员。旗下“白兔湖”商标获中国驰名商标、安徽省出口名牌、安徽省名牌产品等称号。先后荣获安徽省质量管理奖、安徽省诚信企业、安徽省民营科技先进企业等280多项荣誉。主要生产基地位于桐城。2010年12月收购安徽华祥实业有限公司部分资产，现有员工1050余人，其中工程技术人员480人，现有资产总额3.9亿元，各类生产、检测设备1620台套。产品主要有气缸套、铝活塞、曲轴，产品广泛应用于汽车以及农、林、牧、副、渔业等以柴油、汽油发动机为动力的机械设备。

该企业已与国内50多家国内知名主机厂建立配套服务，所生产的产品覆盖全国30个省、市、自治区，并进入欧洲、美洲、东南亚和非洲等10多个国家和地区。为确保产品质量，该企业多次对管理体系进行完善与升级，先后通过ISO9001质量体系认证、16949国际汽车行业质量体系认证、ISO10012计量检测(保证)体系认证、15496－15498国家标准化良好行为企业AAAA级认证等，并获得30多项发明及实用新型专利，参与了国家及行业标准的制订10个，建立省级博士后科研工作站。

公司投资兴建“白兔湖汽配工业园”项目，拟规划面积500亩，总投资超过8亿元，其中一期工程投资1.43亿元，占地167亩，2011年7月建成投产；二期198亩，投资4.4亿元，规划完成，2012年2月份已开工建设；三期将于2015年完成建设。

【潜山(新昌)利达轴承制造有限公司】 潜山(新昌)利达轴承制造有限公司是国内较早从事轴承生产、研发、销售于一体的专业厂家之一。公司主要生产外球面(UC、UK系列，AEL、UEL系列，SC、SB系列)，不锈钢、七类和深沟球轴承。潜山利达主要生产中、小型轴承，其主要尺寸段从外径φ40－φ130；新昌利达主要生产中、大型号轴承，其主要尺寸段从外径φ120－φ700等300多个品种的基本型及其变形、长级和低级噪音、非标准系列轴承。

公司注册商标为XLD，企业拥有自营进出口权，并已通过ISO9001—2000国际质量体系认证，产品广泛用于轻工、纺织、工程机械、冶金矿山、农业、汽车、摩托车、电动/风动工具、印刷、包装机械、全自动洗衣机等行业和领域。公司年生产能力为2000万套，产品畅销海内外，国内销售占20%，在国内主要省市均设有办事处，并出口到欧洲、非洲及东南亚20多个国家和地区。公司2001年被安徽省授予“民营企业50强企业”，2002年被安庆市授予“优秀私营企业”并获“重质量、重管理”一等奖等多项荣誉；产品研发技术分别获2006年安庆市科技三等奖，潜山县科技一等奖等。

【安徽永生机械股份有限公司】 安徽永生机械股份有限公司是国家质量监督检验检疫总局颁发生产许可证、专业生产连续输送机械设备的国家中型工业企业，通过ISO9001国际质量体系认证的企业。公司现有员工387人，其中高级工程技术人员12人，工程技术人员57人，拥有总资产1.2亿元，占地面积7.2万平方米，主要生产设备齐全，工艺检测设备先进，经营方式灵活，年产值可达上亿元。公司严格执行质量体系标准，保证了产品质量。公司主要生产“永生”牌DT型系列带式输送机、DJA大倾角带式输送机、斗式提升机、NE板链斗式提升机、螺旋输送机、FU链式输送机、埋刮板输送机、不锈钢钢带式输送机、重型框链除渣机等八大系列100多个品种的连续输送机械设备及配件,并为用户设计制造其他非标产品,多年来,公司一直是“重合同守信用企业”,并获得桐城市人民政府颁发的“市三十强企业”、“科技进步企业”、市技术监督局颁发的“质量信得过单位”等称号。

公司的产品广泛用于电力、建材、化工、煤炭、冶金、交通、港口、粮油等行业。

【安徽索维机电设备制造有限公司】 安徽索维机电设备制造有限公司是索维集团亚洲生产基地。索维机电产品主要包括分散机、高剪切乳化机与乳化泵、湿法研磨设备、灌装与包装设备、粉体输送系统、搅拌机、反应釜、各种常压容器和压力容器,以及各类化工成套设备。产品质量通过ISO9001质量体系认证和CE认证。可以为精细化工、日化、轻工等行业提供完善的生产设备解决方案。索维先后荣获“全国十佳涂料设备品牌”、“推动中国涂料进步十大优秀民族企业”等称号。

安徽索维机电设备制造有限公司成立于2007年10月,于2009年7月20日正式开工生产。公司注册资本1500万元人民币,计划投资总额2亿元,年生产能力创产值5～10亿元。已投入资金6000万元,实现销售额1680万元,2010年再投入3000万元,年可实现产值1亿元。2010～2011年开发的科技项目有:①超细化蓝式研磨机的研发、制造、专利申请:通过及分散功能和研磨功能为一体,将分散、研磨两种工序由一台机器、一个容器完成。本项目可以促进新技术、新工艺、新设备、新材料的推广应用,淘汰落后产品。②信息化管理平台的建设:建立ERP操作系统,加强公司内部物流、资金流、信息流一体化的管理;合理调配资源,改善企业业务流程,从而提高生产能力及管理水平。

【安徽省精英机械制造有限公司】 安徽省精英机械制造有限公司于2005年11月落户望江,一期工程于2006年5月投产,投入资金1000万元,年生产能力可达产值5000万元,2009年实现产值3000万元。

公司主要生产舞台机械、汽车配件、电子产品。公司现拥有近万平方米的标准钢结构厂房,各种加工设备,如各类车床及其他检测设备;还配备了高精度重型动平衡及轻型平衡机。

公司已与电子工业部下属单位上海三永公司签订合作合同,专门为该公司配套生产LED引线框架。该项目于2010年8月正式规模化生产,总投入1000万元左右,可新增产值1800万元。“十二五”期内完成观演建筑设计与产品研发制作项目,总投资规模2亿元,项目建成后,年承揽建筑工程达2.5亿元,并以每年30%幅度递增;制作舞台设备产值达6000万元,并以每年20%幅度递增;制作声学材料5000万元,并以每年20%幅度递增。

【安徽佳乐建设机械有限公司】 安徽佳乐建设机械有限公司(前身为安庆恒特工程机械有限公司),是一家专业从事混凝土类施工机械及边坡绿化喷播设备的研究、开发、设计、生产、销售为一体的科技型企业。公司专业从事混凝土类施工机械和液压机具的研究开发、生产销售,是国家重点新产品开发承担单位。

公司研制开发的湿式混凝土喷射设备荣获国家级重点新产品证书,研制生产的液压泵送式湿式喷射机居国内领先水平。系列产品:混凝土输送泵、小骨料混凝土泵、地暖施工机械、混凝土湿喷机、多功能湿喷机(客土喷播机)、液压砂浆泵、液压注浆泵、气动注浆泵等。公司研制开发的“HTS－300Y叶轮式混凝土喷射机”荣获国家科学技术部、国家商务部、国家环境保护总局等五大部门颁发的“国家重点新产品证书”。

公司拥有先进的生产和检测设备80余台,具有较强的产品开发和设计能力。公司专门成立产品研发中心,专门从事高新产品的设计开发。公司拥有自主知识产权和多项技术专利,拥有一批专业化的产品设计、生产管理、质量检控、市场开发及技术服务队伍,确保产品上乘的品质。公司系列产品在各类隧道工程、水利水电、城市建筑、高边坡绿化及国防建设中享有盛誉。该公司近期投资7500万元,在安庆市经济技术开发区征地60亩,建设混凝土施工机械及边坡绿色喷播设备项目,到2011年底实现销售收入1.8亿元。

栏目编辑:刘帅钢

农业和农村经济

综　　述

2011年，全市战胜罕见的连季干旱及旱涝急转等自然灾害，巩固并发展农业农村好形势。据统计，全年粮食总产267.57万吨，创历史新高，较上年增产2.14%；油料、棉花、水产品、肉类、禽蛋和茶叶总产分别达到28.18万吨、10.2万吨、34.6万吨、29.91万吨、16.14万吨和8710吨，均较上年增产；全年农民人均纯收入为5900元，比上年增长18.3%。

农业生产再获丰收。深入推进粮棉油高产创建，建立部级水稻万亩高产创建示范片25个、油菜万亩高产创建示范片7个、棉花万亩高产创建示范片4个，攻关示范效果显著，市被省政府通报表彰为全省粮食生产三大行动先进市。推广良种良法集成配套和综合增产技术，良种覆盖率与先进适用技术应用率进一步提高。加快发展农业机械化，全市农机总动力达281万千瓦，比上年增长6%；水稻机插秧、油菜全程机械化等农机化技术推广力度明显加大，机插秧面积比上年扩大60.1%，实现油菜机收面积23万亩。统筹推进新一轮"菜篮子"工程建设，加快发展畜禽水产规模化、标准化养殖，继续实施以奖代补政策、发展市郊蔬菜规模化种植，发展群众性水产养殖和特色水产品生产。全年出栏生猪256.2万头、家禽6118万只，河蟹产量5085吨，新建市郊蔬菜基地4640亩。以重大动物疫病防控和主要农作物病虫害防治为重点，做好农业防灾减灾工作，高致病性猪蓝耳病等重大动物疫病的强制免疫率达到100%，实施病虫防治面积5840.7万亩次，挽回粮食损失62.2万吨。

农业产业化加快转型提升。启动实施全市农业产业化"7521"翻番计划，加大财政、金融支持力度，龙头企业加快发展，安徽联河米业有限公司、安徽乐健绿色食品有限公司成功晋升为国家重点龙头企业。确立以打造产业集群引领农业产业化转型发展的开拓性思路，率先在全省提出"打造千亿集群，加速转型崛起"，开展"我为打造纺织服装产业集群献一策"征文活动，为纺织服装产业配套与企业协作搭建沟通、对接的平台，示范带动全市农业特色产业集群发展，农产品加工业发展步伐明显加快，全市实现农产品加工值584亿元，较上年增长49.5%。积极创建农业产业化示范区，2个省级农业产业化示范区的年产值分别超过50亿元。农业品牌化建设迈出新步伐，新增无公害农产品和绿色食品50个，岳西茭白被批准为地理标志保护产品。

惠农护农政策全面落实。组织开展种子执法年活动，突出重点农时、重点地区、重点市场、重点品种，加大农资市场执法检查力度，推进"放心农资下乡进村"活动，全年未发生重大假劣农资坑农害农事件。及时对惠农补贴资金发放、一事一议筹资筹劳情况进行监督检查，受理农民负担信访，全面完成农村集体"三资"清理并广泛实行委托代理。履行农产品质量安全监管职责，开展严厉打击非法添加和滥用农产品添加剂专项整治行动，"瘦肉精"等各项整治任务全面落实，农产品质量安全形势稳定。全年落实粮食直补、农资综合直补、水稻良种补贴、种粮大户补贴等惠农补贴资金7亿多元；兑付农机补贴资金6161.53万元，补贴各类农机具17450台。政策性农业保险覆盖农作物1051.3万亩、能繁母猪14.48万头，开展茶叶、茭白、瓜蒌、蛋鸭等特色农业保险。

新农村建设扎实推进。进一步健全领导挂点、部门帮扶、村企合作共建等工作机制，多渠道增加新农村建设的投入，省级示范村镇获得省财政专项补助资金2790万元，市财政安排资金对优秀示范点进行以奖代补。逐步完善村庄布点和建设规划，全市共有1604个村庄完成建设规划的编制。实施新农村建设示范项目152个，总投资10608.8万元。完成130个村庄整治和1.7万户农村危房改造，全省农村危房改造和村庄整治现场会在潜山县召开。扶持农民专业合作社加快发展，新增农民专业合作社328家，累计发展到1628家；积极稳妥开展资金互助试点，19家农民专业合作社开展内部资金互助服务并取得较好成效。组织开展土地流转和耕地规模经营调研，市政府召开耕地适度规模经营推进会，表彰一批规模种植大户，全市耕地规模经营比例达到28.54%。

农村民生进一步改善。超额完成新型农民培训任务，实际培训农民56287人。农村沼气事业持续发展，新建户用沼气1.05万户、规模养殖场及农产品加工企业沼气治理工程87处。解决32.24万农村人口饮水安全问题，改造县乡公路123公里。新农合参保人数488.18万，参合率98.4%。新农保试点顺利推进。减少贫困人口7万人。

（陈　群）

种　植　业

【概况】 2011年，全市各级种植业部门以"切实加快种植业结构调整、加快生产方式转变、加快提高农民收入"为根本目标，狠抓工作落实。呈现出粮食安全、农民增收、农村和谐稳定的良好局面。全年粮食作物播种面积675.90万亩，总产267.57万吨；油料种植面积201.86万亩，总产28.01万吨；棉花收获面积129.87万亩，皮棉总产11.48万吨；茶叶总产量6500吨；蔬菜播种面积98万亩；桑园面积18.8万亩；果园面积18万亩。

市委、市政府高度重视粮食生产，市委书记朱读稳、市长肖超英先后多次听取市农委专题汇报并作重要指示。朱读稳书记还亲自前往潜山县检查指导粮食生产工作。市委常委、副市长宋圣军先后多次召集粮食生产领导小组成员单位负责人会议，对粮食生产做具体安排，并亲自抓桐城新渡粮食万亩高产创建示范片的建设。市各级农业部门开展国家强农惠农政策的宣传，同时配合市财政部门做好各项补贴的核对和发放等工作，使农民享受到国家阳光财政的实惠。据统计，全市共兑付水稻各项补贴资金6.21亿元。其中粮食直补资金6977.9万元，水稻良种补贴12107.68万元，农资综合直补35473.7万元，种粮大户补贴600万元，核心示范区良种良法挂钩补贴1860万元（含宿松、太湖成建制水稻产业提升示范区）。

【组织项目实施和高产创建】 全市有7个县（市）承担186万亩水稻产业提升行动核心示范区建设，其中宿松、太湖县分别承担成建制核心示范区建设，面积分别达到60万亩和33万亩。测土配方施肥技术推广面积达930万亩，其中水稻完成498万亩，油菜完成178万亩，棉花完成112万亩，小麦完成50万亩，茶、桑、果、蔬等经济作物完成92万亩。积极组织实施绿肥推广补贴项目，宿松、太湖、怀宁等绿肥推广补贴项目区绿肥平均亩产达2316公斤，比非项目区增产54.4%。通过深入开展高产创建活动，实行良种良法相配套，农机农艺相结合，带动全市大面积均衡增产。全市共建水稻示范片387个，面积63.2万亩；其中部级水稻万亩高产创建示范片25个，全市示范区平均亩产475公斤，较非示范区亩增51.37公斤，增幅为12.13%，成效显著。

【提高耕作机械化水平】 全市成立农机专业合作社405个，比上年增加10个。全年新增插秧机、直播机共605台。全市水稻实行机械作业面积达535万亩，其中机插面积35万亩，较上年28.5万亩增6.5万亩；机收面积达500万亩，较上年490.0万亩增10万亩；机耕面积占水稻面积83.5%，较上年增加8.5个百分点。油菜免耕机直播9.05万亩，机开沟撒播23.15万亩，机收面积11.27万亩，分别比上年增加2万亩、4.67万亩和3.65万亩。

【规模种植、经营实现突破】 市种植面积30亩以上的规模种植户达到8651户，种植面积达到127.59万亩，占耕地面积的28.54%。全市种植水稻的规模经营者有6595户，总面积90.28万亩；种植小麦的规模经营者有4125户，总面积35.63万亩。其中宿松县、枞阳县、宜秀区还分别建立水稻产业协会，全市共成立稻米合作经济组织112个，吸纳种植大户、加工企业、销售大户等会员数达1.2万人。棉、菜、茶、桑、果等各类专业合作社已有300余个，位于全省前列。

【增强防灾减灾能力】 2011年，农业灾害多发频发，尤其是罕见的秋冬春三季连旱，6月初又旱涝急转，暴雨成灾，给种植业特别是粮食生产带来严重影响。据统计，全市农作物因气象灾害受灾面积498万亩，成灾面积265.8万亩，绝收面积30.5万亩。全市各级种植业部门针对各种不同的气象灾害，加强工作指导和技术服务，提高抗灾和灾后恢复生产的科学性、针对性和有效性。全市改种补种农作物面积25万亩，由于改种补种措施及时有效，挽回经济损失2亿元以上。科学防控生物灾害。据统计，全市农作物有害生物累计发生4911.8万亩次，实施防治面积6319.8万亩次，挽回粮食、棉花、油料、蔬菜损失分别达51.2万吨、2.1万吨、3.2万吨、8.1万吨，确保主要农作物生产稳定发展。

【农产品质量稳步提高】 新增无公害农产品50个，到期换证产品13个；新增绿色食品4个，到期续展产品33个。全市“三品”共126家企业、365个产品，其中无公害农产品认证的单位有65家，产品168个；获绿色食品认证的企业有33家，产品97个；获有机食品认证企业31家，产品100个。同时，开展标志市场的监察、产品抽检及企业和基地年检互查等工作。积极开展蔬菜质量快速监测工作，对上市蔬菜累计检测样品2533个，检测样品合格率达98.14%。其中例行检测3市9批次532个样品8512个有效项次，合格率为99.63%，超额完成省、市级农产品质量安全年度例行检测任务。

【开展科技培训与服务】 结合送科技进“千村万户”等活动，市种植业管理局安排具有高级技术职称的专业技术人员与种植大户建立“专家联系种植大户”的服务联系制度，进一步加大技术培训和技术服务的力度。全市共开展技术培训5648场次，受训人员达到75.6万人次，分别比上年增加14.1%和23.93%，使农业实用生产技术的到位率、普及率和覆盖率不断提高。

（董玉静）

畜 牧 业

【概况】 全市生猪和家禽出栏量稳定增长，分别为256.2万头和6118.0万只；肉类总产、禽蛋产量分别为29.91万吨和16.14万吨，比上年分别增长1.02%和1.55%；牧业产值达88.8亿元（现行价），可比价76.6亿元，比上年增幅3.08个百分点。规模化养殖出栏生猪137.4万头、家禽4352.2万只，规模化比重分别达54%和71%。

落实生猪标准化规模养殖场（小区）项目建设。2011年省农委和省财政厅下达给市生猪标准化规模养殖场（小区）建设项目资金340万元和年内追加资金420万元及2012年储备资金740万元，有关项目单位正在按照项目建设内容实施。落实兑现能繁母猪补贴、能繁母猪保险补贴和生猪良种补贴。通过调查登记及核查能繁母猪存栏数，全市共落实能繁母猪补贴15.17万头，补贴资金1517万元；会同国元保险公司开展能繁母猪保险工作促成签订保单19.1万头份，基本达到应保尽保的要求。枞阳、太湖、望江3个生猪良种补贴项目县共安排能繁母猪良种补贴计划10万头，配种40万窝次，补贴资金400万元。畜禽强免疫苗费用、注射费用全免，全年为养殖户减少成本近1000余万元。

【开展调研】 年初，市畜牧兽医局组成调查组前往桐城市大关镇开展蛋鸭生产情况调查。调查组分析大关镇蛋鸭产业发展中存在的问题，提出加快桐城市乃至全市蛋鸭产业发展的建议与对策。5月，在全市范围内开展生猪生产情况和市场行情的调研，分析生猪生产形势，并形成调研报告书面上报市政府和省农委等有关部门，为政府部门决策提供依据。同时，还开展肉牛、肉羊产业情况和兽医法律法规体系建设情况调研，为政府当好参谋，为产业发展建言献策。

【畜禽养殖标准化示范创建】 全市各级畜牧兽医部门开展畜禽养殖标准化示范创建活动。进行广泛宣传，动员一批有实力有品牌的养殖场参与创建，营造示范创建的良好氛围，对照申报条件，对申报单位进行严格审核把关，并按优良程度进行排序，在省下达的申报数量范围内择优上报推荐。2011年市获得认定的部级畜禽养殖标准化示范场（小区）有2家、省级12家。

【畜牧科技进万家】 全市遴选180名畜牧专业技术人员，结对帮扶900个畜禽养殖场户，没有被选中的畜牧技术推广人员根据技术职称，按高级联系帮扶户不少于5户，中级联系帮扶户不少于3户，初级联系帮扶不少于2户的标准落实，所有畜牧技术人员每月下乡指导次数不少于5天，通过畜牧专业技术人员直接到场（小区），良种良法直接到圈，技术要领直接到人，培育一批思想观念新、生产技能好、带动能力强的科技示范场和技术能人，并带动农户发展畜牧规模生产。

【承办全省畜禽标准化规模养殖暨生态养殖现场会】 6月20～21日，省农委在太湖县召开全省畜禽标准化规模养殖暨生态养殖现场会。会议旨在推进示范创建,加快生产方式转变,实现畜牧业又好又快发展;会议期间,还进行2010年部、省级畜禽标准化规模养殖示范场(小区)和畜牧科技进万家活动先进单位颁奖;太湖等6县(市)主管部门进行交流发言;参观太湖县兴牧公司江塘肉鸡养殖场(部级示范场)、新仓镇山河生猪循环养殖场("336"循环养殖)和花亭湖绿色食品有限公司程岭黑猪养殖基地(发酵床生态养殖)。

【提升动物疫病防控水平】 以集中强制免疫为抓手,抓好重大动物疫病防控。年内,全市全年共注射各类强免疫苗5008.85万毫升(头份),猪瘟、高致病性猪蓝耳病、口蹄疫、高致病性禽流感的免疫率达100%,为畜牧业健康发展提供保障。加强动物防疫工作督查,主要是检查各地春秋两季重大动物疫病防控工作动员部署和开展情况,包括技术培训、免疫进展、牲畜耳标佩戴等情况,确保防控措施科学、规范、有序、有效。开展免疫抗体检测,确保防控工作取得实效。年初,参考各地畜禽存栏、疫病风险及以往监测结果,分类型、分病种核定各县(市)区集中监测工作量和采样点,监测4种强免病种,以及鸡新城疫、狂犬病和牛海绵状脑病等,各种疫病的免疫抗体合格率超过80%,达到国家规定标准要求,为市科学防控、评价疫情风险提供依据,提升动物疫病防控水平。

(郑捍中)

林　　业

【概况】 2011年,全市林业各项工作继续在全省林业建设中保持领先位次。全市共完成造林15.08万亩,占省下达人工造林总任务的106.9%,占市政府下达任务的124.6%。其中完成抑螺防病造林4.7万亩,退耕还林1.89万亩,油茶示范林2.09万亩,长江防护林2.4万亩,一般社会造林2.58万亩。完成退耕还林植补造林1.75万亩。实施退耕还林封山育林8.2万亩。森林抚育3.8万亩。全面完成世行五期年度造林任务。2011年是世行五期项目实施的第一年,各地完成营造林1335.7公顷,其中新造人工林934.7公顷。现有林生态恢复401公顷。绿色长廊工程建设取得突破。全市共完成长廊线路绿化196.9公里,林带建设163.2公里,高界高速绿色长廊示范工程完成73.93公里,实施面积4388亩。宿松、太湖、桐城、宜秀等县(市)区任务全面完成。全民义务植树工作扎实开展。各地以开展创建国家森林城市为契机,组织和动员社会各界开展群众性的全民义务植树。市绿化办先后3次组织市领导和市直机关、企事业单位及普通市民开展义务植树,普及和推动创建国家森林城市的热潮,先后有近万人次参加植树活动。古树名木保护工作取得新进展。认真做好古树名木的调查摸底工作。各地采取自下而上的方式,逐级登记、核实和审查,建立比较完善地古树名木电子档案。全市现保存古树名木6257株,其中一级55株、二级216株、三级5986株。对古树名木实行挂牌保护。增强市民的保护意识,普及古树名木的知识宣传。

【加强森林、湿地资源保护】 强化林地的保护和监管。全市共上报林地征占82起,4919亩,对每宗上报的林地,坚持认真审核,现场勘验,手续齐全。做到优先安排重点工程、民生工程,再到一般工程。积极组织林地执法大检查。会同相关部门开展2010年元月以来全市各类项目建设占用林地的执法检查,对个别违规用地的单位,送达停工整改通知书,保证林地的有序合理利用。加大林业有害生物的防治力度。继续在全市推行林业有害生物防治目标责任制,签订目标考核责任书,继续在全市严格实行以"四率"指标为主体的林业有害生物防治目标管理。全市有害生物发生面积48.26万亩,虫害发生面积46.61万亩,病害发生1.65万亩。较好地实现"一升三降"的防治目标,成灾率比考核目标下降4.3‰,防治率比考核目标上升5%,测报率比考核目标上升4%,检疫率比考核目标上升4%。森林防火工作切实加强。武警森林指挥部驻皖部队九中队官兵首次进驻安庆,较好地发挥武警官兵的战斗力,有力地保护森林资源。同时,各级森林防火指挥部严格落实目标考核,实行奖惩并举等措施。全市当年森林火灾52次,受害面积56.94公顷,火灾受害率0.099‰。比市政府考核目标有较大幅度下降(考核目标0.5‰)。积极申报全市森林防火二期项目。国家林业局已经批复市森林重点火险区综合治理工程二期项目,总投资2000多万元。强化国家、省级公益林项目的管理。至年底,全市公益林面积354.2万亩,其中国家公益林268.2万亩,省级86万亩,国家、省级用于公益林补偿2011年共计3425万元。依法打击违法犯罪活动。全市共受理行政案件547起,查处535起。立刑事案件120起,破案107起。收缴财物价值61.9万元,罚款110.3万元。积极开展野生动植物执法管理,并加强野生候鸟疫源疫病监测。全年共查处野生动物行政案件20起,收缴省级保护野生动物1600多只(头、条),查处非法围网捕鸟事件2起;同时,积极开展受伤的动物救助,有效地保护市野生动物资源。

推进安庆沿江湿地保护区的调整。2011年,市沿江湿地主管部门立足开发和保护利用的原则,在充分论证的基础上,已将华阳河湖群申报国家级自然保护区上报到市政府。同时,菜子湖国家湿地公园申报工作也已在积极推进之中。

【民生工程建设】 2011年经上报批准建设林区廉租房823套。年内,林区各有关单位高标准、高质量的抓施工进度,至11月中旬,已建成489套,在建184套,另有93套已完成对外招标,即将动工新建。在施工过程中,督促相关部门严把材料关、施工关、质量关。

【推进林业产业结构调整】 加快林业基地建设。全市全年新增油茶2万余亩,花卉苗木产业基地229个,其中500～1000亩15个,1000亩以上8个,基地面积46843亩,其中苗木基地39692亩,花卉基地1897亩,其他类4994亩。花卉苗木年产值31895万元,年销售收入17086万元,年利润6167万元。花卉苗木产业已成为市农村经济增长和农民增收的重要途径。积极组织申报省、市林业产业化龙头企业。经省厅审核,市年内有46家企业被评为安徽省第三批林业产业化龙头企业。积极提升林产品加工能力。不断扩大林副产品的加工,积极打造产、供、销一体化的生产格局。不断壮大林产加工业,打造怀宁新科、桐城花氏、太湖林星木业等林产加工业。全市板材年销售超25万立方米。

【加强森林生态文化建设】 2011年是市开展创建国家森林城市第一年,围绕生态文化建设这个主题,会同安庆巨石山旅游风景区成功举办市第三届野生白玉兰文化节暨首届白玉兰杯摄影大赛。为庆祝建党90周年,机关组织广大职工参加“党在我心中”全市歌咏比赛;市林业局会同市委组织部、宣传部、安庆团市委、安庆日报社共同举办“喜迎党的生日,共建绿色安庆”青年摄影大赛。参赛作品1547件,参赛作者110余人,其中100幅获奖作品于6月28日至7月1日在安庆黄梅戏艺术中心展出。组织林业系统职工成功举办“森林城市,魅力安庆”书法作品大赛暨书画笔会。市林业局会同市绿化委、市园林局共同举办市第三届盆景艺术暨首届龙麟菊花展。

(市林业局)

渔　业

【概况】 2011年全市渔业部门以实施水产跨越工程和渔业“新三进”工程为抓手,以创建水产大县为重点,优化调整渔业产业结构,发展健康生态养殖,加快增长方式转变,强化渔业资源环境保护和水产品质量安全监管,克服历史罕见的特大干旱等自然灾害影响,渔业经济保持持续稳定健康的发展态势。全市水产养殖总面积214.5万亩,水产品总量34.37万吨,比上年增加2.8%。渔业产值51.4亿元,比上年增加8.4%。全市专业渔民人均收入达14414元,比上年增加50.3%,全市农民人均渔业收入460元,比上年增加5%。4月和11月,市农委渔业局先后被农业部渔业局授予全国水生生物资源养护工作先进集体和长江禁渔工作先进集体称号。

【特色渔业发展迅速】 各地以实施“黄鳝进网箱、河蟹进池塘、龙虾泥鳅进稻田”新三进工程为抓手,加快品种结构调整,打造特色经济板块。网箱黄鳝养殖稳步发展。全市网箱养黄鳝面积385万平方米,产量10832吨。宿松县养殖规模增加一半以上,太湖县养殖面积增加近40%。池塘养蟹迅猛发展。全市新增池塘养蟹面积1.5万亩,其中宿松县池塘养蟹面积新增近1万亩。全市河蟹产量5196吨,比上年增加28%。地方特色养殖势头强劲。龙虾、泥鳅稻田养殖,黄颡鱼、鲟鱼、鳜鱼等特色品种群众性养殖发展迅速。全市黄颡鱼产量6157吨,比上年增加12.6%;鳜鱼产量5283吨,比上年增加8.3%;泥鳅产量3225吨,比上年增加8%。名特水产品总产量13.9万吨,占水产品总量的40%。

【二、三产业步伐加快】 水产品加工能力提高。2011年全市水产品加工总量9594吨,比上年增加3.2%,实现产值1.5亿元,比上年增加10.3%。太湖县水产加工龙头企业国贤水产公司在该县工业园区新建厂房500平方米,新增冷冻制品生产线2条,完成投资100多万元。休闲渔业规模扩大。全市新增休闲渔业基地20多处,休闲渔业产值2.36亿元,比上年增加21%。休闲渔业由过去单一的垂钓型向休闲垂钓型、生态观光型、综合配套性转变。

【科技兴渔成效显著】 良种工程进一步推进。全市新增市级水产良种场2家，使市级水产良种场总数达14家。规范苗种业生产管理，全面实行苗种生产许可证制度，建立生产记录、用药记录、标签记录制度。科技培训扎实开展。全市结合开展“阳光工程”培训和“送科技下乡”等活动，为渔(农)民举办各类水产技术培训班110多期，受训人员达8000多人次。科技创新再获突破。望江县聚源合作社与省农科院水产研究所合作，积极开展黄鳝人工繁殖，取得突破，成功繁殖黄鳝苗2万余尾，填补全省一项空白。

【宣传推介品牌】 市、县渔业部门继续引导各县(市)区市场主体，围绕“皖江”水产品品牌，开展一系列宣传和推介活动，先后组织龙头企业参加中国合肥国际农产品交易会及上海、北京农交会、“丰收杯”全国河蟹大赛等展示展销活动。市皖宜季牛水产养殖有限责任公司选送的“皖江”牌大闸蟹在第五届全国“丰收杯”河蟹大赛中，荣获“蟹王”称号，受到全国各地专家的一致好评。“皖江”品牌还被市河蟹专业协会推荐参加中国著名农产品区域公用品牌和安庆市知名品牌的申报工作，进一步提高知名度。

【提升水产品质量】 继续创建水产健康养殖示范场。全市有14家养殖单位开展农业部健康养殖示范场的创建，其中有13家荣获部级称号，使全市部级健康养殖示范场达28家。积极开展三品认证。全市有6家规模养殖基地开展无公害水产品基地、产品质量双认证，其中4家通过相关部门组织的产品环境检查。新认证绿色水产品基地1处。不断完善“三项”记录制度。结合健康养殖示范场创建，加强产地质量管理，指导和督促规模养殖企业和重点养殖大户认真填写生产、用药和销售等三项记录，实行水产品质量全程化管理。全市已有50家以上规模企业或基地建立三项记录制度，并与渔业主管部门签订水产品质量安全承诺书。开展水产品质量安全专项整治活动。在全市组织开展以水产品禁用药物和有毒有害物质残留问题专项整治为重点的养殖水产品质量安全专项行动。共检查生产经营企业210家(次)，通过现场指导与督察，帮助养殖企业和重点养殖户提高健康养殖意识，实行科学用药，把好产地产品质量安全关。强化渔业监测工作。加强养殖环境与病害监测。全市共建立渔业养殖环境与病害监测点3处，实施监测面积10000亩。组织开展对水产品市场和企业水产品质量抽检工作。市、县渔业部门共出动人员326人次，对55家水产品市场和企业进行抽检，抽检水产品样品276份，合格率100%。

【举行经济鱼类人工增殖放流活动】 3月29日上午，由安徽省农业委员会、交通部长江航道局和安庆市人民政府主办，宜秀区、大观区、迎江区人民政府、安庆市农业委员会共同承办的2011安庆长江“四大家鱼”人工放流活动在安庆市东门长江边隆重举行。此次活动共在主投放点——安庆东门滨江公园及宜秀区、大观区、迎江区等分投放点同步放流“四大家鱼”大规格鱼种100万尾，是历年来市组织开展的规模较大的一次渔业资源人工增殖放流活动，也是对长江航道整治工程进行生态补偿和修复的成功实践。7月10日，根据农业部长江渔业资源管理委员会和省农委的统一部署，市农委渔业局在地跨太湖、宿松、望江3县交界的35万亩湖泊水域开展2011年安庆市沿江湖群渔业资源修复同步增殖放流活动，共投放青、草、鲢、鳙“四大家鱼”及其他一些经济鱼类原种鱼苗800万尾。

【农业部副部长牛盾检查指导安庆渔业工作】 11月9～10日，农业部副部长牛盾深入安庆渔港码头、安庆长青水产品批发市场考察渔业工作。牛盾要求渔业部门进一步完善码头建设与管理，强化服务功能，有效保障渔民群众生命财产安全，辐射带动水产品物流、贸易等配套设施建设，促进地方经济发展。强调水产品质量安全，加强产地和市场监管，完善质量检测体系建设，加强渔业品牌建设，确保市场销售的水产品买得放心、吃得安全。

（张哲生）

农村能源建设

【概况】 2011年，全市农村能源建设工作围绕“巩固成果、优化结构，建管并重、强化服务，综合利用、提高水平”的思路，为沼气农户提供优质、规范、高效、安全的建后服务，取得显著成效。全年新建农村户用沼气1.05万户，累计推广农村户用沼气14.52万户，年促进农民增收节支达1.4亿多元；新建规模畜禽养殖场及农产品加工企业沼气治理工程87处；新推广太阳能热水器2.46万台，达4.05万平方米；

新增节能炉灶1.54万台。

【农村沼气建设】 农村沼气继续纳入省、市政府民生工程。由于国家的项目计划批复较迟，项目建设资金一时难以到位。全市农村能源管理部门不等不靠，多方筹措物资，按照项目建设顺时进度进行布置与施工。在做好当年项目施工的同时，各县对前两年实施的民生工程项目进行跟踪回访，提高沼气工程的使用率和群众满意率。根据省农村沼气民生工程考核办法要求，2011年民生工程主要考核2010年度大中型沼气工程完成情况、近年来农村沼气工程使用情况、在实施农村沼气中的组织管理工作以及项目档案资料管理情况。各项目县严格按照考核办法要求，狠抓落实，成效显著。在2011年度全省农村沼气民生工程考评中，被抽检的宿松、潜山、枞阳3县的农村沼气民生工程建设工作得到省考核组的高度评价，全市民生工程考核成绩位于全省前列。

【养殖场大中型沼气工程】 全市在建的大中型沼气工程5处，分别是宿松县宏建养殖场、迎江区长风沙养鸡场、枞阳县家国牧业、宜秀区永顺种植物园、太湖县来兴湖养殖场大中型沼气工程。至年底，宿松宏建、迎江长风沙2处大中型沼气工程已建成，进行投产试运行。另3处大中型沼气工程主体工程已经完工，其他附属设备正在安装调试。11月，2011年第二批农村沼气项目中央预算内投资计划下达，本次投资计划共安排市大中型沼气工程项目4个，分别是桐城市东部肥牛、桐城市双龙畜牧、枞阳县兴龙综合养殖和望江县合旺畜业发展有限公司大中型沼气工程，项目总投资1549万元，其中中央预算内投资542万元、省级投资60万元、县级投资171.5万元、企业自筹775.5万元。通过大中型沼气工程项目建设，将为周边农户提供优质清洁的生活用能，农民群众的人居环境得到明显改善。

【农村沼气项目绩效考评】 7～8月，全市绩效考核涉及到市辖11个县(市)区2003年至2010年户用沼气120336户，养殖小区及联户沼气50个，大中型沼气工程10处，乡村服务网点381处。项目总投资规模达41914.22万元，其中中央投资13680.84万元。通过8年多农村沼气项目建设，全市沼气建设规模不断扩大，建设标准普遍提高，布局日趋合理，沼气“三改”率(改厕、改圈、改厨)大幅提高，后续服务逐步跟进，综合效益明显提高，促进农民增收节支，带动生态农业发展，改善农村生产生活条件，减少农村面源污染，巩固退耕还林成果。7月28日～8月7日，国家财政部组织专家一行10人，对市11个县(市)区农村沼气绩效考评进行全面核查，各县(市)区均达优秀级次。

【沼气工程使用情况调查】 5月，在全市范围内开展农村沼气工程调查工作，此次重点调查2003～2010年中央预算内投资安排的农村沼气项目，兼顾巩固退耕还林成果资金，以户用沼气项目为重点，兼顾小型沼气、大中型沼气、乡村服务网点等项目。全市共调查户用沼气5524户，有4726户正在使用，使用率达到85.56；小型沼气工程13处，正在使用12处；大中型沼气工程4处，建成投产的3处；沼气服务网点74个，每个网点平均覆盖265个农户。从调查结果看，户用沼气、大中小型沼气工程使用情况较为理想，乡村服务网点覆盖率较低，运行成本较高。

【示范大户获神内基金奖】 潜山县痘姆乡求知村王结良荣获2011年度神内基金农技推广奖。中华农业科教基金神内基金主要用于支持和奖励为发展高产优质高效农业作出贡献的个人和单位，特别是优秀的农业技术推广人员和农业经营示范户。王结良创建“潜山县新农生态农业示范园”，以沼气为纽带，按照“养殖一沼气一种植”生态农业模式，走公司＋农户的路子，示范园内有农户200多户，建有沼气池252口，年产沼肥达2200余吨，饲养肉牛800多头、生猪2100多头，种植瓜蒌2600多亩，取得良好的经济效益和生态效益。

(陈文炬)

农业机械

【概况】 农机装备总量稳步提升。全市农机总动力达281万千瓦，比上年增长5.98%，拖拉机总数达10.05万台，增长8.78%，联合收割机2148台，水稻种植机械1667台，旋耕机2.53万台，排灌动力机械8.88万台，植保机械2.42万台，粮食加工机械3.5万台，油料加工机械3010台，棉花加工机械1997台，茶叶加工机械6969台，畜牧养殖机械3606台，渔业机械2.06万台，农用运输车1.2万台，农田基本建设机械858台。农机作业水平持续提高。全年机耕作业、机插秧、机收面积分别为680.52千公顷、65.06千公顷、371.97千公顷，比上年分别增长1.58%、

63.88%、22.67%。机电灌溉面积231.34千公顷，机械植保面积152.89千公顷，机械初加工农产品数量197.57万吨。水稻机插秧呈较快发展态势，全市农机化耕种收综合机械化程度达53.91%，其中水稻生产机械化水平达68%。农机服务能力显著增强。全市农机户总数达16.64万户，其中农机资产20万～50万元的农机大户1767个，农机资产50万元以上的216个，登记注册的农机专业合作社100家，农机维修厂及维修点819个，拖拉机驾驶培训机构8个，农机从业人员19.76万人，全市农机化作业总收入19.87亿元。农机安全生产保持平稳。全市共检验拖拉机10750台，联合收割机750台。新增拖拉机号牌3615副，其中8.8千瓦拖拉机号牌2150副，联合收割机号牌450副；新办拖拉机驾驶证733人，联合收割机129人。全市没有发生群死群伤的重特大农机事故，农机安全生产总体保持稳定。

【农机购置补贴】 市、县(区)均成立农机购置补贴工作领导小组，农机局、财政局联合制定农机购置补贴实施方案。5月，会同市财政局联合召开全市农机补贴工作会议，传达全省农机购置补贴工作会议精神，学习农机补贴工作纪律要求，进行农机补贴警示教育，并与各县(市)区签订2011年农机补贴实施工作责任书。广泛宣传补贴政策。及时向社会公布补贴资金实施方案，公开补贴政策咨询电话、补贴工作受理电话、举报电话，公开补贴资金使用进度、补贴受益对象等实时、动态信息。规范操作程序。严格执行农机购置补贴管理的要求，科学制定资金使用方案，规范受理申请、确定补贴对象、公示、机具核实等各个环节操作，严格把关。多次组织农机补贴专项检查，对补贴机具逐台喷字、拍照、核查签字。对群众反映的问题及时实地进行调查，确保补贴资金真正落实到位。市农民对购机补贴的投诉率明显下降，满意度明显提高。全年共兑付农机补贴资金6161.53万元。补贴各类农机具17450台，其中动力机械7783台，耕整地机械3730台，种植施肥机械722台，收获机械334台，农产品加工机械1721台，田间管理机械2220台，收获后后处理机械147台，农田基本建设机械29台，畜牧水产养殖机械759台，排灌机械5台。直接受益农户1.38万户，带动农户投入资金近1.1亿元。2011年，在全市农机补贴中“以机代牛”项目共使用中央财政农机补贴资金4320.75万元。补贴各类农机具12235台，直接拉动农户投入资金近5200万元。提高血防区耕整地机械化水平，有效阻断血吸虫病传播途径，保障群众身体健康。

【农机推广】 围绕实施水稻产业提升行动，重点抓好水稻机插秧的示范推广，扎实推进水稻生产全程机械化。全市共举办技术培训班48次，召开机具演示会36场，印发宣传材料5450份，举办农民机插秧大赛3场。6月，市农机局在望江县举办“青园杯”全市首届农民机插秧大赛，加大机插秧技术的推广和宣传，提高机插秧的操作技能和作业质量。以种粮大户、农机大户为切入点，通过大户的示范引导作用，典型引路，形成辐射。4月，报请市政府下达《关于加快推进水稻育插秧机械化的通知》，并分解下达作业指标任务。购买插秧机实行50%补贴，优先安排，并预留足够的补贴资金，保证农民购买插秧机的需求。实行技术服务承诺制，加强对育插秧技术的指导，推进农机与农艺的结合，提高关键技术服务的到位率，做到“栽插一亩，示范一片，带动一方”。7月，全市首台水稻插秧机在岳西县安徽同昌机械有限公司下线，并成功进行水田操作演示。水稻种植机械越来越受到市广大农户青睐。全市水稻插秧机达1121台，年内新增332台；直播机达546台，年内新增247台。实现水稻机械化种植面积97.6万亩。其中机械插秧面积71.15万亩，机直播面积26.45万亩。

推进油菜生产机械化，重点推广油菜机收技术，各县(市)区都建立示范点，召开油菜机收现场会，强化技术培训，提高服务水平，并积极开展油菜机收、机直播的示范推广，取得良好效果。全市共实现油菜机收面积23万亩。

围绕设施农业装备与技术示范单位建设活动，提升设施装备技术水平，转变设施农业发展方式，争取设施农业装备与技术示范建设项目。7月，经省局批准，太湖县兴牧畜禽有限公司和怀宁县茶岭万福蔬菜专业合作社被列为安徽省设施农业装备与技术示范单位。通过示范带动，加强农机农艺融合，推广设施农业新技术新装备，促进设施农业健康发展。

【农机化生产】 做好技术服务。组织农机技术人员深入乡村、田间地头开展农机技术咨询服务，帮助指导农民机手维护、检修农业机械，推广先进适用的农机化新技术、新机具。通过送科技下乡活动，举办培训班、信息咨询、农机作业现场演示会等，向农民传授农机新技术，帮助农民选择先进适用的新机具。做好管理服务。全年共免费发放700份跨区作业证，配合石油公司做好农机供油卡发放工作。开通24小时免费服务热线，同时宣传农机安全知识，提高机手的安全生产意识，确保农机具以良好的技术状态投入农机化生产。做好农机抗灾救灾。市县农机部门充分发挥农业机械的优势，开展农机抗灾救灾。5月，全市旱情严重，市县农机部门积极组织农机抗旱救灾，组织货源，保障抗旱机具供应。6月，出现旱涝急转。组织插秧机抢插中稻，完成中稻机插面积36万亩。做好农业机械组织协调。入夏以来，各级农机部门精心谋划、科学调度，全力组织做好水稻机收工作。全市共组织调动3500台联合收割机、1400台大中型拖拉机、15万台(套)农机具，全力以赴投入到水稻跨区机收。组建30个机收服务队，400多名农机科技人员深入田间地头帮助提供农机技术服务。

【农机化服务体系建设】 农机专业合作社优化配置农机资源，实现信息共享、机械统一调度，提高农机的使用效率和效益。推进农机社会化服务体系建设，探索农机管理服务模式，打造农机社会化服务品牌。把加快农机专业合作社发展作为提升农机服务能力的重要举措，加强对农机大户、农村能人的宣传、引导，对合作社的发起、组建、登记、运行开展全程的指导服务。对已创建农机合作社加强指导其规范运营、提高服务质量、扩大服务领域；对拟建的农机专业合作社，进行有关法律法规、业务知识等培训。充分利用农机购置补贴政策，重点向农机专业合作社倾斜，对农机专业合作社购置农机具，在程序上优先安排，在数量上适当放宽。2011年，市新成立38家合作社，全市已有100家合作社，其中，部级示范合作社有1个，省级示范合作社有8个。

【规范农机管理】 加大执法监管力度。结合“安全生产年”、“安全生产月”活动，认真开展农机安全生产专项治理行动。组织开展农机“三率”调研，与公安交警部门密切配合，共同整治拖拉机违章，组织农机监理人员深入乡村道路、农家场院开展田检路查，排查事故隐患。与各县(市)区农机部门签订农机安全生产工作目标责任书，全面落实农机安全生产监管工作责任制。各地监理部门严格按照规定要求办理变拖登记入户手续，严把拖拉机入户培训关、考试关、注册登记关。积极开展“平安农机”创建工作，组织全市农机部门在职工作人员参与“全国农机安全监管知识竞赛”活动，参赛率达99%。报请市农委和市安全生产监督管理局联合下发《关于进一步加强拖拉机及驾驶操作人员安全教育管理工作的通知》。为做好农机保险工作，切实改变农机手承保难、农机办证审批难、年检难状况，12月会同市国元农业保险公司联合召开全市农机保险工作会议，加强沟通协作，各县农机局与县国元支公司签订合作协议。加强农机维修市场管理。与工商、技术监督等部门配合，开展农机市场“打假”整治活动，依法打击制售假冒伪劣农机产品、销售农机产品违反“三包”规定等违法行为。开展农机维修网点换证工作，查处无《农机维修技术合格证》的农机维修网点和不具备职业资格的农机维修人员从事农机维修业务，从源头消除农机事故隐患，确保农机安全生产。规范农机化教育培训。开展农机技术培训，落实《拖拉机驾驶培训管理办法》，强化对培训机构的监管，做到培训科目不少、培训时间不减、培训收费合理、培训档案齐全。全市共培训6818人，其中农机驾驶操作人员4592人、农机技术人员1842人、农机管理人员226人、农机职业技能培训158人。

（市农机局）

水　　利

【概况】 2011年，市委、市政府出台《关于贯彻〈中共中央、国务院关于加快水利改革发展的决定〉实施意见》；市发改委、财政局、水利局等部门出台并经市政府办批转的《关于加快水利改革发展若干措施的意见》。全年共争取各类水利投资19.3亿元，较上年增长178%，其中水利基建投资8.2亿元、农田水利建设投资11.1亿元。已完成投资15.33亿元，占市政府年度考核任务6亿元的255%。

水利基本建设稳步发展。水库除险加固工程。花凉亭水库已完成蓄水安全鉴定及主体工程投入使用验收。4座中型水库已进行主体工程投入使用验收。2010年开工建设13座重点小⑴型病险水库已全部完工，42座小⑵型水库全部完工，并且蓄水、发挥效益，通过2011年洪水考验。2011年列入国家计划的8座重点小⑴型水库、46座重点小⑵型水库以及列入省计划的26座小⑵型水库，至年底正抓紧施工，下一年汛前完成建设任务。灌区续建配套与节水改造工程。花凉亭灌区总干渠30＋000～36＋700、太怀干渠5＋030～18＋000等4个除险加固项目基本完成，太怀干渠及总干渠刘湾岭段除险加固工程已开工建设。麻塘湖水库灌区节水改造项目正抓紧建设，于2012年汛前完工。排涝泵站新建及更新改造工程。望江县漳湖站待竣工验收，白荡湖站做竣工验收前准备，市广济圩站主体工程已基本完成，望江县合成圩站二期工程雷港站整体拆除重建正在进行。完成省级技改资金的桐城三保圩站验收工作。水利血防工程。桐城市挂车河等5个水利血防工程已全部完工。中小河流治理工程。2010年实施的6个项目于汛期前全部完工，年内计划安排的枞阳县汤沟河堤防加固工程、怀宁县皖水河黄龙上段加固工程、岳西县天堂镇防洪工程、太湖县长河东门桥上游段防洪工程、宿松县孚玉镇联盟段防洪工程、迎江区小港排洪河及柘山排洪河整治工程、大观区广成圩大龙潭段防洪工程等7个项目陆续开工建设。灾后重建工程。共实施桐城市大沙河流域治理、怀宁县高河大河河道综合治理、怀宁县泥塘沟治理、望江县泥塘沟治理、太湖县长河治理及宿松县北浴河治理等6个项目，除怀宁县高河大河河道综合治理工程正在抓紧实施外，其他项目基本完工。

农田水利建设掀起新高潮。以“农田水利推进年”为契机，强力推进扩挖塘坝、沟渠清淤、泵站更新改造、堤防加固、乡镇水利站建设等4＋1工程，到3月底，全市2011年度投入农田水利基本建设资金达17.2亿元，完成土石方4772万立方米，扩挖塘坝11269口、清淤农村沟河312条、更新改造农村集体泵站4450千瓦、加固堤防198公里，均超额完成年度建设任务；新建、完善乡镇(流域)水利站41个。修复水毁工程1277处，新建防渗渠道及田间沟渠698.4公里，新建村镇供水工程289处。

前期工作加速推进。完成《安庆市水利发展“十二五”规划》和《安庆市2012年重点水利项目实施方案》;《下浒山水库可行性研究报告》及相关专题报告、《下浒山水库灌区规划》通过水利部水规总院审查，下浒山水库工程建设管理处正式设立。《安庆市防洪规划》修编、《安庆市城市水系规划》修编、《破罡湖流域综合规划》编制、《破罡湖灌区续建配套与节水改造规划》已启动，皖河治理及华阳河蓄滞洪区安全建设正在着手可研编制工作，临江圩垸整治方案编制已分步启动，岳西县及怀宁县城防洪工程规划也正在编制。

防汛抗旱取得胜利。遭遇冬春连旱和汛期旱涝急转两场灾害，市水利局、市防办强化防汛抗旱工作职能，强化抗旱措施，力保灌溉供水需要；加强应急调度，确保度汛安全。

依法治水成效显著。严厉查处水事案件。加大水行政执法力度，依法协查处各类水事案件178件，调处水事纠纷21件，有效维护和谐的水事环境。严格审批涉水项目。强化对河道管理范围内建设项目的审批管理，批、转报涉水建设项目40多个、开发建设项目水土保持方案40个。依法加强河道采砂管理。建立水行政执法巡查制度，全年共查处非法采砂船只32条，并积极配合市政府统一行动，对大沙河罗岭水域1长期非法采砂窝点进行集中清除整治，维护政府公信力和法律严肃性。依法收缴各种规费。完成市本级征收水规费1380万元，比上年增收80万元。加强水资源管理。完成《安庆市水功能区划》编制并通过审查，编制《2010年安庆市水资源公报》并向社会发布，完成水资源管理年报、水务年报的编制上报。组织开展水资源管理专项执法检查。加强取水户日常监管和入河排污口的监督管理。加强用水定额和计划用水管理。加强工程管理。加大安全生产督查检查力度，开展专项督查行动，排查工程隐患。开展安广江堤清障工作，加强长江堤防巡查。加强城市防洪景观工程日常维护、维修、保洁管理工作。

【安庆市水功能区划】 市水利局、环保局联合编制的《安庆市水功能区划》，7月通过省水利厅组织的专家审查。《区划》共划分一级水功能区122个，其中31个保护区、21个保留区、2个缓冲区和68个开发利用区，覆盖安庆市主要江河湖库。

【下浒山水库工程可行性研究报告通过审查】 3月15～17日，水利部水利水电规划设计总院审查通过《安徽省安庆市下浒山水库工程可行性研究报告》及《建设征地移民安置规划大纲》、《水土保持方案报告书(送审稿)》等两个相关专题进行审查，并对《环境影响评价报告书》进行预审。

下浒山水库工程于2010年12月28日经国家发改委同意立项建设。受安庆市水利局委托，长江勘测规划设计研究有限责任公司于2010年12月编制完成了《安徽省安庆市下浒山水库工程可行性研究报告》及相关专题，并由安徽省水利厅于2011年初分别上报水利部。

【下浒山水库建设管理处成立】 5月，安庆市机构编制委员会发出《关于同意设立市下浒山水库工程建设管理处的批复》。批复同意设立市下浒山水库工程建设管理处，为市财政全额拨款事业单位，隶属市水利局。市下浒山水库工程建设管理处作为下浒山水库建设项目法人单位，根据工程建设管理需要和市委、市政府的要求，负责该工程项目的前期各项准备工作和建设管理工作。

防 汛 抗 旱

【抗御春夏酷旱】 1～5月份降雨量严重偏少，降水量仅214毫米，为常年的37%，全市大部分地区无有效降雨日均超过百日。全市河湖库水位整体偏低，蓄水明显偏少，持续干旱，造成内河大多数出现低于历史同期的最低水位，其中，皖河石牌站1～5月份水位始终低于历史同期值；潜水潜山站5月10日流量一度只有0.02立方米/秒，接近断流。全市10座中型水库和花凉亭水库总蓄水量比常年同期(1984～2010年)少2成以上；沿江湖泊总蓄水量比常年同期偏少近6成。干旱高峰时全市作物受旱面积212.8万亩、其中重旱及干枯面积98.4万亩，因旱发生饮水困难人口20.22万人，河流断流275条，水库干涸199座。面对严峻的干旱形势，安庆市委、市政府高度重视，按照省防指的统一部署，精心组织，发动群众，依靠群众，依法抗旱，科学浇灌，全力以赴打好抗旱保苗硬仗。全市投入抗旱47万人，开启泵站1007处，投入机动抗旱设备4.3万台套，投入抗旱资金5694万元，抗旱用电3671万度，抗旱用油1318.8吨，抗旱浇灌面积42.37万亩，临时解决饮水困难人口18.55万人。

加强墒情监测，科学指导抗旱。市防指派出工作组，深入各地督查了解旱情和指导抗旱工作，6月上旬又再次派出4个工作组；积极组织各级抗旱服务队进行抗旱浇灌。加强抗旱信息统计，为领导决策服务。市防汛办实行旱情、蓄水信息加报制度，及时收集、整理各地旱情信息，及时报送上级机关，为领导决策服务。编报供水方案，保障有序供水。针对蓄水和农作物种植结构等情况，组织各地编报供水方案，实施水资源统一管理调度，及时化解用水过程中可能出现的矛盾，保障供水有序推进。统筹用水需求，强化水源调度。出现春旱苗头时，及时控制沿江湖泊、水库等水源工程蓄水位，特别是及时调度华阳湖蓄水，为沿湖周区抗旱提供了条件；对蓄水不足的地方及时提水、引水，增加蓄水量；市防指根据花凉亭灌区用水申请，3次紧急调度花凉亭水库开闸供水，满足太湖、望江、宿松、怀宁4县农业灌溉需求，至年底供水仍在持续。抓住时机，实时开展人工增雨。5月10日，市人工增雨办公室利用冷空气过境时机，命令潜山、怀宁、桐城、宿松等地气象局开展人工增雨作业。启动应急响应，全力投入抗旱。5月30日市防指发布命令，宣布自即日起启动安庆市抗旱预案Ⅲ级响应，市直各部门迅速响应。潜山、岳西、宿松、太湖、枞阳等县也启动抗旱Ⅲ级响应。

【抗御6·18暴雨洪灾】 6月上旬至7月中旬，市进入降水较多时段，全市范围内出现3场较强降水过程，平均降雨量达216毫米。特别是6月17～18日，市普降暴雨，17日9小时平均雨量均超过100毫米，50个站点雨量超过120毫米，8个站点超过150毫米，最大出现在岳西县五河乡为214毫米；6月18日最大24小时降雨量出现在望江陆零圩为184毫米。安庆市气象台发出红色暴雨预警信号。

强降雨导致市境内河湖塘坝水位迅猛上涨，大沙河、潜水、皖水、二郎河出现较大洪峰，其中：大沙河沙河埠站最高洪峰流量超过2009年值，达900立方米/秒；沿江湖泊水位普涨0.3～0.6米；6座中型水库超汛限水位5座溢洪；93座小水库超汛限水位70座溢洪。全市范围内出现较重洪涝灾害，据统计，全市11个县(市)区95个乡镇受灾，受灾人口105.2万人，倒塌房屋2150间，转移人口11728人，农作物受灾面积4.69万公顷，直接经济损失3.7亿元；损坏堤防127处30公里，损坏护岸188处，冲毁塘坝315处，损坏水闸26座、机电泵站6座、灌溉设施458处，水利设施直接经济损失0.66亿元。

面对暴雨洪水，市委、市政府、市防指紧急部署，启动响应。暴雨前夕，市委书记朱读稳分别打电话给各县(市)区党委、政府主要负责同志，要求各地高度重视，进一步落实各项防御措施。市长肖超英连夜召开全市防汛工作紧急视频会议，就防御工作进行全面安排部署。针对本次强降雨，市委副书记陶方启、副市长宋圣军连续3次主持召开汛期会商会，分析雨、水、工情，调整决策部署。市防指迅速启动防汛预案三级响应，全市各级气象、国土、民政等各有关部门也随即启动应急响应。领导到位，强化会商。市委、市政府领导亲临指挥部，紧急会商，坐镇指挥，并通过防汛信息化系统，适时监控暴雨趋势、工程水位和洪峰走向，逐县、逐库、逐河研究应对措施。紧急调度，强化督查。市防指将全面防御与重点防御结合起来，向全市普遍发出6个紧急通知，并向重点县(市)区发出4个专题通知，指导各地防抗工作；并及时派出3个工作组，赶赴桐城、太湖、岳西3地现场督促指导。强化值守，监视汛情。市防指领导彻夜驻办带班，市防办取消双休，启动2＋2＋3(防办领导＋值班科长＋

值班员)夜间三线值班，随时监视雨、水、工情动态，保障指令、信息通道畅通。及时救援，紧急排涝。暴雨造成安庆东部新区出现积水，市防指紧急出动市防汛抗旱应急支队，架设临时机械，铺设百余米管道，迅速排除内涝。

全市各地紧急行动，奋力抗洪，6个县(市)区相继启动防汛预案Ⅲ响应。望江县太慈镇朝阳水库出现放水涵穿洞险情，该县紧急采取放水涵封堵，降低溢洪道等除险措施，并及时转移下游居民，控制险情。太湖县黑河水位猛涨，县及时加筑子堤，并组织200多人上堤巡查防守。潜山县及时排除王河便民闸漏水、油坝魏家堤管涌等20多起堤防管涌、垮塌、涵闸渗水等险情，并及时调度同合圩、洋荡圩、西联圩、三保、梅湖等电排站实施排涝。岳西县紧急转移人口危险区群众。宜秀区实行区直部门、乡镇对震损危房包村包户，及时转移群众安置转移，做到人走、户清、门封。大观区及时转移德宽路滑坡地质灾害点周边群众。

【举办全市首届新任乡镇防汛抗旱指挥长培训班】 市防汛办于5月27日举办为期两天的新任乡镇防汛抗旱指挥长培训班，集中讲授防汛指挥、抢险、气象和水文方面有关知识，组织观看《水库垮坝警示录》和《山洪灾害防御知识》两部专题片。全市120余名乡镇负责人参加培训。

【初步建立基础预案范本体系】 市防汛办按照“每年完成一项基础预案范本修编，以范本修编提高基础预案水平“的目标，从2008年起，结合各县(市)区灾害特点和防汛重点，逐年完成一套预案范本在全市推广。2008年完成《岳西县金塘村防御台风及山洪灾害预案》，并被省防办作为示范文本在全省推广；2009年完成《枞阳县长沙洲圩防汛抢险应急预案》；2010年完成《桐城市五岭水库防汛抢险应急预案》；2011年4月，市防办审查通过《望江县五联圩防汛抢险应急预案》范本。至此，安庆市已经初步建立防御台风及山洪灾害、江心洲、小水库、万亩圩口防汛抢险应急预案等基础预案范本体系。

(王宏志)

栏目编辑：戴文君

第三届中国安庆黄梅戏艺术节

2003年11月1日上午9:00在市体育馆举行开幕式及“东西南北唱黄梅”文艺演出；全国政协常务副主席王忠禹，省委书记王太华，省长王金山，省政协主席方兆祥，全国政协常委、民族和宗教委员会主任钮茂生，全国政协副秘书长齐续春、孙怀山以及省领导张学平、黄岳忠、朱维芳、秦德文、王鹤龄等出席了上午的开幕式。副省长赵树丛代表省委、省政府向第三届黄梅戏艺术节的举行表示热烈祝贺。本次艺术节展演的主要剧目有《孔雀东南飞》、《知府黄干》、《徽州女人》。

农场·水电站·灌区

华阳河农场

【概况】 安徽省华阳河农场地处长江中下游冲击平原，位于皖、鄂、赣3省交界的宿松县境内，前临长江、背倚黄湖、大官湖、龙感湖，东西长约60公里，南北宽约2公里，土地总面积102.98平方公里，耕地面积6160公顷，林地1958.7公顷，可养水面598公顷。农场下辖4个农业场、皖垦棉业有限公司、农科所及社区管理委员会，农业场共设11个管区、5个居民委员会。2011年年末总人口17775人。农业产品主要有棉花、水稻、小麦、大豆、油菜、瓜蒌籽、西瓜等；工业产品主要有皮棉、大米、棉纱、食用油、饼粕等。2011年，农场全年粮食(小麦、水稻)总产50816吨，比上年增长41.8%；大豆总产6116吨，比上年增长33.4%；棉花4300吨，比上年增长12.3%；畜禽水产品1002吨，比上年增长10%；油菜籽237吨、瓜蒌籽200吨，大棚西瓜16吨。工业产品：加工皮棉2000吨，棉纱3600吨，植物油45吨，饼粕262吨。工农业总产值4.26亿元，较上年增长7%，其中：农业3.4亿元，工业0.86亿元；全场生产总值1.925亿元，较上年增长1%，其中第一产业增加值1.438亿元，较上年增长7.1%，第二产业增加值0.137亿元，较上年增长－37.1%，第三产业增加值0.35亿元，较上年增长1.2%；利润总额1096万元，较上年增长10.8%；职均收入23500元。固定资产投资达2475万元，其中项目总投资2315万元，设备总投资160万元。

【农业全面丰收】 华阳河农场把调结构、增效益作为发展现代农业的突破口，全场形成“扩粮、稳棉、重高效”的农业发展共识。通过调整农业种植结构，棉花面积稳定在4.2万亩，水稻面积2.32万亩，小麦面积9.2万亩，大豆面积2.72万亩，高效经济作物面积达8752.5万亩。同时加大农业科学研究和技术推广，通过培育、引进新材料、新品种，在试验示范的基础上，筛选出适合本地种植的高产优质的棉花、水稻、小麦、大豆等新品种等加以推广，为农业丰收奠定基础。小麦单产首破千斤。小麦种植品种以扬麦和镇麦系列为主，全场这两个系列品种的种植面积达80%以上，农场在落实品种、面积，狠抓小麦病虫草害管理的同时，特别重视小麦的收割销售和环境治理工作，全场小麦收割价格统一在35元/亩，为历年来最低。根据销售后统计，全场9.2万亩小麦平均单产达413.5公斤，55户职工近2万亩承包地单产破千斤，其中最高单产每亩达590公斤，创造沿江地区小麦单产破千斤的先例。大豆单产创我国南方地区先进水平。大豆生产实现“面积、单产、总产”三超历史，全场平均单产达221.5公斤、最高单产达280公斤，种植品种主要有中豆26、皖豆24、阜豆9号等。

【土地经营体制改革】 农场把农业经营体制改革和土地流转作为实现土地规模化经营，提高企业经营效益和职工收入的重要工作来抓。3月初，农场组织相关人员到江苏新洋和黄海农场学习模拟股份制经营的具体做法。9月初，农场召开多层次的土地经营流转工作会议和座谈会，并于9月下旬，经场十二届职代会主席团扩大会讨论通过，出台《华阳河农场2011年土地经营管理暂行规定》，明确土地经营改革的基本原则、工作目标、身份田管理、招标田招标程序等。同时农场还成立土地经营体制改革领导小组，下派4个工作组到各农业场，负责协调和处理土地流转工作中出现的矛盾和问题，各农业场成立土地丈量、资格审查和土地竞标3个工作组，负责各场土地经营体制改革的具体实施工作。至11月初，全场9万多亩耕地实现重新承租和流转，并按照“统一布局、相对集中”的原则，为每个职工配置5亩身份田，家庭农场户均配置30亩招标田，全场管理人员均按要求退出土地承租，同时清理外包户75户，收回耕地1.62万多亩，由农场统一经营。

【落实国家惠农政策】 农场在落实国家惠农政策时严格按照有关规定，做到公正、公开、透明、不重、不漏、不错，维护职工的利益。2011年共落实涉农补贴到位资金1410.4万元，其中粮食直补资金122.6万元、粮食及棉花良种补贴资金179.7万元、种粮大户补贴资金52.6万元、农机补贴资金75.8万元、粮食农资补贴资金637.3万元、税费改革补助资金342.4万元。

【参与国家皮棉政策性收储】 2011年，针对棉花市场行情持续低迷的现实，皖垦棉业下属华茂华阳河农业公司，充分利用400型液压打包机的优势，紧紧抓住国家政策性收储的机遇，积极收购新棉达1060余万斤，通过网络竞拍，向国家交售国储皮棉1679吨，参与期货套保200吨，有效化解市场风险。

（程来保）

皖河农场

【概况】 皖河农场隶属安徽省农垦集团公司，位于安庆市西郊，行政区划在安庆市大观区，与怀宁、望江两县交界，东临长江，北依皖河。土地面积77.2平方公里，其中耕地面积5.7万亩，可养殖水面积3300亩，林地2.5万亩。总人口2.61万，主要由汉、回两个民族组成，其中回族人口1889人，主要集中居住在农场下属的三益回民分场，该分场回民人口占总人口的98%，是全省农垦系统回民最多的农场。回民人口密度居安庆市之最，2011年9月，经省民委批准，皖河农场三益回民分场成为全省第十个民族乡（场），享受民族发展相关优惠政策。

皖河农场全年社会生产总值22056万元，比上年增长11.6%，其中一产14352万元，二产4080万元，三产3624万元，分别比上年增长9.5%、7.7%、26.9%；职工人均收入15000元，比上年增长6.4%；人均收入9900元，比上年增长3%；粮食总产44735吨，增长46.3%；油料总产734吨，较上年减产24.4%（主要是面积减少）；皮棉总产1459吨，比上年减少1.5%（面积减少）；肉类总产量2666吨，比上年增长4.8%；蔬菜种植面积达7605亩，其中钢架大棚850亩，生产蔬菜4000吨；统一经营实现利润152万元，比上年度增长7%，外出务工9105人次，实现劳务收入1.5亿元，劳务经济已成为农场社会发展的重要组成部分。

（朱晓武）

毛尖山水电站

【概况】 2011年是毛尖山公司管理关系发生变化，进入到中国国电集团大家庭后的第一年。全年开停机发电297次，机组运行共2946小时；发电量4244万千瓦时。办理工作票22份，办理操作票共3684份，合格率为100%；发现设备缺陷78次，其中重大缺陷4次，设备消缺及时率为99%。发生设备二类障碍2起，至2011年12月31日安全天数为4503天。

2011年属较干旱年份，毛尖山水库流域内全年降雨仅1103.2毫米，来水总量约1.39亿立方米，比多年平均值分别减少22%和30%。

【内部改革】 在企业的管理体制发生新的变化后，按照省公司关于“水电总厂”的定位和大运行的模式，在企业内部进行新一轮组合上岗工作。对生产、管理机构设置进行调整，精简管理科室和后勤服务岗位。将二级管理机构由8个减少到6个，中层岗位由17个减少到11个，实现众多机关后勤人员向生产岗位流动，加强生产一线人员力量；进一步实行工资分配向生产一线和主要管理岗位的倾斜。

【安全生产管理】 对110千伏线路微机保护、低压配电箱进行更新，对集水井控制回路进行改造，对主变低压侧60号开关、601号刀闸等系列设备、1号厂变和低压空压机进行更新；根据上级公司安全检查提出的要求，对控制室配电盘后加装防护门、空压机室电缆增设防火护板桥架、6.3千伏母线增设防护网（罩）等。开展大坝第三次安全定检，并完成《大坝运行报告》及《大坝现场检查报告》初稿的编写工作。完成水库淤积测量工作。

【拓宽生产经营范围】 按照“一个公司、多个电站”的管理模式，2011年以书面协议的方式从有关业主手里接管6个电站，14台机组，装机容量达到36.9

兆瓦的日常运行和维护业务。收入结构发生重大变化，非主营业务收入的比重大幅度增加，占总收入的18%。

【企业名称变更】 企业管理关系发生改变后，经企业申请，上级公司批复同意，安徽省工商行政管理局核准，原安徽省毛尖山水电站于2011年10月正式更名为“国电安徽毛尖山水电有限公司”。

（沈启生）

花凉亭水库

【概况】 花凉亭水库位于太湖县境内，属长江流域的皖河支流长河水系，坝址坐落在太湖县城西北约5公里处。水库于1958年8月始建，是以防洪、灌溉为主，兼有发电、旅游、供水、航运、养殖等综合效益的大型水利枢纽工程。水库控制流域面积1870平方公里，总库容23.66亿立方米，调洪库容10.24亿立方米，兴利库容8.75亿立方米。水库设计正常蓄水位88.0米，汛限水位85.5米（2011年汛限水位按78～82.8米运行），死水位74.0米。水库枢纽工程主要包括拦河大坝、溢洪道、泄洪隧洞、引水隧洞和电站厂房。局属花凉亭水电站总装机4万千瓦，输电线路与华东电网连接。2011年水库流域降雨量1192毫米，来水量9.14亿立方米，最高水位76.09米(8月13日)，最大入库洪峰2883.8立方米每秒，电站发电6504万千瓦时。

【水库除险加固工程】 至年底，花凉亭水库除险加固工程完成大坝23485平方米混凝土防渗墙、8192米帷幕灌浆以及部分防汛公路段沥青或混凝土路面的浇筑；实施大坝上下游坝坡、溢洪道进口左导墙和闸墩牛腿、泄洪隧洞和引水隧洞进出口建筑物以及溢洪道下游河道、边坡等地的加固整治和坝顶恢复，对“两洞一道”的混凝土缺陷进行处理以及对金属结构、机电进行改造；重新布设水文观测、安全监测、综合自动化、电视通信等设备设施，改造防汛备用电厂；新建水库防汛综合调度大楼、花亭湖文化墙、坝上防汛观测管理房和水政码头、坝下文化休闲娱乐广场、湖边公园。12月，施工Ⅰ标、施工Ⅱ标、水保环保标以及水文设施改造项目等标段单位工程均通过完工验收。从工程开工到2011年底，累计完成工程投资2.03亿元，约占工程总投资的96%。

【抗旱减灾】 1至5月，花凉亭水库流域以及下游太湖、宿松、望江、怀宁4县水库灌溉区域出现罕见的冬春连旱。水库流域降水、来水严重偏少，5个月降雨总量仅216毫米，比多年平均值偏少近六七成，流域总来水量仅1.09亿立方米，比多年平均减少近80%，创自1954年有资料记录以来的最小极值，旱情严重。面对严峻的干旱形势，花凉亭水库管理局按照市防指的统一部署。加强对水利工程泄水设施以及发供电设备的维护，合理安排局属电站发电机组运行方式，切实做好蓄水保水工作。顾全大局，细算水账，严格执行调度命令，克服水位低对发电机组安全运行耗损大、效率低的影响，加大水库下泄流量，服务春灌和城乡供水，全力保障水库下游地区几十万亩农田和几十万人口的生产、生活、生态用水需求。5个月累计供水达3.4亿立方米，充分发挥大型水库调节性能，为水库下游农业抗旱保丰收打下扎实的基础，抗旱减灾效益显著。

【省委书记张宝顺视察花凉亭水库除险加固工程】 12月19日，省委书记张宝顺在省水利厅厅长纪冰等省有关部门领导以及市委书记朱读稳、市长肖超英等市、县有关领导陪同下到花凉亭水库视察。张宝顺等登上除险加固过后整修一新的水库大坝，了解水库除险加固工程、发电灌溉以及旅游开发等方面的总体情况，察看正在实施的文化墙建设。对该水库工程建设管理，特别是对水库经过除险加固后，安全隐患得到彻底消除、防洪能力大大增强、库容面貌大大改善、可增储7.75亿方宝贵水资源等巨大效益给予充分肯定。要求抓住国家、省加快水利建设和改革发展的难得的历史机遇，着力抓好当前还在实施的花凉亭水库大坝除险加固工程，切实用好国家建设资金，严格加强工程质量监理，不断加快工程建设进度，并结合花亭湖景区旅游开发，做好科学规划，确保这项大型水利建设工程发挥更大的经济效益、社会效益和生态效益。

（陈时宏）

花凉亭灌区

【概况】 安庆市花凉亭灌区总控制面积1195.9

平方公里，设计灌溉面积105.83万亩，国家大(二)型灌区。2011年，安庆市花凉亭灌区管理局根据气候等因素，4月28日开始供水灌溉，10月20日结束，供水176天，渠首进水闸引进水量5.99亿立方米，灌溉供水量1.791亿立方米，完成年度农业灌溉任务，确保灌区71.76万亩耕地粮食生产安全。

年度计费供水量7591.1601万立方米，灌区管理局应收水费170.05万元(太湖82万，宿松35.18万元，望江52.87万元)，年度实收水费170.04万元(含以前年度水费)。

4月29日召开花凉亭灌区管委会主任(扩大)会议，审查并原则通过《安庆市花凉亭灌区“十二五”水利发展规划》，获得市政府批准出台，将其纳入全市经济发展规划体系。管理局编制《2011年度花凉亭灌区防汛预案》、《2011年度花凉亭灌区抗旱预案》及《花凉亭灌区2011年度用水计划》。

管理局与局属渠首、集岭、毕岭、汪元管理所和渠首水电站、双庙湖水电站、集岭水电站签订年度安全生产目标责任书，通过日常检查、节假日前检查、专项检查和在建工程例行检查相结合的经常性检查，对水工程、各类机械、电气、电力线路、闸站上下游进出口段及出租场所和在建工程进行全面排查，整改安全隐患，确保在建工程、水利设施安全，全年无安全责任事故。完成年度岁修工程、临时维修工程任务。开展做好灌区水利普查工作。

局水政执法大队全年查处8起水事违法行为，遏制人为侵害渠道工程，保证灌区工程灌溉、施工、水利兴修与工程管理等各项工作的顺利开展。

【多种经营】 管理局用灌溉余水和弃水发电，局属3座水电站年度发电947.54万千瓦时，其中渠首电站131.4万千瓦时，双庙湖电站141.4万千瓦时，集岭电站674.74万千瓦时，创毛收入300万元。年内管理局谋划筹建段垄电站。管理局加强资产经营，对新老城房屋店面实行提租，新、老城房屋及店面年租金共创收74.69万元。局属禹信水利水电建安公司积极开拓市场，承建工程，年内有自营项目2个，对外投标共计101个标段176个项目，全年签订合同总额3473.62万元。

【续建配套与节水改造】 2011年编报的《可行性研究报告》获省发改委、省水利厅审查，已批复项目有：总干渠桩号12＋500～14＋250刘湾岭深切岭段拓宽工程、太怀干渠桩号18＋270～21＋750段除险加固工程，工程投资约3300万元，其中申请中央补助约2300万元；北干渠桩号8＋050～16＋500段除险加固工程、太宿干渠桩号20＋100～25＋700段除险加固工程，工程投资约3500万元，其中申请中央补助约2800万元。省水利厅已对花凉亭灌区总干渠刘湾岭上段(桩号12＋500～13＋550)除险加固工程、总干渠刘湾岭下段(桩号13＋550～14＋250)除险加固工程、太怀干渠(桩号18＋770～21＋757段)除险加固工程3个单项工程进行批复。

年度累计下达计划投资2662万元，其中中央预算内资金2076万元，地方配套资金586万元(其中省水利基建投资225万元)。年度各项目累计完成投资3900万元，其中中央投资3675万元，地方配套资金225万元，完成工程量为土方9.24万立方米，石方3.8万立方米，砼及钢筋砼2.97万立方米。

年度完成太宿干渠(15＋100～20＋100)段除险加固工程、北干渠(桩号4＋000～8＋050段)除险加固工程、花凉亭灌区信息化管理系统工程、总干渠刘湾岭上段(桩号12＋500～13＋550)除险加固工程、总干渠刘湾岭下段(桩号13＋550～14＋250)除险加固工程、太怀干渠(桩号18＋770～21＋757段)除险加固工程的招投标工作。

年度完成太怀干渠(5＋030～10＋800)段除险加固工程、太怀干渠(10＋800～18＋800)段除险加固工程、太宿干渠(15＋100～20＋100)段除险加固工程、北干渠(桩号4＋000～8＋050段)除险加固工程。花凉亭灌区信息化管理系统工程、总干渠刘湾岭上段(桩号12＋500～13＋550)除险加固工程、总干渠刘湾岭下段(桩号13＋550－14＋250)除险加固及太怀干渠(桩号18＋770～21＋757段)除险加固工程项目正在紧张有序的施工中。

年度，总干渠除险加固工程(桩号30＋000～34＋000)、总干渠除险加固工程(桩号34＋000～36＋700)、太宿干渠(15＋100～20＋100)段除险加固工程获得完工验收，其余完成工程都已进行分部验收。

年度总干渠双庙湖渡槽等6座建筑物工程、总干渠直灌涵闸及太平节制闸控制与量水工程、姑塘支渠除险加固工程、太宿干渠(桩号0＋000～10＋000段)除险加固工程、汪元渡槽拆建和泄洪闸加固工程竣工验收。

(操立新　杨继光)

栏目编辑：戴文君

旅　游

综　述

【概况】　2011年，全市接待海内外游客2312万人次，同比增长28.3%；实现旅游总收入159.5亿元，同比增长31.8%。旅游接待人次、旅游总收入及增长幅度均居全省前列。

截至2011年底，全市共有2A级以上旅游景区41家，二星级以上旅游饭店48家，旅行社103家，三星级以上农家乐92家，省旅游经济强县4个，省最佳旅游乡镇5个、优秀旅游乡镇16个。

【召开全市旅游发展大会】　5月3日，安庆市旅游发展大会在五千年文博园皖府国际大酒店召开。市领导肖超英、陶方启、黄杰、殷金福出席会议。市人大、政协和各县(市)区党委或政府有关负责人，天柱山、花亭湖管委会负责人，各县(市)区旅游局局长，重点旅游乡镇和旅游村负责人，全市重点旅游企业负责人共200多人出席会议。会后，与会人员实地参观考察了五千年文博园景区。

旅游项目

【推进"百亿旅游项目工程"】　将旅游项目建设作为全市旅游工作的重中之重，大力推进实施"百亿旅游项目工程"。强化"明确一名牵头领导，建立一个服务班子，一周主动服务一次，一月通报调度一次进展"的项目调度服务机制。充实完善旅游项目库，全市旅游项目库入库项目总数达269个，投资额达972亿元。

【强化旅游项目招商】　利用徽商大会、中博会、厦门投洽会等重大活动举办之机，开展旅游招商活动，吸引一批旅游项目落地。截至年底，亿元以上在建旅游项目116个，5亿元以上项目26个，列入省"861"行动计划项目33个。岳西养生文化产业园和五千年农博园项目列入省旅指委直接联系调度的全省十大重点项目。

【加快旅游产品体系建设】　五千年文博园全面开园，桐城孔城老街一期试开放，岳西彩虹瀑布、宿松石莲洞景区一期、明堂山索道、巨石山索道建成或基本建成；岳西温泉、天柱山养生中心、太湖农博园、桐城文化博览园、枞阳宗城王朝酒店综合体、花亭湖旅游码头等9大项目正式开工建设，顺利推进；在建的浮山、妙道山、天峡、嬉子湖、白马潭等30多个亿元以上项目进展迅速。

旅游创建

【天柱山跻身国家5A级景区和世界地质公园】
天柱山正式获批国家5A级旅游景区，标志着天柱山进入全国100强景区和国家精品旅游景区行列。继跻身5A景区之后，天柱山又正式成为联合国教科文组织世界地质公园网络成员，荣膺世界地质公园称号，这是省内继黄山之后的第二个世界地质公园，是国内第25个世界地质公园。

【再创5家4A级景区】　市境浮山、明堂山、天峡、石莲洞和孔雀东南飞影视基地等5家景区被国家旅游局正式批准为国家4A级旅游景区，至此，全市

4A 级以上景区达到 12 家。

【加强星级饭店创建】 七仙女大酒店被评为四星级旅游饭店，安庆石化大酒店等 3 家饭店被评为三星级旅游饭店，全市三星级以上饭店达到 25 家，7 家酒店被评为全省优秀星级饭店，尊悦酒店进入全省星级饭店综合排名前 20 强。

【推进乡村旅游项目建设】 加强乡村旅游创建，宜秀区、岳西县被评为全省休闲农业与乡村旅游示范县（区），永顺植物园和嬉子湖生态旅游区被评为全省休闲农业与乡村旅游示范点。全年创建优秀旅游乡镇 11 个，四星级、五星级农家乐 10 家。

旅游市场开发

【开展旅游宣传推介】 借国内旅游交易会、国际旅游交易会、第六届中博会、第七届国际徽商大会、厦门投洽会、黄山旅游节等活动开展旅游宣传，在杭州世界休闲博览会上进行为期两个月的宣传。与台湾进行深度旅游合作，在台北举办安庆经贸文化旅游推介会，肖超英市长登台推介，天柱山与台湾阿里山结成“姐妹山”。赴上海、太原、无锡等城市开展旅游推介。组织高雄旅行商业公会、台湾雄狮旅行社、《亚洲旅游》杂志、10 多个城市近 500 家媒体和旅行商来安庆采风、踩线。

【举办旅游节庆活动】 市县联动，政企携手，举办安庆红色旅游节、大别山映山红旅游文化月、五千年文博园开园暨花亭湖第三届旅游文化节、大别山红色旅游协作年会、巨石山第三届野生玉兰节、安庆旅游风光摄影展、第五届国际民俗风情旅游美食节等系列旅游节庆活动。

【“旅游微博”开启营销新模式】 开通“安庆旅游”官方微博和邀请“名博走安庆”等网络营销活动，融合安庆旅游风光的爱情故事 DV《十二月的信》在优酷网等网络媒体风行，在人民网、旅人网、中安在线等进行专版宣传。在中央电视台一、二、四频道播出安庆旅游形象宣传片；旅游宣传进酒店大堂、进宾馆房间、进机场等“十进”活动已经全面铺开；编印安庆旅游地图、旅游宣传邮册，制作安庆旅游风光片、旅游风光扑克牌、旅游宣传折页。

【开拓城区旅游】 开通江浙沪旅游直通车，接待俄罗斯旅游包机，长三角地区旅游专列。与公交公司合作开通城区“一日游”1 号专线；继去年游轮实现突破后，年内又开通上海—安庆旅游专列，每半月一趟；开通安庆与周边城市直通车，天天发车；参加长三角自驾游论坛、融入长三角自驾游旅游圈。大型团队和高端客源接待实现突破，主要旅游景点接待人数大幅增长，天柱山、巨石山接待人次增长 50%以上，花亭湖、独秀园以及岳西红色旅游景点接待人数翻一番，岳西、太湖等地一度出现导游紧张、一房难求、红色旅游景点排队预约的现象。

旅游行业管理

【加强旅游系统建设】 举办旅游管理干部、导游、星级饭店、乡村旅游等近 20 多个培训班，培训人员 2000 多人次。推进县（市）区旅游管理部门建设，开展旅游系统先进集体和先进个人评选，加大对旅游重点环节的监管力度。

【开展旅游行业“百佳”评选】 举行旅游行业“百佳”颁奖盛典，评选奖励“十佳旅游景区”、“十佳旅游饭店”、“十佳旅行社”、“十佳农家乐”、“十佳旅游商品”、“十佳特色菜”、“十佳旅游企业家”、“十佳旅游营销人才”、“十佳导游”、“十佳服务员”等行业“百佳”。

【旅游标识系统建设】 首批 76 块旅游交通标识牌主要设置在城区 3 区，重点突出安庆市 A 级景区、国家及省文物保护单位、国家森林公园等重点文化旅游景点。

【旅游质监工作】 市旅游质监所连续第八次被评为“全省旅游质监工作优秀单位”。加强重点环节监管，依法处理旅游投诉案件；全年处理、办结、答复旅游投诉 11 起、旅游咨询 210 起，游客满意率达 100%，受到社会各界好评和游客赞誉。

【旅游局机关建设】 进一步理清旅游产业科学发展的思路，提高机关干部执行力。面向社会公开作出“三不”承诺，即“不让一名游客在安庆受委屈，不让一件事在市旅游局受耽搁，不让一名来宾在市旅游局受冷遇”。

陈媛媛

栏目编辑：王晓明

财政·税务

财　　政

【概况】 2011 年，安庆市财政一般预算收入完成 156.72 亿元，比上年增长 29.4 %；其中地方一般预算收入完成 72.39 亿元，比上年增长 43.1%。全市财政一般预算支出完成 213.37 亿元，比上年增长 32.4%。

大力支持皖江城市带承接产业转移示范区建设，市财政安排“6＋2”规划编制专项经费 300 万元。安排财源建设资金 3000 万元，重点支持企业自主研发和技术创新，推进传统优势产业技术改造和产品升级。兑现企业翻番奖励等资金 693 万元，拨付城区中小企业发展资金 620 万元。积极落实科技创新扶持政策，兑现国家技术创新工程奖励 111 万元，拨付科技成果奖励经费 54 万元。落实资本金 7.7 亿元，争取国家农发行 40 亿元东部水系治理项目。安排旅游发展专项资金 800 万元，推动市旅游景点建设、旅游产品推介等工作。拨付天柱山机场航线补贴、经营补贴、市场开发费以及中小机场补贴资金 3200 万元，推动民航业的发展。统筹安排 2000 万元用于文明创建，安排 2000 万元用于绿化大会战，支持文明城市建设。发挥担保集团融资平台功能，市担保集团完成担保额 11.1 亿元，比上年增长 47.6%，有效缓解部分中小企业融资难问题。组织开展家电下乡、家电以旧换新监管年活动，全市十大类下乡产品累计销售 66.7 万台，销售总额 18.6 亿元，累计补贴家电下乡产品 66.2 万台，兑付财政补贴 2.25 亿元，补贴资金兑付率为 99.3%。落实社会救助和保障标准与物价上涨挂钩的联动机制，及时拨付价调基金和低收入群体临时价格补贴，解决物价上涨对困难群众生活的影响。支持战略性新兴产业发展，战略性新兴产业专项资金规模扩大到 3.5 亿元，先后安排 600 万元用于安徽华晶机械股份公司非晶软磁成套设备项目研发生产、安排 500 万元支持安庆中美海康通讯有限公司无线通讯系列产品研发生产、安排 6000 万元支持化工园区发展。

【着力保障民生】 认真贯彻落实厉行节约有关规定，大力压缩一般性支出，继续将财政支出重点放在保民生、保稳定和保运转上，积极推进经济社会和谐发展。全市涉及民生方面的支出 172.6 亿元，占财政总支出的 80.35%，高于全省平均水平。各级财政在预算安排上优先保障民生工程配套资金，新增财力向民生工程倾斜，全市共投入资金 55.83 亿元用于实施 42 项民生工程，有效缓解人民群众“生活难”、“看病难”、“上学难”、“住房难”等方面的突出问题。深化医药卫生体制改革，明确绩效工资、事业发展、奖励资金分配比例和使用办法，并将财政保障经费列入预算。全市农村最低生活保障标准提高到 1196 元，较上年增加 196 元。放宽廉租住房租赁补贴保障对象准入条件，提高市区保障对象家庭年人均收入标准，发放廉租住房租赁补贴资金 578 万元。稳步推进保障性安居工程建设，市本级完成廉租房建设投资 1000 万元，完成公共租赁房建设投资 3550 万元。积极支持文化体制改革，安排各剧团财政补贴 1124 万元，安排再芬黄梅艺术股份有限责任公司省市共建配套资金 1000 万元，争取省财政自 2011 年起连续 5 年每年补助再芬艺术剧院 1000 万元专项资金支持。

【夯实三农基础】 全市农林水支出达到 28.9 亿元，比上年增长 34.5%。完成农业综合开发投资 2.1 亿元，比上年增长 13.3%，项目个数和投资总额均列全省第一位。组织开展强农惠农资金专项清理检查“回头看”活动，切实维护农民群众的利益。全市通过

"一卡通"专用存折为148.9万农户发放29大项惠农补贴资金17.6亿元,实现全市农户数、补贴项目数全覆盖。深入推进政策性农业保险试点工作,全市种植业农作物承保947万亩,赔付油菜损失490万元,小麦损失1305万元,提高了农业抵御风险的能力。深入推进一事一议财政奖补试点工作,全市共有157个乡镇、1609个村、39997个村民组开展一事一议财政奖补工作,村级覆盖面达到96.9%,受益人数达到443.88万人,占全市农业人口数的86.8%,各县(市)、区政府共审批项目1975个,全年共完成工程项目1928个,完工率达到97.97%。继续完善国有农场税费改革,及时下拨国有农场税费改革转移支付资金。组织开展清理化解农村义务教育债务整改"回头看"活动,争取省财政预留奖补资金4242万元。

【深化财政改革】 按规定程序组织编制公共财政预算、政府性基金预算和社会保障基金预算,开展国有资本经营预算试编基础工作。规范和完善国库集中支付,严格划分财政直接支付和财政授权支付范围,加强财政直接支付审核;积极推行授权支付网上银行,提高机关工作效能,节约行政成本。严格政府采购预算,扩大政府采购范围,提高政府采购效率,市本级完成采购预算12535万元,实际采购金额10786万元,资金节约率14%。加强行政事业单位国有资产管理,规范资产处置行为,强化资产管理信息系统的维护和动态管理,全面启动行政事业单位国有资产管理改革。加强财政信息化建设,市财政一体化管理信息系统于2011年1月1日正式上线运行,初步实现财政核心业务数据的集中管理和信息共享,保证数据的一致性和规范性。

【强化财政监督】 开展"小金库"专项治理,全市共复查3675户,复查面100%,复查发现"小金库"7个,涉及金额41.9万元,督促相关单位进行纠正处理。对全市685家单位进行"小金库"重点抽查,占单位总户数的18.6%。加强城区税收入库级次稽查,查处并调整收回市本级财力1342万元。对全市46家单位进行会计信息质量检查,查出违规违纪金额9937.4万元,针对存在的问题分别提出整改意见和处理决定并跟踪督促整改到位。进一步扩大预算支出绩效评价范围,市本级7个项目实施预算支出绩效评价,在单位自评基础上,对其中4个项目实施重点评价,衡量财政资金的产出和绩效。积极推进财政投资评审工作,市财政投资评审中心共完成各类评审、简评项目181个,评审项目报审投资金额31.3亿元,审定投资额为24.8亿元,审减金额6.5亿元,综合审减率21%,为项目支出预算管理精细化、科学化、规范化提供有力支撑。

【提升机关效能】 围绕财政重点、热点和难点问题开展调查研究,形成调研报告33篇,提升财政干部分析问题、解决问题的综合能力。集中开展基层党组和党员"双向承诺宣传月"活动,组织开展庆祝建党90周年系列活动。深入开展"服务发展年"活动,提升财政干部队伍形象,局机关在市直机关政风行风评议中获得第六名,比上年提升17位,四名科长在全市"百名科长大家评"活动中全部进入前五名,两名同志被评为"服务发展先进个人",进一步提升财政队伍形象。完善激励机制,出台机关内部绩效考核办法,调动机关科室和全体干部职工的工作积极性。加大政务公开力度,打造透明财政。全面开展廉政风险防控工作,监督制约权力运行,完善制度和机制,强化财政干部廉洁理财的自觉意识。

(叶武乐)

国家税务

【概况】 全市国税系统共设置8个县局,5个区局,2个稽查局,39个基层分局(为县国税局派出机构)。在册户管55149户,其中一般纳税人5098户。

市国税部门始终坚持"依法征税、应收尽收、坚决不收过头税、坚决防止和制止越权减免税、坚决落实各项税收优惠政策"的组织收入原则,全年入库收入84.49亿元,比上年增长19.2%,增收13.6亿元。全面兑现税收优惠政策,累计减免各项税收8.08亿元,为促进地方经济发展做出贡献。加强重点税源监控。拓宽监控范围,纳入省级以上监控的重点税源企业增加到132户,全市监控的重点税源企业增加到293户,税源监控质量明显提升。加强服务性分析。围绕全市经济社会发展目标,运用税收数据分析经济发展态势,积极向地方党政部门建言献策。开展专题调研,向省局及市政府报送收入分析送阅材料17篇,2篇受到市委市政府领导的批示肯定。规范执法监督。依托税收执法责任管理信息系统,全年共发布税收执法考核通报11期,累计经济惩戒93人次,累计经济惩戒金额5770元。市局班子成员分头带队,组成7

个检查组，对10个区县局的税收政策落实和税收执法情况进行综合检查。开展规范性文件清理，初步清理规范性文件378份。审理4件重大税务案件，补征税款75.61万元，滞纳金21.21万元，罚款0.5万元。

【优化纳税服务】 加强税法宣传。开展第20个全国税收宣传月活动。参与系列税收宣传征文活动，5件作品在全国税收好新闻和税收征文中分获2个一等奖、1个二等奖和2个优秀奖；在《安庆日报》、《安庆晚报》发表署名文章4篇。强化咨询辅导。健全纳税服务组织机构，成立纳税人培训学校，免费提供各种涉税辅导和咨询。通过12366纳税服务热线、国税网站等途径发送风险提醒，开展低风险纳税人预警服务。改进办税服务。着力打造办税服务厅、国税网站、12366服务热线三大平台。在办税服务厅建设上，实行“窗口受理、内部流转、限时办结、窗口出件”，严格执行首问负责制、办事限时制和延时服务制。在国税网站建设上，推进市局网站内外网改版建设，公布局长信箱，开通服务微博。创新服务回访系统。制定纳税服务投诉处理实施办法，开展纳税人需求调查，处理纳税人涉税投诉，保护纳税人合法权益。拓展12366热线功能，在全国税务系统首创12366纳税服务回访系统，对税收管理员、评估员、稽查员、审批员的执法和服务行为进行监控，人民网、新华网、《安徽日报》等中央暨省市多家媒体进行报道，《中国税务》刊载《现代企业回访制度在12366中的应用》的调研报告，并在国家税务总局评比中获奖。

【转变管理方式】 理顺部门职责，风险管理框架体系初步构建。实行集中征收。从市区5个区局抽调12人，建立市局办税服务厅，将市区所有企业共7413户纳税人集中到市局服务大厅申报。统一办税规范，精简46项流程，缩短办税时限，仅市区累计受理纳税申报77000余次，未发生1起纳税人投诉事件。大力推行网上一体化办税，网上办税纳税人1506户，财税库银横向联网7814户。推行集中审批。从各区局抽调人员集中到市局，专门从事涉税事项的受理、调查和审批。按照“窗口受理、内部流转、集中审批、统一反馈”的原则，将以前分散在管理员和各区局手中的审批权限集中到市局，全面推行全省统一的办税流程。累计受理各项审批申请1874次，60%以上的户次当天办结，平均办理时限由5.2天缩短为1.5天。实施集约评估。评估人员由市局统一调配，评估对象推磨式交叉，全年共评估699户，评估补缴入库税款4876万元，同比增长1726万元。深化集约稽查。大力推行调账稽查，缩短税务人员在纳税人处实地工作时间，避免办案干预。全年共检查371户，入库税款5020万元，同比增长4773万元。

【提升征管质效】 推进税源分类管理。按“规模加行业”的原则，将纳税额在前100位的纳税人纳入市局统一监管、统一评估、统一稽查，同时按照企业规模、税收收入，跨地区、跨行业经营和具有行业代表性的标准，从前100户中确定20户作为定点联系企业。探索变革专管员管理方式，变“单兵作战”为“团队协作”，提高规范化管理水平。对纳税遵从度低的纳税人，开展预警提醒，组织集中约谈，防范税收风险。加强信息应用。健全财税库银横向联网日常运维机制，规范第三方协议信息采集。开展综合征管系统健康数据检查，规范运行维护工作流程，全年受理问题提交单762份。建立征管工作通报、反馈、解释、督查4项制度，按月发布征管“十率”考核通报，按季发布征管数据通报，并对2个县区的征管情况开展了解剖式督查。强化税种管理。开展棉花加工企业专项评估。布置增值税即征即退优惠兑现措施。完成企业所得税汇算清缴工作，对高新技术企业资格进行复审。开展对145户外商投资企业网上联合年检。加快出口退税进度，退税办结率达到90%以上，位居全省前列。完成总局下发的跨境贸易人民币结算试点企业评审工作，开展全市外商投资项目采购国产设备退税的专项核查。规范非居民税收管理，做好自动情报交换工作，为“走出去”企业搞好服务。

【增强干部素质】 加强领导班子建设。坚持德才兼备、以德为先的用人标准，推行竞争制、限龄制、任期制、转任制、交流制。探索竞争性选拔股级领导干部，创新干部任用考察考评指标体系。对新任、交流的科级干部进行任职谈话，对3个县局进行综合巡视检查。开展大规模教育培训。制定出台“十二五”时期教育培训工作规划方案，开展兼职培训师的遴选工作。开展大规模全员岗位练兵，举办两期财会基础知识培训班，组织694名税收管理员、稽查员的应知应会考试，1043人参加10大类别市级岗位能手竞赛，274人参加省局标兵竞赛。完成市区12个党支部和市局机关工会换届选举工作。开展创先争优系列活动，认真落实新一轮“双向承诺”活动，全系统党组织和党员公开承诺覆盖面达到了100%。深入开展国税局长大走访活动，解决群众实际问题。市局机关以4个党支部为单位，深入区县局联系点及重点企业调研走访。组织百名税干前往华茂集团参加义务劳动。开展文明创建。参加全省国税系统第四届书画摄影比赛,1件作品获得一等奖;开展广播体操全民健身活动,获得全省国税系统一等奖;参加全市庆祝建党90周年歌咏比赛,荣获二等奖;成功举办全系统小型运动会。举办重阳节和关工委成立15周年庆祝活动。全系统7家单位被评为省文明单位,市局获得省创建文明行业先进单位,连续第六年被评为全市绩效考核优秀单位,先后获得市及市级以上荣誉20多项。

【党风廉政建设】 开展反腐倡廉教育。组织召开全市国税系统党风廉政建设工作会议,重新聘请10名特邀监察员。对系统内各单位2010年度领导班子和领导干部落实党风廉政责任制情况进行了考核测评和通报。荣获2010年度落实党风廉政责任制暨惩防体系建设优秀单位,位列全市第一。开展内控机制建设,成为市纪委廉政风险防控试点单位,全面修改去年制定的内控机制,逐科室进行评审,共排查风险点454个,制定防范措施459条,制作流程图160幅,编纂了《安庆市国税局廉政风险防控管理汇编》。开展综合监督工作。开展"小金库"专项治理工作。对全系统利用中介机构谋取不正当利益问题和利用信息技术运维、服务增加纳税人不合理负担问题和工程建设领域突出问题分别进行专项治理。认真办理人民来信来访。认真做好税收执法管理信息系统的子模块——疑点信息库的上线推行工作。

2011年度安庆国税十大纳税户排行榜

金额单位:万元

排序	企业名称	增值税	消费税	所得税	合计
1	中国石油化工股份有限公司安庆分公司	102284.46	353718.64		456003.10
2	安徽怀宁海螺水泥有限公司	12466.75		11178.00	23644.75
3	安徽省烟草公司安庆市公司	3882.63	16206.97	1727.18	21816.78
4	安徽枞阳海螺水泥股份有限公司	17250.51			17250.51
5	安庆市吉宽再生资源有限公司	13652.94		114.58	13767.52
6	安徽政业再生资源回收有限公司	11363.98			11363.98
7	安庆帝伯格茨活塞环有限公司	4455.61		5464.75	9920.36
8	安庆中船柴油机有限公司	6053.04		1583.14	7636.18
9	安徽省电力公司安庆供电公司	6509.64			6509.64
10	安徽华茂纺织股份有限公司	6373.00			6373.00

地方税务

【概况】 全市地税系统牢记“为国聚财、为民收税”工作宗旨，围绕推进税收管理转型升级的目标任务，完成各项工作任务，取得“十二五”良好开局。全系统共组织入库地方税费收入68.58亿元，同比增收15.7亿元，增长29.8%。其中：地方税收入库40.04亿元，同比增收9.4亿元，增长30.5%；基金（费）等收入入库28.54亿元，同比增收6.3亿元，增长28.7%。

【依法治税】 加强税收制度建设，完善重大案件审理办法，逐步建立防范税收执法风险工作机制。整顿和规范税收秩序，实施各类税收检查，严厉打击发票违法犯罪行为，全年查补各类收入2133万元。严格执行国家各项税收优惠政策，全年促进就业再就业减免地方各税1175.63万元，高新技术企业减免企业所得税1587.26万元，对农、林、牧、渔业减免所得税578.17万元，减免房产税、城镇土地使用税、车船税等1005万元。落实政务公开“深化年”活动，推进权力公开透明运行。

【税收征管】 深入开展现代化分局建设，全系统有14个基层分局达到省级先进单位，30个基层分局达到市级先进单位。推进税源专业化管理，建立分行业、分规模、分事项的税源管理新模式，健全纵向联动机制和横向互动机制。全面夯实征管基础，加强税务登记管理，规范个体税收征管，加大欠税控管力度，强化征管质量考核，严肃税收法纪。2011年比上年净增税务登记证户8152户。强化普通发票管理，加大《发票管理办法》及其实施细则的宣传力度，大力推广使用税控装置，进一步完善税控发票管理平台，实现征管软件系统与税控发票管理平台的有效对接，初步完成建筑安装、房地产行业发票的网络开具和实时统计。推行信息管税，深化征管信息管理和应用，以征管软件为依托，建立健全电子数据录入、审核、修改、删除、存储、备份等各环节的管理制度，严格对征管数据质量进行监控。开展纳税评估工作，全年实施各类纳税评估2171户，经评估入库各类地方税费1026万元。推行“同城通办”工作制度，市区“同城通办”于11月1日正式开通运行。

【税收宣传】 加强法制宣传教育，全面完成“五五”普法任务，启动实施“六五”普法。市局被评为全省“五五”普法先进集体。对近百家企业财务负责人进行业务培训；为每位税务干部制作纳税服务“连心卡”；组织市局机关和各级办税服务厅100多人举办服务礼仪讲座；在《安庆日报》、《安庆晚报》刊出反映安庆地税工作成果及社保费、普通发票知识专版；开展“地税干部大走访”活动；组织中小学生、纳税人、党政机关干部等社会各界，参观办税流程，了解税收知识，增强社会各界的税收法制观念；把税法搬进课堂，组织200多名学生和老师认真听取税收知识讲座；编印1万份中邮速递广告，宣传新税收政策、基金费知识、新版发票知识；结合地税文化建设和庆祝建党90周年，开展“地税带来家乡美”摄影、书画作品展；面向市民开展“小小礼品系税情”活动。完善服务机制，统一规范办税服务厅标准，安装电子触摸屏、排队叫号系统及服务评价器，迎江区分局办税服务厅被评为全国巾帼文明岗，3个分局荣获“全省地税系统纳税服务星级分局”称号。创新服务方式，实施“一对一”纳税服务和“纳税服务实践日”活动，建立12366热线坐席值班制度，通过12366短信平台，发送温馨提示信息15万条，开展诚信纳税评比工作，为100家A类诚信纳税人授牌，开展“访税情、办实事、促和谐”大走访活动，促进征纳和谐。

【税种管理】 强化营业税精细化管理，全面推行“项目管理、以票控税”方式，提高房地产、建筑安装等行业税收管理水平，规范货物运输业税收管理，认真开展自开票纳税人年审和认定工作。加强所得税专业化管理，完善房地产、建筑、餐饮、交通运输业所得税分类管理，四个行业税收大幅增长，继续推进个人所得税全员全额管理，全市全员全额申报管理的扣缴义务人达430户，覆盖纳税人达58292人。进一步强化“两税”信息比对工作，加强城镇土地使用税税源数据库动态监控，全面推行土地增值税预征，加强检查和清算，推进车船税源控管，进一步规范保险机构代收代缴行为，严格执行涉外税收政策，依率计征，确保税收足额及时入库。

（龙云飞　杨祥兵）

2011年纳税重点企业入库情况表

实绩 \ 单位		中石化股份安庆分公司	安徽华茂纺织股份有限公司	安徽南翔光彩投资	上海绿地置业公司	安庆碧桂园房地产开发公司	安庆市房地产产权产籍监理处	安徽龙达建设集团公司	中石化集团安庆分公司	安徽雨润地华置业发展公司	盛运集团股份有限公司
2010年入库业绩（万元）		44573.3	3433.1	4530.4	2249.2	3904.9	2372.9	2376.3	2186.3	1938.6	1334.1
2011年入库业绩（万元）	合计	42669.2	13809.3	6637.4	5575.7	4054.4	3133.7	2684.8	2663.0	2388.7	2263.2
	营业税	595.5	40.4	2150.0	3719.9	2313.7	2070.6	1216.9	511.7	991.3	313.4
	企业所得税		11125.3	1169.2				646.7		796.5	1379.9
	个人所得税	566.1	1124.5	30	131.3	84.6	542.3	198.5	617.3	37.6	139.1
	城建税	28659.9	606.6	143.5	260.4	162.0	146.6	76.8	35.8	69.4	145.1
	房产税	345.4	261.3	841.1	3.4	4.2		21.5	278.6	21.9	39.8
	印花税	219.5	180.8	39	77.5	44.6	60.9	18.9	40.6	13.1	64.0
	土地使用税		210.5	190	221.5	275.0		169.7	1160.4		93.2
	教育费附加	12281.2	260.0	61.5	111.6	69.4	62.0	34.1	12.0	29.7	49.0
	其他地方税	1.6		2013.1	1050.1	1100.9	251.2	301.7	6.8	429.2	39.9

栏目编辑：王晓明

第四届中国安庆黄梅戏艺术节

2006年11月8日，全国政协八届、九届副主席杨汝岱，省委书记郭金龙、省长王金山、省政协主席方兆祥、全国工商联副主席程路、省委宣传部长臧世凯、省人大常委会副主任张春生、副省长任海深、中国戏剧家协会主席尚长荣、中央电视台副总编程宏和省政协副主席王鹤龄、郑牧民，市领导韩先聪、朱读稳、张世云等出席开幕式。

杨汝岱宣布第四届中国安庆黄梅戏艺术节开幕。中国戏剧家协会主席尚长荣宣读了在安庆建立中国黄梅戏发展基地的文件，并授予牌匾。20时，以“黄梅圣地、和谐家园”为主题的开幕式大型文艺晚会拉开大幕。国内的一些著名戏曲艺术家和市文艺工作者、黄梅戏票友同台奉献了精采的演出。

此次黄梅戏新剧目展演主要有安徽省黄梅戏剧院的《雷雨》和《逆火》、湖北省地方戏 剧院的《英子》、湖北武穴市黄梅戏剧团的《老屋春秋》、滁州市黄梅戏剧团的《借妻》、池洲市黄梅戏剧团的《雾里青传奇》、安庆市黄梅戏剧院一团的《为奴隶 的母亲》和《六尺巷》、安庆市再芬黄梅戏剧院的《春江女人》、安庆市宿松县黄梅戏剧院的《碧血青锋》、安庆市桐城市黄梅戏剧团的《胭脂湖》、安庆市潜山县 黄梅戏剧团的《槐树谣》、安庆市太湖县黄梅戏剧团的《大清天使》、新加坡戏曲学院的一台黄梅戏小戏专场。

银行·保险·证券·投资

银 行 业

中国人民银行安庆市中心支行

【概况】 2011年，中国人民银行安庆市中心支行深入推进“一流中心支行”建设，继续被中央文明委评定为“全国文明单位”，被省委、省政府表彰为“第九届安徽省文明单位”，荣获安庆市“金融创新工作组织奖”，被安庆市委、市政府表彰为“安庆市文明行业先进单位”，连续第13年被南京分行考核为“优秀行”，多个集体和个人受到上级行或省市表彰。

贯彻执行稳健的货币政策，制定出台《关于贯彻稳健货币政策，促进全市经济平稳较快发展的意见》，从指导银行机构贯彻落实稳健货币政策、调整优化信贷结构、深化金融改革、拓宽融资渠道、优化金融生态等5个方面提出任务要求和具体措施，得到市委、市政府的高度肯定。制定下发《关于做好金融支持农业春耕备耕 切实增加“三农”信贷投入的通知》等，指导金融机构加大对实体经济的信贷投入。截至年底，全市社会融资总量达到193亿元，其中本外币贷款新增143.27亿元，同比多增37.5亿元；本外币贷款余额694.28万元，同比增长24.9%，高于全省平均水平4.4个百分点，贷款总量居全省第五位，增量均居全省第四位；全市金融机构本外币各项存款余额1408.6亿元，比年初新增250.9亿元，同比增长21.9%，超全省平均水平3.2个百分点，总量、增量均居全省第3位。

【着力优化信贷结构】 组织全市银行业金融机构制定实施《金融支持安庆经济转型发展行动计划》，适时组织召开全市金融支持经济转型发展推进会，引导全市金融机构明确政策取向，通过信贷资源配置助推经济转型升级。信贷资金服务实体经济发展能力增强。制造业、批发和零售业、建筑业合计新增贷款75.4亿元，占全部贷款新增总量的52.6%，同比多增30.1亿元，是全市信贷支持重点。信贷政策与产业政策契合度提高。石油和化工业、轻工纺织服装业、机械和装备制造业等三大支柱产业新增贷款31.1亿元，占全部新增单位贷款的21.7%；战略性新兴产业渐成信贷支持热点，新增贷款11.7亿元，增长态势强劲；现代服务业支持力度持续加大，新增贷款42.2亿元，占全部新增贷款的29.4%。对民生金融支持力度加大。全年涉农贷款新增81亿元；中小企业贷款新增88.8亿元，其中小型企业贷款新增58.7亿元，同比增长41.2%，增速分别高于大型企业、中型企业29.6和14.3个百分点，中小企业融资难状况得到明显改善；小额担保贷款累计发放3805万元，各类助学贷款累计发放4304万元，金融对薄弱环节的支持作用得到充分发挥。

【开展金融创新劳动竞赛活动】 联合市总工会组织开展“星级产品、星级服务“金融创新劳动竞赛活动，全市银行业金融机构共推出20余项信贷创新产品与服务，各具鲜明特色，取得了良好的应用效果，并对8项信贷创新产品和3家金融支持经济转型发展先进单位进行了表彰。金融服务体系进一步健全，望江、潜山、太湖农村信用社改制成农村商业银行并相继开业，桐城市农村合作银行已经批准组建农村商业银行；村镇银行加速组建，桐城江淮、枞阳泰业、潜山江淮3家村镇银行经营情况良好，望江新华、宿松民丰2家村镇银行顺利开业；小额贷款公司等新型金融服务主体不断涌现。牵头组织召开第九届银企信贷项目洽谈会，累计达成意向性贷款项目545项，意向性贷款金额共计189.8亿元，创历史最好水平。组织召开全市纺织服装产业集群推进暨银企对接会，累计达成合作意向29项，意向性贷款金额8.95亿元；组织全市银行及企业参加2011年皖江城市带承接产业转移示范区建设银企对接会，共有6家银行和企业进行了现场签约，占全部现场签约项目数的六分之一，签约金额56.28亿元。加强对地方法人机构的信贷调控，认真落实县域法人金融机构新增存款一定比例用于当地的激励政策，确保信贷资金切实用于实体经济。通过举办中小企业直接融资专场报告会等形式，推动企业直接融资取得重大进展，开发区建投公司和华茂公司分别融资1亿元、3亿元，实现市内在银行间债券市场融资零的突破。

【推进农村信用体系建设】 基本实现"乡镇全覆盖、有贷农户全采集"的工作目标。安庆作为全省唯一一家试点开展农村青年信用示范户创建工作市级试点单位，共采集录入青年农户信用档案38293户，在此基础上评定市级农村青年信用示范户100户、县(区)级农村青年信用示范户860户，阶段性完成农村青年信用示范户创建工作，荣获安徽省农村青年信用示范户创建试点先进单位。加强望江县中小企业信用体系省级试验区建设督导力度，组建望江县中小企业信用担保中心，试验区"信息采集、信用评价、信用担保、信用服务"四大体系建设基本形成，试验区内中小企业新增贷款增长率达74%。创新开展法人银行机构流动性压力测试，不断完善金融风险监测指标数据库，加强数据采集、加工分析，提高数据的准确性和及时性。开展2010年度银行业金融机构执行人民银行有关规定情况评价工作，评定A类行2家，B类行16家，根据评价结果实行差异化监管和差异化服务。积极配合相关部门防范和打击逃废债和非法金融活动，维护良好的金融秩序；成功承办中部6省反洗钱工作协作交流会。

【加强和改善金融服务水平】 加大支付密码的推广应用，支付结算环境得到改善，天柱山创建"国家级刷卡无障碍风景区"活动取得积极进展，4县农村地区POS助农取款工作顺利推进，首批开通POS小额取现助农服务点21家，广大农民就近享受到现代支付结算服务。在望江和潜山两县分别设立小面额人民币调剂中心，切实解决这些地区小面额人民币供应紧张矛盾；组织做好元旦、春节旺季现金投放回笼工作，确保旺季现金的及时供应和回笼渠道的畅通；组织开展2011年贺岁普通纪念币与中国共产党成立90周年普通纪念币对社会公开发行兑换工作。国库服务功能充分发挥，及时为年初抗震救灾开辟资金拨付"绿色通道"，创新开展银行卡刷卡缴税缴费业务，进一步深化财税库银横向联网进程；按季对国债承销团成员进行考评，优选1家银行网点作为无记名国债常年兑付点，并举行授牌仪式。贸易与投资便利化扎实推进，积极开展政策宣传，深入开展"诚信兴商宣传月"活动，构建良好外汇生态环境；将部分外汇业务权限下放到辖区各县(市)支行办理，为县域进出口企业提供更加便捷高效的服务。全年跨境外汇收支总额9.48亿美元，同比增长22.79%；银行结售汇总额8.33亿美元，同比增长17.15%；全市出口收汇6.52亿美元，同比增长9.76%；进口付汇2.43亿美元，同比增长34%；全市直接外债余额2981万美元，外汇转贷款余额6696万美元，中资金融机构外汇贷款余额3937万美元。促进金融机构共同提高金融信息化建设和信息安全保障能力，组织对全市POS机具布放情况及机具软硬件改造情况进行全面摸底调查，指导各发卡行和银联机构完成全市直联POS机受理金融IC卡PBOC交易自测，稳步推进金融IC卡应用工作。制定出台《安庆市金融消费者权益保护工作指引》及相关配套办法，组织全市银行业金融机构在全省率先开展金融消费者权益保护工作，进一步提升金融服务水平。

(余　祥　刘恩华)

中国银行业监管会安庆银监分局

【概况】 2011年，面对严峻复杂的宏观经济金融形势和地方经济加快发展的现实要求，安庆银监分局积极引导银行业金融机构，落实各项宏观调控政策，保障信贷总量均衡增长，银行业整体实力不断提升，资产、负债、利润大幅提高，不良贷款持续双降，银行服务创新能力逐渐增强。

至2011年末，全市银行业金融机构各项贷款余额694.4亿元，比年初增加137.3亿元；新增贷款位居全省第4位，同比提升1位，增幅居全省第5位，同比提升6位。全年银行业实现零案件目标，未发生一起安全事故。

扎实推进地方政府融资平台贷款清理规范工作。安庆银监分局将平台贷款清理规范列为重点工作，努力构建平台贷款风险防控机制，力求平台贷款清理规范工作取得实效。同时，分局把贯彻落实贷款新规，实现贷款精细化管理作为规范银行信贷管理行为的有力抓手，加大督导力度，确保信贷资金流向实体经济。

推进中长期贷款还款方式整改工作。按照银监会文件精神和安徽银监局工作要求，分局督促各银行业金融机构加强组织领导，全面自查，摸清底数。引导银行业金融机构采取“先易后难，突出重点”的方法，按照“积极协商，依法操作”原则，在与客户达成共识的基础上，修订合同或增补条款，实现还款方式的平稳调整。2010年末应修订补正中长期贷款合同160份、金额25.28亿元，至2011年9月末已全部修订补正到位，新发放贷款执行情况较好。

开展“内控和案防制度执行年”活动，实现全年无案件目标。同时，高度关注“影子银行”和房地产贷款等风险，确保银行业稳健运行。此外，分局加大现场检查力度和深度，全年实施现场检查项目41个，投入工作量1604人天，检查涉及金额124.16亿元，发现风险金额21.73亿元、问题293个，提出整改意见270条，责令被查机构处理责任人122人。

2011年，分局先后被安庆市重新确认为“市级文明单位标兵”，荣获“安庆市先进集体”、安徽银监局“文明单位”、安庆市模范职工之家等荣誉称号，被市委市政府授予“引进金融机构特别贡献奖”。

【推进小企业专营机构建设】 推进中小企业融资平台建设，着力推动银企对接。配合市政府召开全市第九届银企信贷项目洽谈会，达成意向性贷款项目545项，意向性贷款金额189.8亿元，积极支持辖内银行业金融机构参与皖江城市带承接产业转移银企对接、农村合作金融机构金融服务“家家到”活动。

加大涉农金融支持力度。实现全年涉农贷款增幅高于全部贷款增幅的目标。指导农村中小金融机构在辖内黄甲镇、鲟鱼镇设立自助银行设施，彻底解决空白乡镇基础金融服务问题。

【构建农村金融体系建设】 加快农村商业银行组建步伐。督促指导农村商业银行组建工作，潜山、太湖、望江3家联社组建农商行已获准开业，桐城农合行筹建农商行已获批准。培育发展新型农村金融机构。在初步构建服务宜城板块银行组织体系的基础上，推进以村镇银行为重点的县域农村金融组织体系建设，支持异地银行来宜主发起设立农村新型金融机构。枞阳泰业、宿松民丰、望江新华、潜山江淮4家村镇银行顺利开业。同时支持大型银行向县域延伸发展分支机构，交行、工行安庆分行分别将网点延伸到桐城市和望江县。鼓励支持国有银行、农村中小金融机构稳步推进自助银行的发展。

【营造健康有序的经济金融环境】 组织开展安庆市银行业金融服务日暨“送金融知识下乡、进社区”宣传服务站创建活动，首批授牌服务站16个，通过服务站构建公众金融教育长效机制，推进银行业支持“三农”工作再上新台阶。不断深化银媒沟通机制。继在《安庆日报》开设金融专版后，分局又联合安庆广播电视局在安庆电视台《公共频道》开办“安庆金融”栏目，引导本地主流新闻媒体加强对银行业宣传报道，为银行业改革发展提供良好舆论环境。组织银行业金融机构定期与市中级人民法院加强信息互动交流，共商金融诉讼案件审判和执行中的问题，促进银行业金融机构依法维权工作的落实。与发改委、经信委共同建立投资项目定期发布制度，使银行业金融机构及时、全面掌握项目投资及相关政策调整变化情况。同环保部门建立信息共享机制，推行绿色信贷，防范银行风险。继续做好打击和处置非法集资工作，致力营造经济金融健康有序发展外部环境。

（张显亮　曹海旻）

农业发展银行安庆市分行

【概况】 2011年，履行政策性银行职能，全年累计投放各类支农贷款42.6亿元，同比多投放20.6亿元。到年底，贷款总额达69亿元，创建行以来历史新高。同时，加大对大别山革命老区太湖、宿松、潜山、岳西4县的信贷支持力度，贷款额度达18.3亿元，占全行总贷款的26.5%，较上年净增加5.1亿元。针对优质客户，提供个性化服务，在全省范围内率先制定《安徽鸿润集团个性化服务方案》并在全省推广。不断丰富金融产品，完善结算方式。开办票据业务、信用卡、网上银行业务。为满足客户需求，4月实现国际业务自营。

围绕粮棉油产业这条主线，实施配合市政府提出的粮食综合生产能力争取达到37.5亿公斤的发展目标。提前做好收购点的合理布局工作，防止出现收购空白点，确保不因农发行自身原因影响收购。为充分做好秋季粮棉收购工作，实现辖内粮棉收购布点全覆盖，做到“钱等粮”，在9月底就完成收购布点全覆盖，认定秋粮收购贷款资格的30家企业已全部完成审批工作，共审批金额（余额控制）5.275亿元；审批棉花客户10家，审批贷款覆盖辖内棉花主厂区，共审批金额（余额控制）7.35亿元，较上年增加3.228亿元。全年累计发放粮棉油贷款13.14亿元，支持企业累计收购粮油22210万公斤，收购（调入）棉花74.8万担。

通过信贷资金的有序供应，未出现一起打白条和“卖粮棉难”现象，提高了农民种粮积极性。

【多方位支持农业产业化龙头企业】 优先支持市农业产业化“3512”强龙工程、富民工程和“3261”提升行动项目，突出支持地方特色和优势产业，发挥区域优势和资源优势。新对接安徽幸运国际物流等一批信用度高、效益好、辐射带动能力强的农业产业化龙头企业10家，涉及贷款2.34亿元。同时加大对全市优质农产品生产加工支持力度。重点支持拥有“国字号”品牌的企业，提升品牌影响力，扶持拥有“生态品牌”、“原产地品牌”等农产品原产地保护地理标识，产品属于无公害农产品、绿色和有机食品的企业做大做强。全年支持各类农业产业化龙头企业和农业小企业106个，贷款余额达13.84亿元。另外，还对列入市政府“十二五”规划中的华茂国际纺织工业城及鸿润羽绒家纺产业园建设给予大力支持，分别给予安徽华茂集团和鸿润集团公开授信5亿元和1.3亿元。

【加大对水利和农业基础性建设项目信贷投入】 贯彻落实中央要求，明确信贷支农的方向，重点支持市内灌区配套和节水改造、病险水库除险加固、河流湖泊治理、农村饮水安全、抗旱排涝体系建设等水利建设项目和新农村建设项目。全年成功营销并获总分行批复的水利项目和新农村建设项目4个，涉及贷款达50.4亿元。如信贷支持的东部新城新河水系综合治理项目，涉及贷款40亿元，2011年已投放2亿元。该项目完工后，对城市改善水体环境，完善区域基础设施，完善城乡统筹的防洪排涝体系，提高城乡抵御洪涝灾害的能力，提高土地集约节约利用水平作用显著。

同时，还创新信贷产品，以“新农村建设贷款”信贷品种为抓手，支持全市“土地整治、整村推进”工程，是贯彻落实省、市政府关于推进农村土地整治的重大战略决策，拓展农业发展银行支农功能。如信贷支持的潜山经济开发区农民安置房建设工程项目，贷款金额4亿元。通过该行“土地整治”项目贷款的投放，使支农资金在农村落地生根，真正惠及城乡千家万户。2011年，该行政府平台项目累计批复额度84.44亿元，累计已发放贷款30.98亿元，涉及农业和农村基础设施建设、水网、电网、路网、新农村建设等项目达到31个。

【加大对小微企业的扶持力度】 立足安庆市情和地方特色资源，围绕市政府产业发展规划，积极扶持一批信誉好、管理规范、具有发展前景的农业小企业，强化贷款投放力度，支持做强做大，确保落实好国家宏观调控政策和强农惠农政策。积极扶持各类农业小企业近30家，累计发放贷款2亿元，涉及林业、农业、畜牧业等行业，通过贷款支持，全年累计为小企业创造销售收入5亿余元，并带动周边农户有效增加了经济效益。其中3家农业小企业通过信贷扶持，得到了持续发展壮大，成功转型为农业产业化龙头企业。同时，对4家高耗能、高污染、不符合市产业发展规划的农业小企业实施退出扶持举措，做到有保有压。

（刘　伟）

中国工商银行安庆分行

【概况】 2011年末，全行本外币各项存款余额达162.54亿元，较年初增长17.32亿元。其中储蓄存款增长10.26亿元；公司存款增加1.31亿元，机构存款（含同业）增加5.45亿元。

各项贷款余额达73.40亿元，较年初增加11.37亿元（剔除票据因素）。公司贷款余额45.14亿元，较年初增加7.76亿元（比去年同期多增3.25亿元），其中流动资金贷款30.02亿元，比年初增加9亿元（小企业贷款增加3.75亿元），项目贷款13.36亿元，比年初减少0.65亿元，房地产开发贷款1.76亿元，与年初减少0.6亿元。个人贷款25.28亿元，比年初增加3.62亿元（较去年同期少增3.45亿元）。年末票据余额2.99亿元，较年初减少1.04亿元。现有贷款余额公司客户270户，贷款余额44.88亿元，其中AA一级及以上优质客户93户（小企业60户），占总户数的34.44%，贷款余额23.95万元（小企业5.56亿元），占全部公司客户贷款的53.37%（较上年末下降1.9个百分点）；小企业客户210户，占总户数的77.78%，占全部公司客户贷款余额的31.2%，个人贷款占全部贷款余额的35.20%。

实现中间业务收入11760万元（含银行卡返还数88万元），同比增加3501万元，增幅为42.39%，完成省行年初任务107.88%，完成四季度追加任务98%；全年个人理财产品（包括各种银行类理财产品、基金、保险等，按同口径考核计算）销售35.86亿元，完成省行下达考核任务的120%。其中本、外币个人理财产品销售额为247396万元，基金销售69486万元，保险销售12926万元，国债销售7569万元。个人网银客户数净增47921户，完成省行全年任务的123%，企业网银客户数净增1162户，完成全年任务179%，网上银行交易额实现1767.94亿元，完成全年任务147.33%，全省排名第一。实现电子银行各项业务收入1403.95万元，完成全年任务161.38%，全省排名第二。累计净增发卡26246张，省行排名第四位。

累计POS消费额132324万元，任务完成率101.7%，较上年同期增加62064万元，增幅达88.3%；共完成国际结算量14312万美元，增加2674万美元；同比增幅达23%；国际结算四大行占比为19.82%，位居同业第二。完成结售汇业务量8194万美元，国际业务贸易融资累放量共完成5350万美元，增加1496万元，增幅达39%；表内贸易融资市场占比为79%，同业位居第一；累计销售品牌金40.79公斤，比上年同期增加29.73公斤，完成任务107.33%，居全省第5；销售品牌银34.19公斤，比上年同期增加29.94公斤，完成任务60%，居全省第十二；黄金积存4.85公斤，比上年同期增加3.35公斤，任务完成率12.76%，居全省第五。分别实现AU(T+D)和AG(T+D)616公斤和10.85万公斤，任务完成率分别为80%和147%，均居全省第一。分别实现账户金、账户银交易量662.68公斤、86698公斤，任务完成率分别为120.49%和304.2%，均居全省第二。

全行实现拨备前利润25481万元，较上年增加3807万元。按考核口径实现拨备前利润26421万元，超过省行指令性任务1592万元，任务完成率达106.41%；实现拨备后利润23563万元，较上年增加2264万元，提取资产减值准备1918万元，较上年增加1543万元，超计划728万元，超过省行计划61%，实现拨备后利润(考核口径)24503万元，完成省行任务103.65%。

【加快信贷结构调整步伐】 提升对优质信贷客户结构融资占比，重点探索对现有客户融资品种结构的调整与优化，压缩潜在风险贷款，全面提升信贷资产质量，被市委、市政府评为2011年度全市金融工作突出贡献二等奖。

退出高耗能、高污染行业信贷投资，对贸易企业和一般加工企业，加强流动资金贷款限额管理，促进贸易融资业务发展，先后对18户企业，开办商品融资业务，累计办理商品融资3.192亿元。在全省率先开办医保项下保理业务；国际贸易融资项下创新产品不断推出，先后办理出口可收汇额度项下发票融资300万美元；客户付汇理财置换通315万美元。先后制定《安庆市台州商会属下企业融资方案》、《关于安庆分行光彩大市场商贸客户融资方案》及《关于开办中小企业标准厂房按揭贷款业务方案》等，并通过省行审批准。

年末小企业贷款余额占全行贷款的19.64%，较上年末提高了2.78个百分点；小企业贷款增量占全行贷款增量的36%，增幅超过全部贷款增幅19.38个百分点。全年累计发放小企业贷款18.93亿元，全行小企业户均贷款余额672万元，较上年增加97万元。

【拓展新型金融业务】 全年共发放“光彩贷”2940万元，“网贷通”贷款借据金额较年初增加10898万元。个人贷款占全部贷款余额的35.20%，个人非住房贷款余额为54139万元，较年初净增23325万元，年增幅高达75.7%。国际贸易融资表内外累放量及余额创历史新高，四行占比79%，在全市始终排名第一。

新拓展收单商户217户，累计POS消费额1.3亿元，同比增幅达87.7%。独家参加安庆晚报组织的“千人团购车市会”活动，精心组织开展手机银行(WAP)“开户有礼”专项营销活动，开展电子银行渠道转账汇款手续费5折优惠活动、“金融@家”电子银行专属人民币理财产品的宣传与营销活动、“庆中秋迎国庆”电子银行系列营销活动。新增手机银行(WAP)和个人网银证书客户分别为6720户和5140户，企业证书动户率在全省排名位居第一。11月末分行离柜业务占比达到59.1%，电子银行交易主渠道作用日渐突出。成功投产安庆人事考试培训中心电子商务B2C、B2B项目，搭建全市第一家利用计算机网络、手机等电子设备为服务对象提供人事考试、培训等服务的自助缴费平台；成功投产岳西县公共资源交易网B2C、B2B电子商务和岳西县招投标管理中心银企互联项目。

【提升风险管理水平】 对现行制度进行梳理，成功地将人民路支行和石集支行辖属各5个网点的反洗钱大额和可疑交易的补录、甄别、反洗钱协查等工作上收于检查中心进行集中处理。至年末，全行累计清收转化不良贷款5556万元，其中现金清收不良贷款2993万元，分别完成省行下达任务的138.9%和299.3%。在不良贷款清收转化过程中，共计清收法人客户不良贷款2466万元，个人客户不良贷款3090万元。同时，做好内部评级验证工作。共对3户法人客户评级、24笔债项评级进行了验证。

由于案件防范基础工作扎实，人民路、龙啸、太湖、宿松等支行获得连续10年以上无案件先进单位，开发区支行获得连续15年以上无案件先进支行。华中路支行、中兴大街支行、高月支行、孔城支行被评为“案件防范工作先进网点”。全行不断加强防范设施标准化建设管理，健全各类预案，在全市安全评估工作中，取得同业第一佳绩。

【行业建设出成果】 全年完成网点建设投入4618万元，报废处置固定资产592万元，全年集中采购金额7787万元，集中采购率为95.85%。

2011年，安庆分行被安徽省委、省政府授予“第九届省级文明单位”，石化集贤支行连续九届蝉联“省级文明单位”荣誉称号。被安庆市委、市政府授予“第三届文明行业”，被中国企业文化研究会授予“全国企业文化建设优秀单位”，龙啸支行营业部荣膺全省银行业“百家文明规范服务示范单位”称号；龙啸支行营业部、潜山支行分别荣获安庆市“文明窗口”称号；人民支行荣获省行精神文明建设先进单位；员工贾江南荣获全国金融五一劳动奖章，同时被全国金融总工会授予“金融服务能手”称号。全行营业机构文明单位创建率和文明行业达标率达到100%。

（工商行）

中国农业银行安庆分行

【概况】 年末，全行人民币各项存款余额146.8亿元，较年初增长16.5亿元，其中储蓄存款余额117亿元，较年初增长16.9亿元。各项贷款余额40.9亿元，较年初增加9.5亿元。不良贷款余额（按五级分类）6691万元，比年初减少4427万元，不良贷款率1.64%。实现拨备后利润2.6亿元，同比增盈1.1亿元；实现拨备前利润2.4亿元，同比增盈7892万元；实现中间业务收入9574万元，同比多增2669万元。坚持“存款增效”的观念不动摇，及早布置，狠抓落实，确保了各项存款的稳步增长。先后开展“大行德广，伴您成长，金钥匙春天行动”零售业务综合营销活动、“激情仲夏，金彩生活”综合营销活动；实施储蓄存款“4321”工程，全年有19个网点升档；实施“赢在大堂”战略，积极推广上线网点服务智能管理系统（SIMS系统），强化大堂经理履职意识；固化文明标准服务成果，定期开展文明标准服务明察暗访；加强网点建设，完成装修项目14个；加大自助设备投放和管理，共投放ATM机33台、POS机445台、转账电话1748台，布放自助服务终端39台、网银体验机70台，做好IC卡POS机具的升级改造工作，全年共升级改造POS机具735台。

严格执行上级行有关信贷政策，确定以经济园区、重点集镇、城区市场作为重点营销区域，以项目贷款、小企业简式快速贷款、助业贷款、农村个人生产经营贷款、住房按揭贷款为优先营销品种，以AA级以上优良法人客户和个人客户为重点营销客户，重点支持“三农”、中小企业、个人、农业产业化以及市场潜力大的客户，力求客户群体结构不断优化。全年共发放各项贷款33.3亿元，同比多发放6.1亿元，增加22.8%，其中发放法人客户贷款21.7亿元，同比多发放3.4亿元，增加18.4 %；发放个人客户贷款11.6亿元，同比多发放2.7亿元，增加30.3%。“三农”业务扎实推进，继潜山、怀宁支行之后，岳西、桐城支行成功完成营销“新农保”项目，成为主要代理合作银行之一，农户小额贷款业务呈加快发展态势。

【实现中间业务发展新突破】 巩固保险代理业务的领先地位，实现代理保费收入4.9亿元，代理保险业务手续费收入2207万元；加大银行卡业务营销力度，增发借记卡（含惠农卡）70.7万张，营销贷记卡11573张，新增有效收单商户362户；深入开展“电子银行品质年”活动，多策并举开展营销，新增电子商务签约客户9户，新增企业网银947户；认真应对“单客户多银行”存管模式，抢占先机，把握主动，新增第三方存管客户5110户，同业市场份额居首位；积极拓展企业年金业务，新增企业年金签约3户，新增养老金保管资产规模7467万元，新增企业年金到账托管4户，资产规模898万元，占全省农行系统新增规模的35%。

【不良资产处置工作有成效】 以机制建设和绩效考核为动力，以启动重点项目处置为抓手，着力夯实管理基础，着力优化项目处置方案，着力提高处置效率，不良资产处置工作实现新突破。全年累计清收自营不良贷款本息7504万元，累计清收委托处置不良资产3891万元。

【开展企业文化根植活动】 年内先后举办迎新春书画比赛、职工文艺汇演、第二届职工乒乓球比赛。荣获“安庆市创建文明行业先进单位”、“安庆市支持地方经济发展先进单位”，并被安庆市委、市政府评为“2010年度金融支持农业产业化工作先进单位”称号。

（李德元）

中国银行安庆分行

【概况】 年末，本外币各项存款余额141.66亿元，较年初增加28.86亿元。其中人民币企业存款新增13.41亿元，储蓄存款新增13.19亿元；同业存款新增1.95亿元；外币各项存款3298万美元，较年初新增490万美元。各项授信余额61.46亿元，新增8.99亿元。其中人民币纯公司贷款新增3.23亿元，贴现贷款较年初新增1571万元，零售贷款新增7.52亿元；各项外汇贷款余额5369万美元，较年初减少3039万美元。不良贷款实现“双降”，五级分类贷款不良率为0.96，较年初下降0.26个百分点。全年实现拨备前利润22547万元，实现净利润16256万元 。

参与市政府“筑巢引凤”工程；同时，通过加强产品与服务创新，切实提升金融服务水平。2011年分行荣获“金融支持安庆市经济转型发展先进单位”称号。

【贯彻稳健货币政策】 在国家实施贷款规模调控的宏观环境下，加强市场和行业调研，积极向上级行争取贷款规模，加大贷款投放力度，确保了重点客户的授信规模稳中有升；发展中小企业贷款，全年新增中小企业贷款6395万元，为全市中小企业的发展贡献了力量；支持个人贷款业务发展，确保个人贷款健康快速发展。此外，认真做好宁安城际铁路等一批重点项目的审批推进和项目储备的营销跟踪工作，为授信业务发展奠定了基础。

【加强客户金融服务】 加快网点和电子渠道建设步伐，加大网点装修改造力度，光彩大市场支行正式成立并对外营业，新装修网点5家，自助设备(ATM)65台，自助终端(中银自助通)44台投入运行，扩大了网点和自助渠道客户服务覆盖率。密切联系客户，加强产品服务创新，不断满足客户需求，多次举办中高端客户答谢会、“小小音乐家”钢琴比赛、摄影比赛、出国留学金融服务沙龙、中高考考前辅导等活动来回馈广大中行客户；全行推广落地的公司业务新产品有电子商业汇票、旅保通、信托理财等；中小企业新产品有应收账款质押贷款、联贷联保和“企贷保”等，个人金融新产品有三户联保、船舶抵押贷款、医疗保险缴费流程等，银行卡新产品有环球通卡、企业年金卡、长城园丁卡及超市MIS系统收单业务等。

（江　娟）

建设银行安庆市分行

【概况】 截至年末，分行各类贷款余额69.1亿元，比年初新增14.3亿元，居于全省建行第四。其中对公贷款新增7.8亿元，个人贷款新增6.4亿元。全行全口径存款突破150亿元大关，余额达156.2亿元，位居全省建行第四，新增35亿元，居于全省第三。一般性存款余额149.3亿元，新增28.3亿元，较上年翻番，其中对公存款新增15.6亿元，个人存款新增12.7亿元。同业存款突飞猛进，余额达6.9亿元，新增6.7亿元。全口径存款新增、一般性存款新增、企业存款余额及新增、同业存款余额及新增、贷款新增均位居四大国有商业银行榜首，个人存款新增由上年第四位跃升至第二位，存、贷款增幅均显著优于同业和系统内平均水平。全行不良贷款余额为6364万元，不良贷款率为0.9%，在资产业务高速发展的同时，资产质量总体稳定。实现税前利润22208万元，实现经济增加值11723万元，盈利能力显著提升。组织开展各项小企业业务宣传活动，作为唯一的国有商业银行代表参加李克强副总理视察安庆市科技创业园时的工作汇报，协助省建行举办“中小企业大巡诊与企业发展论坛·安庆站”，成功举办第二届中小企业“希望之星”授牌仪式等，有效提高产品知名度。

调整3个支行的领导班子，完成3个支行副行长的公开竞聘。桐城、怀宁、宿松支行荣获第九届安徽省文明单位称号，桐城支行荣获全国文明单位的殊荣。

【推动贷款增长速度】 加快信贷工作建设，提升小企业金融服务能力，扩大小企业信贷规模。着力缓解个贷规模紧缺局面，做好楼盘储备，同时积极向省分行争取更多个贷规模，个人贷款余额不断增长。年末全部贷款增幅为26%，高于全省平均水平10个百分点，贷款新增在四大国有商业银行中占比33.3%，连续第三年排名首位。2011年，安庆建行荣获市政府2010年度“支持地方经济发展先进单位”、市人行2010年度信贷政策导向效果评估优秀单位和安庆市“金融支持安庆市经济转型发展先进单位”第一名等多项荣誉。

【提高产品覆盖和创收能力】 资金结算业务取得历史性突破，收入创历史新高，全年实现单位人民币结算业务收入1579万元，同业排名第一，同比增长599万元，增幅61.12%，多项产品在全省建行排名靠前。以卓越卡、公务卡、汽车卡、钻白卡等重大项目和重点产品为抓手,推进信用卡业务发展,有序推进购车分期业务。重点关注有影响力的批发大市场和各类专业市场,加快商户通业务拓展,提高固网的交易量和使用率。推进理财产品的销售,推动账户金业务的持续发展,及时开办账户银、账户铂交易,进一步丰富贵金属交易品种。电子银行客户规模快速提升,全年新增个人网银 62451 户,企业网银 404 户,短信通 65720 户,手机银行 55013 户;电子银行账务性交易比为 35.2%,比上年底提高了 11.8 个百分点。强化贸易融资授信和外汇产品运用,壮大外汇客户和业务规模。全行新增贸易融资授信客户 20 户,排名全省建行第一。国际结算业务量首次突破亿美元大关,达 11034 万美元,外汇存款、贸易融资、客户、收入、结算量等指标在全省建行名列前茅。

【创新金融服务范围】 开拓新的外汇业务领域,新增出口订单融资贷款、90 天远期信用证等产品,外汇产品运用率在全省二级行保持领先。不断丰富小企业信贷产品线,成功发放安庆市分行首笔联贷联保贷款、首笔林权抵押贷款、首笔“助力贷”贷款,积极尝试小企业批量化营销,做大做强特色产品“市场通”业务。在信贷规模不足的情况下,发展投行业务,为帮助企业发展,承接产业转移提供了更多的资金支持。如发行安徽建行首单定向增发股权收益权类人民币理财产品,为企业募集资金 5.38 亿元;发售 5000 万元信托受益权转让型人民币理财产品,解决 5 家小企业客户融资需求;为企业发售房地产信托计划理财产品,募集资金 6384 万元。

【强化内控管理工作】 开展“银行业突出案件风险”专项治理和“银行业内控和案防制度执行年”活动,严格违规行为查处,有效防范案件风险。组织全辖各机构开展反洗钱宣传,持续做好反洗钱各项工作。落实“平安建行”创建,健全安全管理责任制,加强安全意识教育培训,组织安全普查、节假日、重大活动期间及重要部位安全检查,提高全员安全意识和技能以及全行安全防范能力,实现了全年无重大责任事故和案件的目标。全行 30 个营业机构中,有 18 个支行、12 个分理处和储蓄所获得“平安支行”和“平安网点”的称号,岳西支行和华中路支行被安庆市委、市政府授予“平安金融企业”先进单位,在全市银行业金融机构安全评估工作中,城区安全管理工作得分在国有商业银行中排名第一。

(建行安庆市分行)

交通银行安庆分行

【概况】 分行下辖 13 个营业网点,其中营业部 1 个、市区支行 11 个,新设立桐城支行 1 个。2011 年,安庆分行实现业务发展、内控管理和服务管理的丰收。2011 年,安庆分行荣获省行级先进集体;在 2010～2011 年度全省银行业金融机构安全评估中,取得全市总分第一名的好成绩。同时在安庆市 2011 年“政风行风”民主评议活动中,位列公共服务类行业 19 个单位中的第一名。这也是安庆交行继 2007 年以来连续第五年名列前茅。

截至年末,全行资产总额突破百亿,达 100.73 亿元,较年初增长 21.32%。主体、战略指标均衡快速发展,全面突破,人民币各项存款达 96.17 亿元,增幅 22.37%,在安庆市区占比 27.44%,排名第一;人民币各项贷款 54.89 亿元,增幅 11.79%,在安庆市区占比 26.31%,排名第一。不良资产余额及占比持续保持双降趋势。不良贷款余额 4802 万元,不良贷款率 0.87%。累计实现中间业务收入 5457 万元,同比增幅 85.87%。实现经营利润 2.1 亿元,同比增长 40.17%。

成功办理首笔跨境人民币结算业务、首笔境外投资资金汇出业务和首笔国内信用证。同时为满足安徽安庆长江公路大桥有限责任公司融资需求,特向总行申报 2 亿元资产管理池融资信托产品。在信贷资源紧缩的情况下保证了企业的融资需求。

发掘和培育具有良好成长性和可持续经营能力的中小企业,解决中小企业融资难问题,把支持中小企业发展与自身信贷结构调整结合起来,促进中小企业做特、做专、做优、做精。分行通过用好增量,盘活存量,加大对中小企业的支持力度。截至年末,新增中小企业贷款 5.67 亿元。同时充分依托功能强大的业务处理网络和日臻完善的业务创新平台,为中小企业提供各种优惠套餐服务,更好地满足中小企业在资金结算、信息服务、财务顾问、现金管理等方面的金融需求,为其量身定做理财方案,积极推介各种新型金融产品,如“蕴通账户”、“蕴通供应链”、“展业通”等。为解决企业因应收账款资金占用而造成的流动资金短缺,分行分别为宜龙建筑、长江建设、安簧股份大力推出国内保理业务。全年分行累计办理国内保理 1.02 亿元,营造银企双赢的局面。

推动存量网点搬迁,加大环境形象较差网点改造，加快自助服务渠道建设，不断完善机构布局，取得良好成效。全年完成开发区支行的迁址营业以及华中路支行和孝肃路支行的重装改造；改建存量自助服务点、自助银行9个；新建11家离行式自助点投产。所有支行和自助银行的建设均按照总行CI标准进行，使之亮化、美化，方便广大安庆市民使用方便快捷、安全高效的交行自助设备，提升了安庆交行的社会形象和社会美誉度。

【推动存款业务发展】 通过信贷资源的撬动，抓好新增、存量授信户的资金留存；加强与相关政府职能部门的联系；高度重视贷款资金受托支付对象，提高占比，2011年末受托支付占比达87.42%，促进信贷资金体内循环；强化目标客户梳理，定期举办客户互荐活动，批量拓展客户；狠抓对公有效户和对私有效户等两大核心指标的拓展，提高综合金融服务水平，拓宽资金来源；推广新型金融产品，加快新型存款拓展。

推动新户拓展工作，加强与财政局、金华联、舒怡、华茂等重点优质客户合作，并与安庆海关签订全面战略合作协议，合作的深度和广度得到有效拓展。通过对核心企业上下游进行链式拓展，客户覆盖面进一步扩大。扎实推进总行"沃德财富五周年"专题活动，通过开展理财沙龙、贵金属巡展等形式多样的活动，提升客户体验。广泛宣传金融知识，推动普及金融产品，帮助市民提高金融风险意识、信用意识，帮助市民走进金融、了解金融。

【加强内控管理基础建设】 建立健全内外审问题整改的长效机制，在2011年华中审计中，分行内控评级由C+级提升至B-级，创内控管理历史最好水平；档案管理工作进一步规范，于10月28日通过省行达标验收组的验收，成为安徽省全辖交行系统第一家达到档案管理一级标准的省辖行；并以"内控和案防制度执行年"活动为抓手，进一步建立健全规章制度、规范操作流程，将风险降到最低限度，防范各类风险或案件，保障各项业务健康快速发展。

【桐城支行正式开业】 在上级行和银监会的批准下，于9月份启动桐城支行筹建工作。经过3个多月的紧张筹备，桐城支行于12月中旬正式对外营业，并于12月19日举行隆重的开业庆典，标志着安徽省交行系统首家县域支行的诞生。开业当日，桐城支行各项存款余额达2.9亿元，实现了开业开门红。

【提升业务服务水平】 分行通过召开全体员工服务专题大会，统一思想认识，让员工"想做"；通过聘请专业公司开展服务培训，统一规范礼仪，让员工"会做"；通过制定完善的服务质量考核办法，让员工"形成习惯"，营造在规范服务上"比、学、赶、超"的良好氛围，把站立式、双手接递单和微笑式服务作为柜面最基本礼仪，把优质、文明、快捷、准确地满足客户需求作为柜面最基本要求，不断推进服务水平工作向纵深发展，向社会展示交行良好优质的服务形象。2011年三季度，分行荣获总行神秘人打分评比的安徽省分行辖内行考评第一名。中兴大道支行在荣获"省百佳文明服务单位"称号后，又荣获"2010年度中国银行业文明规范服务千佳示范单位"称号，并由安徽省银行业协会作为服务示范单位在全省推广。

（张小多）

徽商银行安庆分行

【概况】 年末，分行各项存款余额111.2亿元，新增20.4亿元。其中对公存款余额82.4亿元，新增14.6亿元；储蓄存款余额28.8亿元，新增6.7亿元。面对严峻的负债业务形式，分行多措并举，在激烈的同业竞争中力保市场份额不降，在全市银行业机构中，分行对公存款市场份额仍居第一位。

年末，分行各项贷款余额67.65亿元，新增7.96亿元。其中小企业贷款26.79亿元，新增4.81亿元；个人贷款16.55亿元，新增3.4亿元。分行全年实现经济利润2.45亿元。

面对严峻的宏观经济形势和同业竞争环境，分行的负债业务发展遇到前所未有的压力。分行牢固树立"以客户为中心，以市场为导向"的经营理念，对外加大营销，对内提升管理。针对新问题、新情况，分行制订3项制度，即按月分析制度、定期通报制度和行领导联系行制度，通过抓重点客户、抓新增客户、抓存量客户等有效措施，促进分行存款业务不断发展。

【提升零售业务服务水平】 贯彻落实总行关于"加快转型、加快发展"的工作精神，在"对公调结构、零售打基础"的思路下，选取辖区内的5家零售业务基础好、客户量大、员工综合素质较高的支行，作为试点支行。分行派专人协助培训公司进行驻点转型，加强沟通，紧密配合，有效推进。在各网点积极进行宣传部署，全面推进由"业务交易型"向"营销服务型"网点的转变，由被动营销向主动营销转变，提升了网点综合竞争力，试点支行反映效果明显。在此基础上，累计销售理财产品2.6亿元、国债5894万元、基金

68.7万元。

【拓展国际融资新业务】 国际业务加强营销组织工作和本外币业务联动，大力拓展外汇新客户，积极推广出口订单融资、进口T/T融资等新业务，及时落实国际业务产品奖励政策，持续开展业务培训工作，增强国际业务发展能力，累计办理结算量9209万美元，结售汇业务7625万美元，实现外汇中间业务收入258万元人民币。在此基础上，分行积极申请开办远期结售汇业务和国内信用证业务资格，新上线国内信用证管理系统、跨境人民币支付系统、报文自动清分系统。

【推进票据业务专业化管理】 成立分行票据中心，提高票据业务精细化和规范化水平。深入分析市场特点和客户需求，积极培育贴现业务重点客户，加大票据产品应用力度，充分利用有限的贴现资源支持负债业务增长，推动票据业务稳步发展。前10个月累计办理直贴业务金额14.8亿元，实现利息收入5417万元、净收益996万元。成功办理分行首笔票据池业务，与安庆市吉宽再生资源有限公司签订票据池服务协议，累计入池存票2456万元。

（徽商银行）

邮储银行安庆市分行

【概况】 年末全行实现业务收入1.77亿元，完成省分行下达计划的100.95%，排名全省二级分行第三位，较上年同期增长47.26%。全年信贷、公司业务收入占比55.93%，较上年提高约5个百分点。实现利润6978万元，完成预算目标的142.97%。资产总额达到225.05亿元，同比增长23.71%。拨备覆盖率722%。资产不良率0.2%，较年初下降0.11个百分点；全行员工656人，全员劳动生产率28.72万元/人，较上年增长32.23%。全行实现公司业务年收入3654万元，同比增长17.21%。期末公司存款余额达到20.89亿元，年日均余额达到18亿元，居全省第二位。全辖1市8县（市）都已成功取得非税收入代收资格，扩充了公司存款资金来源。首笔票据业务于12月15日顺利开办，实现了票据贴现业务零的突破。2011年，完成网点、办公楼改造5处，二转一网点7处，加大自助设备的投放力度，先后改、扩建自助服务区5个，其中离行式自助服务区2处，更新、新增ATM 15台，总数已达44台。所辖18个网点信息发布系统正式启用，完成全行所辖27个网点的监控设备配置、安装、调试、接入联网工作。全面提升分行客户服务质量，对人员进行规范化服务培训。成立示范网点项目小组，选派项目经理和内训师负责示范网点项目管理和指导工作，保证示范网点项目的正常运行。

获得2011年度省分行“利润贡献奖”、“绩效考核三等奖”；在2010～2011年省公安、银监局对金融机构安全评估验收中，获“先进集体”荣誉称号；被市委、市政府授予2010年度“贷款增长先进单位”称号；在2011年全市农业产业化龙头企业和农民专业合作社银企对接活动中，获得“安庆市金融创新优质星级服务”奖项。

【发挥特色金融服务优势】 通过上门受理、集中受理、网点受理等方式最大限度方便客户，充分发挥分行信贷产品的“小、个、农”特色优势。全年发放贷款14.77亿元，同比增长92.06%，结余13.04亿元。聚焦“三农”和小企业的金融服务，全年共授信小、个、农客户11053户，户均13.36万元。小企业贷款投放增速为188.57%，高于分行全部贷款增速。各贷种均衡发展，贷种之间结构比例进一步优化。其中，小额贷款结余占比35.12%，个人商务贷款35.98%，二手房贷款13.05%，小企业贷款15.40%。在加快业务发展的同时，通过全面加强制度建设，提高贷前准入门槛，增强审查审批和风险识别能力，加大贷后检查和逾期、不良资产催收力度，信贷资产质量得到保障，2011年全市年末零售贷款逾期率0.28%，不良率0.24%，低于全省平均水平。

【年末存款规模突破200亿元】 发挥遍布城乡的网点优势和多年扎根城乡积累的信誉优势，为城乡居民提供优质的基础金融服务。年末，全市邮政居民储蓄存款余额累计净增42.3亿元，12月29日余额规模突破200亿元大关，全省排名第一，市场占有率为23.5%，在全市各家金融机构排名第一。截至年底，银行自营网点各项存款合计达到63.65亿元，居民个人储蓄存款47亿元，年净增8.5亿元。全市邮政储蓄居民账户数达到41.3万户，邮储绿卡账户数达到7.75万户。全年销售大理财产品8.68亿元，同比增长87.88%；2011年累计代收付各类资费达40.94亿元，代收业务收入共计66.86万元。在卡业务和电子银行业务的带动下，借助综合服务平台功能完善，个人金融服务水平持续提升，客户结构得以改善。全年发放绿卡7.75万张，卡均2275元，较2010年底增加178元。信用卡、绿卡通卡、网上支付通等业务稳步推进，交易活跃度显著提升，交易额达到99.66亿元，同比增长44.25%。全年代理保险新单保费1.65亿元，同比增长10%；累计销售非保险类理财产品7.03亿元。

（邮储银行）

安庆独秀农村商业银行

【概况】 2011年末，全行各项存款余额42.95亿元，比年初增加8.39亿元，增长率24.27%。各项贷款余额28.94亿元，比年初增加5.16亿元，增长率为21.68%，贷占存比例67.38%。截至年末，全行不良贷款余额为7112.99万元，比年初下降204.42万元；不良贷款率为2.46%，比年初下降0.62个百分点。

全年实现各项业务收入28422.14万元，其中实现利息收入21968.87万元，较去年同期多收4394.15万元；各项业务支出21668.24万元，实现利润总额6753.90万元。缴纳营业税金及附加1316.28万元，企业所得税2406.97万元。

按省联社新的等级行社考核指标计算，截止12月末，全行资产利润率1.57%，成本收入比38.28%，中间业务收入比率3.07%，人均利润额32.31万，拨备覆盖率达190.58%。资本充足率达11.90%，核心资本充足率9.93%。

【加大“三农”信贷投放力度】 加大对农业的信贷投放力度，支持辖内农户、专业大户和农业产业化龙头企业的发展。截止12月底，全行发放涉农信贷资金14.45亿元，其中新增涉农贷款2.35亿元。支持“菜篮子”工程建设。随着安庆市城市北扩东进，城区西部的海口镇和皖河农场逐渐成安庆市新的“菜篮子”基地，农商行适时对万达果菜有限公司等蔬菜种植大户进行扶持，累计贷款100多万元，该地区已成为安庆市最大的蔬菜种植基地。支持养殖户精细化养殖和规模化养殖。针对安庆市水域面积较大、水产品较为丰富的现状，该行对养殖户的科学喂养、规模扩大及时给予信贷资金支持，通过有效投入来提高养殖效益。

支持农业产业化龙头企业发展。继续加大对安徽宏祥农业科技开发有限公司、安庆绿阳禽业有限公司等一大批省、市级农业产业化龙头企业的支持力度，鼓励涉农企业做大做强。支持农户抗灾自救。2011年雨旱季节，全行累计投放贷款500余万元，支持农户抗灾自救、受到当地政府及广大农户的好评。

【扩大同行业务合作】 5月，积极组织辖内员工参加保险代理从业人员资格考试，考试合格人员达72人，确保本行开办代理保险业务达到了保监会和银监会最新要求。下半年，农商行与中国人寿保险公司合作开展信保通业务，本着“因地制宜，稳步推进”的原则，由远而近，先从长风、大枫、老峰、杨桥、双河等5家远郊支行开发代理分红保险20万元。同时，扩大与4家评估公司业务合作，对抵（质）押物的价值进行合理准确评估，这样既规避了信贷风险，又扩充了中间业务收入。截止12月底，中间业务收入达602万元，较上年同期增加400余万元，较好地改善全行中间业务收入结构。

【审计稽核监督】 对照稽核工作计划，一方面做好31个网点的常规序时检查、季度重点检查、内控检查、对公账户风险排查；同时对龙狮桥支行（含二级支行）进行一次全面稽核检查，共发出常规序时报告31份，审计意见书64份，对季度重点检查发出全辖通报；另一方面加强后续审计，使稽核检查有重点有步骤有连续性，而不是一查了事。全年行内通报批评7人次，经济处罚23人次，罚款金额4800元，解聘职务1人，留用察看1人，有效震慑违法违纪行为。全年清收不良贷款1014万元，全行共起诉62户，诉讼金额2025万元。为认真配合监管部门开展政府融资平台风险排查工作，到年末，农商行牵头的平台贷款余额仅剩11085万元，较上年末下降24655万元，下降幅度69%，全面完成平台贷款额度压降任务全年共自查各项抵质押贷款1329笔，贷款余额18.58亿元，自查面达到100%。通过各支行自查和总行复查，发现借名贷款207笔，金额1665.23万元；发现冒名贷款1笔，金额6.2万元；未发现假名贷款及形成案件的此类贷款。同时，全行共对所有的央行票据置换、政府置换以及2008年至2010年的核销贷款进行重点排查。到12月31日，全行共收回央行置换不良贷款145笔，金额58.32万；收回改制置换不良贷款270笔，金额2052.89万（含核销1488.6万元）。

【电子银行业务稳步发展】 到12月末，全行发行金农卡92571张，较年初增加66997张，完成全年任务的100.41%；全年新增特约商户57户，特约商户年末共计110户；投放POS机具142台，完成全年任务的150%；农商行拥有投放使用的ATM自助设备18台，其中年内新增加ATM自助设备9台，完成全年任务100%；截至12月末全行开通个人网银客户993户，当年增加974户；开通企业网银客户184户，较年初增加183户。2011年自助设备实现手续费收入12.81万元，POS刷卡实现手续费收入16.48万元。

（农商行）

上海浦东发展银行股份有限公司安庆分行

浦发银行安庆分行是进入安庆市的第一家股份制商业银行，2010年9月8日正式开业。在进入安庆以后，根据安庆的市场情况，制订符合安庆市场要求信贷政策，以中小企业为主要目标服务，有针对性的加大信贷投放。在2010～2011年一年多的时间内投放的贷款中对中小企业投放的贷款占全部贷款的主要部分；从行业结构看，该行信贷投向主要是制造业与批发零售行业，占比超过90%；从期限结构上看，贷款投放均为短期，与该行资产的流动性匹配度较高。

该行作为一家内地二级分行，建行之初就对安庆市市场进行了分析，明确了中小企业与中端客户是近期的工作重点。首先在开业之初就确定3家担保公司作为为融资渠道较窄的中小企业服务合作平台，批量解决一些中小企业融资难的问题。在此基础上还进行一些更有益的尝试，如中小企业的联保业务等风险相对较高业务。对于小企业信贷支持的另一个关键点是发展个人经营性贷款。该行积极响应监管部门要求，没有发放用途及投向为投资领域的个人类贷款，而是将所有的个贷额度全部用于支持生产与流通流域的个私企业。

2011年，该行全年一般性存款超过10个亿，同业存款也超过10个亿，贷款余额近5亿元。表外业务发展迅速，业务品种进一步丰富。2全年累计实现各项收入10395万元，税前拨备前利润1670万元。

（浦发银行）

兴业银行安庆分行

2011年是兴业银行安庆分行成立后的第一个完整经营年度。到年末，兴业银行安庆分行本外币各项存款余额16.73亿元，较年初增加11.24亿元，增长304.74%；其中对公存款余额12.62亿元，比年初增加8.32亿元；储蓄存款余额4.1亿元，新增2.92亿元；本外币各项贷款余额8.89亿元，较年初增加7.75亿元，增长779.82%。

年内，分行准确把握市场发展机遇，遵循“服务源自真诚”的服务宗旨，坚持“小、快、灵、特”的经营方针，努力开拓各项金融业务。在授信选择上，重点围绕总行支持的节能减排、中型主办及综合收益高的中小企业，同时做好国家、政府产业政策支持的大中型项目的授信储备。围绕核心负债，拓展纯负债业务，年末，安庆市财政专项资金账户在该分行存款逾亿元。同时，安庆医专、安庆师范学院、潜山县投资公司等纯存款账户营销也取得实质性进展。

以产品为抓手，全力扩大客户面，对安庆市重点企业进行重点营销。针对安徽华茂纺织股份有限公司成功销售第一期短期融资券，大大密切了银企关系。与桐城市唯一上市公司盛运股份建立密切的业务合作关系。同时，成功与大金新百百货股份有限公司达成全面合作协议，为其提供上市股票募集资金监管专户等全面金融服务。

以“一体两翼”战略发展方针为指导，积极拓展“两翼”业务。年末，累计开立国内信用证并代付67180万元，超额完成供应链业务量计划。累计认定绿色金融业务量9700万元。分行国际结算从无到有，实现结算量超过850万美元；在投行业务及拟上市公司方面，华茂、舒美特化纤及金田集团（桐城）塑业有限公司的金融租赁业务等均已取得进展。年末已开立企业账户795户，客户拓展势头良好。突出财富类品牌业务优势，积极推动零售业务可持续快速发展。将“贵金属TD业务”作为分行零售业务主打品牌之一。同时，充分发挥“天天万利宝”等理财产品收益高、风险小的优势，不断吸引客户行外资金，取得了良好的销售业绩。在业务快速发展的同时，兴业银行安庆分行以“为客户提供更优质的服务”为宗旨，不断延伸服务网络，拓宽网点的覆盖面。2011年，兴业银行安庆开发区支行已完成选址及初步装修工作，桐城支行也正在紧锣密鼓地筹建。此外，兴业银行位于市孝肃路和集贤路的两家离行式自助银行已于9月正式对外营业，为往来储户的业务办理提供便利。

（兴业银行）

中信银行安庆分行

中信银行成立于1987年，是中国中信集团公司的全资子公司。中信银行安庆分行经中国银行业监督管理委员会批准，于2010年12月15日正式落户安庆，2011年是中信银行安庆分行自开业后的第一个完整经营年度。到年末，分行本外币存款余额为37.6亿元，较年初增长345%；本外币贷款余额为10.7亿元，较年初增长224%。

分行紧紧围绕“转型、提升、发展”的战略思路，始终坚持发展是第一要务，以先进的理念、灵活的机制和优质的服务，实现稳健发展，创造良好的社会效益，树立鲜明的品牌形象。在业务发展方面，中信银行安庆分行审时度势，科学决策，狠抓存款，强根固基，深入挖掘，客户为本，强化营销，抢占市场，全方位推动公司、零售业务大发展。在内部管理上，狠抓风险和内控管理，内强素质，外塑形象，为分行可持续快速发展提供根本保障。在企业文化建设方面，积极打造和谐的团队文化，全面推进分行党组织的思想建设、组织建设、作风建设、制度建设，努力提升服务，加强宣传，迅速树立一流银行品牌。

（中兴银行）

保　险　业

【中国人寿保险股份有限公司安庆分公司】 全年实现保费收入12.3亿元，各项业务发展居安庆保险市场主导地位。各项业务、管理和服务指标位居全省系统前列，2009～2011年连续3年被省公司考核评为“AAA”级单位。分公司建立了覆盖全市城乡的营业服务网点，公司员工及代理服务人数达到3500余人。公司以“关注民生保障，促进社会和谐”为己任，发展养老、医疗、健康、子女教育、投资理财等保险保障业务，年内计为全市120余万人提供灾害救助和风险保障服务。强化公司保险理赔和客户服务工作，切实履行理赔服务承诺，全年为近2万名参保群众办理各类保险金赔付（给付），累计总赔付3600万元，同比增长4.63%。公司努力为各类客户提供优质服务，积极开展“国寿客户节”、“国寿大讲堂”、“鹤卡客户服务”、“与客户面对面座谈会”等各类客户服务活动，签约鹤卡商家达到34户，在全市掀起了服务和回馈客户的热潮，倾听客户心声，解决客户困难，提供各类保单及其附加值服务。2011年，公司所辖“阳光希望团队”荣登全国系统诚信服务“十大金牌团队”荣誉榜。

安庆市政府、安庆地方税务局为表彰中国人寿安庆分公司保险营销员诚信服务、依法纳税为地方经济建设做出较大贡献，连续4年通过评选授予公司部分优秀营销员“国寿服务明星”、“国寿纳税明星”、“国寿纳税先进个人”等荣誉称号。安庆市委、市政府特别授予公司“支持地方经济建设先进单位”光荣称号。安庆市消费者协会授予公司“服务先进单位”称号，并将公司纳入“零投诉”管理单位行列。2011年，公司党委书记、总经理顾永明被安庆市政府授予“劳动模范”荣誉称号。

（丰小飞　钱　燕）

【中国人民财产保险股份有限公司安庆市分公司】 全年累计实现保费收入3.154亿元，同比增长10.64 %；赔付总额2.75亿元，综合赔付率65.81%。上缴各类税款合计3516.1万元，其中代收代缴车船税1690.05万元。年内，根据上级公司关于出单中心建设工作的各项要求，有计划、有步骤地推进出单中心建设。在9～10月间，顺利切换市公司统一账户的POS机，实现全辖集中出单。为方便客户投保，安庆分公司还开发出移动出单、上门承保出单等新的出单模式，9月8日中午，市公司信息技术部协助市区宜秀营业部首次采用移动设备，上门为投保客户出具第一份保单，受到客户好评。10月，安庆市分公司“合格职工之家“获得省公司验收合格，成为全省系统第七家“合格职工之家”验收合格单位。

推进电销业务发展。紧紧围绕“打造中国保险业电子商务第一品牌”的宗旨，安庆分公司采取一系列举措积极加大宣传力度，如与市交警部门联合安装提示牌、在安庆市交通广播电台全年投放电销广告、在市公司各大楼、职场安装新自版“直通车”霓虹灯广告牌和标识、散发宣传材料、印制散发电销电销宣传手提袋等，产生覆盖面广、影响力大、效果明显的立体宣传效果。全年完成电销保费收入3900余万元，成绩显著。

发展农村网点。召开农网建设专题会议，实施农网建设一把手工程；出台《安庆公司营销服务部建设实施方案》，统一标准与要求；实施激励政策，优先配备各种电脑电子设备，尽量减少营业机构负担；与市电信局签订战略合作协议，整合电信资源，建设农村服务网点。至年底，全市系统已有望江鸦滩、桐城新渡、潜山源潭、枞阳横埠、太湖徐桥等5家营销服务部正式挂牌开业。市、区公司上下联动参与保险竞标。2011年，全系统各营业机构参与政府、企业保险竞标活动,依托人保品牌和服务优势、网点优势、人力优势等等,获得各招标单位的良好评价。3月,在安徽省华茂集团公司2011年度保险公开竞标中,人保财险安庆市分公司一举竞标成功,独家承保该公司的财产一切险及货运险业务。6月,安庆市财政局举行2011～2012年安庆市本级行政单位公务用车统保招标会,人保财险安庆市分公司获得安庆市本级行政单位公务用车统保业务第一承保人资格。

(人财保)

【中国太平洋财产保险股份有限公司安庆中心支公司】 中国太平洋财产保险股份有限公司(以下简称"太平洋产险")是中国太平洋保险(集团)股份有限公司(以下简称"中国太平洋保险")旗下的一家专业子公司。中国太平洋保险于2007年、2009年分别在上海证交所和香港联交所成功上市。2011年,安庆中心支公司取得了良好的经营业绩,全年实现保费收入12769.23万元,同比增长24.19%。公司以稳健的经营、规范的管理、优质的服务,驰誉安庆保险市场,深受广大新老客户信任和好评。

(张良川)

【国元农业保险安庆中心支公司】 2011年,支公司实收保费为1.71亿元,其中种植业保费收入13943万元,养殖业保费收入910万元,特色农业保险保费收入273万元,商业险保费收入2151万元,综合赔付率(含IBNR)为65.49%,实现开业以来3年三大步的目标。同时国元保险品牌不断提升,继2010年被市政府列为政策性农业保险试点工作领导小组成员单位和市政府发文单位后,2011年又被市政府列入市政策性森林保险试点工作领导小组、市防汛抗旱指挥部和市"菜篮子"工程建设领导小组成员单位。8月,省委第四巡视组在对公司进行实地考察后,给予充分肯定。

支公司致力于服务三农,完善乡村农业保险服务网络,在8县(市)和市区共设立9个县级机构。全市157个乡镇都设立了乡镇三农保险服务站,投入资金260多万元,为所有三农保险服务站配备电脑、办公桌椅、数码相机等办公设备,配备专兼职协保员。各村也指定一名村干部为协保员,在乡镇政府的见证下,公司与乡(镇)、村协保员签订了书面委托协议,明确双方的责、权、利。全市共聘用乡、村两级协保员2136人,专门编印协保员培训教材,定期或不定期地对协保员进行培训,提高协保员的业务素养和政策水平,实现"市、县、乡、村"四级服务网络体系。

作为全市政策性农业保险试点工作经办机构,公司始终把政策性农业保险工作当作政治任务来抓,在承保、查勘、定损、理赔各个环节,严格按照省(市)农险办、监管部门和总公司要求,认真贯彻落实。认真执行承保理赔公示、公开相关制度;对100亩以上的种田大户单独出单承保,认真查验投保标的;对一般农户以行政村为单位出单,并及时出具保险凭证;认真执行见费出单制度;努力提高工作效率,坚持不惜赔、不拖赔、不乱赔,切实做到快速查勘、合理定损、及时赔付。同时,在规范经营中创新工作方法,如率先启用承保理赔电子档案系统;对所有赔款借助财政惠农资金"一卡通"支付平台打卡发放。公司以服务地方经济发展为己任,不断开拓新的业务,延伸服务领域,创造性地开展茶叶保险、茭白保险、桑蚕保险、瓜蒌保险、桑树保险等特色农业保险;积极推动开展地方政策性森林保险;关注菜篮子问题,开展大棚蔬菜保险;扶持地方特色产业发展,在桐城市开展蛋鸭保险。

公司坚持"以农促商、以商补农",做到农险与商险双轮驱动,协调发展。利用基层服务网络健全的优势,重点拓展农村商业险市场,发展涉农商业险,积极开办农机保险、农村住房保险、农民工团体意外伤害保险、乡村干部综合保险、国元安心综合保险等,努力拓宽三农服务领域,并积极参与财政招标项目,于6月20日成功中标市级行政事业单位公务用车统一保险项目。

(李　新)

证　券　业

【华安证券安庆龙山路营业部】 全年实现证券交易量187亿元,营业收入2800万元,利润总额2100万元,新增资金户数2189户,新增证券账户数4351户。营业部荣获安徽省证券期货业协会2010年度"先进证券营业部"称号和省国资委授予"第三届省属企业文明单位"称号。2011年安庆龙山路营业部加强全员培训,强化内部管理,扎实做好各项基础工作,补全9000多户身份证资料与中登公司同步,出色地完成沪深证券账户后续规范工作。该部还对公司的CRM客户管理平台、CC客服平台、华安e家、智多鑫理财服务产品等各种服务平台进行整合,改善了客户服务质量。并与安庆电视台合作加盟了《安庆金融》电视栏目,由该部专业投资顾问提供证券资讯及分析,得到投资者好评。加强IB业务宣传,提高IB业务水平,提升IB业务服务层次,2011年该部IB业务各项指标在全省名列前茅。

营业部始终以客户需求为重点,改善营业环境,对二楼中户室的终端进行了全面更新,增加两套资讯系统和一套新版的行情交易软件,分开传输互为备份,使得客户每天获取的资讯内容更加丰富,更新更为迅速,客户体验大大增强。积极开展与银行电信等合作,成功营销华安证券第二支券商集合理财产品"华安理财二号"。

(华安龙山路营业部)

【华安证券安庆人民路营业部】 全年完成交易额144.3亿元,客户开户数2121户,上缴税收499.5万元,实现利润总额1511万元。加强学习与运行安全维护,营业部按时组织员工参加公司的各项培训学习和岗位技能培训,11月请安庆人行反洗钱组织负责人来该部举办反洗钱专项培训班,提升反洗钱工作的针对性和有效性,6月和12月安排期货IB人员到合肥参加证监会组织的培训学习,完善期货代理业务流程,定期开展网络通讯设备及安全设施的检查和维护,加强节假日和雨雪冰冻灾害天气期间的安全保卫工作,年初还对营业部相关制度进行补充完善,修订岗位责任制及考核办法。强化合作与市场营销,按照公司与各银行合作协议,及时主动与银行沟通协商,联合银行开展业务宣传,选派客户经理驻点宣传业务,加强与大专院校的联系,鼓励有志于证券事业的青年参加证券从业资格考试,为营业部营销团队的建设提供后续人才支持,全年有4人取得证券经纪人从业资格证。

积极做好投资者教育工作,利用有线台、报纸、宣传栏、展板和CC平台充分揭示证券投资风险和防范非法证券咨询活动的意识,定期更新投资者教育园地,2月先后举办大客户联谊会和投资策略报告会,3月连续开展3场法制教育宣传,11月先后组织反洗钱宣传及投资者教育宣传活动3场,12月营业部开展以"认知三类证券从业人员、做理性投资者"为主题的宣传教育活动,有效促进客户树立良好投资理念。

认真开展争先创优活动,发挥党员示范带头作用,组织党员观看经典影视剧,7月还组织全体党员和团员到独秀园接受爱国教育,不定期组织读书演讲比赛活动,活跃企业文化氛围。5月初营业部党支部书记、总经理丁峰被派往祁门挂职县委常委、副县长,为地方经济发展提供人才支持。华安证券公司9月获得代办系统主办券商业务资格,10月又获批直接投资业务资格。

(华安人民路营业部)

【国元证券安庆人民路营业部】 国元证券股份有限公司是由原安徽省国际信托投资公司和原安徽省信托投资公司作为主发起人,于2001年10月成立。国元证券安庆人民路证券营业部位于人民路83号,营业面积近2500平方米,环境优雅、设施完善。营业部设有理财服务中心、空中花园、散户厅、刷卡区、中户室、大户室、VIP室、产品展示区、多个休闲活动区、多功能培训厅等。

营业部的经营范围:(一)证券(含三板股票)的代理买卖。安庆人民路营业部目前已开通A股、B股、及三板市场的股票交易。(二)权证交易。(三)国债交易。(四)开放式基金。国元证券于2010年率先取得融资融券试点资格,安庆营业部也于2010年12月开始受理融资融券业务。

国元证券安庆营业部于2002年成立,由原安庆市国债服务中心转制而来。2008年营业部被选为公司首批试点精品营业部之一,各项经营指标超过全国同业水平;到2009年底,营业部的经营业绩从开业时的全公司第48名上升至第16名,业绩成长显著。2011年该营业部新增资金户数为2251户,总户数达18554户;全年交易额89亿元,上缴税金为223万元。

2008年,营业部员工曾获中国证监会账户清理工作"先进个人"奖项。2010年,营业部"股民学校"荣获上海证券报优秀投资者教育基地称号;营业部高级证券分析师获全国投资者教育能手称号;营业部在安庆地区反洗钱非现场评比中被当地人行评为A级单位。2011年,营业部的党支部连续第二次荣获"国元证券2010~2011年度优秀党支部"称号;2011年,在安徽省证券期货业协会组织的第一届先进证券营业部评选中荣获"先进证券营业部"光荣称号。

(国元证券人民路营业部)

【海通证券安庆营业部】 海通证券股份有限公司成立于1988年,是国内成立最早、综合实力最强的大型券商之一。海通证券安庆湖心北路证券营业部于2010年12月开始运营,地处开发区香樟里·那水岸小区,营业大厅面积1500平方米。营业部代理沪深A股、B股账户、基金账户开立，三板、国债、企业债券、回购、融资融券、股权融资、ETF套利等业务品种，自助委托、电话委托、网上委托、银证转账等交易方式方便齐全。该部2011年交易额总数为63.38亿，全年累计开户5652户。作为一流的券商品牌，营业部秉承公司“务实、开拓、稳健、卓越”的经营理念和“规范管理、积极开拓、稳健经营、提高效益”的经营方针，以全新的环境、全新的设备、全新的面貌，通过人性化、标准化管理，为安庆广大投资者提供齐全的产品、优惠的价格、专业的服务。

（海通证券安庆营业部）

投 资 业

安庆发展投资(集团)有限公司

【概况】 安徽省安庆发展投资(集团)有限公司于2004年7月19日成立，是安庆市政府投资设立的国有独资公司，公司注册资本金5亿元人民币。2011年，公司董事会和经营班子团结带领全体员工扎实推进重大项目建设，稳步提升经营业绩，拓展投融资渠道，加大资本运营及股权运作和土地开发工作力度，提升自营业务和子公司经营能力及盈利水平。年底，公司总资产为12.80亿元，资产负债率35.13%，净资产8.31亿元，公司经营总收入889.61万元，实现盈利205.02万元。

全年共新增投资28348万元。其中股权投资22652万元，占总投资80%；投资在建项目5196万元，占总投资18%；其他投资500万元，占总投资2%。全年共筹措资金26801万元。其中争取市政府安排市财政资金15365万元；向金融机构融资1700万元；出让公司资产收入9736万元。其中宁安城际铁路、战略性新兴产业扶持资金等市财政资金拨入公司，同时充实公司资本金。

【宁安城际铁路安庆段建设】 公司抽调专人继续参与市铁路办征地拆迁及协调工作，协助市铁路办积极争取安庆火车站扩大站房建设规模，谋划站前广场开发。至年底，铁道部已同意将安庆站站房建设规模从1万平方米增加到2万平方米。建设费用由宁安铁路公司承担0.6万平方米，市政府承担1.4万平方米(约1.4亿元)，属市政府承担资金市政府已确定由发投公司继续代行市政府出资。安庆站站前广场建设，市委、市政府已决定今后由发投公司负责组织实施，建设规模为：地面广场5.4万平方米，地下工程3.3万平方米，估算总投资1.9亿元。此外，站前广场两侧20万平方米综合体商务开发，市铁路办正在牵头编制规划设计方案，也将由公司负责组织实施。

【市林纸一体化工程】 由“安徽华泰公司”作为项目法人实施工程建设，发投公司按15%股份比例积极履行出资人职责和义务，委派董事、监事参与项目实施决策及监督管理，及时按项目进展落实注册资本金到位，并为项目贷款提供了担保手续。2011年，15万吨高档文化纸生产线完成设备安装，单机测试成功；30万吨漂白化学浆主辅机设备完成安装；4万千瓦时热电机组具备供电、供气能力；碱回收工程完成设备安装；水处理及长江取排水工程建设完成，具备取排水能力。至年底厂区建设任务全面完成。

【长风港一期工程】 长风港一期工程划分水工码头、设备、陆域配套建设等几个标段组织实施。水工码头工程至年底累计调度5188万元资金并及时支付，保障了工程基本完成建设。为促进设备及陆域配套工程能够尽快实施，以及一期工程完整建成，公司与市港口局分别3次向省交通厅汇报，要求将项目作为公共基础设施建设申请国家资金补助。11月29日交通部向省交通厅发文，安排项目专项建设资金补助3400万元。这笔补助资金是“十二五”开局以来交通部恢复对中西部地区内河港口基础设施建设项目给予补助政策后下拨的第一笔专项补助资金，也是新的发投公司首次争取得到国家给予重大建设项目资金补助。

【石门湖航运综合开发工程】 2011年1月9日施工单位进驻现场，一期工程进入施工阶段。施工计划总工期为2年。施工单位准备按计划开工时，由于大观区政府向市政府报告，要求解决失湖渔民出路问题，山口乡、山口镇村委同时提出征迁补偿要求，当地村民阻挠等原因，工程未能开展施工。为使工程顺利开工建设并有效保障当地渔户、村民利益，公司牵头市石门湖航运综合开发公司优化工程建设方案，重新进行防洪评价等项目前期工作及相关行政许可手续，取得阶段性成果。

【促进安庆市战略性新兴产业发展】 公司加快组建创投公司扶持中小企业发展，2011年11月15日已与上海常春藤投资有限公司、安庆市鑫汇担保公司签订《投资合作意向协议书》，总投资1亿元。按照市委《关于加快培育和发展战略性新兴产业实施意见》、市政府《安庆市战略性新兴产业发展引导资金管理办法》中明确的发投公司作为市政府出资人代为办理股权类投资和委托贷款业务，制定《实施细则》上报市政府待批准。同时，办理"安徽华晶机械股份有限公司"开发非晶软磁成套设备研制生产项目400万元补助资金代拨付业务，并正在办理200万元股权投资业务；规范办理"安庆中美海康通讯有限公司"无线通信系列产品研发生产项目500万元委托贷款手续。

【开发土地资源】 原种畜场流转到公司3176亩土地，目前现场道路基础设施已全面施工。公司在上年度完成以541亩土地折价1亿元参股安庆化投公司20%股权，剩余土地由其代为进行土地开发后，长风港一期工程252亩陆域用地，马窝港区一期工程提前代征61亩土地，物流信息服务中心12亩生产性服务用地等正在积极争取土地流转充实公司注册资本金工作。公司直属机构物业公司以租赁方式积极盘活公司房地产存量资产，全年实现租赁收入75万元。为提升存量资产经营效果，公司已启动二环路综合楼高品质升级改造项目前期准备工作。

【处置不良金融资产取得新成效】 2011年初启动新一轮市直不良金融资产债权处置清收，全面完成第二轮通知送达工作，确保债权有效延续。商请市中级法院及3区法院于5月13日全面启动已胜诉债权恢复执行工作。全年又处置回收3笔债权资金，共计255万元。到年底，公司共处置完结债权18笔，回笼资金3030万元，加上省直接处置可抵扣的288万元和省补助资金600万元，与市直不良金融资产处置清收总任务5160万元相比，只缺口1242万元，处于全市最好水平，全省较好水平。

【子公司经营能力盈利水平提升】 房地产开发公司"百花亭佳苑"5万平方米精品住宅小区主体工程已在2011年底完成，将于2012年元月9日举行封顶仪式，主体工程质量优良。2011年12月商品房开始预售，在当前国家实施商品房调控政策期间，预计该项目能实现良好的经济和环境效益。典当公司继续保持无绝当记录，2011年实现营业收入519万元，上缴税金100万元，实现利润213万元。环保科技公司积极向各县(市)扩展医废收运范围，至年底已和44家医疗机构签订医疗废弃物委托处置协议(其中市区24家、县区20家)，规范完成环保、卫生及物价等部门要求的覆盖范围。全年实现经营收入381万元，实现利润141万元。船代和货代公司有效开展货运代理业务及物流园租赁业务，全年收入49万元，首年实现扭亏为盈。

（发投公司）

安庆市城市建设投资发展(集团)有限公司

【概况】 安庆市城市建设投资发展(集团)公司成立于2003年1月30日，是由安庆市政府出资组建的国有独资企业，注册资本为10亿元人民币。公司主要承担城市建设投融资和部分城建国有资产运营管理等任务，是政府建设城市、经营城市的平台和载体。公司经营范围：城市建设投资、城建国有资产经营；城市土地开发；城建项目管理；工程监理与咨询；城市道路建设。

公司成立以来，较好地完成投资、融资、运营、管理和建设等各项任务，为安庆市城市建设作出了积极贡献，公司也多年被金融系统评为重合同、守信用单位。

截至2011年底，公司共筹集各类城建资金130亿元，主要有国家开发银行一轮贷款3亿元、二轮贷款15亿元、三轮贷款13.54亿元、四轮贷款13.614亿元、地震救灾应急贷款2600万元(目前保障性住房项目贷款12.24亿元已通过省开行评审、待总行批准)，国家农发行贷款40亿元，世行贷款1900万美元，发行企业一轮债券8亿元、二轮债券12亿元(目前正在积极筹备三轮20亿元债券发行)，市内商业银行贷款15多亿元，通过BT建设融资3亿多元，财政注入资本金10亿元。另外，公司还入股徽商银行和成立子公司典当公司和置业公司。

【新河水系综合治理项目申贷成功获批】 根据年初市委、市政府《关于加快水利改革发展的决定》精神，抓紧启动新河水系综合整治项目。在市各相关单位支持下，以土地储备开发整理涵盖体育中心、安踏项目、东部新城综合写字楼及周边地块项目的"安庆市新河水系整治工程"向国家农发行申请45亿元贷款。经多方努力，项目顺利列入安庆"十二五"水利建设规划，并成功申报省"861"重点项目。申贷工作历时9个多月，于9月16日正式获得中国农业发展银行批复同意，贷款金额40亿元，贷款期限10年。这也是全省农林水利项目迄今为止获得的最大一笔单笔贷款。项目建成后，对连接沟通城区排水片，充分发挥城市现有的排涝泵站的排水能力，增强水系区域内防洪排涝能力,改善区域内居民生产、生活条件,改善区域内水体生态环境,推进城乡一体化建设,都具有重要意义。

【保障性安居工程向省开行申贷初步通过评审】 按照市政府统一部署,市城投公司积极启动市保障性安居工程向国家开发银行申贷工作。经过与省开行和省建设厅多轮对接,顺利完成申贷项目可研编制,并通过省开行对安庆市财政、土地、房产等相关单位近4年报表和未来10年财政建设支出计划数据的评审测算以及申贷项目的初评,最终核定安庆市本级水岸花都(长青苑棚户区改造安置小区)和中心区南片顺安路棚户区改造安置小区、圣埠棚户区改造安置小区等3个保障性住房项目贷款额度12.3亿元。根据国家宏观政策和开行要求,公司形成专题报告市政府,请求帮助协调市直相关部门出具申贷所需相关协议和批复,落实申贷项目4项审批文件及抵押物等事宜,争取早日满足开行申贷条件,尽快落实贷款到位。

【加强城建资金审核、调度和拨付工作】 2011年,城投公司共计拨(支)付各类城建项目资金115360万元,其中市本级城建重点项目103810万元,平台贷款项目11550万元;共计归还和支付本息86237万元,其中市本级本息合计69675万元(本金43545万元,利息26130万元),平台项目本息合计16562万元(本金11549万元,利息5013万元)。为确保有限的城建资金节约、合理、有效使用,公司一方面严格执行资金拨付审核制度,确保资金使用规范、透明;另一方面通过参与招标文件设置、工程建设现场核实以及对提款申报资料的审核,力促建设资金发挥出最大的经济效益。

【推进世行贷款项目建设】 2011年,市城投公司全力以赴推进世行贷款项目建设,6月,公司抽调精干人员组成世行项目建设现场办,专项对接世行贷款项目建设各项工作。总计完成曙光路施工图设计及招标工作,并于7月8日正式开工建设,到年底基本完成路基处理及雨污水管道施工;完成德宽路、沿江西路所需的地形测绘工作,并开始进行交通管理设施设计;湖心路初步设计顺利通过由省发改委组织的专家评审。

【保障市政务新区和体育中心项目建设】 公司多渠道筹融集资金,加大资金投入力度,全力保障市政务新区和体育中心项目建设资金需求。到年底,市政务新区项目主体结构土建除信访中心(约2600平方米)外已全部完工,完成投资44552万元(含缴纳土地出让金23687万元)。市体育中心项目已完成征地1338.81亩,支付征迁费用2997万元;拆迁房屋面积156914.45平方米,支付拆迁费用6689.09万元;已确定哈尔滨工业大学建筑设计研究院为设计单位,现可行性研究报告编制、地震安全性评估等工作已结束,地质勘探和场地平整已经完成,即将正式动工。

【整合土地资源工作】 公司加大土地报批等项工作。通过参加市政务中心土地招拍挂,获得526.4亩国有土地使用权;为满足向国家农发行申贷需求,经报请市政府批准,将原市苗圃、园艺场、长航沙漠洲土地4059.5亩及政务中心东侧163.8亩土地使用权证,变更至城投公司名下;为置换抵押广发证券土地,先后将振风大道两侧742亩土地使用权证变更至城投公司名下;顺利完成体育中心、安踏工业园、机场大道等8个项目土地1852亩土地报批工作,缴纳报批规费共计1.67亿元。为市城建项目向金融机构融资、建设,提供基础保障。

(城投公司)

安庆市化工建设投资公司

【概况】 2010年1月29日,安庆化工建设投资有限公司正式成立,注册资本为5亿元。安庆化工建设投资有限公司作为安庆化学工业区的投资平台,负责化学工业区的开发建设融资,土地开发整理,参股投资发展优势产业和优势企业,建设、经营、管理区内公用工程和公共服务设施,提供化工物流、化工科技咨询、物业服务。2011年底,公司着手谋划推进占地400亩的化工信息物流商务中心和1660亩化学工业区起步区土地平整项目建设,为化学工业区开发建设创造基础条件和提供信息物流服务。全年筹集各类化工建设资金计6.5亿元。

2011年是产业集中区由"打基础"向"见成效"迈进的承上启下之年。公司开展基础设施建设攻坚年、产业项目落地突破年、800万吨石化炼化一体化项目服务年"三项活动",完成凤凰片打基础的各项工作,启动山口片打基础的前期工作。

【整体推进基础设施建设】 4平方公里区域初具入园条件。凤凰片骨干路网建设全面拉开,完成路网投资8亿元,形成茅清路、霞虹路、环湖西路"三纵"与皇冠路、勇进路"两横"的合围,完成茅清路、皇冠路供水、供电、电信等公用工程配套建设。凤凰片公用工程整体布局,整体推进工业水厂、电力通信、供热中心、码头、公共管廊带等公用工程配套建设。年底,投资2亿元的凤凰作业区已展开可研、环评等前期工作,投资5亿元的供热中心完成建设方案规划,投资1亿元的公用管廊带完成可研和初步设计。经过建设,形成初具入园条件的4平方公里开发区域。

【开发合作建设项目】 紧紧围绕800万吨炼化一体化项目提供的200万吨/年原料,坚持抓重点项目招商、产业链招商,已签约项目总投资达150亿元。一是承接产业转移取得突破。与上海华谊(集团)签订共建化工新材料基地战略合作协议,总投资达100亿元,预计年产值130亿元,占地面积达1平方公里。华谊的引入,将在产业支撑、公用工程、园区管理和国际合作等方面,全面提升开发水平。二是央企合作开辟合资新篇章。在保障石化炼化一体化项目建设进展顺利的基础上,深化与中石化的项目合作。曙光与中石化合作投资40亿元,新建煤制氢、丁辛醇等项目,有力促进了曙光综合改造,奠定了百亿曙光的发展基础,开辟了地方与央企合作的新篇章。三是技术创新提升民营经济。泰发能源科技公司民营资本与山东济南石油规划院开展技术合作,投资6.5亿元液态烃项目顺利开工建设,完成投资4亿元,明年初可试车。

【依法和谐征迁工作】 争取用地批次指标和独立选址指标的支持,先后落实和批准1000亩路网建设用地和1200亩产业项目建设用地,保障路网快速建设和项目如期落地。基本完成起步区898亩征地和泰发能源公司352亩项目供地,基本完成起步区住户房屋拆迁和企事业单位拆迁。全面启动市种畜场职工住宅和附属物的拆迁。成立产业集中区公安执法站,一线服务保障开发建设,维护社会和谐稳定。

(化投公司)

栏目编辑:刘帅钢

第五届中国黄梅戏艺术节

为庆祝新中国建国60周年,贯彻落实省委省政府关于“打好徽字牌,唱响黄梅戏,建设文化强省”的文化发展战略,展示国家级非物质文化遗产——黄梅戏艺术的传承、发展、辉煌实绩和优秀成果,宣传文化生态环境,加强区域合作,扩大对外开放,促进安庆崛起,促进经济与文化共生共长,由文化部、中央电视台、安徽省人民政府联合主办,中国剧协、安徽省文化厅、安徽省广电局、CCTV—11、安庆市人民政府共同承办的第五届中国黄梅戏艺术节于2009年10月30日在安徽省安庆市举行。

本次艺术节展演黄梅戏有《独秀山下的女人》、《徐锡麟》等16台新剧目,并举行了安庆、马鞍山、宣城、黄山、铜陵、芜湖、池州等“皖南七市戏曲票友大赛”。这届艺术节,市县(市、区)共开展10大类50余项系列活动,其中特色专题节目如桐城市“桐城派文化艺术节”、潜山县“天柱山旅游文化节”、怀宁县“孔雀东南飞文化节”、太湖县“花亭湖旅游文化节”、岳西县“大别山红色旅游文化节”等节庆活动。

经济监督管理与服务

发展和改革

【概况】 2011年，地区生产总值增幅13%以上；全社会固定资产投资突破800亿元，增幅达到25%以上；社会消费品零售总额增长19%；城镇人均居民可支配收入增幅达15%；争取中央、省各类投资补助占全省的份额超过10%。

做好国家和省补助资金争取工作。推进重点项目建设。坚持把项目作为切入点和突破口，项目数量、投资规模和进度再登新台阶。2011年，全市"3231"计划安排重点项目443个，总投资3684.2亿元，年度计划投资286.7亿元。其中续建和新开工项目226个，全年完成投资316.2亿元，完成年度计划的110.3%，较上年增长27.3%；其中省"861"重点项目228个，计划投资162.6亿元，累计完成投资215.3亿元，完成年度计划的132.4%。

牵头做好战略性新兴产业培育和相关项目谋划工作。组织开展市战略性新兴产业领导小组办公室全面工作，全市战略性新兴产业动员大会顺利召开，出台《关于加快培育和发展战略性新兴产业的实施意见》。市领导小组办公室先后会同经信委、财政局、科技局等有关部门，拟定并报请市政府印发《安庆市战略性新兴产业引导资金管理办法》，制订《安庆市战略性新兴产业发展引导资金项目综合评审实施细则》，组织2011年全市战略性新兴产业项目的申报、储备、初选和评审工作，下达总额1.04亿元的2011年度引导资金，扶持西锐重工、海康通讯、安簧精锻等10个新兴产业项目。帮助相关企业申报省级新兴产业引导资金并取得成效，华茂众恒公司非晶软磁项目获1000万元省战略性新兴产业资金支持，桐城恒昌光伏玻璃项目获省高技术产业发展资金300万元。

开展承接产业转移示范区建设工作。高标准抓规划编制。结合全市"十二五"发展规划，围绕建成全国重要的石油化工和轻工纺织产业基地的示范区规划定位要求，科学编制"6+2"重点产业发展专项规划。至年底，已全部印发实施。按转型升级的要求抓产业支持政策的落实。出台含金量较高、可操作性强的优惠政策，主要集中在投融资、财税、土地等方面，同时不断完善城区实行园区项目准入制度。进一步提升园区承载能力。全力推动各开发区扩容升级和资源整合，市省级以上开发区(含筹建)已增加到18个，数量占全省的近12%，园区规划面积276.16平方公里，已建成面积近100平方公里。积极推进工作创新。抓住示范区建设"先行先试权"这一难得的政策机遇，大胆探索创新，在推进示范区建设上实行"五个统一"即统一规划布局、统一资源配置、统一政策标准、统一项目准入和统一管理服务。扎实做好节能减排工作。严格落实节能减排责任制，完善和实施节能减排目标责任评价考核办法。

做好社会事业及基层医改工作。优先发展教育、完善现代教育体系。着力推进学前教育推进工程试点工作。加大职业教育基础设施建设。继续普及和巩固义务教育，逐步建立覆盖城乡居民的基本公共教育服务体系。积极推进医药卫生体制改革。基本医疗保障制度、基本药物制度、基本公共卫生服务均等化和基层医疗卫生服务体系建设全面推进，全市基层医疗卫生机构和一体化管理的村卫生室全部配备使用基本药物和补充药品，实行药品零差率销售，国家基本药物制度在基层实现全覆盖。完善城乡医疗服务体系，推进公共卫生服务均等化。完成疾病预控体系建设。推进医疗救治体系建设。深化卫生监督体系建设。着手构建涵盖居民健康档案管理、疾病防控、全科诊疗交流、药品管理、收费管理等功能模块的区域内公共卫生服务信息平台。构建统一规范的全科医生培养模式和"首诊在基层"的服务模式。推动文化事业和文化产业协调发展。推进文化旅游产业融合发展，做好文化遗产保护，完善公共文化服务体系，以基础设施建设促旅游产业规模开发。

【争取国家和省补助资金】 全年共争取中央和省补助资金16.6亿元，带动地方投资35.7亿元。其中中央预算内资金15亿元(含大中型水库移民直补及后期扶持资金1.35亿元)，省统筹及配套资金1.6亿元。同时发改系统还积极配合有关部门落实中小学校舍安全工程中央及省统筹资金6.9亿元(含中央预算内资金3272万元)、交通项目建设资金2.12亿元等。

【节能减排】 严格落实节能减排责任制，完善和实施节能减排目标责任评价考核办法。继续开展循环经济示范、试点工作。选择一批企业积极试点；利用工业园区的建设，实现产业的聚集，达到对资源进行循环利用；结合社会主义新农村建设和生态家园富民工程，开展沼气等新型能源的利用。扎实做好节能评估和审查。至12月31日，市发改委机关审批、核准、备案项目按照要求编制节能评估报告书、报告表和填写节能登记表项目共52个，市发改委机关固定资产投资节能评估执行率达到100%。

(市发改委)

国土资源管理

【概况】 2011年，全市国土资源管理工作稳步推进。

主动服务，为加速崛起提供资源保障，千方百计拓展用地空间。年内省国土资源厅下达市土地利用计划指标(含奖励指标)共有5400多亩。为更好地保障地方发展，服务皖江承接产业集中区建设，省国土厅加大扶持力度，全年省厅已批准22个批次建设用地，批准面积17118.4亩(农用地占7380.9亩)，其中市城区7500亩(农用地占5002.5亩)；单独选址项目全市共批准5235亩，其中市城区3737.9亩，这些用地指标的解决有力地保障市经济发展对土地的需求。开展节约集约用地调研，落实节约集约用地政策，全面开展开发区土地集约利用评价工作，根据国土资源部和省国土资源厅部署，清理处置闲置土地，加大批而未供土地清理和处置力度。确保重大建设项目用地。超前谋划，主动服务，完善国家和省市重大项目用地预审绿色通道，完成重点建设项目用地预审55宗，国家和省批准市重点建设项目用地3个2063.8亩，及时完成项目用地预审任务。

坚守红线，优化配置，着力加强耕地保护。耕地保护工作的任务落实、责任到位，市耕地保有量613.49万亩，基本农田保护面积472.36万亩，任务全部分解到县、乡、村，层层签订"耕地保护目标责任书"，并研究制定符合市实际的保护措施。2011年省国土厅下达给市补充耕地的任务有19950亩，已完成新增耕地21634.1亩，超额完成补充耕地的任务。强化矿产资源管理。省第二批《矿产资源开发整合实施方案》，确定全省矿产资源开发整合矿区56个，其中安庆市7个，整合后重新设立采矿权8个，资源整合工作如期完成。至年底，颁发采矿许可证6个。另2个采矿权整合工作完成，登记资料基本就绪，因环评限批尚未发证。加大矿产资源储量评审的监管力度，抓好对市级2家矿产资源储量评审机构与矿产资源储量评估员的考核工作，加强对储量评审机构和储量评估员的日常监督管理。建立市矿产资源储量评审备案管理制度，针对评审机构和矿业权人提交的材料进行审查，符合要求的，出具备案证明，报经领导审核后签发。在储量备案工作中，要求自收齐备案材料之日起10日内完成并送评审机构，不符合要求的，10日内退回储量评审机构。

创新管理，服务民生。切实维护被征地农民合法权益。按照征地补偿标准两年一调整的规定，开展征地补偿标准调整听证会，完成全市征地补偿标准调整工作，保障被征地农民现时生活不降低，长远生计有保障。对征地程序履行不到位、征迁补偿和社会保障措施不落实的不予供地，切实维护被征地农民合法权益。着力保证保障房用地供应。严格执行房地产用地调控政策，对廉租房、公租房和经适房用地实行计划单列，应保尽保，落实用地750亩，圆满完成全市21452套保障性住房建设供地任务。加强地质灾害防治，保障人民群众生命财产安全。根据国务院《地质灾害防治条例》、《关于加强地质灾害防治工作的决定》要求，开展2011年度地质灾害防治工作。推进保证金的缴存工作和矿山地质环境保护与综合治理方案编制工作。市本级和8个县(市)区都以招标或协议形式确定保证金缴存银行，全年市共有129家矿山全部或部分缴存保证金合计1590.58万元。局和各县(市)区对本级发证的矿山和省厅发证安庆市负责审查的矿山下达编制矿山地质环境保护与综合治理方案的通知,已有115个矿山完成方案编制并通过评审备案。做好国土资源信访工作。全年共接待来访群众42批次97人次;受理来信135件,其中省厅转办98件;接听举报电话136个,其中省厅转办76个。认真对待每一个群众举报、信访复查以及上级交办的信访案件,如省厅交办的望江县、太湖县经济开发区用地问题,市政府转办的宜秀区白泽湖乡企业非法转让土地等重大信访问题,严格按照规范程序认真进行调查和处理,并按时报结。

建立健全各项执法监察制度。制定《安庆市国土资源局行政处罚自由裁量权实施暂行办法》和《安庆市国土资源局行政处罚自由裁量权实施暂行标准》,已报市政府批准,规范行使国土资源行政处罚自由裁量权,全面推进行政执法行为。拟草《安庆市人民政府关于建立土地执法共同责任制的意见》,建立健全土地执法共同监管责任机制,明确各级政府及有关部门在土地管理中的职责和分工,形成政府领导、国土资源部门牵头、有关部门配合、社会各界广泛参与、齐抓共管的土地管理体系,切实保护国土资源。组织开展2010年度卫片执法检查工作。严格依法查处国土资源违法案件。在继续加大对土地违法案件的查处力度的同时,加大对矿产违法案件的查处力度,先后组织安庆市宏鑫矿业有限公司越界开采案、安徽中宜矿业有限责任公司越界开采案等多起大案要案的调查。与此同时,不断提高案件查处的质量和水平,强化查处工作为经济发展服务的观念。查处突出重点,对那些严重违法行为坚决查处,同时又要按照"既查事又查人"的原则,追究违法违纪者的责任。继续开展执法模范县创建活动。由执法支队牵头开展国土资源执法模范县创建活动,枞阳县和望江、潜山县分别获得"全省国土资源执法模范县"和"全省国土资源执法先进县"称号。

2011年市国土资源系统的"两整治一改革"专项工作获国土部表彰,被评为全国先进集体。依法行政工作富有成效。召开全市国土资源依法行政和法制宣传教育工作会议,出台推进依法行政加快建设法治国土的实施意见,印发国土资源系统"六五"普法规划,明确建设法治国土的任务措施。及时办理国土资源涉法案件,受理行政复议案件7件,办结7件,应诉国土资源行政诉讼案件1件。规划和监管工作有序开展。全市各县(市)土地利用总体规划已获省政府批准。市、县两级矿产资源总体规划(开发利用实施方案)已全部批准实施。完善土地市场动态监测与监管,将土地供应、开发利用、市场交易、收购储备等数据及时准确全面地录入系统。开展土地出让金催缴和土地出让合同清查活动,不断加大土地出让后监管工作。认真做好市城区国有土地使用权登记发证工作。矿政基础工作继续夯实。采矿权登记数据更新与换证收尾工作全面完成。省级发证的采矿权均出具初审意见;市、县两级发证的采矿权全部按要求变更坐标系,核查存在的问题基本得到纠正和处理,全面清理市、县两级登记数据库,全市市、县两级发证的有效采矿权为232个。省厅发证采矿权49个。2011年全市共出让、延续、变更采矿权26宗,收取采矿权价款1432.784万元。完成省厅登记发证采矿权资料审核和上报15宗。档案管理正向着规范化、法制化轨道迈进,馆藏档案资料已达14.2万多卷,全年为社会及各项国土资源工作提供有效的服务239人次1195卷。

【节约集约用地】 清理处置闲置土地,加大批而未供土地清理和处置力度。全年全市出让土地使用权827宗,面积1185公顷,土地收入64.6亿元。其中商服用地77宗,面积161公顷;工矿仓储用地338宗,面积483公顷;住宅用地306宗,面积290公顷;其他106宗,面积251公顷;全市划拨用地共141宗,面积361公顷;三类保障性住宅面积204公顷,其中保障性住房用地21宗,面积106公顷;中小套型面积98公顷,占全年住宅用地供应总量的70%以上。

【地质灾害防治】 开展2011年度地质灾害防治工作。全年全市共发生各类地质灾害灾情险情36起,其中灾情15起(达到统计标准的37起)、险情21起;按灾种分滑坡4起、崩塌30起、地面塌陷2起(其中采空塌陷1起,岩溶塌陷1起),规模均属小型,灾情等级为小型,未造成人员伤亡,直接经济损失29.05万元。全年市成功预测10起地质灾害,及时转移人口14户58人。"1·19"杨桥地震后,技术专家参与主要在杨桥镇范围内开展的次生地质灾害排查,确认有5处危岩崩塌隐患,其中隐患等级为中型的2处,小型的3处,该5处隐患点纳入地质灾害群防群测的管理,并作为重点治理项目。

【卫片执法检查】 国土资源部部署2010年度土地矿产卫片执法检查工作以来,市各级政府高度重视,认真组织开展执法检查工作。此次卫片执法检查,市土地卫片涉及1212宗用地,监测面积

31745.58亩。合法用地455宗，面积22574.25亩，其中占用耕地11556.36亩；违法用地388宗，面积2149.2亩，其中占用耕地1180.49亩，违法占用耕地面积占新增建设用地占用耕地总面积的比例为7.06％。结合土地变更调查正在消化、处理、解决部分违法用地行为，确保全市实现零问责。矿产卫片共19个图斑，合法图斑6宗，违法图斑10宗，伪变化3宗。市3区违法用地29宗，地块面积359.3亩，其中占用耕地236.8亩；越界开采矿产资源1宗。已立案查处29宗，非立案处理1宗，应罚款金额217.36万元，已罚款到位79.69万元；应没收违法建筑物面积42.25万平方米，已全部没收到位。

【地籍测绘登记】 做好市城区国有土地使用权登记发证工作，市城区全年完成发证14460份，土地抵押登记207份，土地随房产抵押的261份，为政府和社会融资达129.32亿元，为市经济和社会的发展发挥应有的作用。完成土地查封登记和土地案件协助查询共10起。市农村集体土地确权登记发证工作稳步推进。全市农村集体土地所有权已登记发证2021宗，发证率为97.30％；集体建设用地使用权已登记发证2276宗，发证率为19.99％；宅基地使用权已登记发证69万宗，发证率为52.32％。市辖3区农村宅基地发证航摄内外业工作已经完成，并已通过省厅验收，为市辖3区农村宅基地发证工作奠定基础。

（王　夏）

物 价 管 理

【概况】 2011年，市物价局牢牢把握稳价工作首要任务，切实发挥价格职能作用，综合施策，主动作为，价格调控工作取得明显成效。完善价格调控机制。及时出台稳价政策。提请市政府建立控价工作联席会议制度和价格调节基金管理制度；出台8条保供稳价的政策措施；完善新建商品住房价格备案管理制度和价格调节基金征收使用管理暂行办法。经市政府同意，市物价局等6部门完善价格补贴联动机制。密切关注市场价格动态。增设价格监测点18个，重点加强70个商品价格的跟踪、预警和应急监测，积极开展“价比五家”和市区农贸市场实时行情发布工作。坚持价格监测数据评估与分析制度，为市委、市政府领导提供稳价决策参考。强力落实具体措施。积极助推“农超对接”工作进程，主动引导蔬菜种植基地与市区主要超市对接。及时启动价格补贴联动机制，全年共对城区44335名城乡困难群众发放价格补贴327.192万元。运用蔬菜副食品价格调节基金200万元平抑市场物价。物价过快上涨势头得到有效遏制，全市居民消费价格涨幅5.5％，低于全省0.1个百分点。扩大价格部门社会影响。多渠道、全方位加强价格宣传。完善价格宣传工作制度。在安庆电视台和安庆广播电台分别开辟《今日菜价》、《安庆物价》专题栏目。定期将价格工作动态向主要媒体通报。认真做好“1584”政风行风热线工作，对网民的投诉举报，及时予以受理和查处，全年受理群众价格投诉举报和价格政策咨询650件，办结率100％。利用相关媒体公布市区5家大型超市16个居民生活必需品的零售价格。全力打造阳光政务。督促市区6家医院安装价格政策和收费标准触摸显示屏；对社区128个涉民价费公示牌的内容进行完善和更新。实行网络问政，对安庆物价网进行全新改版。全年上报价格信息宣传稿件210条（篇），编发各种价格政策宣传材料2.89万余本，向各类服务对象发布价格法规政策信息近3600条。形成涉民、涉农、涉企价格调研报告37篇。加强机关建设，市物价局价格成本队和价格监测中心分别更名为价格成本监审局、价格监测局，价格工作职能进一步增强。坚持依法行政。研究制定“六五”普法规划和2011年度普法计划，坚持“一月一法”宣传教育制度。实行党风廉政建设“一岗双责”。聘请常年价格法律顾问和38名物价监督员。建立和完善30多项规章制度。深化“两集中、两到位”行政审批制度改革。办理价格认证、价格鉴定246件，标的额51亿元。对12种（次）商品和服务项目的成本进行监审，共核减不合理成本4612.46万元。2011年安徽省《政府法制建设》第四期（双月刊）专题介绍安庆市物价局依法行政工作。

【监管涉民价费】 整治教育收费、殡葬服务价格、部分公交线路票价、公路客运票价、部分停车场服务收费和游览参观点门票价格行为，召开城区出租车运价调整听证会，指导和规范农村乡镇自来水价格。规范主要农贸市场摊位费、进场费。降低299种药品最高零售价，平均降幅达21％，年减轻患者负担180万元。审定部分医院大型医疗设备检查收费标准，加强医疗器械价格监管。有效应对价格异常波动。实行部分群众生活必需品提价告知制度，从严控制政府性提价项目出台。及时运用提醒告诫、价格检查、宣传引导等多种手段，有效控制居民生活必需品价格的过快上涨。公布2011年涉农行费和经费的项目和标准。降低农副产品流通成本达579万元。着力抑制商品房价格的过快上涨。加强新建商品房的成本认证和价格备案管理工作，审核新建商品住房项目30个，剔除不合理成本4.80亿元，实现市政府年度房价控制目标。市商品房成本认证工作被省价格认证中心作为"安庆模式"在全省价格系统加以推广。

【优化经济发展环境】 服务市场投资主体发展。对示范区生产经营企业，凡是价格政策赋予的用足用活；凡是价费标准有上下线的，一律按下线执行。开展"价格服务企业行"活动，听取骨干企业代表对价格部门服务示范区建设的意见和建议。开展示范区价费政策效应评估工作。清理整顿涉企收费。加大对园区收费优惠政策重点督查力度，取消、降低12项行政事业性和经营服务性收费，全年减轻企业负担1758万元。通过行政事业性收费年审，查出违规收费金额300余万元。对全市26个社团的收费项目进行清理整顿，取缔8种乱收费行为。

【规范市场价格秩序】 加大市场价格检查和巡查的频次和力度。严厉打击各种价格违法行为，引导经营者加强价格自律。采取紧急措施稳控食盐市场，快速平息食盐抢购风波。开展涉农、医疗、教育、商品房和液化气等价费专项检查，全市查处价格违法案件218件，涉案金额1174.5万元，其中退还消费者457.17万元。向省局争取价格政策，疏导安庆长江大桥公交票价和安庆石化上网电价的矛盾。出台医疗危险废物集中处置收费相关政策。

（黄　结　纪新乐　洪　新）

工商行政管理

【概况】 市工商行政管理局辖8个县（市）工商局、5个工商分局，共77个工商所；下属3个直属单位；主管3个协会、1个学会。2011年，市工商行政管理局扎实开展打击侵犯知识产权和制售假冒伪劣商品专项整治行动，市局、桐城市局、枞阳县局和迎江分局分别荣获国家或省工商局"双打"工作先进集体。扎实推进依法行政，市局及下辖县（市）区局均荣获省市政府"五五"普法先进集体。

【加强市场监管】 继续强化流通环节食品安全监管。全市工商部门创新工作方式，为抓住食品经营源头，全面推进"票证通"系统安装、使用。至6月底基本上实现全覆盖。积极开展各项食品市场专项整治工作。加强流通领域食品质量监测工作力度，全年共查处食品案件569件。开展"红盾护农"行动，全市工商部门加强对种子、化肥、农药、农机及零配件等农资商品的监管，全年共查处农资案件420件，案值805万元，查获劣质化肥6000公斤，受理农资投诉125件，为农民挽回经济损失145万元。继续加大查处取缔无证无照经营工作力度，全市工商部门在过去的创建证照管理示范街的基础上，依据省局部署，在县（市）区开展"一城联创"工作。全年共排查无证无照经营户6250户，查办无照经营案件570件，取缔无证无照经营户775户。开展打击侵犯知识产权和制售假冒伪劣商品工作。自2010年11月至2011年6月，全市工商系统开展打击侵犯知识产权和制售假冒伪劣商品专项整治行动。全市系统出动执法人员49878人次，检查市场经营主体75036户，立案查办制售商标侵权和假冒伪劣商品案件1636起，结案1452起，涉案金额832.9万元，专项整治期间捣毁制假售假窝点22个，受理和处理消费者申诉和举报222起，为消费者挽回经济损失77.6万元。开展打击传销"皖剑"行动，全系统共查处违法传销窝点83个，驱散参与传销人员845人次，全市共开展宣传活动50次，媒体宣传25次，散发宣传材料25800余份，张贴宣传画1200张，发送手机短信10万余条。加大文化娱乐场所执法检查力度，全市工商系统共查处取缔无照经营网吧24户，取缔无照经营音像制品摊点12家，收缴非法出版物90余本。加强广告监管工作。全年共办理登记户外广告1261份，查处未经登记擅自发布户外广告案件15件，共监测各类媒体广告9768条（次），共查处各类虚假违法广告案件42件。多措并举扎实推进网络市场监管，全年累计开展网络市场巡查1800余次，发现涉嫌虚构市场主体、超范围经营、虚假宣传等案源线索20余条，依法立案查处网络虚假宣传案件3起。

【服务经济发展】 全市工商部门执行"并联"审批、完善"一站式"服务，通过放宽准入限制、简化登记程序、缩短办理时限、创新企业登记管理等方式，对有利于经济发展的大项目，主动提前介入，做到特事特办、急事急办，切实降低办事成本。对下岗失业人员开辟“绿色通道”，缩短审批时限，提高行政效率，全面推行“一站式”服务和“首问责任制”，实行“三优先”，即优先受理、优先审批、优先发照，并采取预约上门服务。主动搭建融资平台，助推经济发展。全年利用股权出质登记帮助企业融资23.25亿元，办理商标专用权质押贷款13件，帮助企业融资7810万元，有效促进投资增长。实施商标战略。全年市新申请商标2143件，新增注册商标1976件，有效注册商标总数达7127件，新增中国驰名商标1件、安徽省著名商标41件、安庆市知名商标39件，市现有中国驰名商标总数7件，安徽省著名商标101件，安庆市知名商标148件，其中中国驰名商标和安徽省著名商标数量在全省各地市中均排名第二。另有4件商标申请马德里商标国际注册，马德里商标国际注册有效件数8件。做好2010～2011年度“守合同重信用”企业辅导申报工作，共认定安庆市“守合同重信用”企业229户，辅导157户企业获得省级以上“守合同重信用”企业。全年共办理动产抵押登记574件，融资达36.9亿元；拍卖备案123起，成交金额15亿元；设立合同帮农服务指导站98个，指导签约涉农合同6562份，金额达1.2亿元。

【强化消费维权】 推进“12315”行政执法体系建设。“12315”消费者申诉举报信息化系统正式投入使用，“12315”进村镇、进社区、进企业、进市场、进超市覆盖面逐步扩大。全年共受理消费者申诉、举报2072件，比上年增长60.87%，申诉涉及争议金额10.31万元，为消费者挽回经济损失10.2万元。通过加大监督检查力度，治理公共服务行业推行强制服务、指定消费和乱收费等损害消费权益的问题。

（戴　勇）

质量技术监督

【概况】 2011年，市质监系统以服务发展为主题，以促进经济发展方式转变为主线，以强化监管为重点，着力提高依法行政、科学监管和技术保障水平。坚持紧抓企业质量主体作用，强化质量工作载体推动，建立大质量工作机制，实现政府主导、企业主体、部门联动，共同提升质量发展总体水平。大力实施名牌战略。

推进技术标准发展战略。加大工作实施和政策激励力度。组织召开全市标准化工作会议，对全市20家实施技术标准发展战略先进单位予以重奖。积极争取地方党委、政府对标准化工作的重视和支持，推动桐城、太湖、潜山等县（市）对实施技术标准发展战略单位分别给予较高的政策奖励。开展新一轮农业标准化示范区的建设工作。新增农业标准化示范区项目5项，其中国家级1项。新增岳西“高山茭白”国家地理标志保护产品1个，全市总数已达2个。组织申报制订国家、省地方标准项目计划。全市制定国家、行业标准12项，省地方标准19项。组织申报省地方标准制订计划30项，至年底，已批准制定的省地方标准有8项。促进企业标准体系建设。全市共有7家企业通过标准化良好行为体系确认，其中获得AAAA级确认企业1家。筹建安庆标准分馆。与省标准化研究院商谈，依托国家石油化工产品质量监督检验中心标准信息库，达成筹建安庆市标准信息平台意向。充分发挥计量社会基础作用。推进诚信计量体系建设。继续开展商贸企业计量诚信体系建设活动，引导企业逐步加入计量诚信承诺单位队伍。加强计量授权机构监管。对全市17家水电等授权机构进行一次全面监督检查，督促相关机构按范围、按规程开展检定工作。开展计量惠民活动。强化商品计量监管，抓好与老百姓生活密切相关的定量包装商品的计量监管，上半年共抽查各类定量包装商品35组。组织开展乡镇医疗机构强检计量器具免费检定试点工作，提高农村基层医疗机构强检计量器具受检率和合格率，有效保障广大农民群众就医安全。联合市商务局启动开展标准化菜市场在用衡器“四统一”管理试点工作，加强标准化菜市场的计量监督管理。做好强制检定工作。上半年对安全防护用压力表的使用单位进行一次全面排查，查出超周期未检定压力表550余只，消除安全隐患。

强化食品安全监管，加强特种设备安全监察。加大质量安全监督力度。全面部署开展重点消费品质量安全整顿工作。建立十三类重点消费品企业质量档案，着重加强对卫生纸、室内加热器等产品质量监督检查工作。加强质检机构监督管理工作。组织开展化工产品生产企业监督检查工作。为严厉打击食品非法添加行为和滥用添加剂行为，对全市化工企业分类、分片开展专项监督检查工作，为相关38家化工生产企业建立企业档案，签订承诺书或书面声明，对未办理生产许可证企业依法进行查处。规范开展产品质量监督抽查。累计产品质量监督抽查1290批次，合格1173批次，合格率90.93%，比上年同期90.15%上升0.78个百分点。潜山县源潭镇制刷产业还获批筹建市首家省优质产品示范区。提升执法打假工作水平，依法查办一批涉及农资、建材、涂料、白酒、电力电缆、汽车、包装印刷物等范围的大、要案，打击违法分子，维护市场的公平和群众的利益，提升质监部门依法行政水平和执法公信力。

增强质监技术保障。快速推进公共技术平台建设，国家石化质检中心项目9月份顺利通过国家“三合一”评审，国家高分子材料质检中心项目由省局和市政府召开专题建设联席会议，项目实现当年开工当年封顶；省水产品质检中心(宿松)正加大力度积极完善中心软硬件建设，争取发挥更大效益；自筹投资1600万元的省特种设备考核培训中心(安庆)项目6月初封顶，正加紧进行内外装修；省水泥及制品质检中心(怀宁)项目顺利得到省局批复，于10月初破土动工；市纤检所顺利完成HVI国家实验室的认可监督复查，提高实验室的工作效率和管理水平。推动激励质监科技工作，皖西南质检中心参与起草的两项安徽省地方标准通过专家审定。市计量测试所大口径气体流量标准设备成功运行，为拟建安庆城市能源计量中心起到良好的开端；该所国家级“标准电阻”项目研制成功并以很高评价通过总局验收，填补国内该项空白。着力提升技术机构能力建设，各县(市)局主动融入地方经济发展，围绕重点产业和开发园区，积极筹建省级以上中心或专业特色实验室。

服务地方党委政府中心工作。年初宜秀地震发生后，市局严格把好各类运往灾区的生活资料、灾民安置和灾后重建物资的质量安全关，加强对辖区内石油化工等重点特种设备使用单位的安全巡查和技术服务工作力度。并在较短时间里将筹集的棉衣、棉被等救灾物资以及募捐款火速送往地震灾区，支援抗震救灾和灾后重建工作。加强对全市骨干企业及重点项目和工程的调研帮扶工作，加大同地方政府及开发园区和专业园区的对接合作力度，与社会各界搭建良好的交流与沟通平台，找准服务方向和重点。年内，全系统再次荣获安庆市第三届文明行业称号。桐城市质监局荣获“全国质量监督检验检疫系统先进集体”称号，是全省质监系统唯一获得此项表彰的单位。

【实施名牌战略】 争创安徽名牌和安徽省卓越绩效奖。新获13个安徽名牌。推进名牌战略服务体系建设，组织开展《卓越绩效评价准则》等先进管理方法培训，帮助企业全面提高经营管理水平。启动实施市政府质量奖励制度。推动《安庆市政府质量奖管理办法》正式出台，开展质量奖标志征集，加强评审专家队伍建设，年底初评选出首届市政府质量奖企业。推动太湖和望江两县出台县政府质量奖励制度。推进质量信用等级评价工作。召开全市质量诚信体系评价培训会议，邀请专家作专题培训。进一步修改完善《安庆市质量信用等级评价意见(试行)》，努力推进经济社会信用体系建设。扎实开展质量月活动。成功举办2011年“品牌安庆·质量月”大型宣传展示会活动，推选的盛运机械等3家企业获首届“长三角50家名牌企业和质量先进单位”。

【强化食品安全监管】 严格实施食品生产许可。抽调专人成立食品生产许可证审查中心，制定印发《安庆市质量技术监督局食品生产许可工作规则(试行)》。全市共有840家食品生产加工企业持有966张食品生产许可证证书。强力开展严厉打击食品非法添加行为和滥用食品添加剂专项工作。对1648家相关食品生产者开展监督检查，对383家食品生产者使用食品添加物质情况进行登记，督促企业严格落实原材料采购验证制度，按照食品安全标准规定的使用范围和用量使用食品添加剂；对辖区内3家食品添加剂生产企业开展专项监督检查，督促其严格执行有关制度和要求。围绕食品安全风险信息，开展食品安全日常监管。出动执法人员4259人次，监督检查食品企业及生产加工小作坊2685家，发现问题食品生产者212家；以监督企业整改为重点，立案查处案件47起，移送司法机关案件1起，吊销食品生产许可证2张；省市县级监督抽查食品795批次，合格773批次，合格率97.2%；抽查食品添加剂4批次，合格4批次，合格率100%；抽查食品相关产品165批次，合格156批次，合格率94.6%，食品产品质量总体保持稳定态势。创新推行食品安全新举措。出台《关于实行食品生产企业法人代表履责报告制度的意见》等措施并得以在全省系统推广，强化食品生产企业质量安全主体责任意识，确保一方食品安全。

【加强特种设备安全监察】 市特种设备量大面广，坚持以预防和减少事故为目标，开展“安全基础建设年”活动及隐患排查治理，推进特种设备节能监管和强化安全监督管理，加强对重点项目和工程的安全监察服务，连续多年实现特种设备零事故目标。

(市质监局)

审计

【概况】 2011年,全市全年共完成审计单位604个(其中市本级40个),审计调查单位121个(其中市本级35个),审计经济责任人133人。审计查出违规金额3.06亿元(其中市本级596万元),管理不规范金额27.61亿元(其中市本级1.59亿元),损失浪费金额495万元,侵害人民群众利益金额1331万元;为国家增收节支9161万元(其中市本级2837万元),其中上缴财政1374万元,减少财政拨款或补贴4137万元,归还原渠道资金3650万元;核减投资造价2.2亿元(其中市审计局核减8472万元),首次突破2亿元大关。移送司法机关、纪检监察部门处理事项2件。通过审计,向有关机关提交审计专题、综合性报告和信息简报797篇,其中被上级采用485篇。向社会公告审计结果4篇。市审计局实施的某局系统财务收支审计项目被评为全国优秀审计项目,在2011年初全国审计工作会议上受到审计署表彰,《中国审计》对该项目做了专题报道。被省审计厅评为2011年度全省审计机关综合考核先进单位,全省审计机关实施"五年行动计划"工作先进集体、精神文明先进单位、内审管理工作先进单位。市审计局实施的某集团公司资产负债审计项目获全省表彰项目。局主要负责人受邀在两期审计署市县审计局长培训班上做了安庆审计工作经验介绍,在省审计厅集训和"信息化推进工程"总结大会上分别交流创建学习型机关和实施"信息化推进工程"的经验。

【预算执行及财政决算审计】 全市共完成审计单位44个(其中预算执行审计37个,财政决算审计7个),审计调查单位6个,查出违规金额9836万元,管理不规范金额18.02亿元。在查出的违规金额中,应上缴财政245万元(已上缴财政242万元),应归还原渠道资金5001万元,应调账处理金额551万元。完成对市本级财政2010年度预算执行情况,市建委、民政局、物价局、档案局、宗教局、土地收储中心和团市委、市妇联预算执行及财务收支情况的审计,开展国有资本经营预算、政府性基金、重点民生工程项目实施情况等审计调查。7月28日,市审计局受市政府委托向市人大常委会所作的审计工作报告。根据审计署和省审计厅部署,市审计机关开展对宣城市政府债务情况审计。

【经济责任审计】 全市全年共完成审计单位117个,审计经济责任人133人(其中:党政领导87人,事业单位领导46人)。在审计的133位领导干部中:县处级领导13人,县处级以下领导120人。审计共查出违规金额8158万元,查出管理不规范金额2.28亿元。制定《2011年安庆市经济责任审计工作指导意见》和《安庆市审计局2011年经济责任审计工作方案》。根据市经济责任审计工作领导小组安排,市本级对市直13个单位和怀宁县委、县政府主要负责同志的任期经济责任实施审计。上报的1篇某医院经济责任审计AO应用实例在审计署评比中获鼓励奖。《中国审计报》报道安庆市经济责任审计的经验做法。

【固定资产投资审计】《安庆市政府投资建设项目审计监督办法》的实施和市、县两级固定资产投资审计中心的成功组建,保证投资审计稳健发展。全年全市共对339个单位进行审计或审计调查。审计项目投资完成额17.76亿元,核减工程投资额2.2亿元。跟踪审计范围不断拓展,市本级组织实施炼化一体化还建点、公安应急指挥中心、皇冠路、霞虹路、勇进路、东部新城综合写字楼等工程跟踪审计项目12个,总投资达21.45亿元。同时,加强对协审中介机构的管理和质量控制。改进、规范审计资料移交方法,针对久拖不决仍不具备审计条件的项目实行"停审制";对审计结果采取"函告"方式确认;推行跟踪项目《审计月报》制、成果交流例会制;编印《审计要情》、《投资审计工作情况简报》、《安庆审计》等投资审计专刊。

【专项资金审计】 印发《关于进一步加强民生工程审计监督的意见》。全市共完成101个单位的审计或审计调查,审计专项资金总额达75.63亿元,查出违规金额2957万元,管理不规范金额3.66亿元,损失浪费金额329万元。2011年是市审计局历年来安排民生工程审计(调查)项目最多的一年。完成对涉农培训工程、城乡卫生服务体系建设、提高妇女儿童健康水平、帮扶就业困难人员就业再就业、城乡低保、家电下乡等多项民生工程的审计调查。对全市中小学校安工程跟踪审计项目顺利推进。开展对散装水泥专项资金、新型墙体材料专项基金、残疾人就业保障金、城市基础设施配套费等政府性基金审计调查。查处骗取低保、涉农培训机构虚报冒领财政补贴等一系列问题,发出的《审计要情》、《审计建议》引起市领导和有关部门的高度重视。撰写的基本养老保险、涉农培训资金、家电下乡、新农合、城乡低保等7篇计算机审计方法在全省审计机关计算机审计方法征集评审中被评为优秀方法。

【行政事业审计】 全年全市审计机关继续加大对重点单位、重点项目、重点资金的审计力度。共完成行政事业单位审计(调查)207个,查出违规金额1.24亿元,管理不规范金额4.81亿元,审计发现侵害人民群众利益1331万元,查出应上缴财政618万元(已上缴财政515万元)。

【绩效审计】 市审计局结合实际,制定《安庆市审计局绩效审计暂行办法(试行)》,促进绩效审计的规范运行。全年市审计局共完成绩效审计项目15个,占完成审计项目总数的30%以上。同时,在经济责任审计、投资审计等项目中,引入绩效评价指标,丰富审计评价的内容。

(市审计局)

统　　计

【概况】 2011年,市统计局准确把握统计改革、统计服务、统计和谐三个重点,统计的科学性、准确性和权威性得到提高。R&D(研究与开发)资源清查、2011年法制宣传获国家级先进单位。统计基础得到巩固。制定"六五"统计普法规划和年度法制工作要点,在全国法制日、统计法颁布纪念日等开展统计法制专题宣传,举办执法培训班,邀请省统计局、市法制办专家授课,提高统计执法人员依法行政水平。对全市536家单位开展执法检查,发现有统计违法行为单位100家,立案86件。开展农村统计基础及数据质量专项检查和商贸统计数据质量大检查。按照省乡镇统计规范化建设要求,健全乡镇统计站。利用专业会议、从业资格考试和继续教育培训班,对基层统计人员进行统计基础知识、统计法规及专业技能培训,提升综合素质。完善与部门统计协调合作和信息共享机制,定期召开与经济主管部门和社会管理服务部门联席会议,交流经济社会信息,确保报表报送渠道的畅通和统计数据的真实可靠。加强与新闻媒体单位联系,开展统计法规政策、制度方法及主要数据的宣传解读。服务水平明显提升。全市统计系统拓宽服务领域,突出服务重点,注重服务实效,加强对宏观调控、结构调整、经济效益等热点、难点问题的调查分析,为党委、政府提供大量的决策咨询信息,撰写统计分析49篇;增设《专报领导》信息报市主要领导,为党委政府决策提供参考依据。发布《统计公报》和《人口普查主要数据公报》,编印《统计年鉴》、《R&D资源清查主要指标数据》和《市情市力》;及时做好"市民心声"在线回复,及时解答公众来电来访咨询。

【统计改革】 基本单位名录库管理完善;联网直报系统建设有序推进;按照国家的统一部署,精心组织开展企业一套表统计方法改革,统计数据生产方式改革迈出重要步伐。统计调查项目方法不断创新。制定《全面调查对象统计台账》和《抽样调查对象统计台账》制度,改进社会消费品零售总额质量控制方法,主要突出限额以上统计数据的作用和影响。完善投资项目档案管理制度,创新开展保障房统计,环保支出统计,建立工程建设领域项目信息及信用信息发布平台。顺利实施固定资产投资和规模以上工业统计口径调整等,统计工作的有效性、针对性进一步增强。

【统计调查】 完成人口普查后续工作。对人口普查表数据进行光电扫描与数据编审,开展百岁老人核实回访、户主姓名底册录入和建筑物标绘、普查工作技术总结和表彰材料的收集整理,确立人普资料开发利用课题;扎实开展常规统计调查。完成2010年地区生产总值年报和全市文化产业、非公经济增加值核算。完成农业、工业、能源消费、固定资产投资、限上商业、劳动工资、社会科技、环保支出等统计。扎实开展春耕备耕、工业成本费用、服务业抽样、非公企业人才资源状况抽样、人口变动抽样、交通运输业及其能源消耗统计调查和节能减排监测。实现服务业、房地产建筑业、劳动工资、限上商业的网上直报。新增限上商业72家,规上工业18家;加强开发区统计。制定《安庆临港经济开发区统计工作暂行办法》,对上年新批6个省级经济开发区统计工作做到及时跟进,及时布置,纳入2011年开发区统计年报。

【经济运行考核】 为目标督查考核、经济发展考核、县(市)区党政领导班子实绩考核做好服务。全程参与市政府目标考核小组对市级部门、省直管单位、县(市)区政府的目标考核工作;根据市委组织部要求对县(市)区党政领导班子实绩进行考核评价;在完成2010年安庆县(市)区经济发展综合考核工作同时,结合省分类考核办法,充分考虑市县(市)区经济社会发展阶段的特征,重新修订安庆市县(市)区科学发展分类考核办法,提高考核工作的科学性,调动各县

(市)区加快发展的积极性。

(市统计局)

招标采购管理

【概况】 2006年6月8日,安庆市在全国首设招标采购管理局,将分散在各个部门的招标采购监管职能集中到市招标采购管理局统一行使。至2011年,共进场交易2656项,交易金额302.37亿元,为政府和业主节约(增收)资金31.21亿元。

2011年,进入市招标采购交易中心交易项目644项,总交易金额87.94亿元,节约(增值)资金6.51亿元。其中建设工程540项,总交易金额52.33亿元,节约资金3.2亿元,节资率5.77%;政府采购50项,总交易金额0.92亿元,节约资金0.04亿元,节资率4.2%;土地交易49项,总交易金额34.59亿元,增收资金3.27亿元,增值率10.44%;产权交易5项,总交易金额0.11亿元。市招标采购交易中心荣获安徽省首届招投标市场公共服务体系建设管理工作先进单位。

完善招投标市场诚信体系建设。市局建立统一的信用信息平台、统一的信用评价标准、统一的信用奖惩机制,招标采购领域信用体系初步建立,有诚信档案库成员60余家。指导8县(市)招投标监管工作。加大与8县(市)交流合作,初步完成对8县(市)招投标有形建筑市场的情况摸底工作,并形成书面文字报告。潜山、枞阳县招投标中心荣获全省招投标市场公共服务体系建设管理工作先进单位。

【创新招投标机制】 坚持招标采购"集中监管,有效制约,三方分离"的管理模式,保证招标采购交易活动的公开、公平、公正和诚实信用,从源头上有效预防和遏制腐败滋生,并为政府和业主实现投资效益最大化。2011年8月《人民日报》以《安庆招标采购坚持三分离》为题,对市招投标集中监管模式、取得成效、经验做法等进行专题报道;在年内全省首届创新招投标机制专场研讨会上,局应邀做主题发言。

【推广建设工程项目网上报名】 2011年,全面实行建设工程网上报名,改变过去现场报名的传统模式,实现无纸化异地报名,通过近一年的运行,有效提高工作质量和效率,减少人为干预、降低交易成本,挂靠、围、串标现象明显减少。

(市招标局)

海关事务

【概况】 2011年,安庆海关围绕"以港兴市"的战略和"加强口岸建设,扩大本地进出口规模"的要求,提请地方加大码头基础设施投入,改善口岸条件;提高通关效率,营造良好通关环境,让企业感受到本地通关的便捷;制订措施,引导、鼓励企业就地报关。加强对重点企业、重点单证的审核,防止并纠正低价申报、同名商品归类差异,切实提高税收征管水平,确保应收尽收。开展"精细化"管理,规范执法行为。修订岗位责任制和业务操作流程,规范业务操作,提高工作效率。推进廉政预警系统应用,强化对执法的实时监控;开展"以人为本、执政为民"和"强基础有效防范渎职风险"活动,深入推进《廉政准则》的落实;发挥地方特邀监督员监督作用,营造廉洁从政的环境。

【加速融入地方发展大局】 扩大口岸运量。年内新增"属地申报,口岸验放"企业15家,累计19家;主动与口岸海关联系,解决企业在通关中遇到的困难;帮助进出口大户算好本地进出的优惠账,引导与鼓励它们从本地口岸进出,对其他企业起示范带动作用。全年安庆海关共监管进出口货物9万吨,货值2.6亿美元,比上年增长23%、49%,有力地推动安庆口岸的发展。密切关注外贸中出现的新问题、新情况,主动建言献策,向市委、市政府报送专题统计分析13篇,发挥海关统计资源优势服务安庆对外贸易发展。特别是就2008年以来安庆市外贸及口岸发展情况的调研报告得到市政府领导的关注,建议得到港口联席会议的采纳。指导企业用足用好政策。深入各县区,开展座谈、走访企业,问需于企、问计于企,将国家外贸鼓励政策送到企业,把通关的问题和疑惑解决在基层现场。参加"外贸集中宣传月"活动,大力开展政策宣讲及业务培训;落实各项减免税政策,全年共审批减免税81批,减免税额3000余万元。

【各项业绩取得成效】 税收实现历史突破,全年税收入库1.45亿元,比上年增长44%。推进大监管体系建设,提高通关效率,降低进出口企业的运营成本;积极开展进口分类通关试点,设立抽核岗位和专门放行岗位，保证试点的顺利实施。成立保税核查组、减免税核查组、稽查组三个工作组，努力形成“选查分离、错位监管、联动互补、信息共享”的整体有机联动，减轻企业的负担，增强关企互信，年内完成“三查”33家的任务。加大企业分类管理力度。帮助企业提升海关管理等级，充分享受通关便利优惠措施，年内新增AA类企业2家，A类企业9家。支持加工贸易平稳较快发展。围绕承接产业转移示范区的建设重点支持和服务本地加工贸易企业承接产业转移，全年共办理加工贸易手册251份，备案6196万美元。

（安庆海关）

出入境检验检疫

【概况】 2011年，安庆检验检疫局围绕促进皖江示范区建设，以“提升质量安全水平、服务经济平稳较快发展”为目标，较好地完成各项工作任务。全年共检验出口商品6575批，货值2.24亿美元；进口1092批，1.72亿美元；签发各类单证7588份，减免农产品服装1717批，减免收费27万元。签发各类优惠产地证1490份，享受优惠关税2880万元人民币。出具索赔证书27份，赔回28.02万美元。集装箱检疫4094标箱，出入境人员体检1914人次，预防接种1345人次。口岸转单303批，全部报检，无逃漏检。年检验外埠口岸入境货物285批，货值3839.4万美元，入境货物外埠口岸转单报检施检落实率达到100%。检验出不合格批次27批，赔回28.02万美元。集装箱检疫4094只标箱；出口食品集装箱适载检验70批/196标箱；集装箱卫生处理111批/1888只标箱，出境木托盘熏蒸48批次。

【提升监管水平】 加强对进出口食品、农产品安全信息的收集、汇总、检验检疫和监管，提高企业防疫控制意识和能力。巩固食品安全整顿成果，做好风险分析和风险预警，为进出口企业提供风险咨询和技术指导，努力消除食品安全隐患。扎实开展打击食品非法添加和滥用食品添加剂专项行动。成立专项工作小组，发动20余人次对辖区内14家出口卫生注册企业实行拉网式排查，向企业发放宣传材料并在醒目位置张贴35张公告。重点加强对5家生产中使用食品添加剂企业的监管。

做好新增法检商品的检验监管工作，帮扶出口纸杯企业。从1月1日起，纸杯等商品过渡期结束，正式实施检验监管。要求企业加强出口产品质量第一责任人意识。与市质量技术监督局联合召开纸杯生产企业负责人座谈会，督促企业建立质量安全控制管理体系，加强原辅材料的检验监管。要求纸杯企业全部通过QS认证。加强对出口纸杯的安全性的检查。在出口纸杯企业安全检查中共抽样检测18批，发现其中有4家纸杯厂6批产品存在油墨脱色现象，督促外贸公司与厂家及时变换墨浆和墨粉，调整生产工艺直至产品检测安全达标。还对纸杯的5项微生物指标、PE淋膜的卫生指标及重金属含量进行严格测试，严把产品质量关，确保出口纸杯质量安全。

主动服务新出口化工企业。向企业宣讲欧盟的REACH法规，鼓励企业自身或通过行业协会积极申请注册；帮助出口危险化学品企业理解适应《全球化学品统一分类和标签制度》(GHS)，帮助其按照GHS要求编制标签和安全数据单，纠正其在生产、装运、贴标签环节的不规范操作，确保达到规范要求，帮助企业顺利出口危险化学品到相关国家。为新产品的检测鉴定牵线搭桥。辖区内出口化工企业增加到25家，出口90批次，货值1349万美元。

加强对出口危险品包装及食品包装、进口棉花、旧机电产品、成套设备、医疗器械等重点敏感商品的检验监管工作。特别是出口危险品包装检验，100%现场验货，确保检验工作质量。充分利用口岸内地联合执法系统信息和入境货物调离通知单信息，采取电话和传真催报、信函催报、上门催报等方式，敦促进口企业及时报检，有效地防止逃漏检行为。

加强质量管理体系建设及企业信用管理。制定2011年度质量目标。对800份进出口单证进行质量检查，对检查出15大类问题要求各部门进行整改，开展证单质量自查工作，提高单证工作质量。制定日常监管计划，加强对备案基地的监管，并按时完成监管任务。对食品出口企业所属的4个备案基地实施监管，加强源头监管和过程的控制，并积极推进出口食品安全示范区建设。加强诚信企业日常管理，市局评定A类企业7家，B类企业320家，C类企业1家，信用采集7次。

【实验室建设】 年内参加安徽省临检中心组织的室间调查，测试的免疫五项、尿常规10项、血常规六项指标，全部合格；国家认监委组织的免疫五项能力验证，全部优秀。保健分中心ISO9001:2008换版审核和实验室的 CNAS 扩项评审均顺利通过，没有不符合项和观察项，取得认证以来最好成绩。首次开展赴科威特劳务人员的丝虫检查项目；首次检出 HIV 阳性病例 1 例，及时上报，妥善处理，给该名受检者送上贴心的人文关怀。

【口岸疫情监控】 加强船舶医学媒介生物的监测工作，有效切断传播途径，防止检疫监测传染病传入传出。检疫查验、卫生监督工作有序开展，逐步规范入境集装箱卫生检疫开箱查验工作。4 月份起开展入境集装箱(6 批/22 标箱)放射性检测工作，在检疫查验中严格执行总局有关规定和操作规程，保证工作顺利进行。甲型 H1N1 流感防控工作常备不懈。继续关注疫情，密切与相关部门的联系，充实防控物资储备，不断提高突发事件应急处置能力。做好口岸卫生监督工作。完成前期口岸医学媒介生物本底调查状况分析并上报分析报告。配合省局完成安庆口岸集装箱场地(站)卫生许可证到期审核考评及展期发证工作。开展第三期口岸医学媒介生物本底调查，口岸码头现场捕获不同种鼠 27 只、蝇 7938 只、蚊 1467 只。按照省局 2011 年实蝇监测领导小组统一安排，5～11 月份开展实蝇诱捕监测，按时将 27 个实蝇诱捕器投放到诱捕点，按照记录和鉴定，共诱集 2 种 533 只实蝇。

【促进地方外贸经济发展】 结合安庆地区的实际，出台促进安庆市外贸经济发展的十二项措施并加以落实。5 月在商务局举办的开放型经济宣传月中，作 4 场政策宣讲，发放 300 多本宣传材料，内容涉及出口召回，国外主要贸易技术壁垒，检验检疫政策，优惠产地证等方面知识。有 360 多名进出口企业人员参加培训；在“双打”专项行动中，安庆检验检疫局、安庆市质量技术监督局成立专项行动联合领导小组及工作组，加强专项行动中的合作配合，建立健全信息通报机制，完善协调应急联动方案，严厉查处侵犯知识产权和制售假冒伪劣商品的违法行为；开展质量月活动，广大企业和人民群众的质量意识得到明显提高。扶持辖区企业用好用活优惠原产地政策。主动到辖区企业宣传优惠原产地证书的作用，通过大厅公示、网站等平台宣传各类优惠证书，提高企业对政策的知晓度；对有签证需求的企业进行针对性指导，确保签证企业及时享受优惠原产地证书带来的经济实惠。

（市检验检疫局）

安全生产监督管理

【概况】 2011 年，全市发生各类安全生产事故 1884 起，死亡 329 人，比上年起数上升 6.4%，死亡人数下降 0.6%。煤矿、水上交通、农机等行业领域未发生安全事故；大多数县(市)区事故起数、死亡人数均保持比上年下降水平。各项安全生产指标控制在省政府下达的主要控制指标之内，市政府被省评为安全生产先进等次。

责任目标管理层层落实。市委、市政府主要领导和分管领导高度重视安全生产工作，不断调整、完善和细化安全生产责任目标管理。年初，市政府把安全任务和事故控制指标细化、量化，逐一分解到县(市)区和市直各单位，做到人人有指标、人人有责任。全年共召开 7 次安委会全体(扩大)会议、10 次安全生产电视电话会议和消防、道路交通、矿山等多次专业性安全工作会议，研究分析安全生产中的主要矛盾，解决制约安全发展中的突出问题。并对一定时段内事故指标超限的地方、部门或企业，实行诫勉约谈。

事故隐患治理取得成效。公安、交通部门开展“我为安全，安全为我”专项行动，查处各类交通违法行为 10.9 万起；安监部门重点开展非煤矿山、危险化学品、烟花爆竹、职业危害等行业的安全督查，排查一般隐患 1127 项，整改率达 98.1%；依法注销或提请关闭非煤矿山企业 29 家、石英砂加工企业 7 家、蓄电池生产企业 8 家。此外，组织协调有关单位加强对水上交通、民爆、人员密集场所、建筑、水利、电力、校舍等行业和领域的安全监管，整治消除一批安全隐患。

全民安全意识持续增强。开展安全生产月首日、宣传服务咨询日、安全生产“伴我行”演讲竞赛等活动。全市共开展各种形式的宣传教育活动 1852 次，参与人数达 12 万多人次，组织培训各类人员 5484 人。推进安全文化建设，开展安全生产“五进”活动，不断提高全民安全意识。组织开展安全事故应急演练，加强安全生产应急保障建设。

安全监管执法不断深入。坚持把“严格依法行政，强化安全监管”作为做好安全生产工作的重要保证，不断加强安全监管执法建设，坚持做到每月不少于一次检查，重点行业每年不少于两次督查。同时，按照安全生产事故“四不放过”原则，市监察、公安、工会、安监及检察机关联合组织开展对5起较大事故、1起亡2人的矿山事故进行调查，依法追究刑事责任4人，处分公职人员7人、企业人员29人。

【"打非治违"行动效果明显】 4月，市政府制发《关于开展严厉打击非法违法生产经营建设行为专项行动的通知》，具体明确在9个重点行业和领域集中开展"打非治违"专项行动。8月下旬，市政府组织6个综合督查组，分别对各地区开展专项行动情况进行督查。行动期间，全市共出动检查人员6850人次，车辆2730辆次，查处非法违规生产经营建设行为1642个，涉及行政案件46件，行政拘留19人。

【安全达标建设】 制定具体实施方案和工作计划，建立健全安全质量标准和安全质量责任制，加强工作服务指导和跟踪监督。通过典型引路，注重培育示范企业，组织专家上门辅导，着力解决标准化实施过程中存在的问题。至年底，已完成省政府下达的54家企业创建标准化建设控制指标任务。

（市安监局）

食品药品监督管理

【概况】 2011年，市食品药品监管局围绕药品安全专项整治、基本药物质量监管、餐饮食品安全整治等重点工作，加大餐饮食品和药械市场监管力度，有效保障公众饮食用药安全，全市没有发生一起重大食品药品安全责任事故。深化餐饮食品、保健食品整治规范，开展食品安全示范街创建活动，查处食品安全违法违规案件190起。加强以基本药物质量安全为重点的药品和医疗器械质量安全监管，推进药品放心工程，查处相关案件238起；推进中药材产业化发展，并在全省中药材产业化大会上介绍经验；投入50余万元，开展食品药品安全科普宣传，公众合理饮食用药安全水平提升。

强化食品安全整治。开展整治，严厉打击餐饮食品安全违法行为。开展重要节日及中高考餐饮食品安全专项监督检查。采取年夜饭、考生接待承办申报备案制，对餐饮单位进行地毯式监督检查、定人驻点监督等强化监管，实现"四节两考"期间餐饮食品安全零投诉、零事故。开展打击违法添加非食用物质和滥用食品添加剂专项治理检查。实地检查督促餐饮经营单位严格落实食品添加剂的进货查验、索证索票制度，与餐饮单位签订承诺书2800余份，发放张贴九部委公告7000份。检查未发现使用台湾"塑化剂"等问题食品添加剂，监督销毁过期调料46个批次。快速应对媒体报道《江镇包子添加"一滴香"》事件，经检查未发现不合格添加剂，迅速平息舆论风波。在餐饮服务环节开展地沟油、问题乳品、瘦肉精、火锅底料、酒类等专项检查。严厉查处餐饮食品安全违法行为。全市食品药品监管系统出动执法人员6512人次，检查餐饮单位11603家次，查处餐饮食品安全违法违规案件190起，下达监督意见书1420份，查没销毁过期和来源不明食品2.1万元，完成餐饮服务食品安全监督抽检200批次。圆满完成中央首长来宜视察等重要接待和重大活动餐饮安保任务42次。突出重点环节，深化学校食堂食品安全监管。自8月份开始，市食品药品监管局会同市教育局，联合开展学校、幼儿园食堂食品安全专项监督检查，突出食堂餐饮服务许可资质、原料采购、操作加工、清洗消毒等重点环节有的放矢，发现问题及时督促整改。12月初，对安庆城区25家学校及托幼机构经督查仍未取得许可资质的食堂，在《安庆日报》和安庆电视台公告并进行行政处罚。全市检查学校及工地、企业食堂1786家次，通过整治，各类食堂食品安全综合状况得到较大改善，有效防范食源性疾患和事故发生。创新监管方式，提高餐饮食品安全监管效能。推进餐饮服务食品安全量化分级管理。着眼构建监管长效机制，推行笑脸、平脸、哭脸标识食品安全等级，营造安全、健康、和谐的饮食消费环境。经过严格考评，市区评出"安庆市餐饮食品安全A级单位"53家、"餐饮食品安全示范单位"10家，得以"笑脸"示人。6家食品安全隐患明显、屡教不改的餐饮服务单位被贴上"哭脸"。积极推进餐饮行业信用体系建设，要求餐饮服务单位完善管理制度，承诺做到诚信经营，强化经营业主食品安全第一责任人意识，提升行业整体竞争力和公信力。开展餐饮食品安全示范街创建活动。安庆城区和各县纷纷开展餐饮食品安全示范街创建工作，提升食品安全水平。保健食品和化妆品监管取得新突破。针对管理制度及落实情况、产品标识标签是否符合规定、有无过期产品、从业人员体检情况和店内宣传等对保健食品、化妆品进行专项检查。对现场不能及时提供相关资质与合格证明文件等问题的均及时责令整改。全市共检查保健食品经营单位933家次，查处违法案件9起，实现保健食品安全监管新突破。全面开展小餐饮规范整治。2010年10月，市食品安全委员会出台《安庆市小餐饮整治规范工作实施方案》，市政府成立以分管副市长为组长的小餐饮规范整治领导小组，并多次召开会议进行部署。做到纵向到底，横向到边，消灭盲区和死角，全面改善餐饮消费环境，切实保障餐饮服务食品安全。市食品药品监管局会同迎江区，在安庆市建设路钱牌楼街进行小餐饮规范管理示范街创建工作。

深化药械全程监督管理。通过专项检查、举报核查、日常监管、分片巡查等形式，不断扩大药品和医疗器械全监督覆盖面，严厉打击生产销售假劣药品等违法行为。先后组织开展药品零售企业、县二级以上医疗机构、非药品冒充药品、终止妊娠药品、打击侵犯知识产权等13次专项检查，始终把打击制售假劣药械行为作为重点，以快检车为平台，运用稽查、抽样和检测三结合的监管方法，提升日常稽查与监督抽样的合力，有效地维护药械市场的正常秩序。在非药品冒充药品专项整治中，岳西县食品药品监管局查处相关案件10起，并联合公安部门破获1起贩卖假药案件。市食品药品监管局与公安、工商、电信部门联手，查封涉药宣传冒牌网站1个，开展打击药品回收专项行动，取得良好成果。全市共出动药品执法人员3841人次，查办案件238起，当场处罚56起。监督抽样药品1465批次，检验出不合格药品93个批次。9月，省政府对市为期两年的药品安全专项整治进行考评，市获得99分。加强基本药物质量安全监管。3次召开全市基本药物监管工作会议进行部署，层层签订安全责任书，明确监管责任。强化基本药物生产工艺及处方核查，对招标、销售价格低于成本的中成药基本药物，实行全品种、所有批号全程跟踪检查。完成基本药物全环节抽样565个批次，检验出不合格15个批次。推进基本药物电子监管，全市基本药物生产和配送企业电子监管网络已全面运行。对生产、经营企业实施电子监管69次，利用密钥登录电子监管网275次，解除预警108次，实现基本药物产、购、销、存在线监控，对实施基本药物制度的基层医疗卫生机构开展全覆盖检查，确保基本药物质量安全。加强药械生产和流通监管。实施药品生产驻厂监督45次，开展药品生产GMP跟踪检查和飞行检查26次。在广泛宣传和摸底的基础上，督促企业科学编制改造计划，积极推进新版GMP实施。开展药品经营GSP跟踪飞行检查企业782家次，突出检查购进渠道、分类管理、特殊药品管理、药店库房、药学技术人员配备等情况，重点打击“走票过票”、超范围经营等违法违规行为，提升企业药品质量管理水平。与公安部门密切配合，加强特殊药品监管，查处违规销售复方可待因制剂行为1起，监督销毁过期麻醉、精神药品货值1万多元。推广药品广告“黑名单”制度，加强药械虚假广告治理，全市系统监测并移送虚假药械广告48例。完善药械安全预警网络建设，市、县监测机构设置全部完成。全年共完成药品不良反应监测7750例，医疗器械不良事件监测286例。

【优化行政许可执法环境】 推行岗位责任制、服务承诺制等六项制度，并对药械一般许可审批权限下放，确保行政许可高效规范。专门制定《安庆市餐饮服务许可证办理程序》，使办理流程标准化，提高行政效率。严格许可准入，对不符合基本条件的坚决不予许可。全市共发放《餐饮服务许可证》2169份。严格执行药械生产经营检查验收和换证现场审查标准，规范药械生产经营许可，办理药械类行政审批(核)602件。严格实施食品药品监管行政处罚事前报告制度、“查审”分离与督查执行制度，建立层级审批工作机制。开展行政许可、执法案卷评查，规范工作程序，促进依法监管，提高工作效率和法制建设水平。10月底，市作为全省唯一基层执法单位代表，市食品药品监管局和枞阳、潜山两县食品药品监管局接受国家食品药品监管局纪检组长于贤成带队的药品监管行政执法专项检查，并受到检查组高度肯定。

【服务食品医药经济发展】 加快推进中药材产业化发展。组织开展中药材产业化发展调研，引导扶持中药材专业合作社的健康成长，着力促进中药材产业可持续发展。市中药材种植生产已初具规模，形成瓜蒌、金银花、桔梗、菊花、白术和决明子、茯苓等多个中药材种植示范片；一批从事中药材生产经营的龙头企业逐渐形成并不断壮大。7月，市局在全省中药材产业化大会上介绍经验。推进食品药品安全示范县创建工作，科学制定规划，完善章程制度，落实长效监管，宿松、潜山、桐城、枞阳等4县(市)入选全省首批食品药品安全示范县试点，望江、怀宁、太湖等3县自行开展食品药品安全示范县创建工作，并获得省食品药品监管局支持和备案。在全省食品药品安全示范县创建现场会，潜山县食品药品监管局交流经验。采取送教上门、下乡办学等方式，全市共举办餐饮服务和药品从业人员教育培训28期6600余人次，提高从业人员责任意识和诚信意识。

【食品药品安全科普宣传】 全市食品药品监管

系统共计投入50多万元，开展食品药品安全科普宣传活动。9月1日，市县举办"安全用药宣传月"启动仪式，并开展现场互动宣传活动，此间共悬挂宣传条幅、广告屏780条，营造良好宣传声势。在市、县电视台黄金时段播放安全用药公益广告560次。在乡村集镇、公路两旁，制作200余幅贴近农民生活的墙体广告，生动地宣传食品药品安全知识。在安庆城区十字路口，制作4个广告棚，印上"饮食用药事关健康，安全合理时刻不忘记"醒目大字，提示公众关注饮食用药安全。印发《食品药品安全你我他》等科普宣传册单6万多份，免费寄发到普通百姓手中，让群众树立正确的饮食用药观念，提高健康生活质量。发送温馨提示手机短信18万条，开展"食品药品安全大讲堂"活动18场次，进学校、社区宣传食品药品安全科普知识。市食品药品监管局与团市委联合下发文件，在全市学校推广食品药品安全科普宣传，播放宣传专题片。继续落实抽检合格药品退还、食品药品监管开放日、购到假劣药品先行退付、家庭过期失效药品回收等制度，优化食品药品安全环境。

（黄知开）

人力资源开发与管理

【概况】 2011年，市人社部门统筹推进专业技术人才和技能人才队伍建设。部署开展市直事业单位新进人员公开招聘工作，共招聘102人。组织开展第4批享受市政府特殊津贴人员评审以及省学术技术带头人和后备人选，享受国务院、省政府特殊津贴专家的选拔推荐工作。组织实施高技能人才培养工程和企业职工技能提升工程。加强职业技能鉴定质量管理，健全技能人才多元评价机制。坚持"双考竞岗"安置办法，完成年度军转安置任务。加强自主择业军转干部管理服务。主动做好军转干部就业创业扶持指导，创新军转干部教育培训。国外智力技术引进力度不断加大。拓宽引智渠道，优化引智环境，扎实做好引智项目的组织执行，全年累计执行引智项目10项。开展人事代理优质服务月活动。积极做好档案管理和人事代理工作。全年共接收高校毕业生档案4048人，办理人事代理2366人，办理转正定级350人，提供代办职称申报服务126人。开展人事代理服务进校园活动。在安庆师范学院、安庆职业技术学院宣传人事代理政策，现场提供人事代理服务。

【做好高校毕业生就业服务】 按照国家和省部署，开展"就业援助月"、"民营企业招聘周"、"高校毕业生就业服务月"、"秋季人力资源市场服务周"等高校毕业生就业系列专项活动。为求职者提供政策咨询、就业指导等服务。举办大型公益性专场招聘会4场，提供适合高校毕业生就业岗位近2000个。推荐安徽黄梅飘香食品有限公司为全国民营企业招聘周活动吸纳就业突出企业。做好全市高校毕业生就业见习工作，确定16家单位为市级就业见习示范基地。全面完成2010年度就业见习计划。安庆、合肥、蚌埠3市参加在贵阳举行的全国高校毕业生就业见习工作座谈会。研究出台《关于加强我市大学生创业园管理的通知》，规范市大学生创业园的建设和管理。

【"三支一扶"工作】 第一个"三支一扶"五年计划实施工作顺利完成。自2006年以来，共招募356名"三支一扶"高校毕业生，178名服务期满高校毕业生全部安排到县区、乡镇事业单位。人才中心荣获全省"三支一扶"工作先进单位；2人荣获全省"三支一扶"工作先进个人；3名高校毕业生荣获全省"三支一扶"优秀毕业生。组织招募77名"三支一扶"高校毕业生。各县(市)区已经全部安排到基层岗位服务。部署安排期满高校毕业生政策落实和就业服务工作。潜山等部分县区已经安排落实期满人员到事业单位工作。

劳动就业管理

【概况】 2011年，全市城镇新增就业人员、帮扶下岗失业人员和就业困难人员再就业、农村富余劳动力新增转移就业分别达到6.1万人、2.62万人、0.49万人和6.4万人。城镇登记失业率控制在4.2%以下。全年组织举办培训班587个，培训农民工、下岗失业人员近5万人。实施就业优先发展战略。健全劳动者自主择业、市场调节就业、政府促进就业的机制，创造平等就业机会，提高就业质量，努力实现充分就业。发挥政府投资、项目建设和产业规划的带动作用，着力培育新的就业增长点。继续实施岗位补贴政策，创造更多就业岗位。继续推进创业带动就业计划。创建省级创业型城市，推进农民工创业园和大学生创业园建设。争取省级扶持资金750万元，申报建设第四批农民工创业园6家。加强小额担保贷款部门联动，简化审核环节，推行新型个人小额担保贷款办法。全市发放小额担保贷款1084笔12954万元，扶持创业近千人。

【做好重点群体就业帮扶】 加大高校毕业生就业公益服务力度，组织实施“三支一扶”、就业见习等就业计划和项目。落实农民工返乡创业和进城务工的各项扶持政策，推行职业培训、就业创业服务、权益维护“三位一体”的劳动力转移模式。健全困难群体就业援助制度，完善对就业困难人员和零就业家庭的动态管理和及时帮扶工作机制。通过组织开展就业援助月、春风行动、民营企业招聘周、企业专场招聘、劳务集市、人力资源市场日常招聘等多种形式的公共就业服务，及时为用人单位和求职者提供用工和求职信息，搭建交流沟通平台。2011年，市人才市场和人力资源市场共举办各类招聘活动214场，提供就业岗位15万多个，4.5万余人现场达成用工意向。

【推行就业导向新型培训模式】 在全市组织开展“你用工、我服务、走进企业五个一”和“技能培训进园区，校企合作促发展”专项活动，着力打造“协作联动服务企业用工平台”。推行校企合作、工学一体的就业导向新培训模式，组织10家市直外来投资企业与8所职业技工院校就职业培训工作进行对接，并当场达成培训意向。

（张　凡）

栏目编辑：戴文君

黄梅戏艺术节

黄梅戏是全国五大剧种之一，2005年5月被列入国家级非物质文化遗产保护目录，是安徽省和安庆市最具代表性的文化品牌和最具标志性的文化形象。安庆是黄梅戏之乡，黄梅戏经过近200年特别是新中国成立60年的发展，已初步形成了艺术表演、人才培养、剧本和音乐创作、理论研究等完整体系，构建了产、学、研相结合的“系统工程”，从业人员近万人。安庆现有专业黄梅戏艺术表演团体10个，每个县都有剧团，乡镇民间班社多达100多个。教育机构有安庆大学黄梅戏艺术表演本科专业、安徽黄梅戏艺术职业学院。理论研究方面有黄梅戏艺术创研室、有学术期刊《黄梅戏艺术》。

黄梅戏艺术节是安庆市同外界加强交流、展示形象的重要平台。自1992年黄梅戏艺术节创办以来，在推进黄梅戏艺术传承与创新、树立城市品牌、促进文化产业繁荣、拉动经济增长等方面取得了明显效果。目前，黄梅戏艺术节已经列入全国节庆50强，是安徽省五大重要节庆活动之一。

中国安庆黄梅戏艺术节，由文化部、安徽省人民政府主办，中国戏剧家协会、安徽省文化厅、安徽省广电局、安庆市人民政府承办。中国安庆黄梅戏艺术节1992年创办，2003年第三届起定为每三年一届，至2009年已办五届。现已列入全国节庆50强，是安徽省五大重要节庆活动之一。2008年3月获首届“节庆中华奖·最佳文化传承奖”，2010年10月在第六届中国节庆产业年会上获“中国十大文化艺术类节庆奖”。

招商引资·开发园区

招商引资

【概况】 2011年，全市招商引资工作逐步实现向专业招商、产业招商、主题招商转变。注重创新，积极开拓驻外招商。市直各驻外招商小组抓签约、抓落地、抓到资、抓服务，取得显著的招商成效。两年中，驻外招商小组成功引进并签订投资合同项目35个，成功落地并实际到资项目24个，已开工建设项目18个，已建成并投产项目8个，合同引进资金190.48亿元，经考核认定，到位资金12.45亿元（县域折半）。立足市情，坚持推动市直招商。在总结经验的基础上，调整工作思路：承担招商目标任务的单位，从上年的59个调整为43个，在绩效考核上，从扣分改为实行考评加分。发挥优势，着力开展专题招商。先后组织开展纺织服装产业、食品产业、临港产业、文化旅游产业等多项专题招商，针对性地开展工作，保证项目质量，提高招商效率。

创新招商机制。2011年设置的考核指标突出招大引强，强化项目的落地生效。除对“1211”工程项目的考评外，直接利用外资、重大项目质量、新增高新技术企业、项目四率情况作为考核的加分内容；同时实行环保“一票否决”。在表彰奖项设置上进行重要调整。设“安庆市2011年度招商引资工作先进单位”奖。候选获奖单位必须有当年单个到资额达5亿元以上项目。设“重大项目奖”。把当年新签约并履约50亿元以上项目引进单位作为该奖项的第一候选单位。设“安商服务奖”。引导县（市）区和市直单位更加注重安商，做到招商安商双并举。通过建立健全招商引资工作考评机制，实现由单一量的指标到突出重大项目的“以质为主”的考核体系转变，增强招商活力。

招商安商并重。强化全程服务，力促在谈项目早签约、早报批，签约项目早注册、早到资，落地项目早建设、早投产。同时，从2011年起，在市招商局内设安商服务科，加强此项工作。年内，围绕“安踏工业园项目”，从批报到注册，从征迁到供地，从项目签约到项目开工提供一条龙服务，促成该项目在年内顺利开工建设。安商服务科的设立和安商服务工作的流程化，是积极应对形势变化的探索创新，拓展招商引资工作的外延。

全市当年成功引进50亿元以上重大项目1个；当年新签约并履约5亿元以上项目个数32个（计划数20个）；当年新签约并履约亿元以上项目数114个（计划数100个）；当年在建投产或新开工亿元以上项目为149个（计划数100个），“1211”工程目标全面实现。全市实际利用市外资金717.61亿元，比上年增长22.33%（计划数20%以上）。

【坚持招大引强】 全市新签约并履约项目中重大项目明显增多，32个5亿元以上项目覆盖全市各县（市）区、开发区和集中区。其中上海华谊集团在市承接产业转移集中区投资100亿元的安庆化工新材料基地项目在徽商大会上正式签约；安踏集团在宜秀区总投资40亿元的安踏工业园项目正式开工建设；11月23日，安庆中船柴油机有限公司与卡特彼勒（中国）投资有限公司合资合同在京签约，实现世界五百强企业在市直接投资的新突破。全市当年新签约的亿元以上项目中已有114个项目履约，履约率为91.27%；累计到资137.21亿元，资金到位率为28.13%。全市总投资5000万元以上在建招商引资项目有615个，其中一产项目18个，实际到位资金6.28亿元；二产项目399个，实际到位资金265.74亿元；三产项目198个，实际到位资金163.26亿元。全市在建招商项目产业比例日趋合理，引资结构趋向优化。

【注重选商选资】 市政府要求各开发园区和产业集中区，按照产业和功能布局来选择项目，设置投资强度、税收、环保、能耗等方面的量化指标，变“招商引资”为“选商选资”。进一步提升国家级开发区、省级开发区的投资强度和亩均税收贡献等门槛，对优质项目优先供地。瞄准战略性新兴产业，提高项目规模和质量，带动产业结构的优化。如高铁动车配件产业园项目、240兆瓦太阳能光伏电池生产基地项目、特大型轴承项目、铝合金轮毂项目等，投资规模较大，技术水平先进。这些项目的建成投产，有力提升市装备制造业整体水平。

【项目建设提效增速】 坚持项目调度督查制度，重点对签约项目的“履约率、资金到位率、开工率和投产率”跟踪问效。强化调度督查不松劲。4月在潜山县召开全市现场工作调度会；6月、11月对各县（市）区、市开发区重点招商引资项目推进情况分别组织开展两次工作互查；8月对新签约、在建和投产的亿元以上招商引资项目进展情况开展一次专项督查。实行动态跟踪促推进。适时调整更新亿元以上重大项目动态调度板和重大项目图片库，及时掌握项目进展情况，实行动态调度，切实解决问题。根据交叉互查认定，到10月底，全市投资总额亿元以上新开工项目共83个，投资规模达278.64亿元，开工率达到65.87%；新签5亿元以上项目36个，投资规模达344.54亿元，29个履约项目累计到资64.41亿元，正式开工21个，开工率达72.41%。如非晶软磁产业园项目、高强度钢质模锻活塞生产线项目、年产44万吨铸造件项目等等；在建投产亿元项目27个，正逐步显现巨大的经济社会效益。

【招商活动异彩纷呈】 围绕石油化工、轻工纺织、装备和机械制造、农产品加工、文化旅游、现代服务、新型建材、基础设施、新兴产业等九大产业，精心筛选编制《安庆市赴台重点投资合作项目册》和《2011年安庆重点招商项目册》，共有161个全市重点招商项目汇编其中。积极参与各类经贸投资洽谈活动，共签约项目99个，总投资额470.5亿元。抓实综合招商。积极参加皖台经贸洽谈会、厦门投洽会、中博会等重大经贸活动，在第七届中国国际徽商大会中，共有65个项目集中签约，总投资额357.79亿元人民币，协议外资1.75亿美元。着力专题招商。成功举办“2011年中国安庆（上海）临港产业专题推介会”，在山西太原举办安庆市文化旅游专题推介会，会上签约项目6个，总投资额38.9亿元。同时，着力对接央企民企，加强与央企、民企的合作，先后邀请香港舜地集团、台湾百脑汇公司、浙江传化集团、敏实集团、亚邦物流等多家知名企业和浙江安徽商会等异地商会考察安庆，达成合作意向。

（市招商局）

安庆经济技术开发区

【概况】 2011年，安庆开发区累计完成工业总产值185.2亿元，实现工业增加值31.1亿元，比上年分别增长40.6%和23.2%；完成固定资产投资62.5亿元，比上年增长35.8%；全年实际利用市外资金103.2亿元，比上年增长44.2%，其中实际利用境外资金8417万美元，比上年增长19.5%，利用境内省外资金76.2亿元，比上年增长47.5%；实现进出口总额2.56亿美元，比上年增长25%。工业经济和招商引资均取得全市第一名的好成绩。

【招大引强】 以存量引资，以载体招商，着眼已有的老项目重组嫁接，实现短平快地升级生效，引进一批投资强度大、产业层次高、带动能力强的大项目。总投资6000万美元的“马克柴油机项目”实现世界500强工业企业直接投资零的突破；总投资10亿元的“中船柴油机配套产业园项目”建成后将成为皖鄂赣沪三省一市船用柴油机配套、配送中心；总投资2.5亿元的“高铁动车配件产业园项目”建成后将有力推动我国高铁制动系统关键部件的国产化进程；上市民企中南控股集团与安徽盛晟集团合作投资超百亿元整理开发西片“城中村”，打造全国重要的现代服务业基地。33个总投资超百亿元的项目签订协议或达成合作意向；以战略性新兴产业、现代服务业为重点方向的项目谋划扎实开展。

【项目落地和城市建设同步推进】 项目落地扎实推进，实现10个项目开工建设、2个项目投入运营、2个项目具备开工条件，当年形成货币工作量7.47亿元。园区建设步伐加快，和谐征地4715亩、拆迁12.1万平方米，完成各类工程建设项目68个，罗冲工业园、铸锻产业园基本建成，高新产业园、临港物流园初具雏形，“一区多园”的发展格局正在形成。建成还建房12.4万平方米，“和谐佳苑”等一批还建工程前期工作有序进行。西片“城中村”改造项目正式启动，"打通天柱路、改造棚户区、美化龙潭湖、建设新天地"工程全面启动。

【转型升级】 全年争取科技支持经费1790万元，申报专利123件、专利授权65件，获得省高新技术产品2项。华茂集团创立国家企业技术中心，和兴PBS项目列入国家"863"计划，特种橡塑、安簧集团、华章信息技术成功申报省高新技术企业。存量企业技改升级取得进展，支撑安庆中船"十二五"末实现产值60亿元的系列项目基本落实，环新铝缸体发动机缸套、活塞环二期和日月电缆、佳乐机械、华鑫机械、高成汽配等技改项目实现投产，环新年产6000万片GDC涂层活塞环、气门弹簧二期、粉末冶金减震器和安簧高强度钢质模锻活塞生产线等技改项目正在加快建设。战略性新兴产业长势喜人，世界顶尖的马克柴油机项目落户，恒昌"全自动包装机"、"婴儿训练裤生产设备"和长谷川"船舱污水处理装置"研发成功，自主研发具有自主知识产权的鸿庆精机"实用型五轴联动加工中心"实现产业化，虹泰新材料项目异地扩建即将投产，海康通讯项目已在临时厂房中研发生产。和兴PBS等4个项目获得市战略性新兴产业引导资金扶持。

【破解用地和资金瓶颈】 报批城市建设用地715亩，组织12宗1141.27亩国有土地使用权招拍挂，收取土地出让金12974万元。实施的5个地块高压电缆下地工程已竣工1个、即将竣工2个，滨江新区高科技中小企业孵化中心即将开工，已入园的企业实行"零供地技改"，新引进的大项目探索实行"土地零收益"供地。创新融资方式，拓宽融资渠道，筹集可用资金9.58亿元，有力地保障发展和建设。新成立小贷公司1家、筹建2家，全年5家融资性担保公司和3家小贷公司融资10.8亿元。企业上市取得进展，同发股份公司进入上市辅导期前期调整整合阶段，恒昌机械、和兴化工、安簧集团等确定为上市后备资源企业。

（安庆开发区）

县（市）区开发区

安庆长江大桥开发区

安庆长江大桥开发区探索加强土地管理的有效办法，节约集约利用土地资源，满足大规模承接产业转移用地需求。对项目投资规模、投资强度、建筑密度、容积率、建设工期、投入产出等制定标准，低于标准的项目不得进入开发区建设。对闲置的工业用地进行清理，提高开发区的集约发展水平。推进企业上市融资，加强和改善金融服务，拓宽融资渠道，完善信用担保体系，破解企业融资难问题。完善公共财政体系，加快构建有利于科学发展的财税制度。加快创新产业承接的引导机制、优势产业集群发展机制以及与长三角地区之间的沟通、协调、合作和互动机制。

坚持"以商招商"、"亲情招商"和"产业招商"，着力引进一批好项目、大项目，如投资5000万美元的旺旺五期、投资3.6亿元的永安电子二期、投资4亿元的皖安汽车零部件等一批重点项目相继签约，全年新签约并履约亿元以上项目5个，引进内资36.32亿元，引进外资4744万美元，分别占全区50%、94%。旺旺三期、旺旺四期、永安电子、三鑫电力、青松食品项目等项目相继建成投产或即将投产，全年新建和续建亿元以上项目达到18个。

全年共完成征地1595亩，拆迁各类房屋18.7万平方米；全年投入资金1.2亿元，建设还建房15.5万平方米，安置26万平方米，C－2、C－3地块33万平方米保障房、迎春花苑三期、A－15地块还建房、C－6地块还建房一期相继开工、建成、安置，为开发区建设和发展提供良好的基础保证；全年完成基础设施投资3.5亿元，在建道路4.6公里，路灯、绿化等民生工程和美化亮化工程同步跟进，开发区面貌日新月异。

全年实现财政一般预算收入1.87亿元，比上年增长52%，占全区总额54.7%；通过开发区建设投资公司等平台，加强与银行、金融部门的合作，争取资金支持，积极创新融资方式，利用商业银行贷款、政策性银行贷款、吸引外商投资、利用存量资产变现等方式，全方位、多渠道融入资金，破解资金"瓶颈"难题。全年在金融部门融入资金3.3亿元，有力保障开发区各项建设投入。

（宜秀区政府办）

大观经济开发区

2011年，大观经济开发区主要经济指标持续增长，实现工业总产值12.76亿元，比上年增长71％；规模企业产值12.06亿元，比上年增长70%；税收3587万元，比上年增长48%；招商引资12.9亿元，固定资产投资2.4亿元，吸引外资668万美元。

产业集聚效应进一步体现。调整制定《大观经济开发区产业定位及项目准入评估办法》，严格要求项目入驻坚持产业政策、环境保护、经济效益、土地控制指标、安全生产原则，按照项目初审、准入评估、合同签订程序，并将评估意见报大观经济开发区主任办公会研究决定通过后方可进行项目准入。全年新签约项目有瑞得粘胶、中交混凝土、盈江化工、科林化工、祥天新材料、凯美特含氢尾气综合利用项目、华兰科技等7个，项目总投资21.9亿元；新开工项目有瑞得粘胶、中交混凝土、武汉佳益、高新化工、泰隆制造等5个；新增投产企业有泺建工贸、中交混凝土、瑞得粘胶、天运化工、三喜化工等5家。园区入驻项目共58个。

围绕"在建项目提速、建成项目扩展"的目标，督促长江玻璃、飞凯高分子、精益精化工等企业启动二、三期项目建设，帮助企业根据市场需求调整产业结构，进行技术创新，增强企业产品市场竞争力，至2011年，园区有5家企业获得省级高新技术企业认证，其中，时联股份和凯美特气体获得资源综合利用认定，时联HPLC级乙腈项目列入国家"十二五"发展规划，菱湖涂料技术中心获得省级认定。与此同时，促成蓝天环保与园区相关企业进行整合，有效地整合园区闲置土地资源，大幅提升项目投资规模、科技含量、产品附加值等。

产业承载能力不断加强。年初及时调整部分城西污水处理厂外排管网路由，加快霞虹路东段及东大湖沿岸污水外排管网建设，2月21日成功实现城西污水外排管网全线贯通。同时，针对进水量少，进水水质不稳定的情况，督促污水处理厂对原有部分设备进行改造，通过投加葡萄糖等营养源、采用PACT(粉末活性炭工艺)等改进工艺，使污水处理厂生物降解、净化污水能力达到环保要求。8月中旬，该厂顺利通过市环保局验收；9月初，省环保厅对大观经济开发区化工行业建设项目予以解限。

循环经济产业园一、二、三、四期场地平整、道路市政工程全面完工，11万伏狮子山变电所建成投入使用；低压蒸汽管廊环城西路西段支线工程结束；凤凰南片1.3平方公里控制性详细规划已完成；凯美特二期项目征迁工作已启动，所需土地征收转用手续省国土部门已受理。海口开发区已纳入新一轮城市总体规划和土地利用总体规划的范围，规划范围内的房屋调查摸底工作已启动。协同相关部门与外商洽谈以"园中园"发展模式推进海口起步区建设。

资金运行保持稳定。针对政府性融资平台贷款冻结的现实，一方面利用存量资产变现等方式，缓解资金矛盾，另一方面争取政策性融资支持，破解资金"瓶颈"难题。已争取到污水处理厂2011年度新增中央预算内投资1000万元；首次挤入全省县域开发区基础设施建设项目财政贴息行列，并已落实当年60万元的贴息额度。海口防洪规划已获省、市水利专家组审查即将获批，以此争取省农发行1亿元水利贷款项目编制工作正在进行。全年共融资7091万元。

服务和管理力度加大。及时将各类项目申报条件和要求告知企业，支持符合条件的企业储备项目，帮助菱湖涂料、飞凯高分子、长江玻璃等3家企业申请省级财政专项资金。组织有资金需求的工业企业参加市、区组织的银企洽谈会，分别向市交行、建行、徽商银行、城郊联社等金融机构推荐开发区企业，在银行与企业之间搭建起合作沟通的平台，同时配合财政局利用发投公司平台开展企业融资担保工作。采取"校企合作、供学一体"的方式，对接相关院校，成功开办安庆化校"祥天班"，培训骨干员工，解决企业用工难。积极搭建科技服务平台，组织企业赴高校、科研院所参观考察，与合工大进行产学研对接与合作，推动企业发展由加工制造向创新创造转型。配合市、区劳保局督查园区企业用工、农民工工资发放问题。

开展环境保护整治工作。实行入园企业全面停产整顿、县干"包保"制、二十四小时值守等制度，通过调整部分外排管网的路由，克服困难，使污水外排管网于2月21日全线贯通，实现处理后的尾水"西水东排"，并顺利通过"三同时"环保竣工验收，为园区企业恢复生产创造条件。推进重点企业的环境问题专项整治。督促企业按照省环保厅的要求，认真进行全面整改。通显新材料公司投入230万元新上一套湿法脱硫装置；精益精化工有限公司规范排污口建设，安装在线监控设施；鑫富化工有限公司对污水处理系统进行优化设计，为提高污染处理设施的处理效率，投入130万元改电絮凝装置为催化氧化系统。通过企业整改达到环保要求。提高企业环评和"三同时"执行率。通过整改，已有12家企业通过环保部门"三同时"验收，11家企业经市环保局批准正在进行试生产，11个在建项目已编制环评报告书(表)并通过审批，10个筹建项目正在编制环评报告书或已上报市环保局待批。严把项目入园关。及时调整园区定位及提高项目准入门槛制度，严防重污染项目入园。经过近8个月的努力，全面完成“行业限批”整改任务，顺利通过省环保厅组织的整改验收。

加强安全生产工作。成立园区安全工作小组，定期召开安全环保会议，开展安全生产大检查，对危化品新上项目提出投资规模、安全设施达标的要求，严把“三同时”关口，促进高危企业提升安全保障能力；结合《预案》和开展“安全生产月”活动，提升企业安全生产应急能力和安全员业务水平。要求各企业建立健全各项制度并加强内部安全生产管理，企业安全生产主体责任意识得到了加强。督促入园项目做好安全防范、试生产申请、环保“三同时”验收工作，使企业做到文明生产、守法经营，进一步优化园区环境。

（吴晓莉）

安庆临港经济开发区

安庆临港开发区经过5年的发展壮大，逐步形成以轻工纺织、机械制造、新型材料为主导的特色产业园区。2010年12月23日，省政府正式批复迎江区工业园更名为安庆临港经济开发区，按照省级开发区筹建。安庆临港经济开发区按照“布局集中、用地集约、产业集聚、环境友好”的原则，加强基础设施建设，加大招商引资力度，积极承接产业转移，促进产业结构调整。作为园区重要组成部分——总投资60亿元的华茂国际纺织工业城项目快速推进，首批入城投资1.8亿元的德生印染项目和投资6.2亿元的华茂色织项目已经投产；投资近40亿元的华泰林浆纸项目进展顺利，制浆、文化纸车间正在进行设备调试，即将全面投产；西航机械、恒达环保等项目稳步推进，初步形成轻工纺织、机械制造、新型材料三大主导产业。截至年底，安庆临港经济开发区规划面积从2.08平方公里拓展到5平方公里，入园企业23家，其中投产13家，完成工业总产值18亿元、上缴税收2042万元。

（迎江区政府办）

桐城经济开发区

2011年，桐城经济开发区国内生产总值26亿元，增长30%；完成工业总产值90亿元，增长31%；规模以上工业企业共实现产值60亿元，增长30.4%；完成进出口贸易额1亿美元；固定资产投资36亿元，增长30%；财政总收入8.65亿元，增长152.4%；一般预算收入2.85亿元，增长66.1%。

重大项目相继开工和投产。5月16日，占地4.9公顷的桐城公路客运中心站开工建设；5月18日，安徽百鑫再生资源等14个新上项目集中开工建设；7月1日，华祥汽配工业园一期项目竣工投产；7月8日，国家高分子材料质量检测中心在金田工业园动工建设；9月9日，松泰包装公司三层共聚流延膜生产线正式投产；11月18日，投资10亿元的万信光电科技园破土动工；12月19日，总投资4.8亿元的桐城玉雕文化产业园和总投资7.2亿元的黄梅酒业二期酿造项目开工建设。

区内纳税超1000万元工业企业4家，鸿润集团2400万元，盛运集团1987万元，养和公司1080万元，扬帆集团1069万元，渝成房地产公司纳税1494万元。纳税500万元以上的企业由上年的5家增加到11家，纳税100万元到500万元的企业由上年的28家增加到34家。安徽养和医疗器械设备有限公司首次进入全市十强企业行列，平均税收高达54万元。桐城信邦电子有限公司纳税776.9万元，金田集团(桐城)塑业有限公司纳税691.96万元。

全年引进项目64个，签约项目40个，落地项目28个，签约投资额59.65亿元，实际到位内资14.1亿元，到位外资419万美元。其中投资总额10亿元以上的项目1个，亿元以上的项目5个。扬帆集团与中建材蚌埠玻璃设计研究院进行合作，对公司进行战略性重组；安徽新瑞环保设备有限公司与安徽省机械工业设计院战略合作正式签约。

全年共完成基础设施建设投资近4亿元。一期规划区域内的道路及配套设施建设进入扫尾阶段。架设改造高低压供电线路30公里，铺设供水管网9.5公里，地埋通信线路8公里。完成东一路、北三路、经五路等道路绿化12万平方米，启动建设占地13万平方米的居民休闲绿地公园。开工建设安置房30万平方米，廉租房1.5万平方米。征地拆迁工作强力推进。完成征地1090亩，平整场地1100亩，拆迁209户，安置807户。

开发区二期10平方公里扩区规划于2011年10月26日经省发改委、国土厅、住建厅等省直部门现场踏勘、座谈评审，四界予以确认。申报国家级经济技术开发区已于2011年11月由省政府审批，并已上报国务院及商务部待批。

全年为2177名符合条件的失地农民办理养老保

险，其中393名达龄人员每月领取150元的养老保障金。15600人参加城乡居民养老保险，3201名60周岁以上老人每月领取55元养老金。10个社区、村均建起村级卫生室，全区24200余人参加新型农村合作医疗，703人参加城镇居民医疗保险。开发区中心学校已建成投入使用，第二小学也已开工建设，申报省级老年学校工作顺利通过安庆市评估验收。在主要道路和公共场所建立视频监控系统，治安管理信息化和治安防控体系建设进一步加强。开展多项安全生产专项整治活动，无重大安全事故发生。区内5个集中安置小区均实行规范化的物业管理，实施绿化、美化、亮化工程，小区居民生活环境得到明显改善。

（刘　攀）

怀宁经济开发区

2011年，怀宁经济开发区建成区面积11平方公里，入驻企业220家，新进园项目21个，从业人数1.7万人。全年工业总产值87.3亿元，比上年增长38%；销售收入78.4亿元，比上年增长26%；工业增加值26.1亿元，比上年增长33%；财政收入2.67亿元，比上年增长11%；固定资产投资16.7亿元，比上年增长10%；进出口总额3302万美元，比上年增长9%；实际利用外资1050万美元，比上年增长7%。

推进项目建设。新签约落户机械及汽车零部件企业8家，投资额占总投资的65%；诸暨机械工业园已落户企业10家，协议投资11亿元，4家正建成投产，电子与精密机械专业园区间道路开工建设，部分厂房建成对外招租。园区新增开工项目25户，新增投产项目23户。鼓励引导企业通过资产重组，整体收购、合资、合股等方式实现二次创业。及时清理调整5家迟迟不开工企业，累计盘活用地380亩，盘活闲置企业资产1.2亿元。

夯实园区平台，惠民利农保稳定。加大用地报批力度，2011年上报省政府用地面积544亩，获批土地指标331亩。全年共支付征地款、农房拆迁款、偿还银行利息等各项费用15742.5万元。推进保障性住房建设和农房拆迁安置，1500套75000平方米廉租住房封顶，700套12000平方米租赁住房基础完工。全年丈量评估登记农房225户，拆迁验收138户，核发安置卡107户；汪洋安置区一期102户竣工分配，二期53户封顶，三期3条道路基本形成。

（卢　斌）

潜山经济开发区

潜山经济开发区总体规划面积11.9平方公里，至2011年建成区面积达10.5平方公里。2011年工业总产值77.1亿元，工业增加值26亿元，固定资产投资26.2亿元，入库税金1.38亿元，从业人员10351人。

基础设施建设提速。投入资金2.6亿元，建成八一路、梅河路、古塔路等道路6公里，铺设供水管道3.5公里；完成区内独潜、石潜110千伏高压走廊迁移，架设电力线路9.8公里，新安装路灯210盏；燃气、电信、有线电视等管网同步建设，完成道路绿化4万平方米；建设安置房、廉租房27.61万平方米，其中竣工验收15.1万平方米；帮助企业申报公租房项目2万平方米。实事工程、重点工程顺利实施，环城北路Ⅰ标段（东抵皖河大坝，西至梅河坝）开工建设，市民广场完成工程招投标，东门入口景观综合整治主体工程完工，县综合服务中心工程进入招投标程序。

招商选资成效明显。坚持集约节约用地，严把投资强度、亩均收益等项目入区关，全年签约入区项目27个，合同投资额18.6亿元，其中引进皖达机械、立方刷业、木塑新型材料、新型紧密纺配件、铝蜂窝板、奥力欣制药、皖都酒业二期等超亿元项目7个。全区累计引进项目153个，其中建成投产102个、在建36个、新供地9个、未供地6个。积极探索合作共建，着力推进以商招商。与浙江永康市政府、广东服务贸易商会形成合作共建方案，与华晨宝马、宁波海底光缆等公司达成投资意向。

项目落地进度加快。每月召开两次调度会，对项目落地进行督查、协调、调度，及时掌握情况并解决问题。康博粮油、优丽斯石英建材、大地管道、恒利机电、天柱钢结构、雄峰再生塑料生产线、渡民米业10万吨精米项目、皖江机电、小松纺织、恒源塑业、嘉欣卫材、佳明环保等26个项目建成投产，卫康制药产业园、皖都天柱酒业、皖达机械、科信表面技术处理、立方刷业、华业化工合成香料等26个项目开工建设。

制约瓶颈破解有效。始终把破解融资难、用地难作为重要工作紧抓不放。在融资方面，农民安置房项目贷款4亿元通过省农发行贷审会，已到位资金2亿元；组织经营性用地出让、清收企业欠款融资1.97亿元，缓解开发区建设资金不足问题；在用地方面，紧抓省政府“重大项目点供地”政策机遇，争取土地指标，

中国人民银行 安庆市中心支行

承办全市金融工作会议暨第九届银企信贷项目洽谈会

召开金融支持经济转型发展暨"星级产品、星级服务"金融创新竞赛活动表彰推进会

2011年，中国人民银行安庆市中心支行在市委、市政府及上级行的正确领导下，深入贯彻落实科学发展观，紧紧围绕国家、省、市"十二五"规划和安庆经济金融实际，组织全市金融机构认真执行稳健的货币政策，创造性抓好执行政策与促进地方发展的有机结合，提高了贯彻执行货币政策的针对性、灵活性和有效性，综合运用多种政策工具，加强窗口指导，积极维护辖区金融稳定，稳步推进各项金融改革，不断提升金融服务水平，金融支持经济转型发展取得新突破。同时，中心支行自身建设取得长足发展，"一流中心支行"建设开创新局面，继续被中央文明委认定为"全国文明单位"，被省委、省政府表彰为"第九届安徽省文明单位"，荣获安庆市"金融创新工作组织奖"，被安庆市委、市政府表彰为"安庆市文明行业先进单位"，连续第13年被南京分行考核为"优秀行"，多个集体和个人受到上级行或省、市表彰。

公开发布《安庆市金融消费者权益保护工作指引》，切实保护金融消费者合法权益

邀请人民银行总行专家作当前形势与政策调整报告

主办中部六省反洗钱工作协作交流会

在徽商银行人民路支行设立无记名国债常年兑付点

ICBC 中国工商银行 安庆分行

领导班子成员

小微企业金融服务宣传

青年员工户外拓展训练

打造服务标杆示范网点培训

职工乒乓球比赛

青春飞扬

中国农业银行

AGRICULTURAL BANK OF CHINA

安庆分行

省分行顾正宇行长赴安徽天鹅科技实业有限公司（岳西）车间实地考察

行长李富强深入企业调研

安庆分行代表队喜获佳绩

安庆分行班子部署工作

农行安庆分行下辖13个县级支行，74个营业网点，在岗员工1400余人。截至2011年底，全行人民币各项存款余额146.8亿元，较年初增长16.5亿元，其中储蓄存款余额117亿元，较年初增长16.9亿元；各项贷款余额40.9亿元，较年初增加9.5亿元；不良贷款余额（按五级分类）6691万元，比年初减少4427万元，不良贷款率1.64%；实现中间业务收入9574万元，拨备后利润2.6亿元。

2011年是农行建行60周年、成功上市一周年的喜庆之年，安庆分行认真履行经济责任、社会责任，积极践行我行上市各项承诺，助推地方经济实现又好又快发展。

积极践行面向“三农”的市场定位，不断深化“以惠农卡为载体，以农户小额贷款为驱动”的农户金融服务模式，以县域经济为中心，加大金融支持农业和农村经济发展力度。

积极与全市上百家小微企业建立全面合作关系，为众多的小微企业客户提供了全方位、专业化的综合金融服务，助力企业快速健康发展。通过成立小企业专营中心、创新金融产品和服务，对小微企业实行信贷资源倾斜等举措，加大为小微企业服务力度。

安庆分行金融助力地方经济获肯定，先后荣获“安庆市支持地方经济发展先进单位”、“安庆市创建文明行业先进单位”等荣誉称号，并被安庆市委、市政府评为“2010年度金融支持农业产业化工作先进单位”。

组织开展“庆国庆”登山活动

组织员工赴井冈山开展红色教育活动

交通银行 安庆分行

党委书记、行长冯新忠在2011年12月19日桐城支行开业庆典上致辞

交通银行安庆桐城支行开业剪彩仪式

4月15日，交通银行华中地区辖属行发展与内控经验交流会在安庆召开

6月29日，安庆交行召开庆祝建党90周年纪念大会

6月至12月，安庆交行举办"用交行自助设备　月月赢大奖"系列抽奖活动

11月2日，安庆交行组织开展送金融知识下乡活动

11月4日，交通银行安徽省分行及辖属行参加"2011年皖江城市带承接产业转移示范区建设银企对接会"开幕式

11月10日，安庆交行与安庆海关签署合作备忘录

中国银行 安庆分行

市委常委、常务副市长汪莹纯一行在张浩行长陪同下慰问中行年终决算员工

中国银行安徽省分行副行长胡兴安在行长张浩陪同下参与『2011年皖江城市带承接产业转移示范区建设银企对接会』

2011年，中国银行安庆分行在市委、市政府的领导下，积极应对复杂形势，认真贯彻落实科学发展观，坚持以结构调整、加快发展为主线，加强机制建设，强化风险管控，各项业务取得快速发展。截至年末，本外币各项存款余额141.66亿元，较年初增加28.86亿元。其中人民币企业存款新增13.41亿元，储蓄存款新增13.19亿元；同业存款新增1.95亿元；外币各项存款3298万美元，较年初新增490万美元。各项授信余额61.46亿元，新增8.99亿元。其中人民币纯公司贷款新增3.23亿元，贴现贷款较年初新增1571万元，零售贷款新增7.52亿元；各项外汇贷款余额5369万美元，较年初减少3039万美元。不良贷款实现“双降”，五级分类贷款不良率为0.96，较年初下降0.26个百分点。全年实现拨备前利润22547万元，实现净利润16256万元。

中国银行安庆分行财富中心隆重开业。我行将此中心为平台，以专业化的客户金融资产管理方式来努力满足全市中高端客户金融需求

中国银行安庆分行开展以“雷锋精神薪火相传、中国银行与您同在”为主题的“送金融知识进市场”志愿服务活动

中国银行安庆分行联合市工商联举办中“小企业金融产品和服务推介会”，市银监分局相关负责人、60余家中小企业代表参加了此次活动

中国银行安庆光彩大市场支行隆重开业。该支行按中总行最新网点标准化方案建造，设有高柜、低柜、理财、客户休息、宣传咨询等区域，硬件条件良好

中国银行安庆分行成功举办“百年中行杯”第二届小音乐家钢琴大赛。来自安庆知音琴行、安庆尚音艺术培训中心等19家参赛单位共200余名小选手同台竞技

中国建设银行 China Construction Bank

安庆市分行

建行省市分行领导深入企业一线调研

建行与安庆海关签署《合作备忘录》仪式

中国建设银行股份有限公司安庆市分行牢固树立科学发展观，紧密围绕“以客户为中心，以市场为导向”的宗旨，深化转型，加快发展，各项业务大踏步前进，取得了可喜的业绩。截至2011年底，各项存款余额突破150亿元大关，达到156亿元，较上年新增35亿元。贷款余额69亿元，较上年新增14亿元。2011年，安庆建行全口径存款新增、一般性存款新增、企业存款余额及新增、同业存款余额及新增、贷款新增、中间业务收入增量均在当地四大国有商业银行中位居榜首。

针对安庆地方特色，推出林权抵押、联贷联保以及专门面向小型进出口企业的“助力贷”等多种产品。开发了“市场通”产品，荣获“安庆市金融十佳‘小个农’创新产品奖”。强化“建行商户通”营销拓展工作，拓展信用卡业务，大力推动汽车卡、分期付款业务发展。2011年，作为唯一的国有商业银行代表参加李克强副总理视察安庆市科技创业园时的工作汇报，在全市四大国有银行中唯一被省银监局评为“全省银行业金融机构小企业金融服务先进单位”，并获“2011年度全市金融工作突出贡献奖一等奖”及“金融支持安庆市经济转型发展先进单位”称号。

建行开展“银行业公众教育服务日”活动

建行青年员工拜师仪式

建行第二届中小企业“希望之星”授牌仪式

建行“善建者行”社会公益活动

安庆独秀农村商业银行

省联社张良庆理事长到我行检查指导工作

安庆独秀农村商业银行班子成员(从左到右依次为:监事长张钦平、副行长包永胜、副行长龙呈、董事长卢义林、行长任卅铺、副行长李春香、副行长郑海、董事会秘书胡志龙)

安庆独秀农村商业银行在安徽省联社、安庆市委、市政府的正确领导下,在人行安庆中心支行、安庆银监分局的关心、支持、监管下,该行各项改革成效不断彰显,法人治理结构不断完善,综合竞争力得到大力提升,业务经营不断迈上新台阶。截至年末,安庆独秀农商行总资产为47.38亿元,总负债44.16亿元,所有者权益3.22亿元;按五级分类,不良贷款比率2.46%;实现各项业务收入2.84亿元,实现盈余达6700万元;至年末,累计缴纳营业税金及附加1316.28万元、企业所得税2406.97万元。存款增长一举突破8个亿,并圆满完成了省联社及行董事会年初制定的各项任务。

2011年,该行多项工作因为成绩突出受到了地方各级政府及社会各界的高度肯定和表彰,先后被安庆市政府评为“金融支持地方经济发展先进单位”,被市宜秀区秀区政府评为“优质服务单位”,荣获了安庆市国税局授予的“模范纳税人称号”,该行新开发的“货押融资”产品因为支持地方小微企业得力,荣获了安庆市金融创新“星级产品、星级服务”奖项。

省金融办副主任何昌顺一行来我行调研指导工作

我行“货押融资”产品荣获安庆市金融创新“星级产品、星级服务”奖项(左一为卢义林董事长)

“农金支农”——安庆独秀农商行抗旱救灾在行动

我行档案管理工作顺利通过省档案局良好等级认定并获授牌

红色之旅井冈山行,纪念建党九十周年

兴业银行
INDUSTRIAL BANK CO.,LTD.

安庆分行

2011年是兴业银行新一轮五年发展规划的开局之年，开业一年来，业务规模迅速扩大，可持续发展能力不断提升。截至年末，兴业银行安庆分行本外币各项存款余额16.73亿元，较年初增加11.24亿元，增长304.74%；其中对公存款余额12.62亿元，比年初增加8.32亿元；储蓄存款余额4.1亿元，新增2.92亿元。本外币各项贷款余额8.89亿元，较年初增加7.75亿元，增长779.82%。

市委常委、常务副市长汪莹纯，安庆银监分局局长陈宏慰问我行干部职工

整齐有序的营业大厅

兴业银行安庆分行庆祝建党90周年活动

兴业银行安庆分行被望江县委、县政府授予“2011年度金融支持县域经济发展”奖牌

兴业银行安庆分行一周年庆典

真诚服务 相伴成长

中信银行 CHINA CITIC BANK 安庆分行

国务院副总理李克强接见我行员工

行长 张守富

行长张守富在安庆分行开业庆典上讲话

安庆分行开业庆典

安庆分行营业大厅

中信银行安庆分行大楼夜景

浦发银行 安庆分行

行长 魏翔鸿

为小微企业服务宣传活动

营业大厅

浦发银行安庆分行是进入安庆市的第一家股份制商业银行，于2010年9月8日正式开业。该行以市场为导向、以客户为中心，以快速占领安庆地区的市场份额为工作重点，遵循“服务地方经济、促进良好的经济金融秩序”的要求，谋求社会、客户与自身的共同发展。开业一年多的时间内投放的贷款中对中小企业投放的贷款占全部贷款的主要部分。从行业结构看，该行信贷投向主要是制造业与批发零售行业，占比超过90%；从期限结构上看，贷款投放均为短期，与该行资产的流动性匹配度较高。

2011年，该行全年一般性存款超过10个亿，同业存款也超过10个亿，贷款余额近5亿元。表外业务发展迅速，业务品种进一步丰富。2011年全年累计实现各项收入10395万元，税前拨备前利润1670万元。

安庆分行

办公区

宜城路支行

国元证券 GUOYUAN SECURITIES 安庆人民路营业部

总经理　严根荣

中户室

客户休闲区

散户大厅

多功能厅

CHINA LIFE

中国人寿保险公司 安庆分公司

省保监局胡皖局长到枞阳开展调研

总经理顾永明荣获2011年安庆市劳动模范称号

中国人寿保险股份有限公司安庆分公司是中国人寿保险股份有限公司在安庆地区的分设机构，公司在安庆建立了遍布全市城乡的营业服务网点，员工及代理服务人数达到3500余人。

2011年，公司保费总收入已达到12.3亿元，在全省系统考核中名列第二。公司已连续3年被省公司授予“AAA级公司”，连续10年被省公司授予“双文明建设”先进单位。在安庆16家寿险企业中，中国人寿市场份额始终超过40%，发挥着行业主渠道作用，引领着安庆寿险事业发展。全年约为全市120余万人提供了灾害救助和风险保障服务。公司近3年来共为全市近10万名参保群众办理了各类保险金赔付（给付），累计总赔付超过8亿元。

公司被安庆市消费者协会评为2011~2012年度市级“诚信单位”，并授予公司“服务先进单位”称号，将公司纳入“零投诉”管理单位行列。公司客户服务中心荣获省总工会“工人先锋号”荣誉称号。安庆分公司下辖的阳光希望团队荣获总公司“十大诚信团队”荣誉称号。安庆分公司下辖桐城支公司荣获集团公司中国人寿“创新金融服务支持经济发展”建功立业竞赛活动先进集体荣誉称号。公司党委书记、总经理顾永明同志荣获“安庆市2011年度劳动模范”荣誉称号。

城区个险第一支公司阳光希望团队获得总公司“诚信服务十大金牌团队”荣誉称号

公司支持新农村建设

客户服务中心获得安徽省“工人先锋号”称号

纳税明星与市金融办副主任苏长斌合影

中国人寿岳西支公司一言九鼎，给付单笔短期保险最大宗赔案

中国石油化工股份有限公司安庆分公司
中国石化集团资产经营管理有限公司安庆分公司

7月4日下午，中共中央政治局常委、国务院副总理李克强与公司总经理王彪亲切握手。

11月24日，中国石化集团公司总经理王天普赴安庆石化，看望慰问企业干部职工

11月3日，安徽省常务副省长詹夏来到安庆石化考察炼化一体化项目

化肥煤气化装置A类运行达到153天，创造了同类型装置连续运行的世界新纪录

5月31日，安庆石化和安庆市政府及安庆市曙光化工股份有限公司三方在碧桂园凤凰酒店举行签字仪式，正式签订《煤制氢和丁辛醇项目合作协议》

8月8日上午，730吨的重油加氢反应器到达炼化一体化项目工程现场，标志着安庆石化炼化一体化工程建设取得了阶段性突破

十届六次职工代表大会隆重召开

7月15日，国家棉纺织产品质量监督检验中心、中国纺织科学研究院测试中心对安庆石化的化纤产品进行了例行年度质量抽查

11月22日，安庆石化炼化一体化项目大型设备之一，总重218吨的柴油加氢热高压汽提分离罐“首吊”成功

11月24日，安庆石化炼化一体化丙烯腈改扩建项目总重70多吨的丙烯腈反应器顶盖吊装就位

8月4日上午，安徽省大型石油化工单位灭火救援实战演练在安庆石化原油罐区隆重举行

安庆市烟草

原国家局副局长张保振考察"感知徽映"中心

省烟草专卖局局长、经理、党组书记问武考察"感知徽映"中心

召开"黄山"高端新品上市推介会

向革命老区捐赠爱心助学款

2011年是安庆市烟草专卖局(公司)成立三十周年,也是"十二五"开局之年,是发展转型期,也是发展机遇期。一年来,安庆市烟草专卖局(公司)紧紧围绕"卷烟上水平"基本方针和组织转型战略目标,着力推进"五个转变",重点实施"三大课题",创新开展体验营销,有效激发市场主体活力,夯实了各项管理基础,推动了发展方式转变,主体呈现:市场基础扎实,经营业绩良好,文化成果丰富,组织功能提升。

2011年,安庆市烟草专卖局(公司)获得了"全国烟草行业服务品牌建设先进单位"。同时,安庆市烟草专卖局(公司)还承办了全国烟草行业"文化故事大讲堂"决赛活动。决赛期间,原国家烟草专卖局局长张保振及行业内外有关领导、会议代表400余人参观考察了安庆市烟草专卖局(公司)企业文化建设成果。安庆市烟草专卖局(公司)还获得了"安徽省文明单位"、"全省卷烟打假工作先进集体"、"安徽省厂务公开民主管理工作先进单位"、省纪委、监察厅"廉政文化建设示范点"、"2010~2011年度管理规范免检单位"、"2006~2010年全市依法治市和法制宣传教育先进集体"、中华全国总工会"优秀职工书屋"、"巾帼文明岗"、"安徽省优秀质量管理小组"、"安徽省质量信得过班组"荣誉称号等一系列荣誉称号。

专卖局（公司）

"徽映"志愿者换届选举

96500热线工作人员正在处理客户住处

客户经理为零售户提供经营指导

开办"安烟讲坛"

举办职工运动会

专卖执法人员进行市场检查

安庆供

公司抗震救灾行动获群众好评和省领导的赞誉

副市长董磊莅临公司检查党风廉政建设责任制落实情况

公司领导与基层单位负责人签订党风廉政责任书

公司举办庆祝建党90周年红歌比赛

公司大楼全景

安庆供电公司是隶属于安徽省电力公司的国有中型企业，承担着安庆市3区、7县1市、610万人口的供电任务。

为更好地服务地方社会经济发展，安庆供电公司不断加快电网建设，进一步完善网架结构，安庆电网现有500千伏变电站2座，管理35千伏及以上变电站40座，其中220千伏8座，110千伏28座，35千伏4座。为方便客户缴费，公司通过多种渠道共计开辟180个收费网点，服务各类用户2026680户，截至2012年3月底，公司已连续安全运行3063天。

近年来，在安庆市委市政府领导下，安庆供电公司以科学发展观统领全局，秉承“努力超越，追求卓越”的企业精神和“以人为本、忠诚企业、奉献社会”的企业理念。坚持“两个文明”建设一起抓，坚持依法治企，努力践行“服务党和国家工作大局、服务电力客户、服务发电企业、服务经济社会发展”的企业宗旨，实现了电网科学发展，企业和谐稳定。

电　公　司

公司获得的荣誉： 第三届“全国文明单位”
全国五一劳动奖状
连续九届获得安徽省“文明单位”
连续五年获得“全国安康杯竞赛优胜单位”
国家电网公司“文明单位”、
“全国企业文化建设优秀单位”

公司召开供电服务暨行风监督员座谈会

以“全国劳动模范”易斌命名的志愿服务队深入校园开展“志愿同行，共享阳光”活动

国家电网公司全寿命周期示范工程500千伏安庆（双岭）变电站成功投入运行

公司“青年文明号”真情服务大客户

电员工行走在希望的田野上

公司各路党员突击队奔赴在各个电力施工现场

公司举办第十三届青工“电力杯”足球赛

岳西县首座国家电网爱心希望小学正式投入使用

中国移动通信
CHINA MOBILE
移动信息专家

位于宜秀区中山路与龙眠山路交叉口处的
安庆移动通信第二综合楼、生产楼

中国移动通信集团安徽有限公司安庆分公司（以下简称“安庆移动”）是中国移动通信集团安徽有限公司的市级分支机构，1999年10月18日正式挂牌成立。公司下辖桐城、怀宁、枞阳、潜山、太湖、宿松、望江、岳西八县（市）分公司。

在市委市政府、行业主管部门的指导以安徽移动省公司的领导下，安庆移动积极贯彻以信息化带动工业化、实现经济跨越式发展的总体战略，坚持科学发展，推进创新运营，积极参与地方经济建设，树立优质企业形象，公司运营管理各项工作取得了可喜业绩，为当地经济社会发展做出了积极贡献。至2011年底，公司员工总数达1200余人，客户规模达220万户，建设基站2400多个（其中TD基站485个），移动通信网络已全面覆盖全市、各县、乡、村。在通信行业激烈的全业务市场竞争中始终保持了又好又快发展，成为区域主导通信运营企业。

在公司快速发展的进程中，安庆移动秉承“正德厚生 臻于至善”的企业价值观，始终追求客户满意服务，努力打造一流通信网络，勇担社会责任，积极开展公益慈善活动，得到了社会各界充分肯定和越来越多客户的信赖。公司先后荣获全国优质服务明星单位、全国巾帼文明岗、工人先锋号、第十一届全国职工职业道德建设先进单位、全国学习型先进班组、全国质量信得过班组、全国模范职工之家、中国移动百佳沟通100营业厅、安徽省第九届文明单位、安徽省质量奖等诸多荣誉。

10086电话服务中心荣获
全国“巾帼文明岗”称号

运行维护部传输班荣获
全国质量信得过班组称号

中国移动通信集团安徽有限公司安庆分公司

引领3G生活

3.15现场咨询服务活动

大力发展电子服务渠道应用

开展防汛应急通信保障综合演练

迎江区“十户联防”现场演示会

开通首个乡镇家庭宽带

公安边界安全接入平台
暨警务通二期项目签约仪式

安庆供电公司与安庆移动联网渠道全面代收
电费启动仪式

圆满完成五千年文博园开园仪式
通信保障工作

积极开展青年志愿者活动

为留守儿童提供免费亲情电话

移动改变生活

WWW.10086.CN　热线 短信 10086

安庆长江学校

董事长与县四大班子成员会见应邀到访的中科院院士何祚庥(左3)

董事长与教育厅厅长程艺(左)

安庆长江学校是一所按省示范高中标准规划建设的十二年制(从小学到高中)全寄宿民办学校。由清华学子、西班牙长江投资公司董事长娄世长先生于2005年创办。学校坐落在安庆市望江县城雷池大道旁，校园占地218亩，总投资8000万元，总建筑面积6万平方米。学校现有在校师生2400多人，48个教学班。

学校秉承“为国育才，为民办学，以人为本，务实求真”的办学宗旨，坚持“专家治校、质量立校、人才兴校、创新强校”的管理理念，以“德智双全、身心两健、学创俱能、仁爱和谐”为培养目标，努力建设优良的校风、教风、学风。坚持“不比阔气比志气，不比聪明比勤奋，不比基础比进步”的育人主张，彰显“封闭管理”的管理特色。

教学楼内有现代教育技术设备武装的教室；实验综合楼内有国家Ⅰ类标准配置的实验室、图书室、阅览室、信息技术教室、多媒体教室、多功能报告厅。师生公寓楼4幢600个标准间内配卫生间和空调。400米田径场、标准篮球场、排球场、室内外乒乓球台等体育设施一应俱全。

现有专职教师130余人，其中特级教师、高级教师十几人，中级教师60多人。他们老中青搭档，传帮带协作，成为学校教育教学质量不断攀升的中坚力量。

小学部狠抓素质教育显特色，连续六年在全县小学质量综合评估中名列前茅；2006~2011六届中考学科均分、省市示范高中达线率等综合评估列全县前三名；高考六年涌现出近百位及第名牌大学的毕业生，如清华学子江建勇，县理科“状元”曹义、徐金宝，县“榜眼”刘承胜、郝学林等。

“梦想，从这里起航”，已成为长江学子可望可及的现实。

第二届艺术节

国际TECC团队与长江学校夏令营的小朋友们合影留念

2010年12月我校以高分荣获“市优秀民办学校”称号

美丽让人流连忘返——校园一角

枞阳县经济和信息化委员会

安庆市恒祥纺织有限公司纺纱车间

安庆天瑞实业有限公司服装车间

2011年，枞阳县经济和信息化委员会组织实施工业强县战略，加强对工业行业的规划与管理，加大工业经济运行工作协调力度，大力发展民营企业，全力推动国有集体企业改革，深入实施技改改造，加强工业节能减排，加大对全县规模以上工业企业考核力度等，全年实现规模企业产值204亿元，同比增长60%，超额完成了年初目标，被市委、市政府授予“2011年度全市工业发展先进县”。

安徽枞晨回转支承有限公司产品

安徽缘酒酿造有限公司

枞阳县压力容器有限公司液化气钢瓶

潜山县水利局

加固后的红旗水库大坝

黄埔镇余花屋大塘

潜水六公堤防加固工程

潜水五丰河拦河堰工程

幸福河沟渠清淤工程

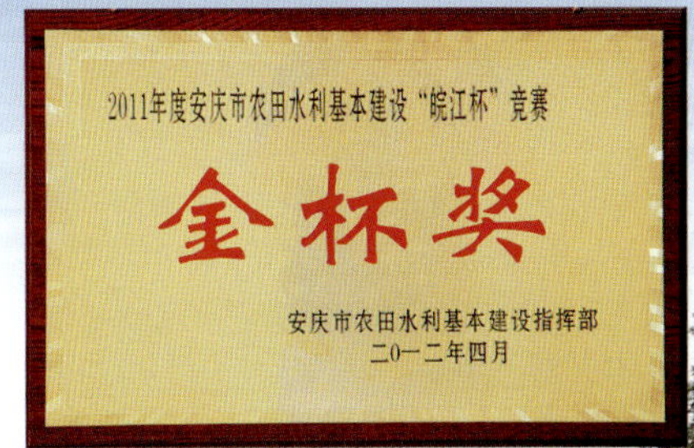

金杯奖

加固后的三联塘水库

发展中的石牌高中

安徽省怀宁县石牌高级中学组建于2004年8月，2008年2月晋升为市示范中学。学校坐落于千年古镇——石牌，分东西两区隔皖河相望，南临长江，北望天柱，人文资源丰富，文化积淀深厚。学校占地面积160余亩，校园设施完备，师资力量雄厚，具有高级职称教师44人，中级职称教师58人，县级以上教学能手18人，校级教学骨干25人。

石牌高中秉承“以德立校、依法治校、以研兴校、以质强校”的办学理念，全面贯彻党的教育方针，切实推行素质教育，不断增强办学实力，使学校有特色，学科有亮点，教师有专长，学生有特长。办学成果丰硕，连年获得县级高考成果奖、省市县学科竞赛大奖。

不断进取的石牌高中教职员工，将坚持科学发展观，继续努力，把学校推向更高的层次。

安徽盾安民爆器材有限公司

市委书记朱读稳来公司视察

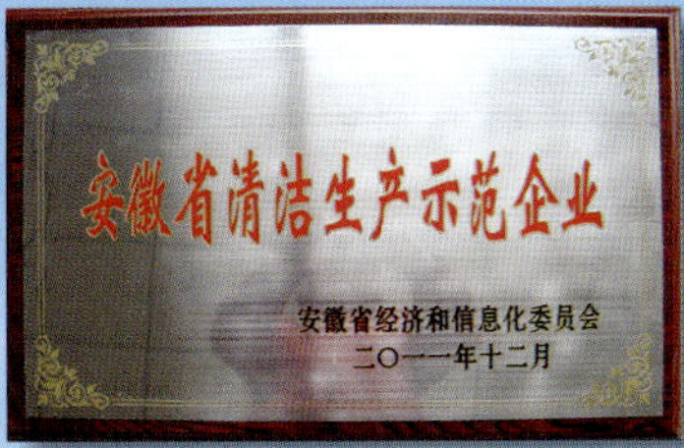

应急救援预案演练

现场混装车

爆破现场

安徽盾安民爆器材有限公司(简称安徽盾安民爆公司)是“江南化工”上市公司的控股子公司,是经国家工信部行政许可,专业从事民爆产品研发、生产、销售和爆破技术服务的区域性集团公司。2011年,公司销售收入2.6亿元,利税8000余万元。

公司前身安庆市向阳化工厂,始建于1958年。2003年12月,由中国500强盾安控股集团有限公司收购炸药资产,重组设立为安庆向科化工公司,后于2008年6月更名为安徽盾安民爆公司。公司辖属3家民爆生产厂(点)和11家流通公司、4家爆破技术服务公司。公司占地面积1000余亩,员工600余人,其中各类专业技术人员200余名。拥有国内先进的自动化、连续化乳化炸药生产线3条和炸药现场混装车2台(套),工业炸药年生产许可能力达4.1万吨。

公司树立“诚信、尊重、专业”的核心价值观,发扬“创业、创造、创新”的“三创精神”;坚持“以人为本、安全第一、预防为主、科学发展”的安全管理方针和“持续改进、不断创新、用心服务、追求卓越”的质量管理方针。先后荣获“全国实施卓越绩效模式先进企业”、“安徽省高新技术企业”、“安徽省质量奖”、“安徽省A级诚信纳税企业”、全省国防科技工业系统和安庆市“安全生产先进单位”、“安庆市金融守信企业”、“安庆市工业企业纳税五十强”、“安庆市劳动保障诚信A级企业”、“安庆市守合同重信用单位”等。

公司已通过GB/T19001-2008、GB/T24001-2004、GB/T28001-2001质量、环境、职业健康安全管理体系认证,企业技术中心被省经信委、科技厅等七部门评定为“省认证技术中心”。“向阳牌”现场混装多孔粒状铵油炸药和现场混装乳化炸药,被认定为安徽省高新技术产品。

公司生产区大门

安徽广通玻璃有限公司

董事长吴问广在奠基仪式上讲话

吴问广参加南玻营销年会

吴问广，安徽广通玻璃有限公司董事长。1969年出生于水乡千年古镇——孔城，中学毕业后他和许多同龄人一样开始了外出打工的生涯，在长江之滨安庆谋求发展。水乡古镇培养了他朴实勤劳的品格，也成就了他后来事业的发展。初来安庆的他只能从临时工做起，先后干过搬运工，营业员，送货员。1992年通过朋友介绍到安庆市当时装潢材料最全，规模最大的国营企业上班，负责玻璃销售。他不骄不躁，为客户诚恳的服务态度，赢得了广大客户的一致好评，销售业绩连年上升，这也为他后来的发展奠定了良好的基础。1996年他辞职经商同妻子姚友平喜结连理并在亲戚朋友的帮助下在安庆市华中路租了门面销售玻璃，经过几年的共同努力，一步一个脚印的向前发展。他相信一分付出，就有一分收获。2005年，在光彩大市场注册成立了安徽广通玻璃有限公司。随着市场的扩大和竞争，为了企业的长远发展，为了进一步扩大规模，2006年他在安庆市大桥开发区投资近亿元兴建了厂房和国内一流的玻璃深加工生产线，是目前安徽省建筑玻璃深加工行业中设备最先进、规模最大、品种最全的玻璃企业之一。产品远销皖西南、江西、湖北等周边市场。几年来，公司经过不懈努力，孜孜以求，用自己的汗水和聪明才智将创业初期只有几万元的资产规模，发展成为今天本市的知名企业。永恒的创新，诚实的品格，优质的产品，良好的信誉，完善的售后服务是“广通”的魅力所在。

安徽润东集团

董事长 胡培剑

安徽润东集团成立于2007年6月。下设安徽云剑物资有限公司，合肥市云剑物资有限公司，马鞍山市云剑物资有限公司，安庆市润东物资有限责任公司，安庆市润安物资有限公司，安庆市润东物业有限公司，安庆市润东房地产。

集团目前共有员工100多人，年经营额10亿，利税800多万。

主要经营项目有萍钢、马钢钢材代理，以及钢材大市场项目的开发经营与管理。

安徽润东集团投资兴建的安庆市钢材大市场，坐落在安庆长江大桥开发区，位于安枞路与206国道交汇处，与安庆长江大桥、合安高速、安庆火车站比肩相邻，交通区位优势凸现。市场占地面积300余亩，建筑面积12万平方米，项目总投资超1亿元。主要经营不锈钢、铝合金、玻璃、角钢、板材、型材、线材、螺纹钢、机械设备、金属材料加工等。现进驻企业200余户，年销售各种钢材及金属制品100万吨，交易额达60亿元，营销面覆盖皖西南，辐射皖、赣、鄂三省交界。

地址：安庆市钢材大市场　润东集团
电话：0556-5345997

安庆市钢材大市场鸟瞰图

启动申报中合机械产业园600亩点供地项目，加大闲置用地清理力度，成功收回亚宇竹业项目用地25亩；调整扬帆卫材、华泰砼业、天柱木业等企业用地72亩；运用清理手段促成汉狮服饰、兰艺科技两个项目启动建设；对25家企业下发《闲置土地告知书》，启动土地闲置费的收取工作，积极有效缓解开发区用地矛盾。

扩区工作进展顺利。抢抓皖江城市带承接产业转移示范区建设的机遇，谋划开发区"十二五"发展规划和扩区规划，完成土地节约集约利用评价，编制扩区方案和可研报告，并及时上报省皖江办。成功接待省扩区踏勘组对西扩区的实地考察，10.41平方公里的河西新区首批通过省现场踏勘，为扩大园区规模、实现跨河发展打下基础。

（徐正宁）

枞阳经济开发区

2011年，枞阳经济开发区完成招商引资到位资金10.47亿元，占年度任务8.76亿元的119.52%；新签约项目12个，占年度任务30家的40%，新开工项目22个，新投产项目15个，占年度任务20家的75%；完成规模以上企业产值34.65亿元（不含建材园），占年度任务38亿元的91.18%，增幅达39.10%；完成固定资产投资21.73亿元，占年度任务26.82亿元的81.02%，增幅达8.06%；征地600亩；平整土地498亩；拆迁安置81户；完成基础设施投入3.09亿元，占年度任务3亿元的103%；完成一般预算收入7158万元，占年度任务7000万元的102.26%，同比增长40.66%。

加快转型升级，项目入园重质保量。抢抓园区产业转型升级这一重大机遇，优化招商理念，在提高项目准入门槛的同时，更加注重战略性新型产业，不断提升招商质量，招商引资工作取得显著成效。新签约项目12个：金誉金属、皖江铸业、三佳轴承、天瑞新材料（非晶磁芯）、奥海服饰、中庆汽车、前进门窗、斯维卡特、华瑞制衣、华赛包装、中广实业、博盛门窗；新开工项目22个：盛世龙城宗诚王朝五星级大酒店、金誉金属、斯维卡特、奥海服饰、皖江铸业、瑞璋环保、新雨其木业、华赛包装、压力容器及LED、宇腾真空、澳亚电子、热鼎科技、前进门窗、方圆管业、鑫之达家居、中广实业、锦鹏纺织、和义电缆、新胜科技、中庆加汽、恒光玻璃、进生刷业等；新投产项目15个：和义电缆、金誉金属、盛仁建材、恒泰扣件、旺达铜材、金门工贸、明豪实木、瑞璋环保、宇腾真空、天瑞新材料、奥海服饰、千仞岗服饰、新胜科技、贝克顿服饰、阳云服饰。

强化服务能力，项目建设全面加快。完善全程代理一站式服务机制，全力营造园区企业发展良好软环境。对在建项目，加强工作调度，实行全程代理和跟踪服务；对续建项目，加快完备手续和办理速度；对新入园项目，帮助协调理顺关系，解决项目开工过程中存在的困难问题，保证施工顺利；对新签约项目，加快项目前期工作，促使其早日开工建设；对在谈项目，明确专人负责联系，切实做好跟踪服务工作。年内，重点项目建设全面提速，金誉金属公司投资3.5亿元新上年产5万吨高精度铝板项目进展顺利；皖江铸业投资3.23亿元新上年产44万吨铸造件项目正稳步推进；千仞岗服饰投资10亿元生产"千仞岗"品牌羽绒服项目厂房建设已基本完成。

全力夯实基础，平台建设稳步推进。加大园区基础设施投入，征地、拆迁、规划、建设、管理等各项工作有序推进，构筑高水平企业服务平台。有序推进新楼村征地款遗留问题，基本完成征地款的结算工作，纺织园、综合园新征地工作正积极推进当中。完成征地600亩并上报审批，完成3宗国有商业用地使用权的竞拍出让工作。组织拆迁81户，安置47户，完成1座加工厂的拆迁工作。完成场地平整498亩；完成连龙山庄安置点内区间市政支路、排水工程300米，新楼安置点内区间市政支路、排水工程500米；完成纺织园一期雨水泵站供电工程，并投入运行；完成综合园纬七路东段市政道路排水工程路基部分工程建设；泄洪排水涵箱工程、黄华安置点、连龙山庄安置点市政支路和排水等工程，正紧张施工之中。积极推进公共租赁房639套建设进度。

严格规范管理，税收征管不断强化。逐步建立税收协调机制，建立健全信息互通、资源共享机制，以推进税收征管相互联动，财政管理工作有序推进。加大税收征缴力度。完成一般预算收入7158万元，比上年增长40.66%；其中国税完成3927.95万元，比上年增长156.41%；地税完成2014.45万元，比上年减少13.21%；财政完成1215.6万元，比上年减幅5.66%。

（枞阳开发区）

太湖经济开发区

2011年,太湖经济开发区新增入区企业14个,其中超亿元企业3个,主要是机械制造、新材料的主导产业,境内固定资产合同投资额12.6亿元,境外固定资产合同投资额2200万美元,实际到位资金8.8亿元和600万美元,较年初目标增152%。年内共引进企业6家,即华强科技、天时利机械制造、天立环保设备制造、德晋塑料包装、宏宇五洲医用器材、易昌泰电子科技等企业,境内固定资产合同投资额7.7亿元,境外固定资产合同投资额2200万美元。区内现有企业86个,投产64个。上半年新开工建设项目8个,在建项目共18个;锅炉制造、亚太精化等项目已建成投产;文博园顺利通过国家4A级旅游景区审核,5月如期开园;准四星级皖府国际大酒店已试营业;宏宇五洲、华强科技等重点项目进展快速,项目建设呈现整体推进的良好势头。富盈金属制品年产5000吨金属制品一期、光华铝业扩建年产5万吨再生铝锭项目通过"三同时"竣工环境保护验收已投产;华强科技、亚太精化、锦鸿环保、磐石雕塑、泷铳建材等企业试生产。全年安全生产继续保持平稳、较好态势,无事故发生。今年为企业申报、争取的各项扶持、奖励资金3000多万元人民币。全年完成工业产值40亿元,税收8000万元。

探索征地拆迁工作新途径,推进司法介入协调拆迁矛盾,妥善解决历史遗留问题,完善土地报批手续,推进依法有序拆迁。龙安安置小区房屋质量整改工作,县委政府成立工作队,由省质检二站已完成初步检查,下步将进行全面普查。加快已征土地平整进度,满足宏宇五洲、润邦科技、华强科技、中石化加油站等大企业用地需求。路网建设进展较快,龙山景观大道工程开发区段2.3公里目前已完成1.3公里沥青路面铺设及配套建设,东段1公里也完成了路基工程;已完成观音路东延500米、红旗路300米、经一路北延450米,合计1250米混凝土路面铺设;罗河南路路基土方基本完成,路基工程即将开工。

2011年完成远期31平方公里《安徽太湖经济开发区扩区可行性研究报告》、《土地节约集约利用评价》及《安徽太湖经济开发区扩区总体发展规划环境影响评价报告书》(送审稿)。

(张文斌)

望江经济开发区

望江县经济开发区相继被列入中国新兴纺织产业基地、中国首批农产品加工示范(创业)基地、安徽省中小企业促进工程创业基地、安徽省新型工业化产业示范基地。

2011年,区内共引进工业企业102家,协议固定资产总投资137.5亿元。新投产项目9个(分别是精泰特钢一期、申洲高档服装二期、联河米业二期、泰威服装、汽车附件、服装包装、和记酱油包装、金属门窗制品、糯米精深加工项目)、新引进亿元以上工业项目4个(分别是冷冻牛肉牛排、望海纺织、环保塑料管材管件、刚性链柱推力品及异型材加工项目)、新开工项目8个(分别是江通纺织、LED设计制造、瓦楞纸板加工、特种机械设计制造、索维化工机械二期、腾龙玩具、辉隆测土配肥加工、金吉他服饰项目)。1~10月,区内工业固定资产投资完成19.1亿元,比上年增长60.9%;工业总产值完成64.4亿元,比上年增长55.6%;财政收入完成10925万元,其中国税完成3783万元、地税完成4121万元;从业人员14038人。

基础设施日臻完善。已建成道路43公里,主干道实现绿化、亮化;建成110千伏、35千伏变电所各1座,10千伏线路27公里、35千伏线路1.3公里;新铺设供水管道20公里,实现供水全覆盖;建成设计规模日处理6万吨污水处理厂1座,一期日处理1万吨污水能力工程已竣工运行,建设59公里排污管道和新世纪路、蓝天路污水提升泵站;实施古港、大湖口和长河排涝站扩容改造及设备更新,新增14.5个流量;古港排涝站2000米站前沟拓宽护砌以及大湾沟、张家沟、幸福河、段河沟渠整治和隔堤沟延伸开挖,提升开发区排涝能力。

支柱产业优势明显。区内已初步形成三大产业。纺织服装业:依托望江年产3万吨优质皮棉、6万吨粘胶纤维以及周边可吸纳的10万吨以上优质棉花资源,编制"百亿纺织服装产业集群"发展规划,形成集原料、纺纱、织布、印染、成衣为一体的纺织服装产业链,望江纺织已进入安徽省产业振兴规划和"861"行动计划,并列为最具特色的30个产业集群之一。骨干企业舒美特化纤、申洲针织2家年实现工业总产值10亿元以上。农产品精深加工:依托望江粮油资源,越宜黄酒公司年生产黄酒能力达4万吨,"越宜"牌花雕系列黄酒、"金粮缘"系列白酒等20余个品种已全面投放省内外市场,获得好评;联河米业富尔德优质蛋白(粉)奶项目填补省内空白。新兴加工制造业:依托安达尔品牌的电动车辆制造业、依托65公里江岸线资源的船舶制造业、依托望江丰富秸秆资源发电的新兴能源产业迅速成长,望江造船已进入安徽省产业振兴规划。

在建项目进展顺利。美亚针纺4万锭纺纱项目完成固定资产投资1.6亿元,正在进行设备安装调试;索维化工机械公司二期工程计划投资1.2亿元,已完成投资1亿元,即将建成投产;亮亮纺织扩建项目完成固定资产投资1亿元并建成投产;计划固定资产总投资10亿元的百盛特种板材项目当年完成固定资产投资2.1亿元;计划固定资产投资亿元以上的特种机械设计制造、印制电路板、江通纺织、瓦楞纸板加工项目正式开工建设。一批已签约入区的亿元工业项目准备就绪,等土地指标落实后即可开工建设。

(汪艺辉)

宿松工业园区

2011年,园区发展渐具规模。园区开发面积7平方公里,建成区面积约6平方公里,入园企业101家,合同固定资产投资57.4亿元,投产企业72家,其中规模以上企业43家。2011年,园区工业总产值48.53亿元,其中规模以上工业总产值44.52亿元,占全县规模以上工业总产值的41%;工业增加值15.24亿元,其中规模以上工业增加值14.82亿元,占全县规模以上工业总产值的48.3%;财政收入1.69亿元,其中税收收入7358万元;提供就业岗位15000个,实现就业人数11000人。以4纵3横为主的区内干道网络体系基本形成,已经建成道路23条计23.9公里;35千伏和110千伏变电站全面运营,县第二自来水厂建成供水;城北污水处理厂已动工建设,新耕河治理一期工程基本完成;3家物流企业2家建成并开始运营;园区学校已进入招标阶段,中医院园区分院已做规划;632套公租房工程进展顺利,华中世贸城首期服装及汽车专业市场项目已通过规划评审。

项目质量不断提升。项目评审机制逐步完善,固定资产投资要求已从起初200万元提升到5000万元,投资强度从每亩30万元提升到150万元。至2011年底,固定资产投资亿元以上的项目9个,5000万元以上项目8个。互益公司东西区两个项目相继建成投产;锦绣工业城一期项目态势良好。诸暨汽车零配件、华中世贸城、华普电子、永旺木业等亿元项目成功签约。红爱服饰、鑫鹏飞服饰、皖蜀春酒业、森达电器等骨干项目发展强劲。中天石化、信诺捷科科技含量高,爱达针织、凯奥服饰、春润食品等项目稳中求进。三凌制衣、天和服饰、新锦丰食品、晨旺木业、同路生物、金诚混凝土等项目年税收均超过百万元。以纺织服装、食品加工、机械电子、建材化工等到四大主导产业初步形成,101个入园项目中,四大主导产业共86个,占85%;投资额占96.9%,实现产值39.3亿元,占园区工业总值的83%。其中纺织服装类项目实现产值21.39亿元,税收2344万元,据园区半壁江山,主导产业优势更加明显。

体制机制初步建立。按正县级建制,成立工业园区党工委和管委会,领导机构、内设机构、下属单位和派出机构的编制、人员基本到位,岗位职能规范齐备。园区人民武装、工会、共青团等组织逐步建立,群团工作不断加强。园区的非公党建工作也一直走在全省前列。成立园区机关、互益纺织、企业联合等21个党支部;华丰纺织、森达电器、中天石化和春润食品等公司党建工作有声有色,开展党员先锋示范岗、职业技能比赛、体育文娱比赛等一系列活动,不断提升企业文化,增强员工凝聚力和企业核心竞争力。

(吴恒玉)

岳西经济开发区

岳西县经济开发区平台建设初具规模。基础设施建成区达3平方公里,水、电、路、通信设施配套齐全。招商引资取得突破。已有香港、南京、上海、北京、福建及省内企业76家入驻,协议投资额达35亿元,招商引资形势良好。

企业发展连年攀升。现入驻的76家企业中,建成投产的52家,近年来开发区工业产值接近翻番增长,2011年全年工业总产值超过18亿元。历年来累计实现财政总收入1.5亿元(含土地出让金)。

社会事业不断进步。莲云小学迁址新建和莲云中学扩建均改善办学条件。莲云卫生院的扩建提高诊疗水平。在非公企业先后建立6个党支部、20个工会。

(江荣璋)

栏目编辑:戴文君

中国共产党安庆市委员会

中国共产党安庆市委员会

重要会议和决议

1月4日，召开中共安庆市委十届二次全体（扩大）会议，贯彻中央和全省经济工作会议精神，总结2010年工作，分析当前经济形势，部署2011年全市经济和社会发展工作。

2月12日，市委、市政府召开安庆市办好十三届省运会、加快中心城市建设动员大会。

2月25日，市委、市政府召开安庆市工业强市暨招商引资推进大会。总结2010年工业和招商工作，表彰2010年度全市工业经济和招商引资工作先进单位、先进个人，部署2011年工作任务。

2月25日，市委、市政府召开全市农村工作会议，传达贯彻中央、全省农村工作会议精神，总结2010年“三农”工作，表彰2010年度农业农村工作先进单位和个人，部署2011年农业农村工作。

3月18日，市委、市政府召开会议，学习传达全省环保工作会议和王三运省长重要讲话精神，总结去年以来市环境保护工作，研究部署下一步工作任务。

4月6日至7日，市委、市政府召开全市旅游发展大会。贯彻落实全省旅游工作会议精神，总结表彰全市旅游工作，分析当前旅游业发展形势，安排部署“十二五”及2011年旅游工作。

6月13日，市委、市政府召开全市加快培育战略性新兴产业暨园区和重点项目建设推进大会。贯彻全省有关会议精神，部署加快培育战略性新兴产业暨园区和重点项目建设推进工作任务，总结表彰2010年全市园区及重点项目工作先进单位和个人。

6月28日，市委召开安庆市庆祝中国共产党成立90周年大会。隆重纪念中国共产党成立90周年，回顾党的奋斗历史，讴歌党的光辉业绩，继承和发扬党的光荣。表彰优秀基层党组织、优秀共产党员、优秀党务工作者以及纪检监察系统先进集体、先进工作者；市委书记朱读稳讲话并作党课报告。

9月10日，召开中共安庆市委九届十六次全体会议，审议中共安庆市第九届委员会工作报告和中共安庆市纪委工作报告，研究决定市第十次党代会有关事项。

9月16日至19日，召开中国共产党安庆市第十次代表大会。大会的主要任务是：以党的十七大精神为指导，深入贯彻落实科学发展观，回顾总结市第九次党代会以来的工作，研究部署今后五年全市经济社会发展和党的建设的目标任务，选举产生新一届中共安庆市委员会和安庆市纪律检查委员会，进一步动员全市各级党组织、广大党员和人民群众，团结一心、振奋精神，锐意进取、奋发有为，推进科学发展，加快富民强市，为基本建成全面小康社会而努力奋斗。

10月31日，召开市委常委（扩大）会议，传达学习贯彻党的十七届六中全会和省第九次党代会精神。

12月7日，市委召开全市“五级书记带头大走访”活动工作交流会。指导、推动活动深入开展，掀起全市大走访活动新高潮。

12月9日，市委召开全市水利工作会议，贯彻落实中央、省委一号文件和中央、全省水利工作会议精神，动员部署全市当前及今后一个时期的水利工作，推动市水利工作迈上新台阶。

重要文件目录

1. 关于在全市机关广泛开展“万名干部下基层、

当好群众贴心人”活动的通知 庆〔2011〕2号

2. 关于表彰2010年度对外宣传、文化建设和典型宣传先进集体的通报 庆〔2011〕3号

3. 关于表彰2010年度农业产业化工作先进单位的决定 庆〔2011〕4号

4. 关于表彰2010年度农民负担监督管理工作先进单位的决定 庆〔2011〕5号

5. 关于表彰2010年度全市招商引资工作先进单位和先进个人的决定 庆〔2011〕7号

6. 关于表彰工业经济三年翻番2010年度先进单位的的决定 庆〔2011〕8号

7. 关于表彰第三届安庆市创建文明行业工作先进集体和先进个人的决定 庆〔2011〕16号

8. 关于2010年度县域经济“争先进位”、市直机关“争先创优”活动考核情况的通报 庆〔2011〕17号

9. 关于认真汲取怀宁“血铅事件”教训进一步加强环保工作的报告 庆〔2011〕36号

10. 关于印发《市委目标管理单位2011年度考核目标》的通知 庆〔2011〕51号

11. 关于表彰全市信访系统先进集体和先进工作者的通报 庆〔2011〕52号

12. 中共安庆市委 安庆市人民政府关于命名“平安乡镇(街道)”、“市级平安单位”的决定 庆〔2011〕53号

13. 关于表彰2008～2010年度全市社会治安综合治理暨平安创建工作先进县(市)区、优秀成员单位、先进工作者的决定 庆〔2011〕54号

14. 关丁加强和改进社区服务工作的实施意见 庆〔2011〕73号

15. 关于表彰2006～2010年全体依法治市和法制宣传教育先进集体和先进个人的决定 庆〔2011〕87号

16. 关于做好乡镇党委换届工作的实施意见 庆发〔2011〕1号

17. 关于进一步加强环境保护工作的意见 庆发〔2011〕2号

18. 中共安庆市委常委会2011年工作要点 庆发〔2011〕3号

19. 关于批转《安庆市人大常委会2011年工作要点》的通知 庆发〔2011〕4号

20. 关于批转《安庆市政协2011年工作要点》的通知 庆发〔2011〕5号

21. 关于中国共产党成立90周年纪念活动的通知 庆发〔2011〕6号

22. 关于加快培育和发展战略性新兴产业的实施意见 庆发〔2011〕7号

23. 关于印发《加强民兵预备役应急力量遂行非战争军事行动能力建设实施意见》的通知 庆发〔2011〕8号

24. 关于实施“园区带动”战略的若干意见 庆发〔2011〕9号

25. 关于贯彻《中共中央 国务院关于加快水利改革发展的决定》的实施意见 庆发〔2011〕11号

26. 推进科学发展,加快富民强市,为基层建成全面小康社会而努力奋斗 庆发〔2011〕12号

27. 关于认真学习贯彻党的十七届六中全会精神的通知 庆发〔2011〕15号

28. 关于印发《法治安庆建设纲要(2011～2015年)》的通知 庆发〔2011〕18号

29. 关于转发《市委宣传部、市司法局关于在全市公民中开展法制宣传教育的第六个五年规划(2011～2015年)》的通知 庆发〔2011〕19号

中共安庆市委领导名录

市 委 书 记:朱读稳

市委副书记:肖超英 陶方启

市 委 常 委:胡南亭(～2011.9) 刘 苹(～2011.9)
王章来 王 强 刘大群(2011.9～)
汪卫东 汪莹纯 陈大林 项小龙
宋圣军(2011.9～) 章 松(2011.9～)

中国共产党安庆市纪律检查委员会

重要会议

2月14日,中共安庆市第九届纪律检查委员会第六次全体会议召开。市委书记朱读稳出席会议并作重要讲话。市委常委、纪委书记刘苹作题为《深入开展党风廉政建设和反腐败工作,为科学发展、全面转型、加速崛起、富民强市提供坚强保证》工作报告。

3月30日,市党风廉政建设责任制工作领导小组召开会议,总结全市责任制落实情况,研究部署下

一步工作。市委书记朱读稳主持会议并讲话，市委常委、纪委书记刘苹等市领导出席会议。

4月6日，市政府第三次廉政工作会议召开，市委常委、纪委书记刘苹出席会议。

4月18日，全市纠风工作会议召开，市委常委、常务副市长汪莹纯出席会议并讲话。

5月20日，全市党风建设工作会议召开。市委常委、纪委书记刘苹出席会议并讲话。

9月9日，安庆市第九届纪律检查委员会第七次全体会议召开。市委常委、纪委书记刘大群出席会议并讲话。

9月19日，安庆市第十届纪律检查委员会第一次全体会议召开。市委常委、纪委书记刘大群主持会议。

10月18日，全市党的基层组织党务公开暨廉政风险防控管理工作会议召开。市委书记朱读稳出席会议并作重要讲话，市委常委、纪委书记刘大群作动员讲话。

主要工作

【惩治和预防腐败体系建设】 贯彻落实中央《建立健全惩治和预防腐败体系2008～2012年工作规划》、省《实施办法》和市《工作方案》，认真落实《安庆市党风廉政建设责任制和惩防体系建设考核方案》、《安庆市关于开展廉政风险防控管理试点工作的实施方案》，切实加强教育、监督、纠风、惩处各项工作，不断加大从源头上预防腐败工作的力度。

【党风廉政建设】 组织2010年度推进惩治和预防腐败体系建设检查暨落实党风廉政建设责任制考核工作。共组织16个检查考核组，对各县(市)区和19个市直单位进行重点考核。对各单位领导班子、534名县级领导干部推进惩防体系建设、落实党风廉政建设责任制和廉洁自律情况进行民主测评和评议；在县(市)区组织856名基层干部和社会各阶层代表，对反腐倡廉工作成效进行满意度测评；与681名党员干部进行个别谈话(其中县级领导干部401名)。组织召开市党风廉政建设责任制领导小组会议，研究谋划全年工作。制发《市直单位2011年反腐倡廉主要工作任务分解》，将全年反腐倡廉工作任务进行细化分解，分7项主要任务和56项具体任务，逐项明确27个主办单位和相关协办单位的责任，并将任务完成情况纳入到责任制考核当中，确保任务落实到位。组织召开全市党风建设工作会议，总结上年全市党风建设工作，对全年党员领导干部廉洁自律、党风廉政建设责任制等党风建设工作进行部署落实。

【廉洁自律】 在全市范围内组织开展《廉政准则》贯彻执行情况专项检查，推进廉政准则各项要求执行到位。按照省纪委统一部署，推进干部廉政管理信息化建设，完成全市1272名县级党员领导干部电子廉政档案建设工作。继续抓好廉政谈话和述职述廉制度的落实。结合全市责任制考核，对30个被考核单位主要负责人及县级领导班子成员进行廉政谈话。各(市、区)和市直单位党政“一把手”进行述职述廉。认真查办违反《廉政准则》和基层党风廉政建设方面的信访举报案件。全市建立党务公开工作联系点216个。推进阳光村务工程建设，建立“三资”管理长效机制，委托代理服务覆盖面、电算化管理覆盖面、委托代理协议签订率均达到100%。配合市治理“小金库”办公室继续推进党政机关、事业单位、社会团体和国有企业“小金库”专项治理，督促相关部门对有关人员实行责任追究。组织协调公务用车问题专项治理工作，对公务用车违规问题作出处理。制定下发《关于进一步贯彻落实党政机关厉行节约工作的通知》，将厉行节约指标完成情况纳入责任制考核，确保取得实效。

【纠风治乱】 组织开展强农惠农资金专项清理互查工作，全市共清查出13个项目存在违纪违规问题，涉及金额909万元，责任追究20人。共受理办结涉及农民负担来信来访15件(次)，退还资金5.2万元。组织实施教育收费专项检查活动，共查处各级各类学校乱收费问题涉及金额47.7万元，给予10人党纪政纪处分或其他处理。通过组织开展全市卫生系统“三好一满意、大力弘扬高尚医德”活动，努力提升医务人员的职业素养和医德水平。全年市直卫生系统医务人员上交、退回红包1.7万元。深入开展食品安全整顿和药品领域专项整治行动，查处违法案件62件，涉案金额近40万元。先后开展三次大规模联合治超行动，查处超限超载车辆2069台。节假期间加强明察暗访，确保“绿色通道”畅通。对纠正违法违规征地拆迁问题和保障性住房政策措施落实情况加大监管力度。继续推进“规范公共服务行业服务和收费行为”专项治理工作，受理和处置消费者举报281件、投诉2102件。推进政风行风建设，受理和办结纠风信访68件。

【执法监察】 参与市区征地拆迁和建设环境整

治工作，共认证征地拆迁项目22个，直接核减征地拆迁包干费9200万元。开展重点领域工程建设项目集中督查和滚动排查工作，排查政府投资和使用国有资金项目852个。参与第十次土地卫片执法检查，纠正违纪违法问题4项，立案4件，给予4人党纪处分，4人政纪处分。强化民生工程专项督查工作，查处环保领域群众反映强烈的突出问题，共关闭造纸企业8家，停产整改9家。会同市安监局对安全生产进行检查，参与大观工业园鑫富化工"3·27"爆炸事故、桐城"4·28"重大交通事故等6起事件的调查处理，给予6名责任人政纪处分，其中县干1名。结合工程建设领域专项治理等工作，查结商业贿赂案件20件，移送司法机关追究刑事责任4人。

【源头治理】 组织开展"百项办件看效能"活动。对市直单位办理的行政审批类、行政处罚类以及公共服务类办结件各选择100件进行检查，了解有关单位工作效能、依法行政、服务质量等情况。同时，对各单位的政务公开工作、行政职权目录编制工作、行政许可运行情况、行政审批"六项制度"建立及运行情况进行检查。针对工业投资项目和城市基础设施项目审批中涉及中介服务的情况，出台《关于切实规范为行政审批提供服务的中介行为的通知》，为实现中介市场的"竞争、择优、规范"提供制度约束。推进廉政风险防控管理试点工作，确定市中级法院等6个市直单位和桐城市、岳西县为试点单位，并基本完成试点工作任务。继续做好任期经济责任审计进点工作。安排经济责任审计单位14个，其中离任审计单位7个、任中审计单位6个，县区1个。对122个招标投标项目进行监督，涉及政府投资和财政性投资13.5亿元，节约资金1.13亿元；对41宗使用权、探矿权（采矿权）出让进行监督，为政府创造效益3.27亿元。

【宣传教育】 开展"以人为本、执政为民"主题教育活动。注重将主题教育活动与开展"纪检监察干部下基层、当好群众贴心人"、建党90周年系列庆祝活动有机结合。深化活动效果，精心组织全国"纪念建党90周年反腐倡廉知识竞赛"活动，荣获此项活动全省唯一"组织奖"。成功举办全市纪检监察系统"颂执政为民、扬清风正气"文艺汇演。组织10批98名新任县级领导干部参加任前廉政考试。组织3000多名党员干部到安庆监狱、九成监狱听取服刑人员现身说法，接受警示教育。向各级党员领导干部发送手机廉政短信39000多条，强化党员干部的廉政意识。全市开辟各类固定廉政宣传载体300多处，不定期更换宣传内容。在"大宣教"责任分解中，将廉政教育内容纳入市委党校和公务员培训中心年度教学计划。结合廉政教育重点，开展纪检监察干部理论学习讲座7场。广泛培育廉政文化六进示范点和廉政教育基地，评选命名40个第三批市级廉政文化建设示范点。积极筹建安庆廉政文化主题公园——明月清风园，将廉政文化元素有机结合。全年有40篇稿件在《中国纪检监察报》等省级以上重要刊物发表，展示纪检监察工作的新亮点、新面貌。

【制度建设】 不断推进制度创新和完善，出台《关于贯彻落实〈关于加强乡镇纪检组织建设的指导意见〉的意见》、《2011年"阳光村务工程"建设工作意见》、《安庆市监察局关于进一步做好民生工程实施情况监督检查工作的意见》、《安庆市纪检监察机关涉案款物管理暂行办法》和《进一步加强廉政文化建设的意见》。深入推进党的基层组织党务公开工作，制定《安庆市党的基层组织党务公开工作实施细则》、《安庆市党的基层组织党务公开工作制度》、《安庆市党的基层组织党务公开参考目录》，初步建立规范管用的工作机制。

【调查研究】 深入桐城、怀宁、枞阳、潜山等县（市）及市直部分单位开展调研，总结有效做法和成功经验，深入查找剖析存在的突出问题和原因，及时认真开展"加强对党政正职领导干部监督的实践和探索"、"当前反腐倡廉建设面临的新情况、存在的问题及解决措施"5个重点课题的研讨活动。撰写5篇重点调研课题文章，其中《明确正职职权范围，规范权力运行程序》调研报告被《中国纪检监察报》专题版采用。制定下发《2011年纪检监察法规研究工作安排意见》，11个县（市）区纪检监察机关和市直有关单位均完成调研课题。聘请全市13名理论业务骨干为市纪委反腐倡廉特邀研究员。全年报省纪委调研信息22篇、网评文章55篇。

【查办案件】 全市纪检监察机关受理群众信访举报2953件（次），初查核实违纪线索111件，立案144件，处分党员干部166人，其中涉及县干12人；挽回直接经济损失1580万元。重点查处桐城市水利局某3人在桐城市水利工程建设过程中，利用职务之便为他人谋利，收受他人贿赂和单位私设"小金库"等问题。3人已移送司法机关进行处理。对重大案件进行剖析并在适当范围通报，发挥查办案件治本功能。开展信访监督工作，在查清事实的基础上，先后发出66份《信访通知书》，对98名有一般问题的干部进行批评、教育。做好案件审理工作，对受处分的干部及时教育、疏导，维护被调查人合法权益。

【自身建设】 在市纪委换届中，协助省纪委和省、市委组织部做好班子成员配置工作，2名常委提任副书记，2名室主任提任常委。组织开展评选纪检监察系统先进集体和先进工作者工作。有5个单位被评为全省纪检监察系统先进集体，6名同志被评为全省纪检监察系统先进个人，1位同志被中央纪委、监察部嘉奖。协助做好县级纪委换届工作。全市11个县（市）区均选举产生7名纪委常委。其中，新进班子23名，连任54名。抓好中纪发[2011]26号文件精神的贯彻落实，制定进一步加强乡镇纪检组织建设的贯彻落实意见。开展创先争优活动，增强纪检监察干部服务基层、改进作风的意识和能力。

（谢　雯）

市委部门工作

组织工作

【抓好换届工作】 做好县乡党委换届选举工作，完成11个县（市）区党委、153个乡镇党委和1637个村（农村社区）党组织的换届选举工作，组织提名的县（市）区委书记、副书记，纪委书记、副书记均满票当选，组织提名的常委候选人均顺利当选；153名乡镇党委书记、291名副书记均高票当选。领导班子结构进一步优化，县（市）区委班子平均年龄46岁；大学以上文化程度占94%；党政交叉任职31人，比换届前增加5人。乡镇党委班子平均年龄41岁，大专以上学历占93.2%，女干部占9.9%。换届风气良好，全市18273人参加的问卷调查，对换届风气的好评率达99.5%。不断探索创新，扩大代表推选中的民主，实行党代表推选"三推两审四公开"。扩大人事安排中的民主，"两推两考"产生乡镇党委领导班子人选。推进干部人事制度改革，改进人选提名，对乡镇党政正职人选，实行县（市）区领导干部会议民主提名、全委会差额考察产生人选。

做好省、市党代会的有关工作。抓好市党代表的推选工作，严格按照"三推两审四公开"的方法步骤，选举产生的497名代表，分布更科学、结构更合理，具有较强的先进性、广泛性和代表性。协助省委组织部开展换届考察工作，精心准备换届考察会议的各项材料。认真细致地做好党代会期间的组织工作，完成市委换届选举任务，为市党代会的成功召开奠定基础。按照"三上三下一选举"的程序，选举产生市出席省第九次党代会62名代表。

做好村党组织换届工作。完成全市1534个村、103个农村社区党组织的换届选举工作，顺利实现"组织有序、过程平稳、结果圆满"的目标。1567个村（社区）党组织实行"公推直选"，比例达95.8%，其余均实行"两推一选"。选举产生村党组织委员6244名，其中书记1636名，副书记855名；平均年龄44.8岁，35岁以下419人，占总数的6.7%；高中（及中专）以上文化程度4438人，占总数71.2%，大专以上文化程度1324人，占总数的21.2%；当选村党组织委员的女性831名，占总数的13.3%，比上届提高112%，其中女书记31名。通过换届，全市村党组织领导班子进一步健全，结构进一步优化。

做好县乡人大、政府和县政协换届基础工作。按照全省统一要求，提前谋划，深入调研，统筹考虑工作方案和人事安排；制定换届考察工作方案，精心组织考察；开展督查指导和严明纪律，全市县乡人大、政府和县政协换届工作平稳有序开展。

【基层组织建设】 抓好窗口单位服务行业"为民服务、星级争创"活动。全市窗口单位和服务行业结合实际，制定具体行动计划，组织引导党员开展"文明创建先锋行动"、"为民服务先锋行动"、"岗位奉献先锋行动"，4.8万名党员面向社会公开承诺事项18万多条，评定星级等次，进行奖励表彰。

把下基层活动作为深化创先争优工作的重要载体，中央创先争优活动简报第1360期专题介绍市的做法。召开全市动员会议，采取编印《学习读本》、举办骨干培训班、座谈研讨等形式，教育引导广大干部进一步树立群众观念、增强宗旨意识。由市委主要领导和市委常委领衔，分组召开6次情况汇报会，推动工作落实。抓承诺践诺。3月份，组织开展新一轮双向承诺集中推进月活动，承诺事项62万余件。采取公示上墙、个人自评、领导点评、群众测评的流程，推动承诺兑现。已完成承诺59万件。抓结对帮扶，建立"包点联户"制度，确定帮扶对象，签订帮扶协议，全市共建立结对共建点4100多个，机关党员结对帮扶18000多人。共走访群众60万余人次，征求意见建议23万多条，帮扶项目2万多个，帮扶资金和物资共计6000多万元。抓解决问题。专门成立解决问题组，采取统一受理、分类交办的办法，共为基层解决实际问题5.4万件、办实事好事12余万件。

抓好基层组织建设。扩大党组织覆盖面，新建非公企业党组织68个，覆盖率提高到54%。开展非公有制企业党组织集中组建活动，采取13项措施，确保如期完成目标任务，实现党的组织和党的工作全覆盖。在全市530个流动党组织中开展"双为"活动，6月24日《人民日报》报道怀宁县驻京流动党员党委副书记严真友的事迹。加强基层干部队伍建设，轮训乡村干部1.5万人；组织189名村干部参加大专学历教育；采取挂任乡镇党委委员、定向招考公务员、招聘事业单位工作人员等措施，让村党组织书记干好了有前途；加强对选派干部、选聘大学生"村官"的日常管理，41名大学生村官选举进入村党组织班子，其中34人当选为副书记。创新工作载体，推进"党员领办制"，4月22日《人民日报》报道枞阳县的具体做法；在农村开展创星晋级活动；在城市社区普遍开展"民心零距离"和爱心系列服务活动。继续抓好"难点村"整顿，摸排确定154个"后进村"进行专项整治。

抓好庆祝建党90周年系列活动。下发开展庆祝建党90周年"六个一"活动的通知。"七一"前夕开展"创先争优在行动"演讲比赛，营造学习先进、争当先进、赶超先进的社会氛围。举办安庆地方党史图片展和"缅怀革命先烈、重温入党誓词"活动，广大党员普遍接受一次党性党风党史党情教育。举办全市"党在我心中"歌咏比赛，组织开展领导干部上党课、党员奉献日和走访慰问老党员、困难党员活动。

【干部人事制度改革】 开展竞争性选拔，采取公开选拔、竞争上岗、公推公选等方式，选拔干部367人，其中县干16人，科干351人。树立重视基层的用人导向，面向基层一线遴选35名市直机关公务员（工作人员）。探索民主提名，采取全委（扩大）会议的形式，对15个县级党政正职领导职位进行民主提名。改进换届考察人选提名，对乡镇党政正职人选，实行县（市）区领导干部会议民主提名、全委会差额酝酿；对县（市）区党委新进人选，实行二次会议推荐，全市有2092人参加会议推荐，1386人参加谈话推荐。从严管理干部，开展"主要领导述效能"活动，对满意度靠后的3个单位负责人诫勉谈话。坚持派员列席党委（党组）研究干部会议制度，对106名干部任免事项进行事前监督。制定《拟提拔（重用）市管干部考察对象廉政报告制度》，县（市）区党委换届提名的144名人选均进行廉政报告。制定《关于对拉票贿选等换届不正之风进行风险防控的意见》，提出5个严防20条措施。完善干部考核，县（市）区委换届中实行"一述两推三考四公开"办法，突出干部德的先导作用，注重考核干部德的表现和工作实绩，提高干部选拔任用群众的公认度。做好领导班子和县级干部年度考核工作，对市直86个部门、三大国有投资公司和华茂集团领导班子、747名县级干部进行年度考核。共有3140人参加民主测评，有356名班子成员进行谈心谈话。市直部门领导班子平均满意率为80.5%，83个部门领导班子优秀率在50%以上。开展满意度自查，5月，委托统计部门随机选取5400个样本点，开展干部选拔任用工作满意度自查。把满意度作为改进工作的"坐标系"，召开专题会议，下发《关于切实提高干部选拔任用工作满意度的通知》，采取集中讲评、重点约谈、个别反馈、督促整改等措施，进一步分析原因、强化措施、改进工作。

【教育培训】 抓好理论培训、专题培训、外派培训、实践锻炼等"四大板块"。理论培训以党校为主阵地，举办各类主体班次42期，培训县科级干部2600多人。专题培训于6月在浙江大学举办"十二五"规划专题培训班，93名市直单位主要负责人参加，举办招商引资、基层团干、组织人事干部等专题培训班，调训干部1251名。抓好干部在线学习，开发在线学习行为统计系统，5月，在全市开展集中"竞学月"活动，表彰十佳学习单位，全市参学人数达1.1万人。

【实施人才发展规划】 完善全市人才优先发展规划体系，推进《安庆市中长期人才发展规划纲要》落实，编制11个县（市）区人才发展规划和专业技术人才、高技能人才、企业经营管理人才等3个领域的专项人才发展计划。加强产业创新人才队伍建设。制定《关于支持产业创新团队建设的意见》，首批遴选20个产业创新团队，予以重点扶持。加强市校人才合作，从清华大学、人民大学等高校引进24名博士来宜挂职，开展科技服务等活动。建立安庆藉在外人才库，举办恳谈会，发挥安庆崇文重教传统和人才众多优势，灵活引才引智。

（市委组织部）

宣传工作

【理论宣传】 2011年，组织、指导各级党委理论学习中心组开展胡锦涛总书记"七一"重要讲话精神、十二五规划纲要、中央一号文件、社会主义核心价值体系、从怎么看到怎么办——理论热点面对面、六中全会精神等10余个专题的学习、宣讲和培训，不断深化理论下基层和理论服务基层工作，以党的创新理论武装思想。组织开展青少年爱国主义读书教育活动、党员教育“三项”活动、文化科技卫生“三下乡”活动、“百城万店无假货”活动。

【新闻宣传】 做好重大活动、重要典型和突发事件的新闻宣传工作，牢牢把握舆论导向。全年制定回眸“十一五”、展望“十二五”、民生工程、创建国家森林城市、纪念建党90周年、党的十七届六中全会、市第十次党代会、万名干部下基层、五级书记大走访、争创省级文明城市等近20个主题宣传计划，推出太湖石高奇、怀宁姚俊、宜秀吕升标等典型的宣传。市直各新闻单位开展“走、转、改”活动，一大批新闻工作者深入基层，走进市民生活，近距离地感受百姓身边的新鲜事、感人事、为难事，为民众鼓与呼，在党和政府与民众之间架设起一座座连心桥。

【网络宣传】 加强网上正面宣传和舆论引导，夯实互联网基础管理，着力净化网络环境，推动全市互联网健康有序发展。组织十七届六中全会、抗震救灾、纪念建党90周年、文化体制改革等网上正面宣传，精心组织网络媒体安庆行活动，唱响安庆科学发展主旋律。开展“文明办网、喜迎七一”知识竞赛、法律知识普及月、首届温馨感人博文帖文大展贴等活动，以多种形式促进网络环境的净化。监控网上舆情，应对突发事件，处置不实信息，压缩谣言散布空间，已编报《网上舆情》40期，《网上舆情》(专报)5期，及时有效应对突发敏感热点事件近10起，做到在重大问题上不缺位，关键时刻不失语。

【对外宣传】 采取请进来与走出去相结合的方式，围绕安庆市“十二五”规划、重大经贸活动、建党90周年、文化旅游、市党政代表团赴苏浙沪参观考察等内容做好外宣工作，全年对外发稿量继续位居全省十七市前列。特别是在“黄梅戏”外宣中，探索和尝试新的外宣载体。利用连环画、数字电影、黄梅戏名人和戏迷联谊会等平台和媒介宣传黄梅戏文化，演出、播出和发行《六尺巷》、《严凤英》等10余部黄梅戏剧目，从地域特色文化方面提升安庆良好形象。完善新闻发布制度，加大市直和县区涉外单位领导和外宣干部培训力度，强化科学应对媒体的意识和能力。

【文化建设】 深化文化体制改革，鼓励创作、演出文艺精品，完善公共文化服务体系，发展壮大文化产业，践行文化为民和文化惠民的宗旨。市县两级文艺院团、电影公司电影院等单位转企改制后活力、实力、成效初显。安徽再芬黄梅艺术股份有限公司成立。12月8日，为期半月的“再芬黄梅徽商情”大型巡演在安徽大剧院拉开帷幕，首场演出《徽州女人》大获成功，随后将陆续演出《女驸马》和折子戏等共16场黄梅戏。怀宁县黄梅戏演艺中心的大型黄梅戏《独秀山下的女人》喜获第十二届中国戏剧节最高奖项——优秀剧目奖，女主演刘丽华获优秀表演奖。数字电影《六尺巷》首映，黄梅戏《徐锡麟》和《墨》在省重点文艺作品选题中榜上有名。市、县两级博物馆、图书馆、文化馆面向社会免费开放，42个乡镇综合文化站、609个农家书屋建成使用，送戏、送图书、送电影下乡逾万场。安徽黄梅戏学校“中专升大专”工作获省政府批准和教育部备案，新校区投入使用。五千年文博园、龙山风水文化旅游开发项目、桐城玉雕文化园、孔雀东南飞文化产业园、大别山映山红生态文化大观园、宿松黄梅戏文化主题公园等一批特色鲜明的文化产业园区正在蓬勃兴起。扫黄打非工作以净化文化市场环境为主线，以遏制政治性非法出版物和清除网上有害信息为重点任务，坚持开展集中治理，切实加强日常监管，取得新的成效。

【文明创建】 紧紧围绕争创第二届全省文明城市的目标，以创建文明城市、文明村镇、文明行业为抓手，落实责任，建章立制，上下联动，不断改善城市面貌，营造创建氛围，取得以城带乡、城乡联动的良好效应。安庆市被评为第二届安徽省文明城市，市气象局等77个单位被评为安徽省第九届文明单位，安庆医药高等专科学校等7家单位被评为全国文明单位，桐城市、太湖县被评为第二届省级文明县城，怀宁、潜山两县保持省级先进县城称号，望江县被评为新一届省级先进县城，潜山县源潭镇等8个乡镇(村)被评为全国文明村镇，迎江区龙狮桥乡等13个乡镇被评为第二届省级文明村镇和先进村镇，还涌现一批市级文明窗口和模范职工。在全国道德模范评选中，市刘磊被评为第三届全国道德模范提名奖、安徽省第二届道德模范。岳西县扎根山区教师郭中干等5人入选“中国好人榜”，较好地弘扬社会主义核心价值观。

（高　寒）

统战工作

【服务中心工作】 围绕十二五规划制定实施和

转型发展，引导统一战线成员参政议政、建言献策。集中各民主党派、工商联、无党派人士对市制定和实施十二五规划的意见建议，以《送阅材料专报》等形式上报市委市政府。依托统战工作的平台，积极向省委和市委反映统战成员对经济社会发展的具体意见建议。制定《中共安庆市委、市人民政府关于加强和改进新形势下工商联工作的实施意见》，召开贯彻落实动员大会；出台被省委统战部、省工商联评价为突破最多的加强工商联工作、促进非公经济发展的一系列举措，为非公企业在十二五规划实施中发挥生力军、主力军作用创造宽松的环境和有利的条件。深入走访非公企业，帮助一批非公企业落实财政扶持资金；协调有关部门量身定制“无抵押贷款”，通过银企对接、设立互助担保资金、成立投资担保公司等形式，促进中小企业尤其是微小企业、个体工商户融资难问题的解决，保持非公企业健康稳定的发展势头。全市共35家民营企业进入全省百强。充分利用统一战线联系广泛的优势，大力开展招商引资工作，市直统战系统完成招商引资1.5亿元，全市新增台商投资项目9个，合同金额3.1亿美元，与台湾进出口贸易达3545万美元。

【创新工作机制】 完善民主党派基层组织体制。鼓励支持民建市委会改变按行业、职业、单位划分基层组织的传统做法，探索按行政区划设立组织架构、搭建基层多党合作平台的新模式。梳理、整合基层组织，市民建成立迎江、大观、宜秀3个总支，并与区委统战部和街道党工委结对共建开展工作，建立市辖区党委政府及统战部与各党派基层组织之间对等、直接的联系，开辟基层多党合作新领域，促进多党合作制度建设的创新与发展。在此基础上总结形成的《支持民主党派按区域设置基层组织，搭建基层多党合作新平台》的经验被中央统战部授予全省唯一的统战工作实践创新成果奖。

搭建无党派知识分子工作载体。对市直有关单位、高等院校及大中型国有企业的无党派知识分子有关情况进行调查摸底，掌握近500人的相关信息。6月20日召开市无党派知识分子联谊会成立大会，通过知联会的章程，选举产生会长、理事会成员，设立日常办事机构秘书处。

健全非公经济党建工作机制。成立非公有制经济组织党的工作委员会，召开挂牌成立大会。非公经济党工委作为市委的派出机构，在市委组织部指导下开展工作，日常管理由市委统战部负责，与工商联党组合署办公。这一模式在全省属首创。

构筑统一战线传统教育阵地。坚持把统战文化建设作为统战工作的一项重要任务，深入挖掘安庆历史文化中的统战资源。以赵朴初故居为依托，及时抢救、发掘、整理朴老与统一战线有关的文史资料并改设展厅、筹建库房、增添相关设备，开设统一战线传统教育专题展，创建全省首个市级统一战线传统教育基地。经申报争取，赵朴初故居又被命名为全省首批统一战线传统教育基地，省委统战部为基地的正式启用举行挂牌仪式。中央统战部副部长黄跃金到基地视察并观看展览。

【和谐社会建设】 建立党派向党委、政府报送社情民意、统战信息的制度和建言献策“直通车”制度，使党委政府及时了解基层动态、回应群众诉求。引导和支持各民主党派发挥各自优势，积极开展以农业科技、文化教育、法律宣传、就业招聘等为主要内容的社会服务活动，发挥工商联在协调劳动关系三方机制中的作用，有效解决20余起劳资纠纷。与8个基层单位建立联系点，走访慰问群众200余人次，帮助解决民建企联会申报社团组织登记、中华职业学校建设规划调整等问题。同时，总结基层创造的新鲜经验，形成的《破解城市化加速推进中“农转非”困局的成功实践》的调研成果，先后被多家国家和省级有关媒体刊载，并被上报省创先争优办公室。继续推进非公经济人士“感恩回报、结对帮扶”活动，组织民营企业家定点结对帮扶老革命、老党员、老模范，为“三老”人员送温暖、献爱心。配合省光彩会向桐城市、潜山县发放“同心”助学金45万元。发挥非公企业解决社会就业主渠道的作用，组织40余家规模较大、用工较规范的会员企业提供就业岗位1654个。启动实施中国侨联“健康光明安庆行”工程，为市200名贫困白内障患者提供免费复明手术。利用重要节日走访慰问24名党外代表人士，发放慰问金和困难补助4万元。枞阳县组织非公企业捐资助学、扶贫济困达500余万元。迎江区启动“光彩耀迎江”活动，组织非公企业结对帮扶一批特困家庭。实施少数民族和民族聚居地区“共同发展”提升行动，将少数民族社区和自然村纳入对口扶持的范围，组织协调28个市直单位予以帮扶。争取市财政支持，为辖民族村(场)的县区设立少数民族专项发展资金20万元，全年共落实帮扶项目资金160万元。开展民族团结进步创建活动。举办基层党政领导干部民族宗教工作专题培训班，依法开展佛教乱建寺庙、露天宗教造像专项治理工作。指导帮助市天主教爱国会和佛教协会圆满完成换届。推进天主教爱国主义教育基地建设，天主堂被国家宗教局命名为全国首批宗教界爱国主义教育基地。民族工作、宗教工作、“共同发展”提升工作在全省夺得三个第一，受到省民委的通报表彰；4个宗教活动场所和2名宗教界人士被中央统战部、国家宗教局表彰为首届全国创建和谐寺观教堂先进集体和先进个人。

加强同港澳台友好社团、重点人士的联系，全年共接待台湾经贸友好访问社团和人士90余人次，组织61批次195人先后赴台开展经贸、考察活动。与西亚华人领袖和社团进行互访交流，扩大安庆在海外的影响力。依托市华侨服务中心、志明公益服务中心、雅博公益服务中心，争取港澳台和海外慈善捐助400余万元款物，用于市救灾重建、扶贫助学、助残济困。举办台海形势报告8场。以市委、市政府名义出台《关于加强新形势下侨联工作的意见》，会同有关部门调查摸底侨情，建立全市海外人士信息数据库。县(市)区联动，在全市开展海外统战工作调查研究，明确加强和改进新形势下海外统战工作的方向。妥善解决部分台胞、黄埔同学会成员生活困难问题，累计发放慰问金3万余元。注重做好涉台投诉协调工作，涉及土地纠纷、债务纠纷等7件台商投诉都得到妥善处理，维护台商的合法权益。

【多党合作】 以中国共产党成立90周年和辛亥革命100周年为契机，在全市开展“重温历史，同心同行”主题教育活动。召开各界人士和民族宗教界纪念中国共产党成立90周年座谈会；编撰出版《走向共和的足迹》等相关书籍，举办《辛亥革命在安庆》有奖征文和安庆绍兴杭州《辛亥魂》书画联展；组织统一战线成员参加全国非公有制经济先进典型事迹报告会、全省各民主党派和无党派人士社会主义核心价值体系“学与行”报告会。

精心协助换届，推进政治交接。梳理民主党派和工商联班子的年龄、结构、特色等情况，商同民主党派、工商联确定换届工作方案。完成市民革、民盟、民建、民进、农工党、九三学社、工商联等7个民主党派团体的换届和致公党的成立工作。

组织参政议政，引导建言献策。按照市委的要求，就十二五规划的制定、《政府工作报告》和市第十次党代会工作报告的起草、市委换届工作和重要人事安排等重大问题，组织召开座谈协商会，听取和征求各民主党派、工商联和无党派人士的意见。对党外代表人士的重要意见和建议，以《送阅材料专报》的形式，直送市几大班子领导，保证参政党职能作用的发挥。

【舆论宣传】 利用网络开展统战宣传工作，对现有统战宣传工作的方式、方法、手段进行改进和提升，修订完善表彰奖励办法，主动加强与宣传部门、新闻媒体的联系，在市级电视、报刊、网站和广播等媒介登载宣传报道稿100余篇，在《中国统一战线》、《团结报》、《江淮时报》、《工商导报》等国家级、省级报刊登载宣传报道市统一战线特色工作稿件70余篇，在市委《信息快报》、市政府《每日动态》等专门载体登载全市统战工作情况70余篇。

（闵　军）

政法工作

【概况】 2011年，全市政法机关组织实施“三项重点工作深化年”和“发扬传统、坚定信念、执法为民”主题教育实践活动，执法质量、队伍素质实现双提升，为保障发展、维护和谐稳定作出积极贡献。全市社会大局平稳，呈现“两降四无”的整体态势：全年发生群体性事件12起，比上年下降8%；包括涉法涉诉信访在内的信访总量和进京非访、进京重复非访、赴省集体访明显下降，信访形势稳定好转；全市没有发生一起有恶劣影响的群体性事件、煽动非法聚集事件、特殊群体赴省进京集体访、“法轮功”邪教恶性案件。年内又有2个县进入全省“平安县(市)区”行列，全市“平安县(市)区”达到9个，怀宁县被评为“全省信访工作先进县”。

加强重大政治活动和敏感期维护稳定工作，加大情报信息收集研判和重点对象稳控力度，组织赴京到省接访劝返，确保庆祝建党90周年、全国全省“两会”、省市党代会和县(市)区换届期间的社会政治稳定。开展信访维稳突出问题攻坚活动，排查化解重大隐患。加强对重点工程、经济园区和骨干企业的服务和保障，积极参与建设环境、交通运营秩序等专项整治行动。深化应急联动机制建设，完善围堵党政机关大门等一般性群体性事件处置预案，派员赴浙江湖州参与“10·26”事件的成功处置，拓展外流人口跟踪服务工作。扎实做好重点地区和重点目标防范非法聚集工作，做好“法轮功”顽固痴迷人员帮教转化与巩固工作，深化国家安全人民防线建设，全力保重点、保要害、保核心。坚持完善维护稳定重心在预防化解、关键在现场控制的原则和机制，持续稳定的局面得到巩固发展，市委书记朱读稳在省委省政府座谈会上交流全市推进维稳工作科学化的做法和经验，桐城、怀宁有关典型做法也分别在全国、全省交流。

开展群众工作暨主题教育实践活动，出台《加强全市政法机关群众工作的若干意见》，以经常性的群众工作促进干警执法理念和方式方法的更新，提请市委市政府召开专题会议，总结交流在为民服务、在执法办案、在矛盾化解中加强群众工作的做法和经验。政法系统领导干部和广大干警与基层建立385个联系点。坚持以群众工作统揽信访工作，太湖、桐城开展设立党委群众工作部试点。全市法院、检察院、公安、司法行政、民政和国家安全部门结合各自实际，分别开展各具特色的集中教育活动，提高队伍的战斗力。解决影响执法公信力的突出问题，参与“百名人大代表看执行”、“百名人大代表看诉讼监督”活动，以公开促公信。开展案件评查和信访积案清理活动，涉法涉诉信访形势明显好转，主要指标退位降量。继续开展查处司法不公背后职务犯罪专项行动，查处案件27人。加强政法宣传工作，建设门户网站和政法微博，提高网上服务和引导能力。着力加强政法委自身建设，在全国、全省先行一步，推动县级政法委建设，省委政法委在桐城召开现场会予以推广。政法机关创先争优，涌现出一大批先进典型，30个集体和25名个人获得省部以上表彰，市委政法委机关党支部荣获“全国政法系统先进基层党组织”称号。

【预防化解社会矛盾】 加大民生工程落实力度，城乡低保、医疗救助、法律援助等措施进一步提标扩面。推进社会稳定风险评估，确保一些重大决策和重大事项的顺利实施，积累成功经验。坚持“两个绿色通道”，定期接谈企业军转干部代表和伤残、参战参试人员代表，保持2005年以来该群体赴省进京集体访零纪录。各县(市)区推进专业调解组织建设，市医患纠纷调处中心成立，医患纠纷调处取得较为明显的成效。完善联合接访机制，加大信访复查复核和终结备案工作力度，依法打击严重违法信访行为。基层综治维稳信访中心进一步规范，市涉法涉诉联合接访服务中心职能作用凸显，初信初访化解率超过80%。坚持市、县、乡、村四级联动，综合排查矛盾纠纷，成功调处8000多件。坚持调解优先，两级法院审理民商事案件近2万件，调撤率达55%，岳西县、大观区、宜秀区积极推进人民调解司法确认工作，联调联动为社会和谐提供有力支撑。市县两级政法单位在执法办案中，不断改进方式方法，定纷止争、化解矛盾。建设市涉法涉诉信访中心、市医患纠纷调处中心，被誉为“加强和创新社会管理的典范”，《法制日报》和省内主流媒体跟踪聚焦，省领导多次批示予以充分肯定。

【“平安安庆”建设】 保持严打高压态势，先后组织开展“打黑除恶”、“打四黑除四害”、打击“两抢一盗”、打击电信诈骗、“亮剑”、“清网”等专项行动，全市公安机关抓获违法犯罪人员7955人，检察机关查办职务犯罪146人、批捕犯罪嫌疑人953人、公诉1393人，人民法院判决刑事被告人2197人，其中打掉黑恶势力团伙20个，查办危害民生民利职务犯罪47人。开展专项整治，挂牌治理一批社会治安重点地区和治安突出问题，查处取缔传销窝点83个，集中清理乱建寺庙、违法设点等非法宗教活动，扎实开展部分中小学校及大学周边环境专项治理，排查整治校车安全、食品安全等事关民生、社会高度关注的问题。扎实推进治安防控体系建设，市、县(市)区财政加大投入，提升数字化防控体系建设规模和应用成效。加强重点人群服务管理，组织实有人口、实有房屋清查行动，联合开展社区矫正专项执法检查，出台《关于加强刑释解教人员安置帮教工作的实施意见》，为刑释解教人员融入社会提供制度保障。谋划加强和创新社会管理，总结各县(市)区基层创新做法，借鉴外地先行试点经验，桐城、宿松两县(市)开展试点工作，市委、市政府出台《关于加强和改进社区服务工作的实施意见》。深化平安创建活动，累计验收命名165个平安乡镇、142个市级平安单位。加大见义勇为表彰力度，6人获省基金表彰。年内突出政法主业，深化打黑除恶工作机制被中央广播电台新闻联播报道，群众安全感不断提高。

（市政法委）

政策研究

【紧扣中心谋大事】 参与筹备市第十次党代会，牵头完成大会秘书组的主要工作，被市委授予“市第十次党代会服务工作先进集体”称号。起草党代会报告。在市委常委会的直接领导下，先后开展专题调研5次，酝酿报告提纲7轮，封闭写作8稿，征求各县(市)区、“两委员一代表”、民主党派、无党派、工商联等意见500多条，经过反复修改完善后形成定稿。起草各次筹备会议文稿。完成市委书记在九届十六次全会、市委常委扩大会议、党代会预备会议、党代会秘书处工作人员会议等筹备会议报告、讲话10篇以上，起草《市委加强自身建设的若干意见》、《简报工作意见》等会议文件。收集整理各代表团讨论意见并编发简报15期，收集对党代会报告的修改意见并向大会主席团报告，起草并4次修改市委工作报告决议（草案）。会后及时起草向省委汇报市第十次党代会情况的报告。

【起草政务文稿】 坚持把起草政务文稿作为第一要务，做到研究在先、谋划在前，努力把市委的工作思路与举措具体化、系统化，不断提高政务服务水平。起草重要会议文稿。先后起草中心城市建设动员大会、市纪委九届六次全会、全市工业强市暨招商引资推进大会、农村工作会议、教育工作会议、加快培育战略性新兴产业推进大会等会议讲话稿20多篇，分别起草市委、市政府向中央和省委巡视组，向李克强、王兆国、张宝顺、李斌等中央和省领导同志的工作汇报以及专项报告10多篇。起草政务活动文稿。为市委主要负责同志参加全国人代会、省人代会、全省经济工作会议等重要政务活动，起草提案、发言等文稿20多篇。为市委主要负责同志接受人民网、《经济日报》、《绿色画报》、中安在线等媒体采访，起草访谈提纲7篇。分别在《人民日报》、《经济日报》、《安徽日报》、《江淮》等国家和省级报刊，发表市委领导署名文章近10篇。起草政策性文件。完成《关于加快培育和发展战略性新兴产业的实施意见》、《关于做好2011年招商引资工作的意见》、《关于进一步加强环境保护工作的意见》、《加强和改进新形势下党史工作的实施意见》等政策性文件的起草任务，并参与修改《关于推进党务公开的实施意见》、《关于加快工业经济转型发展的扶持办法》等重要文件。

【深入调查调研】 积极履行服务市委决策的参谋助手职能，紧扣全市改革发展的重点，精选课题近20项，开展调查研究，调研成果有效转化为相关决策部署，有的发表于国家和省级媒体上。突出发展战略性问题的研究。为谋划未来五年工作，形成《加快转型崛起要继续解放思想》、《关于今后五年发展形势的分析与建议》、《关于未来五年我市重点工作的分析与思考》；为谋划下一年工作，形成《当前宏观经济形势和明年经济工作浅析》，就推进工业化城镇化、加强和创新社会管理等重大课题，形成《关于我市加快推进新型工业化的思考》、《科学推进中心城镇建设》、《着眼长远建机制 着手当前解难题》等调研报告，提出一系列较具前瞻性和针对性的建议。突出全市重点工作的研究。为促进加快重点项目建设，推出《关于安庆石化安全防护距离区域发展利用问题的调查与思考》；为解决农村土地抛荒问题，调研推出《关于安庆市土地抛荒问题的调查与思考》；为做好新形势下群众工作，调研推出《上网听民意 下网解民忧》等调研报告，得到市委负责同志的充分肯定。突出基层工作实践的研究。研究华茂集团连续38年赢利现象，推出《以人为本 赢在创新》；总结潜山村庄整治实践，形成《打造秀美乡村 共建小康家园》；总结怀宁星级管理工作试点，推出《构建新机制 永葆先进性》。另外对阳光村务工程中的亮点进行总结和推广。

【创新平台与机制】 加强与上下级政研室的协作。与省委政研室建立起快速联系通道，并配合开展专题调研，组织各县（市）区政研室开展专题研讨和调研活动，分别推出关于加强农田水利建设、转变外贸发展方式和新农村建设系列调研。加强与市直部门的合作。建立起重大问题研讨机制，定期邀请市直相关部门领导和骨干就有关课题进行深入探讨，就实施三产兴市和园区带动战略，推出《深化认识强自觉 抓住关键谋发展》、《推进两个率先 发挥五个作用》2篇调研报告。加强党刊建设促进多方互动。坚持把《送阅材料》作为推广优秀调研成果的主平台，全年共印发13期、近1500册。提高《安庆工作》质量，突出栏目编排的针对性和时代性，全年共出版12期、1万多册，刊发文章250多篇，成为市各地交流工作和调动调研积极性的重要平台。

（姚小兆）

党校教育

【概况】 2011年，市委党校全年共培训主体班学员545人，其中县处级领导干部91人，中青年干部39人，科局级干部273人，科学发展主题培训示范班学员142人。举办全市党校系统专业技术人员继续教育培训班，承办全市组工干部培训班。全年共培训、轮训各级各类干部863人次。

面对办学主体日趋多元化的新形势，谋划转型发展，开拓办学新途径。市行政学院启动工作有效对接，部门协作办班进行新的探索。在职研究生教育取得新进展，新招省委党校在职研究生学员176人，位居全省前列。

深化教学改革，稳步提升教学质量。改进主体班教学专题生成机制，把需求调研作为教学专题生成的重要环节，准确把握组织需求、岗位需求和干部个人的需求，做到教学培训内容与时俱进。每学期根据新形势新增一些教学专题，对于新增专题，由校学术委员会确认后作为本年度的校级课题对全校教师公开招标，新教学专题试讲合格后才允许进入主体班课堂，确保新专题的教学质量。创新培训模式，在探索小班教学的基础上，尝试按干部的类别来开展专题短期培训，先后举办为期1个月的乡镇长班，为期10天的企业管理人员培训班和经济发展部门干部培训班，使党校教育更贴近市场主体，贴近经济社会发展实践，更具时代特点和发展活力。改进教学方法，在教学过程中推广研究式、案例式教学、实地教学和学员论坛，着力调动学员和教师两个方面的积极性。每次学员论坛，教师精心组织、指导并点评，实地教学中做到考察与教学相结合。全年共举行学员论坛20次，实地教学14次，外请报告9场。加强教学管理，完善制度规章。建立教学反馈制度，提高学员的满意度。严肃考场纪律，改进考核鉴定方法。改进教学效果评估办法，采取学员测评与专家评估相结合的办法，测评结果更趋客观。全年教学专题优秀率达85.6%，学员对教学组织管理的满意率达到100%。全年共选派4名教师到省委党校进修学习，有3人参加市里组织的党的十七届六中全会精神的宣讲。

科研工作以研究和解决全市经济社会发展中的重大理论和现实问题为主攻方向，推进教学科研一体化，努力做到实践提要求，教学出题目，科研做文章，成果进课堂。围绕市委、市政府中心工作，开展重大理论和现实问题研究。完成市委领导交办《建立大别山国家级生态经济区的战略构想》、《安庆市征地拆迁问题研究》等课题研究，设立校级课题16项，其中有11项与教学专题实行捆绑。组织完成2011年度全省党校系统重点课题的立项工作，有3项课题获准立项。开展全市党校系统2008～2010年优秀科研成果评奖工作，全市党校系统有2篇论文获得一等奖，5篇论文获得二等奖，9篇论文获得三等奖。组织参加全省党校系统第八届优秀科研成果评奖工作，有1篇论文获得二等奖，2篇论文获得三等奖。召开全市党校系统“纪念中国共产党成立90周年理论研讨会”，来自全市各县(市)区党校分管科研工作的副校长和论文作者40多人参会，共收到论文28篇。全校教职工全年共发表文章50篇，其中国家级1篇，省级29篇，市级20篇，推出一批有决策参考价值的调研成果。

【召开学生与教师座谈会】 4月25日，市委书记朱读稳到市委党校，看望慰问学员和教职工，并围绕“做好群众工作，创新社会管理”主题，与学员和教师进行面对面的座谈交流。市委副书记、市委党校校长陶方启，市委常委、组织部长汪卫东陪同座谈。座谈会上，有10位学员和教师代表分别发言，大家围绕“做好群众工作，创新社会管理”这一主题，结合自己的工作实际，谈认识、谈体会、提建议。

【改善办学条件】 学校多方筹措资金，投入200多万元完成对教学楼的全面改造装修，形成大、中、小各类教室10间，每间教室都添置空调，更新课桌椅，安装投影仪，教学设施进一步完善。拆除原用于职工中午休息的旧1号楼，修缮8号楼，对校园环境进行整治、美化。强化管理、改善服务，提高后勤保障能力，学员对后勤服务的满意率稳步上升。

（党　校）

保密工作

【概况】 召开全市保密工作会议，动员部署全年工作。在全市开展新修订的《保密法》学习宣传和教育培训活动，并对全市新上岗涉密人员补签保密承诺书。制订全市“六五”保密普法宣传规划，对“六五”期间保密宣教工作进行全面部署。依法准确指导全市党政机关和涉密单位开展定密工作。对涉密企业保密管理加强督导。完成对上年度全市定密统计上报工作。协助市委办公室对上年度党委系统“三密”文件开展清退工作，全市无一短少。加强公文交换的保密管理。做好保密要害部门部位的领导干部和涉密人员手机保密管理。组织人员现场督导部分党政机关和涉密单位销毁废旧文件。根据新《保密法》规定，协助市政府公开办对《安庆市信息公开保密审查办法》进行修订和完善。坚持对政府门户网站开展日常巡查。加强全市各类考试保密工作督导。全程参与高考、司法考试和公务员招考等考试保密监管。为市委、市政府召开重要会议和开展重大活动服务保障15次。会同市国土资源局抽查部分涉密成果使用单位的保密管理情况，陪同省测绘局对市涉密测绘成果使用单位进行检查验收。年终对县(市)区保密局和市直保密协作组年度工作目标进行考核，并对保密工作成绩突出的单位和个人给予通报表彰。全市保密工作成效显著，获得全省保密系统目标管理考核第二名。

【保密宣传教育】 9月，组织全市县处级领导干部和涉密人员近200人，赶赴合肥参观由国家保密局、最高人民法院、最高人民检察院、公安部、国家安全部和解放军保密委员会举办的“全国窃密泄密案例警示教育展”。6月和11月，市保密局先后两次组织县(市)区保密局长围绕“加强涉密载体管理、怎样实现保密教育入脑入心、如何解决泄密案件查处难”等6个专题，开展学法用法经验交流活动。12月，市保密局机关开展业务学习竞赛活动。精心开展保密征文活动。7月，积极配合省保密局做好保密征文工作。市共完成保密征文42篇。经省保密专家组严格评审，其中11篇分别获一、二、三等奖和优秀奖，市保密局获得组织奖。以保密协作组为平台，开展保密教育培训。发挥好协作组桥梁作用，以会代训对协作组各成员单位办公室主任和涉密人员进行培训。全年在市直9个协作组共召开会议27次，培训人员达800人次。深入党政机关和涉密单位，开展教育宣传。先后安排业务骨干深入到开发区管委会、安庆监狱、迎江区、市交通局等23个单位开展教育培训，参课人数达1500余人。加强对公务员上岗前的教育培训。会同市人社局考培中心和市公安局，分两期对全市新录用公务员开展岗前培训，增强新招公务员的保密意识。

【保密检查】 组织全市开展保密大检查。在各地、各单位自查的基础上，4月和8月，市保密检查组分别对20多个党政机关、涉密部门和岗位的保密管理机制、计算机网络、涉密载体、政府信息公开保密审查及密件印制等保密管理情况进行查改。

(吴祚潮)

老干部工作

【概况】 落实老干部政治待遇。会同有关部门做好春节期间老干部走访慰问工作，为城区离休干部和离休干部遗孀发放春节慰问优待券和节日慰问金，组织老干部参加市委市政府春节团拜会。及时转发中组部开展走访慰问老干部、老党员活动的通知，印发中组部致全国老干部、老党员《慰问信》。“七一”前夕，陪同市委书记朱读稳、市长肖超英等四大班子领导走访慰问72名厅级(实职)离退休干部；对易地安置在外省的15名离休干部、外地来安庆安置的20名离休干部和10名家庭有特别困难的离休干部进行集中走访慰问；分别召开老干部代表座谈会、新四军历史研究会城区会员座谈会、关工委老党员等多种形式的老干部、老党员代表座谈会；组织离退休干部参加“与党同呼吸、共命运、心连心”主题征文活动，收到征文24篇，隆重纪念中国共产党建党90周年。认真落实情况通报制度，8月27日，市委书记朱读稳就市第十次党代会工作报告(征求意见稿)征求老同志的意见和建议；9月13日，市委召开情况通报会，市委常委、组织部长汪卫东向离退休老同志通报市委换届人选考察对象情况，并听取意见。9月28日，市委、市政府组织市级离退休干部到桐城市参观，考察安徽盛运机械股份有限公司、华祥汽配工业园、安徽丹凤集团和桐城市博物馆。在全市离退休干部中开展创建“五好”离退休干部党支部和争当“四好”离退休干部党员活动，引导离退休干部党组织学习杨善洲先进事迹。举办全市离退休干部党支部书记培训班，加强新形势下离退休干部党支部建设。落实老干部阅文制度，在市直3个老干部活动室设立阅文室，阅文达千人次。

保障老干部生活待遇。会同市委组织部、市财政局等部门联合转发皖老字[2011]19号文件，提高离休干部生活补贴标准和扩大发放范围。争取市财政安排331.36万元对困难企事业单位离休干部医药费进行补贴，同时与市财政、地税等部门协调，督促有关单位按时缴纳离休干部医药统筹费，确保医保机制正常运行。认真做好部分离休干部医疗待遇提高政策的落实工作。春节和“七一”前帮扶困难离休干部和离休干部遗属45人。改进老干部信访工作，加大政策宣传和协调督办力度，老干部队伍基本稳定。老年教育事业取得新进展。举办市老年大学纪念建党90周年红歌演唱会。在大观区召开第四届老年大学校长理论研讨会，从理论和实践的层面交流老年大学的办学经验。编印《安庆老年大学学报》4期。市老年大学教育规模进一步扩大，开设教学班34个，在校学员1800多人次。县(市)区老年大学办学条件逐步改善，岳西县通过置换的办法解决老年大学办学场地问题，桐城市推动乡镇老年学校争创省级示范校。

提升关心下一代工作。3月9日召开全市关心下一代工作会议。春节前筹措10000元对30名困难学生进行节日慰问。筹措9.6万元资助贫困大学新生96名。召开庆祝市关工委成立20周年暨“双先”表彰大会，表彰关工工作96个先进集体和129名先进个人。加强青少年思想道德教育，会同有关部门组织参加“知党、爱党、做党的好儿女”全省中学生演讲比赛和第六届全省“党是阳光我是苗”少、幼儿书画大赛，市关工委荣获全省少儿教育工作先进单位。做好

《中国火炬》杂志发行工作，被评为宣传工作先进集体。编印《关工通讯》12期。

深化“双学双比”活动。召开来宜安置离休干部和老干部活动团体负责人迎春茶话会。调整市门球协会负责人。组织指导老干部活动团体开展形式多样的文体活动，举办第二届全市离退休老同志棋艺赛、安庆第54届和第55届离退休老同志竞技麻将比赛、老龄妇女联谊会庆祝建党90周年文艺演出、安庆市第19届老年门球赛、颂国庆贺重阳大型文艺演出等文体活动。全年各活动团体共举办活动30多次，参加人数10000多人次，引导老同志做健康老人、快乐老人。

市委老干部局被评为全省老干部宣传工作、调研工作先进单位和全省离退休干部统计全优报表单位，全省老干部工作先进集体。市关工委被评为全省少儿教育工作先进集体。岳西县委组织部副部长、老干部局局长王晓春被评为全国老干部工作先进工作者。

【举办全市老年书画展】 为庆祝建党90周年，6月23日，市委老干部局在市科技馆举办市老党员、老干部暨老年书画协会书画展。共展出书画作品360件，其中书法作品115件，国画作品245件。

【举行离退休老同志文艺汇演】 6月27日，市离退休老同志“颂歌献给党”文艺汇演在人民剧院举行。文艺汇演由市人力资源和社会保障局、市委老干部局联合举办。节目形式丰富多彩，以歌颂祖国、歌颂党、讴歌时代为主旋律，旨在展现老年朋友“老有所为、老有所乐”、健康向上的精神风貌，既有传统歌舞剧目，又有情景音乐剧等艺术新形式，共有22个优秀节目参加此次演出。

【市爱心助学会资助寒门学子】 市关工委爱心助学会成立于2005年。2011年，市关工委爱心助学会资助寒门学子96人，每人获得1000元的资助。市关工委爱心助学会成立7年来共资助421名寒门学子；其中，大学新生390人，高中新生31人，共动用爱心助学基金利息40.9万元。

【召开第四届全市老年大学校长理论研讨会】 10月27日，市第四届老年大学校长理论研讨会在大观区召开，市辖8县(市)3区老年大学校长、老干部局局长等参加。本次会议共收到论文11篇。会议期间，与会人员到大观区老年大学进行实地参观学习，相互交流经验，促进共同进步。

（琚立志）

市直工委

【概况】 至年底，市直工委下属基层党组织832个(直属党组织94个)，其中党委67个、党总支57个、党支部708个，管理党员13613人。

指导市直机关党建工作。下发《市直机关2011年党建工作要点》，对市直各单位2011年党建工作提出明确要求。3月18日，召开2011年度市直机关党建工作会议，总结2010年党建工作，对2011年度机关党建工作进行部署。市直各单位分管党建工作的领导，机关党委、直属党总支(支部)专职书记(副书记)，各县(市)区直工委书记共140余人参加会议。

做好年度党建工作考评。年初印发《关于市直单位2011年度党建考评工作的意见》，对考核内容、考核方式、要求等作明确规定。11月22日下发通知，对考评工作进行具体部署。成立3个考评小组，对市直90个多个单位进行考评。考评采取平时考评、年终考评和抽查相结合的方式。平时考评和年终考评结果汇总后，有针对性地对15个单位进行抽查。根据考评和抽查情况，研究评定2011年度市直机关党建工作先进单位。

【纪念建党90周年】 6月24日，隆重召开纪念建党90周年大会，市委常委、市委秘书长、工委第一书记盛云生出席会议并讲话。会上对20个市直先进党支部、30个县(市)区机关先进基层党组织、60名优秀共产党员、33名优秀党务工作者进行表彰。推荐上报5个先进基层党组织、14名优秀共产党员、8名优秀党务工作者，受到市委表彰，其中有1名被授予省优秀共产党员称号。3月29日至5月30日，举办“市直机关纪念中国共产党成立90周年征文比赛”活动。活动共征文123篇，经专家评选，从中评出优秀文章52篇。其中一等奖2篇、二等奖8篇、三等奖10篇、优秀奖32篇。市财政局等7个机关党组织获优秀组织奖。在市黄镇纪念馆建立市直机关党员活动中心，并与市党史室等部门联合举办《红色记忆——安庆地方党史图片展》。6月23日上午，市委朱书记等市领导出席图片展开幕式并为党员活动中心揭牌，100多名市直基层党组织负责人在开幕式当天参观展览。至10月底，有3000多名党员干部和群众参观图片展。7月6日与市财政局联合举办庆“七一”“民生杯”“党在我心中”主题诗歌(散文)朗诵比赛，市直26个单位78名选手参加比赛，共评选出28个优秀节目，其中金奖5个、银奖5个、铜奖8个、优秀奖10个。7月8日举行文艺汇演，市直单位400多名干部群众观看演出。

【宣传教育】 开展市直机关领导干部讲党课暨优秀党课教案评选活动，将基层党组织上党课情况列入年度党建工作考评内容。年终对上党课情况进行检查，从各单位推荐参评的党课教案中选定40篇，组织专家评委进行认真的评选，评选出优秀党课21篇供基层党组织学习交流。打造宣教网络平台。对《安庆机关党建》网版面内容进行调整，在网站上建立"安庆党史上的今天"、"庆祝建党90周年征文"等专栏，加强安庆机关党建网站群建设。网站信息量迅速增加，新增信息超过3000条，访问量达到100余万次，有力的推进机关党建信息化建设。组织文明上网知识竞赛活动。与市委宣传部等部门共同举办全市"文明办网、喜迎七一"知识竞赛活动，全市15支代表队参赛。组织市国税局等3支代表队代表市直机关参加比赛并获得优异成绩，市国税局荣获二等奖，市卫生局荣获三等奖，并有选手参加省赛。

【组织工作】 做好市第十次党代表大会代表的推选工作。按照市委规定的代表条件、人员结构比例，在充分发扬民主、反复酝酿协商、认真考察的基础上，研究确定市直机关出席市第十次党代会的代表候选人75名。8月22日，召开市直机关党代表会议，推选市直机关出席市第十次党代会的正式代表61名，确保市党代会的顺利召开。

加强基层党组织班子建设。年初即对94个直属党组织的任届期限进行逐个摸底，要求任期已到的党组织按时做好换届工作，并对换届工作跟踪督导。全年共审批成立党组织10个，换届改选21个，届中调整20个单位36人次。同时加强对基层党组织负责人的培训，11月8日至14日举办一期党务干部培训班，对94个单位130名机关党务干部进行培训，并组织外出参观考察。按照规定做好党员发展工作。9月19日至12月9日，市直党校共举办8期入党积极分子培训班，为53个单位培训入党积极分子310名。派专人与发展对象谈话，并召开工委会集体讨论审批新党员。同时对基层党委发展党员工作进行指导和检查。全年工委直接发展党员17名、转正26名，市直基层党委发展党员156名。

抓好各项基础性工作。做好党费核定、收缴、督查通报工作。年初逐个单位进行基数核定、审核把关，实行按月收缴、按季公布、半年通报，对党费收缴不力的单位及时进行督促，保证全年党费收缴工作落到实处。按要求做好党内信息维护和报送工作。先后对94个直属单位及下属单位113名建库人员进行业务培训，按照半年报和年报的要求及时准确地上报有关报表资料和数据库信息。开展春节慰问困难党员活动。下拨困难党员慰问经费39200元，慰问175名困难党员。

【党风廉政建设】 开展防腐倡廉宣传教育。推进廉政文化进机关活动，参与市纪委评选廉政文化示范点工作，安庆海事局、市人防办被评为第三批市级廉政文化挂牌示范点单位。至2011年底，市直有2个省级廉政文化挂牌示范点单位、5个市级廉政文化挂牌示范点单位。举办市直机关党风廉政建设专题讲座，特邀请市直纪工委委员、市纪委信访室主任授课，市直各单位纪检监察和党务干部共98人参加讲座。

开展防腐倡廉工作调研。由市直纪工委书记带队、市直纪工委委员参与，对市直单位新形势下防腐倡廉工作进行调研，并形成调研报告——《新形势下机关防腐倡廉工作存在的突出问题及研究》，上报市纪委和省直机关工委，获省机关党建研究成果三等奖。

抓好违纪案件查处。市直纪工委处理违纪党员案件2件，按照组织程序研究处理违纪党员3人，其中开除党籍2人、党内严重警告1人，严肃党纪。

【群团工作】 市直工会加强组织建设，工会覆盖面已达93%，工会组织应建117个，实际已建109个。5月组织市直100多个单位召开工会工作暨培训会议，表彰2010年度工会工作先进集体和先进个人。热心开展帮扶解困工作，建立困难职工档案，两节期间对市直137名困难职工进行慰问，慰问资金达47900元。开展劳动竞赛及创先争优活动，推荐8名同志为市劳动模范，推荐2个单位为市劳动竞赛先进集体，受到市总工会的表彰。组织市直21单位555名职工参加全市第八届迎春长跑活动。大力开展"育才关怀"行动，并组织单亲女职工参加体检。

市直妇工委健全机关各级妇女组织，市直机关妇女组织已有42个。完善制度建设，规范机关妇女工作的内容、程序。加强目标管理，对市直机关的妇女工作进行总结评比，表彰2009～2010年度妇女工作先进单位。利用多种形式宣传《妇女权益保障法》等法律法规知识，1月22日组织26个单位78名选手参加《妇女权益保障法》知识竞赛，3月4日组织6个单位18位选手参加现场竞答。与安庆海事局等单位联合在大观区太平寺小学开展“六一献爱心助学”活动。深入开展“巾帼建功”系列活动，大力实施“女性素质工程”和“五好文明家庭”的创建活动，市直机关有3户家庭被评为“安徽省和谐家庭”，有2人被评为“安徽省优秀巾帼家庭志愿者”，女法官维权志愿者方队被评为“安徽省巾帼家庭志愿者队伍”等。

（程银胜）

党史研究

【党史征编】 2011年，市委发文要求建立健全党史机构和工作网络。全市128个单位明确党史工作分管领导和党史联络员。10月28日，全市社会主义时期党史专题征编培训会议召开，市直及驻宜各单位、各县(市)区党史部门负责党史专题征编工作的同志和党史联络员共100多人参加会议。年内征集到陈独秀家谱12册计15万字、王步文电视专题片剧本计30万字、征集到党史专题资料10万字、编辑《红色记忆》时征集整理图片550张、补充党史专题54个、完成18篇党史专题、50张图片资料的征编任务。

【党史宣传】 市党史室完成《安庆党史上的今天(1919.5～2009.12)》专栏，1120个条目。在安庆日报、安庆广播电视报、安庆广播电台、安庆先锋网、安庆市直机关党建网、安庆党史研究室党建网同步推出，1月1日起开始刊播。提供300多份《不能忘却的——红色记忆》稿件，分别从1月和5月份起在安庆广播电视报、安庆市广播电台刊登播出。

完成《红色记忆——安庆地方党史大型图片展》在市黄镇事迹陈列馆布展工作，展出430幅图片；完成《红色印记——安庆市革命遗址图片展》在市委、市人大、市政府、市政协、市纪委、老地委办公楼等处展出，全市革命遗址1005处，此次展出200处、图片近300多幅；在7月1日与《安庆广播电视报》联合完成9个版面的《不能忘却的——红色印记》“七一”特刊；完成《革命遗址普查成果丛书》(100万字、2000多幅图片)初稿。

市委党史宣讲团成员到市委组织部、街道办事处等进行党史宣讲。向组织部机关党员详细介绍中共安徽省首任书记王步文烈士不平凡的一生。为市委政法委提供党史党建辅导材料，为新华社、安徽省电视台、安徽日报、安徽市场报、安庆日报和电视台、广播电台、安庆工作等媒体，提供安庆地方党史资料200多份。组织党史业务骨干参加全省党史干部延安精神专题培训班学习、撰写论文参加“鄂豫皖三年游击战争——红色岳西”学术研讨会。

完成与市关工委合作编辑青少年学习资料《光辉历程》(6万字)，与市委老干部局和市新四军历史研究会联合召开全市老干部纪念建党90周年座谈会。与市新华书店联合发文开展征订《中国共产党历史》一卷、二卷发行工作。利用《党史纵览》阵地，广泛宣传党史。全年共征订发行《党史纵览》3029份、其中市本级755份。完成推荐、申报“安徽省领导干部党史教育基地”工作。全市推荐16个，其中陈独秀墓园、岳西县红二十八军军政旧址被评为“安徽省领导干部党史教育基地”。

积极申报“安庆市地方党史资料馆”。安庆是党史资源大市，为弘扬我党优良革命传统，加强党史宣传教育，发挥党史“以史鉴今、资政育人”作用，积极搜集相关资料、实物等筹备“安庆市地方党史资料馆”建设工作。

规范档案图书管理，做好达标升级工作。建立归档范围，案卷类目，整理文书档案1230件，对档案资料100卷、图书3000多册重新整理分类，添置档案图书软件网上服务功能，保障业务工作和资料查询的顺利开展。

【召开全市党史工作会议】 6月17日，全市党史工作会议召开，市委有关领导及人大、政府、政协负责同志参加会议。市委书记朱读稳出席会议并做重要讲话。会议全面回顾总结近三年来全市党史工作，对今后工作进行安排部署。市委组织部和市委党史研究室联合表彰全市党史系统3个先进集体和8位先进工作者。市委副书记陶方启同志主持会议并做总结讲话。

（王雄辉）

档案工作

【概况】 至2011年，全市有国家综合档案馆9个，其中市级馆1个，县级馆8个；档案行政管理部门10个，其中市级档案局1个，县(区)级档案局9个；市档案馆馆藏档案128457卷，以件为保管单位的档案8040件，资料35193册；8县(市)档案馆馆藏档案506214卷，以件为保管单位的44820件；市档案馆面积5150平方米，8县(市)档案局馆面积8916平方米。

机关和企事业单位档案。指导市委宣传部、市委政研室、市文广新局、市教育局、市档案局、安庆承接产业转移集中区管委会、市行管局、安庆开发区管委会办公室、市审计局、市信访局、市外事办、市人防办12家单位完成《机关文件材料归档范围和文书档案保管期限表》的审批工作，提高机关和企事业单位的档案工作规范化管理水平。组织参加省、市档案学术研讨活动，召开全市档案协作组工作会议，表彰档案协作先进组长单位，先进单位和个人，指导开展协作组活动。

档案工作目标管理认定或重新认定。完成怀宁县法院、望江县华阳镇政府、安庆市立医院、安庆职业技术学院、岳西公路局、潜山公路局、安庆独秀商行，以及市交通质检站、望江县农村信用合作联社、宜秀区环保局10个单位认定或重新认定。并对安庆职业技术学院、安庆独秀商业银行、潜山和岳西公路局4个单位进行授牌仪式。

民生和专业档案。抓紧对民生工程暨专业档案监督和指导工作。对银监局、市建筑管理处、种植业管理局、建设质检站、烟草局等涉及民生领域专业档案及时监督指导；开展民生暨专业档案检查工作，对建委、农委、卫生、房产、公积金、规划、质监7个系统20个单位专项抽查。与市林业局联合开展林改档案专项检查，继续加强对集体林权制度改革档案工作的监督指导。开展专业档案调研，研究制定专业档案管理办法。与市国土局联合转发《枞阳县国土管理所土地专业档案分类大纲》，加强国土专业档案的监管和指导。

农村和社区档案工作。在全市档案执法年检中，专门安排检查扩权强镇镇。同时在市开发区老峰镇开展档案工作集中指导，培训村、镇档案员22名。培育典型，推广社会主义新农村建设档案工作先进经验，迎江区新洲乡、潜山县源潭镇、望江县长岭镇、岳西县千佛塔村4个乡镇村被授予安徽省社会主义新农村建设档案工作示范乡（镇）村称号。岳西县响肠镇、望江县龙湖社区、望江县大号村、怀宁县谢山村、桐城市江岭村、大观区五里村、宜秀区黄梅村7个乡（镇）村被市档案局、市农委联合表彰为市社会主义新农村建设档案工作示范乡（镇）村。

重点工程建设项目档案。做好省861和市3231项目重点工程调研。先后到交通局、迎江区、大观区、宜秀区、城投公司、建委、法院、公安局、体育局、政务中心等系统和单位了解情况，掌握重点工程开工、建设情况。抓紧重点工程档案登记工作。皖能中科垃圾发电、市体育中心、政务中心等59个项目开展档案登记工作，报送市档案局备案，申请规范建档。安排专人对市政务中心、市体育中心等大型项目指导，规范建档。对已登记项目及时督促，把好太湖花凉亭水库管理局、灌区管理局各类重点工程档案规范管理质量关。与市交通局联合转发《公路水运建设项目档案管理实施办法》，进一步规范档案工作。完成市供电公司500千伏输变电工程双岭项目、文都项目、枞阳至桐城线路工程、市公路局宿松五桃路改造项目、坝滨路改造项目5个重点项目档案验收工作。

开发区和工业园区档案。在调研和指导的基础上，制订出台《安庆市省级及省级以上开发区（工业园）档案分类大纲》，规范安庆市开发区和工业园区档案建档。通过以会代训，现场指导等形式，推动市经济技术开发区档案工作逐步规范。先后对迎江区临港经济开发区、大观区经济开发区、安庆承接产业转移集中区（化工园区）、大桥经济开发区、望江经济开发区开展指导，进行督查。

档案馆建设。抓住“十二五”期间中央对市县级综合档案馆建设投入的机遇，加强督促，指导，推进档案馆建设。望江县档案馆已竣工，太湖县、枞阳县档案馆年内开工。

档案资源建设。严格按照档案资料接收进馆的规范和要求，接收市化医协会、市委办、市政府办、市民政局、市人社局等单位档案、现行文件等资料2057卷（册、件）进馆。收集、征集李克强到安庆、桐城调研经济社会发展情况活动，已故党和国家领导人刘澜涛上世纪“文革”期间在安庆，纪念建党90周年，市历次党代会，纪念辛亥革命100周年，怀宁县儿童血铅超标事件，太湖县五千年文博园开园仪式暨第三届中国花亭湖旅游文化节活动及地方名人墨宝、照片等全市重大活动、重大事件和具有安庆地方特色的档案资料525册（件），丰富馆藏内容。

档案安全管理。强化安全意识，做好市档案馆安全日常管理。开展县（市）区档案馆、专业档案馆室档案安全体系建设专项检查，对工商银行档案中心宿松分库、市农业银行档案管理中心建设现场指导，确保档案安全。

档案信息化建设。开通综合性档案网站“安庆档案信息网”。做好政府信息公开工作，公开信息55条，更新信息176条，及时回复“市民心声”的咨询投诉。完成市政府办、市轻工业局、市手工业局、市纺织局、市房产局、市教育局、市重工业局等全宗档案机读目录6.8万余条录入。指导机关事业单位档案信息化建设，积极开展科怡软件的推广工作。在市委办、市委组织部、开发区、市卫生局、一院、市公路局、安庆银监分局、市审计局等26家单位开展科怡档案管理软件使用指导工作；市公路局、市卫生局、市北部新城建设管理局、市无线电管理委员会、市旅游局、市城管局、市审计局、岳西县水利局、岳西县环保局、市迎江区新洲乡政府、市大观区环卫处等11家单位安装科怡软件。

【档案法制化建设】 开展全市档案工作年度执法检查，8月下旬至9月上旬，分别对各县（市）区和市开发区管委会共58家单位，市直46家单位开展档案工作执法检查，并进行通报。11月中旬开始，开展档案馆（室）安全、开发区（工业园）档案、民生暨专业档案专项执法检查；与市发改委、市监察局联合开展重点工程建设项目档案执法检查；与市林业局联合开展林权制度改革档案执法检查。为迎接省档案执法检查，重点对省局安排的抽查单位进行集中式迎检指导。

【开发利用档案信息资源】 全年共调阅、复印档案资料1598卷（册、件）。为群众证明工龄、工伤、待遇、特殊工种、独生子女、职称、表彰奖励等提供档案凭证417人（次）。编制《破产企业特殊岗位人员名册》1000余页，为破产企业原安庆玻璃厂特殊工种人员提供方便快捷的服务。编辑专题档案信息，为党委、政府决策提供参考。为省档案局拍摄专题片《安徽》，安庆电视台看点800节目组拍摄纪念建党90周年专题片，市党史办、市委党校、市地方志办公室等单位编写《安庆整党整风运动》、《安庆市历次社教运动》、《安庆市解放思想大讨论》等党史专题，安庆市争取列为安徽省老工业基地，市政府解决原枞阳县拔茅山铜矿闭坑区塌方造成群众上访事件。为北京大学历史人物研究中心提供档案资料，用来进行安徽省农村改革两轮土地承包的研究。

【档案教育和宣传】 加强档案人员的岗前培训，组织全市159人参加全省档案人员持证上岗考试。针对不同的类型和层面，开展国家档案局“八号令”、文书档案、会计档案、重点工程档案、乡镇村档案等各类档案业务培训，共培训学员502名。积极组织参加省、市档案学术研讨活动，召开全市档案协作组工作会议，表彰档案协作先进组长单位，先进单位和个人。

（王　琪）

栏目编辑：戴文君

人大·政府·政协

安庆市人民代表大会常务委员会

重要会议

【市十五届人大三次会议】 2011年1月12～14日举行，出席会议的代表471人。会议听取审议市政府、计划、财政和市人大常委会、市中级人民法院、市人民检察院6个工作报告；审查批准市2010年国民经济和社会发展计划执行情况的报告及2011年国民经济和社会发展计划；审查安庆市2010年预算执行情况的报告和2011年预算草案，批准2011年市本级预算。对4项工作报告和计划、财政报告作出决议。会议期间，代表们认真审议各项报告，向大会提出议案、建议、批评和意见148件。

【市十五届人大常委会会议】 全年共召开市人大常委会会议7次。第十五次会议于1月6日举行。会议审议通过市十五届人大三次会议有关事项；讨论通过《市人大常委会工作报告(审议稿)》和《市人大常委会2011年工作要点(审议稿)》。

第十六次会议于3月29日举行。会议传达学习十一届全国人大四次会议、省十一届人大四次会议精神；听取和审议市人大常委会代表资格审查委员会关于补选代表的代表资格审查报告；会议通过有关人事任免事项。会议还听取市政府关于安庆市城区工业大气污染防治工作情况的报告，并就城区工业大气污染防治工作开展专题询问，这也是市人大常委会首次开展的专题询问。

第十七次会议于5月24日举行。会议听取和审议市人民政府关于市贯彻实施《中华人民共和国台湾同胞投资保护法》情况的报告、关于市贯彻实施《中华人民共和国人民防空法》和《安徽省实施〈人民防空法〉办法》情况的报告，以及相关工委调研报告。会议决定任命徐成然同志为市政府副市长，挂职一年；任命李跃云同志为市水利局局长，会议还通过其他人事任免事项。

第十八次会议于7月28日举行。会议听取、审议市政府关于2011年1～6月国民经济和社会发展计划执行情况的报告、关于2010年市本级财政决算(草案)及2011年1～6月预算执行情况的报告、关于2010年市本级财政预算执行和其他财政收支情况的审计工作报告，以及相关工委对这些报告的有关初审意见。会议听取、审议市人大常委会调研组关于《中华人民共和国职业教育法》贯彻实施情况的调研报告，以及市政府关于贯彻落实《中华人民共和国职业教育法》情况的报告。会议表决通过《安庆市人民代表大会常务委员会关于批准安庆市本级2010年财政决算的决议》、《安庆市人民代表大会常务委员会关于安庆市本级2010年预算执行和其他财政收支情况的审计工作报告的决议》。会议通过有关人事任免事项。

第十九次会议于9月29日举行。会议听取和审议市政府关于“五五”普法规划实施情况和“六五”普法规划安排情况的报告，并作出《安庆市人民代表大会常务委员会关于进一步加强法制宣传教育的决议》。会议听取和审议市政府关于贯彻实施《中华人民共和国老年人权益保障法》情况的报告。

第二十次会议于11月29日举行。会议听取市政府关于运用资本市场发展壮大新兴产业情况的报告，以及市人大常委会财经工委相关调研报告；听取市政府关于农业综合开发情况的报告，以及市人大常委会农业与农村工委相关调研报告。会议补选余欣荣为安庆市出席省第十一届人民代表大会代表，通过其他有关人事任免事项。

第二十一次会议于12月31日举行。会议决定于2012年1月31日在宜召开安庆市第十五届人民代表大会第四次会议。会议听取和审议市政府、市人大人选工委关于市十五届人大三次会议代表议案、建议、批评和意见办理情况的报告；听取和审议市政府关于2011年度市人大常委会审议意见书办理情况的报告；听取市政府关于2011年市本级预算调整情况的报告，并作出相关决议；审议并通过《安庆市人民代表大会常务委员会关于召开安庆市第十五届人民代表大会第四次会议的决定》(草案)；审议通过市人大常委会工作报告(稿)、市人大常委会2012年工作要点(稿)。会议补选陈先森为安庆市出席省第十一届人民代表大会代表，决定任命董磊为市人民政府副市长、任命江兴代为市人民政府秘书长。会议还通过其他有关人事任免事项。

【全市县(市)区人大工作座谈会】 4月13～14日，全市县(市)区人大工作座谈会在宿松召开。市人大常委会副主任康正和、刘斌、开桂兰、丁一轩及秘书长刘长春，市人大常委会各副秘书长，各县(市)区人大常委会主持工作的副主任，市人大常委会机关各委室负责同志参加会议。市人大常委会党组书记、副主任康正和在会上作重要讲话，市人大常委会党组副书记、副主任刘斌主持会议，宿松县委书记、县人大常委会主任张小青出席座谈会并致辞。

12月14～15日，全市县(市)区人大工作座谈会在桐城市召开。市人大常委会党组书记、副主任康正和，市人大常委会党组副书记胡南亭出席会议，市人大常委会秘书长刘长春主持会议。各县(市)区人大常委会主要负责同志介绍各地及所辖乡镇人大换届选举工作的进展情况，并就换届选举工作中出现的新情况及重点工作进行研究。

【全市人大宣传工作会议】 全市人大宣传工作会议于9月13日召开。市人大常委会副主任康正和，市委常委、宣传部部长胡南亭出席会议并讲话，市人大常委会副主任刘斌作人大宣传工作报告，会议由市人大常委会秘书长刘长春主持。安庆日报社、安庆广播电视台等单位和县(市)区人大负责同志作交流发言，会议表彰人大新闻宣传好作品和优秀联络员。

【全市县乡人大、政府和县政协换届选举工作座谈会】 10月31日，全市县乡人大、政府和县政协换届选举工作座谈会在安庆召开。市领导陶方启、康正和、刘大群、汪卫东、鲁德出席会议。市县乡人大、政府和县政协换届选举工作领导小组成员，市县乡人大、政府和县政协换届组织人事纪律监督检查组成员，各县(市)区委副书记，人大常委会及人选工委、政协、组织部、宣传部、统战部，安庆开发区及党群工作部负责同志参加会议。

主要工作

【切实加强对经济工作的监督】 常委会紧紧围绕主题主线开展监督工作。一是加强对经济运行质量的监督。审议国民经济计划执行情况报告，对经济运行形势进行调研，建议市政府自觉运用资本市场，积极推进金融改革创新，做好土地节约利用、加强职业教育和职业培训等工作，及时解决企业在发展中遇到的资金短缺、土地制约及"用工难"等问题，在巩固农业基础的同时，突出抓好三大千亿产业建设，加快培育新兴产业，促进产业结构转型升级。二是强化对财政政策实施的监督。听取预算执行及其他财政收支情况的报告，发出审议意见书，要求市政府优化收入结构，完善支出结构，提高资金使用效率，充分发挥财政在加快发展和调整结构中的作用。三是推进承接产业转移示范区建设。组织省、市人大代表对皖江城市带承接产业转移示范区建设开展专题调研，建议市政府要立足市在产业和资源方面的比较优势抓好项目招商；加快基础设施建设步伐，促进园区扩容升级；创新管理体制机制，努力解决承接产业转移中遇到的瓶颈制约问题。四是促进自觉运用资本市场，为战略性新兴产业发展服务。常委会就战略性新兴产业发展和战略性新兴产业发展引导资金、风险投资引导资金使用情况进行调研，并就战略性新兴产业的规划布局及中央、省有关引导资金的调配使用，向市政府提出建议意见。五是促进商务经济加速发展。常委会对市商务经济发展情况开展专题调研，并听取市政府的专项工作报告。建议市政府要重视市商务经济占GDP比重低、消费转型升级不快、世界500强零售企业尚未入驻、新兴流通方式发展滞后等问题，并尽快帮助解决一些具体问题。六是促进文化产业大发展大繁荣。组织人大代表就市文化产业的发展开展专题调研，建议要抓住当前文化产业发展面临的重大机遇，充分发挥市文化资源丰富的独特优势，打造文化产业园，集聚文化产业群，扶持培育龙头企业，创新文化业态。七是促进农业经济转方式、调结构。常委会在开展调查研究的基础上，听取市政府的工作报告，建议各地要根据农业资源条件和产业基础，科学规划和立项，整合资源，扶持龙头企业，提高农产品生产及加工的科技含量，提高农业的综合生产力。八是关注地方政府债务风险问题。配合省人大常委会对我市地方政府性债务的规模、形成原因、资金投向以及管理成效等情况进行全面的调研、分析，建议市政府要建立“借用还”与“权责利”相统一的举债机制，强化规模控制和风险评估，把债务控制在合理、安全的范围内。九是重视对台资企业权益的保护。常委会对台胞投资权益保护情况进行调研，听取市政府工作报告，建议有关部门要依法保护好台胞权益，制定实施“亲商、富商、安商”的优惠政策，吸引符合市产业发展方向的台湾及其他海内外投资者来市投资兴业。

【促进社会事业健康发展】 常委会围绕民生的基本问题和社会关注的热点问题，依法对社会建设中的有关工作实施监督。推进民生工程实施。常委会组织调研组，深入部分县(市)区，详细了解公路村村通、校安工程、廉租房建设等项目的建设情况，审议市政府的专项工作报告，建议要提高项目的针对性、科学性和实效性，做好资源整合工作，合理确定配套资金的比例，加强工程的监管和已建项目的维护，确保民生工程持续发挥效益。关注粮食安全与菜篮子工程建设。常委会听取粮食工作情况的汇报，要求各级粮食部门积极发挥职能作用，加强对粮食生产与经营的监管，维护粮食安全；做好粮食收储工作，稳定粮食市场秩序；推进粮食产业化，提高粮食经济发展水平。对城区蔬菜基地建设情况开展专题调研，建议市政府要统筹涉农资金，加大对蔬菜基地排灌、供电、道路等基础设施建设的投入，加快土地流转，实现蔬菜种植的规模化、标准化；同时，加强对蔬菜生产与流通的质量监管，确保市民吃上放心菜。促进社会养老工作。常委会呼吁全社会重视社会老龄化步伐加快带来的家庭养老负担过重、部分老年人基本生活保障水平低、老龄服务业发展缓慢等问题，建议市政府提高城镇职工基本养老和农村五保老人的供养保障水平，加强对养老服务体系建设的规划指导、政策扶持、市场培育和监督管理。推进城乡医疗服务体系建设。专题审议城乡医疗卫生服务体系建设情况的报告，要求市政府推进乡镇卫生院和村卫生室的改造和建设，设法化解乡镇卫生院(室)的历史债务，提高基层医务工作者的待遇，建立“首诊在基层、小病在社区(乡镇卫生院)、大病在医院”和“双向转诊”的诊疗格局，使城乡医疗服务体系建设取得实质性进展。推进扶贫开发和农村沼气建设。常委会听取农业扶贫开发工作的报告，建议有关部门要建立扶贫攻坚长效机制，选准、选好扶贫项目，管好、用好扶贫资金，加强农村基础设施建设，实行产业扶贫、科技扶贫，增强农民自我发展能力，促进农民增收脱贫。常委会就农村的沼气建设问题开展专题调研，建议市政府结合新农村建设、村庄布点规划、养殖业发展等，科学编制沼气建设规划，加快沼气项目建设进度，完善管理服务体系，发挥沼气在现代农业和新农村建设中的作用。推动民族宗教工作与经济社会发展相适应。常委会重视民族宗教工作，通过组织代表视察、开展专题调研等多种方式，对重要寺庙建设与恢复、宗教场所建设与管理、回民村经济发展、少数民族幼儿园建设等情况加强监督，提出意见建议。促进职业教育发展。常委会审议市政府专项工作报告，要求各级政府加强对职业教育发展规划、资源配置的统筹管理，改善办学条件，扶持特色专业，提高师资素质，引导企业深度参与各类实用型人才的培养。

常委会还对妇女权益保护、城市防空防灾、防汛抗旱、汛期气象预测等工作依法实施监督，促进这些工作规范有序开展。

【对城区工业企业大气污染治理开展专题询问】 常委会参照全国人大常委会和省人大常委会的做法，在全省市级人大常委会中率先启用专题询问的监督形式，就城区工业企业大气污染治理的措施与效果，对市环保局、市发改委、市经信委、市规划局、市招商局、市安监局、化学工业园区管委会及安庆石化和安徽时联化工公司的负责同志进行询问，推动城区工业企业的大气污染治理工作取得积极进展，广大市民对这次专题询问工作给予积极支持和较好评价。

【推进依法治市进程】 在“六五”普法启动之时，作出《进一步加强法制宣传教育工作的决议》，要求将普法工作纳入经济社会发展目标和政府工作目标，在公民中深入普及中国特色社会主义法律体系的基本法律，增强法制宣传教育的针对性和实效性。协助省人大常委会开展“江淮普法行”活动，进一步推动法律进机关、进学校、进企业、进单位、进农村、进社区。指导县乡两级人大换届选举。按照城乡以相同人口比例选举人大代表的新要求，就换届选举有关问题提出，提请市委研究批转，指导县乡两级人大依法开展换届选举工作。协助市委召开换届选举工作会议，进行动员部署。召开三区人大代表选举工作协调会，就城区扩大后一些单位变更地址涉及选举的有关事宜进行协商和明确。监督法律贯彻实施。对《道路交通安全法》、《人民防空法》、《职业教育法》的贯彻执行情况开展执法检查,对《食品安全法》等5部法律的执行情况开展调研,促进有关部门依法行政,改进工作,保障法律在本行政区域内得到实施。加强对检察院诉讼监督工作和法院执行工作的监督。组织在安庆的省人大代表和部分市人大代表,开展"百名人大代表看执行"活动和"百名人大代表看诉讼监督"活动,对促进司法公正起到积极的作用。

常委会还对社会治安防控体系建设及村委会换届工作实施监督,促进公安机关加强社会治安综合治理,保障基层群众依法行使民主权利。

【着力做好经常性工作】 切实加强预算审查监督。认真做好年度预算和部门预算的初审,督促财政部门按照规范、完整、科学、透明的要求编制预算,提高资金使用效益。听取和审议审计工作报告,督促落实审议意见,使审计中发现的在预算管理、政府投资及各类资金管理等方面存在的问题逐步得到纠正。审计报告提出的发展第三产业的建议得到重视和采纳。依法做好人事任免工作。全年共任免国家机关工作人员35人次,其中任命19人,免职16人,保障地方国家机关的有效运转。做好规范性文件备案审查工作。受理市"一府两院"和县(市)区人大常委会报送备案的规范性文件19份,依法进行审查,维护法制统一。

【保证代表执行职务】 跟踪推进"一号议案"的办理。2010年1月,本届人大二次会议上,人大代表依法提出《加强菱湖风景区水源保护的议案》。2011年,市人大常委会继续加强对该议案办理工作的监督,组织代表实地视察,听取市建委、城投公司关于项目施工和资金投入情况的报告,参与研究并帮助解决一些具体问题。至2011年底,一期工程已竣工并通过验收,目前西小湖水质已得到改善,二期工程也在积极推进中。举办代表履职实务培训班,组织市人大代表学习《代表法》、《选举法》、《地方组织法》的内容,掌握撰写议案建议的基本方法,提高应对媒体的能力。推进代表小组规范化建设,指导各选举单位建设好代表小组活动室。保证代表知情知政。邀请代表列席常委会会议26人次,参加执法检查与调研活动687人次。精心组织代表闭会期间活动。先后组织驻市的省人大代表就城市公交建设及运营、食品安全情况、农田水利建设情况、保障性住房建设及商品房市场情况开展专题调研,推动相关工作。提高代表建议落实率。实行主任会议成员领衔督办代表建议制度,对建设新洲乡蔬菜基地、发展养老服务业、加强少数民族儿童学前教育等建议进行分工督办。对本届以来代表议案建议的办理工作进行评比,表彰先进单位和个人。继续办好安庆电视台、安庆日报、安庆广播电视报上的代表履职专栏,对代表建议办理情况进行舆论监督。

有11名市人大代表提出的建议被省人大通过《代表之声》的渠道报送省决策层。

【全面加强自身建设】 坚持法制讲座制度。就老年人权益保障、职业教育发展、运用资本市场发展新兴产业等专题举办6次讲座。深入联系群众。认真受理人民群众来信来访,对群众信访反映的644件事项,依法交办,认真督办。与县(市)区人大常委会联动,开展"涉法涉诉类信访深入化解推进年"活动,促进一些信访积案的解决。常委会机关党员干部开展下基层活动,多次深入联系点,宣讲政策,走访群众,帮助基层解决在发展经济、保障民生方面遇到的问题。加强人大宣传与信息工作。人大信息工作取得较好的成绩,全年有96件信息稿件在省人大媒体刊发。加强对基层人大工作与机关建设的指导。召开两次县(市)区人大工作座谈会,就贯彻市委加强和改进人大工作的意见以及做好县乡两级人大换届选举工作,进行交流磋商。召开全市人大办公室主任会议,就提高人大常委会机关工作质量和服务水平进行探讨和研究。召开人大各工作委员会会议及规范性文件备案审查、信访等专项工作会议,对县(市)区人大开展相关工作进行指导。会同市编办,对县(市)区人大常委会内设机构的设置提出指导意见。

市人大常委会领导名单

主　任:朱读稳

副主任:康正和　刘　斌　开桂兰　方祖中　丁一轩

安庆市人民政府

重要会议

第十五届人民政府2011年共召开常务会议21次,其具体内容为:

1月6日，第三十七次会议听取创建安徽黄梅戏艺术职业学院有关问题、2011年度民生工程安排、市体育中心规划设计方案等情况汇报，审议国民经济和社会发展第十二个五年规划纲要，通报省落实党风廉政责任制检查考核的反馈意见。

1月12日，第三十八次会议听取怀宁县高河镇新山社区部分儿童血铅超标事件的调查情况及追究相关人员责任的情况汇报。

1月15日，第三十九次会议听取怀宁县高河镇新山社区部分儿童血铅超标事件追究相关人员责任复议意见的汇报。

1月19日，第四十次会议听取2011年市级领导分工联系“3231”重点项目、参赛省十二运会和筹办省十三运会、贯彻落实全省教育工作会议精神、垃圾焚烧发电厂及垃圾处理补贴费、2011年省民生工程安庆市第三光荣院建设、门楼牌号清理整顿工作等情况汇报。

2月14日，第四十一次会议听取2011年度城市建设计划、贯彻全省农村工作会议精神、贯彻国务院粮食生产电视电话会议精神、消防工作、2011年度市政府重点工作任务分解等情况汇报。

3月4日，第四十二次会议听取财政工作及民生工程、环境保护工作、保障性住房建设、农发行贷款项目等情况汇报，审议市商标战略发展工作规划。

3月17日，第四十三次会议关于召开全市旅游发展大会、安全生产工作、安踏工业园项目、积极应对食盐抢购等情况汇报。

4月6日，第四十四次会议听取人口与计划生育工作、政风行风评议等情况汇报，审议2010年度科学技术奖拟奖项目。

4月14日，第四十五次会议听取东部新城商务区三期建设等有关情况汇报。

4月18日，第四十六次会议听取市级劳动模范评选工作情况汇报。

4月26日，第四十七次会议审议加快推进国家级安庆经济技术开发区发展的决定，听取全国、全省人防工作会议精神和市人防工作的情况汇报。

5月13日，第四十八次会议听取2010年度全市重点项目推进、园区发展绩效等情况汇报，审议加快培育战略性新兴产业实施意见。

5月30日，第四十九次会议听取鑫富化工有限责任公司“3·27”爆炸事故调查及对有关责任人处理的情况汇报，审议市安全生产目标管理考核办法、实施园区带动战略的若干意见、承接产业转移集中示范园区规划、加强和改进社区服务工作的实施意见等。

6月12日，第五十次会议审议市文化旅游业发展规划、产业承载平台与园区建设规划、十二五实施园区带动战略工作绩效考核办法和“3231”行动计划重点项目推进工作考核办法，听取县(市)、区目标管理考核情况的汇报。

7月14日，第五十一次会议审议市依法行政和法治政府建设规划(2011～2015)、进一步加强老城保护、促进旧城更新、推动新区建设的有关规定，听取稳定市场价格工作、全市批而未供土地情况和2011年土地利用计划指标执行等情况汇报。

8月12日，第五十二次会议听取调整征地农民养老保障待遇的情况汇报，审议市中长期教育改革和发展规划纲要(2010～2020年)、农产品加工(食品)产业发展规划。

8月29日，第五十三次会议讨论并通过统筹推进全市新一轮“菜篮子”工程建设的实施意见，审议通过市保障房、安置房BT项目招标方案，讨论市现代物流业发展规划，听取黄梅戏艺术中心移交管理有关情况汇报。

9月23日，第五十四次会议审议市小城镇建设考核办法，审议通过市医疗纠纷预防与处置办法，听取市文广局安排正版软件采购经费、市物价局贯彻市政府稳定市场价格工作的情况汇报，听取开展城乡居民养老保险工作等情况汇报。

10月23日，第五十五次会议听取市饮用水源地保护和一水厂异地扩建工程、提高市城区城乡居民最低生活保障标准、贯彻全省水利工作会议精神和省《关于加快水利改革发展若干措施的意见》、贯彻落实全省巩固完善基层医改工作会议精神等情况汇报，审议市现代物流业发展规划。

11月22日，第五十六次会议审议通过深化市直行政事业单位国有资产管理改革方案、市小城镇建设考核办法，听取安庆民航机场迁建问题的情况汇报。

12月12日，第五十七次会议认真学习《中华人民共和国行政强制法》，讨论《政府工作报告(讨论稿)》。

12月24日，第五十八次会议审议通过市加快推进养老服务体系建设的意见、市学前教育三年行动计划(2011～2013年)、市实施十二五农民收入倍增计划的意见，听取近两年全市档案工作、市政府与市总工会第九次联席会议有关情况汇报。

主要工作

【促进经济增长】 2011年，是实施“十二五”规划第一年。市政府贯彻落实科学发展观，加快经济发展方式转变，确保完成市十五届人大三次会议确定的年度目标任务，实现“十二五”良好开局。全市生产总值1215.7亿元，同比增长13.2%以上；财政一般预算收入156.7亿元，增长29.4%；全社会固定资产投资830.2亿元，增长27.9%；社会消费品零售总额397.5亿元，增长17.5%；进出口总额8.6亿美元，增长26%；城镇居民人均可支配收入18005元，增长18.9%，农民人均纯收入5900元，增长18.3%。

【扩大有效需求】 千方百计增投入、扩内需、稳外需。省“861”重点项目完成投资215.3亿元，市“3231”重点项目完成投资316.2亿元。争取中央和省补助资金16.64亿元，带动地方投资35.74亿元。安庆长江铁路大桥等项目加快建设，望东长江公路大桥、岳武高速公路安徽段等开工建设。加快地方金融体系建设，农信社改制基本完成，新设立村镇银行4家、小额贷款公司15家。全市金融机构存款余额1408.6亿元，总量、增量均居全省第3位；贷款余额694.3亿元，新增贷款143.3亿元，居全省第4位。

【做强承接平台】 编制出台“6+2”重点产业发展专项规划，出台实施园区带动战略若干意见。园区工业总产值达730亿元，增长40%。市产业集中区(化工区)基本形成凤凰片10平方公里骨干路网。突出集群承接，狠抓招大引强，引进50亿元以上重大项目1个，当年新签约并履约5亿元以上项目32个、亿元以上114个，当年在建投产和新开工亿元以上项目149个。实际利用市外资金717.6亿元，增长22.3%；利用境外资金2.72亿美元，增长15.76%。

【优化工业结构】 制订公布产业目录，落实结构性减税政策，发挥财政资金引导作用，加速壮大优势产业，改造提升传统产业，积极培育战略性新兴产业。规模以上工业企业1145家，实现增加值455.1亿元，增长21.2%。全市新增私营企业1900家。林浆纸一体化等项目建成，800万吨石化炼化一体化、怀宁上峰水泥二期、华茂纺织工业城加快建设。安庆中船与世界500强美国卡特彼勒公司合资生产马克柴油机项目顺利签约。新增省级高新技术和创新型企业12家，发明专利授权量增长143.8%。建立5亿元战略性新兴产业发展引导资金，加快发展新材料、新能源、高端装备制造等新兴产业。

【推进节能减排】 对饮用水源保护区、重金属、化工、造纸企业开展环境隐患安全大排查、大整改，建立巡查、挂牌督办、约谈、责任追究等监管制度。共排查企业985家，停产整改54家，关闭17家。加强建设项目环保验收和“三同时”环境监管。强化规划环评，严把新建项目环境准入关。加强对重点领域、重点行业和关键环节监管，基本完成化学需氧量、氨氮、二氧化硫、氮氧化物减排总量任务。

【加强三农工作】 粮食总产达267.6万吨，获全省粮食生产先进市。落实强农惠农政策，一卡通发放补贴资金17.65亿元。启动实施农业产业化转型倍增计划，龙头企业产值达374亿元，增长22%，国家级龙头企业达6家，省级龙头企业69家，各类农业产业化组织发展到1900多个。推进水利基础设施建设，除险加固中小型水库55座，解决32.24万农村人口饮水安全问题。实施千村百镇示范工程，省级示范村、镇分别达200个和21个。改造县乡公路123.6公里。

【加快城镇建设】 落实省政府批准的新一轮城市总体规划，推进“中心城市、特色县城、风情小镇、秀美乡村”建设。围绕区域中心城市定位，实施综合交通、水系整治、环境治理等“十大工程”。启动创建国家森林城市工作，成功创建安徽省文明城市。完成130个村庄整治，改造1.7万户农村危房。引导非农产业、农村人口有序向城镇转移，城镇化率达43.9%，提高1.9个百分点。

【提升文化旅游】 推进文化旅游融合发展，加快培育壮大战略性支柱产业和人民满意的现代服务业。天柱山风景区成功创建国家5A景区，荣获世界地质公园称号。太湖五千年文博园建成开园，成为全国文化旅游产业示范基地。再芬黄梅股份有限公司挂牌成立。加快实施百亿旅游项目工程，亿元以上在建旅游项目达116个。加强旅游景区品牌创建，全市国家4A以上景区达12个。全年接待海内外游客2312万人次，增长28.3%；旅游总收入159.5亿元，增长31.8%。

【保障改善民生】 出台实施价格调节基金征管办法，完善社会救助和保障标准与物价上涨挂钩联动机制，及时发放城区困难群众价格补贴，强化生猪和蔬菜市场供应，实行肉价临时补贴。出台推进新一轮“菜篮子”工程建设意见，新建城郊蔬菜基地4295亩。居民消费价格指数增长5.5%，低于全省水平。42项民生工程投入资金55.83亿元。城镇新增就业5.18万人,帮扶下岗失业人员再就业2.39万人,农村富余劳动力新增转移就业6万人。加快完善社会保障体系,提高失地农民养老金补助标准。加强保障性住房建设,开工2.4万套,建成1.4万套。开展扶贫新一轮整村推进工程,扶贫开发工作获全国先进。

市政府领导名录

市　长:肖超英

副市长:汪莹纯　张大兴　项小龙　宋圣军

李胜荣　黄　杰　万士其　张君毅

徐成然(2011.5～)　董　磊(2011.12～)

政府文件要目

文　号	标　题
宜政发[2011]2号	关于2011年重点工作及责任分解的通知
宜政发[2011]3号	关于安庆市2010年实施42项民生工程的通知
宜政发[2011]4号	关于印发安庆市政府质量奖管理办法的通知
宜政发[2011]5号	关于印发安庆市国民经济和社会发展第十二个五年规划纲要的通知
宜政发[2011]6号	关于2010年度安庆市科学技术奖励的决定
宜政发[2011]7号	关于表彰安庆市劳动模范和先进集体的决定
宜政发[2011]8号	关于促进农业机械化和农机工业又好又快发展的实施意见
宜政发[2011]10号	关于印发安庆市依法行政和法治政府建设规划(2011～2015年)的通知
宜政发[2011]11号	关于印发安庆市战略性新兴产业发展引导资金项目管理办法的通知
宜政发[2011]12号	关于进一步规范财政资金管理的通知
宜政发[2011]13号	关于印发安庆市文化旅游业发展规划的通知
宜政发[2011]15号	关于印发安庆市价格调节基金征收使用管理暂行办法的通知
宜政发[2011]16号	关于印发安庆市产业承载平台与园区建设规划的通知
宜政发[2011]17号	转发省政府关于切实加强重点行业和领域安全生产工作决定的通知
宜政发[2011]18号	关于印发安庆市加强棉花异性纤维管理暂行办法的通知
宜政发[2011]19号	关于贯彻实施中华人民共和国行政强制法的通知
宜政发[2011]20号	转发安徽省人民政府关于印发安徽省新型墙体材料专项基金征收使用管理实施办法的通知
宜政发[2011]21号	关于批转安庆市道路交通事故民事损害赔偿人民调解工作实施意见的通知
宜政发[2011]22号	关于印发安庆市现代物流业发展规划的通知
宜政发[2011]23号	关于印发安庆市农产品加工(食品)产业发展规划的通知
宜政发[2011]24号	关于印发安庆市装备制造业发展规划的通知
宜政发[2011]25号	关于印发安庆市综合交通发展规划的通知
宜政发[2011]26号	关于印发安庆市纺织工业发展规划的通知

(市政府研究室)

行政服务工作

【概况】 2011年,市行政服务中心学习贯彻中办、国办22号文件,提高行政审批效能,进驻中心的39个窗口单位全年共接待服务对象咨询23.7万人次,办理各类行政许可和审批服务事项16.13万件,按时办结率100%,群众对行政服务中心的服务满意度达到99%以上。在市第三届文明行业创建工作表彰会上,市行政服务中心被市委、市政府授予市“文明示范窗口”称号。

【贯彻中办发22号文件精神】 中办22号文件下发后,中心及时组织传达学习,利用网站广泛宣传。召开八县(市)中心主任会议,交流中心建设和运行工作经验,传达全省政务中心主任会议精神,学习、讨论《关于深化政务公开加强政务服务的意见》,起草《关于进一步加强政务服务中心建设的意见》送审稿,经市委、市政府研究同意后发布实施。

【改善办公条件】 中心新办事大厅正在建设之中,面积达1.6万平方米,预计2012年年底建成。为搞好装潢设计和窗口布局,赴省政务中心等地考察,及时修正完善在建新大楼的功能设计,同时开展“我为中心发展献一策”活动,收集“金点子”46条。8县(市)中桐城、望江、枞阳行政服务中心新办公大楼也正在建设之中,潜山、宿松等地中心办公楼已在规划设计,中心的硬件建设将上一个新的台阶。

【开展调查研究】 为认真谋划好中心转型升级期的工作,分别到迎江区、大观区、宜秀区和8县(市)调研,请园区、企业和项目单位负责人座谈,了解园区工业项目和政府投资城市基础设施项目审批流程执行情况，听取对中心的项目和服务机制方面的意见。组织人员赴成都武侯区行政审批局学习行政许可权相对集中改革，赴蚌埠市行政服务中心学习标准化建设，赴池州市行政服务中心学习企业登记“一表制”和基本建设项目行政审批“一费清”运作模式，创新工作思路。按照“进中心是原则、不进中心是例外”的要求，对市直各部门行政许可、非行政许可、公共服务事项全面调查摸底，准确掌握全面推行“两集中、两到位”后进入中心的项目数和窗口工作人员人数，为大厅搬迁做准备。

【打造规范服务体系】 完善服务承诺制、限时办结制、AB岗工作制、首问负责制等制度，严格执行行为规范和服务规范，要求各窗口在办理业务过程中做到“四清”，即咨询一次写清、表格一次发清、材料一次收清、内容一次审清，并为群众提供“三声”服务，即来有迎声，问有答声，走有送声，使用规范文明用语，努力提高窗口服务水平。按照“八公开”的内容编制《告知单》摆放在窗口，制作统一的工号牌和示范文本，从窗口展示、窗口环境、服务质量、人员配备、办件管理等方面加强窗口标准化建设。

【推行政务公开】 加强《政府信息公开条例》的学习、宣传、培训，及时更新政务公开栏和中心网站、市政府信息公开网信息，规范和完善公开内容和程序，通过门户网站、大屏幕显示屏、触摸屏和印发服务指南、工作简报等形式多渠道公开政府信息，充分发挥中心政府信息查阅点和依申请公开受理点作用，为群众查阅政府信息提供周到的服务。全年主动公开信息71条，依申请公开信息92条。以市政府公布的行政审批项目目录为依据，确定进中心的项目名称和数量，同时对每个项目的审批程序要求各窗口绘制审批流程图，以图表与文字说明相结合的形式，为服务对象办事提供指引。2011年中心被市政府命名为安庆市政务公开示范点。

【创新服务方式】 推进并联审批。凡需两个以上部门审批的事项都纳入并联审批，有专人负责会议的组织协调，收集并联审批会议意见反馈单，形成专题会议纪要督促落实，并实行缺席默认和超时默认制度。积极推行现场踏勘、专家评审、并联审批“三会合一”的新型并联审批方式，市一些重点招商引资项目，如安踏工业园项目，都是采取“三会合一”的形式审批，为项目单位节省大量办事成本，提高效率。全年中心共组织联合踏勘42场次，牵头召开并联审批会185次。完善“两集中、两到位”。根据市政府《关于深化推进行政审批制度改革的实施方案》要求，市有行政许可职能部门都实现部门审批服务职能向一个科室集中，成立行政许可科，为下一步全面推进“两集中、两到位”作准备。待中心新大楼建成后再向新服务办事大厅集中，切实提高现场办结率。开辟绿色通道。按照《安庆市重大建设项目审批绿色通道实施办法》，对进入绿色通道的项目采取集中指导、限时办结、预约办理、疑难会商、容缺办理等举措，通过并联审批和全程代办服务，审批效率大大提升。全年共发放《重大建设项目审批绿色通道通知书》12份，旺旺食品有限公司等重大建设项目快速办结，赢得项目单位的肯定和好评。优化全程代理。只要企业有需求和申请，中心全程代理处都能积极主动为他们提供无偿全程代理服务。从帮助企业制定章程，代填表格、组织联合审批，到领取证照和送证上门，全程代理处提供“保姆式”服务，企业普遍认为省心、省时、省力。全年共为67家企业提供无偿全程代理服务，这些企业注册资本共计2.65亿元。

（行政服务）

法制工作

【概况】 制定依法行政和法制政府建设五年规划。制定《安庆市依法行政和法治政府建设规划（2011～2015年）》，经市政府常务会议研究通过，印发给各县（市）区政府和市直各部门贯彻执行。

部署全市依法行政重点工作。以建设法治政府为目标，研究全市依法行政工作形势，经市政府同意，下发《关于印发2011年全市依法行政重点工作安排的通知》，将市2011年度依法行政工作任务分解为五个方面20项重点工作，同时印发《2011年全市依法行政重点工作任务分解的通知》，明确各项重点工作的责任单位和会同配合的相关单位。

加强依法行政监督指导，抓好依法行政工作考核。根据依法行政年度工作安排，对各县（市）区和市直各部门推进依法行政工作进行监督指导，要求各单位进一步完善依法行政各项制度，落实目标任务。同时，按照省、市政府依法行政考核方案的要求，对全市的依法行政考核工作进行规划与部署，不定期对各部门工作开展情况进行检查督促，开展2011年全市各部门依法行政工作年度目标检查考核工作。

完善和落实依法行政各项制度。完善和落实领导干部学法制度、重大行政决策集体讨论决定制度、重大决策合法性审查制度等依法行政各项制度，如提请市推进依法行政领导小组出台《关于进一步规范行政决策行为的实施意见》等。

启动依法行政先进集体评选工作。印发《关于开展2010～2011年度安庆市依法行政先进集体评选活动的通知》，在全市开展依法行政先进集体的评选，发挥先进示范带动作用。

【加强行政执法监督，规范行政执法行为】 加强行政执法队伍建设。继续开展行政执法人员培训工作。12月，为配合《中华人民共和国行政强制法》的颁布实施，举办学习贯彻行政强制法培训班，组织市直部门行政执法人员100余人参加学习培训；会同市城管执法局联合开展对全市城管执法系统近200名行政执法人员行政执法资格专项考试；配合市民政局、教育局、计生委、公路局等多个部门开展行政执法人员培训与考核工作，强化行政执法人员的执法素质，着力提高行政执法人员整体水平。严格实施行政执法人员资格认证和持证执法制度。加强行政执法人员信息系统管理，办理行政执法证件申领、换发和年审工作，严把证件审核关，今年以来为全市符合条件的行政执法人员办理申领、换发执法证件1000余件。开展全市行政执法人员依法行政能力测试。

规范具体行政行为。为加强行政执法规范化建设，印发《安庆市行政执法行为规范(试行)》，从行政执法人员职业道德和纪律规范、行政执法行为规范、执法人员仪表规范等方面来规范行政执法机关具体的行政执法行为。加强行政执法检查备案和重大行政处罚备案工作。受理、审查重大行政处罚和行政执法检查备案，监督和规范重大行政执法行为。开展实施行政处罚案卷评查。印发《关于继续开展行政处罚实施工作情况检查的通知》，组织对行政执法机构在2010年7月至2011年6月期间实施行政处罚并已办结的行政处罚案卷进行评查，以加强对实施行政处罚的监督。认真贯彻行政强制法。提请市政府出台《关于贯彻实施〈中华人民共和国行政强制法〉的通知》，组织开展全市行政强制依据和实施主体的清理工作，确保行政强制法在市全面、正确、顺利实施。

【规范性文件备案审查工作】 严格实施规范性文件备案和部门规范性文件前置审查制度，确保抽象行政行为合法。专门印发《关于开展2011年度规范性文件备案工作专项检查的通知》，认真开展规范性文件备案审查工作，市政府制定的规范性文件及时报送省政府、市人大备案，主动接受审查。2011年，市政府制定的规范性文件报送省政府和市人大常委会备案19件。审查各县(市)区政府和市政府各部门报送市政府备案的规范性文件共55件，办理异议审查5件，并切实做到“有备必审”，防止部门通过规范性文件乱作为的现象。在省法制办召开的全省法制监督工作座谈会上，法制办以《注重实效，完善监督，切实加强规范性文件备案审查工作》为题，交流法制办在规范性文件备案方面的经验和做法，获得省办领导和与会同行的好评。

【提高规范性文件审理质量】 拟定市政府年度规范性文件制订计划。拓展公众参与政府规范性文件制定工作的方式，在全市公开征集规范性文件项目，结合市政府各部门报送项目建议，精心筛选，拟定2011年度市政府规范性文件制定指导计划，以市政府法制办宜府法[2011]1号文件印发和组织实施。

构筑良好的制度体系，体现政府文件为社会和经济建设服务。2011年共审理规范性文件(含其他重要文件)43件，其中经市委、市政府研究发布的26件。审查出台的规范性文件涉及市经济社会发展方方面面。重要的有：1、贯彻国家和省关于加强环保工作的要求，审查出台安庆市委、市政府《关于进一步加强环境保护工作的意见》；2、根据国务院关于城市国有土地房屋征收、补偿和房地产调控有关文件精神，审查出台市政府《关于贯彻国务院〈城市国有土地上房屋征收和补偿条例〉的意见》和《关于进一步加强房地产市场调控的实施意见》。3、制定加强食品安全文件，审查出台市政府《关于加强地沟油整治和餐厨废弃物管理工作的实施意见》。4、贯彻中央和省委一号文件，审查出台安庆市《关于进一步加强水利建设的意见》。5、为切实解决医患纠纷，审查出台《安庆市医疗纠纷预防和处置办法》等医改相关配套政策。6、制定清洁能源推进政策，审查出台市政府《关于进一步加快推进天然气利用工作的意见》。7、落实国家稳定物价政策，审查出台《安庆市价格调节基金征收使用管理办法》。此外，还对市港口发展、出租车市场秩序管理、城市基础设施建设等有关政策的制定进行认真审理。

严格把好规范性文件审查关，加大规范性文件制定民主公开力度。加强对规范性文件的审查，努力提高制度建设质量。在规范性文件制定过程中，按照《安庆市行政机关规范性文件制定程序规定》的要求，从合法性、可行性和文字技术等方面，严格把好规范性文件审理关，确保出台的规范性文件质量。积极实施规范性文件制定公开征求意见。全年召开各种座谈会、预审会、论证会共20余次，发出征求意见函300多份。建立规范性文件督办制度，确保在规定时限内完成规范性文件审查工作。积极推行规范性文件公开发布制度。市政府规范性文件出台后，在市政府信息公开网、本办门户网站等有关媒体上及时公布，以体现政府决策的公开透明。

办理法律法规规章征求意见。根据省政府法制办等有关部门的要求，认真办理法律法规规章征求意见。共办理法规、规章立法征求意见10件。在办理法律法规规章征求意见过程中，组织召开座谈会或书面征求意见，积极协助省有关部门做好立法调研。

【办理行政复议和应诉案件】 依法办理行政复议案件。全年，办理行政复议案件52件，其中正式受理46件，不予受理4件，驳回复议请求2件，已依法审结44件。对案情比较清楚、争议不大的案件，采用简易程序，尽快结案；对复杂疑难、争议较大的案件，采取到现场进行庭审式办案方式，引入听证程序，从事实、依据、程序及合理性方面认真予以审查，推进行政机关依法行政；对一些特殊的案件大胆实践，积极探索，运用说服、调解、协商的方式化解矛盾，发挥调解在行政复议中处理矛盾纠纷的作用。

受理行政应诉案件。当年受市政府委托，受理行政诉讼案件5件，其中法院判决驳回起诉2件，原告撤回起诉1件，正在审理1件，确认违法1件。参与办理的省政府复议的2件行政复议案件，经审理维持1件，撤回申请1件。对于行政应诉案件，加强与法院的沟通，并做好应诉的充分准备。对较复杂的案件，办领导亲自过问。如对一起违法审批土地的行政复议案件做出撤销的决定，行政复议第三人提起诉讼，办领导高度重视，要求有关人员积极应诉，认真办理，市中院和省高院最终维持复议决定。

规范和完善复议应诉制度。根据《行政复议法》、《行政复议法实施条例》的相关要求，经过充分调研，起草并出台《安庆市重大行政复议案件备案管理规定》和《安庆市重大行政诉讼案件行政首长出庭应诉规定》两个复议诉讼制度方面规定，在全市布置贯彻行政复议调解、和解制度及听证程序规定，扩大省垂直管理单位行政复议案件受理机关，进一步规范本市行政复议及行政诉讼制度。

【当好市委市政府法律顾问】 充分发挥专业优势，积极主动地协助市委市政府处理涉法事务，为市领导出谋划策，排忧解难，发挥法制方面的参谋助手和法律顾问作用。为市委、市政府的重大决策、行政行为、合同行为及其他法律事务提供法律意见或建议10余件，如：根据市委、市政府交办，积极审查安踏集团在我市重大投资项目安踏工业园合作协议，为项目顺利签约奠定法制基础；审查上海华谊集团在安庆市投资100亿元项目政策；审查投资10亿元的为省运会服务的安庆市体育中心项目招标文件以及BT协议书（注：BT是建设、移交的简称），等等。

（法　制）

信访工作

【概况】 2011年，市级党政领导有58人参加接访，以约访、随访、带案下访等多种形式共接待群众来访58批882人次，目前已处理办结48件，结案率83%，惠及上访群众数以万计，仅解决宜秀区大桥办A—15还建点的房屋质量问题就惠及1300余户。6月16日，市委书记朱读稳在接待日中接待因对拆迁补偿安置不满意、在法院终审后上访14个年头的迎江区龙狮桥乡红旗村村民，经耐心细致的教育疏导和协调，解开村民的心理疙瘩，村民当场把自己签名的息诉罢访承诺书递交到朱书记手上，一起信访老案得到圆满解决。7月11日，市长肖超英亲自接待大观区燎原化工厂宿舍区居民上访，要求改造危房、改善居住环境。对该起涉及100余户的群体性问题，肖市长召集相关部门现场调研会商，明确指示将其列为棚户区改造项目，并当场确定责任单位，规定落实时间，群众深表满意。开展市党政领导干部公开接访活动，推动一批群众关心的热点难点问题的解决，维护群众合法权益，受到群众的普遍欢迎和称赞。市领导干部接访的做法成效在2011年7月12日《安徽日报》宣传报道。

【开展信访维稳突出问题攻坚活动】 结合省"千案攻坚"活动部署，市信访局在全市组织开展"信访维稳突出问题攻坚"活动。截止到12月中旬，全年省交办市信访积案94件，已办结94件，息访80件。市本级交办各地4件，办结4件，息访3件。县、区级自排65件，办结65件，息访53件。其中省交办48件进京非正常上访积案，至6月底已全部办结并按时将办结材料上报省联席办，息诉息访45件，化解率达93.8%；省交办其他46件案件，至10月底前全部办结，活动取得显著成效。7月，市信访局积案化解工作在全省信访系统三项重点工作交流会上进行交流。

【探索建立以群众工作统揽信访工作新机制】 开展群众工作部试点工作。指导桐城、太湖两地按照群众工作理念,创新设立群众工作部,开展以群众工作统揽信访工作试点,推动乡镇(街道)、村(社区)设立群众工作站和工作室。建设推广全市联合接访一体化工作平台。规划确定建筑面积达2600平方米的市本级信访联合接访中心,各县(市)区联合接访中心基本规划完毕,中心融候访、接访、办公、协调、处置、会议功能为一体,实现"一站式"服务、"一条龙"办理、"一揽子"解决。创新信访网络化工作。市信访局整合网络资源,提升全国信访信息系统应用水平,实现全国信访信息系统应用率及录入率100%。开通局门户网站,逐件办理人民网网友给市主要领导留言、省信访局涉宜网上信访、市民心声留言等主流网站网友留言,办理情况得到市领导和广大网民的认可。肖超英市长连续两次批示"市信访局工作扎实、细致。"市信访局被人民网评为"2011年全国网民留言办理工作先进单位"。

【保障全国重点地区信访秩序】 全年共接待进京非正常上访53批56人次,与去年相比分别下降60%和62%。共接待赴省上访481批1275人次,与去年相比分别下降19%和12%,真正做到接的到、劝的回、稳的住、送的走。全年,市没有发生赴京赴省集体访和异常上访,实现"降量退位"的工作目标。市十次党代会期间,市信访局被市委表彰为服务工作先进集体。

【开展全市信访系统创先争优·能力建设活动】 市信访局开展双向承诺,坚持个人自学、网上选学、集体参学、专家讲学制度,设置机关"党员先锋岗",印制发放工作联系卡,深入居民、农户,走访调研慰问扶贫和党建联系点,开展"迎七一·送温暖"慰问困难老党员和"缅怀革命先烈·重温入党誓词"活动,举办全市信访系统"创先争优在行动"演讲比赛,编印下发活动简报38期。局在全市"为民服务、星级争创"活动经验交流会及省创先办来宜调研座谈会上进行交流发言,并在全市"五级书记大走访"活动经验交流会上交流经验。

【坚持重要案件的督办查办长效机制】 做好省信访局交办信访事项的督办工作。省信访局交市督办查处报结的重要信访案件共计18件,按要求全部顺利结案,按期结案率达到100%。局加大信访督查督办的力度和密度,4月,局领导分4个督查组,带队赴全市各地定点督查和巡回督查"信访维稳突出问题攻坚活动"开展情况。5月初,由市委、市政府分管领导带队,对各地各部门再次进行重点督查,落实党政领导包案和带案下访制度,要求各地各级领导要直接参与信访积案的调查处理工作,防止"空包"、"转包"、"挂包",全年督查活动对于积案化解、领导包案、责任落实等起到促进作用。

【依法办理信访事项复查复核】 市政府复查复核工作办公室共受理复查复核信访事项46件,其中复查事项8件,复核事项38件,信访事项复查复核受理率100%。截止到12月20日,共办结复查事项8件,下发复查意见书8份,办结复核事项30件,下发复核意见书30份,其余事项均在办理中,全部复查复核事项合理诉求解决率达100%,息诉罢访率达95%以上。复查复核工作中,局坚持信访事项复查复核工作原则,严格按照复查复核工作程序,把好起点关、审理关和质量关。始终坚持依法按政策办事,着力解决信访问题,维护社会公平正义。并努力做到寓教育疏导于复查复核工作全过程,促进信访群众息诉罢访,促进信访事项三级终结。市信访复查、复核案件调查事实清楚,适用法律、政策得当,案件质量高,没有一件被上级撤销,达到复查复核工作的既定目标。

【召开全市政法、综治、信访系统群众工作经验交流暨表彰大会】 7月9日上午,全市政法综治信访系统群众工作经验交流暨表彰大会召开。市委书记朱读稳出席会议并讲话,市委副书记、市长肖超英主持会议。省委省政府副秘书长、信访局局长王唯,省委政法委常务副书记、省维稳办主任朱勇,市领导陶方启、王章来、汪卫东等出席会议。会议授予桐城市等44个单位为"全市信访系统先进集体"称号,授予陈云教等57名同志为"全市信访系统先进工作者"称号。市信访局被市委、市政府评为全市信访系统先进集体和全市综治工作先进集体。

(信　访)

地方志工作

【概况】 做好志书续修工作。为按时完成省政府关于年内完成全部评稿的任务,推进三区及望江县的志书编纂工作,多次到有关县区进行具体的业务辅导,有效地推进县、区志编修工作的整体进度。10月下旬,召开《望江县志》评稿会;12月中旬集中召开三区区志评稿会。促进已评志稿的修改和审定。《宿松县志（1978—2002）》通过省、市审稿并正式出版发行，《桐城市志（1978—2000）》通过省、市审稿，进入出版程序，两县志均被列为省精品工程规划。至此，二轮修志基本完成。与河南宝丰书画院合作编辑的《重修香山大士塔碑记》一书年初出版发行。

安庆地方志办公室成立三十周年庆典暨明代安庆府（郡）志校点本首发式召开和《安庆工业发展史》出版发行。《安庆年鉴》（2011）如期出版。该卷年鉴为连续出版的第17卷本。在保证年鉴编纂工作正常运行的情况下，抽调专业人员有针对性地开展县级年鉴、部门年鉴的业务辅导，在县级年鉴培训会上分别主讲《关于年鉴资料的搜集与编写要点》和《年鉴条目的编写》。在年内召开的全省年鉴研究理事会上，市志办有2人分别被推选为副会长和常务理事。《发展论坛》调整出刊期和栏目板块。方志馆建设取得新成效。

【安庆地方志办公室成立三十周年庆典暨明代《安庆府（郡）志》校点本首发式召开】 3月19日，安庆市地方志办公室成立三十周年庆典暨明代《安庆府（郡）志》校点本首发式在皖源国际大酒店隆重召开。省地方志办公室主任朱文根、安庆市委副书记陶方启到会并发表庆贺讲话，张金锐、康正和、何小祥、黄杰等市领导，省志办副主任刘成典出席会议。会议表彰全市方志系统先进工作者，并向市党史办、市档案局、市图书馆、市博物馆及各县（市）方志馆赠送新出版的校点志书。

明代安庆府（郡）志校点本由黄山书社出版发行。该书分为两册，共90万字，16开本。天顺六年《直隶安庆郡志》是今存最早的一部安庆府郡志。该志由时任安庆知府周翔主持编纂，共6册12卷69目，约15万字，图表3份。此次整理即以原刻本为底本。嘉靖三十三年《安庆府志》由时任安庆知府李逊主持编纂，共8册31卷，约35万字，图表7份。此次整理以台湾成文出版社有限公司印行《中国方志丛书》本为底本。

此次校点整理体例遵循我国古籍整理的通行惯例，兼顾现行阅读习惯，整理本采用简体横排方式处理。互考诸志，以邑乘为主；博核旧籍，注重参校正史。衍者删，讹者纠，多说难断者存疑，并均出校。

【《安庆工业发展史》出版】 《安庆工业发展史》于3月13日由黄山书社出版发行。该书是安庆市地方志办公室编纂的《魅力安庆——历史文化丛书》第六卷。全书约23万字，全书分为绪论、6个章节、附录、后记。该书主体部分以时间顺序为主线，起始时间上溯至远古时期，下至2010年，重点内容放在第一次鸦片战争后的百余年。其中，安庆作为中国近代工业发祥地的历史地位得到充分的阐释和论证，建国后工业改革与发展的重大举措均在书中有所呈现。

【《安庆年鉴》（2011）如期出版】 2011卷《安庆年鉴》继续保持特色栏目，在提高品位、保证质量的前提下，在全省率先出版发行。本卷年鉴全面、系统、翔实地记载2010年度全市"推进科学发展，加快追赶跨越"和保增长、保民生、保稳定与努力完成"十一五"规划建设的基本情况，全篇共计33个类目，200多个栏目，是社会各界了解安庆、研究安庆、建设安庆的最新综合性市情资料。

【做好《发展论坛》编辑出版工作】 《发展论坛》坚持党的办刊宗旨，创新办刊理念，注重理论联系实际，宣传党和国家的方针政策，跟踪市经济和社会的热点、难点、焦点问题，反映基层群众的呼声，认真办好"热点聚焦"、"关注民生"、"观察思考"、"文化长廊"等特色栏目，编辑整理月度大事记、刊发有关史实史料，充分发挥政府机关刊物的作用。全年出刊6期，刊载各类文章200余篇，宣传图片数十幅。

【做好地情资料的搜集工作】 积极开展桐城派、安庆家谱、禅宗文化、辛亥革命在安庆等历史文化资料研究工作。桐城派重点考察研究方以智、孙学颜及桐城文派著作遗存；收集两部较完整的家谱，均具有较高的收藏价值，完成安庆家谱目录初稿；禅宗文化主要考察明清以来安庆禅宗发展与地方文化的关系，以及桐城派与禅宗的关系。辛亥革命在安庆，重点考察三次武装起义在辛亥革命史上的重要意义。撰写研究论文多篇，发表在《安徽地方志》等省级刊物。

【方志馆建设初见成效】 强化方志工作为经济建设服务的功能，利用馆藏资源为一些专项问题提供资料服务，全年向社会无偿提供资料查询50余次；完成市政府交办的《安徽省志》部分图片的选取上报工作；为《新安晚报》、《安徽卫视》、《合肥晚报》等媒体就"辛亥革命在安庆"专题报道提供历史资料、协助实地考察调研。为省志办提供安庆古诗词资料约70余万字。开辟"重大专题资料专柜"，在已建的"桐城文派"、"黄梅戏资料"专柜基础上，着手筹建"陈独秀资料"专柜，收集有关珍贵资料。

（庆　志）

人民防空

【概况】 2011年，安庆市人防工作以新时期军事战略方针为统揽，以信息化条件下局部战争防空袭要求为牵引，以提高城市综合防护能力为目标，各项建设稳中有进。被省人防办评为“全省人防工作目标管理先进单位”。

结合民用建筑修建防空地下室严格按照人防法律法规进行审批，全年修建防空地下室面积，超额完成省人防办和市政府下达的年度人防工程建设任务，创下安庆人防发展史上年度工程建设总量新高。加强人防工程建设与质量管理。成立人防早期工程治理领导小组，制定早期人防工程治理实施方案。完成早期人防工程普查和综合评估，编制早期人防工程普查资料。全年多次进行防火、防汛等安全大检查，建立各项安全管理制度，各项管理工作落到实处，未出现任何安全事故。

开展初级中学防空防灾知识教育。与市教育局联合下发关于开展中学生防空防灾知识教育的通知，市区11所初级中学开展教育，普及率、合格率达100%。开展人防教育进社区活动。与大观区德宽社居委联合在社区内共建人防知识宣传展板、橱窗，利用社区公益栏、板报、活动室等，通过群众喜闻乐见的宣传活动开展居民防空防灾应急基本防护知识和技能介绍，增强全民安全防范意识。全民国防教育日和全省警报统一试鸣期间，在《安庆日报》、《安庆晚报》上开设反映人防建设成就和宣传人防法律法规的专版。邀请省人防法规处专家在市人大作人防法专题讲座。

【人防指挥通信建设】 强化信息化条件下人防训练。年初，制定人防专业队、信息保障中心训练计划，明确训练任务和质量指标，定期检查训练落实情况。依托地面指挥系统，及时组织信息保障中心人员进行岗前操作技能培训，按照“一专多能”要求，保障人员能熟练掌握2至3种不同设备的操作使用方法。参加省人防办统一组织的机动指挥通信系统跨区域长途野外拉练和专业技能考核比武，强化专业技能，提高在复杂环境下保通信畅通能力，取得总评第三名的好成绩。加强应急救援合作建设。坚持“立足防空、拓展防灾”，为发挥人防部门资源优势，在与公安开展构建应急通信平台合作基础上，7月，与市地震局开展应急救援合作联动建设，签署合作协议。按照合作协议，地震局利用人防智能化指挥通信平台，通过政府政务网，实现人防与地震指挥网络的互联互通。9月，按照省人防办和省地震局应急联动协作要求，人防机动指挥通信系统先后两次参加华东协作区地震应急救援联合演练，掌握抢险救灾应急救援组织方法，完成现场音视频远距离传输任务，提高技术保障业务能力。受到省人防办通报表彰和省地震局及市政府领导的肯定。

【人防法制建设】 坚持依法行政、依法建设。制定人防行政执法检查方案，对开发区、城市新区进行多次执法检查，共查处未经人防部门审批就开工建设的违法项目3个，总建筑面积15万平方米。其中两个项目建设单位已在后期项目中补建防空地下室，1个项目进行处理。加强人员培训，全市有15人参加了省人防办组织的执法培训。规范执法案卷，规范性文件按规定报送前置审查或备案。定期开展执法案卷评查和规范性文件清理工作。

【县级人防建设】 紧抓县(市)政府机构改革之机，县(市)人防机构都统一挂靠县(市)住建部门。望江、太湖、岳西3县人防机构挂牌成立后，各项工作逐渐走上正轨。先期成立的5县(市)人防办，人员不断充实，职责进一步明确。各县(市)人防办坚持“以建为主”原则，行政审批进窗口，县(市)人防“结建”工作取得新成效，工程建设逐步规范。怀宁、枞阳、望江、桐城人防办全年结建工程均超4000平方米。其他县级人防工程也全面开工。县(市)人防指挥通信建设不断推进。8县(市)参加全省统一警报试鸣，警报音响覆盖率达到95%以上。怀宁、枞阳、望江县人防办被省人防办表彰为“全省县市人防工作先进单位”。

(邵　良)

扶贫开发

【概况】 按2011年中央印发的《中国农村扶贫开发纲要(2011～2020年)》，岳西、太湖、潜山、宿松、望江5个县又被国家列入大别山连片特困地区扶贫开发的片区县。贫困地区总面积9589平方公里、总人口328.1万人，分别占全市的62.7%、51.4%。2010年底贫困统计监测，全市贫困人口45.87万人(农民人均纯收入低于1290元的原定扶贫标准，不含市区)，占全省贫困人口五分之一，2011年预计减少贫困人口7.72万人。

在上年首次被评为全省扶贫工作一等奖的基础上，2011年又被评为全国扶贫开发工作先进集体，作为安徽省获奖唯一代表，市扶贫办主要负责人赴北京参加今年中央扶贫开发工作会议并接受表彰。

【创新机制】 年初扶贫办组织召开新一届市扶贫开发领导小组会议。市委、市政府在全省率先出台《关于推进新时期扶贫开发工作的实施意见》，并被省《扶贫开发》简报2011年首期全文刊发。以市委办、市政府办逐条分解细化出台《贯彻落实中共安庆市委安庆市人民政府〈关于推进新时期扶贫开发工作的实施意见〉分工方案》，明确责任单位。按照扶贫大市的工作要求，首次研究下发《2011年全市扶贫开发工作要点》。为规范管理，制定《安庆市扶贫开发领导小组及成员单位工作职责和运行规则》。经市委、市政府批准，自2011年起将扶贫开发工作纳入市年度目标综合绩效考核内容之中，在全省率先出台《安庆市扶贫开发工作考评暂行办法》。会同市财政局、市审计局、市监察局首次出台《安庆市扶贫资金监督管理暂行办法》。

【发挥职能】 2011年全市共争取中央和省各类扶贫资金2.38亿元，比上年增长22.8%，其中财政发展扶贫资金2亿元，比上年增长27.1%。继续实施整村推进。坚持"统一规划、渠道不变、用途不乱、各负其责、各记其功"的原则，将到各贫困县财政扶贫资金的70%用于整村推进工程，全年完成104个贫困村的整村推进。积极开展市级产业化扶贫。在重点扶持国家和省级扶贫龙头企业同时，2011年会同市财政局，首次共同认定46家市级扶贫龙头企业，以加大市级产业化扶贫力度。继续加大贫困地区劳动力转移。坚持以贫困地区劳动力转移培训为切入点，为承接产业转移积极输送技能型劳务人才，全市"雨露计划"共培训和转移贫困地区劳动力7963人。上年争取碧桂园项目安庆中华职校和军成职业学校两个培训基地落户市区，2011年共培训农村退役士兵471人，落实培训资金近138.76万元。积极开展"村民生产发展互助资金"的试点。全年争取村民发展互助资金1530万元。11月市扶贫办联合市财政局对部分县互助资金试点工作进行检查。通过检查表明，自2006年以来全市已在5个重点县403个村建立677个互助资金组织，加入互助资金组织的农户52356户，互助资金总额达6771.42万元。争取"连片开发"项目试点。今年争取1200万元，在潜山县三个重点贫困乡镇实施连片开发项目。做好中央彩票公益金支持革命老区整村推进项目工作。在上年争取2125万元用于太湖县15个贫困村整村推进，2011年又争取1500万元用于岳西县10个贫困村整村推进。开展农村最低生活保障和扶贫开发政策"两项制度"有效衔接工作。配合市民政局把市农村低保线由1196元提高到1600元。强化扶贫资金管理工作。按照出台的《安庆市扶贫资金监督管理暂行办法》，年内还配合市审计局对5个国家级重点县2008～2010年财政扶贫资金进行审计。

【社会扶贫】 在接受中直和省直机关到市贫困地区帮扶同时，组织实施市、重点贫困县和贫困乡镇党政机关和企事业单位的定点帮扶。动员大型国有企业等其他各类企业参与扶贫开发，贫困地区接受各类社会扶贫资金5000多万元。结合建党九十周年开展"爱心包裹"社会扶贫捐赠公益活动，组织全市捐赠和接受全国捐赠合计近83.92万元，惠及贫困地区及革命老区的小学57所、小学生5089人。

【创先争优活动】 选择大观区海口镇红星村作为下基层联系点和其属地骨干农业企业—金大地生态农业发展有限公司，开展"一村一企"为主要对象，以产业化扶贫为主的下基层调研工作。通过财政部门支持积极到省有关部门争取专项资金，更好地服务下基层联系点并对口赠送价值6000元爱心书刊等。

【专题调研】 年初与市政协有关部门赴湖北专题开展大别山革命老区扶贫工作调研，为在省政协资政会提交有关报告和争取国家及省有关新的扶贫政策，超前开展工作；在市人大组织下结合新十年扶贫纲要发布开展有关调研，专题向市人大主任会议进行全市扶贫工作汇报；会同市委组织部、统计局、国家统计局安庆调查队、市委督查室和市政府督查办组成联合督查调研组，共同开展市城郊农村扶贫工作督查调研，形成《安庆市城郊农村扶贫开发工作督查调研报告》，得到省、市相关领导和部门的肯定，并通过《安庆督查》印发。

（程　健）

金融上市管理

【概况】 截至年末，全市银行业金融机构本外币各项存款余额1408.6亿元，比年初增加250.8亿元，余额同比增长21.8%，高出全省平均水平3.2个百分点，存款总量和增量均居全省第3位；各项贷款余额694.3亿元，同比增长24.9%，高出全省平均水平4.4个百分点，比年初增加143.3亿元，总量居全省第5位，增量居第4位，均创历史最好成绩。

【完善地方金融服务体系】 全市农村合作金融机构改革取得进展，望江、潜山、太湖3家信用联社成功组建为农村商业银行。全年新增融资性担保公司6家、分支机构1家，全市融资性担保机构达到44家。新增小额贷款公司15家，总数发展到37家。枞阳、潜山、望江、宿松分别成功组建一家村镇银行，农村金融组织体系更加多元化。

【开展银企对接活动】 成功组织市第九届银企信贷项目洽谈会，共达成意向性贷款项目545项，意向性贷款金额189.8亿元，成为历届洽谈会中达成意向性贷款项目最多、金额最大的一届。各县(市)区也都开展形式多样的银政、银企对接活动。11月4日，由省政府主办、省直有关部门和沿江9市政府共同承办的2011年皖江城市带承接产业转移示范区建设银企对接会在安庆市举行，共达成意向性贷款360亿元，安庆市56.28亿元，占贷款总额的近1/6。

【扩大直接融资规模】 建立全市上市企业后备资源库，37家企业进入市级后备资源库，其中18家企业进入省后备资源库。曙光化工、安簧股份、时联特种溶剂、安徽华业香料、大金百货完成股份制改造。银行间债券市场融资实现零的突破。安徽华茂纺织股份有限公司成功发行第一期短期融资券，发行金额3亿元，成为市首家在银行间债券市场实现融资的企业。开发区建设投资公司通过安徽国元信托公司发行第二期信托债券1亿元，融资渠道进一步拓宽。

【发挥保险保障功能】 全年新增保险公司分支机构2家，市级保险公司达到28家。实现保费收入34.76亿元，其中产险业9.25亿元，寿险业25.51亿元。行业为全市提供2823.04亿元的社会保障，其中财险业提供1870.88亿元，寿险业提供952.16亿元。累计支付赔(给)付款8.24亿元，其中财险业赔付4.64亿元，寿险业给付3.6亿元。农业政策性保险品种更加多元化，保险范围不断扩大，保险网络日益健全，为"三农"发展提供重要保障。

(金融办)

市直机关事务

【加强机关大院管理】 开展"形象服务"和现场管理，加强机关大院卫生保洁、环境绿化、安全保卫、水电通讯及办公用房的维护养护。修订岗位职责及相关制度，完善维修材料申报审批制度、定点采购制度。制定重点维修维护计划，竭力做好预先性、主动性服务。积极争取财政资金支持，先后组织实施机关大院消防设施维修更换、监控系统改造升级、孝肃路大院配电房屋面维修、市委大院临街门面房一户一表安装等。

加强交通班车管理，经常对司机人员安全教育，强化其服务意识，不定期地征求乘车人员意见。根据人员处所变化和乘车拥挤情况，及时调整交通班车运行路线，满足机关人员的乘车需求。

【加强机关办公用房管理】 结合安庆市机构改革的实际，及时对市政府变动的部门和单位办公用房进行调整。目前，除原市经研中心并入市地方志办公地点仍在原址外，其他部门办公用房已基本调整到位。同时，加强对办公用房的维修养护，完成对市档案事务所、市老干部活动室屋面、围墙的维修加固。

为及时做好市东部新城办公用房的分配安排，局组织专门力量对全市70多家市直机关办公用房进行调查摸底，确定进驻的部门和单位。同时根据各进驻单位的人员编制、领导职数及职能特点，反复征求使用单位意见，提出市东部新城办公用房分配原则和具体方案。

【强化市直生活小区管理】 多方筹资分别对宜园、锡麟街等生活小区的公共下水管道进行疏通清淤，对干校小区下水道进行改造，争取市房屋维修资金支持，分别对宜园等生活小区的环境进行集中整治，加强市直直管公房产权产籍管理，健全房产台账。按照房改政策规定，对要求进行房改的住户及时办理房改手续。

【规范公务用车管理】 加强机关公务用车管理。出台《安庆市党政机关公务用车配备使用管理实施细则》，进一步明确公务用车定编原则，公务车辆配备、购置、处置和政府集中采购、定点保险、定点维修、定点加油的工作进一步规范。

开展公务用车问题专项治理。出台市公务用车问题专项治理工作实施方案，按照省公车治理办要求，认真组织开展全市公务用车数量采集、填报、审核、汇总等工作，按时按质按量上报市公务用车各类数据报表。同时，加强督查核实。组成4个督查组，采取听取汇报、查看各类报表、车辆行驶证、资产明细账等形式，对7县2区和市经济技术开发区及市直86个单位公车问题专项治理工作进行督查核实。

【加强节能宣传培训】 《安徽省公共机构节能办法》于3月1日起颁布施行，结合市实际，拟定公共机构节能工作目标责任制和考核评价制度。组织开展

2011年公共机构节能宣传周活动，明确以“节能低碳新生活，公共机构做表率”为活动主题，6月14日进行“低碳体验日”活动，《安庆日报》曾做专题报道。年初，按照省管局要求，组织各县(市)区节能联络员到安徽滁州参加省管局组织的为期3天的节能专业知识培训。

做好节能统计工作。根据往年的统计数据，结合新一年度能耗下降目标，基本建立公共机构能源资源降耗统计办法，做到对全市100多家公共机构逐一核对年能耗指标并具体细化量化，做好分解落实。

【做好市级交流干部服务保障】 安排责任心强、综合素质好的干部专门负责市级交流干部居住小区的物业管理、卫生保洁、维修养护工作，主动联系石化及有关部门搞好协调服务，确保领导住房内的水、电及相关生活设施的正常使用，保障领导住房内电话、宽带等通信设施的畅通。

【开展“万名干部下基层”活动】 局领导带头下基层，深入群众，了解群众疾苦，努力为群众办实事、办好事，全局党员干部共走访基层职工50余人次，走访社区特困户23户，为4户社区特困户送去慰问金3200元，为联系帮扶的湖滨社区捐赠物品3000余元。

【加强政务公开，促进依法行政】 制定下发《2011年度政务信息工作目标任务的通知》。做到应公开的都及时公开，公开数量达200余条。及时处理群众来信来访和《市民心声》栏目有关投诉，解决15项事关群众切身利益的问题。加强《每日动态》信息报送，被评为全市政务信息工作先进集体。

严格依法行政。建立健全依法行政工作机构，完善重大事项集体决策机制，制定局《依法行政工作的实施方案》，把依法行政工作列入考核内容，加强宣传教育和指导检查，本年度全系统未发生一起违法行政案件。

(机关事务)

中国人民政治协商会议安庆市委员会

重要会议

【市政协十三届委员会第三次会议】 2011年1月11～14日在安庆召开，会议听取和审议政协第十三届安庆市委员会常务委员会工作报告和提案工作报告；列席市第十五届人民代表大会第三次会议，听取并讨论政府工作报告，市中级人民法院工作报告、市人民检察院工作报告、市“十二五”规划纲要和其他有关报告；审议通过政协第十三届安庆市委员会第三次会议决议；审议通过政协第十三届安庆市委员会提案审查情况的报告。

【市政协十三届委员会常委会议】 全年召开4次政协常委会会议。

十三届十次常委会议于1月13日在安庆召开。会议听取各组讨论市政协常委会工作报告、提案工作情况的报告和决议(草案)的综合汇报；协商通过政协第十三届安庆市委员会第三次会议决议(草案)；协商通过政协第十三届安庆市委员会第三次会议提案审查情况的报告(草案)；通过有关人事事项。

十三届十一次常委会议于5月20日在安庆召开。会议听取《关于“以科技创新推动新兴产业发展”的调研报告》；审议通过《关于“以科技创新推动新兴产业发展”的建议案》；通过有关人事事项。部分委员就如何谋划助推新兴产业发展作大会发言。

十三届十二次常委会议于7月27日在安庆召开。会议学习胡锦涛总书记在庆祝中国共产党成立90周年大会上的重要讲话精神会上，通报全市上半年经济运行及市“十二五”重点项目推进情况；通报市政府关于市政协十三届七次常委会议《关于“打造创业平台，促进社会就业”的建议案》办理情况。会议围绕学习贯彻胡锦涛“七一”讲话精神、加快推进市“十二五”重点项目等主题进行座谈和讨论。

十三届十三次常委会议于12月30日在安庆召开。会议听取《市政府工作报告》(征求意见稿)起草说明，讨论《政府工作报告》(征求意见稿)；听取市政府《关于2011年民生工程实施情况的报告》；会议传达学习全省政协工作会议精神；听取市政协《关于十三届市政协常委会工作报告和提案工作报告起草情况的说明》；审议并原则通过政协第十三届安庆市委员会常务委员会工作报告；审议并原则通过政协安庆市委员会常务委员会关于十三届三次会议以来提案工作情况的报告；会议审议通过《关于召开政协第十三届安庆市委员会第四次会议的决定》，协商并原则通过政协第十三届安庆市委员会第四次会议议程(草案)、日程(草案)；协商通过政协第十三届安庆市委员会第四次会议“两个报告”的报告人名单；协商通过政协第十三届安庆市委员会第四次会议小组分组办法及召集人名单;协商通过政协第十三届安庆市委员会第四次会议大会秘书长、副秘书长名单;协商决定有关人事事项。

主要工作

【议政建言,服务经济发展大局】 通过召开专题常委会议,听取市政府上半年经济运行及市“十二五”重点项目推进情况通报,组织委员座谈讨论,提出意见与建议,并整理形成《关于对全市下半年工作及“十二五”经济社会发展情况的意见与建议》报送市委、市政府;以《携手合作,共建双赢,努力开拓区域联合发展新天地》为题,在省政协“承接产业转移示范区在深化长三角区域发展合作中的作用”专题座谈会上作交流发言,5 条建议被采用并上报省委、省政府;组织委员分别就特色园区、重点工程建设、农村新村庄建设、土地流转、物流发展、物价运行、农业产业化、中小企业发展等“十二五”规划起步之年的关键性工作开展调研视察,有针对性地提出一批可操作的意见建议。

年初,开展“关爱委员,推动转型”系列调研活动,着眼“促进工业经济转型升级”、“实施三产兴市战略,促进服务业跨越发展”、“重视城乡统筹,加快农业转型升级”和“新形势下金融支持地方经济发展”,整理出 20 多条转型升级的意见建议供市委市政府决策参考,促进市经济结构的调整和优势产业的提升。

自 3 月起,就新兴产业发展工作,深入市直有关部门和县(市、区),组织开展三个多月的调查研究。通过听取情况介绍,召开不同层面座谈会,实地考察企业、产业园区和创业中心,并赴湖南、广东部分地市以及省合芜蚌地区考察学习,形成综合调研报告。在此基础上,召开专题资政会,提出《以科技创新推动新兴产业发展》的建议案。市委市政府主要领导对此予以高度评价和充分肯定,其中很多具体意见和建议被市委市政府出台的《关于加快培育战略性新兴产业的实施意见》吸纳采用。

集中 3 个多月的时间,开展对市经信委、土地收购储备中心履行职能、服务发展情况的民主评议和对市港口管理局、旅游局评议整改情况的回访问效工作,既肯定成绩,又如实指出问题、提出整改建议;对上述部门履职意识的增强、工作作风的转变、服务效能的提升和市工业经济振兴、土地综合开发利用及港口建设、旅游发展起到促进作用。

【关注民生,维护社会和谐稳定】 5 月,针对市保障性安居工程开工率不高、工程进度不快的情况,组织委员先后深入太湖、潜山、岳西三县和城区 9 个建设工地,通过实地察看、与配租安置户对话交流、召开相关部门和委员座谈会等,了解工程建设进展情况,分析工程建设中的问题,提出切实可行的建议,促进工程进度的加快。8 月,针对基层医药卫生体制综合改革任务艰巨复杂、面临困难较多的局面,组织委员和相关部门先后赴桐城、太湖等地考察,了解基本医疗服务和公共卫生服务改革实施情况,研究具有操作性的举措,对基层医改起到积极的推动作用。同时,还组织委员和有关单位负责人,实地考察桐城、枞阳、望江三县防洪工程施工现场,召开各种形式的座谈会,听取中小河流治理项目建设情况的汇报,并对发现的问题提出整改意见。

通过办理《建议建立机动车“吉祥号牌”拍卖机制,成立交通事故救助基金》提案,促成相关部门采取公开竞拍的方式,运用市场机制筹措资金 690 多万元,将所得款项用于交通事故伤亡人员的救助和抚恤,有效解决交通事故受害者救助难问题,《人民政协报》对此做专题报道。杨桥“1·19”地震发生后,市政协负责同志多次赴现场察看灾情,看望慰问受灾群众,送去政协委员募集的 20 万元捐款,帮助灾区群众安全过冬。联合市扶贫部门赴大别山区,就加快脱贫和发展开展调研,并在省政协常委会上交流调研成果。同时,还组织委员就应对人口老龄化、新型农村社会养老保险、食品药品安全监管、餐饮服务监管、城市供气供水、教育信息化建设和民事执行等其他民生工作,开展多层次的视察活动,广开言路,献策建言,推动有关难题的解决。

在 2010 年督查的基础上,联合民主党派及环保部门,组织委员对城区大气恶臭治理工作进行追踪,现场查看制污企业和污染源,召开专项治理工作座谈会,提出防范措施和整改建议并专题报送市委、市人大和市政府。针对菱湖公园建设和管理中存在的问题,通过主席督办《保护菱湖风景区,防止权力寻租》提案和帮助解决部分财政拨款、发动委员捐资等举措,促进园林部门加强管理,改善菱湖风景区的环境。

【献计出力,促进文化繁荣发展】 6 月,组织委员深入文化部门和相关单位开展专题调研,并就名城保护建设工作提出建议。成立“城市建设管理和文化旅游产业”调研考察组,赴东三省和内蒙古等地考察调研,并就国家历史文化名城和优秀旅游城市的建设管理、挖掘历史遗存与创新发展结合等课题提出建议报送市委市政府。将"彰显外滩多元文化特色，打造滨江生态景观带"提案作为重点督办，对统筹滨江自然景观与历史遗存文化、打造山水人文相和谐的滨江生态景观起到推进作用。由主席领衔，办理《关于进一步加强安庆历史文化名城保护和建设》的提案，促进规划的完善、资金的筹措和名城保护的落实。组织委员开展专项视察，推动独秀园、江西会馆、赵朴初故居的修缮、保护和利用。目前，江西会馆修缮工程基本完成，赵朴初故居已被列为全省首批统一战线传统教育基地。

以纪念辛亥革命100周年为契机，发掘安庆作为辛亥革命重要策源地之一的英雄城市品质，通过各界人士座谈会，安庆、绍兴、杭州三市政协书画联展，《回眸百年》政协论坛，《辛亥革命在安庆》有奖征文，辛亥革命遗迹保护利用情况专题调研等系列纪念活动，缅怀辛亥革命先驱，回顾安庆光荣历史。

编辑出版《天南海北安庆人》(第一卷)，宣传安庆籍在外杰出人士所做的贡献，彰显安庆人的精神和风采。开展编印陈独秀学术研究刊物、举办书画笔会、召开邓石如书法篆刻研讨会、打造本土知名企业文化、义务为市民写春联、送书画进军营进企业等系列活动。

【汇聚力量，激发民主建设活力】 各民主党派和工商联在政协各类会议上的专题发言共计20余件次。通过约谈走访和定期召开民主党派、工商联秘书长(办公室主任)联席会等方式，就做好政协工作与民主党派、工商联开展协商，充分听取对政协工作的意见建议。精心组织新年茶话会、中秋茶话会和各界人士庆祝中国共产党成立90周年座谈会、加强与民主党派、工商联的联谊和交流。全年各民主党派、工商联提交的集体提案达59件，报送社情民意12期。

密切与民族宗教及海外人士的联系。重点走访慰问民族宗教界知名人士、困难企业与困难职工，组织委员视察少数民族经济发展情况，联合相关部门和民主党派支持少数民族和民族聚居地区开展"共同发展"提升行动；参加省政协宗教教职人员社会保障联合调研，提出有关意见建议，推动市宗教教职人员老有所养、病有所医问题的解决；召开外事、侨情和台情工作情况通报会，组织委员考察台属侨属企业，为他们在安庆创业和支持公益事业牵线搭桥，提供服务；组织经贸代表团赴海外和台湾进行经贸考察，推进经济文化等方面的深入交流合作。

有效发挥提案办理和社情民意报送的作用。以提高办结率、落实率和委员满意率为核心，通过完善网上提办、实行追踪办理、加大对外宣传、评选表彰优秀提案等方式，不断加大重要提案、重点提案的督办力度。共收到提案523件，立案517件，立案率达99%，采纳率82.5%，办复率100%。通过召开全市政协信息工作会议，聘请45位各界人士为特约信息员，进一步加强社情民意的听取掌握和报送反映工作。全年共收到各类信息128条，编报社情民意15期，其中市委市政府领导批示9期。同时，增编8期《建言献策》，将一些突出的社会热点、难点问题直接报送四大班子主要领导和分管领导，促进有关问题的解决。

【加强调研和联络工作】 结合建党90周年纪念，开展"缅怀革命先烈，重温入党誓词"党员主题活动日等活动，市政协主要领导亲自为机关党员上党课。发挥政协工作研究会的作用，组织会员围绕文化、旅游和环保等课题开展调研视察，提出意见建议。加强与全国政协、省政协、兄弟地区政协的学习沟通交流，出席全国16省(区)34市(县)政协工作研讨暨经济协作会。召开全市政协主席座谈会和秘书长(办公室主任)座谈会，加强与县(市)区政协的联系及对县(市)区政协工作的指导，就全市性课题与县(市)区政协开展多次联合调研和考察活动。

市政协十三届委员会领导名录

主　　席：张金锐
党组副书记：盛云生(2011.08～)
副 主 席：高开甲　光嘉元　吴　涛
　　　　　童学军　殷金福　鲁　德
　　　　　徐晓华　杨　林

(吴爱德)

栏目编辑：袁　忠

民主党派·工商联

中国国民党革命委员会安庆市委员会

【概况】 2011年,市委会履行参政党职能,参政议政、民主监督,就全市经济社会发展中的重大事项和群众关心的热点问题开展调查研究、建言献策,发挥民革安庆组织的整体优势和积极作用。

信息工作逐步加强。市委会把反映社情民意信息工作作为履行参政议政职能的重要渠道,及时修订并下发《关于进一步加强社情民意工作的意见》,明确工作制度,拓宽信息渠道,及时准确地反映来自党员、群众的意见、建议和要求,配合党委和政府做好协调关系、化解矛盾、维护稳定工作。2011年,市委会上报各类社情民意信息100多条,其中20余条被省民革、市政协和市委统战部采用,同时,市委会重要活动的宣传报道分别在《团结报》、《民革地方情况反映》、《安徽民革》等刊物上刊登。

促进祖国和平统一是民革的特色工作。市委会贯彻执行"和平统一、一国两制"的基本方针,适应新形势,拓展新领域,开创新局面,努力促进祖国和平统一工作。9月,组织举办纪念辛亥革命100周年报告会,借助辛亥百年契机,抒发安庆民革党员盼望祖国早日统一的心愿,受到各界好评,在社会上产生积极影响。同时,市委会十分重视涉台信息的收集、编报工作,并将此列入参政议政工作的重要内容,进一步拓宽祖统工作的领域。

【履行参政议政职能】 参与政治协商。市委会负责人参加中共安庆市委以及安庆市政协、市委统战部召开的民主协商会、通报会和座谈会10余次,就重大决策、相关人事安排和市经济社会建设中的重大问题提出10余条建设性的意见和建议。

建言献策成果丰硕。市委会在市政协会议上所提个人提案及集体提案共计47件,撰写3篇高质量的调研报告,一部分意见和建议转化成为市委、市政府的政策措施。如《关于尽快建立社区养老服务体系的提案》,得到市委、市政府的高度重视;《对当前背景下农村城镇化问题的思考与建议》被省民革作为集体提案提交省政协会议;《解决失地农民生活问题,实现城乡和谐发展》、《积极应对人口老年化问题的思考与建议》等提案被市政府有关部门吸收采纳。

【社会服务工作取得新成果】 扶弱济贫活动蓬勃开展。全年广大党员踊跃参加各类捐款捐物慈善活动,累计捐款捐物5万余元,帮助困难群众和弱势群体。年内,市委会连续组织市立医院支部党员赴迎江区长风乡、怀宁县江镇镇等地开展义诊活动,并向两地捐赠价值千余元的常用药品和健康知识手册。此外,市委会坚持开展向困难职工送温暖活动和看望慰问老党员活动,向困难职工捐献财物1万余元,帮助10余名老党员解决生活困难问题。

社会服务形式不断扩大。在开展扶弱济贫活动的同时,市委会注重发挥民革党员联系广泛的优势,引导民革党员积极为建设新农村牵线搭桥,利用"非公有制经济组织感恩回报活动"的契机,组织民营企业家、科技工作者到贫困地区进行扶贫开发,助力乡村发展,收到很好的社会效果。

【自身建设取得新成绩】 着力夯实思想政治基础。通过举办专题研讨会、专题讲座、形势报告会、新党员培训班等形式,推动全市民革党员的政治学习不断深入。全市民革党员撰写心得体会文章100多篇,分别刊载在《团结报》、《安徽民革》等刊物上。通过各类学习教育活动,思想建设成效明显,党员政治素质不断提高,整个安庆民革队伍呈现团结向上、积极进取的良好精神面貌。

推进基层组织建设。全年新发展党员10名,均具有大专以上学历。全市共有民革党员200多名,支部13个，党员平均年龄50岁，具有大专以上学历150名，中高级职称100名。

加强骨干队伍建设。市委会选派2名支部主委参加省民革举办的“基层组织建设培训班”；1名干部参加科级公务员任职培训；5名中青年优秀党员参加市委组织部、统战部组织的“安庆市党外中青年干部培训班”；推荐3名党员为民革省级组织领导班子后备干部。

（民　革）

中国民主同盟安庆市委员会

【概况】 2011年是中国共产党建党90周年，也是中国民主同盟成立70周年和民盟安庆市委会换届之年。12月24日召开民盟安庆市第13次代表大会，会议听取并审议民盟安庆市第12届委员会工作报告，选举产生民盟安庆市第13届委员会和出席民盟安徽省第12次代表大会的代表。杨林任主任委员，项学军、张启树、施取金任副主任委员。

以庆祝民盟成立70周年为契机，做好民盟市委换届筹备工作，推进民盟的自身建设；把促进科学发展作为参政议政的第一要务，开展调查研究和建言献策活动。举办学习践行社会主义核心价值体系活动，申报民盟中央和民盟省委的先进集体和优秀个人，盟市委荣获“全国先进集体”光荣称号，2人荣获“全国先进个人”称号，2个支部和6名盟员获得民盟省委表彰。按照盟中央的部署，盟市委紧密结合树立和践行社会主义核心价值体系活动和市盟实际，创作排演黄梅大鼓节目《肝胆相照》赴合肥参加民盟省委“纪念中国民主同盟成立70周年”大会演出取得成功，开展“纪念辛亥革命100周年”征文活动，引导广大盟员牢记盟的光荣历史，弘扬党盟合作的优良传统。

【履行参政党职能】 盟市委制定调研工作计划和课题调研方案，组织开展具体调研活动20余次，召开课题讨论会10余场，完成承接产业转移、小型农田水利建设、农村学前教育、文明志愿服务、养老服务体系建设、民办学校教师生存状况等6篇调研报告，部分课题调研报告经修改完善转化为盟市委社情民意信息和2012年集体提案。努力整合盟内外的人才资源，继续巩固和扩大参政议政人才队伍，以会代训加大参政议政培训力度，举办1期新盟员暨参政议政骨干培训班，结合基层换届在部分基层支部中设立参政议政委员，修订完善参政议政工作考核激励办法。落实谈心交友和对口联系制度，3月22日，市委常委、纪委书记刘苹走访市委会机关并出席市委会谈心交友和对口联系工作汇报会。组织民盟界别市政协委员联络组视察调研食品药品安全工作和出租车公司经营情况。年初提交集体提案6件，委员个人提案48件，向市政协、民盟省委报送土地抛荒、食品安全、校车安全等社情民意信息近10篇，在市政协召开的全市政协信息工作会议上，市委会工作受到肯定并作典型交流发言。

【继续强化市盟自身建设】 盟市委筹备基层支部和盟市委换届工作，召开民盟安庆市第十三次代表大会，选举产生民盟安庆市第十三届委员会。结合换届工作，进一步完善基层组织和盟市委领导班子述职考评制度，推进基层组织工作创新，成立羽毛球协会，为基层盟员跨支部联系交流搭建平台，增强基层组织活力。立足换届，着眼长远，加大对后备干部的选拔、培养力度，举办2011年新盟员暨参政议政骨干培训班。继续实施“人才强盟”战略，积极稳妥地发展一批具有一定代表性和较高参政议政能力的人士入盟，盟内人才结构优化。加强盟的主要工作的宣传报道力度，全年向各级各类刊物媒体和网站报送并刊载的稿件达60余篇次，完成统战理论研究课题任务。加强盟市委机关建设，不断健全机关各项规章制度，继续办好盟市委网站，编发2011年《安庆盟讯》1～2期。

【开展社会服务工作】 坚持社会服务的政党属性和特色，结合调查研究和参政议政推进社会服务工作，继续在望江文凯学校开展“农村教育烛光行动”支教工作，着力打造民盟“烛光行动”社会服务工作品牌。积极引导基层支部和广大盟员投身社会服务工作，如供电支教开展“用电安全进校园”等活动，张明等盟员捐赠“爱心包裹”共700元，为困难职工送温暖500元，为推动社会进步做好事、做实事。

（章志海）

中国民主建国会安庆市委员会

【概况】 12月22日，召开民建安庆市第十届会员代表大会，选举以童学军为主委，刘来富、石再华、汪爱萍为副主委，冯晓斌、王文平、江连富为常委的19人组成市委会领导班子。

2011年按照民建《章程》和《组织发展工作会议纪要》文件精神，严格把关，认真考察，共发展会员26人，全部为大专以上学历，大部分企业界人士都在本行业、本系统具有一定代表性，影响力。市委会继续加强对基层组织的管理，在现有10个支部的基础上，进行微调。成立宜秀四支部，充实宜秀总支的力量。同时，借助安庆市3区人大、政协换届的大好时机，协助各总支加强与各自的地方党委、人大、政协的联系，将市委会优秀会员推荐到区人大、政协，提升会员的参政议政水平，加大基层参政议政工作力度。市委会现有区级人大代表8人，区级政协委员39人。

全年出版4期《安庆民建》，在民建中央网站刊登文章6篇，在省、市民建刊物、网站刊登文章近80余篇，保持安庆民建网站的更新速度。为确保民建宣传工作的时效性，市委会不定期出版《民建安庆市委会工作简报》，及时将会务情况向相关领导、单位及全体会员通报。

协助总支，开展丰富多彩的组织活动。市委会协助大观总支与大观区德宽街道办事处结对共建，迎江总支与民建江西省直工商总支建立友好总支，宜秀总支与中共安庆市委统战部机关党支部联合举办主题为"重温历史，同心同行"等活动。这些活动的开展丰富和发展实行多党合作制度的内容和形式。

【履行参政议政职能】 1月10～15日，安庆市政协十三届三次会议和安庆市人大十五届三次会议召开。安庆民建19名市政协委员和6名市人大代表出席会议。

会议期间，代表和委员们，围绕安庆市的经济建设、科学发展、文教卫生、科技进步等方面认真思考，积极参议，对群众关心的社会热点、难点问题，提出切实可行的意见和建议。共提出人大议案8件；政协提案58件(其中集体提案15件、个人提案43件)。议案、提案的质量比往年都有明显提高，得到党委和政府相关领导人的充分肯定。

【开展社会公益活动】 市委会引导会员"富而思源，富而思进"，开展扶贫、救困、助学等各项社会公益活动。8月27日，民建迎江总支在总支活动室，举行资助迎江区贫困家庭学子捐赠仪式。总支领导在迎江区统战部、迎江区妇联及辖区内办事处及社居委支持下，冒着暴雨深入贫困家庭了解、摸底、核实，选出确实需要帮助，成绩又很优秀的学子6人，每人每年分别获得4000元的资助款，帮扶他们完成大学4年学业。12月26日民营企业家江连富和龙启斌拿出2000元在总支副主任吴定华的带领下送到德宽办事处，慰问辖区特困空巢老人家庭，并送上亲切的祝愿。

(民　建)

中国民主促进会安庆市委员会

【概况】 2011年，全市民进会员共有249名，其中男会员136人，女会员113人，平均年龄53岁，教育文化界占80%人以上，具有中高级职称以上的会员占91.74%，高级职称占23.9%。

参加重大纪念活动，加强思想建设。参加中国共产党成立90周年、辛亥革命100周年纪念活动，学习胡锦涛"七一"讲话精神，举办《安庆与辛亥革命》报告会，开展阅读《苦难辉煌》、《辛亥年的枪声》和观影《辛亥革命》活动，参加会中央、安庆市委统战部、安庆报社举办的纪念征文活动，撰写纪念征文4篇。

开展理论学习研究和信息宣传工作。先后召开2011年统战理论研究信息宣传工作会议和论文交流会，提交统战论文8篇，其中两篇论文分别获得会中央社会服务工作论文优秀奖、省统战理论研究论文三等奖。提高会刊编辑和网站管理水平，编辑《安庆民进》4期，及时更新网站信息，增强宣传效果。在市级以上网络和媒体发表稿件和信息100多篇次。市委会再获2010年度全市统战系统理论信息宣传工作先进集体，这是民进市委连续3年获此殊荣。

开展"口述会史"和会史基地共建工作。贯彻落实民进中央和省委有关"口述会史"工作精神，制定落实方案，召开专题会议，组织联系近20位老领导、老会员参与"口述会史"工作，经过约谈录音、文字记录、反馈修改、加工整理等程序，现已形成300多分钟的录音和10万多字的文字资料，正在编撰安庆民进会史。同时，向全会征集文字、图片、证章等史料，以完善会史基础性工作。省、市民进联合赴太湖县召开"共建民进全国会史教育基地太湖赵朴初纪念馆座谈会"，参加赵朴初故居"安徽统一战线教育基地"揭牌仪式。

规范和丰富基层支部工作，加强组织建设。继续推动基层支部规范化建设，开展支部考评工作，本着“公开、公正、公平”的原则，评议出经企支部、机关支部、小教大观支部、一中支部、石化支部为2010年支部工作前5名支部。2011年，各支部工作还先后组织开展形式多样、内容丰富的支部活动，如万年青支部集体为会员庆生、小教大观支部看望贫困儿童、小教迎江支部考察参观五横“两邓”文化、师院支部承办教师节专题讲座《教师的心灵鸡汤》、石化支部组织开展秋游等。市委会还组织女会员开展“三八”节活动，举办重阳节座谈会，春节慰问老领导、老会员等活动。

市委会坚持发展与巩固相结合、有计划稳步发展的方针，发展12名素质好、年龄轻、能力强、热情高，分布在高职、中教、小教、文化经济等界别的新会员。

【顺利完成换届工作】 民进安庆市第五届委员会积极有序地开展换届筹备工作。及时组织学习《中国民主促进会章程》、省民进转发的《省市级组织换届工作座谈会纪要》和《安庆市各民主党派市级组织换届工作座谈会纪要》等文件精神，印发《安庆民进关于2011年换届工作意见》等文件，成立换届领导小组和工作组。各支部进行新一届市委会成员人选的第一轮民主推荐，并选举民进安庆市第六次代表大会的选举代表56人。召开常委会(换届领导小组会议)，确定提名代表41人。召开全委扩大会进行第二轮和第三轮民进推荐。12月28～29日，中国民主促进会安庆市第六次代表大会召开，会议听取审议民进安庆市第五届委员会工作报告《集智聚力，开拓创新，为促进安庆科学发展谱写民进新篇章》，选举产生民进安庆市第六届委员会，洪爱敏任主任委员，潘连宇、江泓、郭宵珍任副主任委员，7名常委，17名委员。

【履行参政党职能】 利用“两会”平台建言献策。在充分调研的基础上，年初，在省市区(县)人大政协会议上，共提交省政协提案6件，市政协集体提案12件，个人提案35件，市人大代表建议案10件，区人大政协15件政协提案和代表建议案，内容涉及经济、教育、文化、环保、交通、社会保障等领域，在市政协联组大会上，会委员先后就市土地规划、城市规划、教育发展等方面工作坦诚已见，积极发言，影响较大。

议政成果影响显著。在市政协十三届三次会议上，市委会2件集体提案、3件个人提案分别被评为市优秀提案，2名委员被评为市优秀政协委员。市委会集体提案“建设安庆城区生态水系，尽快出台《安庆市地表水体(蓝线)规划》”，既是市党政领导阅批的重要提案，也是市政协主要领导领衔督办的重要提案，引起相关部门高度重视，得到较好的办理，促进市水利工作。2011年，省民进、市政协采编市委会《关于规范农村葬坟管理的建议》等3篇社情民意，市电视台制作8期建议提案追踪。

课题调研扎实推进。召开议政调研工作会议，举办“解放思想科学发展”专题讲座，总结2010年议政调研工作，交流经验，部署2011年工作任务。各专委会、支部先后召开专题会议，开展多项课题调研。市委会组成调研组开展社区居家养老服务调研，邀请社区负责人召开专题座谈会，多次深入街道社区和养老场所开展实地调查，参与省政协在宜的相关调研活动，撰写的调研报告《关于构建我省社区居家养老服务体系的建议》由省民进提交省政协专题资政会上作大会发言；与市政协、九三联合追踪调研城区大气恶臭问题，形成专题报告，报送市领导；妇女委员会前往市人社局、家政中介、社居委等地深入调研；文化委员会、戏校支部、四中支部联合开展调研，设计、发放调查问卷400份，进行统计分析研究；教育委员会、二中支部针对城郊学前教育发展严重不足的情况，前往宜秀区乡镇调研；小教迎江支部和市委会组成专题调研组，多次深入五横乡进行调研，均形成高质量的调研报告；二中支部、小教大观支部等都撰写关于职业教育发展、中华传统文化教育、均衡教育发展等多份调研报告。

市委会还应邀参加中共安庆市委、市政府召集的情况通报会、工作报告征求意见会，市人大举行的代表专题询问、市政协召开的民主评议会以及各部门召开的各类征求意见会、提案答复会等，充分履行政治协商、民主监督职能。市委会还组织市政协委员、人大代表考察宿松县文化旅游发展和安庆市承接产业转移集中区(化工区)建设，了解市社会经济文化事业发展情况。

【开展社会服务工作】 市委会再次被评为全省民进社会服务工作先进集体，4名会员被评为全省民进社会服务先进个人。

爱心活动坚持不懈、成绩可喜。“社会妈妈”及时捐款，坚持和贫困女童保持来往，看望和慰问长期受支部资助的贫困学生，节假日，或将贫困女童接到家里，或自己下乡探望，送食品、衣物、书箱、学习用具等，给孩子们母亲般的关爱。继续支持、指导与长风合兴小学共建的“爱心音乐班”，热心会员坚持每周前往该校开展至少一次义务授课，并设法解决学生缺乏音乐器材的困难，在全市小学教育创新与发展论坛开幕式上，音乐班的16名学生和老师们同台演奏，充满爱心、温情的演出，深深感动观众，受到与会人员的高度赞赏，成为论坛的一个亮点。

宣教活动效果良好、深受欢迎。联合国誉律师事务所举办中小企业法律专题培训讲座，为市50多名中小企业主，讲解“经济合同法实际应用及法律风险防范”；走上街头开展专题法律宣传咨询，以近来社会关注热点——《婚姻法》司法解释，以及当前房价松绑的情形下，由退房引发的法律关系为宣传和咨询的重点，律师们耐心地解答群众的咨询，还向过往群众分发大量的法律宣传资料；深入皖河农场中心小学开展“倡导绿色生活，共建美好家园”环保宣教活动，给学生们上一堂生动的环保课，向学生发放近20种各类环保、药品食品安全等知识资料2000份，受到师生的热烈欢迎。

（民　进）

中国农工民主党安庆市委员会

【概况】　2011年，农工党安庆市委会下设13个支部，1个总支，6个专门委员会，会员总数331人，其中女会员157人。2011年，农工党安庆市委会发挥集体领导和机关纽带作用，依靠基层组织，带动全市农工党员在加强自身建设、履行民主党派职能、开展社会服务等方面积极探索、实践，取得一定成绩。

做好后备干部队伍建设工作，全年共发展6名新成员。

【顺利完成换届工作】　2011年是市委会换届年，根据上级文件精神，农工党第十届市委会在第19次常委会上成立“农工党安庆市委换届工作领导小组”，会上还通过《中国农工民主党安庆市委员会关于2011年市委换届工作的意见》、《关于第十一次代表大会代表产生办法和名额分配》和《关于农工党安庆市第十一届委员会委员推荐提名的意见》等文件。召开农工党十届六次全委（扩大）会议就上述意见和办法的实施进行全面的布置。农工党十届七次全委（扩大）会议在遵循团结稳定的方针和民主集中制的原则下，广泛发扬民主的基础上推荐21人作为新一届市委委员候选人提交大会选举。

12月30～31日，中国农工民主党安庆市第十一次代表大会召开。农工党安徽省委主委牛立文、副主委方才，市委、市政府、市政协领导、市各民主党派、工商联、无党派知识分子联谊会负责人以及安庆大学统战部、安庆医药高等专科学校领导、市辖迎江区、大观区、宜秀区区委统战部、枞阳县委统战部领导、对口联系单位市人力资源和社会保障局、市卫生局领导应邀到会，并向大会的召开表示祝贺。来自全市各行各业的90名农工党党员代表出席大会。

会议听取和审议中国农工民主党安庆市第十届委员会工作报告，选举产生中国农工民主党安庆市第十一届委员会和出席中国农工民主党安徽省第十次代表大会代表，审议并通过大会决议。在农工党安庆市第十一届一次全委会上，黄杰当选为农工党安庆市第十一届委员会主任委员，施凌平、黄志俊、宁曰丽当选为副主委，曹弘被任命为秘书长。

【履行参政议政职能】　利用市政协平台参政议政。在市政协十三届三次会议上，提交集体提案5件，其中《关于提高农村公共医疗卫生服务水平的建议》被列为重要提案。农工界别的21位市政协委员向大会提交个人提案33件。积极向农工党省委、市政协报送社情民意信息，全年共上报社情民意48件，被省政协《社情民意》采用《乡镇卫生院实施基本药物制度新矛盾应尽早关注》等5件。被省政协《信息专报》采用《关于对实施〈婚姻法〉司法解释（三）的建议》1件。其中《借加强农村水利建设之势 强化农村集体组织功能》受到省委领导的高度重视，省政协主席王明方对此专门批示：“农工省委关于借加强农村水利建设之势 强化农村集体组织功能的建议颇有见地，请重视统筹推进”。被农工党中央采用文章14篇，被农工党省委采用文章25篇，2011年在《江淮时报》发表文章3篇，在前进论坛发表文章1篇。王文保同志获农工党中央“2011年度社情民意信息工作先进个人”荣誉称号；市委会获农工党安徽省委“2011年度社情民意信息工作先进集体”荣誉称号；方云、韩桂芳、丁婉莲、储登界等4人获农工党安徽省委“2011年度社情民意信息工作先进个人”称号。

市委会组织的重点调研课题是《关于社区卫生服务中心的调研》和《关于种植业保险的调研》。

完成统战论文2篇，分别是《解放思想，顺应网络政治的发展要求》、《浅论社会热点问题对社会主义核心价值体系建设的影响》。其中《浅论社会热点问题对社会主义核心价值体系建设的影响》市委统战部初评后，作为优秀论文提交省委统战部。

【提升社会服务工作水平】 7月19日上午，农工党安庆市委会组织的市内各大医院知名内科、儿科、眼科、神经科专家一行10人前往枞阳县义津镇牛集村开展义诊活动，向当地村民赠送常规药品5000余元。

（储登界）

九三学社安庆市委员会

【概况】 2011年12月27日九三学社安庆市委员会顺利完成换届，第七届委员会由9名委员组成，主任委员胡万宝，副主任委员卞宜心、郑长青，秘书长赵立。社市委下设8个基层支社和7个专门委员会（参政议政、医药卫生、经济科技、文化教育、妇女工作、老社员联谊专委会和统战理论研究会）。现有社员185人，平均年龄55.7岁；其中女社员73人，退休69人，占37.3%；高级职称127人，占68.6%。2011年度按照《社章》规定的程序发展新社员9名，平均年龄37.5岁；其中高级职称4人，女社员3人。

安庆九三市委会被社省委表彰为2011年度社情民意信息工作先进集体、社会服务工作先进集体、第二十三届“国际科学与和平周”活动突出贡献奖；科技一支社、石化支社为先进基层组织；陈玉琢、龚尊华、姚成西为优秀社务工作者；范志强为思想建设理论研究工作先进个人；谢家云为宣传工作先进个人；阮宏广为参政议政先进个人；赵立为社情民意信息工作先进个人；陆蜀秀、丁贤来、张惠为社会服务工作先进个人；程玉胜、阮宏广为“百名专家乡村学堂讲科普”活动优秀专家。

【履行参政议政职能】 社市委在市政协十三届三次会议上，共上交提案36件，其中集体提案15件，均居各界别前列。胡万宝委员的《彰显外滩多元文化特色，打造滨江生态景观带》、郑长青委员的《提高入园环保门槛，建设绿色宜人之城》2件提案列为全市重要提案。《山区农村中小学编制问题及建议》等6篇提案为省政协提案。上交省人大建议3件，市人大建议1件。安庆电视台《建议、提案追踪栏目》制作播放节目4集，提案内容涉及经济发展、社会建设、民生工程等多个方面。2011年申报统战理论课题5个，中标课题《网络民主对我国政党制度的影响和对策研究》上报省委统战部，中标课题《推进优质食用农产品基地建设的研究》上报社中央。2011年，阮宏广、匡林、姚成西被评为优秀市政协委员。

1月，郑长青副主委带队到市中医院就市中医事业的发展现状及面临的困境进行调研，《关于挽救和扶持我市中医医疗事业的建议》一文，作为九三界别集体提案提交市政协十三届三次会议，为市中医事业的健康发展建言献策。

4月，卞宜心副主委带领九三界别省、市两级的人大代表、政协委员一行20人，到岳西县就基层医改课题进行实地调研，撰写调研报告，并作为安庆九三界别的集体提案提交市政协。

上半年，社市委借助市政协资政会“以科技创新推动新兴产业发展”的契机，在分析市培育和发展新兴产业的基本环境现状的基础上，经过对周边先进城市深入调研之后，胡万宝主委以《抢抓机遇、内联外引、助推我市新兴产业发展》为主题作大会发言，提出“因地制宜、内联本土资源、培育壮大新兴产业抢占先机和主动出击、外引战略性新兴产业”等建设性建议，市委主要领导给予高度评价和充分肯定，认为顺应市经济发展的新形势，抓住市“十二五”发展的着力点，很多具体意见和建议被市委市政府出台的《关于加快培养和发展战略性新兴产业的实施意见》直接采用。

全年共上报社情民意18篇，上报社省委信息23条，其中《关于切实解决乡村医生养老保障问题的建议》等11篇信息被社省委采用，《关于扩大医保卡使用范围的建议》等5篇信息被省政协采用，《贯彻实施劳动合同法，切实保护劳动者合法权益》等3篇信息被省委统战部采用。社市委撰写的《加强农村中小型水利基础设施建设》的信息被省政协《社情民意》第37期采用，得到省政协主席王明方批示：“请纪冰同志阅研，在中央出台加强水利改革建设大举措的背景下，抓住机遇，推进农村中小型水库基础设施建设。”该信息提出要结合中央加强水利设施建设的政策，大力推动农村中小型水利基础设施建设工作，针对多年来农村水利投入不足的情况，提出6点具体建议。此件信息由于涉及国家关注的民生工程，被九三学社中央采用以提供给国家相关部委决策。

【社会服务工作成绩斐然】 在开展“百名专家进乡村学堂讲科普”活动中，社市委与市科协的领导举行座谈，商定计划，明确全年举办11场讲座的目标。社市委的专家教授把参加讲科普活动作为义不容辞的责任，精心准备。社市委胡万宝、阮宏广、程玉胜、范志强以及中科大王永教授等一共7位专家分别就《月球探测与载人航天》、《数学与信息安全》等主题，于9月23日至10月25日分别在潜山一中、桐城市孔城中学等11所学校共举办12场科普讲座，足迹遍布安庆8县(市)3区，共有6200名学生聆听讲座。其中程玉胜、阮宏广分别讲课3场，王永教授在潜山一中6个小时连讲2场，把全年的讲科普活动推向高潮。继上年给回民小学讲科普之后，胡万宝主委应市民族宗教委的热情邀请再次前往回民小学给少数民族的孩子讲科普。全年举办科普讲座13场，创下历史纪录。县(市)区各类媒体对此给予高度关注，进行大量宣传报道，社会反响热烈。学校普遍反映讲座贴近学生生活，开阔学生的视野，推动学校科普活动的开展，为学校的教学工作注入新的活力。

对口联系工作是社会服务工作的另一个重点，社市委与对口联系单位市科技局、市环保局一直保持良好沟通，建立对口联系机制，每年如期完成对口联系单位委托的调研课题，做到"年年立项，岁岁有果"。年初社市委领导到对口联系单位进行座谈确定课题，后组织课题组积极到外地开展专题调研，数易其稿，高质量地完成市科技局委托的《关于我市工业园建设情况的调研报告》和市环保局委托的《关于安庆城区臭气污染专项治理落实情况的调研报告》两个课题，得到委托单位的充分肯定，调研报告为市委、政府科学决策提供依据。

10月为迎接第二十三届《中国国际科学与和平周》的到来，社市委在郑长青副主委的带领下与市人防办到大观区玉虹街德宽居委会社区联合开展送医送药义诊活动。社5位医疗专家医者仁心，不顾疲劳，为现场300多位居民开展医疗问诊，疾病预防等咨询活动，向社区居民免费发放价值2000余元的医疗药品，为居民们送去一份健康与慰藉。尤其让大家感动的是，72岁高龄的老专家陆蜀秀，放弃休息时间，热情地为每一位接诊病人服务，受到居民的交口称赞。市电视台和安庆日报社的记者也对此次活动进行现场采访报道。12月社在开展送温暖活动中捐款500元。

（赵　立）

安庆市工商业联合会

【概况】 截至2011年底，全市工商联系统会员总数为10506人，其中企业会员5871家，占55.9%；个人会员4580人，占43.6%；团体会员55家，占0.5%。全市共有各级各类行业商会等基层组织77家，其中市级行业商会16家。帮助成立异地安庆商会3家。全市共有个体工商户15.6万户，注册资金63.47亿元；私营企业18916户，注册资金529.5亿元，其中内资企业8436户，注册资金279.7亿元。当年，市工商联获得省联百强排序工作一等奖及数据库建设一等奖。

以《中共安庆市委、安庆市人民政府关于加强和改进新形势下工商联工作的实施意见》出台为契机，市委成立市非公经济组织党工委，与工商联党组合署办公，代表市委负责做好非公经济组织党建方面工作。先后两次召开全市非公有制企业党建工作现场推进会、非公有制企业创先争优活动现场交流会。截止2011年底，全市共有1466家非公企业建立党的组织，占非公企业总数的47.8%，其中规模以上非公企业473家，全部单独建立党组织。

持续开展"先进基层组织"、"优秀调研报告"评比表彰活动。2011年，在各类媒体上发布非公经济新闻稿件上百篇，其中多篇在人民网及《中华工商时报》刊载。建立市工商联网站。

参加协调劳动关系三方四家会议，组织开展"安庆市共建和谐劳动关系"主题系列活动。举办"民营企业招聘周"及"安庆市工商联专场招聘会"活动，全年为企业引进各类人才2000多名。组织非公经济人士参与捐助灾区、光彩耀江淮、非公经济组织对"三老"(老革命、老党员、老劳模)感恩回报活动。全年非公经济人士累计捐助资金、实物数千万元。

【参政议政】 全市各级工商联组织开展民营企业履行社会责任情况、中小微企业发展情况等系列调研，形成一批有价值的研究成果。部分调研报告，得到市政府负责同志的批示。参加市委、市政府召开的重大问题调研会和座谈会，提出许多有价值的意见。在"十二五"规划征求意见时，提出要在"大力推进企业改革和非公经济发展"章节中，加进"要认真落实'非禁即入'原则，鼓励支持民间资本进入基础产业、基础设施、市政公用事业、金融服务、社会事业等领域"内容，获得市委、市政府支持，为拓展非公经济发展领域提供政策空间。组织开展工商联界别政协委员、人大代表视察皖西南石化质量监督检验中心等活动。充分利用人大和政协两会平台，非公经济人大代表、政协委员提交议案提案40件，多次作有分量的大会发言。

【服务非公经济发展】 破解发展难题。与市徽商银行、市中行、市交通银行等多家银行建立良好合作关系。共为全市各家银行推荐合作企业80余家，促成融资担保贷款上亿元。支持会员企业牵头组建市、县(区)担保公司、小额贷款公司，实现担保公司及小额贷款公司县(市)区全覆盖。成立商会“互助基金会”，切实解决小微企业融资难题。发挥非公经济维权中心作用，全年共处理灯杆广告审批等近10起较大维权案件。

服务地方经济发展大局。做好与全国知名企业合作对接工作，推进2010年签约项目早开工，意向项目早签约。通过开展各种大型活动，宣传推介安庆，以会招商。参与招商引资，全年各级工商联组织累计引资数千万元。

【加强行业商会建设】 市工商联直属行业商(协)会达16家，帮助成立异地安庆商会3家。召开行业商会协会、异地商会工作经验交流年会。各行业商会协会、异地商会不断加强自身建设，在宣传政策、提供服务、反映诉求、维护权益、加强自律方面发挥不可替代积极作用。如家电、钢材、五金机电商会开辟商会信息交流平台；市农资商会举办多场专场培训；钢材商会破解会员企业融资难题；家电商会与交通银行安庆分行成功对接；陶瓷商会、地板协会、礼品商会、灯饰协会、太阳能协会联合举办秋季安庆“家装文化节”；温州商会、泉州商会、台州商会开展多场招商引资对接会等，各商会以实际行动赢得会员理解和支持。开展对外联络工作，与西安市工商联、德州市工商联等3家工商联缔结成友好商会。

【《关于加强和改进新形势下工商联工作实施意见》颁布实施】 代市委完成《中共安庆市委、安庆市人民政府关于加强和改进新形势下工商联工作实施意见》起草工作。2011年10月21日，市委以庆发〔2011〕17号文件发布。《实施意见》在皖发12号文件基础上，有几十处亮点与创新，在破解工商联事业发展瓶颈、理顺非公经济发展体制机制、提升为非公经济发展服务能力等方面取得突破。

【全市加强和改进工商联工作会议召开】 11月22日，安庆市委、市政府召开全市加强和改进工商联工作会议，对工商联工作进行全面部署。市委书记朱读稳出席会议并发表重要讲话。市长肖超英、市委副书记陶方启、市委常委、副市长宋圣军出席会议。市委、市政府76个部门主要负责人，各县(市)区党委书记或县(市)区长参加会议。会议规格、规模及影响，为改革开放以来之最。

【“工商联与民营经济共成长活动”开展】 市委成立以市委副书记为组长的安庆市“工商联与民营经济共成长活动”领导小组。各县(市)区也分别成立相应规格的组织。召开2次领导小组会议，以领导小组名义出台《安庆市工商联与民营经济共成长活动实施方案》、《领导小组成员职责》。学习讨论、系列培训、专题调研、打造品牌、建设平台、建立机制、能力建设、强化督查、宣传表彰等各专项工作已经逐步推开。

【市工商联、总商会第十一次会员代表大会召开】 2011年12月29～30日，安庆市工商联(总商会)第十一次会员代表大会召开。会议选举产生由165人组成的安庆市工商联(总商会)新一届执行委员会，由64人组成的常委会。吴涛当选为市工商联(总商会)新一届主席(会长)。邵光当选为工商联(总商会)第一副主席(第一副会长)。戴德珠、曹进凯等23人当选为副主席。戴德珠、曹进凯等21人当选为总商会副会长。

(工商联)

栏目编辑：袁　忠

社会团体

安庆市总工会

【概况】 市总工会下属县(市)区总工会11个,开发区工会工作委员会1个,产业工会18个,直属基层工会36个。全市基层工会组织数达9052个,工会会员达59.8万人。2011年,安庆市总工会坚持服务经济社会,服务职工群众。共获得“全国安康杯竞赛优秀组织单位”、“全总财务工作先进单位”、“全国工会帮扶工作先进集体”、“全国职工互助保障工作先进单位”、“全省厂务公开民主管理工作先进单位”、“全省劳动竞赛先进组织单位”、“全省市级工会经审工作规范化建设考核特等奖”、“全省基层组织建设工作创新成果一等奖”等荣誉。

按照“增强凝聚力、扩大覆盖面”要求,坚持“党建带工建,工建服务党建”,以非公企业工会组建为重点,以发展农民工会员为增长点,不断建立完善工会组织和运行体系,开展建会“小卡片”送进“小企业”,推进全市工会组建和会员发展工作。加强乡镇(街道)工会、村(社区)工会及非公企业工会等“小三级”工会组织网络建设,推进区域性工会联合会建设。2011年,新建基层工会组织2640个,新发展工会会员3.6万人。

【劳动竞赛】 针对不同行业特点及重大工程、重点项目,在职工中开展合理化建议、岗位练兵、技术比武、技术革新、技术协作等多种形式的劳动竞赛活动。1675家企业和16.8万余名职工投身到“当好主力军、建功十二五”劳动竞赛活动之中;举办各类技术讲座(培训班)156期(次),培训人员9400余人次;全市参加技能比赛(武)的职工达3353人次,其中189人次通过技能比赛(武)晋升技术职称;获得省级以上重大合理化建议和技术改进成果13项。安庆市劳动竞赛委员会连续13年被评为“省组织劳动竞赛先进单位”光荣称号。

【评先活动】 表彰劳动模范和先进集体。200人被授予“安庆市劳动模范”荣誉称号,50家单位被授予“安庆市先进集体”荣誉称号,1家单位获得“全国五一劳动奖状”,1个班组获得“全国工人先锋号”,3人获得“全国五一劳动奖章获得者”称号,5家单位获得“省劳动竞赛先进集体”,3个班组获得“省工人先锋号”,1个班组获得“省标杆班组”,4人获得“省劳动竞赛先进个人”,1人获得“省十大能工巧匠”。10名模范文明职工和10名创建文明行业先进工作者在文明行业创建表彰大会上受到表彰。

【女职工权益保护】 全市各级工会坚持以“女职工工作规范化建设”为牵引,加强女职工组织建设。全市应建女职工组织8069个,已建7690个,组建率达95.3%。签订女职工专项集体合同424份,附件、专章形式的集体合同726份,签订率达96.9%,覆盖女职工6.7万人。实施女职工“关爱行动”,安庆市共有困难女职工9566人,单亲困难女职工2208人,为加大帮扶单亲困难女职工的力度,省总拨付资金12万元,市总筹措配套资金11.4万元,为55周岁以下、已婚的1170名单亲困难女职工进行“两癌”检查。

【职工帮扶】 全市共筹集送温暖资金1677.2万元,慰问困难企业692家,慰问困难职工和农民工24952人(次)。开展第十四届“育才关怀行动”,全市筹集资助168万元资助1195名困难学生上大学。加强困难职工帮扶中心的综合功能建设,推动帮扶中心工作规范化。2011年全市有8家困难职工帮扶中心达到星级建设标准,其中市总困难职工帮扶中心达到5星级标准。市困难职工帮扶中心接待各类来信来访780多人次,法律工作站接待来访人数48人次,为15人提供了法律援助,挽回经济损失3万余元,有效地维护职工的合法权益。抓好困难职工档案建立和管理，全市现已有2万多户困难职工和农民工建立网上电子档案，提升工会帮扶工作的时效性和联动性。已有184家单位、1.2万余人次参加在职职工互助保障，参保总额达85.8万余元，同比去年增加保费23.3万元。安庆代办处现已发展会员1.7万余人，全年共为97名受到意外伤害和患重大疾病的职工进行赔付，赔付金额达21.63余万元，其中对家庭特别困难的16户，每户补助1500元。

【民主管理】 推动厂务公开民主管理工作。全市现有4458家企事业单位建立职代会(职工大会)制度，4097家企事业单位实行厂务公开，开展民主评议单位1987家，公司制企业的职工董事459人，职工监事393人。安庆市烟草公司等6个企事业单位荣获"安徽省厂务公开民主管理工作先进单位"称号。

【工资协商】 全市有23万人签订劳动合同，劳动合同签订率达到96%(不含农民工)；签订集体合同1720份，覆盖企业2520个，覆盖职工19.5万人；签订专项工资集体合同815份，覆盖企业1207家，覆盖职工11万余人。聘请59名同志担任安庆市工会工资集体协商指导员。

【技能培训】 开展下岗失业人员技能培训和农民工援助行动，发挥工会再就业基地优势，帮助更多下岗失业人员和农民工就业。举办48期下岗职工和农民工职业技能培训班，免费对3811人开展职业技能培训，创业培训711人，其中2352人获得劳动部门颁发的职业技能证书，有140人获得其他部门颁发的证书。

【安全生产】 以"安康杯"竞赛活动为载体，组织学习贯彻《安全生产法》、《职业病防治法》等法律法规知识，不断提高职工的安全生产意识和自我保护能力，开展以"十个一"活动为竞赛核心内容的群众性安全生产活动，调动职工提供合理化建议、查隐患纠违章，发挥职工参与安全生产工作的积极性。组织参加全国职工职业安全卫生知识普及教育及知识问答，营造人人要安全、事事讲安全的安全生产氛围。

【职工文化建设】 注重用社会主义核心价值观教育引导职工，以建设职工书屋为手段，提高职工文化素质和技术技能。全市已建设全国"职工书屋示范点"2家；省级"职工书屋示范点"4家；省级"职工书屋"39家；1家职工书屋被评为全国"优秀职工书屋示范点"；6家职工书屋被评为全国"优秀职工书屋"；建成省级"职工书吧"示范点14个。组织开展丰富多彩的职工文体活动。先后开展庆祝建党90周年诗歌演讲、书法美术作品展以及"经典天天读"等系列文体活动，承办全市纪念建党90周年主题为"永远跟党走"歌咏比赛，有万余人参加。

【市工会第十五次代表大会】 12月6～9日安庆市工会第十五次代表大会在皖源国际大酒店召开。出席大会的代表357人。会议总结市工会十四次代表大会以来的工作，确定了今后5年的奋斗目标，选举产生新一届工会领导机构。省总工会党组副书记常务副主席李维勇、市委书记朱读稳、市委副书记陶方启等市领导出席大会。市总工会主席姚永恒代表市总工会十四届委员会作题为《坚持科学发展 凝聚职工力量为实现安庆跨越崛起建功立业》的工作报告。大会以差额无记名投票方式选举产生市总工会第十五届委员会委员41人，经费审查委员会委员11人。在十五届一次全委会和经费审查委员会上，分别选举产生市总工会第十五届常务委员会委员15人，主席、副主席4人，经审会主任1人。姚永恒当选为安庆市总工会主席。

共青团安庆市委员会

【概况】 2011年，团市委扩大对外交流，组织青年企业家代表团赴台湾开展经贸考察活动，接待团中央志工部项目处来宜调研，承办全省城市战线共青团工作、全省农村青年信用示范户创建工作、全省乡镇团组织格局创新工作等会议。深化青年科技创新行动，市青少年宫等3家单位获首批安徽青年科技创新"双百示范点"称号，高晓谋等4名企业青年获第八届"安徽省优秀青年科技创新奖(提名奖)"。开展青年岗位练兵活动，举办"领航杯"青年业务服务技能大赛。2名选手获第八届"电力杯"全省青年职业技能大赛"全省技术能手"称号，团市委获大赛"优秀组织奖"。

【精神文明创建活动】 举办"情系宜城、牵手一生"首届青年集体婚礼、首届青年汽车模特大赛、青年婚恋交友会等文化活动。开展"青年文明号"创建活动，新增省级"青年文明号"15家，市级53家。开展窗口单位和服务行业"为民服务创先争优"活动。深化青年志愿者行动，开展"创先争优，青少年志愿者在行动"统一行动月活动，强化"爱心送考"、"送金融知识下乡”等志愿服务品牌建设，组织和动员广大青年志愿者和高校大学生投身暑期“三下乡”、“送温暖”、“四进社区”等志愿实践，发挥青年志愿者在抗震救灾、抗洪抢险等急难险重任务中的突击队作用。

【环境保护工作】 召开全市改水改厕工作现场推进会，争取各类资金23万元，完成改厕200座。围绕安庆创建“国家森林城市”目标，开展植树护绿活动，全市共植树8000余株，绿化面积50亩。成功举办“喜迎党的生日，共建绿色安庆”青年摄影展，市四大班子领导亲临现场观看。深化保护母亲河行动，联合市环保局、安庆海事局等单位举行世界环境日宣传周活动和“大家齐努力，共护母亲河”大型环保活动。开展安庆长江“四大家鱼”亲本人工放流活动，放流鱼苗1000余万尾。

【青年就业创业工作】 分别建立青年就业创业见习基地和农村青年就业创业示范基地36家和11家。组建安庆市农村青年就业创业指导团。联合相关单位举办春风行动暨春季大型招聘会，组织企业参加全省服务大学生就业公益性专场招聘会。开展“订单式”、“定向式”培训，落实培训资金12万元，新设培训机构5个，举办培训班22次，培训青年2048人，实现就业1019人。推动青年创业小额贷款工作，发放小额贷款2221.6万元，获贷青年190人，带动就业2578人。面向农村青年发行共青惠农卡3350张。制定出台《安庆市农村青年创业就业行动工作实施方案》。

【维护青少年合法权益】 以“新生代农民子女的社会融入”为主题，开展“共青团与人大代表、政协委员面对面”活动，集中表达青少年利益诉求。开展全市闲散青少年群体摸查调研和新生代农民工精神文化生活课题调研，为未成年人保护工作提供决策参考。开展优秀“青少年维权岗”评选活动，评选出安庆市社会治安综合治理委员会办公室等14个市级优秀“青少年维权岗”。开通12355青少年服务和心理咨询热线。开展“12355进校园”普法宣传教育、心理辅导、禁毒宣传、“团员拒绝邪教”等活动。

【关爱农民工子女志愿服务】 累计发动青年志愿者2000余人次，服务农民工子女万余人。实施“12345身心健康 快乐成长”关爱农民工子女志愿服务项目，利用20万元项目资金，建设“积善之家”2个。围绕留守儿童、家庭贫困学生等青少年群体开展扶贫济困送温暖活动，先后发放各类助贫慰问金4万余元。利用社会资源推进关爱行动，举办第三届“留守未来班”，资助40名贫困学生上高中。开展希望工程“爱心圆梦大学”助学活动，累计筹资142.71万元，资助469名贫困大学新生上学。争取资金1350万元，设立中日友好百年奖学金。联系安庆消防支队结对帮扶贫困学生近百名，发放助学金5万余元。

【建党90周年纪念活动】 组织开展“学党史、学规划、知省情(市情)、比贡献”主题活动。开展“千网联动学党史”、“与信仰对话——万场党史报告进校园”、党史党情报告会、“我与祖国共奋进、我为崛起献青春”形势政策教育等活动。开展“民族精神代代传”、“争当四好少年”等教育实践活动，举办青少年红歌赛、中学生演讲比赛、青少年书画大赛。

【纪念五四运动92周年】 召开共青团安庆市十三届七次全委(扩大)会暨纪念五四运动92周年表彰大会，表彰一批“五四红旗团委、团支部”、“优秀团干部、团员”。刘磊获“安徽省五四青年奖章”，孙鹏艳获“全国优秀共青团员”，刘新宇获全省“十佳江淮好少年”，一批优秀青年集体和青年个人获全省“五四红旗团委、团支部”、“优秀团干部、团员”荣誉称号。

【党建带团建工作】 召开全市党建带团建暨共青团系统深入开展创先争优活动会议，以“开展一次公开承诺活动、开展一次亮牌示范活动、健全完善一支青年志愿者队伍、打造一支学习型团干部和团员队伍、组织一系列增强团员意识教育活动”为主要内容，深化党群共建创先争优活动。以召开市第十四次团代会为契机，争取地方党委支持，配齐配强县级团委班子。履行协管职能，推动潜山、宿松两地团县委按时完成换届。推动全市153个乡镇、18个街道完成团的组织格局创新工作。全年新增非公企业团组织201家，新社会组织建团30家，农村合作组织建团19家，新建驻外团组织3家。

【加强团干部队伍建设】 制定出台《关于县级团委书记加强团的业务学习的实施意见》。举办全市新上岗团干部业务培训班，市、县、乡三级团干部50余人接受培训。做好高校团干部到县级团委挂职工作。加大团干部选拔、培养和输送力度，通过竞争性选拔方式任用了一批优秀年轻团干部，推荐转岗团干部6人。开展“强基础、增活力、促发展”基层集中走访活动，举行“缅怀先烈，重温誓词”和“红色革命之旅”活动，推进“以人为本，执政为民”、“效能大提升”等专项行动，引导广大团干部转变工作作风，提升服务水平。

【共青团安庆市第十四次代表大会】 于12月28日在市黄梅戏艺术中心开幕。团省委书记李红，市委书记、市人大常委会主任朱读稳出席会议。大会选举产生共青团安庆市第十四届委员会，审议并通过郑志代表共青团安庆市第十三届委员会所作的题为《坚持科学发展，助推富民强市，团结带领广大团员青年为安庆基本建成全面小康社会而努力奋斗》的工作报告。12月29日召开共青团安庆市第十四届一次全委会议，选举石必健等11人为共青团安庆市第十四届委员会常委，选举郑志为共青团安庆市第十四届委员会书记，余巧萍、梁键、陈茜为副书记。

【开展“当好青年贴心人”活动】 4月18～25日，团市委组织四个调研组，分赴12个县(市)区(包括开发区)开展集中调研活动。全年团市委机关深入全市20多个乡镇，走访团干部百余名，慰问贫困青少年26人，发放调研问卷1000余份，形成专题调研报告4篇，其中《农村青年创业现状及对策》、《安庆乡镇团的组织格局创新调研》等2篇调研文章获2011年度安徽省青少年和青少年工作研究课题三等奖。下基层活动推动一批青少年群体普遍反映的热点难点问题得到解决。

【农村青年信用示范户创建工作】 3月15日，团市委、中国人民银行安庆市中心支行印发《关于在全市开展农村青年信用示范户创建试点工作的通知》，启动全市农村青年信用示范户评选，并出台《安庆市农村青年信用示范户创建工作实施方案》。4月19日，召开全市农村青年信用示范户创建工作推进会。6月下旬，在采集录入农村青年信用信息11764户，评定908户县(市)区级农村青年信用示范户的基础上，评选出市级农村青年信用示范户100户，共授信资金8121万元。8月17日，团市委、人民银行安庆市中心支行联合召开全市农村青年信用示范户创建工作总结表彰大会，团省委书记李红亲临大会指导。11月24日，全省农村青年信用示范户创建工作会议在怀宁举行，会议对我市农村青年信用示范户创建工作给予肯定。团市委获“安徽省农村青年示范户创建试点先进单位”，怀宁县创业青年曹兵获“安徽省十佳农村青年信用示范户”称号。

安庆市妇女联合会

【概况】 以“安庆市妇联农民工培训中心”为载体，利用各种培训资源开展农村留守妇女实用技术培训，全年培训农民工1500人次。加大妇女小额担保贷款推荐力度，严格贷款项目审查，提高申贷成功率，重点探索解决农村妇女贷款担保基金不足、反担保门槛较高、贷款额度小等问题，为妇女创业就业提供更有效的服务，全年共计完成妇女创业财政贴息贷款1000万元。

与市人力资源和社会保障局等单位的联系合作，开展就业信息发布、就业专场招聘等活动。与多家单位共同举办“安庆市2011年春季大型招聘会暨春风行动启动仪式”。为进场寻找岗位的姐妹们提供政策咨询，开设了小额贷款咨询台、安庆“皖嫂”培训和用工登记处，全场发放安徽省妇女小额担保贷款政策宣传册、《中华人民共和国劳动合同法》、《妇女权益保障法》等法律法规及政策宣传资料2000余份。发挥“安庆市家政服务培训中心”的作用，培训“皖嫂”家政服务员300名，提高家政服务员适应市场的素质和能力，扩大“皖嫂”家政的社会影响。

【举行“三八”纪念活动】 3月4日，安庆市纪念“三八”国际妇女节101周年大会暨安庆市首届妇女运动会开幕式在市体育馆举行，全市各界妇女代表近两千人参加开幕式。11个县市(区)、经济技术开发区和31个市直单位和企业代表团参加大会。运动会历时4个月，设健身秧歌、太极拳、木兰拳、健美操、体育舞蹈、乒乓球、羽毛球等14个具有女性特色的运动项目。

【举办首届青年集体婚礼】 “五四”青年节与团市委、《安庆日报》社在皖江公园联合举办2011“情系宜城、牵手一生”安庆市首届青年集体婚礼。活动全面展示当代安庆青年的时尚风采，倡导社会文化新风，更新人们的婚庆消费观念，宣扬新的婚庆文化理念。

【开展巾帼服务工作】 发挥巾帼志愿者队伍在组织、引导、服务妇女，维护妇女儿童合法权益等方面的重要作用，推进巾帼志愿服务“进基层、进机关、进家庭、进企业、进社区”的五进活动，收到良好的社会效果。与各新闻媒体的合作，全方位、多角度的宣传妇女先进典型和先进事迹，2011年，在全市不同行业评选表彰近100名先进妇女典型，扩大妇联工作的社会影响。

【维护妇女儿童合法权益】 发挥12338维权热线，妇女儿童维权工作站的作用，为困难妇女提供人身、家庭、劳动等方面权益的服务和社会救助，协调处理各种矛盾。全年共接待来信来访300余件，98%的来信来访都有回复和落实。广泛开展“三八维权月”活动，不断提高妇女维权意识。深化“平安家庭”创建活动，做好平安家庭评选表彰工作，做好受害妇女儿童的救助工作，以家庭的平安促进社会稳定。

【落实妇女儿童实事项目】 实施农村留守流动儿童活动室建设民生工程。落实56个活动室建设指标任务，召开农村留守妇女儿童关爱行动工作会议，推进活动室建设工作。年内，全市56个活动室已全部建成，并投入正常运行。为加强活动室建设和后续管理工作，与市财政局联合发文颁布《关于加强安庆市农村留守流动儿童活动室建设和后续管理养护工作的意见》，健全农村留守流动儿童活动室后期管理养护机制。

【开展“关爱活动”】 拓展“春蕾计划”、“恒爱行动”等系列活动，利用“三八”节、母亲节、六一儿童节等节日开展多种形式的送温暖、献爱心活动。全年累计发放资助款36万多元。

【加强妇联机关作风建设】 市妇联机关干部多次深入大观区沿江社区开展活动，通过召开座谈会，举办专题讲座，走访慰问困难家庭了解社区居民的心声和需求，帮助社区和居民解决困难。庆祝建党九十周年，开展党员“重温入党”誓词活动，组队参加全省“党啊，亲爱的妈妈”红歌演唱会和安庆市“党在我心中”歌咏比赛。

【拓展妇联基层组织】 抓住党群共建创先争优的重要机遇，通过党群共建组织、共建队伍、共建阵地，不断加强妇联基层组织建设，深化强基固本工程。各县(市)区1838个村级组织及社区均实现“妇女之家”全覆盖。做好“优秀女村官”推荐、评选工作，11名女村官获安徽省“优秀女村官”荣誉称号。

【推动女性进村“两委”】 推动德才兼备的女性走上基层领导岗位。全市1584个村党支部，1582个村委会已全部完成选举工作，其中773个村中有816名女性进入支委，1806名女性当选村委会成员。37名女性被选为村支部书记，69名女性被选为村支部副书记，30名女性被选为主任，副主任51名，女性进入村“两委”比例有历史性突破。

【换届工作成功】 12月23日至25日，市妇联召开“安庆市妇女第十三次代表大会”，回顾五年来全市广大妇女积极投身安庆政治、经济、文化、社会建设和生态文明建设，在各条战线上施展才华、建功立业，涌现出一大批优秀女性群体和杰出女性代表，为推动安庆发展作出积极贡献。对今后妇女工作提出要求，各级妇联组织要紧紧围绕市委工作中心和全市工作大局，切实发挥职能作用，努力把妇联组织建设成为市委开展妇女工作的坚强阵地和深受广大妇女信赖的温暖之家。会议举行产生了新一届市妇联领导班子，王芯茹当选为市妇联主席；梅静、华文红、张帆当选为市妇联副主席。

安庆市科学技术协会

【概况】 全市现有县(市)区、乡镇、街道办事处科协组织196个，市、县(市)两级学会(协会、研究会)212个，会员13137人，农技协组织375个，会员214566人，企业科协组织19个。

【实施“5612”工程】 组织市级学会整合科技资源，实施“5612”工程，市科协围绕科技与经济有效结合主题，以攻克生产技术难题、促进自主创新、提升传统产业为重点，牵线搭桥，促进科技成果转化和高新技术的推广应用，开展“厂会协作”、“金桥工程”、科技咨询活动。2011年全市共组织“厂会协作”项目8项、“金桥工程”9项，开展无偿科技咨询300余项，引进和推广新技术100多项。促进科技成果向现实生产力的转化，取得良好的经济和社会效益，同时也提高科技工作者参与经济建设的能力。市科协荣获“2010年度安徽省科协‘5612’工程先进集体”称号。

【重大课题研讨活动】 在2011年安徽省科协年会安庆分会活动中，组织53个市级学会，围绕省科协年会“服务创新发展，增强核心竞争力”的主题，组织专题研讨活动。及时成立组委会，按照“三服务、一加强”的工作方针选题立项，并由各成员单位推荐专家组成课题组进行专题调研。通过为期半年多的论文征集，组织专家进行评审，完成2011年安徽省科协年会安庆市科协学术年会论文集，并于12月16日举行“服务创新发展，增强核心竞争力”的专题研讨会，及时形成专题研讨论文集，向市委、市政府提出具有较高理论价值和实践操作性的“科技工作者建议”。

【学术交流活动】 市气象学会组织参加中国气象学会第28届年会、“长江中下游气象协作年会”预报技术经验交流会等4项较大规模的学术活动，16篇论文参加交流并编入论文集；市河蟹专业协会组织会员参加2011第五届"丰收杯"全国河蟹大赛,并荣获"蟹王奖"、"最佳口味奖"、"最佳种质奖"等殊荣;市野生动物植物保护协会成功完成安庆市第二次湿地资源调查和沿江湿地保护区的水鸟监测工作等。市水利学会、市环境科学学会等10多个学会主办学术期刊的水平和论文质量不断提高,市计算机学会、市医学会等还建立专业技术咨询网站,以加强信息沟通和学术交流。

【学会组织建设】 指导届满和到期学会进行换届和部分学会的届中调整工作。市地质学会等6个学会召开了会员代表大会,选举产生新一届理事会。市电机工程学会等多个学会对理事会作了届中调整,一批年富力强的学科带头人、部门和企业领导走上学会领导岗位,为学会开展各项工作提供组织保证。市科协开展"安庆市2009～2010年度优秀学会和优秀学会干部评比表彰活动",共评选表彰优秀学会10个,优秀学会干部20名。

【科普示范创建工作】 在2011年度全国科普示范县(市)区创建工作检查小组的检查验收中,桐城市、怀宁县、枞阳县、迎江区、大观区等五县(市)区再次被中国科协命名为2011～2015年度全国科普示范县(市)区。宿松县被省科协命名为2011～2015年度安徽省科普示范县。着重开展市级科普示范乡镇、市级科普示范街道和示范农技协的创建工作,经各地申报,通过全面检查验收,命名桐城嬉子湖镇等5个市级科普示范乡镇、迎江区宜城路街道等3个市级科普示范街道、桐城市渔业协会等9个市级示范农技协,怀宁县科学技术馆等6家单位荣获省级科普教育基地称号。

【科技活动周活动】 5月16日启动2011年全国"科技活动周"活动,市科协会同市委宣传部、市科技局、岳西县委、县政府,在岳西县举行启动仪式,有关专家、科技工作者现场进行科技创新创业、知识产权、防震减灾、预防流行性疾病等方面的科技咨询服务活动,并通过科普展板展示工农业科技创新成果。共展出科普展版20块,发放科普资料近1000份,接待义诊和咨询的群众200余人次,受到县域居民的欢迎。各县(市)区科协和市级学会也因地制宜地组织开展一系列活动。举办科普报告会、科技培训班、组织新闻媒体开展科技周新跟踪报道等,据不完全统计,共组织开展各类活动近20场次。发放各类科普图书资料1000余册,科普挂图500张,组织送科技卫生下乡6场次。

【全国科普日活动】 在"全国科普日"活动中,紧扣"节约能源资源,保护生态环境,保障安全健康,促进创新创造"和"坚持科学发展,节约保护水资源"的主题,在全市组织开展一系列科普宣传活动,取得良好的社会反响。9月14日上午,市科协联合迎江区委、区政府,在市莲湖公园门前广场举行安庆市2011年全国科普日活动启动仪式,现场组织开展科普日活动主题科普图片展、专家科技咨询、卫生保健义诊、水资源保护、安全生产和应急避险宣传等活动。科普日活动期间,各县(市)区根据实际,开展多项活动。全市共组织开展各类活动80余场次。发放科普图书8000册,科普挂图1400张,印发各类科普资料20万份,举办科普文艺演出1场次,全市所有科普宣传栏、科普画廊都更换科普日主题的内容。

【实施"科普惠农兴村计划"】 组织各县(市)区科协开展"科普惠农兴村计划",加大农村专业技术协会的工作力度,培育和申报中国科协和财政部联合实施的"科普惠农兴村"项目。经过审查和筛选,共推荐3个农技协、2个科普示范基地、2名农村科普带头人上报省科协和省财政厅。经最终评审,大观区金大地种养协会等3家单位和枞阳县钱长本同志分别被中国科协、国家财政部命名为"全国科普惠农兴村先进单位"和"全国科普惠农兴村带头人",共获得国家65万元的项目资金支持。

【送科技下乡活动】 组织全市各级科协和所属团体围绕社会主义新农村建设,开展以"进百村送科技,入千户解难题"为主题的送科技下乡活动。市科协于4月6日和9月29日组织40余名科技专家到迎江区新洲乡和大观区山口乡开展2次较大规模的送科技、卫生下乡活动。不定期组织科技小分队开展送科技下乡活动,进村入户帮助农民解决实际问题。各县(市)、区科协和学会也开展内容丰富、形式多样的送科技下乡活动。一年来全市各级科协和所属学会共组织开展送科技、卫生下乡、科技赶集、科教进社区、学校100余场次;举办各种科普讲座125场次;为广大农民群众赠送各类实用技术资料、图书累计50000份(册)、科技光盘500张;举办各种类型的技术培训班300余期,培训农民7万人次,受益农民群众达16万人次。

【青少年科技教育活动】 与市教育局联合举办安庆市青少年科技创新大赛,并选拔优秀作品参加全省、全国的青少年科技创新大赛。在全省青少年科技创新大赛中,全市获优秀项目二等奖4项,三等奖3

项;科幻画一等奖5幅,二等奖7幅,三等奖1幅。在第26届全国青少年科技创新大赛中,我市学生获科幻画一等奖1幅,二等奖2幅,三等奖1幅。组织参加全省青少年科学论坛。在2011年度安徽省青少年科学论坛活动中,安庆一中和太湖中学的参赛同学取得一等奖1项和三等奖1项的好成绩。9月下旬,市科协与九三学社联合组织省、市两级专家分别在桐城市孔城初级中学等10所中小学举办《月球探测与载人航天》、《创造绿色网络、健康安全上网》等11场科普讲座,历时1个多月,5000多名学生聆听专家们的讲座。发挥青少年科技教育基地作用。安庆科技馆积极拓展现有科普展教功能,发挥流动科技馆的作用,继续开展"科技馆活动进校园"活动,先后在安庆九中、望江县高士中学、宿松县松兹小学等全市共15所中小学进行巡展,参观展览人数近2万人次。科技馆天文台全年接待天文爱好者共800多人次观测月全食等天象奇观。接待安庆市校长论坛和全省地理教学研讨会的代表及安庆师范学院等大中小学生共2500多人次来馆参观流动科技馆的科普展览。

安庆市文学艺术界联合会

【概况】 2011年市文联开展干部下基层活动,深入十里乡袁江村进行走访调研,为袁江村农家书屋捐赠图书,丰富袁江村民的文化生活;举办"情系袁江"送戏下乡活动。12月组织艺术家深入基层,为村民慰问演出,并送去精美书画、对联。

【安庆市版画50年版画作品展】 在合肥、芜湖、铜陵等地巡展,出版《安庆市版画作品集》,展示安庆市版画家的优秀作品,为我市版画家的交流提供良好的平台。

【徽风墨韵·皖南七市书法篆刻精品联展】 安徽省书法家协会与皖南七市(安庆、池州、铜陵、芜湖、马鞍山、宣城、黄山)文联主办、七市书协共同承办的"徽风墨韵·皖南七市书法篆刻精品联展"去年在黄山市巡展闭幕,这是皖南首次举办七市联展,彰显了皖南书风,加强市与市之间的联谊。

【安庆风光旅游摄影展】 11月10日,由市文联、市旅游局、摄影家主办的"安庆风光旅游摄影展",在安庆市科技馆开幕,以摄影的方式,形象、真实、生动地反映安庆的秀美山川,城市景观,人文风貌,用摄影艺术诠释国家园林城市安庆,展示安庆丰富的旅游资源。

【曲艺调演】 "天翼杯"安庆市第三届曲艺调演,于12月16日在市人民剧院举行,这次调演注重对我市稀有曲种的发掘和传承,如"太湖道情"、"枞阳胡琴书"、"黄梅大鼓"、"文南词"、"岳西高腔"均有节目参加调演。这次调演共评出7个优秀节目奖;6个优秀演出奖;8个优秀组织奖。

【余守谟诞辰100周年艺术研讨会】 5月8号日上午召开《余守谟诞辰100周年艺术研讨会》,余守谟(1911—1997),一名守莫,号半聋,安庆人,曾任安庆市政协委员、安庆市文联副主席、安庆市美术家协会名誉主席。余守谟《德行的力量》同步发行。

【协会换届登记工作】 年初,收藏家协会家进行换届选举,产生新一届协会班子。王兴觉当选收藏家协会主席,张健初等为副主席,黄圩为秘书长 ,完成协会登记工作。年底,摄影家协会完成换届工作,郆旻当选为主席,徐宏图为秘书长。

【作家协会】 举办"旅游生态之乡——水吼"笔会,与宜秀区文体局共同举办"安徽文艺家看宜秀"的文学笔会活动。刘鹏程散文作品《地气》获2010年度安徽省报纸副刊好作品三等奖,占愿节散文集《有一种幸福离你很近》、甘长胜随笔集《旧学堂杂言》、余世磊《母兮吾土——赵朴初与故乡安徽》、《朱湘年谱》、吕小民《浣月集》、胡子民散文集《留住夕阳》、燕青散文集《花看半开》、朱家托散文集《风景》、司舜个人散文诗集《嘴唇上的河流》、姚岚长篇小说《留守》均已出版。

【美术家协会】 钱小平的山水入选"第八届全国工笔画展"、胡越忠的《晌午》入选"中国当代花鸟画展"、凌晓星的《爱情之二》入选"中国美协会员精品"、汪涛的《响岩》入选"中国美协会员精品"。胡越忠编绘的《庭院花鸟设色技法》教材,由天津杨柳青画社出版发行。纪念、范竟达、陈可、宫义的版画参加"纵横时空·黑苏皖黔粤当代版画邀请展"、范竟达《皖南写生·后院》、纪念的《巢》、贾刚的《黑金之二·黑暗中的兄弟》、宫义的《水泊梁山》、秦文的《阿福》、纪昀的《冬日》入选"十九届全国版画展览"。15件作品入选"水墨安徽创作展",在《美术》、《中国版画》、《美术报》、《安徽日报》、《合肥晚报》等报刊发表作品20余幅。

【戏剧家协会】 《江淮画卷》在省第九届艺术节

新剧目汇演活动中获优秀剧目奖2个，编剧二等奖1个、三等奖1个，作曲一等奖1个、三等奖1个，舞美设计奖1个，表演一等奖6个、二等奖3个、三等奖8个；《徐锡麟》、《桐城六尺巷》获省政府2007～2008年全省社会科学文学艺术出版优秀成果艺术类三等奖；《二妹子闹元宵》和《讨学钱》在第五届安徽省小戏小品大赛中喜获丰收，摘取1个表演一等奖，2个表演二等奖，1个表演三等奖，2个编剧二等奖，1个导演一等奖，《二妹子闹元宵》获优秀剧目奖；《茶山小背篓》、《父亲》在"中华颂——第三届全国小戏小品曲艺大展"中，荣获小戏二等奖；《郎对花 姐对花》剧本作者入选中国剧协首期全国青年剧作家高级研修班。

【书法家协会】 书法家余龙生、汪德平的书法由《安徽书坛》分别作专题介绍。市青年书法家张胜奇、张文潮入选"第十届全国书法作品展"。冯仲华、胡寄樵、唐根生、马东升、卢安民、余龙生、王泽辉等十六位书家的作品参加由绍兴、杭州、安庆三市政协举办的"纪念辛亥革命一百周年书画展"。王泽辉、朱仁安书法作品参加"华彩三洋 书写中国——皖军书法华厦行"展览。余龙生、胡寄樵、唐根生、马东升、卢安民等11位书家参加"安徽省中国书法家协会会员作品展"。协办"马东升、王许生书法楹联展"，"青少年书法大赛获奖作品展暨名家作品展"。

【舞蹈家协会】 市舞协与望江文体局合作的舞蹈《洗衣谣》、《一撇一捺走天下》，分别在安庆市及全省"六一"调演中荣获一、二等奖；《洗衣谣》在今年的第六届的"小荷风采"全国少儿舞蹈大赛中荣获"小荷之星"，在全省第二届新农村少儿舞蹈大赛中荣获一等奖。参加的社会艺术演出活动七余次。

【音乐家协会】 鲁敬之创作的《毛毛虫的梦想》在淮南参加中国文联、中国妇联、安徽省人民政府主办的第六届"小荷风采"展演中获小荷新秀奖。百余名小选手参加全国全省各级器乐比赛，获全国比赛金奖1名、银奖2名，20余名获省级一、二等奖。举办"第八届中国音乐金钟奖比赛"和"全市的音乐考级工作"，与安庆儿童艺术交流协会举办"梦想飞扬"第二届海峡两岸青少年艺术风采展演安庆选拔活动。

【收藏家协会】 举办安庆收藏精品展——"海上名家陈逸庵暨皖江地方名人书画展"；举办纪念辛亥革命百年活动——"从瓷器看辛亥革命"；出版两期彩色会刊《安庆收藏》；"皖江地方名人书画展"于5月19日在安庆博物馆展出，共展出陈独秀、姚鼐、严复、张廷璐、懒悟等安庆籍或在安庆生活过的名人作品60余件。

【摄影家协会】 项顺民的摄影作品《快乐家园》获得第十三届世界华人艺术大展铜奖；黄洪潮摄影作品《天上的宫殿》入选由中国摄影家协会、中国西藏珠穆朗玛摄影大展组委会主办的2011中国西藏珠穆朗玛摄影大展。

【曲艺家协会】 黄梅大鼓《唱刘磊》，参加"全省公民道德模范先进事迹报告团"在省内四个城市巡演。在省首届鼓书曲艺大赛中，安庆市曲艺家协会选送的山东快书《武松打虎》、黄梅大鼓《唱刘磊》、《数风流》获表演一等奖；节目二等奖；安庆市曲艺家协会获优秀组织奖。

安庆市哲学社会科学联合会

【课题研究】 论文《关于新农村建设和农业产业化的调查报告及其攻略》获2007～2008年度安徽省社会科学优秀成果奖。申报的课题《皖江文化与淮河文化比较之异同》被确定为全省68个资助立项课题，并组织编撰和完成。论文《略论以安庆为中心的皖江文化》在《发展论坛》发表。

【参加方以智诞辰400周年学术研讨会】 10月17日至19日，由皖江文化研究会与安徽大学哲学系联合举办的纪念方以智诞辰400周年学术研讨会隆重举行，来自两岸和香港，以及韩国、日本等地的专家学者会聚安徽大学，纪念明末清初著名哲学家、科学家方以智诞辰400周年。专家学者探讨方以智的生平以及学术成就，会后前往安庆市枞阳县，拜谒方以智墓及考察浮山摩崖石刻。

安庆市残疾人联合会

【概况】 桐城市电视台开播手语电视新闻节目，为聋人提供信息无障碍服务。安庆图书馆除了为盲人提供有声读物阅览服务外，还在大观、迎江、开发三区设立流动图书室，就近服务残疾读者。全省第一家县级残障读者阅览室在太湖县图书馆建成启用。市、县司法部门切实发挥律师事务所、法律援助中心、青少年维权示范岗的作用，为有需求的残疾人提供优先、优质、优惠的法律服务和司法救助，累计282名残疾人受益。市财政、国税、地税、司法、卫生、广电、乡镇政府系统的7个扶残助残先进集体和8名扶残助残先进个人获省政府残工委表彰。相关企业除履行按比例安排残疾人就业或缴纳残疾人就业保障金义务外，还创新助残形式，其中TCL集团在怀宁、太湖等县开展向贫困残疾人每件家电让利500元活动，累计263名残疾人受益。市粮食局、市财贸职业技术学校、安庆医药高等专科学校、安庆师范学院的青年志愿者分别为市聋儿康复中心、市起点孤独症儿童培训学校、居家的残疾儿童提供各种形式的志愿服务。安师院“汇爱”志愿服务队常年开展市区脑瘫儿童语言训练和陪护服务，被省文明办评为“江淮志愿服务集体优秀典型”。中央、省级媒体报道我市残疾人工作28篇(条)，被中国残联、省残联网站分别采用信息57条、474条，市残联工作简讯编发44期，市级新闻媒体刊播稿件168篇(幅)，市电视台手语新闻常态化开办。

【构建残疾人社会保障和服务体系】 在全市范围实施残疾人基本情况调查和在桐城市、怀宁县、宿松县实施新一轮残疾人状况监测，全面掌握全市残疾人总量、生活状况、医疗康复、劳动就业和社会保障等基本情况和动态情况，为领导决策提供科学依据。8月24日，市委办、市政府办出台《关于加强残疾人医疗康复和就业保障服务体系建设的实施意见》，提出残疾人医疗康复和就业保障服务工作的主要举措，在“实施政府补助制度，确保残疾人享有基本医疗保障”、“ 建立完善残疾人就业保障机制，促进残疾人就业”等方面实现创新。以残疾人医疗康复和就业保障为抓手先行突破全国残疾人社会保障和服务体系建设试点工作。实施全国听力语言康复事业规范化建设安庆试点任务，122名听障儿童获得救助和康复训练，“筛查—诊疗—康复”工作模式向全国推广。

【实施惠残工程】 实施贫困重度残疾人生活特别救助46020人，超出省定任务2024人，总计2761.2万元；实施贫困精神残疾人药费补助5195人，超出省定任务4例，补助资金总计259.55万元。实施贫困白内障患者免费复明手术1280例，超出省定任务10例，手术成功率、患者复明率、满意率均达100%，手术费用总计128万元。10328名残疾职工参加社会保险，220932名残疾人参加城镇居民医疗保险、新型农村合作医疗。全市供应残疾人用品用具18000余件，捐赠轮椅385辆，21名盲人接受定向行走训练，免费为市区78位贫困下肢残疾人装配假肢。全市按比例就业稳定残疾职工就业2923人，新增安排132人。举办残疾人专场招聘会17次，招聘156名残疾人上岗。输送1000多名残疾人到外省就业。扶持14家集中安置残疾人就业企业和残疾人自办企业，辐射带动残疾人就业1200余人。投入资金101.4万元帮扶1014名残疾人在加工、种植等行业创业。投入26万元举办残疾人实用技术培训班17期，培训实用技术人员1063名。投入25.19万元，救助125名贫困残疾大学生和189名贫困残疾中小学生。落实康复扶贫贷款2130.2万元。785名新增城镇重度残疾居民获得医保个人年缴费10元的特惠照顾。1200名残疾人获得燃油补贴，合计资金31.2万元。采取“一户一策”帮扶与残疾人扶贫创业基地辐射带动相结合方式，扶持残疾人发展生产，1万多名残疾人脱贫。

【扶持残疾人自主创业】 在国家贴息贷款、“千元就业工程”、税收减免等惠残政策的扶持下，一大批残疾人自主创业，并带动残疾同胞就业，涌现以安徽爱达针织服饰有限公司董事长何瑞玉、岳西县昭华饮品厂厂长储昭华、桐城市自力福利塑料厂厂长程超华为代表的优秀残疾人企业家。大批残疾人、扶残助残集体和残疾人工作者受到各级表彰。储昭华、怀宁县福利粉笔厂厂长何连杰、太湖县残联韦正华、桐城市龙眠街道残联陈国正分别被授予“全省十佳残疾人创业之星”、“全省自强模范”称号。桐城市残联举办专场报告会，四名创业残疾人报告自强创业先进事迹，激起听众强烈共鸣。

【市残疾人在多项活动中获奖】 市及宿松、潜山、望江、太湖等县残疾人艺术爱好者举办戏剧、声乐、舞蹈展演和工艺画、美术、刺绣、征文交流。其中太湖县五千年文博园残疾人的千瓷画《喜鹊衔梅》、烙铁画《天坛》、千草画《梅花报喜归》在第四届全国残疾人职业技能竞赛上获好评，市及潜山县特教学校盲生音乐剧《do-re-mi》、合唱《我们已经长大》、聋生舞蹈《竹林情韵》《炫舞青春》《祝福祖国》获第六届全省特教学校学生艺术汇演一、二、三等奖。市特殊教育学校盲人教师丁勇在全省残疾人职业技能大赛上获佳绩，并获“安徽省技术能手”称号。7名残疾人的优秀散文、诗歌获省残联“生命中的太阳——残疾人喜迎建党90周年”征文比赛奖项。

【创先争优】 选定大观区棋杆社区开展党员干部下基层"包点联户"帮扶活动，编印《残联党员干部下基层 当好残疾群众娘家人》工作手册；筹集资金6000元援建旗杆社区残疾人活动室，向社区残疾人捐赠衣服168件、图书50本、捐赠轮椅4辆、拐杖2副。以庆祝建党90周年为契机，重温入党誓词、聆听党课、参观《红色记忆——中共安庆地方史》展览和黄镇生平事迹陈列馆、参加"党在我心中"主题诗歌朗诵比赛。组织党员干部赴桐城等地走访慰问，编印《残疾朋友办事"一册通"》，送发给680位残疾人，深受残疾朋友欢迎。全年81个公布的承诺事项全部落实。

【2011年全国听力语言康复工作会议在安庆召开】 4月21日至23日，2011年全国听力语言康复工作会议在安庆召开。中残联副理事长孙先德出席会议并讲话，中残联康复部、中国聋儿康复研究中心负责同志以及全国31个省(市)自治区残联领导，各省康复部、聋儿康复中心负责同志200余人参加会议。安徽省残联理事长张纯和，市委书记朱读稳，市委常委、常务副市长汪莹纯出席会议。市残联理事长马世银在会议上汇报全国听力语言康复事业规范化建设试点工作经验。会议期间，孙先德一行深入市内聋儿康复机构、妇幼保健所、特教学校和医疗卫生服务机构考察调研。

【省委组织部部长王炯调研市残联创先争优活动】 12月14日下午，省委常委、省委组织部部长王炯在市领导陪同下调研市残联创先争优活动。王炯考察市聋儿康复中心，看望接受康复训练的聋儿，慰问教职员工。王炯对市残联通过实化活动载体、为残疾人办实事、让残疾人得实惠、把党和政府的关心传递给最需要帮助的弱势群体、将创先争优活动落实到具体工作并取得实效予以高度评价。

【市残联荣获"全省残联系统先进集体"称号】 9月20日，在全省第四次残疾人事业工作会议上，市残联被省委组织部、省残联授予"全省残联系统先进集体"称号。2010年两项残疾人民生工程在全省综合考评中均获得第一名。市残联先后获得"'十一五'全国听力语言康复工作先进集体"、"'十一五'全国特奥工作先进单位"、"'十一五'安徽省残疾人体育工作先进单位"、"安徽省残疾人信访工作先进集体"等多项荣誉。市残联理事长马世银荣获"全省优秀共产党员"称号，机关12名党员干部受市级以上表彰达21人次。

【市残疾人就业服务中心成立】 4月12日，安庆市残疾人就业服务中心经市编委批准设立，为市残联所属正科级全额拨款事业单位，编制5名。承担全市残疾人就业信息发布、职业培训、就业指导等服务工作。

王雪志

栏目编辑：王晓明

外事·侨务·对台事务

外　　事

【概况】 2011年，市外事工作利用市级领导出访时机，构建五大洲重点国家的高层联系渠道。与荷兰海牙市政厅、荷兰女皇皇宫办公室、新西兰劳动党国会议员、俄罗斯金吉谢普区政府、爱丁堡艺术节组委会，意大利米兰工商会、德国鲁尔工业区、德国埃森工商会、赢创德固赛公司、西班牙特拉萨科技开发园、加拿大百年理工大学等一批国外政府机构、知名公司和商会的高层官员建立联系，带动和促进多领域交流与合作。

建立与外国驻中国使领馆和中国驻外使领馆的紧密联系。年内，先后拜访荷兰、德国、巴西等驻上海、北京使领馆和中国驻意大利、荷兰等国使领馆，为本市的出访和对外联系提供保证。

加强友城交往，构筑友城新格局。对已结友好城市日本茨木市、土耳其屈塔西亚市进行友好访问，与俄罗斯金吉谢普区正式缔结为友好合作关系城市，与西班牙特拉萨市、瑞典鲁德维卡市等与安庆市有互补性和合作性的城市探讨缔结友好合作城市的可能性。

【因公出国(境)管理】 严把出国计划关。年初制订计划前，与财政局就全年出国团组数和经费额度进行沟通和确定；本着全市出国人员总体平衡和实际任务需要，会同市纪委、市委组织部、市人社局、市财政局、市审计局联合对各单位上报出国人数联合审查后，报市委外事工作领导小组审议通过。严把材料审理关。明确任务主体组团单位和团长负责制，着重审核出访任务必要性、邀请材料真实性和行程安排合理性，严格控制在外停留时间，不符合要求的团组一律不予受理。严把出国前外事纪律教育关。出访团组行前，都专门集中进行外事纪律、保密纪律、涉外礼节等专项培训，要求团组履行在外期间公务、工作笔记和终结报告义务。严把回国后续跟踪关。根据出访团组的出访报告进行评估，对出访中捕捉线索或信息进行跟踪。

【打造品牌】 打造外事工作"四个品牌"。"翻译"品牌。为市环新集团、曙光集团、市自来水公司等企业以及安庆市中欧生物多样性示范项目办公室提供外语翻译服务，保证对外技术交流和重点项目的顺利推进。7月21日联合国教科文组织来访潜山县，就天柱山地质公园递交的《世界地质公园申请书》考察验收。9月15日天柱山管委会应邀去挪威参加世界地质公园的最后陈述和领牌，市外办特事特办，在极短的时间内，帮助办好出访申报和护照签证等手续，并派翻译全程服务。"联谊"品牌。为在安庆工作的外国人提供良好工作、生活氛围，连续多年举办"中外友人新春联欢会"。"外智"品牌。邀请澳大利亚堪培拉大学城市规划与设计教授、悉尼大学规划研究中心研究员胡以志博士就《伟大的街道造就伟大的城市》和《全球化与现代性：中国的未来与教育》主题，为市规划设计人员和市职业技术学院的师生开办专题讲座。安排德国CSI公司托马斯·特朗姆等3位职业教育专家为市职教中心为师生开办"德国双元制职业教育体系"讲座。"英文网"品牌。对市政府英文网进行改版和内容更新。

(聂晓晖)

侨　　务

【概况】 2011年，侨务工作开展宣传贯彻《侨法》、依法护侨、为侨服务、争取"利民工程"项目和海外善款，深化与海外重点华侨、社团的联系。围绕《保护法》及国务院和安徽省先后颁布的《实施办法》，采取多种形式，宣传、贯彻《侨法》。向省侨办提交市经济开发区老峰社区侨法宣传角单位的申请。3月，市涉侨单位在市委常委、副市长张大兴率领下，对市经济技术开发区菱北办事处荣获全国侨法宣传角授牌。9月省人大副主任文海英调研组一行进行侨务工作情况调研，对市的侨务工作给予充分肯定。

完成侨情档案录入，侨资侨属企业基本情况和数据库录入，大宗侨务捐赠情况数据库录入工作。完善数据库及侨情档案。

【争取捐赠】 争取日本国驻上海总领事馆利民项目1个——岳西县巍岭垃圾填埋场建设项目，金额8.65万美元。香港应善良基金会为潜山县岭头中心小学捐资助学363400元，建校舍面积1020平方米；太湖县实验小学留守儿童宿舍楼项目222480元，弥陀中心小学教学楼项目140400元；岳西县白帽中心小学教学楼项目194400元。美国慈心慈善事业基金会创办人、董事长谢政达先生前来参加该基金会在岳西、桐城捐赠4家卫生院项目竣工典礼。全年为市8县3区9家侨属企业申请贷款贴息，经过省侨办、省财政厅审核市内6家侨属企业获贷款贴息20万元。

【依法护侨】 元旦、春节期间慰问归侨侨眷困难户。全市共走访慰问困难归侨侨眷315户，2100多人次，并发放救济费35000元，困难企业归侨侨眷补助费9600元。为16名归侨侨眷子女办理政策性高考加分，在省侨办支持和配合下，解决怀宁县归侨洪锡龙身份认定。

【招商引资】 参加省、市组织承办的“华创会、厦洽会(海华会)、徽商大会”三项大重点招商引资活动；积极接触一些大、重点海外华侨和社团，与日本安徽同乡会、澳大利亚澳中文化科技促进会、旅菲华侨工商联总会、美国福州总商会等加强联系和交往。5月，办领导随团参加省港澳办、省政协港澳台侨和外事委员会联合举办“皖港合作交流座谈会”。通过德国温州同乡会名誉会长吴朝平先生、意大利安徽同乡会会长方徽琴女士等为市重要出访团组对外宣传和招商引资做好牵线搭桥工作。全年为市AAT公司成功引进日本ART金属工业株式会社、日本帝国活塞环株式会社增资新建活塞环生产线项目1850万美元，已实际到资400万美元。

（聂晓晖）

侨　　联

【“健康光明安庆行”活动】 3月，市侨联副主席胡莹代表安庆承办方参加省侨联组织的“健康光明行”项目对接会。7月开始进入病员筛选、手术阶段，上海市侨联免费提供200个晶体并落实医疗队和医疗器械及相关辅材，由市完成200名贫困白内障患者复明手术。

10月18日，由中国侨联、上海市侨联、安徽省侨联和市政府主办的中国侨联“健康光明安庆行”启动仪式在市第一人民医院举行。市长肖超英宣布中国侨联“健康光明安庆行”正式启动，市委常委、常务副市长汪莹纯主持仪式。

【省政协侨联界委员赴宜调研】 9月5日，省侨联党组书记、常务副主席康晓萍带领省政协侨联界委员赴安庆市，就“积极应对人口老龄化”的选题进行调研。调研组一行到市荷花塘、双莲寺、菱湖新村等养老服务试点社区实地察看社区服务养老工作情况，详细听取了安庆市应对人口老龄化工作情况和主要做法的讲解。市政协港澳台侨外事委、市民政局以及部分社居委负责人参加调研座谈会。省政协委员们对安庆市在应对人口老龄化方面特别是构建社区居家养老服务体系有了全新的认识，表示政协委员调研组将认真反映民情，发挥民智，将此次调研收获、成果和各方面反映的问题及时上报，为全省养老服务体系建立提供良好的政策支持和发展环境做出侨界应有贡献。

【“侨心工程”】 上半年，市侨联引进马来西亚星洲日报集团资金20余万元，对全市18所小学270名小学生进行助养。12月中旬，由省侨商会捐资兴建的“侨心教学楼”验收座谈会在太湖县寺前镇朴初小学举行。省侨商会常务副会长吴朝平夫妇代表安徽侨商会向朴初小学捐赠200个爱心书包。太湖县寺前镇朴初小学“侨心教学楼”由安徽省侨商会捐资20万元，由地方政府配套兴建。项目由省、市侨联牵线并负责实施管理。

为拓展公益项目，市侨联争取香港骏马纺织慈善基金会对市中学生的资助。12月上旬，该基金会名誉会长黄少江先生、会长张鹏祥先生来市一中、二中举行侨爱心助学金发放仪式，关心和支持安庆的教育事业。香港骏马纺织慈善基金会首次通过市侨联向安庆贫困高中生捐赠助学金，现场发放助学款4.7万元，共30名贫困高中学子受益。市侨联为争取和精心实施"侨心工程"项目，鼓励华侨华人、侨界人士和机构、境内企业及个人参与侨心工程，报请安庆市财政局、国税局、地税局联合初审，向省财政厅、省国税局、省地税局申请公益性群众团体的公益性捐赠税前扣除资格，经省财政厅、省国税局、省地税局联合审核确认发文，认定市侨联下属机构——华侨服务中心获得公益性捐赠税前扣除资格，并在相关网站上公开此信息。

（祁　兢）

对台事务

【概况】 2011年，全市新增台商投资（含追加投资）项目9个，合同金额3.1亿美元，实际到位4500万美元；推进筹备台湾农民企业园1个；与台湾贸易进口2326万美元，出口1219万美元；全年共开展涉台形势教育报告会35场，举办涉台教育主题活动13场，3800人次接受涉台教育，印发涉台教育材料5000余册；全年共办理赴台团组61批195人，其中，市自组团队15批149人；接待台湾团组8个88人，其中接待台湾上层人士6人；与台湾4个乡村结对；入岛宣传报道10篇；受理台商台胞案件7件，均办结，接受台胞捐赠电脑及体育器材价值10万元，轮椅185部，价值9.25万元。

【宜台经贸合作】 全市对台工作坚持经贸主题，在经贸中加强交流，在交流中宣传安庆，实现经贸合作双赢。

4月17～24日，市长肖超英率安徽经贸文化宝岛行安庆分团访台，走访台湾工业协会、电机电子工业同业公会、台塑集团、台湾工业总会，出席铭传大学铭传铜像捐赠仪式等活动。在安庆（台北）经贸文化旅游推介会及台中、新竹座谈会上介绍安庆文化旅游，展示历史文化名城的深厚底蕴和独特魅力。在台签约项目4个，安庆天柱山与台湾阿里山喜结姊妹山。市政协主席张金锐9月率团赴台经贸考察。代表团一行先后深入台湾国际商港、台北内湖科技园区和旺旺企业集团、统一企业集团、锂科科技公司等企业，多层面推介安庆市良好的市场、资源、政策优势，以深入务实的经贸洽谈推进食品加工、电子科技、石油化工和安庆港等领域合作。重点考察基隆港和高雄港，洽谈合作事宜。市委副书记陶方启10月率团赴台。交流团对近10家知名企业进行拜访并与30多位工商企业界知名人士交流。承办第七届中国国际徽商大会期间涉台活动。旺旺集团再次签约投资6000万美元糖果等休闲食品生产线建设。徽商大会期间邀请6位台商参加安庆市重点投资项目集中签约仪式；安排高雄市船务代理商同业公会参访团和台湾徽商经贸文教交流协会访问团共40人，来市进行考察。

全年接待台湾较大的团组5个90人。5月17日台湾经贸友好访问团一行15人；5月24日，安庆籍台胞郑三元率台湾新北经贸交流访问团回乡考察。11月9日台湾高雄市船务代理商业公会回访团实地察看安庆港口。台湾决策顾问林敏霖率队来安庆进行为期5天考察。

【服务在宜台商】 元月17日下午，市委、市政府召开在宜台商迎新春茶话会。强化"亲商、安商、富商"理念，为台商台胞台属营造更加良好的发展环境。收集为企业服务的意见。6月8日，市政府召开台商座谈会。市长肖超英、常务副市长汪莹纯、副市长宋圣军及市直16个相关部门主要负责人到会，在宜台资企业旺旺食品有限公司、亚昕科技有限公司等14家台资企业董事长或总经理出席会议。各部门主要负责人当场解答，会后逐一落实解决。

筹备台商协会。安庆现有52家台商企业，在广泛征求台商意见基础上，筹备成立台商协会，年内已经完成预审核工作，有关验资、报批、登记成立大会等相关手续正依法推进。

【依法保护台企发展】 协助市人大开展调研。4月，市台办根据市人大常委会安排，由市人大副主任方祖中率队对全市台商投资情况进行调研。重点查看怀宁、岳西和大观3个县（区）。全市共有台商投资项目52个，合同利用台资6亿多美元，实际利用台资2.7亿多美元。台商合同投资200万美元以上的项目24个，其中1000万美元至9660万美元的项目8个、400万美元至800万美元的项目7个、200万美元至300万美元的项目9个。其特点：投资区域逐步扩大，投资领域不断拓宽，投资方式明显变化，台商经第三地来市境投资的明显增加。对所在地的回报率越来越高。台资企业目前不仅能依法经营、按章纳税，在解决就业方面也显得举足轻重，50%的台资企业安排员工在200人以上，有的达到500至800人。

受政府委托向市人大常委会全体会议报告台商投资合法权益保护工作。市台办主任黄穆作关于全市《台湾同胞投资保护法》执行情况的报告；市人大民宗侨外工委负责人作关于全市贯彻执行《台湾同胞投资保护法》情况的调研报告。会后市人大常委会给市政府发议事意见通知书，要求市政府进一步加大宣传《台湾同胞投资保护法》力度，做好台商投资的引导和服务工作。

【协调处理台商投诉和台胞信访】 近年协调处理多起台商投诉案和台胞信访问题，其中主要有：台商姜仁通先生上书国台办，诉与市内个别乡镇合作栽种速生杨纠纷问题。经市、县、乡三级共同努力，已为其办理1950亩林权证。台商潘铮先生上书国台办，诉市某企业董事长以融资的名义借其人民币40万元不还。经市台办多次协调，该企业已在借款契约到期后两个月内还本付息。台胞白启勋先生上书国台办，诉市有关干部借其美金折合人民币10多万元，历时近10年不还。市台办了解情况后，在做好解释工作的同时与司法机关取得联系，白先生对市法院判决结果表示满意。台商林邦溢先生先后3次上书省台办，反映个别乡村农民砍坏割破围栏网，影响水产养殖。在省、市有关负责人关注下，市台办配合相关部门主动做协调工作，问题得到解决。台商王承慧先生就其开发区起步区租赁房退租让房过程中先后同当地物业机构，乃至开发区管委会、供电、消防等部门产生的矛盾诉至海协会、省台办。市台办接投诉后及时汇报、调处，使台商情绪逐渐平稳，事态得以控制，问题在协商中得到解决。台商邹本明先生到市台办投诉旺旺置业公司售房受阻，房主集体上访，市某媒体对此曝光，造成其公司无法工作。市台办与有关部门联系沟通，寻求解决方案，达成多方共识，矛盾缓解，事端平息，双方利益得到兼顾。

旅美台胞吴建时多次通过国台办、海协会转文，索要其祖辈赴台前留在桐城市孔城镇老屋所有权，经省市台办关注和协调，桐城市政府已表示发还其老屋的所有权。

（张复建）

台胞台属联谊会

【对外联络，涉台宣传】 年内，先后接待台湾怀宁同乡会汪慎之先生、澳门明爱中心潘志明先生、香港保宁舍基金会陈敏颖先生和香港同胞邬小鹤夫妇。在与港澳台胞接触交流中，热情介绍宣传党的方针政策和市经济建设新规划，让他们了解国内经济社会发展的新形势和安庆的新面貌，引导他们为祖国和平统一和经济社会文化建设发展作出贡献。

【涉台维权服务】 市台联会将涉台维权服务作为重要工作来抓，先后为台胞陈生源、胡根生、徐月贤和台属吴孟洁、陶鸣、徐江涛所反映的困难情况提供援助，并协调帮助解决。如台胞胡根生多次向省、市台联和市委统战部反映其住房困难问题，省台联和市委统战部领导非常重视。省台联陈清海会长专程来宜，登门看望胡根生，对他的住房问题十分关切。市政协副主席、市委统战部鲁德部长亲自过问，分管部长亲自挂帅，带领市台联会人员就胡根生的住房问题与房管部门进行协商沟通。此项工作已有进展，市台联会继续跟踪联系。台属吴孟洁房屋产权问题多年悬而未结，在万般无奈的情况下找到市台联会寻求帮助。市台联会多次与市台办、市公安局联系并致函《团结报》，多方打听，帮助她查询有关重要线索，在市台联会的帮助下，吴孟洁房屋产权的问题最终有一定效果。市台联会还按照省台联会要求，落实在宜60岁以上台胞定补金发放工作。

【扶持台属企业】 市台联会安排专人负责并按期完成《港澳台海外统战工作机制研究》课题调研。市台联会还根据主题实践活动的安排，陪同市政协委员到台属企业市城市工商广告公司考察调研。9月上旬，还组织机关干部和部分理事赴台属企业市九水昌盛实业有限公司下属黄山印象大酒店和黄山国际大舞台实地调研。

【考察交流】 应省中华传统文化研究会赴台考察交流邀请，市台联会张复艾会长随同以省黄埔军校同学会秘书长王成南为团长、安庆市委统战部殷副部长为副团长的安徽省中华传统文化研究会一行14人于11月16～23日赴台湾进行为期8天的考察交流。台湾海基会原秘书长焦仁和、台湾选举委员会会长方中传、台湾世界和平联合总会秘书长魏雨宽、台湾国民党中央委员罗文山及台湾恒春古城文化推展协会会长黄文明等热情接待了考察团一行，并与考察人员就中华传统文化的传承等方面进行了交流和探讨。

（台　联）

栏目编辑：张跃建

公安·检察·审判·司法

公　　安

【概况】　全市公安机关受理报警231048起，比上年下降37.8%；立刑事案件18145起，比上年上升2.7%；破案绝对数8295起，比上年下降6.8%。其中破获现行案件6049起、破获年前案件957起、协破外省（区、市）案件1289起。发现受理治安案件57482起，比上年上升0.4%；查处56748起，比上年下降0.4%。依法打击处理违法犯罪人员7955人，其中移送起诉2536人、劳教少教59人、治安处罚5360人；摧毁各类犯罪团伙34个，查处团伙成员178人。收缴罚没财物折款2938.9万元。发现受理交通事故1417起，受伤1761人，直接经济损失305.8万元，比上年分别上升11.8%、0.9%、22.5%；死亡290人，比上年下降2.4%。发生火灾472起，死亡5人，比上年分别上升8.1%、400%；受伤0人，直接经济损失706.3万元，比上年分别下降100%、39.2%。处置各类群体性事件12起，比上年下降7.7%。

【矛盾纠纷化解】　推进基层综治、派出所、司法服务所、法庭等多位一体"大调解"工作模式，在乡镇（街道）和公安派出所（警务室）、交警队建立规范化调解室，综治、维稳、公安、司法等部门合署办公。积极推行社会矛盾联调、治安问题联治、邪教活动联防、社会管理联抓、便民实事联办，实现人民调解、行政调解、司法调解相互协调配合。聘用纠纷调解员1189人，开展经常性社会矛盾排查、调解活动，把社会矛盾化解在基层、化解在萌芽状态。健全社会稳定评估机制，加强预案库建设，强化值班备勤和实战演练，积极预防、妥善处置群体性事件。召开全市反恐怖工作会议，开展防恐实战演练。开展为期半年的"大走访"开门评警活动，接受群众评议。健全信访机构，积极开展信访工作攻坚战、涉法涉诉信访化解推进年、政法机关联合接访等活动，夯实信访基础工作，未发生赴部访、异常访案件。

【严打整治】　开展命案侦破、"打黑除恶"、打盗抢反诈骗、打拐、春季铲毒、"亮剑"以及打击银行卡诈骗、出售假发票、涉众型经济犯罪等专项斗争，建立健全长效工作机制，实现"两降一升"、"两个确保"目标。成功侦破潜山"10·28"特大杀人案、太湖"6·20"强奸杀人案、大观"9·28"系列持刀入室抢劫强奸案等八大类严重暴力案件及省厅督办宜秀特大系列盗销本田雅阁汽车案、宿松"5·13"合界高速公路抢劫案等侵财类案件。成功打掉以洪操胜为首的黑社会性质组织，摧毁恶势力团伙16个。开展禁毒人民战争，组织开展春季铲毒专项行动，破获"4·16"省厅毒品目标案等涉毒案件，摧毁一条由湖北黄梅、江西九江通往市境以及周边地市的贩毒通道。破获经济犯罪案件190起，抓获犯罪嫌疑人261人，为国家挽回经济损失8728.8万元。

【数字化立体防控】　按照"政府主导、公安监管、社会化运作"的建设模式，深入推进"警视网"建设，市区共投入资金2000余万元，建成1个一级监控中心、8个二级监控中心、15个三级监控中心、1套车牌识别监控系统。整合接入特警移动指挥车和市人防移动卫星通信指挥车视频监控信号。建成警车GPS终端157个，公共安全视频监控点400处、828个探头。推进联网报警系统、农村技防系统建设应用，技防发挥作用明显。利用政府拨款、单位集资等多种形式，组建治安联防组织，发挥群防群治作用，已组建治安联防组织857支、3758人。加强社会治安防控平台建设，初步实现街面防控网、社区和农村防控网、单位内部防控网、视频监控网、区域警务协作网、虚拟社会防控网全时空无缝对接。

【公安安全管理】 加强民用爆炸物品、枪支弹药、危险化学物品的安全管理，不断探索完善爆破服务一体化模式，确保危爆物品安全。创新校园安保工作措施，开展校园安全大检查，落实民警兼任法制副校长制度。加大校园及周边环境治理工作，梳理处置涉校涉园违法犯罪案件，加强校园周边治安巡逻和交通疏导，织密校园安全管控网络。全市消防部门不断加大消防监督执法力度，开展“清剿火患”专项行动，重拳出击火灾安全隐患。迎江区健康路小学荣获全国消防安全教育示范学校称号。推进道路交通事故预防社会化管理，充分发挥道路交通安全工作联席会议办公室作用，组织、监督、协调整治道路交通安全隐患。开展客运安全隐患专项整治行动，组织开展“平安畅通县市”创建活动、“我为安全、安全为我”等专项行动，查处各类交通违法行为10万余起，从严处理“酒驾”138起。做好公安监管场所安全管理，确保监所安全。

【服务创新】 坚持“规范、高效、便民”原则，做好行政许可和非许可审批工作，推进党务、政务信息公开，完成“平安江淮网”市局门户网站和网上办事平台建设，逐步实现“服务措施一网办”目标。建立户籍、车驾管等行政许可网上受理平台，推行窗口便捷服务模式。实施出入境证件数码相片社会化采集，手机短信免费告知出入境取证，外国人报警、接警、翻译三方通话等创新措施，有效服务公民因私出国(境)和境外人员临时入境。

【公安“三项建设”】 推进公安信息化建设，完成情报信息综合应用平台、警务地理信息平台、安全接入平台建设任务。优化信息基础工作，改造完善网络基础设施、安全技术设施和信息中心技术体系架构，公安信息通信网四级网带宽达到100M以上。完成协同办公、协同办案、派出所基础、网上督察、治安社会信息采集等信息系统的新建或改造，应用系统在实战中发挥重要作用。完善信息质量管理机制，及时发现和解决基层基础信息中问题。完善信息化应用工作机制，民警网上作战能力和水平明显提高。

推进执法规范化建设，开展执法制度创新，研究制定《安庆市公安机关派驻制法制员任用与管理办法》等规定，执法制度体系进一步完善。完成首次民警基本级执法资格考试。落实和谐执法理念，加大群众测评结果运用，将执法制度的落实情况纳入执法考评范围。推进执法办案场所规范设置工作，规范执法办案场所139个。严格案件审核把关，办理行政复议案件25起，未出现提起行政诉讼情形，公安执法质量考评成绩名列全省前列。

推进和谐警民关系建设，推行接处警电话回访制度、刑事案件“三回告”及“三告知”制度，当事人的合法权益得到有效保护。开展五级书记大走访、“访平安”、警民恳谈、警民相约警务室等活动，推出一批符合实际的便民利民措施，切实为群众解决实际问题，民警接受监督的意识增强。

【公安教育训练】 落实“三个必训”制度，推进“战训合一、轮训轮值”模式，重点加强领导干部培训、新警初任培训、教官培训、信息化应用技能和执法规范化全警培训，集中培训民警3340人(次)。组织选拔民警参加全省公安机关单警装备和警务技战术比武竞赛活动，以考促训，以赛促练。加强教官队伍建设，建立健全教官人才库。

【从优待警措施】 推行公安民警互助活动，提高基金救助的能力和水平。推动心理训练基地建设，继续推进民警心理健康工作，倡导文明健康生活方式。贯彻落实“三定”方案，稳妥推进科级领导干部选拔任用工作，提升和解决优秀民警的职级待遇。探索完善各级公安领导班子和领导干部考核评价机制，继续开展机关遴选基层民警工作，稳妥推进一线民警轮岗交流。

【公安文化建设】 学习贯彻落实党的十七届六中全会精神，尊重民警的主体地位，推动警营文化建设示范点建设，真心服务广大民警，不断满足民警日益增长的精神文化需求。开展“忠诚、为民、公正、廉洁”的人民警察核心价值观宣传教育实践活动。主办全省公安系统“红枫杯”乒乓球比赛，取得良好成绩；组队参加全市首届妇女运动会，荣获多项奖牌。

(安公办)

检　察

【概况】 全市检察机关履行检察职能，业务工作全省领先。19个集体、10名干警受到省部级以上表彰，第三次荣获全国检察机关基层检察院建设组织奖，怀宁县检察院荣膺全国先进基层检察院，市检察院和望江、岳西、宿松、枞阳县院荣膺省第九届文明单位。

开展打击侵犯知识产权和制售假冒伪劣商品专项行动，依法打击走私、诈骗、非法传销、非法经营、虚报注册资本等破坏市场经济秩序的犯罪，共审查逮捕35件61人，提起公诉51件93人，为经济平稳较快发展营造公平有序的市场环境。开展工程建设、国土资源领域突出问题和商业贿赂专项治理，共查处相关职务犯罪案件49件49人。端正执法思想，改进执法的方式方法，在办理涉企案件过程中，审慎选择办案时机，审慎启动刑事程序，审慎适用强制措施，不轻易传唤企业负责人，不轻易扣押冻结企业财产，尽力维护企业商誉和生产经营秩序，较好实现了办案法律效果、社会效果和政治效果的有机统一。最高人民检察院检察长曹建明在安徽调研时，对安庆市检察机关执法不忘稳定给予了充分肯定和赞扬。

2011年共审查批准逮捕各类刑事犯罪嫌疑人953人，公诉1393人。坚持对严重刑事犯罪快捕快诉、露头就打、决不手软，全年批准逮捕杀人、抢劫、强奸、贩毒以及涉黑涉恶涉枪犯罪案件127件213人，公诉150件276人，人民群众安全感进一步提升。认真贯彻宽严相济刑事政策，积极运用附条件不起诉、刑事和解等方式结案84件，最大限度促进了社会和谐稳定。制定《加强未成年人刑事案件办理工作的意见》，探索实践简案快办、污点封存等办案方式，全力挽救感化失足未成年人。推进社会矛盾化解，出台《办案风险评估办法》，在执法各环节开展风险评估预警，把执法风险降到最低程度。做好涉检信访工作，全年息诉各类申诉案件60件，化解信访积案17件，救助刑事被害人3人次，投入救助资金3.8万元。连续11年无涉检进京访和赴省集体访。参与和推进社会管理创新，24小时畅通举报电话，推行QQ接访，认真对待并妥善处置检察长信箱、市民心声网站举报。全年办结网民投诉38件，进一步畅通了人民群众的诉求表达渠道。

【诉讼监督工作取得新进展】 贯彻省人大常委会《关于加强人民检察院诉讼活动法律监督工作的决定》，参与省市人大常委会组织开展的"百名人大代表看诉讼监督"活动，促进诉讼监督工作全面协调发展。强化立案监督和侦查监督，全年共要求侦查机关说明不立案理由260件，侦查机关直接立案259件，纠正漏捕152人，纠正漏诉207人。强化对行政执法活动的监督，牵头组织16家行政执法机关，召开移送涉嫌犯罪案件专项监督活动推进会，推进行政执法机关加强监管、依法履职，有效减少和避免行政执法环节有案不立、以罚代刑等情况的发生。强化刑事审判监督，对认为确有错误的刑事裁判，提出抗诉7件，已决7件全部改判。强化民事行政检察监督，对认为确有错误的民事行政裁判，提出抗诉30件，提请省检察院抗诉28件，法院再审61件，其中改判26件，调解19件，再审改变率达73.7%。强化刑罚执行和监管活动监督，全年共审查减刑案件42件，假释案件8件，监督纠正监外执行罪犯脱管漏管138人次，发出纠正违法通知书146件，纠正率99.3%，促进了公正执法，检察环节连续13年无超期羁押。

【查办和预防职务犯罪】 全年共立案查处贪污贿赂案件111件128人，其中5万元以上大案73件，要案7件，大要案占立案总数的72.1%。立案查处渎职侵权案件16件18人，其中重特大案件4件，占立案总数的25%。通过办案，为国家挽回经济损失3000多万元。查处危害民生民利的职务犯罪案件，共立案查处教育、就业、社会保障、征地拆迁、医药卫生等民生领域职务犯罪案件16件21人，立案查处贪污挪用涉农补贴职务犯罪案件14件26人，促进了民生改善。依法查处发生在环境保护、安全生产和食品安全等领域的玩忽职守不作为、滥用职权乱作为渎职侵权犯罪案件3件4人，促进依法行政。严肃查处司法不公背后的职务犯罪，立案查处九成监狱管理分局窝案45件45人，促进公正廉洁执法。推进职务犯罪预防工作。行贿犯罪档案查询系统顺利与全国联网，全年提供查询2905次。成功举办全国惩治预防渎职侵权犯罪安庆展，3万多名干部群众先后参观展览。

【强化自身监督有新举措】 始终坚持党的领导和人大监督，虚心听取并认真落实人大代表、政协委员和各界人士的批评、意见与建议。实行人民监督员制度，完成人民监督员改选工作，将人民监督员对办理职务犯罪案件的监督范围，拓展为拟不起诉、拟撤销案件等7种情形。在全国全省率先成立案件质量管理办公室，依托网络平台进行案件集中统一管理，实现案件网上办理、网上审批、网上监督、网上考核，使执法办案活动全方位、全过程接受监督管理。推行案件评查、精品案件评选，确保案件质量，全年无一起错立、错捕、错诉案件，公诉案件有罪判决率100%，未出现因案件质量问题引发的涉检上访。全市检察机关连续5年无违法违纪案件，连续11年办案安全无事故，市检察院先后荣膺全国检察机关纪检监察工作先进集体和司法警察示范单位。

【检察队伍建设呈现新面貌】 开展进百家企业、进百所学校、进百户家庭、访百件案件为主要内容的“三进一访”活动。开展法律服务360次，上法制教育课122场，向贫困家庭捐款捐物40余万元，回访已结职务犯罪案件120件。强化队伍教育培训，举办各类教育培训51次，推荐评选首届全市“检察业务尖子”，2名干警入选全省检察机关“十佳接访员”。切实加强检察文化建设，成立安徽省检察机关书画摄影协会安庆分会，广泛开展读书思廉、演讲比赛、体育竞赛等各类文体活动，引领干警坚定信念、塑造形象、陶冶情操。加强基层检察院建设，坚持财力向基层倾斜，工作向基层延伸，力量向基层凝聚，取得明显实效，省检察院在安庆召开基层检察院建设工作现场会。

（检察院）

审　判

【概况】 全市两级法院共审理各类案件29523件，其中市中院审理4478件。

依法严厉惩处严重刑事犯罪，重点打击严重侵害群众生命财产安全的重大暴力犯罪，以及社会关注的拐卖妇女儿童、黑恶势力、毒品犯罪等，维护社会稳定。全年共审理各类刑事案件1615件，判决被告人2197人。其中严重刑事犯罪案件350件，被告人472人。发挥法院在社会管理创新中的职能作用，积极参与加强未成年人保护、特殊人群帮教、社会治安重点地区综合治理等工作。市中院在审理一起大型有组织贩毒案中，组织120多名怀宁县高中学生现场旁听庭审，让青少年近距离了解毒品的危害，加强教育效果。

全年审理各类民商事案件19828件，诉讼标的额14.42亿元。审理婚姻家庭、社区邻里纠纷等案件5485件，依法保护妇女、儿童和老人的合法权益，倡导文明和睦的家庭邻里关系。审理侵权损害赔偿、劳动争议和社会保障案件6848件，促进社会和谐安定。审理各类合同纠纷案件7495件，鼓励诚实信用，制裁违约行为。审理借贷、票据、保险和融资等金融纠纷案件3156件，涉案诉讼标的额2.6亿元，依法保障金融安全。强化“调解优先”理念，实现案结事了人和，全年市法院民事案件调撤率达到55%，比上年上升3个百分点。开展人民调解协议司法确认工作，对市医疗纠纷人民调解委员会作出的人民调解协议依法作出司法确认，社会效果良好。

全年审理各类行政案件957件。行政案件继续保持稳定增长的态势，同比增长18.6%，在保护行政相对人合法权益、促进行政机关依法履行社会管理职能上发挥重要作用。积极拓展审判职能，针对涉及民生、争议多发、矛盾突出的问题，主动与相关行政机关建立相互通报、司法建议、法律咨询的良性互动机制，促进执法规范、提高执法水平。妥善审理与人民群众生产生活密切相关的城市建设、房屋拆迁、土地确权、社会治安、社会保障、环境保护等案件，保护公民基本权利。全年办理房屋拆迁类非诉执行审查案件65件，其中裁定准予执行37件，不予执行28件，为维护公民合法权益，保障拆迁工作依法进行作出贡献。

全年执行各类案件7162件，执结率为86.4 %，同比上升3%，执行标的额2.88亿元。开展“反规避执行活动年”，以创建“无执行积案先进法院”为抓手，多措并举开展执行工作。加大执行积案清理力度，严厉打击规避执行行为，采取限时执结、换人执行、挂牌督办、假日执行等举措，提高案件执结率；加大财产查控、财产保全措施力度，切实兑现当事人合法权益；建立健全执行救助机制，尽力筹措救助资金，对确无财产可供执行，而申请人生活困难的，依法予以救助，全年共发放救助资金82万元。强化执行环节之间的监督制约，确保执行公正；加大执行工作宣传力度，扩大社会影响，优化执行环境。

【开展教育实践】 开展“发扬传统、坚定信念、执法为民”主题教育实践活动。两级法院领导深入基层、深入审判、执行工作一线，深入机关、企事业单位，听取群众意见，指导和解决问题；广大法官深入社区，在便民诉讼、巡回审判、指导调解、法制宣传、调查研究、和谐创建、结对帮扶等方面为社区建设提供优质的法律服务。如大观区法院把全院干警分成五个服务群众特色小分队，分批轮流深入基层，参与社区村组的经济建设、社区管理和社会服务，得到了群众的好评。两级法院积极把活动成果体现到日常工作中，丰富便民措施，方便群众诉讼。加强立案信访窗口建设，完善“诉讼服务中心”的设施和功能，打造网络综合服务平台。怀宁县法院被授予全国法院“立案信访窗口建设先进集体”称号。依法扩大简易程序适用范围，建立健全速裁机制。进一步弘扬“马锡五审判方式“的内在精神，推广远程立案、电子签章、预约办案、巡回审判等工作举措，为群众打官司提供方便。

【审理民生案件】 妥善审理社会保障、教育、医疗等领域的纠纷，维护群众切身利益。妥善审理农民工追索劳动报酬、劳动争议等案件，保障群众基本生活需要。如宜秀区法院开通农民工工资案件“绿色通道”，采取“优先立案、优先审理、优先执行”等措施，案件执结率100%。妥善审理因物价上涨及房贷等政策变化引发的案件，为群众营造良好的生活秩序。依法妥善审理婚姻家庭、社区邻里纠纷案件，一些基层法院专门在民庭内设立“妇女、儿童、老人权益合议庭”，加强对特定对象合法权益的保护。根据上级法院要求，市中级法院指定大观、怀宁法院作为家庭暴力案件签发“人身保护令”试点单位，取得良好效果。

【治理涉诉信访】 全年共受理来信1100余件，接待来访2900余人(次)，信访案件同比减少15%，太湖县法院实现涉诉案件零信访。工作中，以“案结事了、群众满意”为目标，以上级交办、人大监督以及人民群众反映强烈的案件为重点，加大力度，解决一批老案、难案。强化服务意识，畅通信访渠道，推进文明接访室创建。坚持首办责任制、包保责任制和领导接访、带案下访等做法，认真解决群众信访中反映的问题。建立涉诉矛盾纠纷排查化解、案件办理信访风险预估、信访工作责任倒查、信访案件甄别终结等制度，健全有效预防、及时化解涉诉信访的长效机制。强化源头治理，从一审、二审、再审和执行工作抓起，强化审判执行人员案结事了意识。

【审判管理】 成立市中院审判管理办公室。推行基层法院年度考核、案件质量评查、审判人员绩效考核，建立健全对法院工作人员的业绩档案和考评体系。推进量刑规范化改革，落实司法公开，促进审判整体水平的提高。通过加强审判管理，提高工作绩效，全市法院全部案件法定审限内结案，生效裁判改判率为0.85%。

【基层基础建设】 市中院通过二审案件审理、司法巡查、质量评查、下发指导意见、发布典型案例等方式，不断强化监督指导效能。做好经费保障和管理工作，争取中央、省政法补助资金和装备，全面改善基层法院、基层法庭的办公办案条件。两级法院“信息化法院”、“数字化法院”等基础设施建设全面展开，逐步实现信息技术在审判流程、网上办公、远程视频提讯、档案管理、绩效考评等方面的应用。两级法院审判和管理工作的信息化、科学化、现代化水平全面提高。

（黄　谷）

司法行政

【概况】 市依法治市领导小组审议通过《法治安庆建设纲要(2011～2015年)》和《关于在全市公民中开展法制宣传教育的第六个五年规划(2011～2015年)》，召开法治安庆建设暨全市法制宣传教育工作会议。“江淮普法行”和“12·4”法制宣传日活动扎实开展，市“六五”普法宣讲团，深入社区、校园等重点地区开展普法宣传教育工作。法律服务水平稳步提升，2011年，全市律师事务所36个，其中合伙所33个、个人所2个、国资所1个；城区律师事务所12个(市直属9个)，县域律师事务所24个；执业律师345人，其中专职律师340人，兼职律师5人。全年共担任法律顾问单位1490家，办理刑事案件1168件，民事、行政、非诉讼案件7854件。参与涉法涉诉信访接待600多次。全市9个公证处，公证员29人，全年共办理国内公证文书16391件，其中经济合同公证8078件，办理涉外及港澳台公证文书2744件。法律援助民生工程稳步推进。建成一批法律援助便民大厅，基础建设逐渐完善。扩大法律援助范围，降低法律援助门槛，办案数量和质量明显提高。市司法局被评为2011年度全市民生工程先进单位。

国家司法考试报名和考试合格人数再创历史新高，合格率在全省位居前列。作为安徽省常设考区之一，市国家司法考试工作已连续9年安全无事故。

开展司法所管理体制和司法所专项编制使用情况检查，规范司法所标识和制度，评选出一批市级示范所。2011年，全市基层司法所170个，专职司法助理员455人。

创建规范化调解庭和标准化调委会，分批分级培训了万名调解能手；加强专业化、行业化调委会建设，普遍建立交通事故和人事劳动争议调委会，市级成立医疗纠纷调委会。全市人民调解委员会2215个，调解员14189人，全年共调解民事纠纷43063件，调解成功率达97.6%。

安置帮教和社区矫正成立专业管理机构。建立刑满释放和解除劳教人员安置帮教机制，确立责任田和最低生活保障，帮助解决困难救济和就业。开展重点帮教对象接送187人次，开展进监所帮教活动12场次，社区服刑人员集中矫正教育796场次，重新违法犯罪率控制在全省平均水平以下。

【启动“六五”普法】 12月22日，法治安庆建设暨全市法制宣传教育工作会议召开，传达贯彻全国、全省法制宣传教育工作会议精神，总结“十一五”时期依法治市和“五五”法制宣传教育工作，部署法治安庆建设和“六五”法制宣传教育工作，表彰2006～2010年全市依法治市和法制宣传教育工作先进集体和先进个人。朱读稳、肖超英、康正和、王章来、宋圣军、李胜荣、光嘉元等市领导出席会议，各县(市)区党委、政府主要负责人、分管负责人，市直及中央、省驻宜各单位的负责人和市属大中型企业分管负责人等400余人参加会议。全市“六五”普法正式启动。

【司法鉴定协会成立】 12月17日上午，安庆市司法鉴定协会成立暨第一次全体会员大会召开。市政法各部门和有关单位的领导人出席会议，全市7家司法鉴定机构100余名司法鉴定人参加会议。表决通过《安庆市司法鉴定协会章程》，选举产生第一届理事会理事和安庆市司法鉴定协会第一届领导班子。面对社会服务的司法鉴定管理工作正式迈入行政和行业双重管理体制。

【司法行政业务用房建设】 年内，市本级和11个县(市)区的司法业务用房建设项目列入国家政法基础设施建设“十二五”规划，其中枞阳县和大观区司法业务用房项目已经完工，为基层司法行政机关履行职责提供保障。

(黄　超)

栏目编辑：刘晓春

黄梅戏脚色行当

黄梅戏脚色行当的体制是在“二小戏”、“三小戏”的基础上发展起来的。上演整本大戏后，脚色行当才逐渐发展成正旦、正生、小旦、小生、小丑、老旦、奶生、花脸诸行。辛亥革命前后，脚色行当分工被归纳为上四脚和下四脚。上四脚是：正旦(青衣)、老生(白须)、正生(黑须)、花脸；下四脚是：小生、花旦、小丑、老旦。行当虽有分工，但很少有人专工一行。民国十九年(1930)以后，黄梅戏班社常与徽、京班社合班演出。由于演出剧目的需要，又出现了刀马旦、武二花行当，但未固定下来。当时的黄梅戏班多为半职业性质，一般只有三打、七唱、箱上(管理服装道具)、箱下(负责烧茶做饭)十二人。行当搭配基本上是正旦、正生、小旦、小生、小丑、老旦、花脸七行。由于班社人少，演整本大戏时，常常是一个演员要兼扮几个脚色，因而在黄梅戏中，戏内脚色虽有行当规范，但演员却没有严格分行。

军　事

安庆军分区

【概况】 开展建党90周年系列活动，重视加强经常性思想工作，把官兵职工的精神状态与岗位责任联系起来齐抓共育，提升官兵的事业心、责任感，有效净化部队风气。军分区政治部被省军区表彰为“优秀政治机关”。

加强以信息化知识、计算机应用和军事基本技能为重点的强化训练，完成军分区本级基础设施和指挥信息系统建设。集中组织专武干部、应急分队、首长机关三个层次的强化训练，专项组织高炮、水上抢险、森林防火、防化救援等专业分队训练。落实节假日期间对战备值班分队的拉动演练制度，完成“1·19”地震救援、森林扑火和省军区赋予的科技装备维修保障试点任务。军分区被省军区表彰为“军事训练先进单位”、“防汛工作先进单位”。

加强民兵整组。从1月下旬开始至4月底，采取业务培训与检查指导、试点先行与重点帮带、任务牵引与紧贴实际、严格标准与灵活务实“四个相结合”的方式方法，扎实抓好基干民兵作战队伍、勤务保障队伍、应急队伍和其他队伍的组建工作，确保民兵整组各项工作的落实，全市编组成立民兵应急连、乡镇应急排。

开展安全教育宣传月、新条令条例集中学训等系列教育整治活动。将团以上干部教育管理摆在突出位置，修订完善安全管理制度。高标准完成全区报废弹药清查、核对、销毁及各类报废弹药集中调运任务。

参与和谐社会建设。深化“建点扶持、结对帮扶、基地带动”活动，全区共结帮扶对子265对，先后向帮扶对象及扶贫单位捐款20余万元。宣传岳西人武部职工王志武驻点扶贫、退伍军人刘磊“退伍不褪色，爱撒众乡邻”先进事迹；在全市开展“安庆优秀儿女在军营”系列活动，拍摄制作57集安庆籍优秀现役军人立足军营、建功军营的先进事迹专题片；与市委宣传部联合表彰“十大优秀复员转业军人”。后勤综合保障能力提升。进行“部财区管”改革，按照“聚财搞建设、理财促发展、管财依法规”的工作思路，下发《安庆军分区“部财区管”改革工作方案》，规范财经秩序，优化经费投向。深化“创三好”活动，推进军分区、人武部后勤规范化建设，市民兵训练基地、军分区新址竣工并投入使用。

【日常战备综合整治】 在全区团以上单位开展日常战备综合整治。开展为期5天的日常战备综合整治教育整顿，解决干部战备意识不强、制度落实不好、硬软件落实不到位等问题。结合省军区下发的战备工作指导手册，修订完善《军分区战备工作若干规定》、《作战值班规定》，规范各级战备秩序；结合省军区制定的处置突发事件应急指挥实施细则，规范处置各种突发情况的程序、要求。修订完善非战争军事行动各类预案，对兵力动用、行动要点、组织指挥和保障措施论证明确，形成完善配套、实在管用的应急处突方案体系。规范军分区、人武部战备业务办理，对部署调整、兵力调动等办理程序和要求做出规定。组织快反分队拉动演练。结合民兵整组点验，3月下旬至4月上旬，对全区快反连进行不预先告知的拉动点验，快反连均在1个半小时内集结完毕，人员到点率达89%。狠抓节假日战备工作。在抓好战备教育的同时，落实各项战备制度。完善本级“四室两库”建设。8月下旬，结合新营区建设，按照“要素齐全、布局合理、利于战备”的要求，对“四室两库”进行规范完善，为全市民兵专业应急救援分队配齐装备器材，改进全区战备工作硬件基础。

【全市基层武装部专武部长集训】 4月16～25日，军分区教导队组织全区专武部长集训。围绕“打牢一个素质，提高五种能力”的目标，采取理论学习与研讨交流、技能训练与示教观摩相结合的方法，组织政策法规、信息化知识、军地通用知识学习和必备军事技能训练和“四会”课目示教观摩、重难点问题研讨交流，提高专武干部依法履职、组织指挥、组训教学、学用信息化知识和遂行非战争军事行动能力。

【“日遗化武”鉴定、包装、回收工作】 根据总部、军区、省军区通知要求，军分区积极了解掌握“日遗化武”鉴定、包装、回收工作的标准和要求，在立足现有条件基础上加强与地方相关部门的协调，高标准做好相关软件和硬件准备。7月5～20日，完成3枚“日遗化武”的鉴定、包装任务；12月10～15日，完成对22枚“日遗化武”的回收工作。

【科技动员车辆装备保障基地试点建设】 4月下旬至9月下旬，根据省国动委通知要求，结合安庆实际，市国动委在市境建设科技动员车辆装备保障基地。以大规模作战装备动员准备为牵引，以提高科技支前保障能力为目标，按照“军地结合、资源整合，规范建设、完善配套”的思路，依托地方军民通用车辆装备生产、销售或修理企业，探索科技动员车辆装备保障基地建设的方法、内容和标准，走军民融合式发展路子。

【水上抢险分队骨干训练和综合演练】 军分区于5月16～21日，在大观区海口镇组织60人参加的全市水上抢险分队训练和演练。按照理论讲解、实地操作、协同训练的方法步骤组织实施，训练演练不仅提升参训人员的理论基础和冲锋舟驾驶业务技能，也锤炼顽强的战斗作风，为防汛分队在遂行应急任务时打下坚实的基础。

【地震救援】 1月19日12时7分42秒，市宜秀区与怀宁县交界处发生里氏4.8级地震，宜秀区、怀宁县、桐城市、枞阳县等不同程度受灾。灾情发生后，军分区成立抗震救灾指挥领导小组，分别向宜秀区杨桥镇、怀宁县月山镇派出前线指挥组，随时了解震情、灾情，组织民兵实施救灾。19～21日，军分区共出动民兵1868人次，紧急转移五保户和孤寡老人91人，疏散群众1200人，协助开设灾民安置点3个，安置灾民590人。

【民兵情报信息员队伍建设】 针对民兵情报信息员队伍组织结构不够合理、作用发挥不够明显、经费落实不够到位等问题，采取针对性措施，加强队伍建设，规范工作运行，为构建大情报体系提供支撑。优化组织结构。结合乡镇基层组织换届和民兵整组，调整充实信息员队伍。组织培训教育。结合专武干部集训对民兵信息员进行业务培训，使民兵信息员了解掌握职责与任务、情报信息搜报要点、上报程序方法等。规范工作制度。制定出台民兵信息员教育管理业务培训、工作例会、考评奖惩、保障方法等工作制度，加强对信息员的管理。

【开展思想教育活动】 3月1～8日、7月28～29日、10月10～12日，分别组织开展“加强党性修养、锤炼思想作风”教育整顿活动专题教育。5月4～6日，军分区采取动员辅导、讨论交流、小结讲评等方法，在全区开展“坚定理想信念，忠实履行使命”主题教育，使全区官兵职工强化使命意识。

【组织师团军事干部理论集训】 5月19～25日，军分区结合第二季度党委中心组理论学习，组织各团级单位军事主官理论集训。集训中着力研究如何以推动国防和军队科学发展为主题，加快转变战斗力生成模式，提高干部理论素养等问题。12月5～12日，省军区在淮南组织师团政工干部理论集训暨政工干部业务比武，军分区政治部张兆都主任、徐礼峰干事和各团级单位政工主官参加，张兆都获重大现实问题研讨交流一等奖，桐城市人武部政委严书红获写作类单项二等奖。

（黄文镜　章炜　王飞　徐礼峰　潘建民）

武警支队

【概况】 2011年，武警安庆市支队实现连续16年“先进支队”和连续28年“三无”目标。

政治工作扎实有效。围绕培育当代革命军人核心价值观，开展以“忠心献给党、热心献给部队、孝心献给父母、爱心献给战友、信心留给自己”为主题的“五心”教育，采取读书演讲、影评书评等活动形式，促进教育效果的落实。支队战士倪鹏举在总队举办的“为荣誉而战”主题演讲比赛中获一等奖，支队被省军区政治部、省国家安全厅表彰为“省军地隐蔽斗争协作工作先进单位”。

基层建设不断加强。在参加总队分级培训的同时，自主抓好经常性培训，机关按纲指导、基层按纲抓建的能力不断增强。开展“创先争优”活动，落实党委成员“月蹲一周”的蹲点责任制和领导包片、股队挂钩的定点帮建责任制，以“过中队、建档案”为载体，组织9批工作组深入基层指导帮带，促进基层建设工作推进。完成中心任务。全年累计出动兵力3580人次，完成“704”一级警卫、太湖县文博园开园安保、“1012”、“1016”司法部调犯、武装押解等临时勤务63起。支队被总队评为执勤工作先进单位。

后勤建设扎实推进。严格执行后勤各项制度，规范后勤战备秩序，组织后勤专业兵集训，后勤应急保障能力增强。推进基础设施建设，完善支队机关、警勤汽中队、教导队、四中队、六中队、潜山中队规范化建设。做好卫生防病工作，确保官兵身体健康，支队被武警部队爱委会表彰为“健康警营达标单位”。

【完成各类警卫保障】 7月4～5日，支队出动官兵，完成中央政治局常委、国务院副总理李克强一行来安庆市视察期间的一级安全警卫勤务。5月18日，出动兵力和指挥、通讯、运输、保障等各类车辆，完成“安徽五千年文博园开园仪式暨第三届中国花亭湖旅游文化节”开幕式现场安全警卫勤务。6月6日，支队出动官兵、冲锋舟，完成安庆市端午节龙舟赛水上区域巡逻勤务。10月26日，支队出动官兵完成第五届中国——怀宁孔雀东南飞文化艺术节开幕式现场安全保卫任务。

【加强支队建设】 贯彻总队“六长”集训精神，严格勤务管理，加大“四级”查勤力度，正规执勤秩序。以总队执勤分队比武考核为契机，抓好专勤专训、专哨专训、勤训轮换和反恐集训，同步参与“卫士-11”演习，加强“恶劣天候、敏感时期、重点时段”等特定条件下勤务的研究和部署，完善“一情一策、一点一策、一岗一策”等多种处置方案，部队遂行任务能力提升。注重技防设施的升级拓展，完成城市道路和社会面监控的接入，光纤进哨位工程以及局域网升级扩容正逐步展开。

（王文军　李　阳）

边防检查

【概况】 2011年，安庆边防检查站以爱民固边战略为中心，夯实驻地和口岸安全稳定基础；以提高边检服务水平为重点，创新边防管理；以党建工作为龙头，突破部队发展瓶颈，实现部队建设又好又快发展。

全面加强部队党的建设，强化依法、民主、科学决策。开展反腐倡廉集中教育整治活动，严格执行“四个严禁”、“五条禁令”，把住廉洁守纪的底线。以创建模范党组织生活为契机，出台《党支部会议规范》、《党支部会议流程与注解》和《党日生活规范》等支部建设规范。7月，边检站监护中队党支部被公安部政治部评为优秀党支部。

着力提升队伍能力素质。按照强化基础、突出岗位、固强补弱、注重实效的练兵要求，坚持全员参训、科学组训、按纲施训的原则开展岗位技能练兵活动。制定完善《军事业务岗位技能练兵工作方案》，明确练兵内容、练兵流程、参训人员、时间安排、责任人、检查考核标准以及奖惩办法，确保训练成效。

发挥边防职能作用。跟进服务安庆“承接产业转移示范区”建设，先后推出15项便民利民措施，开通“边检微博”和“边检QQ群”，设计制作警民连心卡、走访评议表、走访情况登记表和致服务对象书等。探索口岸管理工作新模式，与安庆公安、国保、反恐和口岸查验单位完善警地联动、口岸风险评估、敌社情及大运会安保情报交流等机制。

提高管理教育水平。开展“发扬传统，坚守信念，执法为民，践行军人核心价值观”主题教育活动和职业精神大讨论。注重文化育警，严格落实基层文化建设三年规划目标。突出精细化管理，严格机关早检查、晚点名、请销假、登记等制度，防止失控漏管现象的发生。突出重点管理环节，以开展安全教育整顿活动中查摆出的9类38个问题为重点，严格落实车辆派遣、车场日夜查铺查哨等制度，加强涉密存储介质、光盘的管理和计算机的安全检查，强化对手机和个人计算机使用的管理，严格规范涉密文件的管理，提高部队正规化管理水平。开展“警营文化周”、“周末育才”等系列活动，丰富官兵的文化生活。

提高综合保障能力。加强经费管理，编制经费预算，完备经费核销手续，工程建设和重大开支坚持党委集体研究，打造节约型警营。全力推进监护中队营房基建，加大农副业生产，保障官兵生活。

【出海边防证件业务授权】 9月29日，安徽省公安边防总队按照公安部边防管理局授权，在安庆、芜湖边检站建立出海边防证件业务办证机构。为实现在11月正式启动办证业务目标，边检站制定《推进江海联运“两证”办理工作方案》，确定出海证件办理人员，完善办证设施。出台《边防签证办理勤务基本流程》、《办证印章使用管理规定》和《办证室执法服务标准》等规章制度，保证出海船舶办证工作的开展。

【实施爱民固边战略】 结合内陆边防实际，推进"爱民固边"战略，与驻地周边和大别山老区3所学校建立结对帮扶关系，为16名贫困儿童提供爱心资助，向驻地党委政府及有关部门反映并帮助群众解决困难13起，建立帮困对子8个，捐款1.5万元；组织部队开展"爱心挺进大别山"、"手拉手、心连心"、"留守儿童图书室"等主题实践活动6次，强化同人民群众的血肉联系。年初，安庆"1·19"地震中，边检站第一时间组织抗震救灾应急分队到地震灾区排查危险房屋，协助转移受灾群众。

（边检站）

消防支队

【概况】 2011年，消防工作以构建和谐社会为载体，强力推进"清剿火患"战役，加大对社会福利机构消防安全和消防产品监管力度，社会火灾防控能力提升。派出所消防工作始终处于全省领先位置，市健康路小学被公安部消防局授予"全国消防安全教育示范学校"。年内，全市共检查单位13545家，发现火灾隐患20693处，督促整改17747处，临时查封单位1301家，责令三停单位571家，罚款1291.45万元，拘留537人。有力的震慑消防违法行为，消除一批火灾隐患，提升社会火灾防控能力。全市全年发生火灾434起，死5人，伤0人，受灾167户，烧毁建筑17181.2平方米，直接财产损失706.35万元。与上年同期相比：起数下降8.05%，死亡人数上升400%，直接财产损失下降39.1%。2011年，支队共接警出动1400起，出动车辆2237辆次，出动警力12449人次，营救被困群众1574人，有效保护财产价值上亿元。

【灭火救援和应急处置能力提升】 围绕提高部队战斗力标准，探索训战新模式，开展地震救援拉动演练，检验救援队伍的协调配合能力。承办市政府组织的长江水上应急处突联合实战演练，开创全省水上应急演练先河，拓展水域救援的空间和能力。进行全省大型石油化工跨区域灭火救援实战演练，积累扑救石油化工火灾的经验，先后成功处置"3·27"鑫富化工厂爆炸、"7·7"安庆同仁医院旧址火灾等灾害事故。

【后勤综合保障】 2月14日，肖超英市长主持召开常务会议，专题听取消防工作汇报，研究解决消防部队建设等一揽子问题。市消防指挥中心、望江县消防站、怀宁石牌消防站建设项目启动，开发区三城寺消防站、枞阳横埠消防站开工建设，新增3部高喷消防车、1部战勤保障供气消防车、1部干粉泡沫两用车和1部53米登高消防车，采购抗洪抢险救援和地震救援装备等各类器材3000余件套，灭火救援后勤综合保障能力得到提升。

（消防支队）

预备役二团

【概况】 加强思想政治建设。开展培育当代革命军人核心价值观主题教育，坚定官兵理想信念。加强军营文化建设，投入20余万元，建起团史室，安装营区智能公共广播系统，设置警示标语、宣传橱窗等。

推进部队正规化建设。先后投入30余万元，对作战值班室等进行改造，安装电子屏、配齐完善相关设备。应急应战能力提高。紧贴担负的使命任务，着眼提高核心军事能力，推进军事斗争常态化准备。完善战备方案计划，更新作战资料和器材储备，落实战备制度，狠抓战备演练，部队战备水平不断加强。后装保障能力提升。发挥"双重保障"优势，针对团队基础设施互不配套、功能单一的实际，在市委、市政府的支持下，制定营院建设规划，分期投入、逐年完善。投入40万元，绿化营区；投入10余万元，接通自来水，让官兵喝上放心水。开展扶贫帮困活动。主动与革命老区、山区贫困学校建立扶贫帮建教学联系点，定期开展捐资助学活动，与42名贫困生结成助学对子。1月，组织预备役军官和医疗人员到桐城市大关镇敬老院看望慰问孤寡老人，为孤寡老人进行体检和疾患治疗，并捐赠慰问金5000元，免费发放常备药品。2011年，预备役二团被安徽省军区表彰为"先进团党委"和"军事训练先进单位"。

【组建常备应急分队】 根据通知要求，结合安庆市情，从全团5支应急机动分队中精选120人组建常备应急分队。7月7日，召开誓师大会，组织官兵宣誓，签订入队承诺书，建立基本信息档案，随时准备出动遂行多样化任务。

【组建82迫击炮灭火连】 为加强安徽省森林灭火专业救援力量建设，经省委、省政府、省军区批准，8月1日完成灭火连调整组建。8月2日至9月5日，开展“先骨干、后分队，先理论、后技能，先单炮、后演练”灭火训练，分阶段、按专业展开在营基础训练。为检验训练效果，组织参训人员赴军区三界训练基地进行实弹射击训练，取得首发命中、发发命中的优异成绩，实现当年编组当年出战斗力的要求。

【开展青少年学生国防教育活动】 7月12日，与安庆师范学院、安庆市大观区政府联合举办“心手相牵、关爱成长”城乡留守儿童进军营活动，先后组织市高崎小学、长江小学200多名留守学生走进军营，增强留守儿童国防意识和自强不息精神。

8月30日至9月2日，应安庆市教育部门邀请，选派10名现役官兵，协助安庆市916学校组织18个班级共992名学生进行军训，经过连续一周的队列训练和国防常识教育，学生国防意识明显增强。

【抢险救援演练】 5月23日至6月2日，在安庆市石塘湖组织抗洪抢险应急分队水上救援训练。主要进行冲锋舟水上驾驶、打桩机操作使用、抢运物资、转运人员等科目训练。期间，参训人员携装转场机动到巢湖水域参加全师抗洪抢险综合演练，完成各项演训任务。9月25日至10月16日，协助安徽省地震局在安庆市境组织“联动—2011”华东7省（市）抗震救援综合演练，10支专业队伍近500人参加演练。市预备役团出动现役官兵40人，动用各型抗震救援专业侦搜和破拆装备器材60多件（套），完成地震灾害场地模拟设置、生命探测与搜索、救援组织与实施、警戒与调整等5类搜救行动演练和保障任务。中国地震局应急救援司及安徽、江苏、浙江、江西、福建、山东省和上海市地震局相关领导莅临现场观摩指导。

【抗洪抢险】 7月中旬，安庆市境连降暴雨，枞阳县枞阳镇古塘冲羹脍赛河出现堤坝决口，下游2000多亩稻田面临洪灾。15日17时10分，预备役二团应枞阳县政府请求，紧急出动官兵赶赴现场处置决堤险情。经过数小时连续奋战，至16日2时10分，控制了险情。

【山林扑火】 3月28～31日，潜山县梅城镇潘家铺和枞阳县周潭镇东方红林场出现森林火灾。应安庆市潜山县和枞阳县政府请求，迅即组织动员2个应急分队，携带风力灭火机、2号灭火工具、灭火弹、铁锹、砍刀，分4个批次参加扑灭林火行动。清理火场26处约1270多亩，构筑防火隔离带4380米，山火被扑灭。

【军民文化联谊】 7月，与安庆市民政局联合举办民间艺术家进军营活动。27日，安庆市8位著名艺术家走进军营挥毫泼墨，为官兵书写励志格言28幅、绘画军旅题材书画16幅，现场教授官兵书法和绘画技艺；30日，邀请民间艺术家任秀英老人来团为官兵教授剪纸艺术，丰富官兵业余文化生活，密切军民关系。

（预备役团）

栏目编辑：刘宜群

教　育

综　述

2011年，是安庆市实施教育改革和发展规划纲要的起步之年。制定《安庆市中长期教育改革和发展规划纲要（2010～2020年）》，与省教育厅签署《促进安庆市教育发展合作框架协议》，出台《关于大力发展我市职业教育的若干意见》、《安庆市区高中调整布局优化资源配置的实施意见》、《安庆市主城区中小学布点规划》等一系列文件，促进安庆教育健康发展。

《安庆市学前教育三年行动计划（2011～2013年）》全面启动，明确学前教育改革发展的时间表和路线图。制定新一轮义务教育均衡发展实施方案，义务教育均衡发展工作成效彰显。拓展优质教育资源，太湖弥陀高中通过省示范高中评审，安庆市省示范高中数位列全省各市之首。职业教育创新发展，第二职教中心在海军安庆市职业学校挂牌，3所职校成功创建省级示范学校；职校招生占年度计划的103.6%，中职占高中阶段比例达到49.4%。制定《安庆皖江城市带职业教育办学模式改革及中职教育改革创新实施方案》，推进中等职业教育改革创新及皖江城市带办学模式改革试点工作。枞阳县成功承办全省职业院校技能大赛农业类竞赛。黄梅戏学校正式升格为安徽黄梅戏艺术职业学院，并搬迁至新校区，成为全国唯一以培养黄梅戏表演艺术人才为主的综合性高等院校。

把提高教育质量作为改革核心，把促进教育公平作为改革重点，把推进素质教育作为改革着力点。召开城区高中教育发展务虚会，推进培养模式改革；以省级新课改样本校为牵动，由点到面，构建新的教学模式、管理模式和评价体系。改革课堂教学，向课堂要质量，加大学生课业减负力度，实施素质教育，促进学生全面、自主、个性发展。推进招生制度改革，义务教育阶段学校招生按照“免试、就近、划片、对接”的原则进行；省示范高中向初中定向招生指标比重逐年提高，达70%。严格控制中考政策加分项目和加分人数，取消航模比赛等加分项目。稳步推进教育管理体制改革，完善民办教育“分级审批、属地管理”的体制。设立高教管理办公室，统筹高教发展与服务。安庆市教育局二级机构整合工作完成，提升服务教育发展的能力。

义务教育经费保障机制完善，资助家庭经济困难学生，共为69260名学生发放5194.5万元普通高中国家助学金。提高义务教育阶段家庭经济困难寄宿生生活费补助基本标准，提高后的基本标准为：小学生3元/天、初中生和特教学生4元/天。全年校舍安全工程投入资金86185万元，加固改造校舍131.61万平方米。加强留守儿童之家建设，特别加强对少数民族学生集中地的留守儿童之家建设，在大观区保婴民族小学和望江县漳湖镇中心小学建立留守儿童之家。

加大对违规补课、教育乱收费等问题的治理力度，2011年全市未发生在全省造成重大影响的违规乱收费典型案例，群众关于教育收费投诉明显低于上年度。将治理教师有偿家教作为2011年度师德建设重点，出台《关于禁止中小学在职教师从事有偿家教的暂行规定》。强化学校对学生安全的管理，市委市政府建立全市预防青少年溺水工作联席会议制度，召开预防青少年儿童溺水专题会议；加强对校车的管理，对接送学生的车辆进行拉网式排查。

为落实《安徽省中长期教育改革和发展规划纲要（2010～2020）》提出的到2012年实现财政性教育经费支出占国内生产总值比例达到4%的目标，市本级及各区进一步加大教育投入力度，在年初预算5.35亿元的基础上，新增教育投入1.06亿元。新增投入使用首先确保义务教育薄弱学校改造计划、城乡义务教育经费保障机制改革、中小学校舍安全工程、高校和中职学校家庭经济困难学生资助等民生工程建设，其次以职业教育、学前教育为重点，提高生均拨款水平，提高普通高中、中等职业教育生均经费保障水平。市各中小学教育基础设施进一步完善，教育质量提高。10月11日，北京大学通过对安庆一中“2012年中学校长实名推荐资格”的审核。10月22日，清华大学公布“新百年领军计划”优质生源基地学校名单，安庆一中名列其中。

高等教育也有较大发展，至年底，全市有普通高校5所，当年招生11986人，在校学生43218人，毕业生9267人。其中硕士研究生当年招生76人，在校生212人，毕业生62人。各类中等职业教育（不含技工学校）当年招生5.25万人，在校生11.45万人，毕业生2.64万人。普通高中招生5.33万人，在校生17.34万人，毕业生5.82万人。初中招生6.58万人，在校生24.0万人，毕业生10.63万人。普通小学招生6.25万人，在校生37.12万人，毕业生6.53万人。初中阶段适龄人口入学率为96.71%，小学学龄儿童入学率为99.24%；普通初中和小学学生辍学率分别为0.90%和0.67%。

中小学教育

【召开全市教育工作会议】 3月1日，市委、市政府召开全市教育工作会议，市委书记朱读稳、市长肖超英出席会议并作重要讲话。会议提出加快推进市由教育大市向教育强市跨越的步伐，满足人民群众对优质教育资源的需求，为建设美好安庆提供人才保障和智力支撑。会议还审议通过《安庆市中长期教育改革和发展规划纲要（2010～2020年）》，《纲要》明确到2015年，建成教育强市目标；2020年，实现教育现代化发展目标。

【市政府与省教育厅签署促进安庆市教育发展合作框架协议】 10月15日，市政府与省教育厅签署《促进安庆市教育发展合作框架协议》，市长肖超英与省教育厅厅长程艺出席仪式并代表双方在协议上签字。根据协议，省教育厅将在政策方面给予市更多支持，在项目安排方面将市作为重点倾斜地区，从发展学前教育、均衡发展义务教育、内涵发展普通高中教育、统筹发展职业教育和高等教育、加强教师队伍建设、推进教育信息化建设等方面合作推进市教育事业的发展。

【高考创历史最好成绩】 全市文理科参考考生71433人，32496人达本科线，本科达线率为45.5%，比上年提高9.2个百分点；其中达一本分数线8579人，一本达线率为12%，比上年增加3.5个百分点。600分以上高分成绩突出，有600分以上考生1178人，其中文科58人，占全省的11.5%；理科1120人，占全省的15.7%。枞阳浮山中学考生吴海涛考分居全省理科应届生考分第一名，安庆一中保送生韩衍隽以总分705分（含竞赛加分10分），夺得全省理科总分第一。

【市特殊教育学校成为“全国特殊艺术人才培养基地”】 安庆市特殊教育学校被命名为“全国特殊艺术人才培养基地”，3月18日，省教育厅、省残联举行安徽省“全国特殊艺术人才培养基地”授牌仪式。安庆市特殊教育学校作为省规模较大的盲聋教育合校，办学历史悠久，师资力量雄厚，近几年来，在艺术教育领域取得一系列丰硕成果。此次命名是由教育部、中残联组织，全国共命名200多家单位，安徽省8家。

【首次组织教育考察团赴美国加拿大访问】 应美国康州甘纳瑞私立高中和加拿大百年理工大学的邀请，安庆教育考察团一行6人于9月24日至10月3日，对美国、加拿大进行为期10天的教育考察。考察团访问4个城市的5所学校，考察采用参观校容校貌、参加不同形式的座谈会、随堂听课以及对话交流等形式，较为全面地了解两国的幼儿教育、小学教育、初中及高中教育、高等职业教育、普通高等教育、民办教育和公办教育的基本情况。考察期间，还与在当地工作的安庆学子进行交流。

中等职业教育

【市政府与外交部服务中心签订培养协议】 外交部服务中心与市政府签订订单培养与就业合作框架协议。根据协议，市将加强中等职业学校与外交部机关及驻外机构服务中心的合作，建立稳定的人力资源供需协作关系，外交部服务中心将根据工作需要，与市共同培养酒店管理与服务、机电维修、楼宇管理、园林园艺等专业的学生，并接受一定数量的合格毕业生。

【德国专家来市开展职教培训】　为加快培养高素质劳动者和技能型人才，提升中等职业教育人才培养质量和服务经济社会发展的能力，8月8～12日，在安庆第一职教中心举办培训讲座，邀请3位德国专家，对市省级示范以上中职学校的骨干教师进行培训。

【安庆技师学院】　安庆技师学院是市政府"3231"重点工程之一。学院基础设施建设在市宜秀区大龙山镇北部新城起步区内实施，占地255.26亩，总建筑面积约10万平方米。分教学区(教学大楼、图书馆)、辅助教学区(实训大楼、实习工厂、鉴定中心)、学生生活区(公寓、食堂)、行政管理区(教研办公大楼)、运动区(运动场、篮球场)等五大功能区。8月，一期建设工程竣工，建设规模4.2万平方米，总投资约1.2亿元；二期工程建设规模约5万多平方米，计划投资约1.8亿元。学院由市纺织技校等学校整合而成。7月，市编办下发《关于同意整合组建安庆市纺织技工学校的批复》，对市纺织技校、市工交干校、市机械技校、市化工技校、市电子技校、市劳动局综合技校进行整合。8月，6所学校整合、搬迁工作全面完成。11月，省技师学院评审专家组到校进行现场考评。2012年1月，学院通过省政府评委会技师学院评审。

高 等 教 育

安庆师范学院

【概况】　安庆师范学院设有17个二级学院、56个本科专业，涵盖文、理、工、经、法、管等八大学科门类。2011年，学校面向17个省录取本科新生5800人，有全日制在校生23500余人；毕业生就业率达到91.52%，学校连续第六年获得"安徽省普通高校毕业生就业工作先进集体"称号。教职工1300余人，专任教师1000余人，新引进博士、硕士34人，有博士、硕士学位的教师超过70%。其中国家级教学名师1人、省级教学名师6人，享受政府特殊津贴人员、省级教学名师、省跨世纪学术技术带头人、省拔尖人才和骨干教师等各类优秀人才110余人。

学校是国家大学生文化素质教育基地，有5个国家级特色专业、1个国家级教学团队、1个国家级人才培养模式创新实验区、1门国家级精品课程，另有21门省级精品课程、6个省级特色专业、3个省级重点学科、2个省重点实验室、1个省人文社科重点研究基地、3个省级人才培养模式创新实验区、2个省级示范实验实训中心。学校内部功能齐全，基础设施完善，校舍建筑面积61.96万平方米，教学仪器设备总值12516.8万元。图书馆藏书177.3万册，中外文期刊7277种。设有皖江历史文化研究中心、黄梅戏表演艺术培训基地、邓小平理论研究所、桐城派研究所、统计学研究所等20个科研机构，出版《安庆师范学院学报》、《安庆师院报》、《古籍整理》等报刊。学院领导班子推进学习型党组织建设，在全校推进创先争优活动，开展"我的岗位我负责、我的工作请放心"和"五学五比五落实"党员干部主题教育、"创先争优在行动"主题征文演讲比赛、组工干部"三走进三服务"等活动，学校获"全省高校党委中心组学习先进单位"称号。5月19日，学校召开第五次党代会，确立"建设应用性突出特色鲜明的高水平大学"的奋斗目标。

【教学工作取得新成绩】　创新人才培养模式，实施突出专业人才培养特色的2010版人才培养方案。加大专业建设力度，新增动物植物检验检疫、物联网工程、应用统计学、数字媒体等4个彰显应用性的新专业。组织新一轮质量工程申报，新增省级特色专业2个、省级示范实习实训中心1个、省级人才培养模式创新实验区1个，国家级、省级、校级三级联动的质量工程建设体系已进入良性循环阶段。继续推进顶岗支教工程，选派两批600余名学生深入安庆市4区8县(市)和六安市3区5县农村中小学实习支教。深化与基础教育的合作，与铜陵市7所中学签订实习实践框架协议。组织"国培计划"项目招标，学校成为安徽省中职骨干教师和省级培训基地。加强国家大学生文化素质教育基地建设，省级教改重点课题成果《皖江历史文化系列丛书》正式出版发行。加强继续教育工作，拓展办学渠道，承担援疆未就业大学生学员培训工作。

【科学研究和产学研合作】　科研项目申报和立项工作取得突破，获批国家社科基金4项、国家自然科学基金2项、教育部各类项目6项，省厅级课题51项。在省人文社科优秀成果奖评选中，申报13项，获奖6项，创历年之最。加快科研平台建设，成立桐城派研究所、统计学研究所，校级研究所数量增加到15个。加大产学研合作力度，与安庆市签署各类实质性合作协议50项，获得各类横向科研经费150余万元，签订各类产学研合作项目25项。组织教授博士进驻企业，继续推进干部挂职和科技特派员工作，增派3位干部教师到地方挂职，发挥学科专业和人才优势。

【学科建设与研究生教育】 实施学科强校战略，“统计学”新增为一级学科硕士点，25个二级学科硕士点全面招生，学科综合竞争力提升。拓宽研究生培养渠道，组织申报黄梅戏艺术博士学位人才培养项目，与解放军陆军军官学院在“计算机技术”、“电子通信与工程”和“机械工程”3个领域联合招收培养工程硕士，实现工程硕士点的突破。

【“四成”教育】 推进“四成”教育，以提升学生综合素质为目的，培养学生的实践创新能力。先后组织15000名学生奔赴各地开展“向实践学习、向人民群众学习”主题社会实践活动，14名毕业生参加志愿西部计划。支持学生积极参加各类竞赛活动，全年获得省部级以上奖励130项，其中国家级奖励17项。在“挑战杯”竞赛中首次获得全国一等奖和全国高校“优秀组织奖”，获奖等级和数量位列安徽省高校前列。

【对外交流与合作】 实施开放办学，扩大对外交流与合作。派出18名交换生赴美国索尔兹伯里大学学习，4名交换生赴台湾中华大学和朝阳科技大学学习，2名交换生赴德国希尔德斯海姆大学学习。加强校友会工作，举行铜陵校友联谊会筹备委员会会议，组织知名校友回校访问，设立校友奖助学金，校友会工作推进有力。

【学生医保和助学贷款】 推进大学生医保工作，2011级新生参保率达100%，实现全覆盖。开展“真情在校园，关爱贫困生”系列活动，帮助贫困生申办国家助学贷款1500余万元；争取社会捐赠奖学金、助学金40余万元，惠及2700余人次；评审、发放国家奖助学金1800余万元，惠及学生6110人次。对家庭经济困难学生的资助覆盖面达到100%，没有一名学生因为家庭经济困难而辍学，学校连续三年获“安徽省民生工程高校学生资助工作考核优秀单位”称号。

【举办第七届校企协作论坛】 12月22日，学校和安庆市人民政府共同举办主题为“服务产业承接、共谋合作发展”的第七届校企协作论坛。省委教育工委委员、省教育厅副厅长江春，安庆市人民政府副市长黄杰等出席论坛。来自安庆市开发区管委会、发改委、科技局、安庆中美海康通讯有限公司、鹞落坪国家级自然保护区等50家单位、企业代表100余人参加论坛。安庆市林业局、安庆国家石油化工产品质量监督检验中心、安庆市公安局、安庆市统计局、鹞落坪国家级自然保护区等16家单位代表和有关学院签署合作协议。

【三大校园建设成效显著】 推进平安校园、文明校园、和谐校园建设。开展“校园管理质量月”活动，加强校园及周边的安全管理，严格控制校外机动车辆进入校园，并对教职工机动车实行凭证管理，有效保障了师生员工生命财产安全。定期商请安庆市和宜秀区相关部门开展校园环境专项整治行动，排查学校安全隐患，维护校园环境和校园安全，校园及周边治安环境改善。加强校园文化建设，开展文明创建活动，确保学校和谐稳定的发展局面，学校再次荣获“安徽省文明单位”称号。

（吕　佳　刘友忠）

安庆职业技术学院

【概况】 安庆职业技术学院是安徽省示范性高职院校建设单位。设置电子信息系、社会事业系、经济贸易系、机电工程系、建筑工程系、园林园艺系、外语系、公共基础部、成教部、思想政治理论课教研部等7系3部，开设37个专业，初步形成农林类、建筑工程类、机械制造类、旅游类、纺织服装类、财经类、电子信息类等七大类服务区域支柱产业发展的专业群。

学院有固定资产总值3.5亿元，建筑面积21万平方米，各类仪器设备总值5000万元，各类图书165万册。在职教职工331人，其中专任教师225人，博士3人，研究生93人，正副教授71人，双师型和双师素质教师136人。省级“教学名师”、“专业带头人”、“教坛新秀”9人，长期聘请外籍教师2人。聘请各类企事业单位专家学者或能工巧匠200余人为兼职兼课教师。有设施完善、设备先进的校内实验实训场所86个，涵盖所有专业的校外实习基地100余个。省级示范实验实训中心3个，省级人才培养模式创新实验区2个。省级精品课程2门，获得省级优秀教学成果一等奖2项、二等奖1项、三等奖3项，省级产学研项目3个，省级教科研项目30余项，国家实用型专利6项。建有中央财政支持的国家职业教育园林园艺实训基地和建筑工程专业实训基地，学院还是安徽省贫困地区劳动力转移培训基地、安庆市农民工定点培训基地、安庆市中小学校长培训基地、安庆市旅游人才培训基地、安庆市职教系统专业技术人员继续教育培训基地。设有国家职业技能鉴定站，可鉴定花卉园艺工、化学分析工、车床工等33个工种高、中级职业技能。

学院秉承“勤学笃行，德技双馨”校训，践行“教学与就业接合，实践与理论并重，技术与人文融通”的办学理念，推进教学质量与教学改革工程建设以及“教学做合一”的人才培养模式改革，提升学生的综合素质与职业能力。2011年，全院教师公开发表学术论文91篇，其中一类期刊5篇，二类期刊5篇，北大中文核心期刊4篇。出版专著3部，出版教材7本，自编教材7本。开展“管理推进年”活动，对涉及教学管理、学生管理、后勤管理、人事管理等规章制度进行修订完善。

教科研成绩突出。物流管理、植物保护2个专业获得中央财政支持的高等职业学校提升专业服务产业发展能力的重点专业建设，中央财政直拨专项资金500万元；建筑工程技术专业实训基地获得中央财政支持的职业教育专业实训基地项目立项建设，中央财政直拨专项资金330万元。省级教科研项目30余项，省级质量工程项目3类5项。建筑工程系郭远文同学获第六届全国信息技术应用水平大赛决赛二等奖，经济贸易系陈强强、汪磊、方欢欢同学组成的“牵手”创业团队获“安徽省大学生创业之星”银奖，建筑工程系10级工程造价1班陈振同学获省大学生演讲比赛三等奖。

学院招生就业工作继续保持“两旺”发展态势。2011年，在校生9500人，新生报到率位居省内同类院校前列。培训SYB创业培训60人次、GYB创业培训1280人次，创业模拟实训160人次。截至12月31日，毕业生就业率超过98%。2011年，学院再次被评为“安徽省普通高校毕业生就业工作先进集体”。

【师资队伍建设】 晋升教授1人、副教授11人、中级职称9人，对院内24名教师进行高校教师资格认定，公开招考录用4名专业课教师和5名专职辅导员，面向行业企业择优聘请150余名高技能人才担任兼职兼课教师。全年安排12人参加岗前培训，17人参加双师素质、骨干教师培训，3人参加省外培训，1人赴澳大利亚培训，19名专任教师到企业挂职锻炼，1名教师到企业脱产挂职，19人参加省高校辅导员培训。2人成为省级专业带头人，推荐10人申报2012省级专业带头人。

【校园文化主题活动丰富多彩】 以学生综合素质拓展体系建设和后勤育人能力建设两个示范项目为引领，重点组织青年文化艺术节暨大学生艺术展演、“挑战杯”课外学术作品竞赛、科普创意创新大赛、“我的宿舍我的家”征文、“倡导低碳生活、创建节约型校园”、“文明寝室”评选等主题活动。开展“科学人文艺术”素质教育系列讲座，全年共组织20多场专题讲座，累计听讲学生近万人次。参加安徽省第四届“挑战杯”课外学术作品竞赛，3件作品获二等奖。学生创作的版画《故园·细雨江南》和黄梅歌舞《洪湖水，浪打浪》由安徽省推荐参加第三届全国大学生艺术展演，分获展演一、二等奖。

【校企深度合作持续推进】 与行业企业践行“合作办学、合作育人、合作就业、合作发展”的力度加大。专业建设、课程开发、人才培养方案论证、顶岗实习等方面的校企合作已经进入常态化、规范化、深度化，并取得一系列标志性成果。将安庆市建筑工程测试中心整体引进校园，与学院共建“建筑工程实训中心”；与安徽众恒复合材料科技有限公司签订来料委托加工协议，并与其联合开办实训工厂；与安徽华茂合作建设现代纺织技术和纺织品检测与贸易专业，合作举办首期“华茂电工班”；安徽奇瑞向学院捐赠了汽车实训设备；与外交部服务中心、江苏苏美达机电等单位合作共建校外实训基地12个，接受社会捐赠捐助302万元。安排2012届2882名毕业生中的2455人在校企合作企业顶岗实习。

【社会服务形式多样】 选派20名教师到企业挂职，挂职教师全过程参与企业生产、管理、服务。两次到学院联系点宜秀区白泽乡开展送科技下乡活动。与安徽监狱管理局九成分局共建针对在监犯人的职业技能培训基地，2011年开办服装制作培训，培训监犯500人，460人顺利通过职业技能鉴定。承办安庆市第28期中小学校长培训、安庆市国税系统首期财会基础知识培训等短期培训，培训学员逾千人。面向全社会开展24种职业资格中、高职业技能鉴定，鉴定学员3059人次。

【承办省高校思政研究会皖南片分会年会】 5月13～15日，省高校思想政治教育研究会皖南片分会第23次会议在学院召开。皖南片26所高校的宣传部部长、思想政治理论课教学部主任及思想政治理论课教师共50余名代表参加会议。

安庆医药高等专科学校

【概况】 学校位于安庆市宜秀区大龙山镇。学校师资力量提升，有副教授29人，高级实验师2人。纸质图书38.09万册。附属医院1所(二级甲等医院)，教学医院3所，附属门诊部1个。教学机构设有临床医学系、护理系、药学系和公共基础部。普通专科开设临床医学、药学、护理、药品经营与管理、助产、康复技术、生物制药技术、药物制剂技术、公共卫生、中药学和药物分析技术11个专业。五年制高职开设临床医学、药学、护理3个专业。与安徽医科大学、蚌埠医学院、安徽中医学院、安庆电大、安徽省计划生育学校、江苏灌南卫校、巢湖职业技术学院、巢湖居巢卫校、淮南卫校、淮北卫校、亳州中药科技学校联合办学。

【课程改革】 根据临床医学系实际，选择康复治疗技术专业为建设重点，通过加强师资培养、校内实训中心建设、实习基地建设、教材建设和教育教学改革与管理，培养符合岗位需求的高质量的技能型人才，取得明显成效。

【学生管理】 继续实施管理重心下移，加强对各系部学生工作的宏观指导。注重日常管理，开展安全教育和精神文明教育。关心贫困学生，贯彻落实国家关于贫困大学生各项资助政策，及时、足额地将款项发放到学生手中。全年发放各类助学、奖学款项合计329.55万元。开展“法制宣传日”活动，举行法制讲座。加强对学生会的管理和指导，发挥学生会桥梁纽带的作用，开展问卷调查，维护学生利益。

【校园文化建设】 以社会主义核心价值体系教育广大青年学生，举办第二届“青马工程”大学生骨干培训班。推荐2名老师和1名同学参加安徽省青马工程培训班学习，举办“五四”优秀青年表彰大会和“永远跟党走”、“祖国在我心中”演讲比赛，组织观看《复兴之路》爱国主义教育片，弘扬以爱国主义为核心的民族精神和以改变创新为核心的时代精神。举办每年一届的“医专论辩、魅力无限”辩论赛，提高学生人文素养，陶冶学生思想情操，促进学生全面发展。举行高雅艺术进校园——黄梅戏专场演出活动。

【附属医院建设】 附属医院(市中医医院)按照“中医院管理年”活动要求，坚持中医办院方向，坚持为教学服务，医教研相结合，加快中医专科专病建设，突出中医药服务功能，拓展中医业务，努力做到以病人为中心，把老百姓看得了病、看得起病和医院两个效益同步增长作为追求目标，推进医院各项工作上新台阶。

安庆广播电视大学

【概况】 2011年安庆电大围绕内涵建设和可持续发展的总体目标，构建具有安庆地方特色的现代远程开放教育体系和终身教育体系，打造职业教育品牌。2011年春、秋两季，学校招生4379人，其中校本部招收2897人(开放教育本、专科生1493人，奥鹏远程教育本、专科生364人，全日制成人本、专科生421人，全日制中专生368人，高中一年制中专生251人)；县站招收开放教育本、专科生1482人；各类招生合计数与上年同期相比，净增加606人，增幅为16%。2011年度毕业学生2579人，其中开放教育本、专科生1773人，奥鹏远程教育本、专科生255人，全日制成人专科生128人，全日制中专生193人，高中一年制230人。2011年秋，学校在校生规模达10621人，其中校本部6792人(开放教育本、专科生3981人，奥鹏远程教育本、专科生1012人，全日制成人本、专科生549人，全日制中专生999人，高中一年制中专生251人)；县站3829人；与上年同期相比，增加1622人，同比增长18%。在2011年度全省电大开放教育招生工作表彰大会上，学校获招生工作“综合奖”三等奖和“进步奖”三等奖。

【启动“一社一名大学生”社居委干部学历教育培训】 2011年春季，学校启动“一社一名大学生”招生工作，招收“社会工作”专业专科班。参加首届“社会工作”专业专科班学习的47名学员均通过考核被择优录用，成为社居委工作骨干。

【继续教育培训基地建设】 经市人社局批准，8月，学校成为职称计算机、外语、中小学教师继续教育培训基地。全市有659名中学教师在学校接受2011年度安庆市教师继续教育转岗培训，金华联股份公司96名中层以上干部在学校接受企业管理干部培训。

【校安工程项目建设】 在继上年完成173万元南教学楼校安工程项目建设任务之后，2011年，顺利完成国家校安工程——学生宿舍楼和礼膳楼共4320平方米抗震加固工程，工程造价约400万元，教学和办公条件得以改善。

【教研成果】 学校坚持科研与教学并举，提高教师的教学科研水平。劳志鸿、桂徐贵老师入选省“中青年骨干教师”。在安徽省六项电教学术作品评选活动中，劳志鸿、桂徐贵、李立老师的教育技术论文荣获二等奖；在全省电大英语教师优秀论文评选中，宣胜利老师的论文《在电大英语本科教学中实施任务型教学法初探》获三等奖，焦明明和张宁老师合作撰写的论文《电大开放教育大龄英语学员学习行为初探》获优秀奖；在安庆市2011年度七项电教和装备学术作品评选活动中，劳志鸿老师的论文《仿真技术改进电大工科课程教学之探讨》、桂徐贵老师的论文《基于网络环境的〈高级应用写作〉教学模式探索》获电教论文类一等奖，李立老师的论文《基于重要性联系度粗糙集模型的规则提取》获电教论文二等奖，黄代高老师的《〈建筑构造〉课分层导学的探索与实践》、叶飞老师的《〈建筑材料〉课程的教学探讨》获电教论文类三等奖。

（周光纯）

桐城师范高等专科学校

【概况】 学校占地面积328亩，校舍建筑面积12万平方米；有5个系，13个专业，其中师范类专业6个，非师范类专业7个；教职工256人，其中专任教师217人，具有研究生学历的教师60人，副教授职称的教师10人；在校生4385人。当年招生1746人，毕业生100%就业，实现“进口旺，出口畅”的目标。图书馆藏书31.56万册，电子图书169GB；基础设施经费投入405万元。

【专业与课程建设】 加强特色专业、品牌专业建设与精品课程建设，完善课程体系，改革教学内容，提高人才培养质量。学前教育专业和艺术设计专业申报获批为中央财政支持建设专业；按照市场需求，增设教育系，增设商务日语、艺术设计、图形图像处理等新专业；探索以就业为导向的课程体系建设，按照高职高专培养目标，制订、修订人才培养方案；根据教育部最新出台的教师教育课程标准和教师专业标准，加强课程改革；推进精品课程建设，评定14门校级精品课程。优化教务管理，推进教学管理规范化建设。校、系管理、以系为主的管理体制进一步理顺；建立和完善教学质量评价和监控体系，落实教学质量奖惩措施。加强教学管理队伍建设，发挥校、系两级教学督导职能。强化教研室在教学管理和教学研究等方面的功能，提高教学研究水平。

【师资队伍】 加强青年教师培养。制订学校“十二五”师资队伍建设计划，按照“双高”（高学历、高职称）与“双师型素质”的要求，加大引进与培养的力度，建立一支质量较高、数量基本保证、结构比较合理、专兼职结合的师资队伍。10名教师首批次申报并评转为副教授；组织、开展评定第一届校级“教坛新秀”、“校级名师”活动；启动专业带头人的遴选、培养工作。

【科研】 成立学校教学（学术）委员会，全面指导、监督学校的教科研工作；修订学校教科研管理办法，配套教科研项目经费，加大高水平研究成果的奖励力度；启动校级科研项目，2011年度33项校级项目被批准立项。鼓励和支持教师申报国家级和省级科研项目，年内申报成功并立项的有国家教育科学“十二五”规划课题1项、省社科联课题2项、教育厅人文社科项目2项。

【学生管理】 成立思政处，主抓学生思想政治教育和精神文明建设。改革大学生社会实践活动实施办法，实行项目化运作；开展贫困生大走访活动，关注特殊群体的健康成长。重视安全和稳定工作，建立突发事件的预警机制。组织学生参加全国大学生数学建模竞赛、安徽省大学生演讲比赛、安徽省高校师范生教学技能大赛、安徽省第六届职业规划设计大赛等各类竞赛，均获不同等次的奖励。

（杨季兵　刘久芳）

栏目编辑：刘宜群

科　技

科技工作

【概况】 2011年共争取国家、省科技经费支持5301万元，同比增长151%。其中，由安庆和兴化工有限公司牵头承担的"聚丁二酸丁二醇酯的生物—化学组合合成技术"项目列入国家"863"计划，经费2245万元，是迄今安庆市获国家科技经费支持最大的项目。全市获得国家技术创新工程试点省项目5项，经费1200万元；国家科技型中小企业创新基金项目13项，经费950万元。

全年完成38家高新技术企业专项检查及复审工作，17家2008年通过认定的高新技术企业全部通过复审。全市积极培育高新技术产品，共组织评审、推荐高新技术产品24项。全年规模以上高新技术产业实现产值238.2亿元，比上年同期增长77.3%；实现增加值64.6亿元，同比增长67.3%。新增高新技术企业7家，高新技术企业达到44家。新增省级创新型试点企业5家，省级创新型(试点)企业总数10家。国家级安庆汽车零部件高新技术产业基地全年总产值45.6亿元，利税9.2亿元。为贯彻实施国家技术创新工程安庆市试点工作方案，市科技部门会同市财政部门积极推进有关激励政策的落实，首次对新认定的省创新型企业、高新技术企业、省高新技术产业基地实行奖励，共兑现2010年国家技术创新工程专项资金奖励及配套资金197.4万元。

全年全市共申请专利914件，同比增长43.7%，申请发明专利201件，同比增长35.8%；授权专利587件，同比增长60.4%，授权发明专利45件，同比增长164.7%；申请PCT专利7件。与此同时，全市贯彻落实国务院打击侵犯知识产权和制售假冒伪劣商品专项行动的工作部署，出动执法人员80多人次，检查流通领域大型商场、药店，立案假冒、侵权专利案件16件，结案14件。

全年市创业中心新入驻企业19家，新毕业企业4家，在孵企业达59家。在孵企业技工贸总收入8500万元，利税480万元，新增就业岗位近200个。市科技部门继续与国家杂交水稻工程技术研究中心合作，重点开展超级稻P88S/1128、Y两优2号、深两优5814和先进适用栽培新技术攻关及试验示范，建立7个百亩片，其中Y两优2号最高亩产达902公斤。推广应用高山蔬菜优质高效安全生产等农业新技术11项。

围绕建设石油化工、纺织服装、机械和装备制造"三大千亿产业"，引导企业在新材料、高端装备制造、节能环保、电子信息、新能源等新兴产业领域，攻克关键技术，鼓励企业承担国家、省、市重大科技项目。依托高校、科研院所和重点企业组建4～5家重点实验室，开展面向战略性新兴产业的技术研究，催生一批科技成果；以企业为主体，围绕石油化工、纺织服装、高端装备制造、节能环保产业技术创新链，组建3～5家产业技术创新战略联盟；加强新兴产业领域工程技术研究中心建设，重点扶持10家左右大中型骨干企业建立工程技术研究中心，推动高新技术成果的辐射、转移与扩散；鼓励县(市)区、各类园区和有条件的企业建设科技孵化器，引导科技创业，促进科技创新，加速科技成果的转化；完善"科技路路通"安庆服务站，强化生产力促进中心、科技成果转移服务中心和知识产权代理等科技服务机构建设，发展技术交易咨询、科技评估等各类科技中介机构；推进国家级汽车零部件特色产业基地、省级石油化工高新技术产业基地建设，积极创建船用装备、纺织等高新技术产业基地，加快特色产业的集聚发展。对实施省技术创新行动的企业，集成项目、资金、平台、政策等资源，予以集中扶持，培育一批自主创新典型企业。在全市选择

50家左右创新能力较强、创新潜力较大的企业，培育成为"安庆市创新型企业"，并支持这些企业争创国家和省级创新型企业。发展民营科技企业，引导实施技术创新项目，加速科技成果转化，促进拥有核心技术的本土企业不断涌现，以形成新兴产业发展的集群优势。突出大企业、大项目专项工作，组织实施一批科技成果转化示范工程；帮助30家企业建立完善专利工作制度，加速专利技术转化和产业化。配合财政、税务部门落实国家自主创新政策，重点落实企业研究开发费用所得税前加计扣除、高新技术企业税收优惠、政府采购自主创新产品、发展创业风险投资机构和科技企业孵化器、研发机构和重大项目进口设备税收优惠等扶持政策，并切实加强政策宣传，把已有的政策用好用足用到位，以有效激励全市战略性新兴产业快速发展。

【李克强亲临市高新技术创业服务中心】 7月4日，中共中央政治局常委、国务院副总理李克强亲临市高新技术创业服务中心，考察科技孵化器内部服务机构——市中小企业创业辅导中心，并召开企业家座谈会，了解企业生产经营状况。

【安庆市重大生物化学工程项目启动】 9月3日，国家"863"重大项目"聚丁二酸丁二醇酯的生物—化学组合合成技术"在安庆市正式启动。这是安庆市唯一一个国家"863"重大项目。省人大常委会委员梁热、市领导汪莹纯等出席启动仪式。安庆和兴化工于2004年开始与清华大学合作开发的"聚丁二酸丁二醇酯"（即PBS生物完全可降解塑料）产品，已建成年产一万吨的PBS生产线，实现实验室产品走向工业化生产。"聚丁二酸丁二醇酯的生物—化学组合合成技术"作为国家"863"重大项目，获得2245万元的专项资金支持。

2011年安徽省科学技术奖安庆市获奖项目

项目名称	所在分组	主要完成单位	主要完成人	推荐单位	奖项等级
多组份/多元素纤维素系列织物	机　电	安徽华茂纺织股份有限公司	倪俊龙、杜兆芳、关　辉、杨圣明、许正付、徐　敏	安庆市科技局	三等奖
NHL滑油自动反冲洗组合滤器	化　工	安庆长谷川船舶科技有限公司	张志华、占贤宝、潘伟鹏、计玉璞、柴　杰、章崇智	安庆市科技局	三等奖
新型印迹分离材料及分离方法	化　工	安庆师范学院	何池洋、吴根华、汪竹青、潘俊岚	安庆师范学院	三等奖

（郭　睿）

防震减灾

【概况】 2011年，市地震局围绕地震监测预报、震灾预防、紧急救援防震减灾三大工作体系建设开展工作，获全省防震减灾工作综合评比二等奖。《2012年度地震趋势会商报告》经省局组织专家评审，荣获全省二等奖，受到省地震局通报表彰和奖励。在全省防震减灾依法行政和行政执法工作考核评比中荣获三等奖。市地震局认真应对杨桥4.8级、桐城3.6级等突发地震事件，完成各项地震应急工作任务，荣获全省市级地震应急工作评比一等奖。

【应对杨桥4.8级地震】 1月19日12时07分在宜秀区杨桥镇（北纬30°29′，东经117°05′）发生4.8级地震，震源深度9公里，由于正值罕见的大雪天气，地震应急工作形势极为严峻。市地震局沉着应对，有序开展抗震救灾工作，受灾群众得到妥善安置，查灾核灾全面细致，灾区生产生活秩序正常，灾区重建工作进展顺利，应急处置工作成效显著，安庆市抗震救灾工作受到省委、省政府和中国地震局的充分肯定。

【太湖数字化地震台基本建成】 为尽快改变市地震监测台站布点稀疏、监测能力不足的问题，消除皖西南地震监测盲区，市政府22次常务会议专题研究决定在太湖新建数字化台站。至2011年底太湖地震台基建工作及设备安装调试工作已经完成，并通过试运行。

【组织开展科普宣传活动】 市地震系统根据四川汶川、青海玉树地震和日本地震及本市4.8级地震后，全社会对于防震减灾知识的渴望和需求，联合教育、科协、民政、武警、消防等部门，在报纸、电台、电视台等新闻媒体的支持下，开展防震减灾知识宣传普及活动。市地震系统逐步建立科普宣传长效机制，健全普法领导机构和工作组织，制订防震减灾法律法规宣传教育工作计划，并提出具体要求。全系统继续开展防震减灾科普宣传“百、千、万”工程，即组织一百场专题活动，编辑发放宣传光盘一千张，编辑各类宣传材料十万份。

【华东地震应急救援联合演练在安庆市举行】 10月14至17日，华东地震应急救援联合演练在安庆市举行。江苏、上海、浙江、福建、江西、安徽六省市地震现场工作队和紧急救援队、省预备役师地震搜救分队和综合保障分队、安徽省内三个地震应急协作区现场工作分队共200余人参加演练。本次演练体现地震应急救援区域联动、军地联动、社会联动的思想。按照中国地震局关于地震现场工作“服务于人员搜救、服务于抗震救灾、服务于恢复重建”的指导方针，演练包含震情通报、应急响应、图文基础数据快报、现场指挥、应急通讯、生命探测、废墟搜救、震灾调查、损失评估、后勤保障、媒体应对、专家点评等科目。

【市内共发生36次ML≥1.0级地震】 根据安徽省地震监测台网测定，全年全市境内共发生ML≥1.0级地震36次，具体参数如下：

震级 ML	发震月日	纬度	经度	所在县(市)区
2.2	1～19	30°39′	117°07′	宜秀
4.8	1～19	30°29′	117°05′	宜秀
1.1	1～19	30°38′	117°05′	宜秀
2.6	1～19	30°34′	116°54′	宜秀
1.1	1～19	30°35′	117°04′	宜秀
1.0	1～19	30°38′	117°07′	宜秀
1.9	1～19	30°38′	117°05′	宜秀
1.8	1～19	30°38′	117°03′	宜秀
1.0	1～20	30°32′	117°00′	宜秀
1.0	1～21	30°37′	117°08′	宜秀
1.2	1～21	30°38′	117°12′	宜秀
1.7	1～21	30°36′	117°10′	宜秀
1.9	1～22	30°35′	117°00′	宜秀
1.0	1～22	30°36′	117°09′	宜秀
1.4	1～22	30°38′	117°11′	宜秀
1.9	1～24	30°38′	117°07′	宜秀
1.6	1～25	30°38′	117°05′	宜秀
2.7	1～30	30°37′	117°07′	宜秀
2.0	2～3	30°38′	117°09′	宜秀
1.8	2～8	30°38′	117°06′	宜秀
2.5	2～13	30°38′	117°08′	宜秀
1.8	2～24	30°32′	117°08′	宜秀
1.0	2～25	30°38′	117°06′	宜秀
1.6	4～3	30°32′	117°08′	宜秀
1.3	4～10	30°38′	117°06′	宜秀
2.4	6～13	30°39′	117°08′	宜秀
2.0	6～14	30°38′	116°56′	宜秀
2.9	6～16	30°55′	116°54′	桐城
3.6	6～17	30°55′	116°56′	桐城
4.1	6～19	30°39′	116°59′	宜秀
1.0	7～5	30°53′	116°56′	桐城
1.6	8～18	30°55′	116°55′	桐城
2.0	8～23	30°38′	117°00′	宜秀
1.3	8～27	30°55′	116°55′	桐城
1.6	11～12	30°25′	116°44′	怀宁
1.9	11～30	30°55′	116°54′	桐城

（陈　礼）

气　　象

【概况】 全年地面测报基数156060.6项，总错情率0.023‰，其中观测错情率0.002‰，电码错情率0.0‰，发报错情率0.059‰；农气测报基数5093.6项，错情率为0.0‰；酸雨观测基数4518.5个，错情率为0.0‰；资料传输情况总体较好，VP报传输继续保持稳定；区域站传输资料稳中有升，GPS资料传输基本正常。全市VP报及时率在99.9%以上，区域站资料传输及时率为98.85%以上，GPS资料的平均传输及时率在99.8%以上。各项指标全部达到优秀指标。

高空探测无施放不合格仪器、无过时报、无安全隐患，高空探测业务质量超额完成五项指标。其中探空施放高度首次突破3万米大关，达到30078米；测风施放高度为28913米；错情率为0.0‰；系统故障率为0.0‰；无人为和非人为重放球；报表预审出门全部合格。各项指标全部达到优秀指标，在全省同类工作名列第一。

市气象台短期预报(0至72小时)综合评分成绩在全省排名第四，灾害性天气预报质量在全省排名第三，降水分级订正技巧得分为-0.9，晴雨、暴雨雪、高低温等各项订正预报技巧得分均为正值，且订正技巧综合评分在全省排名第二。参加10月举行的第二届全省气象行业天气预报技能竞赛，团体获第三名，其中一名选手获个人全能第六名、实时天气预报单项第三名，另一名选手获个人全能第十名。同时新一代天气雷达自6月1日开始，正式纳入国家局业务考核。

与国土部门合作，成立专门机构，联合制作发布气象地质灾害预警。气象台每天分阶段将雨量预报分区图发送给国土局预警预报工作组，工作组根据资料制作出地质灾害气象预警预报产品并经审批后，通过手机短信发送给相关县(市)区地质灾害责任人。若遇持续降雨、强降雨、台风等灾害天气时，则增加预警产品的确认或修正工作，若遇极端灾害天气，则保持随时联系，及时会商，并制作出预警预报产品发送给地质灾害责任人。自工作机制开展以来，联合发布地质灾害气象预报预警产品63次，其中四级(橙色)预警4次，三级(黄色)预警15次。发送手机短信近2万条，在安庆电视台《天气预报》节目中由主持人进行警示播报35次。共在预警区内发生突发性地质灾害灾情14起，险情17起，因预报预警及时，提前转移安置人员，成功避险10处，避免人员伤亡14户58人，避免财产损失117万元，第一时间处置了灾情险情，避免了人民生命财产损失。

上半年全市出现大范围降水持续偏少导致的秋冬春三季连旱，持续时间长、影响范围广，部分河流断流，库、塘干涸，部分人畜饮水困难，农作物受灾面积100万亩。面对严重旱情，气象局主动开展各种形式的农业气象服务。及时制作《农业气象旬月报》、《春旱对农业生产的影响分析》等农业气象服务产品，对旱情进行分析评估，提出引水、提水灌溉等针对性的措施和建议。通过手机短信、电子显示屏、政务通、电视台、政府网站、乡镇综合信息服务站等媒介，多渠道发布气象信息，及时将气象信息传送到各乡镇农技站、植保站、农业合作社、种植大户、科技示范户及广大农户手中。及时与农、林、水部门沟通和合作，与农业专家一起深入田间地头开展旱情调查与诊断，指导农民科学抗旱。抓住有利天气条件，于6月初组织全市6个县及时开展人工增雨作业，发射增雨弹61发，有效缓解旱情；组织8台人工增雨设备车组成的突击队支援皖北抗旱增雨作业。

组织安排人员参加全省气象行政执法培训班，提高执法人员的依法行政水平；实施气象行政执法网络化建设，推进执法队伍、执法程序、执法文书规范化管理；加强行政执法力度，增强气象部门社会管理职能。年内开展"气象信息发布与传播"专项执法检查和探测环境保护专项检查，共出动执法人员执法检查16次，下达《责令停止违法行为通知书》2份；纠正违法行为6例。

全年共向市委市政府及有关部门呈送重要天气信息专报9份，天气情况快报16份，关键农事季节的专题气象服务材料7份，农业干旱监测预警材料35份，春运、中考、高考、黄金周、党代会等专题服务材料数十份。另外周报和旬月报等各类常规气象服务材料100余份。

【全市气象工作会议隆重召开】 3月23日，安庆市首次全市气象工作会议隆重召开，省局领导、市委、市政府、市人大、市政协分管领导、市直有关单位负责同志、各县(市)区政府分管领导、各县(市)气象局长参加会议。市委副书记陶方启作重要讲话，明确要求各级党委、政府要高度重视气象工作，把气象工作纳入重要议事日程，为气象事业发展创造必要的环境。

【推进为农气象服务体系建设】 为加强安庆市农村气象灾害防御体系和农业气象服务体系建设，提高农村气象灾害防御和农业气象服务能力，指导督促桐城局开展“乡村气象服务专项”建设，对项目进行细化，对进度进行节点控制。同时在全省率先建立乡村气象服务专家联盟工作平台。该平台不仅可以让专家们及时浏览到各类农业与气象信息，而且可以电子邮件的形式向专家发送信息，从而实现与专家的快速交流；“乡村专项”气象预警大喇叭已完成全部的安装工作；完成气象灾害应急准备认证和“气象灾害防御规划”工作；协调督促潜山、太湖完成地质灾害及山洪泥石流防治试点工作，在地质灾害重点隐患点及易发区设置明显警示标志牌，向地质灾害点周边村民发放“避险明白卡”和“防灾明白卡”，明白卡清楚地标明灾害威胁对象、具体责任人及监测人、预警信号、避险方式及撤离转移路线等关键内容；与此同时，还完成全市中小河流地质灾害雨量监测点布点规划。

加强气象信息员队伍建设，进一步调整和优化信息员队伍，使各县(市)信息员的数量在上年的基础上增加10％，村干部和防汛责任人比例调整到40％，各县均举办乡镇气象信息员技能培训，通过培训，乡镇信息员对气象知识和乡镇综合信息平台的使用有了进一步了解。

（王建飞）

栏目编辑：汪忠民

黄梅戏简介

黄梅戏是安徽的主要地方戏曲剧种。黄梅戏源头是“采茶调”，是十八世纪后期在皖、鄂、赣三省毗领地区形成的一种民间小调。其中一支逐渐东移到以安徽省怀宁县为中心的安庆地区，与当地民间艺术相结合，用当地语言歌唱、说白，形成了自己的特点，被称为“怀腔”或“怀调”。这就是今日黄梅戏的前身。

在剧目方面，号称“大戏三十六本，小戏七十二折”。大戏主要表现的是当时人民对阶级压迫、贫富悬殊的现实不满和对自由美好生活的向往。如《荞麦记》、《告粮官》、《天仙配》等。小戏大都表现的是农村劳动者的生活片段，如《点大麦》、《纺棉纱》、《卖斗箩》。

建国以后，先后整理改编了《天仙配》、《女驸马》、《罗帕记》、《赵桂英》、《慈母泪》、《三搜国丈府》等一批大小传统剧目，创作了神话剧《牛郎织女》、历史剧《失刑斩》、现代戏《春暖花开》、《小店春早》、《蓓蕾初开》。其中《天仙配》、《女驸马》和《牛郎织女》相继搬上银幕，在国内外产生了较大影响。严凤英、王少舫、吴琼、马兰、韩再芬是黄梅戏的著名演员。

文化·传媒

体制改革和文化建设

【深化文化体制改革】 在文化体制改革基本框架下，推动转企改制工作。4月13日，安徽再芬黄梅艺术股份有限公司正式揭牌成立，这是全国第一家转企改制、股份制改造和上市融资"三步并作一步走"的国有文艺演出院团，也是全省第一个省市共建的转企改制演艺院团，标志着市深化文化体制改革、培育现代大型演艺企业取得重大阶段性成果。指导帮助市黄梅戏艺术剧院建立人事管理、员工薪酬分配等12项现代企业目标管理制度，完善公司法人治理结构。

【文化民生工程扎实推进】 建立局领导分片包点、局机关科室分工联动、信息材料收集报送、专人负责衔接协调等工作机制，加强实地检查督导，推进文化民生工程建设。在枞阳县召开文化民生工程现场会，采取各县（市）区互查互促、互比互学措施，推进农家书屋、广播电视村村通、乡镇综合文化站、文化下基层进社区等文化民生工程建设。组织全市各地文广新局负责人参观考察黄山市乡镇综合文化站、农家书屋等民生工程建设情况，学习借鉴成功经验，创新改进工作。下发《关于村村通有线电视设备器材招标采购征求意见函》，指导督促各县（市）区做好广播电视村村通设备器材招标采购。2011年全市42个乡镇综合文化站、609个农家书屋、2136个20户以下已通电自然村广播电视村村通工程全部建成并投入使用，实际完成投资分别为2047万元、1218万元和1877万元。市本级共组织开展送戏下乡、社区演出、广场演出、送书画进社区、送展览进社区等各项文化活动225场（次），送图书9932册，新建基层图书室11个。各县（市）区完成送戏下乡950余场，送图书28500余册、光盘3500张、展览84次。全市农村电影放映19947场，送电影进社区1600场。推进文化信息资源共享工程，将370余种优秀文化信息资源通过电子阅览、集中播放、复制赠送等多种形式提供给基层群众共享。

【重点文化设施建设】 安徽黄梅戏学校新校区建成并投入使用，中专升格大专获省政府批准和教育部备案，成为省黄梅戏专业人才重要培养基地，年内招生1260人（其中大专620人）。省"861"重点工程项目市博物馆新馆建设稳步推进，重新选址规划建设用地4.0875公顷，总建筑面积31634平方米，投资估算2.6亿元。桐城孔城老街一期工程基本建成，怀宁县"黄梅阁"主体工程完工。

文艺创作和演出

【文化产品生产硕果累累】 市文化部门组织开展文化活动的策划实施，促进剧目创作和排演。举办安庆市2011年艺术创作会议和黄梅戏剧本研讨会，邀请省文化厅指导艺术创作，对全市艺术创作生产工作进行规划，部署第六届黄梅戏艺术节剧目创演工作。邀请部分专家召开黄梅戏大型剧目创作务虚会，研究确定艺术生产选题。组织演艺企业融资、青年学子关注传统戏曲、全市艺术院团从业人员等情况调研，为促进艺术生产创作提供决策参考。在文化主管部门的推动下，市文化艺术创作繁荣，优秀作品迭出。制作完成黄梅戏音乐剧《蝶恋花·骄杨》，并在五千年文博园进行展演。获准无偿使用黄梅戏版《浮生六记》著作权，剧本改编工作已经完成，进行排练准备上演。组织黄梅戏《待到山花烂漫时》编剧赴岳西实地采风，完成剧本创作。首部黄梅戏高清数字电影《六尺巷》制作完成，并举行首映。组织创作黄梅歌舞《黄梅故里·魅力安庆》献演2011年徽商大会，宣传推介安庆地域特色文化和良好投资环境。在安徽省“重大历史题材美术创作工程”活动中，市4幅作品入围省级评审，3幅作品进入第二阶段创作。在省第九届艺术节活动中，市14幅作品入选《美哉安徽》美术书法展览，1幅作品获银奖。组织参加《江淮画卷》全省新剧目汇演，获25个奖项。市黄梅戏艺术剧院创作演出的黄梅戏《徐锡麟》、桐城市黄梅戏剧团创作演出的黄梅戏《桐城六尺巷》、望江县文化馆创作演出的舞蹈《筛筛乐》和安庆电视台拍摄的电视剧《天仙配》等4项成果获2007～2008年安徽省社会科学文学艺术出版奖(艺术类)三等奖。姚中亮、熊辰龙获全省宣传文化系统第二批“六个一批”双百人才称号。在第五届安徽省小戏小品大赛中，市黄梅戏艺术剧院创作演出的黄梅小戏《二妹子闹元宵》和《讨学钱》获优秀剧目、表演、编剧、导演等9个等次奖项。在“中华颂——第三届全国小戏小品曲艺大展”活动中，市黄梅戏作品《茶山小背篓》、《父亲》获小戏二等奖。怀宁县黄梅戏演艺中心创作的大型黄梅戏《独秀山下的女人》获第十二届中国戏剧节最高奖项——优秀剧目奖，女主演刘丽华获优秀表演奖。

为繁荣演出市场，市京话剧团打造“春来戏苑”，每晚进行营业性演出；市杂技团面向市场推出“金色年华”周末主题晚会。年内，还举办纪念程长庚诞辰200周年广场演出、纪念著名画家余守谟先生诞辰100周年座谈会等活动。

【文化交流活动】 安庆版画50年回顾展成功巡展合肥、芜湖、铜陵等地，受到观众和业界好评。组织黄梅戏剧目参加文化部在意大利举办的“中国文化周”活动和省政府在台湾举办的安徽省经贸文化交流活动。邀请扬州木偶剧团来宜演出大型互动式人偶童话剧《新白雪公主》，丰富群众节日期间文化生活。市黄梅戏艺术剧院赴湖南观摩学习《日出韶山》、《魅力湘西》等大型文艺演出项目，开拓创新安庆黄梅戏文化产业发展思路。市书画院联合世太史第推出“书画艺术沙龙”，培育引导安庆书画消费市场。举办“高雅艺术进校园”活动，安庆黄梅戏成功走进中国人民大学、中国科技大学、安庆师范学院、安庆职业技术学院、安庆医药高等专科学校，扩大黄梅戏的影响，培养新生代受众，提升安庆文化形象。组织再芬黄梅艺术剧院赴国家大剧院和山西太原“第六届中部博览会”进行黄梅戏专场演出，开展“再芬黄梅徽商情”大型巡演、市黄梅戏艺术剧院赴广东巡演等活动，拓展文艺演出市场。市直院团全年共完成商业性演出804场，比上年增长37%，取得较好的综合效益。

【系列主题文化活动】 2011年适逢中国共产党成立90周年和辛亥革命100周年，市文广新局策划创作、组织实施一系列主题文化活动。6月26日，在市黄梅戏会馆主办庆祝中国共产党建党90周年文艺晚会——“红色黄梅”，为中国共产党90华诞献上节日的祝福，市委书记朱读稳等到场观看演出。组织市代表队参加由省文化厅主办、省文化馆承办的全省群文系统庆祝建党90周年“红色颂歌——首届安徽省社区文艺调演”系列活动，获7个奖项。举办文化下基层进社区、庆“七一”广场文艺天天演、高雅艺术进校园、第二届宜城处处唱黄梅、“再芬黄梅浓情献礼”黄梅戏演出季、“党啊，亲爱的妈妈”红歌演唱会、“红色记忆——中共安庆地方史展”、迎“七一”红歌广场天天演、红色电影广场放映周等各类展演放映活动。

为纪念辛亥革命100周年，邀请安徽省文史研究馆馆员、中国科普作家协会会员吴昭谦和安庆皖江文化研究会副会长、安庆市作家协会副主席张健初分别作纪念辛亥革命专题报告，组织举办纪念辛亥革命百年专题资源网上展播、纪念辛亥革命100周年两省三市书画联展、“永远的记忆——辛亥革命在安庆”展等专题活动。

文博图事业

【文物普查保护工作】 落实国家文物保护工作方针政策，加大文化遗产保护力度，国家历史文化名城的品位和形象不断提升。在省政府召开的第三次全国文物普查电视电话会议上，市文物普查办公室获先进集体。经省普查办检查验收，市共登录6类2752处不可移动文物。推进第三次全国文物普查第三阶段工作，编纂市文物普查成果丛书《三普·三篇》。加强文物安全监督检查，在全市文博系统开展“清剿火患”行动，联合市建委、市安监局、市消防支队组织“夏季文物建筑消防安全大检查”，消除各项安全隐患，文物安全工作受到国家文物局副局长童明康充分肯定。协调公安部门联合开展打击文物犯罪专项行动，破获“8·19”文物盗卖案，追回三级文物百余件。创新手段加强文物管护工作,对邓石如读书处、"二陈"读书处、"高岗鸣凤"等重点文保单位进行修缮保护,"熊范"二烈士专祠维修竣工,推荐赵昀墓申报省保单位,协调推进江西会馆、叶氏宗祠、邓石如碑刻等项目保护工作,协助市财政局评审中心完成中共安庆建党会议旧址维修、布展。会同市规划局实地查勘第四批市级文物保护单位保护范围和建设控制地带,制作安装30处第四批市保单位保护标志。配合氮肥厂地块开发项目、潜山下浒山水库等重点工程建设,参加工程方案论证和选址调查,做好文物保护工作。抢救发掘圣埠战国墓葬群和石化五里村工地明代古墓,出土器物366件。召开市直文博单位专家领导会议,推荐江西会馆、邓石如碑刻等6处古建筑申报第六批省保单位,指导相关单位制作申报文本。

【非遗保护】 组织申报第四批省级非物质文化遗产,选定申报的代表项目名录,精心制作《胡玉美辣酱制作技艺》、《余良卿鲫鱼药膏制作技艺》、《安庆民歌》等项目保护书,完成首批安徽省非物质文化遗产传习基地、第四批省级非物质文化遗产项目代表性传承人和第四批国家级非物质文化遗产项目代表性传承人的申报工作,市有3个项目被列为省级传习基地,4人被认定为省级非遗项目传承人。完成安庆非物质文化遗产赴澳门参展。利用第六个"文化遗产日"举办主题为"依法保护,重在传承"的非物质文化遗产知识宣传展,发放300份《非物质文化遗产知识普及手册》,加强国家级非物质文化遗产黄梅戏传承保护工作,完成11部优秀黄梅戏传统剧目连环画拍摄和《孟丽君》、《桃李无言》音像摄制。

【创新公共文化服务品牌】 市图书馆"安庆大讲坛"公益讲座6月12日开讲,社会反响良好。5月18日,市博物馆举办"鉴宝江淮行"走进安庆活动,为近300名安庆市民义务鉴宝800余件。5月28日至6月10日,推出"安庆民间收藏精品展",为广大群众奉献一场民间精品艺术盛宴。市文化馆组建成立群星乐团,开设女子形体训练班和依泽小学少儿黄梅戏培训班。组织潜山县"桑皮纸"、"痘姆陶器"等非物质文化遗产项目参加第二届中国安徽民俗文化节展示展销活动。推荐桐城市"严凤英戏迷俱乐部"和"送戏下乡"申报国家公共文化服务体系建设示范项目,遴选怀宁县"黄梅戏之乡"、望江县"望江挑花之乡"、桐城市"桐城歌之乡"、宿松县"文南词之乡"申报安徽省民间文化艺术之乡。宿松县、怀宁县、望江县成功入选2011～2013年度中国民间文化艺术之乡。

【送文化下基层活动】 举办中国文化遗产日送展进社区活动,组织专业人员将精心制作的《光辉的历程——安徽党史展》、《名城览胜》两个流动展览进社区展出。建立基层联系点和困难企业、职工帮扶救助机制,开展"送文化下基层"走访慰问活动,筹集送出帮扶慰问金10余万元,向大观区杨家塘社区图书室捐赠价值2万余元的图书2000余册、书柜4组,丰富基层群众精神文化生活。

群众文化和文化产业

【群众文化活动精彩纷呈】 组织举办全市"六一"少儿文艺调演活动,遴选5个节目参加全省演出,获4个奖项。10月1～7日,再芬黄梅艺术剧院在黄梅戏艺术中心面向社区开展"十一"国庆公益演出周活动,为基层群众奉献精彩的艺术盛宴。发挥文艺辅导结对帮扶机制作用,加强城乡基层文化队伍建设。利用国庆长假组织举办"安庆市非物质文化遗产展演展示周"系列活动,集中宣传展示全市各地非物质文化遗产特色项目和保护成果,提高非遗保护工作的透明度和影响力。组织参加第四届中国滁州农民歌会、皖江8市第五届群艺(新红歌)大赛和首届安徽省鼓书曲艺大赛,获多个奖项。组织实施农村数字电影放映工程,全市每个行政村实现每月放映1场电影。

【世太史第等免费开放】 制定出台《安庆市图书馆、文化馆(站)免费开放实施方案》。公共图书馆、文化馆(站)、市世太史第(赵朴初故居)、陈独秀纪念馆以及罗岭镇严凤英故居于6月28日正式面向社会免费开放,广大群众得到更多文化实惠。

【全国第三次文化馆评估】 配合省文化厅评估组对市文化馆进行评估考核,组成评估小组对全市各县(市)、区文化馆进行检查评估,促进市、县两级文化馆规范化建设。怀宁县文化馆被评为国家一级馆,桐城市、宿松县文化馆被评为国家二级馆。整合市科技情报研究所和市图书馆资源,完成两馆合并前期工作。

【文化产业支撑力增强】 实施重大文化产业项目带动战略和文化旅游业融合发展战略,引导对接集聚文化产业发展要素,全市文化产业规模不断扩大,产业门类趋于齐全,综合效益日益显现,对经济社会发展的贡献率提高。集中国民间文化产业示范基地、安徽省“861”重点项目和国家4A级旅游景区等名衔于一身的五千年文博园5月18日正式开园运营，对促进安庆文化产业园区建设和文化产业集聚发展起到示范和带动作用。推进市博物馆、独秀园二期、市美术馆、世太史第二期、龙山凤水等项目建设，孔雀东南飞文化发展有限公司成为安徽省文化产业示范基地。推进电影产业发展，整合全市7辆电影放映车、62部数字放映机、146名电影放映员等农村电影放映资源，成立安庆市振风农村数字电影院线公司；促成4家数字影院落户安庆，设立1家M－BOX影院、1家10厅影院和两家4D影院。精心设计推出陈独秀墓、赵朴初故居、黄镇纪念馆、黄梅戏博物馆等精品文化旅游线路。赵朴初故居被省委统战部命名为安徽统一战线教育基地，正积极推进国家3A级旅游景区建设。独秀园、五千年文博园成功申报国家4A级旅游景区。成立春蕾旅行社有限责任公司，独秀园市场化运作初见成效。文化企业融资成果丰硕，在5月26日召开的市银企洽谈会上，文化旅游板块23个项目达成意向性贷款金额共计14.8亿元，占总额的7.8%。此贷款将重点用于支持龙山凤水、桐城孔城老街、岳西国际养生文化产业园等文化旅游开发项目建设。

新闻出版和文化市场管理

【文化市场监管】 一手抓管理、一手抓繁荣。将源头治理和全程监控、日常监管和专项整治结合，确保全市文化市场平稳健康和繁荣有序。严格执行《互联网上网服务营业场所管理条例》，按照“严批、严管、严控”的原则，对网吧等场所的设立审批做到控制总量、合理布局、优化结构、依法设立。按照《娱乐场所管理条例》和《安徽省2011～2013年游艺娱乐场所总量和布局规划》，在2010年清理整顿的基础上，依法审批游艺娱乐场所。按照《营业性演出管理条例》，依法审批各项演出活动，繁荣活跃演出市场，丰富民众的业余文化生活。开展印刷企业、出版物年检和新设立印刷企业初审工作，严把审批关和准入关。推进政府机关软件正版化工作，督促80家市直机关单位进行软件正版化自查摸底。按照文化部《关于加大对网吧接纳未成年人违法行为处罚力度的通知》要求，重点加强网吧监督检查。召开文化市场执法案卷评查工作座谈会，规范并强化文化市场综合执法行为。联合公安、消防、疾控等部门加强文化市场安全监督检查，全面巡查整改人员密集场所消防安全隐患，对全市歌舞娱乐场所负责人、网吧经营场所和娱乐场所从业人员进行安全宣传教育和培训。着力强化对演出活动、游艺娱乐和歌舞娱乐场所的执法监管，游艺娱乐行业经营秩序得到规范，城乡文化市场不良演出活动基本杜绝。安庆城区全年共出动检查人员4612人(次)，检查文化经营单位3613家(次)，立案查处34家(次)，责令停业整顿10家，取缔违法经营单位5家。

【网吧监督管理】 抓好上网人员登记，严格执行网吧现场检查记录制度、网吧检查频度最低标准制度、违规案件集体讨论处理制度和重大违规案件登记查处反馈制度，加强日常巡查和集中整治，充分发挥全市净网先锋网络平台和视频监控的监管作用，提高网吧监管的能力和水平。实施网络游戏未成年人家长监护工程，聘请168名“五老”人员义务监督网吧市场，及时处理“12318”热线举报；联合市关工委、市教育局举办陶宏开教授素质教育报告会，多管齐下教育引导青少年健康上网。与上年相比，网吧投诉和违规现象明显下降，未成年人进入网吧的现象得到有效遏制。市文化市场综合执法大队获2011年市级优秀“青少年维权岗”称号。

【知识产权宣传】 为迎接“4·26”世界知识产权日，4月14日起，在全市范围内启动以打击侵权盗版、保护知识产权为主题的“绿书签行动”系列宣传活动。

【“扫黄打非”专项行动】 落实全国、全省“扫黄打非”精神，以打击政治性非法出版物和淫秽色情出版物为重点，开展出版物市场“扫黄打非”工作，为全市经济社会科学发展营造和谐良好的社会文化环境。组织开展打击侵犯知识产权和制售假冒伪劣商品专项行动。全市出动行政执法人员5620余人(次)，检查出版物经营单位和印刷企业3600家(次)，收缴非法音像制品1300多张(盒)、非法出版物2360册，取缔流动书摊和游商走贩3个，查处案件5起。加强对书报刊、音像制品和电子软件市场的监督检查，开展春秋季教辅图书市场及校园周边环境专项治理、打击盗版工具书、打击网络侵权盗版等专项行动，严厉打击制售、传播盗版产品违法行为。组织力量对各类印刷企业进行拉网式检查，严厉打击非法印刷复制出版物和商标标识等违法行为，坚决打掉非法印制窝点。4月22日，举行安庆市2011年侵权盗版和非法出版物集中销毁行动，集中销毁盗版和非法出版物13673件。

广播电视

【宣传管理】 严格执行国家广电总局和省广电局各项宣传管理规定，完整转播中央台和省台节目，舆论引导能力提高。建立较完善的宣传管理制度，严格广电宣传纪律，开展抵制低俗之风专项行动，加强广播夜间节目管理，会同市广播电视台推广优秀童谣，净化荧屏声频工作取得新成效。组织参加"全国广播影视系统学法用法网络知识竞赛"活动和全市综合执法办公系统培训，做好"五五"普法成效宣传工作，广播电视宣传和法制宣传教育工作成效明显。加大行政处罚案件评查和审核力度，全年共审核行政处罚案件25件。做好向中央台发稿、向省台供稿和向省广电局报送稿件统计等工作，组织开展2010年度全市广播电视优秀节目(作品)评选，参加全省优秀节目(作品)评选，市共有23个节目(作品)获奖。

【行业监管】 制定出台《关于进一步加强广播电视节目传输管理的通知》，在全市范围内全面清查违法违规播出行为，联合工商部门查处电影放映游商在皖源大酒店放映盗版3D电影的违法行为。对全市所有广播电视站进行清查，杜绝非法电视台在市境出现。加大对非法虚假广告的查处力度，叫停"清血八位片"、"特研脑塞通丸"等广播电视非法虚假广告。"5·17"世界电信和信息安全日，广电部门联合相关部门开展打击盗窃破坏"三电"设施专项行动。全面梳理规范广播电视节目传送业务经营许可和信息网络传播视听节目经营许可职能，完成市本级行政许可项目网上录入工作。依法查处未经许可擅自传送IP电视信号行为，拆除机顶盒56套。依法加强卫星地面接收设施和"网络共享"网站以及设备产品的管理查处工作。向工商行政管理部门通报10家非法销售点，联合工商等部门对家电经营门店和用户进行执法检查，没收非法销售的卫星地面接收设施50余套，现场拆除非法安装使用设施7套。组织开展全市电子商品市场专项检查行动13次，出动人员530人次，收缴"网络共享"设备产品4件，封堵非法"网络共享"网站1个。依法拆除非法使用"卫星锅"20个、接收器15个、调制器15台，收缴"电视棒"等102件。从思想上、组织上、技术上做好安全播出各项准备和保障工作，确保中央、省、市政令畅通、广大人民群众收听收看好广播电视节目和广播电视信号不间断、高质量传输。在国家"两会"、"七一"、"十一"、市十次党代会和中央十七届六中全会期间，对市广播电视台、有线电视网络中心各播出系统和关键环节进行全面细致的检查，保证备用系统处于良好运行状态，保证供电系统安全可靠。加强安全播出应急处置工作，对广播电视应急预案进行全面梳理，并组织模拟演练，根据安全播出中出现的新情况、预案执行中出现的新问题、技术系统发生的新变化及时修订和完善预案，提高应急快速响应和处置能力。加强与610办、公安和无线电管理等部门的联系，做好安全播出，处置突发事件各项应急准备工作。按照省局《转发广电总局科技司关于开展广播电视相关信息安全等级保护定级工作的通知》，组织市广播电视台、市有线电视网络中心和各县文广新局、广电中心(台)定级认定工作。始终保持对非法电视台站、违法违规播出严防严打态势，与省无线电管理委员会安庆管理处联合开展乡镇广播电视转播台集中整治行动。积极协同相关部门开展防范和查处非法电视台(站)专项整治行动，深入各县(市)区广播电视站进行抽查，督导各地广电管理部门对所辖区域有线电视网络中心进行清查，确保节目传输安全畅通。组织所属单位对照《广播电视安全播出管理规定》及相关实施细则，在加强安全播出自查自评基础上，组织实施全市安全播出工作大检查。利用"5·17"世界电信和信息安全日开展宣传活动，印发3500份公告，广泛宣传保护"三电"的重要意义及违法的严重性。联合相关部门开展打击盗窃破坏"三电"设施专项行动。加强全市境内530公里国家和省干网光缆线路运行维护管理，及时修复施工中遭受损坏的光缆线路，对怀宁县平山镇、石牌大桥、潜山县开发区、望江县太慈镇、宜秀区杨桥镇等地光缆线路进行迁移，确保网络安全、优质运行。

(娄东久)

安庆日报

【概况】《安庆日报》是中共安庆市委机关报。在报社编辑部165名职工中,119人拥有各类专业技术职称,其中高级职称22人、中级职称51人。

安庆日报社有《安庆日报》、《安庆晚报》、中国安庆新闻网和安庆手机报等多家新闻媒体。《安庆日报》为对开4版的日报,其头版与第四版为彩印版,第二、三版可套红印刷。日报除了期期报道市内要闻和国内外时事体育新闻,使读者能“一报在手,就知全市事乃至天下事”外,每周还交替推出视点、民声、副刊、教育、卫生等专刊,拓宽报道领域,增加报道深度,强化服务功能;每周五增出对开4版的《新皖江》周刊一期,设“前沿”、“天窗”两个专版,开辟“皖江连线”、“皖江人物”、“人文安庆”、“记者观察”等专栏。《安庆晚报》是具有党报性质,又有都市报和文化报风格的报纸,日出4开24版的彩印报,辟有“导读”、“安庆重点”、“各类新闻”、“投资理财”、“皖江时评”、“文化时空”等几十个专版专刊,融新闻性、娱乐性、服务性、知识性于一体。中国安庆新闻网为网络媒体,有网上报纸、网上电视、网上电台、网上服务四大功能,辟有“安庆新闻”、“皖江论坛”、“社会”、“娱乐”、“网上查询”、“便民服务”等十几个栏目。《安庆博览》是以“安庆人、安庆事、安庆史、安庆文学”为内容,融深度报道与文学作品为一体的综合杂志,双月刊,设“皖江之子”、“皖江写意”、“皖江讲坛”、“皖江走廊”、“文学庭院”等专栏。

报社为加强县域经济和“三农”报道,在部分县(区)委、县政府支持下,开办县区周刊。有《安庆日报·枞阳新闻周刊》、《安庆日报·岳西周刊》、《安庆日报·太湖周刊》、《安庆日报·宿松周刊》、《安庆日报·望江周刊》、《安庆日报·宜秀周刊》,均为对开4版,每周出版1期,其中太湖、宿松、望江3县每月还各增出一期月末版。

报社与市直有关部门合作,办有《安庆警方》、《宜城楼市》、《汽车周刊》、《旅游周刊》等特刊,并与电信部门联办被称为“安庆第五媒体”的《安庆手机报》,市民通过手机可及时阅览安庆和国内外热点新闻。

【重点报道】 报社所属三报一网一刊及6县区周刊在新闻宣传中围绕市委、市政府中心工作,服务全市经济社会发展大局,成功进行多个重大主题宣传报道。

庆祝建党90周年的报道。从元旦起即开设“安庆党史上的这一周”专栏,相继推出纪念建党90周年的“鲜红的党旗”、“寻访红色足迹”、“安庆红色地理发现”等栏目,唱响共产党好、社会主义好、改革开放好、伟大祖国好的时代主旋律。

市第十次党代会的报道。从春季到秋季,推出“迎接市第十次党代会特稿”、“庆祝建党90周年——喜迎市第十次党代会”、“创造优异成绩迎接市第十次党代会召开”、“学习贯彻市第十次党代会精神”等专栏。大会期间,浓墨重彩地报道会议召开的盛况,并推出十谈学习贯彻市党代会精神的系列评论。

纪念辛亥革命100周年的报道。开辟“辛亥革命与安庆”、“追忆辛亥革命”等专栏,在《新皖江》周刊上推出“辛亥革命百年祭”专版,并与市政协、市委统战部联合主办“辛亥革命在安庆”征文活动。

促进安庆经济社会发展的报道贯穿全年。从年初到年末,开辟“承接示范区建设·一年看基础”、“辉煌十一五”、“奋进十二五”、“科学发展·全面转型·加速崛起·富民强市”、“来自重点工程的报道”、“开局之年看发展”、“盘点要事见证改变——2011年终专稿”等成就性报道专栏。

为配合全市创建省级文明城市的中心工作,《安庆日报》的头版、二版同时推出“积极行动创建省级文明城市”、“创建文明城市,推进宜城崛起”、“创建省级文明城市系列谈”等专栏,图文并茂。《安庆晚报》开设“全民行动共建文明”等专栏,弘扬文明新风,对不文明现象予以曝光和批评。安庆新闻网对两报相关报道及时转发并拍摄视频新闻予以报道。报网联动,形成较强的宣传声势,营造浓郁的创建氛围。

报社所属媒体对全市近年来实施的各项民生工程进展情况,通过“扎实推进民生工程”专栏,持续跟踪报道,影响较大的报道有“2011年住房保障目标任务超额完成,全市建设保障性住房和棚户区改造21452套”、“我市城镇新增就业5万人”、“农村五保供养服务机构快速发展”、“609个农家书屋全面建成”等200多篇稿件。

三报一网还及时准确、大容量、多角度报道全市的突发新闻。在1月19日地震后,报社记者第一时间赶赴灾区,快速全面报道抗灾救灾情况,为安定人心、维护稳定起到积极的作用。

【典型报道】 报社所属媒体推出多个专栏,加大对各类先进典型报道力度。开辟“闪光的人生”和“安庆好人榜”专栏，刊发“用生命演绎护林赞歌——记太湖县天台村见义勇为的农妇朱庆琴”、“三次下水救起四条人命的何世安”等30多篇通讯，将报道的笔触和摄像机镜头贴近基层，讴歌“小人物”的心灵之美和奉献精神。开设“劳模风采”专栏，刊发“奉献特殊的爱——记市劳模、市特殊教育学校老师吕敏”、“地下管网的活地图——记迎江区市政设施养护队队长查长发”等稿件，展示新当选的劳模的精神风貌，从不同视角反映劳模们恪尽职守、开拓进取、扶贫济困、乐于助人的优良品德。与市人社局联办“创业先锋”专栏，宣传各类企业经营管理者和技术人员，尤其是民营企业家们勇闯市场、科技创新、做强企业、回馈社会，为加快安庆经济社会发展建功立业的事迹，刊发“小小火机照亮创业路”、“自学成才的机械行家”、“事业有成不忘奉献”等稿件。结合纪念建党90周年和市第十次党代会的主题宣传，开设“开展创先争优，争当崛起先锋”、“党员新形象”等专栏，宣传涌现出的先进基层党组织和优秀党员。刊发有“桐城市樟枫村党总支攻坚克难，贫困村变成省新农村建设示范村”等稿件，使读者深感先锋模范就在身边，对在党的领导下建设更加美好的新安庆充满信心。

【舆论监督】 报社所属各媒体在坚持以正面宣传为主的同时，针对社会上一些损害人民群众利益、有违社会公德和职业道德的现象和不正之风予以曝光和批评。《安庆日报》的“民声”专版、《新皖江》周刊和《安庆晚报》的“热线新闻“专版全年刊发批评稿300多篇，发挥了主阵地的作用。其中的“银行开具发票违规，税局查处不能含糊”(《安庆日报》)、“黑中介防不胜防”(《新皖江》)等稿件引起市、县有关部门的重视，并及时整改揭示出的问题。“热线新闻”专版坚持以人为本，关注民生，注重维护弱势群体的合法权益。如专版的“维权服务台”刊发十篇专稿，为70多名群众成功维权。安庆新闻网通过“在线投诉”、“宜城聚集”、“记者在线”等栏目，对网民关注和投诉的问题及时回复和解答，或及时转由相关部门处理，提高投诉问题的处理率。

【新闻改革与社会活动】 报社继续开展持续10年的“新春记者行”活动，两报一网的记者深入各乡镇村、社区、企业、重点工程工地现场采访。活动期间采写、拍摄稿件和图片161件，即采写出一批贴近实际、贴近群众、贴近生活的新闻作品，更让采编人员充分了解基层，锻炼并提升自身素质。下半年，开展“走基层、转作风、改文风”活动，开设“党报记者在基层”(《安庆日报》)、“新闻现场”(《安庆日报》)、“走基层、转作风、改文风”(《安庆晚报》)、“晚报进社区”(《安庆晚报》)等专栏，采写刊发来自基层一线的鲜活报道130多篇。完善报社新闻工作者下基层锻炼制度，使“新春记者行”活动发展为季季行、月月行，记者走基层形成常态化。为提升新闻报道的影响力，报社部分党员干部深入迎江区人民社区开展调研，了解民情。晚报还开展“安庆市好人榜”评选、“我与晚报”征文等活动，体现《安庆晚报》关注民生、情系百姓的办报宗旨。

报社加强与全省新闻界的业务交流，参与和承办2010年度安徽新闻奖(报刊类)评选工作会议，安庆日报社有8篇作品和两个版面获“安徽新闻”奖，其中一等奖2个。另外，有8件作品获2010年度全省经济好新闻奖，3件作品获2010年度晚报“赵超构新闻奖”，9件作品获“安徽省报纸副刊好作品奖”。

(李叔雅)

图书发行

【概况】 2011年，安庆新华书店有限公司(含8县市分公司)完成销售码洋34550.3万元，比上年同期增长1712.2万元，增长率为5.21%。全年完成营业收入31118.7万元，完成全年预算的100.03%，比上年同期增长1315.5万元，增长率为4.41%。全公司全年实现利润2566.9万元，完成年预算的102.88%，比上年同期增长237.46万元，增长率为10.19%。年末公司资产总额20662万元；年末所有者权益17169.4万元(扣除上缴利润因素)，较年初14520.3万元，增长2649.1万元；国有资产保值增值率为18.24%；净资产收益率为14.95%。

【三项制度改革】 2011年，公司把三项制度改革放在重中之重的位置，加强领导，深入发动，有情操作。1月18日，召开全区三项制度改革启动动员大会，公布改革方案，对三项制度改革工作进行动员和部署。动员大会后，经过改革的流程进行员工分流安置、中层管理人员竞聘、员工双向选择、岗位工资套改四个环节，基本完成三项制度改革。

【教材、文教图书发行】 全公司教材发行人员按照“高效、扎实、主动、细致”的要求，在学生数持续大幅下降，市场竞争加剧的不利情况下，基本完成集团下达的教材、文教图书销售预算目标任务。太湖分公司教材、文教图书销售双超预算目标，其中教材超预算11.68%、文教图书超预算14.9%。全公司教材、文教图书发行落实“三到校”服务承诺，提升服务品质。按照股份公司要求，全面实施教材服务专员制度，深化“三到校”服务。望江、本部等单位已经做到征订、送书、调剂、结算“四到校”。地方教材、二类教材发行业绩突出，怀宁分公司比上年增加销售249.4万元、宿松分公司比上年增长150万元。抓好民办学校的教材、文教图书发行。望江分公司、本部等单位增加民办学校二类、地方教材销售89.14万元，增加民办学校高中文教图书销售128.25万元。注重高中文教图书市场开拓，桐城分公司全年高中第二套教辅发行量达到200万元。利用学校标准化建设契机，开展数字教室、教师用书的征订发行，全年全区完成350万元。

【一般图书发行】 安庆公司在一般图书发行上想方设法开展卖场营销活动，发动全员推销，发行总额较上年有较大的增长。举办“你选书，我买单”购书活动、文化惠民活动、“我的成长纪念，你的悦读盛宴”皖新传媒上市周年庆典主题营销活动、春秋两季学校开学期间文教图书大联展活动等。国庆期间，公司推出经典图书展销、购书送好礼、作家签售等一系列营销活动，激励更多的市民走进书店阅读，为读者提供多样化的选择。安庆图书城国庆7天销售码洋16.65万元，比上年同期增长36%。枞阳县分公司举办第22届求知书市，扩大销售，树立皖新传媒在广大读者心目中的品牌形象和信誉度。为有效提升全市中心卖场的经营管理水平，促进卖场管理的科学化、业务流程的规范化，公司制订《安庆公司中心卖场规范化管理评比细则》，各中心卖场都在按要求进行规范化建设。开展送书进监狱活动。在安庆监狱开展了两次展销活动，共销售图书5.5万元。11月13日，又在安庆监狱开设了监狱书店。抓重点图书营销，全区共销售重点图书码洋187.3万元，其中《经典天天读》销售26177套，码洋157.06万元，销售《中国共产党党史》一、二卷5735套，码洋80.23万元。按照集团低成本扩张战略要求，抓好校园书店建设。到年底全区共有5家校园店开业。举办由安庆市文行委、市总工会主办，安庆新华书店有限公司协办的《经典天天读》知识竞赛活动，枞阳县分公司也协助县委宣传部举办全县《经典天天读》知识竞赛活动。

【多元化经营工作成效显著】 子分公司将扩大多元化经营作为业态创新的一个重要抓手，取得了可喜成绩。各中心卖场在经营与图书相关产品上取得突破，文体用品、数码电子产品纷纷进场。图书城和枞阳分公司眼镜销售也进入卖场。安庆图书城调整多元产品的布局，销售比上年进一步提升。公司本部和宿松、望江、太湖、潜山等分公司中心卖场参加博学公司举办的“创三优”百日劳动竞赛活动。人民路门市部、怀宁中心卖场等通过努力，已将租赁经营转化为合作经营。在搞好自身多元化经营的同时，配合省传媒广告公司做好LED电子屏管理。全年完成多元销售1450万元，较上年增长80%。

【农村便民店日趋规范】 公司高度重视农村便民店工作，印发《便民店规范化发展考核内容及奖惩办法》，并结合集团公司2007印发的《示范便民店评选标准和评分细则》制定考核评分细则，于5月份对全区便民店规范化发展工作进行全面考核检查，各分公司对照规范化标准进行补缺补差。年初，公司下达2011年全市各便民店经营目标，并着重强调切实将便民店的多元产品转化为销售。各分公司、各便民店基本完成便民店的各项经营目标，全部实现股份公司提出的便民店“图书零售实现万元以上的目标”。

探索“三合一”农民文化家园模式，配合皖新网络公司开办绿色网吧。宿松二郎、桐城孔城的“三合一”农民文化家园开业，枞阳义津等3家农民文化家园即将开业。

（吴启中）

栏目编辑：刘宜群

卫生·体育

卫　生

【概况】 2011年，全市卫生系统以巩固完善基层医改为契机，初步建立国家基本药物制度；以卫生民生工程为抓手，不断健全城乡医疗卫生服务体系；以稳步推进基本公共卫生服务均等化为基础，推动疾病防控、卫生监督、妇幼保健等工作再创佳绩；以开展"三好一满意"创先争优活动为载体，强化医疗质量安全和医疗服务监管；以推进食品安全放心工程为切入点，促进我市食品安全环境好转；以培养全科医生为突破口，卫生人才队伍建设、科技创新、信息化建设等支撑体系得到加强，全市各项卫生工作取得进展。目前，全市拥有医疗卫生机构787个，卫生人员总数20853人，其中卫生技术人员17774人，占总数的85.2%。拥有执业（助理）医师6587人、注册护士6480人；拥有床位16032张。

卫生民生工程

【基层医药卫生体制综合改革】 市政府制定出台《关于进一步巩固完善基层医药卫生体制综合改革的实施意见》。全市政府办基层医疗卫生机构和一体化管理的村卫生室全部配备使用基本药物和补充药品，不断规范药品采购和回款程序，实行药品零差率销售，国家基本药物制度在基层实现全覆盖。各地按照健全基层医疗卫生机构运行补偿机制的要求，核定收支，调整支出结构，设立基层医疗卫生财政专户，将基层医疗卫生机构收支全部纳入预算管理。对村卫生室实行药品零差率补助，省财政按每1000个农业户籍人口每年补助村卫生室5000元，怀宁县、桐城市、潜山县在此基础上，县（市）级财政再增补1000元，宿松县增补2000元；对于农业户籍人口不足1000人的行政村，各地均按照省财政补助标准实行保底补偿。巩固基层医疗卫生机构人事制度改革成果，抓好聘用合同的日常、后续管理，基本建立按需设岗、竞聘上岗、按岗聘用、合同管理的用人新机制。制定以服务数量、质量、效果和居民满意度为核心的绩效考核评价细则，建立"两级考核、两个挂钩"的绩效考核制度，合理加大奖励性绩效工资比重，体现多劳多得、优绩优酬。政府办基层医疗卫生机构医务人员工资水平较改革前平均增加480元左右，涨幅达27.17%。

【新型农村合作医疗制度建设】 全市新农合覆盖农业人口488.18万人，参合率达98.4%。各级财政补助水平达到年人均200元，政策性住院费用报销比例达到60%以上。全年共发放补偿金9.27亿元，占总基金82.55%，536.93万人次受益。全面普及门诊统筹，11个统筹地区均启动按病种付费方式改革试点，参合农民均持IC卡就诊、刷卡报销，并实行门诊统筹"总额预算、分期支付、绩效考核"的管理机制。继续加强定点医疗机构监管，通过卫生门户网站及时通报市级定点医院次均住院费用及上涨情况、可报费用及目录外用药情况等，并对市直新农合定点医疗机构病案进行评审、通报；在全省率先开展对违规行为的查处，暂停了6家医院的定点资格。完善新农合信息网络系统，100%的市级公立医院与省新农合平台联网，实现网络即时结报，并与辖区内所有定点村卫生室实现互联互通。

【基层医疗卫生服务体系建设】 落实省下达我市的中央扩大内需县医院基础建设项目2个、精神卫生防治体系建设项目1个，启动11个卫生监督体系和4个县域内农村院前急救体系建设项目，按要求如期开展项目设计、招投标工作或开工建设。完成扩大内需中心卫生院和省民生工程村卫生室标准化建设项目，年内实现153所建制乡镇均有1所符合项目建设标准的卫生院，1593个行政村均有1所符合民生工程建设标准的村卫生室，村卫生室基本实现乡村服务一体化管理。完成23个社区卫生服务站、10个社区卫生服务中心规范化建设任务。

【提高妇女儿童健康水平】 全市计划免费婚检7.5万人，截止12月，实际婚检人数达84374人，婚检率达86.2%；对45099名农村孕产妇给予每人300元住院分娩补助，共补助资金1352.97万元，农村孕产妇住院分娩率99%以上。投资200万元加强2所妇幼保健机构建设全面完工。计划接种国家免疫规划一般常规免疫疫苗124.0316万针次，已接种130.1608万针次，任务完成率达104.94%。

【重大传染病病人的医疗救治】 累计救治贫困肺结核病病人945例，完成计划任务112.37%，经费使用率100.56%；艾滋病病人治疗完成率达172%，经费使用率100.79%；救治晚期血吸虫病病人2060例，完成计划任务105.37%，经费使用率104.23%；设立禁牧标志牌1310个、聘用禁牧协管员420人、建无害化户厕10021座，对6个基层血防机构进行了仪器装备，超额完成目标任务。共淘汰耕牛4709头，占计划任务的134.54%，有73个行政村成为“无牛村”，其中重点流行村61个。全市共有118个重点流行村成为“无牛村”，占重点流行村数的78.2%，比省卫生厅规定的60%提高了18.2个百分点，超额完成目标任务。

疾病防控与卫生应急

【重大疾病防控】 建立“三位一体”的新型结核病防治服务模式（疾控机构负责规划协调，非定点医疗机构负责初筛转诊、定点医院负责确诊收治，基层医疗卫生机构负责患者全程管理），继续保持现代结核病控制策略覆盖率（DOTS）100%，新发涂阳肺结核病病人发现率达74.23%（省指标70%），完成年度目标任务的106.05%；新涂阳治愈率达93.64%（省指标85%）、初治涂阴病人治疗完成率达95.29%（省指标90%），均超出省下达指标。继续加大艾滋病高危干预和宣教力度，全面完成艾滋病自愿咨询检测和监管场所筛查等任务；培训各类艾滋病防控人员722人次，发放艾滋病宣传材料、制品、安全套等10万余份（盒）；落实艾滋病“四免一关怀”政策，为所有符合条件的艾滋病病人实行规范免费抗病毒治疗、随访及CD4常规检测，将符合救治政策的病人纳入民生工程救治对象；对2例感染艾滋病孕产妇进行了母婴阻断工作；完善艾滋病检测监测网络，28家二级以上医疗、保健、采供血机构艾滋病抗体筛查实验室创建通过省、市级验收“合格”。全面落实以控制传染源为主的血吸虫病综合防治策略，累计查螺2.06亿平方米，占计划任务数103.02%，实际灭螺面积达2298.48万平方米，占计划任务105.92%；血检查病65.89万人次，粪检查病9.25万人次，治疗及扩大化疗8.82万人次，及时、有效处理散在发生的血吸虫病急性感染病例1例。开展疟疾休根工作。全年报告疟疾病例16例，其中间日疟6例，恶性疟10例，境外输入12例，境内感染4例。全市休根服药451人，血检发热病人50639人，复核阴性血清2259张，阳性血清6张，符合率100%。

【突发公共卫生事件应急处置】 开展“1·19杨桥地震”抗震救灾工作，所有因灾受伤人员全部得到及时救治；开展“蜱虫热”、输入性脊髓灰质炎等传染病的疫情防控；主动参与“3·27”安庆鑫富化工有限公司突发事件应急处置工作。全年共报告风疹、水痘、食物中毒等5起突发公共卫生事件及相关信息，均得到及时有效的控制和处理，未造成一起传染病疫情的扩散与蔓延，未发生一例死亡病例。加强应急能力建设，共开展应急培训49次，培训2004人次；开展市、县级应急演练9次。

公共卫生服务

【建立居民健康档案】 推进基本公共卫生服务信息化建设，通过集中、门诊、入户等建档方式，以及65岁以上老年人健康体检、孕产妇初次产检、0～3岁儿童定期体检等途径，累计建立居民健康档案339.109万份；启用居民健康档案电子平台，电子建档率达52.47%，孕产妇及3岁以下儿童系统管理率、7岁以下儿童保健覆盖率均达规定要求。

【爱国卫生运动与健康教育工作】 开展爱国卫生月、爱国卫生法制宣传周、世界卫生日、世界无烟日、全民健康生活方式系列行动等宣传教育活动，推进无烟医疗卫生系统创建工作，先后有308家单位达无烟医疗卫生单位标准，被市爱卫会命名为“安庆市无烟医疗卫生单位”，全市100%医疗卫生单位成为无烟单位，有序开展公共场所控烟工作。在枞阳、桐城、怀宁、潜山、岳西、太湖、望江等7县（市）实施农村水质卫生监测项目，完成监测点 348 处，1360 份水样。枞阳、太湖、望江 3 县同期完成省级监测点生活饮用水卫生监测任务；在桐城、枞阳、怀宁、太湖、望江、宿松、迎江、大观、宜秀等县（市）、区实施血防区改厕项目，完成改厕任务 10021 座，超额完成省级目标任务。积极开展卫生创建活动，望江县雷池镇雷池村等 8 个村、单位被省爱卫会命名为省级卫生村、卫生先进单位；桐城市孔城镇等 31 个镇、村（社区）和单位被市爱卫会命名为市级卫生镇、村（社区）和卫生先进单位。开展病媒生物防制活动，城乡环境卫生整洁行动阶段目标如期实现。开展全民健康教育，累计发放健康教育印刷资料 300 种 565.6 万张（册），设置健康教育宣传栏 13676 个，开展健康教育讲座、咨询活动 7664 次，参与人数 62.6 万人，发送手机短信 120 余万条。

【儿童预防接种】 推进儿童预防接种信息管理系统建设，全市免疫规划信息报告管理系统规范运转率达 100%，所有 0～6 岁适龄儿童均建立预防接种电子档案，所有接种单位均使用条形码管理。规范化预防接种门诊创建率和年度校验率均达 100%。规范实施扩大国家免疫规划，老“五苗”全程合格接种率、乙肝疫苗首针及时接种率、新扩大免疫规划疫苗接种率均优于国家和省级卫生行政部门规定的标准，有效预防和控制了相应传染病的流行。超额完成省级下达的 2009～2011 年度 15 岁以下人群补种乙肝疫苗任务，累计补种 131734 人，任务完成率 108.08%。

【慢性病健康管理服务】 严格按照项目要求，为辖区内高血压、糖尿病等慢性病患者提供体检、随访、健康指导等规范管理。全市累计管理高血压患者 44.6555 万例，管理率达 62.28%；管理糖尿病患者 10.2503 万例，管理率达 85.77%。

【重性精神疾病患者管理】 出台《关于加强我市精神卫生工作的意见》，在全省率先成立市精神卫生中心；先后举办重性精神疾病管理项目、重性精神疾病患者管理服务规范及重性精神疾病患者信息管理系统培训等多起培训班，并累计培训乡镇卫生院及社区卫生服务中心医务人员 360 人次。全市管理重性精神疾病患者 19814 人，管理率达 46.63%。

【儿童口腔疾病综合干预项目】 明确市立医院、市第一人民医院为儿童口腔疾病综合干预项目实施单位，累计完成 7～9 岁儿童窝沟封闭 3878 人，窝沟封闭牙数 14041，复核显示窝沟封闭完好率达 85%以上，超额完成项目任务。

【贫困白内障患者复明任务】 新增市第二人民医院、宿松县中医医院为贫困白内障复明定点医院，全市现有定点医院 10 所，完成贫困白内障患者复明手术 1270 例。

医疗服务管理

【医疗安全监管】 开展医院管理年和“三好一满意”活动，建立健全院务公开、一日清单和费用查询、单病种限价收费等一系列制度。加强院内感染管理，举办医院感染管理知识培训班和知识竞赛，组织开展消毒供应中心、内镜、血液透析室查检验收及执业登记管理等专项检查，全面推广目标性监测，提高医院感染的预防与控制水平。开展医疗机构临床实验室专项检查及抗菌药物应用专项治理行动，对医疗机构和医务人员抗菌药物使用量、使用率和使用强度进行排名和公示；加强第二、三类医疗技术准入和管理，规范医疗技术临床应用和诊疗行为。组织各级医疗机构开展以“三基三严”为重点的岗位练兵活动及院前医疗急救知识与技能培训。全市无偿献血占采供血总量的比例和血液质量抽查合格率均达 100%。

【公立医院改革】 推进临床路径和单病种付费制度改革，首批 39 专业次、42 病种次进入临床路径管理试点。实施“优质护理服务示范工程”，血液、麻醉、院感等专项管理工作不断加强。客户服务中心、惠民门诊和惠民医院等惠民医疗措施逐步完善，二级以上医院普遍开展了网上、电话等多种形式的预约诊疗服务。均衡配置新老城区医疗资源，市立医院东部新区、市一院整体东迁工程已开始实施。积极开展卫生信息化建设试点项目工程，在省立医院和岳西县医院开展远程会诊信息系统建设，在 8 个县及宜秀、大观两区建设县级医院 PACS 系统，完成全市村卫生室电脑、打印机等相关设备的配备，建立村卫生室管理信息系统。

【建立医疗纠纷调处新机制和风险分担机制】 9 月 23 日，市政府第 54 次常务会议审议通过《安庆市医疗纠纷预防和处置办法》，并以第 75 号市政府令发布，于 2011 年 10 月 1 日施行；建立医疗纠纷第三方调解机构。9 月 30 日，成立市医疗纠纷人民调解委员会，由市社会管理综合治理办公室负责管理。全年共接待 45 起，成功调解 9 起。

【扶持中医药事业发展】 贯彻落实中医药扶持

政策，将其列为“十二五”卫生事业发展规划的重要内容之一。在各级财政极其紧张的情况下，优先保证每年近千万元的中医事业费，加大对中医医院基础建设的投入力度。各乡镇卫生院和社区卫生服务中心基本设有中医科，配备有中医专业人员。完成省级重点中医专科专病项目建设，组织开展市级中医专科专病建设工作，全市现有全国农村中医工作先进县2个（潜山县、岳西县），省级特色中医院2所（怀宁中医骨伤医院、望江县中医头针医院），省重点中医专科（专病）4个（岳西县、潜山县中医医院中医骨伤科、宿松县中医医院针灸推拿科和市中医医院肝病专业）。宿松县中医医院被评为省级示范中医医院，市立医院成功创建综合医院中医药工作示范单位；市中医医院、望江县中医头针医院、岳西县中医医院及部分综合医院的中医科共8个中医专科（专病）被评为市级中医专科（专病）。在2011年省中医药管理局组织的全省中医医院医疗质量督查中，宿松县中医医院在全省二级中医医院中荣获第一名。

行业建设

【卫生行政执法】 组织各级卫生监督机构开展“卫监1号”（医疗美容服务专项检查）、“卫监2号”（职业卫生技术服务机构专项检查）行动及公共场所、生活饮用水、学校卫生、医疗机构等专项执法检查；开展传染病防治、血液透析和医院感染管理执法检查、血液安全监管及非法采供血、医疗广告等专项整治工作，严厉打击计生“两非”案件，严厉打击非法行医。全市共立案204起，结案159起，实际罚没款52.5万余元。在继续对住宿业、游泳场所100％实施量化分级管理的同时，启动对大中型沐浴场所、美容美发场所量化分级管理工作，全市共评定公共场所量化分级管理单位1304家。落实国家及省生活饮用水卫生监督抽检计划，共抽检集中式供水单位出厂水、末梢水、二次供水等水样436份，合格率分别为97.2％、92.4％、94.7％。开展职业卫生调查和职业病诊断鉴定工作，对全市654家用人单位开展职业健康状况或职业卫生现状调查；由省、市职业病诊断鉴定专家组成的“市职业病诊断鉴定委员会”，对怀宁县恒源固废再生利用有限公司13名职工进行职业病诊断鉴定。按照《安徽省基本公共卫生服务规范》（2011年版）的要求，在迎江、大观、开发三区启动基本公共卫生服务卫生监督协管项目。各地均制定卫生监督协管项目、聘任及考核等方案，稳步推进卫生监督协管工作。深化卫生审批制度改革，清理行政审批项目，编制许可实施办法，逐步扩大县级卫生行政部门审批权限，将属于县辖范围的公共场所卫生、生活饮用水、医师执业注册等许可项目交由县级卫生行政部门审批。市级卫生行政许可科窗口全年共办理各类行政许可事项1787件、即办件550件、承诺件1237件，办结率100％；接待群众咨询4860人次，发放宣传资料2000余份。被市行政服务中心评为2011年度先进窗口。

【食品安全综合协调】 调整和充实市食品安全委员会，肖超英市长任委员会主任，增加3名市领导为委员会副主任；市政府与各县（市）区政府和市食品安全委员会各成员单位签订年度责任状，对重大食品安全事故实行“一票否决”。加大经费支持力度，市财政增加年度食品安全工作专项经费至100万元，缓解食品安全检验经费的短缺。继续将食品安全工作和食品放心工程并联实施，推动县级食品安全工作全面展开。组织落实问题乳粉、水产品、地沟油、瘦肉精、牛肉膏、打击非法添加和滥用食品添加剂等专项整治行动，严厉打击食品安全违法犯罪行为；出台《小餐饮整治工作方案》、《豆制品小作坊整治工作方案》，在全省较早启动小餐饮和豆制品小作坊整治规范工作。建立和完善舆情监测和处置机制，及时有效处理了媒体报道怀宁县少数经营户销售来源不明香精行为等突发舆情事件。出台《食品安全检验及信息发布实施细则》，初步实现食品安全检验信息共享，集约使用食品安全检验经费。规范开展食品安全风险监测和风险评估预警工作，成立食品安全应急处置专家库，开展食品安全事故应急演练，加强食品安全应急处置工作的联动，对望江县一起食物中毒事故启动问责程序，责成县政府对相关责任部门和责任人进行了事故责任查处。加强食品安全宣传工作，各类媒体发表文字、视频新闻报道263篇，编纂并上报综合性食品安全信息50期；将食品放心工程和食品安全工作并联实施，促进我市食品安全工作的整体提升。

【行风建设与治理商业贿赂工作】 制定下发《安庆市医务人员医德考评实施方案（试行）》，建立对医务人员规范有效的激励和约束机制。坚持纠风工作局际联席会和重点岗位轮岗制度，推进治理医药购销领域商业贿赂工作。通过设置举报箱、公布举报电话、行风监督员座谈会等形式，听取社会各界对卫生工作的意见和建议。坚持“1584政风行风热线”市县联动工作机制，现场解答群众诉求，限时办结、及时反馈。在全市“百名科长群众评”活动中，4名参评科长排名靠前，市卫生局机关、市紧急救援中心2名同志荣获“服务发展先进个人”称号。连续第七年荣获全市纠风工作考评优秀等次。

【纪念市卫生局成立60周年系列活动】 续编《安庆市卫生志》(1988～2010年)，举办乒乓球比赛、征文比赛、摄影展及大型文艺汇演，展现安庆卫生人的精神风貌。全市卫生系统干部职工应征作品92篇，评选出的一、二、三等奖作品汇编成《安庆卫生人的时代风采》。从200余幅摄影作品中评选出一、二、三等奖，分6个单元制作6块大型展板，并印成画册，多层面、多视角展示市卫生局成立60年来市卫生事业发展历程与光辉成就，弘扬卫生人救死扶伤的职业信仰。

【卫生人才队伍建设】 组织市直医疗卫生单位公开招聘高校毕业生108名，其中硕士研究生38名；组织乡镇卫生院公开招聘188名专业技术人员、招聘20名“三支一扶”(支医)高校毕业生到基层医疗卫生机构服务。实施农村订单定向免费培养医学生项目，宿松、岳西、桐城、迎江等县(市)、区与23名本(专)科生签订相关协议。重点加强以全科医生为重点的基层医疗卫生队伍建设，培训中心卫生院妇产科人员232名、乡镇卫生院管理人员178名、乡镇卫生院卫生技术人员464名、村卫生室人员2096名；培训社区医生和社区护士275人。结合中央财政补助二级以上医疗机构对口支援乡镇卫生院和“双千工程”，全市共有26家二级以上医疗卫生机构组建35支医疗队，派出105名卫技人员到35所乡镇卫生院对口支援；接收85名乡镇卫生院人员到二级以上医疗机构进修。完成省卫生厅下达的卫生援外工作医疗队队员选拔、派遣和管理任务，市12名队员作为全省援也门(南)医疗队第20队队员圆满完成卫生援外任务。卫生科教工作取得新进展，市立医院、第一人民医院3个科研组入围我市第一批产业创新团队名单。

体　　育

【概况】 2011年市体育局完成市委、市政府下达的各项目标任务。获得国家体育总局“2011年全民健身活动优秀组织奖”、省体育局“体育彩票工作先进单位”。

贯彻落实《中华人民共和国政府信息公开条例》。按照政府信息发布平台的目录，对政务信息公开内容进行归类、更新。完善信息发布的审核机制，及时有效地向社会公布体育动态、高危项目行政审批目录等事项，接受社会监督，规范权力运行。全年报送政府《每日动态》20余篇、市委信息快报1篇、省体育局办公网50篇、政府信息公开发布平台45篇，在市级以上媒体刊登、发布体育类新闻31篇。

履行好相关工作领导小组成员单位责任，发挥民族宗教工作、3231工程、扶贫等领导小组成员单位责任。发动机关全体职工开展“送温暖”活动共捐款8200元；到怀宁县江家嘴民族村，为困难群众捐赠1万元；资助3万元为江家嘴民族村解决1套农民体育健身工程；为共建单位新龙社区解决1套13件的全民健身路径工程。在市政府3231工程建设中积极担当责任，搞好服务保障，确保体育场馆建设任务顺利推进。

全民健身活动

【开展品牌创建活动】 举办市第八届群众性长跑活动，群众参与面和社会影响面很大，已成为我市的品牌活动。举办2010年、2011年两届天柱山登山节，将天柱山登山节打造成集旅游、休闲 、体育健身于一体的全民健身品牌。

【全民健身组织工作】 召开群众体育工作会议，对群体工作的特点、形式和开展进行了细致深入地分析研究和部署。3月，召开全民健身指导委员会会议，落实各成员单位全民健身工作职责，提出新的工作任务和要求。9月在各县(市)区及市各单项协会选派4名骨干参加国家级社会体育指导员培训、56名骨干参加省举办的一级社会体育指导员培训。11月，选派各单项体育协会骨干力量，分赴各县(市)区进行二、三级社会体育指导员培训，培训人数达300余人次，基层群众体育的指导水平得到明显提高。对全市14个单项协会组织建设进行规范，配合市民政局，完成各协会的年度财务审计和年检工作，指导、协助篮球协会、老年人体育协会顺利完成换届选举。逐步完善市、县(市)区、社区、乡镇四级体育组织网络，形成广大市民自愿参与、自我完善、自我发展的民间化、社团化的管理模式和运行机制，基本实现全民健身组织体系的社会化目标，提高全民健身活动组织化程度。

【多元化配置全民健身设施】 组织实施"万千百"健身工程及"511城市行动计划",共建设64个农民体育健身工程、1个国家级全民健身广场、1个县级全民健身广场、5个乡镇级全民健身广场。对社区、乡镇和单位配建一批群众体育场地设施,对四个区前几年配建的全民健身工程进行更新,保障群众的健身安全。

【组织开展全民健身系列活动】 利用元旦、春节、三八、五一、"全民健身日"、国庆等重大节假日,举行大型群体活动40余次,参与人数达17000余人。3月份,市区举行全程3400米、4000余名全市各行业群众参加的第八届迎春长跑活动;3～6月,由安庆市人民政府主办,市妇女联合会和体育局共同承办安庆市首届妇女运动会。全市44个代表团参加14个大项的比赛,参赛人数2000余人。运动会以妇女喜闻乐见的项目为主,倡导妇女健身运动。运动会周期长、影响大,向全市人民呈现妇女全民健身运动所取得的丰硕成果,展示我市妇女"自尊、自信、自立、自强"的时代风采。由市各类单项体育协会承办的安徽省第八届业余围棋名人赛、安庆市第三届青年职工足球联赛、"庆祝中国共产党建党90周年暨观音洞公开水域选拔赛"、"路尔特杯"羽毛球赛、安庆市第二届体育舞蹈大赛暨首届公开赛、安庆市首届中国象棋业余等级赛等大型赛事及活动,提高各单项体育活动的社会参与度,不断掀动着全民健身热潮。全民健身委员会各成员单位及各县(市)区利用重要节点,与全市统一组织大型活动,各类活动丰富多彩:国税局举办的市国税系统小型运动会,桐城市的"全民健身日"群众健身展演活动,岳西县举办的全县首届农民篮球赛和全县职工篮球联赛,迎江区"龙狮杯"干部职工运动会等,推动各地全民健身运动深入开展,市国民体质监测中心建立市民体质监测网络和市民体质数据库,完善全民健身服务平台,有效向市民提供体质测试和评价服务,全年为市民体质监测400余人。

【组队参加各级群众综合性运动会】 10月,协助市民政局老龄委、市老年人体育协会,组成47人(其中运动员32人)的代表团参加在太和举办的全省第六届老年人运动会,共参加健身球、太极拳、门球等6个项目的比赛,其中健身球、太极拳、门球分别获得一等奖,代表团获得"体育道德风尚奖"和"优秀组织奖";11月,协助市农委参加省第六届农运会,共组织50多名农民运动员参加了田径、游泳、武术、象棋、毽球、乒乓球、三人制篮球、自行车载重、中国式摔跤等9个项目的比赛,取得9个单项一等奖,并获得优秀组织奖和道德风尚奖。

备战省十三运

【加大基础设施投入力度】 全年先后修建射击场、击剑馆、武术馆、摔跤房、跆拳道馆,更新添置训练器材,有效地改善训练环境,使现有场地器材基本满足备战省十三届运动会的需求。

【优化参赛省十三运项目设置】 调整项目布局,增设球类运动训练中心,使训练单位增加到4个。在重点抓好田径、游泳、柔道、赛艇、皮划艇等重点项目的基础上,新扩充射击、击剑、拳击、跳水、羽毛球、橄榄球等项目训练,使全市在训项目达到20大项。

【强化教练员队伍建设】 培养一批熟悉竞技体育发展规律和项目制胜规律,能够承担目标任务的"金牌教练"。在市政府、人事、财政等部门的支持下,经过多方努力,又聘用20名教练员,已全部到位并开展训练。通过返聘和自聘的方式,充实一批优秀教练员队伍,形成一支结构合理、爱岗敬业的教练团队,教练员人数达到42人。10月份,召开全市教练员工作会议,出台安庆市各运动队教练员管理办法,加强对各运动队的管理。

【开展特色学校体育训练项目】 分别在安庆七中开设男、女排球;安庆十一中,石化一中开设篮球。弥补在训练场地和人员上的不足。目前全市拥有体育特色学校二所,国家级体育传统项目学校一所,省级体育传统项目学校八所,普通级体育传统项目学校十三所。配合省体育局对省级以上体育传统学校、省级体育特色学校的检查和验收,同时对体育传统学校(普通级)开展检查评估验收。

【拓展县级竞技体育】 抓好各县(市)的输送工作,要求各县(市)根据人口总量按一定比例输送优秀体育人才到市中专体育学校。经各方努力,现已输送一批选手参加各项目队的训练,促进市体育中专学校的发展,巩固竞技体育的训练队伍。各县发挥自身优势,因地制宜地开展部分项目训练。桐城市开设手球、跆拳道、网球项目;望江、枞阳、怀宁县开设手球项目;太湖县开设跆拳道项目;其他各县也在积极筹备项目队。形成以市本级专业训练为主、各县市重点抓好特色项目的全市备战大局。截至今年11月,全市在训运动员人数1200余人,其中已在省体育局各中心注册人数为845人。全年各训练单位共组织田径、游泳(跳水)、射击、赛艇、皮划艇、击剑、体操、柔道、摔跤(自由跤、古典跤)、武术(套路、散打)、拳击、跆拳道、举重、乒乓球、手球、橄榄球等16个大项、570余人次的运动员参加安徽省2011年度锦标赛。在2011年全省各项锦标赛中共获得赛艇、皮划艇、摔跤团体第一名、游泳团体第二名、柔道团体第三名、田径团体第四名,单项前三名分别为第一名51个、第二名75个、第三名70个。

【市体育中心建设进展顺利】 成立市体育中心工程建设指挥部,体育中心工作进展顺利。市体育中心规划选址、项目建议书、环评报告、可行性研究报告的编制及审批工作已经完成。地质勘探工作、地震安全性评估工作已经结束,规划及建筑单体设计方案、初步设计已经完成审批工作,省政府已经下发用地批文。交通影响评价及节能评估报告正在编制,临时施工用电、用水等工作即将开工。土地征迁工作已基本结束,场地平整、体育中心桩基施工图纸设计已经完成,近期可望开工。

打造体育产业

【完善体育赛事市场运行机制】 寻求社会各界和企业投资体育产业,开办体育舞蹈、棋类、武术、跆拳道等场馆,发展体育经营项目,为群众开展各项健身娱乐活动提供便利。利用举办大型体育赛事、全民健身活动等时机,发动企业赞助,为体育产业创新发展探索新的模式。通过举办体育赛事,加大无形资产的开发,取得一定的成效。市本级体育场馆、游泳池等采取冠名、出租等方式对外开放,税后年收益达178.3万元。

【加强体育经营场所管理】 建立法人责任制度,强化监管队伍的建设和管理。会同工商系统、公安系统,对全市现有16个高危体育经营项目(其中游泳10个,攀岩基地1个,漂流基地5个)进行专项执法检查。规范体育健身市场秩序,为人民群众健身合法权益和人身安全提供保障,创造良好的体育产业发展环境。

【体育产品制造产业】 市区拥有安徽亿乐体育器材制造有限公司,为独立的法人机构,获得国体认证;由安踏(中国)有限公司、安徽六安集伟鞋业有限公司、敦雄国际有限公司和福建晋江市翔大工贸有限公司合资设立安庆市安鑫体育用品有限公司,投资总额6亿元人民币,已到注册资本1亿元人民币,设计、研发、生产、销售体育运动休闲鞋,经营规模为年产运动鞋850万双,2011年12月13日在安庆正式开工建设。将会给安庆的体育产业带来经济效益和社会效应。

【体育彩票销售工作】 围绕市政府下达全年1.7亿元目标任务,市体彩中心始终牢固树立"全心全意为彩民服务"的思想理念,积极拓展宣传渠道,组建一支高素质的职业化、专业化的管理与销售队伍。全年完成销售总量2.15亿元。

栏目编辑:王晓明

社会生活

人民生活

【城市人民生活】 2011年，城镇居民收入增速明显加快，消费结构出现可喜变化，居民生活再上新台阶。据国家统计局安庆调查队抽样调查资料显示，2011年度城镇居民人均可支配收入为18004.76元，比上年同期增长18.87%，扣除物价因素影响，实际增长12.67%；人均消费性支出为12317.3元，同比增长11.71%，实际增长5.89%。

市居民收入继续保持快速增长。家庭人均总收入为19847.48元，比上年同期增幅达18.06%，居民收入增长步伐明显加快。从居民收入的构成分析，四大类收入呈现全面增长的态势：工资性收入快速增长是推动居民收入增长的主要途径。居民人均来自工资性收入为12310.57元，同比增长23.85%，拉动可支配收入增长14.7个百分点，增长贡献率为78.1%。其增长的主要原因：全市经济长期稳定增长，企业效益增加，企业职工平均工资和年终奖励有所增长，部分行业如石化职工工资大幅上涨；企业最低工资标准提高，工资兑现力度增强。

经营净收入大幅上涨是促进居民收入增长的重要因素。居民人均来自经营净收入1639.33元，同比增长28.92%，拉动可支配收入增长2.3个百分点，增长贡献率为12.1%。近年来，市各级政府大力扶持个体私营经济发展，营造宽松的经营环境，鼓励自主创业，城镇个体私营从业人员规模日益壮大，经营效益稳步提升。

财产性收入增长步伐加快是促进居民收入增长的又一动力。居民人均来自财产性收入648.01元，同比增长62.04%，推动可支配收入提升1.5个百分点，增长贡献率为8.2%。究其原因：上年市居民人均来自其他投资收入250.3元，增长397.3%；居民人均来自利息收入67.71元，增长74.3%；居民人均来自出租房屋收入301.37元、增长8.8%。

转移性收入增幅较小，仍是居民收入第二大来源。居民人均来自转移性收入5249.57元，同比增长1%，促进可支配收入增长0.4个百分点，增长贡献率为1.6%。其增长的主要原因：根据国家相关要求，市从2011年元月份起增加企业退休人员的养老金，人均110元左右；社会保障和社会救济受益群体不断扩大。

市居民人均消费性支出12317.3元，比上年同期增长11.71%，居民消费倾向明显回暖。从消费结构分析，居民八大类消费支出呈现“六升二降”的态势，居民消费涌现新的热点。

居民人均食品消费支出5465.75元，同比增长24.85%。食品支出占消费性支出的比重（恩格尔系数）为44.4%，比上年同期上升4.7个百分点。居民人均在外饮食服务费用为808.86元，较上年同期增长5.76%，餐饮消费社会化趋势日益显著。

随着生活水平的提高，人们在社会活动中更加注重自身形象，着装向品牌化、成衣化方向发展，消费档次明显提升，居民人均衣着支出为1238.91元，同比增长21.58%，其中购买成衣单价同比增加24.25%，购买鞋类单价同比增加24.71%。

随着国家居民人均居住支出1091.89元，同比下降20.76%。国家对楼市的调控政策既密集又严厉，房地产市场在“限购”、“限价”、“限贷”、加息的重重压力下，放慢上涨脚步，开始回调，市居民也纷纷持币观望，购房支出降低，居民人均购房支出908.81元，同比下降47.93%，受此影响，居民用于住房装潢支出下降79.82%，拉动居住类支出下降。

各式家电进入市普通百姓家庭已有相当长的时间，很多产品像空调、冰箱、电视、洗衣机等都需要更新换代。另外,家电技术的发展日新月异,这更加快家电更新换代的步伐。居民人均家庭设备用品和服务支出537.1元,同比增长9.16%,其中购买家电设备类的耐用消费品支出增长8.4%。

随着城市人口的老龄化和居民自我保护意识不断增强,市居民用于健康方面的消费支出不断增长。居民人均医疗保健支出732.37元,同比增长43.5%,其中居民人均承担的药品费用374.75元,同比增长72.81%,个人承担的医疗费用269.41元,同比增长31.57%。居民人均交通和通讯支出为1171.53元,同比下降17.98%。市平均每百户家庭拥有接入互联网的电脑48.76台,较上年同期增加7台,居民家庭信息化程度进一步提高,居民人均通信类支出674.72元,同比增长11.96%,其中包含上网费的电信费用524.78元,同比增长8.77%。由于居民交通类支出496.81元,同比下降39.83%,拉动此大类支出下降。

居民人均教育文化娱乐服务支出1588.95元,同比增长7.57%。市居民参加团体旅游的热情高涨,使得人均此类支出达305.5元,增长5.71%。值得关注的是,虽然市已经全部免除义务教育阶段学生学杂费,但是非义务教育学杂费却较上年同期上涨37.2%,教育费用的过快增长让不少家长感到经济负担加重。

居民人均其他商品和服务支出490.81元,同比增长42.97%。究其原因,居民美容美发费用增加,人均购买化妆品和美容用具支出上涨51.12%。居民人均购买手表价格大幅增长。

(李胜利)

【农村居民生活】 市全面实施城乡统筹发展战略,落实各项惠农政策,加大财政投入,着力改善民生,拓宽就业渠道、健全保障机制,有力促进农村居民持续稳步增收。据对市2075户农村住户抽样调查统计,2011年市农村居民人均纯收入为5900元,同比增长18.3%。

农村住户收入的主要特点:工资性收入持续稳步增长。工资性收入具有相对稳定的特性,为农民收入的重要来源。从总体情况来看,2011年市农村住户工资性收入人均3571元,同比增长26%。工资性收入主要来源于在非企业组织、本地劳动和外出从业得到的收入。其中在非企业组织中得到劳动收入人均349元,同比增长38.1%;在本地劳动得到收入人均1250元,同比增长25.5%;外出从业得到的收入为2145元,同比增长35.3%。随着国民经济继续朝着宏观调控的预期方向发展,加上中央高度重视农民工问题,改善农民工的就业环境,促进农民工就业规模和工资水平同步提高,推动农民工资性收入稳定增加。市农民工资性收入增长对农民纯收入增长贡献率为80.5%. 家庭经营收入小幅增长。市农村住户家庭经营收入人均2721元,同比增长5.2%。家庭经营纯收入对农民纯收入增长的贡献率为12.2%。财产性纯收入有所增加。市农村住户人均财产性纯收入为122元,同比增加57%。对农民纯收入增长的贡献率为4.9%。转移性人均纯收入增幅较大。市农村住户转移性纯收入人均为370元,同比增长147%。其中城市和农村亲友支付赡养费、城市亲友赠送等随着物价的上涨而增幅较大。转移性人均纯收入对农民纯收入增长的贡献率为2.4%。

农村住户生活消费的主要特点:全市农村住户抽样调查资料显示,2011年农村住户在收入较快增长的同时,市农村住户生活消费水平得以进一步提高,人均生活消费支出为3522元,比上年同期增加892元,同比增长34%。

食品消费增幅回升。市农村住户用于食品支出人均为1429元,同比增长41.5%。其中谷物、食用油、烟酒食品支出较快增长的主要原因是受物价持续上涨的带动。衣着消费持续增长,居住条件不断改善。由于受原材料价格上涨影响,服装的生产成本大幅增加,同时服装的价格也在上涨,是衣着消费支出增长的原因之一。市农村住户用于人均衣着消费品支出249元,同比增长36%。居住消费支出人均为401元,同比增长45%。体现人们对住房环境、居住质量的要求不断提高。文教娱乐消费支出增幅较大。市农村住户用于文教娱乐用品及服务人均支出365元,同比增长24.7%。

(韩晓明)

社会保险

【社会保障体系逐步健全】 扩大各项社会保险覆盖面,加快完善社会保障制度,推进覆盖城乡的社会保障体系建设。2011年,全市城镇职工基本养老、基本医疗、失业、工伤和生育保险参保人数分别达到

35.17 万人、39.33 万人、25.7 万人、30.3 万人和25.02 万人，基金征缴率超过 95%，参保人员各项社保待遇全面落实。

【社会保障框架体系加快完善】 城镇居民医疗保险、工伤保险、失业保险市级统筹运行模式进一步规范。城镇居民基本医疗保险门诊统筹全面实施，首批确定 26 家基层定点医疗机构作为市本级居民医保普通门诊统筹定点机构。推进城乡居民社会养老保险试点工作，至年底除市本级和望江县外，所属 7 县(市)已全面推开。

【社会保险扩面征缴力度加大】 以农民工、灵活就业人员、在校学生等群体为扩面重点，完善稽核工作机制，理顺工作流程，坚持上下联动，加强征缴稽核。市、县两级社保经办机构根据全市统一部署，联合地税、财政、劳动保障监察机构等多部门，并聘请会计师事务所全程参与，开展扩面征缴稽核专项活动，取得突出成效。

【社保基金监管制度不断完善】 强化社保基金预算管理，完善基金预决算制度。巩固社保基金专项治理成果，加大违纪违规问题整改落实力度。全面推行社保基金统一财务软件和监管软件联网应用。

【“金保工程”一期项目正式竣工】 10 月 28 日，市医疗保险信息系统联网正式启动，标志着“金保工程”一期项目正式竣工。按照国家“金保工程”建设的总体规划，市以“完整、正确、统一、及时、安全”为原则，以“数据向上集中，服务向下延伸”为指导思想，积极推进信息化建设。市本级各类人力资源和社会保障业务管理人数达 67 万人，平均每月处理数据 192 万人次，各项社保基金结算额达 2.9 亿元，便捷、高效、准确地为服务对象提供业务支持和服务。

【认真贯彻实施《社会保险法》】 7 月 1 日，《社会保险法》正式开始实施。市以非公有制企业、开发园区企业为重点组织开展多种形式的宣传活动，强力推进《社会保险法》宣传工作。各县(市)区在公共场所悬挂横幅，开辟宣传专栏等各种形式进行广泛宣传，引导全社会对社会保险法律法规的关注与了解，增强用人单位自觉遵守社会保险法律法规的意识。

(张　凡)

社会救济

【城市居民最低生活保障】 建立完善低保标准调整机制和低保标准与物价上涨实行联动机制。1 月和 11 月，市先后两次提高城区居民最低生活保障标准，城区居民低保标准从上年的每月 245 元提高到每月 320 元，增幅达到 30.6%。各县(市)也相继提高低保保障标准。2011 年，全市累计保障城市低保对象 817371 人次，发放低保资金 20499.89 万元，累计月人均补差 251 元。7 月，根据物价上涨情况，市民政局与物价、财政等部门联合制定《关于建立社会救助和保障标准与物价上涨挂钩的联动机制的通知》，启动价格联动机制，对城市低保对象和重点优抚对象每人发放 80 元临时价格补贴，农村低保对象和农村五保户每人发放 60 元价格补贴，保障低收入群体的生活水平。加强城市居民家庭收入核对机制建设。市民政局探索建立“以完善收入核算机制为基础，以部门核对为依托，以责任追究制度为保证”的工作运行机制。6 月，对城区 40235 名低保对象进行信息比对核查，清除 1926 名违规享受低保者，月停保金额 253216 元，有效遏制“人情保”、“关系保”等骗保现象，有力维护低保工作的公平、公正。低保动态管理机制得到加强。低保对象定期重审，有进有出，低保资金实行社会化发放。2011 年全市累计新增对象 9933 人次，累计退保人数为 17078 人次。

【农村村民最低生活保障】 提高农村低保标准，加强农村低保和扶贫开发工作的对接，年初全市农村最低生活保障标准由上年的 1000 元/年·人提高到 1196 元/年·人，并相应调整人均月补差水平。11 月，城区农村最低生活保障标准再次提高到 1600 元，各县(市)区也分别将农村低保标准提高到 1600 元～1900 元。同时全市各地加大农村低保资金支出进度，提高人均补差水平，全市全年共发放农村低保资金 25033.44 万元，累计保障对象 2719447 人次，人均月补差 92 元。全面建立农村最低生活保障工作责任制和责任追究制，保障对象评定方式由单纯注重核算向评议与核算相结合转变，强化基层评审，建立包村干部负责制，有效地防止村组推荐、轮流做桩、平均分配、核算评议等不公平现象发生。

【城乡医疗救助】 5 月 1 日，市城区建立城乡医疗救助“一站式”服务平台，7 月底，全市各县(市)医疗救助“一站式”服务全部开通。实现“一站式”服务后，医疗救助改为定点医院先行垫付、民政部门定期结算，群众出院后只需支付自费部分即可，农村五保户和城市低保对象中的"三无"人员住院治疗时，对统筹范围内的个人自付费用实行全额救助，困难群众能及时、便捷地获得医疗救助。该项服务的开通，简化并规范医疗救助工作程序，增强医疗救助的及时性、规范性和透明度，让困难群众得到方便和实惠。全市城乡医疗救助投入明显加大，救助范围进一步扩大。全市全年共投入资金 8077.54 万元，比上年度增长约 2.8 倍，救助对象 319552 人次。其中，农村医疗大病救助 47453 人次，救助资金 5849.49 万元，人均救助 1233 元；资助参加新型农村合作医疗 243561 人次，资助资金 752.73 万元。城市医疗大病救助 9914 人次，救助资金 1391.71 万元，人均救助 1404 元；资助 18534 人参加城镇居民基本医疗保险，资助资金 83.61 万元。

【救灾】 提请市政府成立市减灾救灾委员会，明确各成员单位和工作职责，理顺市救灾工作体制，整合工作力量和资源，为市科学开展减灾救灾工作奠定良好的组织基础。潜山、岳西、太湖、桐城、宜秀等县(市)区也成立减灾救灾委员会，科学开展灾害救助工作。市先后发生地震、干旱、暴雨等多种灾害，全市民政部门根据灾害发生情况有条不紊地开展应急救助工作。特别是 1 月 19 日市辖区和怀宁县交界发生"里氏 4.8 级"地震，灾害造成宜秀区、怀宁县、桐城市、大观区、开发区、枞阳县 6 个县(市)区 3.7377 万人受灾。此次地震共损坏房屋 22466 间，因灾直接经济损失 29083.5 万元。市民政局及时启动救灾应急预案，科学开展灾害应急救助工作，紧急转移安置群众 7909 人，调运棉被 2200 床、棉衣 1000 件、帐篷 600 顶和 534 件棉大衣送到灾区，保障灾区群众基本生活，维护灾区社会稳定。灾后，市民政局与受灾县(区)民政部门及时将工作重心转移到灾后恢复重建工作，多次向省直有关部门进行专项汇报，共争取省财政抗震救灾专项经费 1750 万元。此外，还争取其他灾害国家救助资金 5321 万元，为灾区群众开展生产自救、重建家园提供有力支持。扎实开展防灾救灾宣传和示范创建工作。5 月 12 日，根据市政府要求，市民政部门协调市直 20 个部门和单位，在大观区三祖寺社区开展全国第三个"5.12 防灾减灾日"咨询宣传活动。推进城乡综合减灾示范社区(村)创建工作，市宜秀区大龙山镇燎原社区、枞阳县枞阳镇新华社区、岳西县天堂镇城北社区等 3 社区被国家减灾委、民政部命名为"全国综合减灾示范社区"称号。

社会福利

【农村五保】 农村五保对象的动态管理机制基本形成。各地均按照应保尽保、动态管理的工作要求，完成年度在册五保对象的核查工作。核减自然死亡对象、因年龄未满 60 周岁且经济状况好转对象、年满 18 周岁未成年人对象 3680 人，新增五保对象 1565 人。全市实际供养农村五保对象 57320 人。进一步提高农村五保对象的供养标准。各级民政、财政部门密切配合，及时协调落实保障资金，全市农村五保对象年人均现金供养标准由 1200 元提高到 1400 元，供养资金按季打卡发放到位。同时各地进一步加大投入，多渠道筹措粮油柴等实物，积极推进社会捐助，全市农村五保对象集中和分散供养标准明显提升，全年共发放供养资金 9712.08 万元，人均发放现金 1694 元。农村五保对象的医疗问题基本得到解决。随着城乡医疗救助"一站式"服务制度的实施，农村五保对象被纳入重点救助范围，基本实现农村五保对象住院看病全额保障。五保供养服务机构建设稳步推进。全市计划新建、改扩建 51 所农村敬老院，新增五保对象集中供养床位 3500 张。9 月，市民政局抽调各县(市)区民政局一把手组成四个检查组，对农村五保供养服务机构建设开展互查。11 月底，全市 51 个项目全部封顶，提前一个月完成年度改建设任务。

【社会福利机构】 全市社会福利机构基础夯实。民政部"蓝天计划"项目(总投资 9000 多万元、总面积 53000 平方米)——安庆新社会福利院，完成一期主体工程，后续工程列入省养老示范项目，取得国家和省福彩公益金支持。投资 200 多万元、设计 80 张床位的市流浪儿童救助中心项目顺利完工。投资 1999 万元的桐城、宿松、望江 3 县(市)社会(儿童)福利中心建设项目，年底前完成主体工程，建设床位 270 张。

【社会养老服务体系】 根据省政府《关于推进养老服务体系建设的决定》要求，紧紧抓住市人大代表、政协委员以及社会各界的高度关注养老问题的有利机遇，提请市政府出台《关于加快推进养老服务体系建设的意见》，为推进市养老体系建设提供有力的政策支持。同时，市民政局、市老龄委办公室还积极顺应社区居民对居家养老服务的需求，在城区开展居家养老试点，安排50万元资金采取政府购买服务的方式为社区空巢老人提供养老服务，取得初步成效。

优抚安置

【优抚】 组织安庆市第三光荣院建设。市第三光荣院坐落在潜山县痘姆乡吴塘村，占地面积30亩，可为100名孤残优抚对象提供功能完善的养老服务。在潜山县委、县政府支持下，12月底，市第三光荣院顺利完成主体工程。全面实施"关爱工程"、"健康工程"、"追思工程"和"安居工程"四项优抚工程。部署各地按照城乡一体、统一标准、统一时间的要求，及时足额落实全市15666名优待对象人优待金3853万元。同时，各地加强优抚档案的管理，开展优抚对象政务公开工作，建立优抚工作公开栏、公示牌、明白卡制度。健全优抚医疗保障体系，完善优抚对象医疗"一站式"即时结算服务。实现约3.1万名重点优抚对象参保参合全覆盖。坚持发动各个县(区)开展"爱心献功臣行动"，采取有钱出钱，有力出力，结对帮扶，不脱贫不脱钩的办法，使在乡老复员军人"三难"问题得到较好的解决。对在乡重点优抚对象住房情况进行一次全面调查，建立乡重点优抚对象住房情况档案，专人负责管理。同时积极利用灾后重建和当地危房改造等契机，实行"救灾先救优、扶贫先扶优"的倾斜政策，帮助在乡重点优抚对象新建或维修住房，取得积极成效。此外，市全面启动零散葬烈士墓的迁移、整合、修缮工作，完成分散烈士纪念建筑物的调查摸底工作。完善每两个月与部分伤残军人约谈制度，力所能及地帮助他们解决困难，确保涉军群体的稳定。

【安置】 推进退役士兵安置制度改革，加大安置改革的政策宣传和就业培训工作，出台《安庆市退役士兵职业教育和技能培训实施细则(试行)》，并较大幅度地提高自谋职业补助金。全市共接收退役士兵2604人，其中应安置826人，已安置799人，其中783人申请自谋职业，自谋职业率为95%，发放自谋职业补助金6023万元，604人参加各类职业技能培训，扶持退役士兵就业132人。

社会事务管理

【殡葬管理】 在全市殡葬系统开展"优质服务月"活动，实现清明节祭扫以及各项殡葬服务安全、文明、有序的工作目标。做好启动殡葬改革各项准备工作。初步拟定市殡葬改革实施方案，草拟《安庆市加强农村公益性公墓(骨灰堂)建设实施意见》、《安庆市治理乱埋乱葬专项整治方案》、《安庆市实施惠民殡葬政策的若干规定》等有关配套政策。上述方案和有关配套政策措施已通过市政府法制办审稿，报市政府审定。做好经营性公墓的年检工作，推进农村公益性公墓建设。

【婚姻登记】 完善工作程序、明晰工作流程，开展婚姻登记机关等级评定工作，巩固信息化建设成果，完善婚姻登记网络，全市婚姻登记合格率为100%。

【民间组织管理】 完善登记程序，规范申请登记行为，提高登记质量，全年按时办结市本级民间组织登记行政许可60件，登记合格率100%，接待社会各方咨询服务1400人次，为民间组织办证、换证等服务80多件。强化民间组织年度检查服务工作。全市各地、各级分类分时段对1223个民间组织开展年度检查，市本级310个民间组织全部参加年检。年检采取评估方式，及时对各类民间组织提出整改意见，促进民间组织规范化建设。加强社会团体换届指导工作。制定社会团体换届前的报备、预审制度，依法指导社会团体规范换届程序，增强社会团全依法开展活动的意识和能力。市民政局先后对20个社会团体换届工作进行指导和监督。推进社会团体"小金库"专项治理。对市级217个社会团体是否设立"小金库"情况进行复查，建立完善"小金库"防治长效机制。有序推进社会组织改革创新，优化市行业协会、商会法人治理结构，增强民间组织参与社会管理、提供社会服务的能力。加强社会组织培育。组织和推荐市符合条件的公益性社会组织申报安徽省福彩公益金资助基层社会组织项目。安庆市外国语学校开设的贫困学生1元餐窗口、潜山县夕阳红老年公寓扩建、枞阳县水产协会扶持水产养殖技术推广项目，入围省福彩公益金资助基层社会组织项目。全市各级登记民间组织2044个，其中社会团体1486个，民办非企业单位558个，当年新成立社会团体52个、民办非企业单位86个。市本级登记社会团体228个、民办非企业单位99个，当年新成立社会团体11个，民办非企业单位9个。

城乡社区建设

【概况】 推进社区管理体制创新。市民政局在充分调研考察的基础上，就市社区中心站建设、组织人员队伍建设、基础设施建设、统筹城乡发展和社区党建等方面内容提出意见和建议，并提请市委、市政府出台《关于加强和改进社区服务工作的实施意见》。完成第八届村委会换届选举工作。全市1533个村全部完成换届选举任务，完成率为100％。会同有关部门完成全市120个"难点村"治理工作，推进"阳光村务工程"建设，全市村委会普遍选举产生村务监督委员会，以民主决策、村务公开为主要内容的村民自治制度得到完善和发展。

（市民政局）

人口和计划生育

【概况】 2011年，全市人口和计划生育工作以稳定低生育水平、提高人口素质、改善人口结构为目标，以综合改革为动力，以婚育新风进万家活动为先导，以流动人口均等化服务试点为抓手，狠抓质量管理，深化优质服务，强化利益导向，坚持依法行政，转型发展，狠抓落实，完成省下达的人口计生目标任务。全市人口出生率为9.41‰，自然增长率为5‰以下，政策符合率为93.12％，出生人口性别比为117.29。在全省人口计生目标管理责任制考核中，荣获人口和计划生育工作先进市、城市和流动人口计划生育工作先进市等奖项；岳西县、桐城市、望江县荣获省人口和计划生育工作先进县(市)。

人口计生工作氛围浓厚。立足于"大宣传、大联合、出精品"，通过在主流媒体开设专栏专版和开展"人口计生知识下基层"活动，让人口计生政策走进千家万户。优化人口计生户外宣传环境，依托计生服务阵地、乡村文化广场和居民生活小区，建立人口文化宣传阵地，引导群众自觉转变生育观念。全国政协副主席李金华及国家人口计生委副主任崔丽一行来安庆视察调研，对市怀宁县将人口文化建设与新农村建设统筹推进的做法给予充分肯定。人口计生基层基础进一步夯实。坚持"市指导、县(区)抓实、乡(街)负责、村(居)为主、民自治"的工作机制，强化乡(街)、村(居)、组计生工作的包保责任制。扎实开展计划生育"村为主"示范乡镇、合格村和"村(居)民自治"示范村创建活动。通过充分发挥计生协会的参与职能，将计划生育纳入"村(居)民自治"和村规民约，实现行政管理与基层群众自治的有效衔接和良好互动。全市新婚掌握率和孕情掌握率逐年上升。

人口计生优质服务水平进一步提升。按照建设标准化、管理规范化、服务人性化、队伍专业化、环境温馨化的要求，健全以县站为龙头、乡所为骨干、村室为基础的计划生育服务网络。全市计划生育服务阵地建设达标率85％以上，专业技术人员80％以上。依托市计划生育服务站，成立安庆市孕前优生健康检查中心，争取市政府将开展城区孕前优生健康检查项目列为民生工程，切实提高出生人口素质。该项目已为城区1400多对夫妇提供免费检查。积极开展争创计划生育优质服务先进县(市)区活动，全市现有国家优质服务先进县(市)3个，省级优质服务先进县3个，省级优质服务县站6个。

人口计生依法行政工作完善。坚持依法管理、便民服务，严格执行计划生育各项政策法规。加强人口计生干部队伍的法律法规培训，全市组织914名人口计生工作者参加全省统一的计划生育行政执法人员资格认证考试，做到持证上岗，文明执法。不断完善社会抚养费的征管机制，全面启动社会抚养费征收管理软件系统，提高社会抚养费征收的透明度和公信度。探索适应群众工作特点的计生工作模式，在政府诚信、群众守信、村民互信的基础上，对已婚育龄妇女实行分类服务和管理。推行政务公开，畅通计生12356、1584政风行风热线、市民心声、来信来访等渠道，及时宣传解释人口计生政策，解决群众反映强烈的热点难点问题，打造公平、阳光计生，提高群众满意度。

统筹解决人口问题的力度加大。各级党委政府坚持人口与发展综合决策，坚持党政"一把手"亲自抓、负总责，改革完善考核评估体系，加强目标责任制管理和"一票否决"制度。2011年全市因计划生育受到“一票否决”和相关责任追究的干部1841人。坚持把人口和计划生育事业的公共投入作为保稳定、促发展的基础性投入，确保人口计生工作的顺利开展。

【综合治理出生人口性别比】 开展“关爱女孩”系列活动，国家人口计生委宣教司领导亲自出席市优秀女孩颁奖典礼，安徽电视台对市关爱女孩工作进行专题采访报道。以孕环检为龙头，提高早孕发现率，实行孕情监测和跟踪服务，防止政策内孕情消失。强化部门联动，进一步完善B超管理、终止妊娠手术及药物管理等项制度，开展集中整治“两非”专项行动，杜绝非法胎儿性别鉴定和非法终止妊娠行为发生。2011年统计年度，全市共侦破“两非”案件401件，处理违法人员400多人，涉及医务人员200多人，党纪政纪处分242人，追究刑事责任48人，吊销执业医师证书等105件。

【加强流动人口计划生育服务管理】 建立全员流动人口信息数据库，做到流动人口信息“八清”、“四不漏”。以流动人口网络化协作平台为纽带，实行流动人口孕环检、出生人口信息等网上交验通报，婚育证件及相关计生信息网上查询办理，市先后与北京、上海、江苏等18个省（市）建立流动人口服务管理双向协作机制。国家人口计生委在市潜山县召开泛长三角地区流动人口区域协作会议，逐步推进流动人口计划生育全国“一盘棋”。坚持属地化管理、市民化服务，推进城市人口和计划生育“管理创新”工程、“新居民计划”促进工程、“家庭发展能力建设”促进工程建设。

【落实人口计生惠民政策】 落实计生法定奖励政策，明确独保费、一次性补助等项奖励的标准及资金发放渠道。全市共发放独保费20多万人，发放资金4000多万元，发放独生子女父母退休一次性补助6000多人，发放资金1000多万元。实施计生民生工程，全市共有奖扶对象16777人，特扶对象2127人，发放奖、特扶资金1400多万元，居全省之首。开展国家、省计划生育手术并发症、长效节育措施奖励及城乡居民社会养老保险制度试点工作，让计划生育家庭在普惠中享受特惠。扎实推进“生育关怀·幸福家庭”创建活动，全市共筹措人口基金640多万元，为23944名计生专干及计生节育手术对象办理家庭意外伤害保险，慰问帮扶计生特困家庭3062户，资助926名计生贫困家庭子女上大学。

（吴姚政）

民族宗教事务

【概况】 2011年，市委、市政府认真贯彻落实省实施少数民族和民族聚居地区“共同发展”提升行动的决策部署，制定出台实施方案和《安庆市“十二五”少数民族和民族聚居地区经济社会发展规划》，将重点任务纳入市“十二五”发展规划。新增4家市民委兼职委员单位，充实民族工作力量。市领导多次深入民族村场进行指导督查，及时掌握工作进度，帮助解决实际问题，各对口扶持单位继续加大资金投入和项目建设力度，城乡民族经济迈上发展快车道。市首次设立新疆班。城市民族工作得到加强。

市县两级宗教部门不断创新工作举措，做好全市宗教教职人员认定备案和宗教活动场所账务管理两个专项工作，初步实现宗教教职人员队伍制度化、网络化管理，推进宗教活动场所财务管理规范化。市天主教爱国会、市佛教协会按期换届。“和谐寺观教堂”创建活动持续开展，召开民族宗教界庆祝建党90周年座谈会，开展“同心同行”教育活动，引导民族宗教界参加扶贫济困、捐资助学等公益活动。

【实施少数民族和民族聚居地区“共同发展”提升行动】 认真筛选反复论证，确定21项重点建设任务，逐项分解到全市党委和政府部门，列入目标考核。市财政将少数民族发展资金增至20万元，并特批40万元建设市民族幼儿园教学楼；市民委争取上级部门民族专项资金162万元；争取省政府同意，破格将三益回民分场参照民族乡标准享受省财政扶持资金每年80万元。市直28个对口扶持单位组成包保小组深入7个民族聚居区，全年开展调研走访300余人次，支持重点项目28个，投入资金176.6万元。帮助4个民族村顺利完成换届选举，完善基础设施，搞好产业发展和新农村建设规划，优先解决茅岭民族村用地指标28亩，发展农民专业合作组织，扩大蔬菜种植和肉牛养殖规模，推进大南门民族文化街区规划建设，开展少数民族下岗人员再就业培训，优先实施一批民生工程。

【开展民族团结宣传教育活动】 落实《安庆市民族团结宣传教育活动分工方案》，推进民族团结教育“六进”工程。安庆医专结合新疆班工作，开设民族团结课程；民族村场（社区）、企业建立民族团结宣传栏。

依泽小学设立少数民族学生之家，漳湖、保婴成立少数民族留守儿童之家。策划民族团结宣传月、开斋节等各项活动，参加省“民族歌曲颂恩情汇演”和“看服饰、知民俗”竞猜活动，连续20天在市中心黄金地段电子屏幕和市电视台黄金时段播放“百张笑脸秀街屏”宣传片，举办少数民族书法楹联展，组织开展“手拉手、心连心、促和谐”、“送医送药下乡”等活动，捐助贫困少数民族群众2.4万元。争取国家民委专项经费8万元并自筹30万元，完成回族历史文化陈列馆修缮工程，打造一流的全国民族团结进步教育基地。

【加强城市民族工作】 健全处置涉及民族领域团结稳定工作预案，大观区成立少数民族法律服务站；基本建立少数民族人口信息库和流动人口台账，妥善安排15名外来少数民族流动人口子女上学。民族企业柏兆记清真食品申报“中国驰名商标”通过省工商局审批，报国家工商总局审核，在参加第三届(2011)清真食品穆斯林用品企业评选活动中荣获大众口碑奖；清怡公司针纺产品在2011中国(青海)国际清真食品及用品展览会上深受欢迎，荣获优秀清真企业称号；2家企业被认定为安庆市首批市级扶贫龙头企业，3000吨清真食品生产线自动化技改项目、新建30万吨精密纺国产设备生产线项目分别被确定为市级、省级“十二五”规划产业扶贫项目。国家民委两次对市城市民族工作进行重点督查并给予好评。

【首次承办内地新疆中等职业教育班】 根据教育部、国家发改委、财政部安排，从2011年起，安庆医药高等专科学校承办内地新疆中等职业教育班，开办护理专业，招收学生104人。市政府成立安庆市内地新疆中等职业教育班工作领导小组，副市长黄杰担任组长，市民委等9个部门负责人为成员。10月19日，内地新疆中职护理班开学典礼隆重举行。为给新疆班学生提供最佳的生活和学习环境，安庆医专在市民委的指导帮助下，选聘少数民族厨师，建立高标准的清真食堂，同时精心安排学生住宿、挑选带班教师、制订教学计划，并在全校开设民族团结教育课程，举办古尔邦节联欢会等丰富多彩的文娱活动。

【加强宗教事务管理】 完成宗教工作基础信息采集和教职人员认定备案工作，建立健全市县两级宗教工作台账和教职人员数据库。宗教场所结合实际建立健全财务、资产等九项制度，科学制定财务工作流程，对团体和市区宗教场所固定资产进行清查。开展消防安全大检查，确保全年宗教活动场所火灾零事故。开展乱建寺庙和基督教私设聚会点专项整治活动，在全市范围内进行全面调查摸底，对重点场所进行挂牌督办，全年共整治各类问题场所87处。

【开展教职人员社保工作】 按照国家和省五部门要求，建立全市宗教教职人员社保工作台账，市财政拿出7.6万元，解决市级宗教团体担任正副职的教职人员、市局直管的宗教活动场所主要负责人和伊斯兰教阿訇参保费用，并纳入财政预算。各县(市)区还结合实际，对生活特别困难的教职人员实行补助制度。

【市天主教爱国会、市佛教协会换届】 7月19日，安庆市天主教举行第六次代表大会，来自全市35名代表参加会议。会议听取并通过《安庆市天主教爱国会第五届常委会工作报告》，审议并通过《安庆市天主教爱国会章程(修正案)》，选举产生安庆市天主教爱国会第六届委员会和领导班子，胡小树当选为主任。

12月18日至19日，安庆市佛教第三次代表会议召开。会议审议通过《安庆市佛教协会第二届理事会工作报告》、《安庆市佛教协会第三次代表会议决议》，修改通过《安庆市佛教协会章程》，选举产生第三届理事会和新一届领导班子。会议礼请释慧庆、释慧真为安庆市佛教协会名誉会长，选举产生理事31名，常务理事17名，释宽容当选为会长。

【安庆天主堂被命名为全国宗教界爱国主义教育基地】 6月，安庆天主堂被国家宗教局命名为全国第一批宗教界爱国主义教育基地(天主教全国仅两家)，7月19日，举行命名揭牌仪式。市天主教爱国会挖掘收集建国初和改革开放以来安庆天主堂爱国主义实践史料，通过图文集中展示重大活动、重要事件和主要人物的爱国事迹，展馆共分前言、安庆天主教、祖国在心中、自养拒渗透、自主办教会、服务新社会、后记7个部分。8月23日，安庆天主堂爱国主义教育展馆开馆，来自全省108名神甫、修女及教友代表在教育基地开展为期4天的爱国主义教育培训。第十一届全国政协常委、民族和宗教委员会副主任、中国天主教名誉主席刘柏年亲临指导，并为展馆题字。

【整合宗教文化资源】 南关清真寺、天主堂申报国家文物保护，已通过国家文物局审批。民族宗教文化重点建设项目编入《安庆市文化旅游发展规划》，市区天主堂等重点场所建设编报国家投资项目计划。市领导现场办公解决天主教文化长廊建设用地问题，设计方案通过专家评审，已动工兴建。基督教圣救主座堂修缮方案通过专家论证，道教名观白鹤宫建设规划和潜山三祖寺二期工程规划编制完成。岳西二祖寺完成下院一期工程，二期已动工。

（市民宗委）

精神文明建设

【概况】 2011年，市精神文明建设各项工作有所突破，文明创建水平整体提升，文化建设强力推进，公民文明素质和城乡文明程度明显提高。创建文明城市、创建文明村镇取得新成果。

公民道德建设呈现新气象。开展道德模范推荐评选活动，刘磊获得第三届全国道德模范提名奖、被评为安徽省第二届道德模范，评选出第二届全市道德模范。开展月评精神文明十佳事迹和“中国好人”活动，岳西县扎根山区教师郭中干等5人入选“中国好人榜”。开展净化社会文化环境工作，组织实施整治互联网三俗之风、整顿网吧、净化荧屏声频、治理校园周边环境等活动，营造有利于未成年人健康成长的社会文化环境。切实关爱农村留守儿童，加大投入力度，重点建设一批农村寄宿学校、留守儿童之家、乡村少年宫等校外活动场所，为农村留守儿童创造良好的学习和成长条件，逐步形成学校、家庭、社会三位一体的关爱体系和服务体系。

创建文明行业取得新发展。加强行业和窗口单位的职业道德建设，解决人民群众反映强烈的突出问题，全面优化市场环境、投资环境、发展环境和社会环境。围绕“服务人民、奉献社会”的主题，突出诚实守信，开展第三届文明行业评比表彰、万人评行风、职工职业道德双“十佳”评选、“讲文明、树新风、促和谐”等一系列活动，评选表彰一批市级文明窗口和模范职工，有效促进行业（部门）和窗口单位不断创新服务理念、提高服务质量。全面加强文明单位日常管理，对历届市级文明单位（标兵）进行全面复查，加强指导，强化督查，提升文明单位质量。开展文明单位评选活动，安徽华茂集团等7家单位荣获全国文明单位称号，安庆市国税局等78个单位荣获安徽省第九届文明单位称号。

文明创建社会氛围更加浓厚。以争创全省文明城市为契机，加强文明创建基础知识和基本要求的宣传。正式开通安庆文明网，成为展示市文明创建的重要窗口。投资300多万元，在市区主要路口设置一批巨型文明创建宣传广告牌。在市主要媒体开设“文明之窗”、“交通文明行”等专栏、专题，在主要时段、版面播放宣传文明创建的公益广告。安庆广播电视台《天天直播》栏目通过典型报道、现场走访等形式，展现文明创建活动带来的城市面貌新变化，引导人们崇尚文明、革除陋习。在主要干道设置灯箱广告牌，公益广告量占广告总量20%以上，在道路、社区悬挂宣传条（横）幅，扩大文明创建工作的影响力、渗透力，提高市民对创建文明城市的知晓率和支持率。

【争创省文明城市】 建立市文明委领导分片包干制度、路段长制度、市领导创建联系点制度、文明创建联席会议制度、创建重点难点问题调度制度等一系列机制。对各区文明创建和城市管理工作进行月度实分制评比，并将年终综合评比结果作为各区年度效能建设考核的依据。开展公共文明指数测评工作，顺利通过全省公共文明指数测评，为争创省级文明城市奠定基础。成立文明创建督察组，开展全方位、高密度的文明创建督察活动，及时曝光，跟踪问责，督促整改。全面实施“文明交通行动计划”，开展以“关爱生命、文明出行”为主题的文明交通活动，规范市民交通行为，增强市民交通意识，改善城市交通秩序。开展志愿服务活动，仅市区发展志愿者8万多人，超过城区总人口10%，扶危济困、倡导文明风尚、保护生态环境等志愿服务活动。投入资金3000余万元，改善城区基础设施。市荣获第二届安徽省文明城市称号。

【创建文明村镇】 制订《安庆市文明县城、文明城区、文明乡镇评选表彰办法》，实现文明创建评选表彰规范化。创建文明县城工作呈现出良好态势，并取得新的成绩，7县（市）中，桐城、太湖荣获第二届省级文明县城称号，怀宁、潜山保持省级先进县城称号，望江被评为新一届省级先进县城。创建文明村镇工作不断深化，潜山县源潭镇等8个乡镇（村）被评为全国文明村镇，迎江区龙狮桥乡等13个乡镇被评为第二届省级文明村镇和先进村镇。组织开展“清洁示范村”、“文明生态村”、“绿色小康村”、“移风易俗示范村”等农村“四创”活动，农村环境进一步改善，人们思想素质提升。

（市文明办）

栏目编辑：戴文君

县(市)区

桐城市

【概况】 2011年，全市总面积1571.6平方公里，辖12个镇、3个街道、198个行政村、23个居民委员会。人口755462人，其中城区人口159494人。年平均气温16.0℃，年降水量998.3毫米。

全市地区生产总值170.04亿元，增长14.2%；财政收入15.7亿元，增长39.2%；固定资产投资135.51亿元，增长36.8%；全年实际利用市外资金45亿元；社会消费品零售总额45.2亿元，增长17.2%；城镇居民人均可支配收入14385元，增长19.3%，农民人均纯收入8485元，增长18.7%。

工业经济稳健运行。全年全部工业增加值97.68亿元，增长22.5%。全市规模以上工业总产值284.09亿元，增长46.2%；增加值76.75亿元，增长26.4%。工业固定资产投资84.5亿元，增长29.9%。技术改造投资60亿元。产业结构不断优化。包装印刷、机械制造、家纺服装等支柱产业做大做强，硅基新材料、先进设备制造、环保节能、生物食品等新兴产业快速兴起。十强企业加速转型。盛运环保、黄梅酒业、欧耐橡塑、顺驰电缆、丹凤池窑、华猫钢构、霞珍玻璃、扬帆机电等项目建成投产，鸿润家纺、白兔湖动力等产业园建设扎实推进。与央企对接取得突破。中建材与恒昌集团共同投资12亿元建设光电玻璃产业园。品牌建设继续加强。拥有中国驰名商标6件、中国名牌产品1件、国家高新技术企业11家、高新技术产品21个。新渡、金神、范岗、吕亭成为省级产业集群专业镇，大关镇被命名为“全国农产品加工创业基地”，全市成为“中国包装优秀产业基地”、“中国输送机名城”、“中国刷业城”，金光集团荣获“中国内燃机工业百年成就奖”。

农村经济稳定发展。农业总产值38.18亿元，增长3.5%，粮食连续第八年丰收，总产量40.1万吨。第三次荣获“全国粮食生产先进县(市)”称号。农业产业化进程加快。粮油、畜牧、水产三大主导产业和茶叶、棉茧、园林三大特色产业基本形成，新增国家级龙头企业1家、省级7家、安庆市级25家，建成绿色水稻标准化基地31.6万亩、花卉苗木基地1.6万亩、渔业名特优新品种养殖基地9万亩、畜牧业标准化养殖小区20个。农机化水平再上台阶，农机总动力45.8万千瓦。土地流转规范有序，流转面积达4万亩。城乡建设用地增减挂钩项目面积达4332亩。农业基础设施逐步完善。牯牛背水库和21座小型水库除险加固工程全面完工，大沙河流域整治工程稳步实施。耕地保护和土地保障发展能力持续加强，全市荣获“全国基本农田保护工作先进单位”称号。

服务业水平加速提升。实现服务业增加值37亿元。全市金融机构各项存款余额达187.7亿元，比年初增加32.7亿元；各项贷款余额突破100亿元，比年初增加20亿元。自营进出口企业达187家，外贸进出口总额1.38亿美元，增长15%。商贸流通业发展提速。顺安物流园全面建成，桐城商贸城、居巢路美食一条街、新市街商贸集中区规划建设，“万村千乡市场工程”、“新网工程”积极推进，家电、汽车、摩托车下乡和家电以旧换新工作开展，累计销售产品16万台件、兑现财政资金4800万元。文化旅游工作取得新成效。孔城老街旅游度假区试开放，中国桐城派文化博物馆、投子山文化园、玉雕文化产业园等启动建设，嬉子湖生态旅游区和桐城文庙、六尺巷分别成为国家4A和3A级景区，嬉子湖镇成为省级最佳旅游乡镇，全市跻身中国最具投资价值文化旅游名城。

重点项目建设成效明显。全市164个重点项目累计完成投资80.5亿元，占年度计划投资额的100.8%；列入安庆市重点项目51个，全年投资31.61亿元，占目标任务的120.3%，其中，省“861”项目25个，完成投资18.35亿元，占目标任务的118.8%。为民办事中心、五星级大酒店基本建成。污水处理厂、垃圾处置场投入使用。恒昌光电玻璃产业园、安徽万信光电科技园等10亿元以上重大项目相继开工。园区建设步伐加快。桐城经济开发区一期10平方公里全面建成，入区项目184个，投产企业120家，实现区内生产总值27亿元，财政收入2.8亿元，带动作用日益显现。扩容工作有序开展，申报国家级开发区已经省政府批准，上报国务院待批。省级桐城双新经济开发区获批成立，一期3.5平方公里起步区基础设施启动建设，完成投资3.8亿元。10个镇、街道工业集中区继续完善，入园企业3000余家。

城市面貌得到改善。新一轮城市总体规划、东部新城规划、南部新城规划启动编制。龙眠河东岸道路景观工程全面完工，同安桥建成通车，龙眠路等城市主干道完成升级改造，绿化亮化工程进展顺利，城市形象不断提升。城市建成区面积已达到20平方公里，城镇化率达到45%。镇级公共服务设施逐步完善。8个扩权强镇试点镇全部成立城镇建设投资公司。桐金路、茅青路等完成改造升级。48个中心村庄和60个自然村庄整治成型，江岭、里仁、龙山成为“安徽省新农村建设先进村”。农村清洁工程稳步实施，大关、黄甲、孔城等6个镇试点工作初见成效。农村危房改造工程全面启动，完成农村危房改造1600户。西郊公园建成开放，为民办事中心、体育馆、五星级大酒店基本建成，一级消防站、污水处理厂、垃圾处置场建成使用。和平桥、南山桥、同安桥、和平东路、昌平路竣工通车，龙眠路、龙腾路、盛唐路等完成升级改造，和平路跨铁路桥、海峰路开工建设。电网建设不断加强。投入资金超10亿元，实施电网项目340个，建成500千伏和220千伏变电站各1座、110千伏变电站3座，完成新农村电气化县建设任务，桐城抽水蓄能电站完成预可研。绿化工作推进。森林覆盖率28.7%，城市建成区绿化率达33.9%，桐城市已成为“安徽省绿化模范市”。城市管理日益加强。城市管理模式不断创新。综合执法向重点镇延伸，在全省率先开通城管110，数字平台建设前期工作完成，“区域式联动、网格化管理”机制初步建立。龙眠、文昌街道城市建设管理基础性作用日益加强。文明创建富有成效。桐城市蝉联安徽省第一、第二届文明县城，新渡镇、香山村分别成为全国文明镇、村，建行桐城支行成为全国文明单位。

民生工程深入实施。民生投入逐年增加。40项民生工程累计资金投入5.5亿元，人均受益730元。新型农村养老保险正式启动。至年底完成新型农民培训3.1万人，新增城镇就业岗位1.8万个，城镇新增就业4414人，城镇登记失业率控制在4%以内；保障性住房建设加快，建设经济适用房473套、公租房678套、廉租房1400套完成棚户区改造2000余户；新建农村户用沼气池4000口，建成农饮水工程155处，解决23万人饮水安全问题；建成12个中心(镇)卫生院、208个村卫生室、13个综合文化站、183个农家书屋、10个留守儿童活动室和184个留守儿童活动之家。社会保险覆盖面继续扩大，城乡居民养老保险稳步推进，参保人数41.2万人。发放农村最低生活保障金7391万元、农村五保供养经费4608万元、被征地农民基本养老保障金4465万元。

各项事业全面进步。科技创新步伐加快。实施各类科技项目150项、获得专利授权260项。日全食科普节成功举办，全市成为全国科技进步示范市、全国科普示范市。各类教育协调发展。荣获安徽省教育强市和义务教育先进市称号，高考各项考核指标连年跃升，望溪职校成为首批国家级中等职业教育改革与发展示范学校，桐城师范成功争创师范高等专科学校。校安工程全面启动。加固校舍32万平方米，新建校舍16万平方米。文化建设成果突出。黄梅戏数字电影《六尺巷》、《欢乐中国行·魅力桐城》在央视开播，首届中国桐城文化节、北京大学企业家论坛桐城站成功举办，“文都讲坛”正式开设。《桐城历史文化丛书》出版发行，《桐城市志》编纂完成，《桐城文学》办刊质量稳步提高。广播电视事业不断进步。广播电视村村通工程实现全覆盖，交通音乐广播在全省县(市)率先开播。卫生优质资源得到整合，医疗卫生服务体系逐步完善，基本药物制度全面建立。食品药品放心工程有力实施，药品安全专项整治成效显著，药包材产业园跻身省医药产业九大园区。全民健身活动深入开展，体育事业充满活力。环境保护加强，总体环境质量基本稳定。人口和计生公共服务逐步强化，本市成为全国计划生育优质服务先进市。扶贫开发整村推进，每年约1万贫困人口实现脱贫。完成第六次全国人口普查阶段性工作，统计服务水平逐步提高。质量兴市深入推进，中部地区县级第一家国家级质检中心开工建设。

社会大局和谐稳定。安全生产监管有效,各类事故逐年下降。信访维稳工作加强,矛盾纠纷隐患排查深入开展,公安“三基”工程持续推进,本市成为“安徽省平安县(市)”。“法治桐城”建设成果丰硕,“五五”普法全面完成,“六五”普法顺利启动。国防动员和民兵、预备役工作不断巩固。双拥工作稳步提升,本市连续六届荣获省级“双拥模范城”称号。人防结建工作有效实施。应急预案体系得到完善。

【李克强副总理来桐考察】 7月4～5日,中共中央政治局常委、国务院副总理李克强在省委书记张宝顺、省长王三运,安庆市委书记朱读稳、市长肖超英,安庆市委常委、桐城市委书记王强,市长吴三九等领导的陪同下,先后考察范岗镇杨安村、城区和平农贸市场、六尺巷、桐城文庙。在范岗镇杨安村,李克强向部分农户详细了解粮食生产与收入的相关情况。叮嘱有关方面要认真组织好水稻生产,争取好收成。在和平农贸市场,李克强一边察看一边与群众交谈,询问肉禽蛋、蔬菜等食品的价格和销售情况。在桐城文庙,李克强参观文庙内著名建筑大成殿和桐城派文物陈列馆,了解桐城派文化发展的脉络。安庆市委常委、桐城市委书记王强向李克强副总理一行介绍正在建设中的桐城文化博物馆规划设计方面的情况,李克强对桐城市加强文化建设的做法给予充分肯定。

【安徽(中国)桐城文化博物馆破土动工】 6月20日,安徽(中国)桐城文化博物馆破土动工,这是继成功开发建设孔城老街国际旅游度假区之后,本市推出的又一项重大文化工程,工程建设以桐城文庙为核心,涵盖原市委、市政府大院(市委、市政府已整体迁出让地)和方以智故居、姚莹故居4片区域的安徽(中国)桐城文化博物馆,并对周边环境和市民广场进行改造。该项目集文博、旅游为一体,共分4个功能区域:文庙核心展区,主要是明清桐城科举文化(仕文化)展区;新博物馆展区,包括桐城历史文化综合陈列、桐城派主题陈列、馆藏文物陈列;翰墨街文化综合服务区;桐城世家大族文化展区。总占地面积5.6公顷。总投资规模1.5亿元人民币。

【文明城市创建】 组织开展各项精神文明创建活动,切实加强未成年人思想道德建设,文明创建工作在创新中发展、在巩固中提高,全市精神文明建设呈现出全面推进的态势。加强城市公共文明建设。强化城市公共文明指数的考核,明确城区、集镇文明创建考核方案,各级文明单位常态化、动态化管理办法,实现文明城市创建工作常态化管理。开展“美化家园”活动。继续完善城市管理数字化、网格化建设,加强商贸秩序管理,整治占道经营,落实“门前三包、门内达标”责任制;推进城乡清洁工程,在抓好城区和周边集镇主要进出口以及国道、省道沿线集镇的市容市貌综合整治的同时,重点治理城乡结合部、城中村、车站、停车场、背街小巷的卫生死角。加强主次干道的清扫保洁,加强农贸市场、施工工地、建筑垃圾堆放点的规范化管理。指导各镇建立起正常的日常保洁、清运机制。遏制违法建设,规范整治户外广告,清除城市“牛皮癣”,推进城市基础设施建设,加快老城区改造建设步伐,推进城市美化、亮化、硬化工程奠定硬件基础。继续实施文明交通行动计划。围绕“关爱生命,文明出行”主题,深化“文明交通在桐城”活动,创建文明畅通和谐的城市交通环境。10月13日,省委、省政府通报表彰第二届安徽省文明城市、文明县城和第九届安徽省文明单位,桐城市被省委、省政府授予“第二届安徽省文明县城”荣誉称号,桐城师专等7家单位被授予“第九届安徽省文明单位”荣誉称号。同时,新渡镇香山村被省文明委授予第二届安徽省文明村,孔城镇被省文明委授予第二届安徽省创建文明村镇工作先进镇。

【桐城农村合作银行优化服务谋发展】 市农村合作银行应对复杂多变的经济金融形势,加快组建农商银行,优化金融服务平台。全面推行金融创新产品。全年推行“同企乐”贷款、国内发票融资贷款、小企业联保贷款、“个贷直通车”贷款和商标专用权质押贷款等一系列成熟的信贷产品,实际新增贷款占全市当年新增贷款的55.52%,较好地满足各类融资需求。深入推进“家家到”活动。市农村合作银行组织全行信贷人员,深入新老客户调查摸底,全年共走访重点产业园区4个、走访企业客户1400户、走访农户16000户,深层次掌握区域内中小企业、农户等各类经济主体的金融服务需求。不断完善金融服务网络和设施。将黄甲镇自助服务点和鲟鱼镇流动金融服务网点升格为自助银行,新设立桐城师专自助银行,优化网点布局,增强服务功能,为广大城乡居民提供高效、快捷、优质的服务。增加服务设施,新设立13台ATM机、安装投入使用62台POS机,改善金农卡用卡环境,提高电子化服务水平。开展银企对接。参与全市各类银企对接会,对接企业400多户,意向贷款金额超10亿元,2011年实际已发放贷款9亿元,实际履约率达92%,全年缴纳各项税金5098万元,较上年增长2263万元,被省联社授予资产质量和经营效益“双十佳”单位。

（刘　攀）

怀　宁　县

【概况】 国土面积1276平方公里，耕地面积57.42万亩，总人口69.7万人，设15个镇、5个乡，204个村、37个居委会。年平均气温16.3℃，年降水量963.5毫米。县内生产总值138.9亿元，比上年增长14.2%；规模以上工业总产值190亿元，增长39.8%；财政总收入15.4亿元，财政总支出25.2亿元；全社会固定资产投资92.7亿元，增长38.2%；社会消费品零售总额39.2亿元，增长17.8%；城镇在岗职工年平均工资33513元，农民人均纯收入7524元，分别增长20%、18.6%；节能减排任务顺利完成。

经济发展成效明显。推进传统产业改造提升，上峰水泥一期投产达效、二期扎实推进，新增农业产业化龙头企业47家，全年实现销售收入40亿元，增长17%。发展壮大主导产业，精密轴承项目顺利投产，光伏发电一期并网发电。突出项目牵动，全年储备各类战略性新兴产业项目47个，列入省“861”及市重点项目43个，总投资38.76亿元。新上各类项目282个，其中亿元以上项目5个，完成投资85.5亿元，增长29.2%。居民消费大幅增长，第三产业实现增加值32.0亿元，增长9.3%。高标准建成省级粮食储备库，全年粮食总产36.97万吨。

城乡建设推进有力。开展“小城镇建设推进年”活动，投入城镇建设资金17亿元，其中县城建设完成投资12亿元。新增城市绿地面积近万平方米，城区主要街道亮化改造工程成效明显，宏博国际商务会所、四星级酒店、金瓯商务广场主体工程竣工，城市形象明显提升。加强交通、水利等基础设施建设，206国道路面修复工程全面完成，实施渡改桥及危桥改造工程17个。开工建设15座病险水库除险加固工程，完成5万农民安全饮用水工程，启动高河镇基本农田整理项目，平山、江镇等乡镇建成高标准农田1.65万亩，农业防灾抗灾能力有效提高。农村清洁工程有序实施，新建4座压缩式垃圾中转站，1000户农村危房改造和沪蓉高速沿线村庄改貌工程强力推进。

发展动力持续增强。支持企业开展自主创新和实施品牌战略，实施国家农业科技成果转化资金项目2个，省级科技攻关项目1个，申请专利58件，获得专利授权31件，有机食品、无公害农产品认证5个。成功举办第七届银企洽谈会，达成意向性贷款15.99亿元，到位资金13.97亿元。产业资本承接效应充分显现，全年招商引资实施项目454个，协议总投资108.64亿元，到位资金77亿元，增长32.8%。县开发区引进工业项目21个，完成投资9.38亿元。平山现代农业综合示范区完成投资3.5亿元，入驻农副产品关联企业8家。加大企业改制力度，完成32户企业改制任务。非公经济蓬勃发展，荣获“全省发展非公经济先进县”称号。电力设施不断完善，省级新农村电气化县通过验收。

社会事业全面提升。民生工程全面落实，财政支出7.17亿元，增长81.6%。开工建设保障性住房项目7个，建成3314套。学生资助体系日趋健全，义务教育经费保障机制不断完善，校舍安全工程完成16万平方米。城乡居民养老保险工作全面推进，企业职工养老、医疗、失业三大保险覆盖面进一步扩大。医药卫生体制改革逐步完善，新农合参合率、住院实际补偿率分别提高至99.5%和45.7%。城乡低保提标及农村五保供养工作扎实开展，累计发放资金4832万元，社会救助面不断扩大。开展环保推进年行动，停产整顿涉污企业26家，关闭10家，集中开展整治水源污染工作，生态安全切实维护。

【安徽福斯特汽车部件有限公司开工建设】 5月30日上午，安徽福斯特汽车部件有限公司奠基仪式在县开发区举行。市县有关领导出席庆典仪式。安徽福斯特汽车部件有限公司是一家大型股份制工业制造企业，专业从事各种汽车铝合金部件的设计、制造和销售。公司占地550亩，总投资8亿元，年产250万只铝合金轮毂和其他铝铸件的现代化工业企业。

【《独秀山下的女人》喜获大奖】 由中国文联、中国戏剧家协会与重庆市人民政府共同主办的第十二届中国戏剧节，于10月30日晚在重庆大剧院落下帷幕。由县黄梅戏演艺中心参演的大型黄梅戏《独秀山上的女人》喜摘比赛最高奖——优秀剧目奖，女主演刘丽华凭借在剧中扮演秀妹的精彩演出，获得优秀表演奖，这是全省县级剧团首次在全国重大戏曲赛事上夺魁。

《独秀山下的女人》是全省唯一入选第十二届中国戏剧节的参演剧目，是继“徽班进京”220多年后，怀宁县戏剧再度亮相国家级最高舞台,也是中国戏剧节举办24年来,县级剧团第一次登上国家级戏剧节。

【全国政协副主席李金华来县视察调研】 11月17日,全国政协副主席、中国人口文化促进会会长李金华来县就人口文化建设工作进行视察调研。

李金华一行先后到平山镇石牛村、平山镇人口文化广场进行实地调研。察看石牛村"石牛新风,文明永驻"人口文化园及人口计生服务设施,对村人口文化园建设以"婚约新风尚、和谐新农村"为主题,倡导新风尚、建设新农村,促进农村走生产发展、生活富裕、生育文明、生殖健康、生态良好的发展之路,给予充分肯定。对平山镇人口文化广场的"和谐在平山"大型文化墙、十二石书等完善的广场设施建设以及浓厚的人口文化宣传氛围给予称赞。

李金华认真听取县人口文化建设情况的汇报,对县近年来人口计生工作特别是人口文化建设的浓厚氛围以及明显成效给予充分肯定。强调要进一步加强人口文化建设的改革创新,挖掘自身特色,打造一批群众喜闻乐见的人口文化精品,创建一批特色鲜明的新型家庭人口文化阵地,培养一批优秀的人口文化宣传队伍,把人口文化建设更好地融入到新时期人口计生各项工作之中,以先进的人口文化引领计生事业健康发展。

【全省首家废钢铁加工配送中心在县成立】 11月24日,中国废钢铁应用协会废钢铁配送中心授牌仪式在国家再生资源基地安庆市吉宽再生资源有限公司举行。中国废钢铁应用协会常务副会长王镇武、秘书长李树斌,市委常委、副市长宋圣军,县主要领导等出席授牌仪式。

吉宽再生资源有限公司作为安徽省首家国家再生资源基地,创办于2003年3月,现已发展成为废钢铁回收为主、兼营旧家电和报废汽车回收加工企业,2011年被评为安徽省循环经济示范企业,公司实现销售收入8.8亿元,回收废钢铁28万吨,上交税费1.5亿元。

(卢　斌)

枞阳县

【概况】 县域总面积1808.1平方公里,辖22个乡镇,431个行政村(居委会),95万人口,其中农业人口87.7万。

2011年生产总值124.6亿元,比上年增长18%。财政一般预算收入11.02亿元,增长43.62%。新增财政收入千万元以上乡镇2个。固定资产投资121.8亿元,增长35%。规模以上工业企业达165家,新增9家。规模以上工业总产值190亿元,增长35%。社会消费品零售总额38.4亿元,增长20%。私营企业、个体工商户分别新增281户、2083户。金融机构存款余额151.74亿元,全年净增贷款投放10.57亿元。

产业优势加速形成。55个重点项目完成投资30.5亿元,其中22个省"861"及市重点项目完成投资21亿元。以枞阳海螺为支柱的建材业产销两旺,以千仞岗制衣为龙头的纺织服装业集群发展,以皖江铸业为代表的传统工业改造升级。设立1亿元财政专项资金,加快培育高端装备制造、节能环保、新材料、新能源、电子信息等战略性新兴产业。突出发展第三产业。综合大市场、商业步行街、财富广场、宗诚王朝酒店等重大项目顺利实施。浮山旅游开发强力推进,国家4A级旅游景区创建通过验收。商务服务、现代物流等现代服务业蓬勃发展。狠抓节能降耗和污染物减排工作,依法关闭黏土砖瓦窑厂,节能减排任务全面完成。

承接产业转移,发展后劲明显增强。全年引进千万元以上项目127个,其中5000万元以上项目24个、亿元以上项目15个,千万元以上项目新增固定资产到资额18亿元,工业项目到位资金占引资总量70%以上。县经济开发区面积拓展到14.3平方公里,入园企业达96家,新开工项目22个,新投产项目15个,财政一般预算收入7140万元,增长40.33%。枞阳横埠经济开发区加快发展,总投资8亿元的横埠食品工业园签约落户。承接产业转移集中区合作共建积极推介。陈瑶湖、枞阳、义津等乡镇工业功能区建设取得成效。

持续提速城镇建设,城镇功能日益完善。县城10个方面30余项重点工程完成投入10.6亿元。滨江新区主干道、连城西路、浮山路南段、青山路路面主体工程完工。湖滨路、金山路标准化改造完毕。金山路景观整治成效明显,标志性景观大道初步成形。总投资1亿元的莲花湖公园建成开放。旗山公园一期工程主体完工。县政务中心、体育中心、妇女儿童活动中心、档案馆、科技馆、新汽车站等工程全面推进。

高标准建设的集中安置小区荷风苑已经建成。城市绿色工程扎实开展。污水管网三期工程启动建设。莲花湖闸站改造和换水工程投入使用。新城区配套设施、老城区便民市政工程加快实施。完成“城中村”改造5万平方米。省级文明县城创建强力推进,“脏、乱、差”现象有效遏制。小城镇建设力度加大,基础设施逐步完善,承载能力不断增强。枞阳镇商贸物流、浮山镇文化旅游、陈瑶湖镇粮食加工、义津镇纺织服装等集镇特色产业正在兴起。

夯实农业基础,农村建设稳步推进。粮食总产稳中有升,棉、油、肉、蛋和水产品生产稳定。农业产业化水平不断提高,省级龙头企业达7家、市级龙头企业达44家。妥善应对60年一遇旱情,确保群众生产生活稳定。枞阳长河上段防洪工程、陈瑶湖花园农田水利治理等水利重点工程完成投资1.2亿元。枞阳江堤通过省一级管理标准验收。庐十公路水泥路面改造结束。钱白公路、白湖大桥建设进展顺利。完成县乡道水泥路面改造30公里。110千伏横埠变和220千伏会宫变线路改造完工。创建国家森林城市工程有序推进。40个农村危房改造和村庄整治示范点完成建设。铜安路枞阳段综合整治扎实开展。实施新增耕地项目32个,新增耕地3465亩。新农村建设“两镇二十七村”示范工程继续推进。“万村千乡”市场工程和新网工程深入实施。第八届村民委员会换届选举顺利完成。整村推进20个扶贫工作重点村,减少贫困人口6000人。

文化建设逐渐发力。县文广影视中心开工建设。黄镇图书馆投入使用。5个乡镇综合文化站、80个农家书屋如期建成。渡江中线指挥部旧址、文物库房得到修缮。浮山景区围绕文山特色、旗山公园围绕汉武文化主题展开建设。黄梅戏《寸草心》完成剧本创作。《浮山摩崖石刻》出版发行。9项非物质文化遗产列入县级保护名录。一批地方特色文化项目对外推介。文化下基层进社区活动持续推进。群众性文化活动丰富多彩。

实施民生工程,人民生活持续改善。38项民生工程投入资金7.05亿元,其中县级配套1.05亿元。完成23.86万平方米校安工程、16座农村公路危桥改造加固、7所中小水库除险加固、468个20户以下自然村广播电视村村通建设任务。建成105个留守儿童之家、5个留守儿童活动室、6所农村敬老院、1个社区卫生服务站、3座乡镇垃圾中转站、1100口农村沼气池。解决3万农村人口饮水安全问题。新增140套廉租住房、124套经济适用房、639套公共租赁房,实施434户棚户区、2670户农村危房改造。资金类民生工程管理全面加强,各项资金及时足额发放到位。城镇新增就业5308人。养老、失业、医疗、工伤和生育五大保险健康运行。城乡居民养老保险工作扎实开展,13.5万老年人按月领取养老金。社会救助体系不断完善,城乡低保实现应保尽保,困难群众生活得到有效保障。

全面发展社会事业,公共服务更加有力。新一轮全国科普示范县、全国科技进步县成功创建。城区教育布局调整顺利实施,枞阳中学整体搬迁到新校区。学前教育试点县项目4所幼儿园投入使用。高考再创佳绩,安庆市文、理科“状元”出自该县。16个农民体育健身工程建成使用。城乡医疗卫生服务体系逐步完善,基本和重大公共卫生服务水平不断提高。人口和计划生育工作加强,管理机制全面创新,基层基础不断夯实,政策外生育和出生人口性别比攀升势头有效遏制。安全生产监管力度加大,企业主体责任不断强化,烟花爆竹“打非”、校车整治等专项行动深入开展,安全生产形势总体平稳。社会治安综合治理和平安创建开展,矛盾纠纷排查调处、公共应急管理机制进一步健全,社会大局和谐稳定。建设用地“五统一”管理力度加大。食品药品安全保障水平不断提升。生态环境保护全面加强。第六次全国人口普查、“六五”普法继续推进。办理人大代表建议76件、政协提案91件,办复率100%。精神文明和民主法制建设不断加强。

【推进阳光村务工程】 以委托代理服务为重点,推进农村集体“三资”管理常态化。全县农村集体“三资”清理工作全部完成,共清理资金1.1亿元、资产4.1亿元、资源面积47.5万亩,核实债权1.37亿元、债务1.9亿元,做到资金、资产、资源清楚,债权、债务明晰。按照“有牌子、有场地、有设备、有人员、有制度、有经费”的要求,建立委托代理服务中心,全县22个乡镇和开发区共262个村(居)均实行委托代理服务。通过建立“三资”监控平台,将土地等资源一并进行数量式电算化登记,确保资源管理无遗漏,保证土地等增值资源性资产的规范化管理。

以规范“四议两公开”为重点,推进村级事务流程化管理常态化。建立健全7类22项村级事务规范运行工作程序,统一制作4734块流程图标牌,精心设置“四议两公开”工作台账。规范和落实村级民主决策、民主管理、民主监督机制,按照健全制度、统一流程、规范操作、民主公开的要求,全面实行村级事务流程化管理。

以健全三项机制为重点,推进村务监督委员会工作常态化。全县22个乡镇和开发区262个村(居)均按规定选举产生村(居)务监督委员会,做到有人员、有牌子、有印章、有办公场所、有工作制度、有履职记录。结合村"两委"换届,贯彻落实新修订的《村民委员会组织法》,建立健全村务监督委员会工作机制、保障机制和监督机制,确保村监委成员真正能够履职尽责。按"一乡一策"和"一村一策"原则核定村监督委员会成员误工补助,调动村务监督委员的工作积极性。

以强化日常监管为重点,推进"阳光村务工程"建设考评常态化。充分发挥乡镇纪委的监督职能,由纪委牵头,委托代理服务中心具体负责"三资"监管,参与、监督重大"三资"处置,受理群众关于"三资"问题的信访举报;乡镇纪委负责查处委托代理服务中心和"三资"处置中的违规违纪问题,监督委托代理服务中心人员廉洁自律情况。县"三资"监管平台定期向县"阳光办"报告"三资"录入和管理情况。县"阳光办"定期或不定期深入到各乡镇、村开展检查,收集群众对"阳光村务工程"建设工作的意见,及时反馈,督促整改。同时,结合目标考核,把"阳光村务工程"建设工作纳入村干部目标管理内容,考核结果直接与干部的工资、奖金、表彰挂钩。

【全国政协办公厅主持召开枞阳"文化兴县"工作座谈会】 12月8日,全国政协办公厅专题召开枞阳县"文化兴县"工作座谈会。会议由全国政协办公厅秘书局局长杨小波主持,全国政协副秘书长卢昌华、全国政协委员国家图书馆副馆长陈力、全国政协委员《读书》杂志执行主编贾宝兰、中国政协文史馆筹建办公室主任张振山以及全国政协办公厅唐柳成、庄伟、刘兴元、谢会昌等其他领导参加会议;枞阳县委常委宣传部长唐燕曙应邀参加座谈会。

会议认为,枞阳县在全国政协的联系帮扶下,依靠自身努力,经济和社会发展很快。全国政协办公厅通过连续多年下派干部挂职锻炼,培养了一大批干部。多年前,全国政协通过在枞阳调查研究提出"文化兴县",体现全国政协重基层、重研究,参政议政的职能优势。枞阳的发展实践证明,"文化兴县"关键是以人为本,党的政策和主张贴近群众,为老百姓服务。枞阳这些年来的文化工程建设的成果让老百姓看得见,摸得着,分享得到,枞阳的"文化兴县"工作得到老百姓的支持和拥护。

会议对枞阳"文化兴县"纳入全国政协帮扶试点进行研究,就黄镇图书馆开馆及文化论坛活动进行交流,《读书》杂志社向黄镇图书馆捐赠书籍工作进行对接落实。

【城乡居民养老保险试点工作动员大会召开】 10月13日上午,全县城乡居民社会养老保险动员大会召开,正式全面启动城乡居民社会养老保险工作,这标志着枞阳县居民养老保险从制度上实现全覆盖。

实施城乡居民社会养老保险是国家继实现农村居民"种地不交税、上学不付费、看病不太贵"之后,逐步实现城乡居民"养老不犯愁"的又一项重大民生工程、惠民工程和德政工程。凡是拥有枞阳县户籍、年满16周岁(不含在校学生)、未参加城镇职工基本养老保险的城乡居民都可以参保,初步统计,全县符合参保条件的城乡居民有60万人。

会上,县人社局、财政局就县城乡居民社会养老保险政策进行全面的解读,枞阳镇、麒麟镇、县联社、钱铺乡将军村作表态发言;县政府和各乡镇(开发区)签订目标责任书。

【建立村干离任长效机制】 枞阳县探索村干离任工作的有效措施,逐步形成思想、政治、生活、工作"四位一体"的村干离任工作长效机制,确保在职干部干得省心、离任干部退得舒心。在村党组织换届选举中,全县100多名到龄村干主动递交让贤申请,并积极参与换选工作。

换届选举前,县委明确专人与即将到龄离任的村干部深入谈心。枞阳对年龄超过57周岁、提交书面申请、主动退出村"两委"职务竞选的村干部,通过编写《老村干先进事迹》等宣传离任村干部在任期间的工作成绩。县还为所有在职村干部以2008年为起点办理养老保险,并对所有因年龄原因主动"让贤"的干部由各乡镇结合实际发给一次性慰问金。离任村干部虽然年龄偏大,但有丰富的基层工作经验,在群众中威望较高,是本村各项社会工作的重要人力资源。将所有主动让贤干部作为村务监督委员会和党员议事会预备人选,并根据各村及离任村干部实际,将他们安排到村办企业、老年人活动中心等单位工作。

(杨　峻)

潜 山 县

【概况】 潜山县地处安徽省西南部、大别山东南麓，辖1个国家级风景名胜区、2个省级经济开发区、1个省级旅游度假区和11镇5乡，185个村(居)，总人口58.71万人，其中农业人口52.33万人，年平均气温16.7℃，年降雨量1046.1毫米。县域总面积1686平方公里，其中耕地面积50.99万亩，素有“皖国古都、二乔故里、安徽之源、京剧之祖、禅宗之地、黄梅之乡”的美誉。2011年全县地区生产总值97.4亿元，增长14.1%，三次产业结构优化为17.5∶57.1∶25.4，经济和社会发展呈现较快增长。

特色农业长足发展。农业总产值25.9亿元，农业增加值16亿元。粮食产量比上年增加1.7万吨，油料产量持平。农业特色产业发展势头较好，新发展无性系茶园5200亩，瓜蒌10000亩，食用菌400万棒，新造改造油茶林2万亩、桑园5000亩，新建标准化畜禽舍5万平方米。省级龙头企业发展到5家，新增11个农民专业合作组织，产业化经营步伐加快。

工业经济较快增长。以产业发展统领工业发展，实施促进工业发展系列计划，工业经济呈现速度加快、效益提高、支撑有力的特点。2011年规模以上工业实现产值114.77亿元、增加值31.57亿元、税收9500万元。重点骨干企业的支撑作用明显，潜山轴承、优丽斯新型建材、美妮纸业扩建及华茂纺织二期等一批工业重点项目建成投产，年产值超亿元企业达29家，产值超2亿元企业达17家，其中全力集团、卫康制药、利达轴承、渡民米业、精科集团等5家企业实现产值超4亿元。

旅游商贸提质增效。以“天柱山品牌创建提升年”为抓手，强化景区规划管理，加大品牌创建力度，天柱山成功晋升国家5A级景区和世界地质公园，旅游业发展实现新的跨越。全年共接待国内外游客311.2万人次，其中进入主峰景区36万人次；旅游总收入12.2亿元。居民消费持续活跃，信息、房地产、物流配送等服务业发展迅速，全年实现社会消费品零售总额31.9亿元、三产增加值27亿元。

财政金融保障有力。实现财政一般预算收入6.01亿元，财政增收速度较快，运行质量逐年提高，保障能力进一步增强。年末金融机构存款余额97.12亿元，贷款余额50.33亿元。

城乡建设步伐加快。完成县城总规修编和新区详规编制，启动运营县城垃圾处理厂、城区污水处理系统，硬化6条城区道路，开工建设县城南外环路、城东入口综合建设工程、蓝鼎中央城等重点项目。新建、改造县乡村公路75公里，除险加固8座病险水库，建设农村安全饮水工程46处，潜水六公堤段堤防加固、五丰河拦河堰等一批基础设施项目建成使用。全面实施农村危房改造和村庄整治攻坚战，建成村庄整治示范点49个，成为全省农村危房改造和村庄整治先进典型。

项目投资成果丰硕。2011年争取政策性项目资金1.6亿元，污水管网建设、天柱山至花亭湖景区公路、天柱山生活垃圾中转设施、天元塑业废弃塑料综合利用、钟南电器节能变频补偿柜改扩建等一批项目获得政策性资金支持。潜山至望江高速增设王河出口，105国道升级改造项目通过审批。全年完成固定资产投资56亿元。

发展平台有效拓展。完成县经济开发区扩区可研报告等前期工作，首批通过省发改委等相关部门现场踏勘，扩区规划抓紧编制，扩区工作进展顺利；修建彭岭路、滨河路、八一路等主干道路，新建成投产和新开工项目各26个，实现税收1.39亿元。旅游度假区至潘铺连接线开工建设，352套安置房建成使用，雨润国际商务旅游度假中心项目成功签约，温泉度假村、皖文化园等重大项目积极跟进。源潭省级经济开发区获批筹建，安排500万元财政奖扶资金，支持乡镇工业聚集区加快发展，9个乡镇工业聚集区建成面积达8平方公里，入区企业192家，实现税收6000万元。全年新签约引进项目98个，引进县外境内资金52亿元。

民生需求持续改善。实施10个村整村推进扶贫开发，投入3919万元以工代赈、财政发展等扶贫资金，建设扶贫开发项目103个，2011年减少贫困人口8000人，农民人均纯收入4946元。全年新增就业5815人，新增转移劳动力9103人，城镇登记失业率3.9%，养老、医疗、工伤、失业和生育保险参保47.9万人次。建成廉租房1120套，新开工建设337套公租房，廉租住房租赁补贴扩至11个建制镇。

社会事业全面进步。开工建设241个中小学校舍改造项目，潜山二中整体搬迁工作有序推进。重大公共卫生和九项基本公共卫生服务项目顺利实施，村级标准化卫生室全面建成，县医院门急诊大楼主体工程和县中医院门急诊楼基础工程按期完成，基层医药卫生体制改革有序开展。4个乡镇综合文化站和300个自然村广播电视村村通等文化基础设施建设顺利实施,文化体制改革深入推进。人口综合治理不断加强,低生育水平持续稳定,出生人口数量政策符合率97.25%。节能减排力度加大,工业企业污染物达标排放率90%,化学需氧量、二氧化硫排放量分别削减1.8%和1.5%。科技、体育、妇女儿童等其他各项社会事业全面发展。

【天柱山荣膺国家5A级旅游景区】 5月25日,天柱山等全国十家旅游景区被国家旅游局、全国旅游景区质量等级评定委员会批准为国家5A级旅游景区,国家旅游局在北京为2011年新评定的8家国家5A级旅游景区及2家5A级旅游景区(扩展部分)授牌。5A是全国旅游景区最高评定标准。天柱山自2007年起开始创建国家5A级旅游景区,历经4年,累计投资2亿多元,对交通游览、旅游安全、卫生、旅游购物、综合管理等方面进行全面建设和升级,着力打造精品景区,保护生态环境,提升旅游服务质量和服务水平,成功跻身国家5A级旅游景区。

【省农村危房改造和村庄整治工作现场会在潜山召开】 9月8日,全省农村危房改造和村庄整治工作现场会在潜山县召开。省长王三运出席会议并讲话,副省长倪发科主持会议。来自全省各地的代表,参观潜山县痘姆乡山包新村,水吼镇燕窝、渐水湾及天柱山镇白水湾等村庄整治点。

潜山县在村庄整治中主要做法:规划引领中注重"皖"字牌。作为古皖国所在地、安庆源头县、皖西南风景旅游城市,村庄整治如何准确定位是村庄整治工作面临的主要问题。潜山县确定以"灰瓦、白墙"等为主的"皖派"建筑风格引领村庄整治工作。在村庄整治实践中探索出"一本规划对接、一份签字承诺、一名领导牵头、一个班子主抓、一套机制实施"的推进模式,确保村庄整治工作的有序开展。以村民理事会为主体的整治模式,等到省市领导的充分肯定。为解决资金这一难题,潜山县发挥政府、部门、乡村和农户四位一体的联动效应,把为民办事的职责要求与农民改善生产生活环境的迫切愿望紧密结合起来,探索建立起农民筹资投劳为主、整合项目资金为辅、财政奖补激励补充的多元化投入机制,有效保障村庄整治工作的开展。以"12345"工程为整治内容。围绕打造秀美乡村的目标,以"一改、二保、三清、四拆、五化"工程为抓手,推进农村危房改造和村庄整治,改造危房并统一风貌,保护古民居、保护古树名木,清垃圾、清污泥、清杂物,拆除危旧房屋、猪圈、厕所、院墙,完善村庄基础设施,修建引排水设施、公共道路,建设公共厕所、垃圾收集房,安装路灯、体育健身器材,实现道路硬化、村庄绿化、路灯亮化、环境美化和公共设施配套化。农村危房改造和村庄整治工作实施以来,农民住房条件得到明显改善,生活质量得到提升,居住环境发生显著变化。

【天柱山荣膺世界地质公园】 9月18日,中国政府提交的安徽天柱山地质公园申报资料及联合国专家组实地考察报告,得到世界地质公园网络执行局和与会专家评委认可,安徽天柱山地质公园正式成为联合国教科文组织世界地质公园网络成员,荣膺"天柱山世界地质公园"称号,成为中国的第25个世界地质公园。

天柱山世界地质公园位于该县境内,西北襟连大别山,东南濒临长江,面积413.14平方千米。天柱山世界地质公园处于华北、扬子两大板块之间大别山造山带与郯庐断裂带的复合部位。公园以全球范围内规模最大、剥露最深、出露最好、超高压矿物和岩石组合最为丰富的大别山超高压变质带经典地段享誉世界,成为研究大陆动力学的最典型地区之一;以郯庐断裂带上最美的花岗岩地貌闻名于世,尤以崩塌堆垒地貌独特典型被专家誉为中国"天柱山型"的典型代表;以产出丰富的古新世哺乳类动物化石瞩目海内外,被公认为"亚洲哺乳类动物发源地之一"。

天柱山世界地质公园分为南北两区,南区科考以超高压变质带、古生物化石古人类遗址为主,北区为天柱山花岗岩峰林峰丛地貌游览区是中国著名的旅游胜地,此前已跻身国家首批重点风景胜区、国家5A级旅游区、国家文明森林公园、国家科普教育基地、国家自然与文化遗产地。20多亿年间的无数次地壳运动让这里从一片汪洋大海演变成为今天的一柱擎天与万岳归宗的群峦迭峰以及"潜山盆地"的化石宝库。

(徐正宁)

太　湖　县

【概况】 全县国土总面积2040.76平方公里,其中耕地面积33.78万亩。辖10镇5乡,174个行政村,9个居委会,总人口56.87万人,其中农业人口

50.1万人，人口出生率9.5‰，死亡率3.3‰，年均降水量1169毫米，年平均气温16.9℃。

全年地区生产总值70.07亿元，比上年增长14.9%，人均GDP突破万元大关。财政一般预算收入3.62亿元，增长31%。全社会固定资产投资53.29亿元，增长30.1%。社会消费品零售总额22.25亿元，增长17.7%。农民年人均纯收入4853元，增长25.9%。全年新增规模企业28家，实现规模工业总产值100.67亿元，增长69.8%；工业增加值23.74亿元，增长35.5%；销售收入和利税分别增长59%和35%。新增入园区企业14个，其中亿元以上企业3个。茶叶、蚕桑种植面积达8万余亩和3.6万亩，新建和改造油茶种植面积3.4万亩。新增生猪标准化规模养殖小区26个，肉鸡规模化养殖小区10个，跻身国家级生猪调出大县。新增县级龙头企业40家，新增无公害产品9个、绿色食品2个、有机产品2个，实现农产品加工值16.3亿元。深入实施"家电下乡"、"汽车、摩托车下乡"和家电以旧换新等惠农工程，发放补贴资金3071.8万元；成功举办第三届旅游文化节，五千年文博园一期工程建成开园。花亭湖旅游码头、文博园二期等重点旅游工程扎实推进，五千年文化广场、五星级酒店等旅游配套服务设施建设进展顺利，旅游经济强县创建工作走在全省前列，被评为"全省红色旅游县"。

城乡发展基础夯实。继续实施县城区东展西连南拓北扩工程，城区主干道贯通、延伸及区间路改扩建工程扎实推进，体育公园、莲花广场等市政公共设施建设启动，老城农贸市场、垃圾填埋场及供水管网等建设力度加大，110指挥中心大楼、"12315"投诉服务中心建设进展顺利，检察院技侦大楼和邮政、移动综合服务大楼主体完工。实施徐桥镇扩权强镇试点，加快小城镇建设，全县城镇化率达36.5%。全年完成交通建设投资超过1亿元，升级改造县乡道路28.3公里，投资1042万元建设的农村饮水安全工程，解决了2.3万人饮水安全问题。实施11座中小型病险水库除险加固工程，启动实施总投资2560万元的中小河流治理工程，总投资近亿元的高标准农田示范县建设项目立项实施。110千伏龙湾输变电工程建成投入使用，建成10千伏以上项目48个，建成大石1个新农村电气化乡和10个新农村电气化村。

开放创新深入推进。将招商引资作为"一号工程"，积极承接产业转移，宏宇五洲、德晋日化、华强科技、联扬纺织、亚太精化等一批重大项目相继落户我县，国电、中广核等央企投资的风力发电项目顺利推进。全年实际利用县外资金55亿元、增长130%，其中境外资金1300万美元，增长100%。新增进出口权企业3家，完成进出口额489万美元。推进农村土地经营权依法流转和适度规模经营，深化村级公益事业"一事一议"财政奖补工作，小池镇银燕农村资金互助社、金燕现代农业专业合作社的经验被省农委在全省推广。文化体制改革和基层医药卫生体制综合改革取得阶段性成果。整治关停污染企业，化学需氧量、二氧化硫等主要污染物减排目标超额完成。

民生工程实施。全年投入资金4.85亿元，其中县级足额配套6263万元，确保37项民生工程顺利推进。千方百计解决困难群体就业，城镇登记失业率控制在3.9%以内，推进农村剩余劳动力转移就业，就近就地就业农民工突破5万人。社会保险实现全覆盖，城乡低保、五保、贫困残疾人生活补助及重大疾病救助等社会保障救助措施全面落实。完成农村危房改造2300户。实施新一轮24个贫困村整村推进工程和新增彩票公益金项目，全年减少贫困人口1.85万人。发放大中型水库移民直补资金5488万元。

社会事业全面进步。成功举办朴初中学百年校庆和弥陀高中校庆，全县高考多项指标位居全市前列。重建、加固183幢校舍，60多个留守儿童之家和活动室建成投入使用。县医院住院综合大楼主体工程完工，174个村卫生室实现乡村一体化管理。县医院成功创建二级甲等医院。全县新农合参合率达97.39%，兑付补偿金近7000万元。发放计划生育奖励资金249万元，人口自然增长率控制在6‰以内，被评为省级计划生育优质服务先进县。乡镇综合文化站和农家书屋建设任务顺利完成，164个农家书屋建成达标。县档案馆开工建设，博物馆投入使用，"三馆一站"实行免费开放。数字电视整体转换工作正式启动。信访、社会治安综合治理、安全生产等形势稳定。人民调解、法律援助深入开展，"五五"普法完成，荣获全省第三批"平安县"称号。

（方鹏德）

【省委书记张宝顺来县视察调研】 12月19日下午，省委书记张宝顺在省有关部门和市委书记朱读稳、市长肖超英等市领导陪同下来县视察调研。张宝顺首先来到整修一新过后雄伟的花凉亭水库大坝视察，在花凉亭水库简介图、花凉亭灌区工程图、国家4A级花亭湖风景名胜区全景图、赵朴初文化公园规划图等几张大型图片前认真观看。随行的省水利厅厅长纪冰以及花凉亭灌区管理局、花凉亭水库管理局、花亭湖风景名胜区管理处负责人分别向张宝顺逐一介绍国家投资2.1亿元正在实施的花凉亭水库大坝除险加固、花凉亭水库发电灌溉以及花亭湖旅游等方面的总体情况,对县正在进行的重点骨干水利工程建设和花亭湖旅游开发工作给予充分肯定。张宝顺察看正在实施的赵朴初诗词书法文化墙建设,欣赏朴老精湛的诗词书法作品。在国家4A级风景区五千年文博园,参观赵泰来藏品博物馆和根雕博物馆,听取五千年艺术公司董事长朱林寿对文博园和正在动工实施的农博园建设情况介绍。张宝顺指出,作为安徽省"861"项目和国家文化产业示范基地,文博园建设很具有文化产业发展的代表性,无论是赵泰来藏品还是根雕作品,很有艺术性、很有品位。太湖要以贯彻落实中央十七届六中全会精神为新的契机,加快以文博园和农博园为代表的文化产业发展步伐,加大文博园的社会宣传力度,不断提高在全省乃至全国的知名度,努力做大做强文化产业品牌。

【五千年文博园举行开园仪式】 5月18日,由安庆市人民政府、安徽省文化厅、安徽省旅游局主办,中共太湖县委、太湖县人民政府承办,安庆市文广新局、安庆市旅游局和五千年文博园投资有限责任公司协办的五千年文博园开园仪式暨第三届中国花亭湖旅游文化节在五千年文博园华表广场隆重开幕。

上海市副市长赵雯、省人大常委会副主任胡连松、省政协副主席郑牧民、国家人口计生委党组成员席小平、总政歌舞团著名词作家贺东久、著名文物收藏家赵泰来及安庆市市长肖超英等有关领导出席开幕式并剪彩。出席开幕式的嘉宾和观众超过8000人。开幕式上举行精彩的文艺演出。著名笑星句号、刘亚津、大鹏,总政歌舞团著名歌星白雪,著名黄梅戏表演艺术家韩再芬,著名相声演员李金斗、李建华,歌唱家谭晶等参加演出。此次活动得到国内30多家主流媒体的关注,其中酷6网、南京电视台、合肥电视台、武汉电视台、南昌电视台、安庆电视台、太湖电视台等多家媒体直播开幕式的盛况。

五千年文博园景区位于太湖县境内,东与天柱山相望,南与庐山呼应,居长江中下游旅游黄金线上,规划占地120亩,总投资18亿元,是一座按照国家5A级景区标准打造的世界朝圣东方文明的艺术殿堂,是中华文化与大自然天人合一的创造。现已被国家文化部命名为"国家文化产业示范基地",被国家旅游局评定为"国家4A级旅游景区"。五千年文博园以"中华文化主题公园"为建设定位。园内采用古典徽派建筑与苏州园林风格相结合。亭台楼阁、小桥流水、碑廊石刻,文化名景尽含其中,处处尽显和谐文化的氛围,人文气息浓郁,华夏五千年的文化经典在这里得以彰显与传承,并集旅游、展演、研讨、休闲、娱乐等多种功能为一体。五千年文博园分为三大景区:人文历史景区、主题公园景区和休闲度假景区。人文历史景区由中华百工坊、五千年文化长廊、赵泰来藏品馆、五千年根雕文化馆、四大名著文化园、华夏爱情文化园、安庆园及皖江第一街——皖街等景点组成。主题公园景区和休闲度假景区规划建设三百六十行文化园、中国地质博物园、民族风情馆、百年风云馆、中国水乡文化园以及展示中华56个民族风采的中华民族塔等景区。

【城镇化建设快速推进】 县城建设方面,全年完成县城市政设施建设工程总投资约7000万元。重点建设工程有:委托同济大学风景园林研究院编制《太湖县旅游文化开发区规划》,将滨河景观带纳入旅游文化经济开发区范围,从而有效地指导滨河景观带的建设和开发利用。5月、6月,协同县城建设指挥部对该区域的征地拆迁工作进行调研。体育公园(体育中心)先后完成选址、立项、征地、设计招标、方案设计评审等前期工作,已经进入施工图设计阶段。莲花广场项目已完成勘探、设计工作。道路网工程已完成龙山路长2000米及天华路全线的排水及沥青面层施工,共摊铺沥青面层7.1万平方米,完成状元路排水及路基层和观音路(状元路—天华路)路基建设,总计完成工程建设投资近2600万元;文博园二期外围路网委托五千年公司建设,已完成路基土石方约10万立方米,3条道路路基基本形成,正进行排水工程施工,完成投资约800万元。委托安徽省工程勘探设计院完成人民西路、清风路、朴初大道及莲花广场东侧区间路的勘探及设计工作;完成建设南路路基土石方近7.0万立方米,排水、排污管道近1千米,高坦南路完成路基土石方约1.5万立方米,共计完成工程投资500万元;建设北路、汪洋路完成路基土石方约3万立方米,排水排污管道近600米,道路基层约1000平方米,高坦北路已完成道路设计,完成工程建设投资近150万元,道路网工程总计完成工程投资4050万元。垃圾卫生填埋场工程完成征地271亩,项目资金争取国债到位1550万元。完成进场砂石路面的工程施工、垃圾场一期库区及渗沥液调节池土石方工程和防渗工程的施工,正进行渗沥液处理站的建设、运营招标工作，累计完成项目投资近1600万。

其他县城基础设施建设工程：老城农贸市场改建工程，1号、2号大棚已竣工并通过验收，同时配套建设市场管理用房及公厕一座，共完成投资约220万元。供水管网建设：全年新装DN100以上供水管网9251米，完成投资200余万元。2011年新安装供水用户1951户。为满足县城消防要求，投入资金20万元在县城增设消防50座。完成开发区经一路及观音路延伸、红旗路的道路建设工程，投资180万元；完成老城天灯街、新华街、爱民街的改造工程，投资近50万元；完成罗河南路排水及底基层工程施工，外环路西侧（文博园皖街）排水排污工程、花亭湖大酒店尾水顺接、党校区间路排水延伸工程等，累计完成投资约160万元；龙山路东段（经一路—罗河南路）已完成雨水管道铺设，完成投资约60万元；绿化、亮化及交通信号灯工程：完成外环路绿化改造、人民东路绿化等面积约3.0万平方米，完成晋湖路绿地园林景观工程，总计投资约200万元。新增长河二桥路灯43盏，交通信号灯3组，投资近150万元。

（张文斌）

宿松县

【概况】 全县总面积2393.53平方公里，其中：耕地面积635.83平方公里，森林面积578.5平方公里。辖9镇13乡，207个行政村（社区）。2011年末全县总人口为836922人，其中：农业人口729086人，比上年末增加6600人。全年出生人口13499人，出生率为16.13‰；死亡人口4505人，死亡率为5.38‰；人口自然增长率为10.75‰。出生人口性别比为119.18。全年平均气温17.0℃，年降水量1273.4毫米。

2011年地区生产总值（GDP）111.61亿元，比上年增长13.1%。分产业看，第一产业增加值33.43亿元，增长4.2%；第二产业增加值49.73亿元，增长22.4%；第三产业增加值28.45亿元，增长9.6%。三次产业比例变化为30∶44.5∶25.5，其中工业增加值占GDP的比重为41.3%，比上年提高4个百分点。农民人均纯收入5300元，比上年增长18.1%。全年财政收入（不含基金和上级反馈）5.18亿元，比上年增长37.1%。其中，一般地方财政收入3.7亿元，增长35.2%。财政支出20.01亿元，增长36.9%。其中，一般公共服务支出增长26.1%，科学技术支出增长62.4%，文化体育与传媒支出增长14.1%，医疗卫生支出增长61.8%。教育支出49975万元，增长20.3%，占GDP的比重达4.3%。年末全县金融机构各项贷款余额36.93亿元，比上年末增加7.81亿元，增长26.8%（其中，短期贷款16.92亿元增长28.6%、中长期贷款18.34亿元增长14.9%）；各项存款余额99.66亿元，比上年末增加18.67亿元，增长23.05%。城乡居民储蓄存款70.94亿元，增长13.96%。全年完成进出口总额3008万美元，增长28.7%，其中出口2650万美元，增长16.5%；进口358万美元，比上年增长333.5%。全年社会消费品零售总额32.35亿元，比上年增长18%。全年保险业保费收入19841万元，比上年增长2.4%；支付各类赔款与给付11692万元，增长57.6%。

工业强县进程加快。全年119家规模以上工业增加值28.24亿元，比上年增长35.5%（其中轻、重工业分别增长35.7%和36.6%），股份制企业增长较快，占全县规模以上工业增加值比重高达88.1%，比上年提高4.5个百分点。全年共实施工业项目143个，新开工108个，续建35个，完工91个，完成投资34亿元。实施技改项目64个，完成投资16亿元。淘汰落后产能，依法关闭高岭煤矿和4家环境污染企业。全县25个工业行业增加值除纺织业外均呈现增长。其中，服装、鞋、帽制造业增长278.3%；食品制造业增长53.7%；农副食品加工业增长43.4%；非金属矿采选业增长26.1%；纺织业下降8.1%。全年规模以上工业企业主营业收入109亿元，增长70.1%；利税7.5亿元，增长48.9%，其中利润4.32亿元，增长63.6%。全年全社会建筑业增加值3.67亿元，比上年增长6.4%。资质内建筑企业利税总额785万元。房屋建筑竣工73万平方米，比上年增长4.7%。商品房销售面积44.33万平方米，比上年增长24.9%。全年固定资产投资68.4亿元，其中城镇投资59.35亿元，农村投资0.9亿元，实现财政收入1.69亿元。房地产开发投资完成8.16亿元，比上年减少了2.22亿元。

农业稳县基础牢固。全年粮食作物种植面积66374公顷，比上年增加493公顷，粮食产量38.3万吨，增长2.3%，再创新高。棉花种植面积24884公顷，比上年扩大684公顷，棉花产量3.23吨，增长

12%。油料种植面积27362公顷,比上年增加1392公顷,油料产量6.06万吨,增长9.4%。生猪存栏20.5万头,比上年增长5.1%;生猪出栏33万头,比上年同期增长0.3%。主要肉类产量3.36万吨,增长3.1%;家禽出栏800万只、规模饲养比重达65%,禽蛋产量1.45万吨,增长38.1%。全年水产品产量7.53万吨,增长2%。年末全县农业机械总动力32.95万千瓦,增长5.1%;农用拖拉机12949台,增长104%;农用运输车517辆,下降60%。全年化肥用量4.99万吨,增长6.4%。农村用电量2.37亿度,增长20.3%。有效灌溉面积44.37千公顷,与去年持平。新增人工造林合格面积3.15万亩,治理土地面积2.57万亩,建成通组砂石水泥路107公里;复兴镇和枫驿、白马、邱山等10个行政村电气化建设顺利通过验收。市级以上农业产业化龙头企业累计33家(其中省级9家),实现年产值14.8亿元,增长12%。特色板块基地建设取得长足发展,建成特色专业乡镇11个,油茶、生猪、水产等专业村47个;乡园禽业鱼鸭混养基地、春润公司循环经济和综合开发基地建设加快,生态农业得到有益尝试。新增农业专业合作组织28家,总数达到146家;新增无公害产品认证、有机产品认证、绿色产品认证各1个,新建无公害农产品基地3.35万亩,农业组织化程度和农产品质量得到明显提高。农村环境整治扎实开展,饮用水源保护工作纳入乡镇年度考核。县被列为国家农村环境连片整治示范县。

三产活县扎实推进。新网工程建设有序,家电下乡、以旧换新稳步实施。新建"万村千乡"农村家电40个,全年家电下乡销售额达到2.32亿元。旅游业成为新亮点,全年接待国内外游客160.5万人次,增长21.6%。实现旅游总收入8.78亿元,增长23.3%。"石莲洞国家森林公园"度假区项目累计投资1.2亿元,于3月11日隆重开园。11月,石莲洞森林公园创建国家4A级景区通过验收。黄大湖水上旅游休闲中心一期竣工开业,农业生态旅游开发与以农家乐为主题的各类乡村旅游产品发展迅速。现代物流、信息、中介等生产性服务业发展较快,全年交通运输、仓储和邮政业增加值2.7亿元,比上年增长8.5%。全年旅客运输量1191万人次、货物运输量1160万吨,分别增长20.8%和22.3%。全年邮电业务总量2.14亿元,增长6.8%。手机用户20.26万户,增加2.99万户、增长14.9%;宽带上网用户28099户,增加3009户、增长12%。

招商引资喜获丰收。全年共新签约项目111个,其中5亿元以上项目4个,外资项目3个,实际利用外资1631美元,增长17.2%;利用县外资金49.12亿元,增长20%。鲤鱼花园、山水华庭、水岸国际等一批住宅小区建设加快;投资百亿元的浙商产江业园、20亿元的亿博皮革和10亿元的汽车零部件产业园等项目成功签约;宿松陶瓷工业园首个项目晨曦陶瓷和国风电力集团投资42亿元的风力发电等项目开工建设,既壮大了全县支柱产业也优化了产业结构。

民生保障措施给力。38项民生工程年度建设目标任务完成,发放惠民补贴8.46亿元,保障和民生工作取得新成效。新型农村养老保险进展顺利,参保人数达45.48万人。年末全县参加基本养老保险的职工人数18410人,比上年末增加1116人,增长65%。新型农村合作医疗参合农民达69.22万人,参合率为94.9%。农村合作医疗住院病人实际补偿比例47%,比上年提高6个百分点。低保户按季足额领到低保金,7076名农村五保户按规定标准享受政府供养,农村居民最低生活保障30343人。社会儿童福利中心在全市率先完工;廉租房和公租房全面开工建设,发放廉租房租赁补贴173.7万元;改造农村危房3000户。培训农民工2350次,占目标任务的121%,帮扶困难人员就业458人,完成任务的137%;被征地农民养老保险参保2757人,实行应保尽保。新增城镇就业4648人,下岗失业人员实现再就业1848人;城镇登记失业人员1557人,比上年下降67.9%。9个乡镇综合文化站建设项目全部竣工,70个"农家书屋"通过验收,502个广播电视"村村通"工程建设任务全部完工。库区移民扶持工作稳步开展,23个贫困村整村推进和北部山区5个乡的扶贫"连片开发"试点工程任务全面完成,全年减少贫困人员6.7万人;15座危桥改造主体工程完工,完成4座小(二)型水库除险加固,组织实施1500口农村户用沼气建设,解决6.28万农村人口的饮水安全问题。投资近亿元的"校安工程"进度较快,完成重建和加固总面积14.9万平方米;完善建成80所留守儿童之家。投入1000万元支持卫生应急、疾病防控、卫生监督基础设施建设和医疗卫生机构信息管理系统建设,县中医院病房大楼和长铺中心卫生院项目建成投入使用,县中医院在全省二级中医院评比中排名第一。

社会事业协调发展。基础教育质量稳步提升,高考本科达线5019人,再创历史新高。公安"三基工程"和"三项建设"荣获省优。宿松县被省命名为"平安县”，并被列为省直管县试点。第八届村民委员会顺利完成换届。第二轮《宿松县志》和清道光八年版《宿松县志》(点校本)同步出版发行。社会管理创新试点工作推进。广播电视村村通县、乡联网工程完成，有线电视数字化整体转换率提高。落实长效工作机制和利益导向政策，人口计划生育工作水平切实提升。文化体制改革不断深化，文艺创作和“文化丛书”编纂成果丰硕，文化公共服务设施日臻完善。荣膺“中国诗歌之乡”、“中国民间艺术之乡”称号。县文化馆、图书馆和乡镇综合文化站免费开放。实行改制后的宿松县黄梅戏演艺有限责任公司演出场次增多，队伍活力增强、基础设施明显改善、经济效益大幅提升，职工工资福利待遇全面提高。突出抓好群体性事件应急处理和校园安全工作，烟花爆竹、危化物品、建筑施工等重点行业和领域安全生产专项整治工作扎实开展；“地沟油”、瘦肉精等食品药品安全专项整治成效明显。社会治安数字化防控体系建设成效显著，公共部位视频监控实现全面覆盖，城乡联防系统基本形成。全县社会大局和谐稳定，安全生产工作连续四年受到市级表彰，人民群众安全感和幸福指数不断提高。

【宿松定为省直接管理县试点】 宿松地处皖、鄂、赣三省交界，被视为“皖西南门户”。3月22日，省委、省政府出台《关于推进省直接管理县体制试点工作的意见》，选择宿松作为两个试点县之一，赋予试点县行使与设区的市相同的经济、社会、文化等方面的管理权限。除法律、法规有明确规定以外，原来由设区的市审批或管理的经济社会管理事项，均由试点县自行审批、管理；原来需要经市审核、报省审批的，均由试点县自接报省进行审批。《实施意见》规定除了司法、社会保障、行政区划和机构规格维持不变，公共事件和信访维稳实行省主管、市协管外，其他都相应改变，直接接受省里的领导或指导。同时，将地税、工商、质监等部门改由试点县管理，进一步理顺条块关系，强化试点县管理职能。《实施意见》明确规定试点县在规划上报、财政直管、非税管理、资金划拨、项目申报、用地报批、证照发放、统计报送、政策享受和公积金管理等10个方面，与省直部门径直对接，与设区市统筹考虑，相关改革试点优先安排在试点县。县委、县政府高度重视试点工作，要求全县上下吃透文件精神，抓紧制订方案和出台实施细则，完成相关职责权限的划转交接；抓住机遇，做好各部门间的对接与脱管工作，确保下放权限接得住、用得好。充分发挥省直管县体制试点的品牌效应，加强学习、协调配合、大胆创新、先行先试，确保试点工作有序开展，推进县域经济大发展、文化大繁荣。

【两部《宿松县志》同步出版发行】 7月15日，二轮《宿松县志》与清·道光八年版《宿松县志》点校本首发式在孚玉山宾馆隆重举行，省、市方志办领导和专家一行，县四大班子主要领导出席首发式。《宿松县志》(1978～2002)由黄山书社出版，向社会公开发行。全志以中国特色社会主义理论体系为指导，坚持科学发展观，全面系统、客观地记述1978～2002年改革开放新时期宿松在自然、经济、政治、文化和社会等方面的情况。全志约188万字，分上、下册装订，印数6000套。清·道光版《宿松县志》点校本与新志同步发行。道光志是县历代志书中质量最高的一部旧志，由县志办黄奏天主校，经合肥学院中文系教授、旧志点校专家张成权审定，作为安徽历代方志丛书由黄山书社出版，对外公开发行。全书约80万字，加标点、注解，横排方便阅读；大32开精装，印数2000册。该志是一部了解宿松历史的珍贵资料，历史厚重，具有较高的收藏和利用价值。至2011年底，两部志书发行均突破1000册。

【宿松县被授予“中国民间文化艺术之乡”称号】 县文广新局组织开展“文南词艺术之乡”的申报工作，积极推动县民间文化艺术的繁荣与发展，7月成功创建“安徽民间艺术之乡”。文南词为发源于宿松县及其周边地区的一种古老戏曲剧种，有300多年的历史，先后被列入安徽省首批非物质文化遗产名录和国家非物质文化遗产保护名录。县文化馆为不断加大对文南词这一民间艺术表演的保护和传承力度，通过组织专业剧团演出、培育一批具有特色的业余文艺表演团队等形式，吸引群众广泛参与，扩大文南词的普及率和影响力。11月，省文化厅授予县“中国文化艺术之乡”称号。

【浙商产业园项目正式签约】 6月30日，县长王华代表县政府与瑞唐物产集团(中国)有限公司董事长施江波在孚玉山宾馆正式签约。此次签约的浙商产业园项目位于临江产业园起步区，为县投资规模最大(总面积超过3平方公里计5000亩)、首个超百亿元项目。项目分三期实施，建设工期5年，全部投产后年税收将达2.7亿元。8月19日，由宿松县委县政府、瑞唐物产集团有限公司联合举办的浙商产业园新闻发布会暨招商说明会在浙江省金华市世贸大饭店一号会议厅举行。人民网、中国新闻社、安徽日报、安徽电视台、浙江日报、钱江晚报等20多家媒体及176名浙商参加会议。会议期间举行签约仪式。科华涂料、创世电器、铭信投资成为首批签约进入浙商产业园的企业。

(吴恒玉)

望 江 县

【概况】 全县总控制面积1357平方公里,辖8镇2乡、120个行政村和14个社居委,总人口63万,耕地78万亩、水面45万亩、林地20万亩。是中国新兴纺织产业基地县、全国优质棉花生产和出口基地县、粮食生产先进县、油料生产大县和生态示范区建设试点县,安徽省优质油、水产品生产基地县、"生态安徽"建设综合示范县,同时也是中国金融生态县、浙商最佳投资城市、安徽省投资环境十佳县。

2011年,全县地区生产总值72.34亿元,较上年增长14%;全社会固定资产投资53.38亿元,较上年增长5.6%;社会消费品零售总额23.57亿元,较上年增长16.91%;财政一般预算收入4亿元,较上年增长33.4%;人口自然增长率控制在6.5‰以内;全面完成节能减排目标任务。

工业经济提速增效。全县工业总产值122.4亿元,比上年增长50.5%;规模工业产值109亿元,比上年增长66.7%。规模工业实现增加值28亿元,比上年增长32%;实现利税3.3亿元,比上年增长24.5%。三大产业集群初步形成。以舒美特化纤、申洲针织、美亚针纺为代表的纺织服装产业集群不断发展壮大,以越宜酒业、联河米业、天河食品为代表的农副产品精深加工产业集群已形成,以华东钢构、精泰特钢、百盛特种板材为代表的新兴制造产业集群初具雏形。2011年望江荣获"安徽省纺织服装产业集群发展突出贡献奖",华阳镇被确认为"安徽省纺织服装产业集群专业镇"。骨干企业支撑作用逐步增强。2011年产值亿元以上企业达22家,累计实现产值84亿元,占整个规模工业产值的75%以上。其中,申洲针织、舒美特化纤产值双双突破10亿元。经济开发区发展态势良好。县经济开发区工业企业固定资产投资23亿元,比上年增长57%;工业产值81亿元,比上年增长58.8%;企业从业人员超过14000人,财政收入1.2亿元。

农业生产稳步发展。大宗农产品喜获丰收。全年粮食播种面积107.1万亩,总产45.9万吨,比上年增长8%;油料播种面积45.7万亩,总产7万吨,比上年增长1.7%;棉花种植面积42.3万亩,皮棉总产3.8万吨,比上年增长10%;蔬菜种植面积5.5万亩,总产7.8万吨。全年出栏家禽1821万只、生猪39.7万头、牛羊1.8万头,比上年分别增长20.8%、6.2%、2.8%;肉类总产5.9万吨、禽蛋总量3万吨,比上年分别增长14.2%、18.4%。农业产业化工作扎实开展。新增国家级农业产业化龙头企业1家,省级龙头企业增至7家,市级龙头企业增至41家,农民专业合作社增至130家;全县建立优质水稻、"双低"油菜、优质棉花、无公害蔬菜和优质水产品等种养基地累计达150万亩;全年农业产业化龙头企业加工产值达50亿元。农产品品牌创建和质量体系建设不断加强。全县获省、市级著名商标12件、中国名牌农产品1个、长三角名牌产品1个、安徽名牌农产品5个、无公害农产品40个、绿色食品26个、有机食品转换认证10个。农业先进实用技术广泛推广。全县建立水稻产业提升行动核心示范片20万亩、棉花高产创建示范2.4万亩,推广油菜标准化技术20万亩,建立农业科技示范基地10个;樱桃谷鸭、三元杂交猪等畜禽优良品种得到广泛应用;大雁、野鸭等特种养殖悄然兴起;大中型拖拉机、联合收割机、插秧机等新型农业机械应用明显增加。强农惠农政策全面落实。各项涉农补贴全面得到落实,政策性农业保险顺利推进,标准农田、畜禽规模养殖、农村沼气、农业血防、农村饮水工程、农村危房改造等一批惠农项目得到有效落实,有力地推进了新农村建设。

项目建设加快推进。全县储备项目320个。全年共向上争取财政性资金14.7亿元,其中:争取中央预算内项目资金2.2亿元,争取农业综合开发资金3353万元。全年进入省"861"项目累计完成投资7.1亿元、进入市"3231"项目累计完成投资18.9亿元,超额完成省市下达的投资计划。县城基础设施建设有序推进。相继建成望江大道北段、武昌湖路、太阳山路、凉泉路、翔凤路、回龙东路等一批道路工程;开工建成太慈路、君皇山路二期、城北路及政务新区周边道路;建成老城区2公里截污管道,完成2.1公里压力管道、污水管道铺设,县污水处理厂正式建成运行;相继完成滨河景观带一期、龙湖二期、望江大道南北两段延伸绿化工程。交通、水利、电力等项目建设进展顺利。望东长江大桥及北岸接线工程顺利开工，S211开发区至华阳段改线工程路基底层铺设到位，华阳河大桥顺利建成，安九公路二期县城至华阳河段建成通车，华阳河至曾墩段路基工程完工；26.6公里县乡主干道、16.7公里通村公路和18座危桥改造任务顺利完成；农村公交实现乡镇全覆盖，县城客运新站全面建成并将投入使用。小农水重点县一期工程基本建成，泥塘沟河综合治理一期、雷池泵站、青草湖排涝站、大湖口排涝站、沈冲节制闸及7座病险水库除险加固工程建设进展顺利，小农水重点二期工程启动建设，水利兴修工作扎实开展。古雷、古杨、古园等35千伏供电主网工程顺利完工。

招商规模不断扩大。突出产业招商。以纺织服装、农副产品精深加工、新兴制造三大产业为重点，编制产业发展规划和对外招商项目卡，加大对外宣传力度，吸引更多投资者来我县投资兴业。坚持招大引强。成功引进冷冻牛肉排、望海纺织、环保塑料管材管件、刚性链柱及异型材加工等亿元以上工业项目落户。着力推进项目建设。美亚针纺一期、索维机械二期、亮亮纺织扩建等项目先后建成；百盛特种板材、特种机械设计制造、印制路板、江通纺织、瓦楞纸板加工等项目正式开工建设；新引进一批亿元工业项目前期工作准备就绪，全年14亿元招商引资目标任务顺利完成。强化安商服务，完善招商安商各项措施，为企业和外商排忧解难，有力地推进招商项目签约和落户项目加快建设。

消费市场活跃繁荣。农民纯收入达5132元，比上年增长17%；城镇在岗职工平均工资达27500元，比上年增长19.9%。通过增加收入和扩大内需，“万村千乡市场工程”的顺利实施，家电、汽车、摩托车及农机补贴政策得到有效落实，激活农村消费市场。全县社会消费品零售总额达23.57亿元，比上年增长16.91%。外贸进出口增势强劲。全年累计实现进出口总额4100万美元，比上年增长33.5%；实际利用外资1614万美元，比上年增长28.2%。服务业层次快速提升。批发零售、交通运输、仓储邮政、房地产及住宿餐饮等传统服务业规模不断扩大；金融保险、商务服务、特色物流、信息服务、文体娱乐等新兴服务业不断涌现；农业生产资料、农副产品市场购销和烟花爆竹专营等“新网工程”建设带动配送中心、连锁店、加盟店的快速发展；世纪华联大酒店的入驻、望江国际大酒店的开工建设，有力促进服务业格局的变革。

社会事业协调发展。38项民生工程共投入资金5.66亿元，比上年增长76.8%。学校建设步伐加快。校安工程完成总投资1亿元，开工建设项目148个，新建和加固校舍面积达11万平方米。医疗卫生服务体系更加健全。基层综合医改推进，乡镇卫生院基本药物全部实行零差率销售；县医院二期病房楼顺利封顶，县妇幼保健所综合楼建成并即将投入使用，县乡村三级医疗机构进一步健全。文化体育事业日趋繁荣。125个20户以下自然村“广播电视村村通”工程建设任务全面完成；10个乡镇综合文化站全面建成，新建农家书屋47个，县体育中心项目建设正式立项，县手球训练基地建设稳步推进；文化下基层进社区工作有序推进，群众性文化体育活动蓬勃开展。计划生育水平稳步提升。低生育水平继续维持，人口自然增长率、政策符合率等主要指标优于全市平均水平。社会保障体系日趋完善。全县新增就业4860人，城镇居民基本医疗保险和职工“五险”覆盖面扩大，依法关闭破产国有企业退休人员医保问题得到妥善解决，集体企业退休人员基本生活保障全面落实，新农合参合率达97.9%；妇女儿童事业全面发展，老年人和残疾人权益得到有效保障，社会治安综合治理、精神文明建设等各项社会事业取得长足进步。

【望东长江公路大桥举行开工仪式】 12月20日，望东长江公路大桥开工仪式在望江同马大堤华阳司家阁隆重举行。省委书记张宝顺出席开工仪式并宣布工程开工；代省长李斌，省委常委、省委秘书长陈树隆，副省长黄海嵩，省政府秘书长梁卫国，省委副秘书长任泽峰，省政府副秘书长黄晓武，省交通厅厅长梅劲，安庆市委书记朱读稳、市长肖超英，池州市委书记张强、市长赵馨等领导及省市有关部门负责人出席开工仪式。望江县各大班子领导、各乡镇党委书记、县直各单位主要负责人及沿线各县主要领导和相关部门主要负责人，大桥建设施工、监理、安全等单位代表参加开工仪式。

望东长江大桥位于望江县华阳镇和东至县香隅镇之间，距安庆长江公路大桥约50公里，距九江长江公路大桥约47公里，是八百里皖江上游的第一座跨江大桥。该桥是国家高速公路网G35济南至广州高速公路在安徽省最后一段控制性工程，也是安徽“四纵八横”交通公路网中“纵四”商丘至景德镇公路的跨江桥梁及连接线工程，沟通安徽西部地区的纵向干线公路。项目起于望江太慈镇茶庵，连接六潜高速公路和高界高速公路，在华阳镇司家阁跨越长江，终于东至县良田，在香隅镇与东九高速公路交叉，在良田接安景高速公路。项目全长38.081公里,其中长江大桥长4.045公里,跨江主桥长为1250米,主跨638米,是目前国内外跨度最大的组合梁斜拉桥;该桥塔高216米,索长315.4米,全桥按设计速度100千米/小时的双向6车道高速公路标准设计。其中总投资估算为50.38亿元,建设工期4年。该项目的开工建设,将从根本上解决望江对外交通的瓶颈问题。当晚,庆祝望东长江开工大型焰火晚会在县城滨河路政务新区举行。

【望江荣获"中国网箱生态养鳝第一县"称号】 6月18~19日中国渔业协会组织专家组对望江县人民政府提出的"中国网箱生态养鳝第一县"命名申请进行现场评审。上海海洋大学校长、教授潘迎捷,农业部科技落户首席专家、上海海洋大学教授王武,中国渔业协会常务副会长兼秘书长林毅,省渔业局局长刘国友、副局长钱东方,上海海洋大学教授许柳雄、李应森等参加评审。8月,中国渔业协会正式授予望江"中国网箱生态养鳝第一县"称号。近年来,望江网箱生态养鳝产业发展迅速,全县网箱养鳝面积已达2万余亩,投放网箱80余万只,年养殖产量7000余吨,年产值达4亿余元,网箱生态养鳝产量占安徽省的60%,全国的20%,全县养鳝户人均收入2万余元,依靠养鳝全县人均增收600多元,已成为振兴县域经济的支柱优势产业之一。

【望江荣膺"中国民间文化艺术之乡"称号】 7月,经专家评定和社会公示,并经安徽省文化厅批准,望江荣膺2011~2013年度"安徽省民间文化艺术之乡"(挑花民间技艺)称号。11月,在文化部公布的2011~2013年度"中国民间文化艺术之乡"名录中,望江再次进入榜单。"望江挑花"艺术最早始于唐代,至今有1000多年的发展历史。在传承发展中逐步形成挑、钻、游、织等4种针法技艺。望江挑花以其构图精美、正反成趣、内涵丰富、美观实用而为望江人民所喜爱,世代相传,保留至今。所制作的工艺品曾三度进入人民大会堂安徽厅。2006年被列入安徽省非物质文化遗产保护名录,2007年申报国家级非物质文化遗产保护名录成功

【望江少儿舞蹈获大奖】 7月,在由中国文联和中国舞蹈家协会联合主办的"小荷风采"全国少儿舞蹈展演活动中,县选送两个节目参赛并获大奖。其中沈冲学校舞蹈《洗衣谣》参加北京展区展演获最高奖"小荷之星"称号,金堤中心学校舞蹈《毛毛虫的梦想》参加淮南展区展演获"小荷新秀"称号,两节目编导老师及县文广新局、县教育局、沈冲中心学校、金堤中心学校同时分获"小荷园丁"、"小荷之家"称号。之前6月,两节目参加第二届全省新农村舞蹈汇演中分获一、二等奖。

(汪艺辉)

岳　西　县

【概况】 全县总面积2398平方公里,辖13镇11乡、182个行政村和6个社区。2011年末,全县户籍人口404018人,其中非农业人口46555人。乡村户数110611户,乡村人口402257人。全年平均气温14.1℃,较历年均值低0.4℃;降水1202.8毫米,较历年均值少317.7毫米。

全年地区生产总值(GDP)56.07亿元,按可比价格计算,比上年增长13%。其中,第一产业增加值增长4.2%,第二产业增加值增长17.9%,第三产业增加值增长9.6%。第二产业对地区生产总值增长的贡献率达75.4%。地区生产总值中三次产业比例为20.80∶57.14∶22.06。财政总收入5.71亿元,增长17.9%。一般预算收入3.12亿元,增长17.8%。其中,增值税增长15.1%,营业税增长25.5%,企业所得税增长-0.2%。财政总支出17.99亿元,增长15.8%。其中农林水事务支出增长41.2%,文体与传媒支出增长36.3%,教育支出增长16.3%,医疗卫生支出增长18.4%,环境保护支出增长-25.7%,交通运输支出增长-34.6%,社会保障和就业支出增长16.1%。规模以上工业增加值22.44亿元,增长25.71%;固定资产投资44.54亿元,增长31.5%。年末金融机各项存款余额52.37亿元,增长19.8%;城乡居民储蓄存款余额31.69亿元,增长21.2%;各项贷款余额26.06亿元,增长3.2%。全年社会消费品零售总额14.37亿元,增长17.3%。农民年人均纯收入4255元,增长18.2%。农民人均消费支出2999元,增长16.4%。

农业。特色农业提质增效,茶叶、蚕桑、高山蔬菜、瓜蒌、生态养殖等特色主导产业产值和增幅均有较大增长。"两品一化"战略成效显著,岳西被列为全国重点产茶县、茶叶标准园创建县。岳西翠兰再次被选为国宾礼茶,为全国"两会"特供茶,获"2011消费

者最喜爱的中国农产品区域公用品牌”称号，品牌价值升至6.76亿元。岳西茭白成为县内第一个、全市第二个、全国鲜菜类第三个国家地理标志保护产品。“三品”认证农产品9个，新增省著名商标2个、省名牌产品1个。主簿镇被评为茭白产业的“全国一村一品示范镇”。岳西蚕桑种植和蚕茧产量居全省第一，逐步形成种、养、丝、衣、被产业链。全县耕地面积15865公顷。全年种植粮食36385公顷，其中稻谷12314公顷、棉花119公顷、油料2178公顷、蔬菜13860公顷。产粮93282吨、油料3978吨、棉花286吨、蔬菜189268吨。肉类总产量17003吨，禽蛋总产量2282吨，水产品产量1010吨。

工业和建筑业。企业转型升级步伐加快。5家企业实现“翻番计划”，启动14家企业“退城进区”工作。投资50亿元的抽水蓄能电站项目列入国家电网规划，投资5.5亿元的风能发电项目完成风能评估，投资3亿元的钾长石新型建材精粉厂、原料厂基本建成，同昌四行插秧机、瑞林立式机床和同发成套茶机投产实现县域装备制造业历史性突破，迅启公司整体搬迁项目在全省第一家通过环评，新兴太阳能光伏产业企业发展迅速。全年全部工业增加值26.38亿元，扣除价格因素增长20.7%。其中，规模以上工业增加值22.44亿元，增长25.71%。全县规模以上工业经济效益指数222.63，提高25.3%。实现销售收入73.67亿元，增长36.6%；实现利税5.35亿元，增长27.2%，其中利润增长24.1%。全年建筑业完成总产值65861万元，增长41.4%。房屋建筑总面积648499平方米，比上年增加35044平方米；房屋竣工面积582093平方米，增加28434平方米。

基础设施建设。岳（西）武（汉）高速公路岳西段正式开工，阜景铁路（岳西段）和随安铁路（岳西段）均进入铁道部规划论证，通用型机场列入省“十二五”规划。县城金山廊桥、建设路桥、滨河西路南段二期以及天仙河大桥及连接线等工程建成使用，竹篙尖公园一期、天堂路桥交叉口和高湾路改造、垃圾中转站、停车场等市政工程设施相继完工。县城新饮用水源工程建成供水。中洲路、城西农贸综合大市场开工建设，县城北部新区基础设施建设有序推进。高速路出口、城西广场、天堂西路、南园滨河大道等交通要道、休闲场所得到绿化、美化。石（关）黄（尾）线六潜高速路黄尾出口至金坳段公路改造完成主体工程的30%。县医院和中医院医技、门诊大楼开工建设。完成10座农村危桥改造，启动27公里县乡公路改造，通村水泥路实现全覆盖。启动小型农田水利重点县工程，8座小（二）型水库、大龙潭水库除险加固和天堂镇防洪工程开工建设。改造农村危房3597户，全县农村楼房率达70%。完成2.46万农村人口饮水安全工程、菖蒲小流域水土保持和五河、西水小流域治理工程。农村电网改造升级工程完成投资3663万元。

园区建设与招商引资。县经济开发区建成区面积达3平方公里，聚集企业76家，投产达效53家，创工业增加值4.3亿元，占全县的16.3%，财政增收4032万元。温泉经济开发区征地518亩，完成可研和控规。响肠循环经济产业集中区“三通一平”主体工程完工。进一步完善招商引资政策措施，着力选商引资、招大引强，全年新增签约项目26个，实际到位县外资金38.2亿元，增长27.1%；实际利用境外资金1011万美元，首次突破千万美元大关，比上年增长18.5%。

生态保护。严格落实环保政策规定，禁止不符合生态保护要求的工程、项目入驻。国家级生态县创建完成年度目标任务，水畈村成为全市唯一的国家级生态村，2个乡镇被授予“省级生态乡镇”、2个村被授予“省级生态村”。国家森林城市创建工作有序推进，完成“林业四大基地”建设造林1.7万亩，森林覆盖率提高到74.5%，城区绿化率提高到37%。严格节能减排，依法关闭3家造纸企业和5家小电镀企业，关停非煤矿山4家。

旅游业。围绕打造“健身、养生、修身”三大旅游基地建设品牌，设立400万元旅游发展专项资金，促进其他景区建设升级和红色旅游发展。温泉国际养生文化产业园风情小镇开工建设，司空山完成上院和下院一期工程建设，大别山彩虹瀑布景区于国庆节试营业。成功举办第四届大别山（安徽·岳西）映山红旅游文化月系列活动和首届大别山（岳西）民俗风情旅游美食文化节。明堂山、天峡景区成功创建国家4A级旅游景区，实现县域4A景区零的突破。温泉镇获省优秀旅游乡镇称号。全年接待游客198万人次，旅游总收入8.02亿元，分别增长88.2%、116.7%。

体制机制改革。推进行政许可权相对集中改革，窗口效能大幅提升。完善国有粮企产权制度改革，健全粮食保障体系。巩固基层医药卫生体制综合改革成果，提高基层医疗卫生机构服务保障能力。完成县城环卫管理保洁体制改革。集体林权制度主体改革全面完成,成功经验被国家林业总局总结推广。设立400万元科技创新专项资金,引导实体企业与省内十多所高等院校、科研院所建立"产学研"合作联盟。实施国家、省、市级科技创新项目13项,实施技改项目40个,新增高新技术企业1家、省重点新产品1个、省高新技术产品5个,专利授权94件,专利申请量和授权量继续位居全省前列。落实金融扶持中小型和微型企业发展政策,银政、银企合作力度加大,全年新增贷款余额、存贷比继续走在全市前列,帮助企业解决贷款4.8亿元。中行岳西支行获准筹建,新设立典当行1家。

社会事业。全年共脱贫1.7万人,按原标准比上年减少贫困人口20.3%。40项民生工程投入资金4.67亿元,其中县级配套资金0.8亿元,绩效在全省、全市位居前列。实现"新农合"、城乡居(村)民养老保险、农村公共卫生服务全覆盖,参加新农合农民35.77万人。人口和计划生育工作持续加强。全年出生4106人,死亡1208人。全县人口出生率9.41‰,上升0.05‰;死亡率4.51‰,下降0.22‰;自然增长率4.90‰。新增城镇就业人员3950人,完成新型农民和农民工技能培训10813人次。失业人员救济金、低保对象低保金、弱势群体、困难群众和重度贫困残疾人救助金全额发放到位。启动3665套经济适用房、廉租房、公租房建设,竣工210套,配租配售162套,基本建成998套,总投资2.19亿元,其中争取中央、省补助1.1亿元。累计发放住房补贴760多万元,有效改善城乡低收入家庭住房条件。新建农村敬老院6所,全县新增床位400张,五保集中供养率达36%。各类教育机构办学条件和教学质量进一步提高,县职教中心整体搬迁,普高本科达线率连续3年位居全市第一。县图书馆、文化馆和乡镇综合文化站实现免费开放,群众性文化体育活动扎实开展,县书画家协会、黄梅戏联合会成立,岳西翠兰制作技艺入选省非物质文化遗产。

岳西县获全国计划生育优质服务先进县、全国科技进步先进县、全国重点产茶县、首批全国农村劳动力转移就业工作示范县、中国最佳投资环境城市、全国网民留言办理工作先进单位等荣誉称号。

【中国石化真情帮扶20载】 从1990年起,中国石化总部、安庆石化、安徽石油公司连续22年对口帮扶岳西,先后选派9名干部挂职任岳西副县长驻点扶贫,累计投入资金2880万元,捐赠生产、生活资料折款500万元,推进岳西扶贫开发事业发展,加快群众脱贫致富步伐。2011年,帮助修通6条通村水泥路,累计长33.3公里,通村路开工条数和里程均创中国石化扶贫岳西历年之最。提供资金40万元发展瓜菜专业合作社和扶持合作社周边农户发展生产,建大棚86个、瓜菜基地80余亩,当年产菜175吨,创收28.6万元、利润7.8万元。投入资金40万元开展劳动力转移培训,培训贫困户子女300人,培训贫困家庭成员大货车司机200人。公司捐资50万元,资助贫困大学生100人、高中生200人。员工捐款1.4万元资助4名贫困大学生。捐资建校除险抗震加固工程,于8月底全部完工。同年,中国石化履行社会责任报告会特邀岳西县委书记参加,国家《扶贫开发》杂志、《中国石化》杂志、中国石化电视台、《安徽日报》、《安庆日报》等先后宣传报道中国石化真情帮助贫困山区农民脱贫致富事迹。

【岳武高速安徽段开工】 12月20日,岳西至武汉高速公路安徽段开工仪式在岳西举行,省委书记张宝顺、代省长李斌等出席开工仪式。岳武高速公路是沟通安徽、湖北两省的重要省际区域干线,也是连接中部和东部地区的重要高速公路大通道,安徽段全程都在岳西境内,起于莲云乡,与六潜高速公路对接,终至白帽镇,接湖北省武汉至英山高速公路。总里程46.235公里,桥梁、隧道占全线长度60%以上。项目批复概算为59.59亿元,工期4年。设计时速80公里。

【全省党务公开联系点工作会议在岳西召开】 8月4～5日,全省党务公开联系点工作会议在岳西召开,与会人员参观岳西6个不同类型单位党组织党务公开工作,听取岳西等6个单位经验介绍。岳西于2000年在部分乡镇进行党务公开工作试点,2002年在乡镇、村全面推开。成为"中央党的地方组织党务公开工作联系点"后,进一步探索并大胆创新,通过党务公开带动和促进政务、事务、村务公开,在公开内容和范围、公开形式和载体、公开程序和时限等方面积累经验,形成长效机制,发挥重要示范作用。

【第四届中美青年外交官对话在岳西举行】 8月5～6日,来自中美两国16名青年外交官,在友好气氛中,就"中美两国之间存在哪些误解?如何纠正它们?"、"如何促进两国政府间的互信?"、"如何管理中美经贸关系?"、"如何扩大两国关系的社会基础?"4项内容进行对话。美国俄克拉荷马大学美中问题研究所、美国驻华使馆、复旦大学美国研究中心、外交部、国防部外办等派员参加。其间,中美外交官还到岳西企业和风景区参观考察。

【岳西茭白获国家"地理标志"保护】 11月30日，国家质监总局正式公告，批准对岳西茭白实施"地理标志"保护。岳西茭白有1000多年种植历史。2011年，全县17个乡镇均有种植，成为农村经济发展主导产业，总种植面积5.3万亩，产量6万吨，产值1.8亿元，产品远销苏浙沪皖等40多个大中型菜市场，并成为海军亚丁湾护航舰队专供产品。

【首条旅游观光索道建成运营】 9月21日，岳西首条旅游观光索道在明堂山景区建成并通过国家客运架空索道安全监督检验中心验收，国庆节期间试运营。该索道是省内第18条、市内第3条旅游观光索道，全长1100米，中间设立柱11座，高差375米，共有两人吊箱式缆车106辆，每小时运载量可达500人，上下单程约18分钟。

（江荣璋）

迎 江 区

【概况】 迎江区西抵龙山路，与大观区相连，北沿菱湖南路至湖心路，向北伸至菱湖北路，向东与宜秀区、枞阳县接壤，南临长江北岸。国土总面积207平方公里，辖6个街道办事处、4个乡镇、33个社居委、37个行政村，总人口24.8万，其中农业人口9万人。迎江地处东经117.02度、北纬30.30度，呈东南低，西北高的丘陵地形。海拔高程均在黄海高程系30米以下，属北亚热带季风气候，四季分明，年均气温16.5℃；年均降水量1300～1400毫米；年日照2030小时，无霜期年均240天。

经济发展全面提速、综合实力增强。全年地区生产总值98.99亿元，按可比价增长19.2%；财政一般预算收入4.2亿元，比上年增长28%，其中地方一般预算收入2.76亿元，工商税收占地方一般预算收入的比重达到95%，位列全市首位；规模以上工业增加值12.5亿元，比上年增长28%；500万元以上固定资产投资完成60亿元，比上年增长38.6%，增幅居宜城板块第一位；社会消费品零售总额达到72.8亿元，比上年增长16.9%，总量稳居全市各县（市）区之首；外贸进出口总额1.18亿美元，比上年增长39%；全区城镇居民人均可支配收入17460元，比上年增长15.3%；农民人均纯收入7100元，比上年增长12%；城镇登记失业率控制在4.2%以内，人口自然增长率控制在5‰以内。

工业经济加速发展。全区规模工业企业27家，产值超亿元的企业9家，工业总产值突破40亿元。园区发展势头强劲，安庆临港经济开发区规划面积从2.08平方公里拓展到5平方公里，入园企业23家，其中投产13家，完成工业总产值18亿元、上缴税收2042万元。重点项目快速推进，总投资60亿元的华茂国际纺织工业城开工建设，首批入城投资1.8亿元的德生印染项目和投资6.2亿元的华茂色织项目已经投产；投资近40亿元的华泰林浆纸项目进展顺利，制浆、文化纸车间正在进行设备调试，即将全面投产；西航机械、恒达环保等项目稳步推进，初步形成轻工纺织、机械制造、新型材料三大主导产业。

第三产业快速提升。全年服务业增加值占地区生产总值的比重为78%，对地方财政收入增长的贡献率达到80%以上，区被批准为全省"城市商贸服务业发展示范区"试点。以人民路为核心的城市商业中心辐射能力持续提升，龙头商贸企业不断发展壮大，金华联公司年营业额跨越10亿元大关，大金新百百货公司正在筹备上市融资，苏宁电器、五星电器、国美电器等知名零售连锁企业落户经营，以大型百货商场为主体、专业市场为依托、特色商业街区为支撑、社区商业网点为基础的商贸发展新格局初步形成。港口物流产业加快发展，五里庙外贸集装箱综合物流基地、长风港区一期工程全面竣工，港口综合服务能力显著提升，2011年货物吞吐量达到620万吨、集装箱1.8万标箱，分别比2006年增长了50%、100%。大型银行、保险、证券、信托等金融机构相继入驻，信息服务、文化旅游、商务会展等新兴服务业加快发展。

城郊农业增产增效。农业产业化经营水平稳步提升，全区现有农业产业化龙头企业21家，其中年内新增市级以上龙头企业9家，增幅28.6%；有农民专业经济合作组织和协会7家，增幅14.2%；新增农民经纪人53人，增幅7.9%；有"谷润福"、"珍情"、"高埠贡"等农产品品牌19个，增幅5.5%；农业产业化龙头企业销售收入7亿元，增幅22%。农业示范基地加快建设，新洲现代农业科技示范园、长风沙现代农业循环经济示范园基本建成，初步形成以精品蔬菜、特种经济作物为主导的特色种植业，以畜禽标准化养殖和水产品健康养殖为主导的特色养殖业，农业经济效益大幅提升。

城乡建设统筹推进。全年商品房销售面积达到54.8万平方米，碧桂园秦潭凤舞、绿地迎江世纪城、雨润香水百合等一批高档城市生活小区相继建成；还建房竣工面积60多万平方米，东部新城商务区二期还建点2688套还建房交付安置，东部新城商务区三期还建点开工建设。老城改造步伐加快，累计投入资金1000多万元，对锡麟街等4条小街小巷实施改造，对菱南公寓等5个生活小区进行整治；原安庆卫校校区、肉联厂厂区等地块开发进展顺利，阳光花园二期、御景国际、百花亭佳苑等一批高档楼盘开盘发售，老城区承载能力和外在形象有效提升。农村重点项目建设进展迅速，投资2600万元的小港及柘山水系整治工程全面开工；投资2238万元的新洲乡土地整理项目全面完成；投资5300万元的长江河势整治工程全面竣工。农村交通、水利等基础设施建设力度不断加大，全面完成年内通乡公路和"村村通"工程修建计划，大力开展文明创建和农村清洁工程，农村生活面貌明显改善。

社会事业全面进步。坚持民生优先，加大保障力度，全年累计投入资金7284万元，全面完成33项民生工程任务。教育教学条件不断改善，完成危房改造、校舍加固71549平方米。就业创业帮扶力度加大，累计发放小额担保贷款800万元，组织就业创业培训1200人次，新增城镇就业人数6129人。基层医药卫生体制综合改革全面推进，乡卫生院和乡村一体化卫生室药品全部实行零差率销售，农民看病难、看病贵问题得到缓解。强化计划生育利益导向和奖励扶助机制，加强流动人口服务管理，继续保持了低生育水平。文明城市创建深入推进，市政环卫设施不断完善，市容市貌有效改观。

【安徽华茂国际纺织工业城项目正式签约】 2月18日，安徽华茂国际纺织工业城合作投资签约仪式在迎江区举行，标志华茂国际纺织城项目进入全面加速建设阶段。工业城规划总面积约5平方公里，由染整、色织、针织、纺纱、服装、新型纤维加工、产业纺织品区和创业园等版块组成，2010年至2015年规划总投资71.6亿元。工业城将按照"政府主导，市场化运作，企业化管理"的原则，由迎江区人民政府和安徽华茂集团有限公司遵循市场规律和总体规划，共同组织建设。工业城全面建成后可实现产值100亿元、利税近20亿元。

【安徽省城市商贸服务业示范区试点批准建设】 10月22日，省商务厅、财政厅正式批准迎江区为安徽省"城市商贸服务业发展示范区"试点。根据示范区建设要求，今后3年，以便民项目为重点，以符合当地发展规划、商业网点布局和节能环保等要求的具体项目为载体，并与区"十二五"规划的衔接，编制未来五年区商贸服务业发展规划，不断完善城市商贸服务业设施，着力扶持骨干商贸企业发展，推进城市商贸服务业发展示范区建设。

【中央统战部副部长黄跃金到赵朴初故居调研】 11月5日上午，中央统战部副部长黄跃金在上海市副市长赵雯、省委统战部副部长周庆、市委书记朱读稳陪同下到全省统一战线教育基地赵朴初故居进行调研。黄跃金一行对赵朴初故居作为安徽省统一战线教育基地的建设和发挥的作用给予充分肯定，希望迎江区要挖掘赵朴初故居所蕴含的历史、科学、艺术价值，纪念和弘扬赵朴初先生热爱祖国、热爱人民、勤俭节约、乐于奉献的伟大精神，发挥统一战线传统教育基地的宣传教育作用，把基地打造成教育和团结统一战线广大成员，促进政党关系、民族关系、宗教关系、阶层关系和海内外同胞关系和谐的重要平台。

【中国纺织"十二五"产业转移论坛暨安徽华茂国际纺织工业城承接转移研讨会召开】 4月7日上午，中国纺织"十二五"产业转移论坛暨安徽华茂国际纺织工业城承接转移研讨会在迎江区召开。会议由中国纺织企业家联合会主办，中国纺织工业协会副会长王天凯，市委副书记陶方启、副市长万士其出席会议。会上，来自全国各地的百余位纺织业高管，围绕纺织工业形势与产业发展趋势等进行交流和座谈，并就安徽华茂国际纺织工业城承接产业转移进行研讨。

（严仍发）

大 观 区

【概况】 大观区地处安庆市西部，南濒长江，东沿龙山路，菱湖南路、湖心中路与迎江区毗邻，西至皖河农场与怀宁县接壤，北抵集贤北路与宜秀区相连，辖3个乡镇、7个街道，39个社居委、21个行政村(社区)，总面积236平方公里，总人口27.5万人，其中农业人口6.9万人。

经济平稳较快增长，综合实力不断增强。全年地区生产总值60亿元，比上年增长15.1%，完成计划数的100.2%,其中:第一产业实现增加值3.2亿元,比上年增长5%;第二产业实现增加值20.1亿元,比上年增长21%;第三产业实现增加值36.7亿元,比上年增长13%。完成全社会固定资产投资45亿元,按可比口径增长30%,完成计划数的100%。实现财政收入3.5亿元,比上年增长20%,完成计划数的100.1%,其中:一般预算收入3.2亿元,比上年增长18%,完成计划数的100.1%。

平台建设快速推进,集聚效应日益显现。大观经济开发区城西污水外排管网全线贯通,污水处理厂通过验收并投入使用,园区道路建设工程全面完工,11万伏变电所建成投入使用,完成凤凰南片1.3平方公里控制性详细规划。开发区主要经济指标持续增长,全年实现工业产值12.76亿元,比上年增长71 %;实现税收3587万元,增长35%。海口经济开发区经省政府批准为筹建经济开发区,积极探索市场化运作方式,与外商达成协议,以“园中园”发展模式建设起步区。大观新城基础设施建设步入快车道,丁香路、皇冠路等主干道及起步区内的十里路、茅岭路等道路建设正在快速推进,以政务办公大楼为主体的政务中心建设日新月异,政务大楼于11月封顶,已经进入主体大楼内外部装饰。石化扩能征迁还建点、茅岭小区、迎宾南苑等还建小区建设快速推进,富春国际花园项目一期工程已经封顶,二期工程正在报建。粮食物流园项目开工建设,世纪华联仓储中心项目推进。现代农业示范区发展态势良好,基础设施日趋完善,农业生产条件得到进一步提升,一批龙头企业陆续进驻,示范和带动作用明显增强,仅海口镇种植蔬菜面积已达万余亩。示范区内的美好甜园项目一期、二期土地平整及主体基础设施基本完工并已全面栽种,部分短季作物已上市销售。三期土地平整及沟渠设施部分工程已完成,项目流转土地面积达3500亩,累计完成投资4000万元。省级农业龙头企业金隆园公司流转土地已全部生产利用,投资建设的8座新式冬暖棚、38座深水井等设施均已投入使用,引进的一口茄优质品种已规模化生产并出口日本。

重点项目顺利实施,投资规模扩大。实施项目带动战略,加强协调服务,强化调度管理,项目建设进展良好,发展后劲不断增强。全区64个重点项目完成投资21亿元,为年度计划的102%。其中:25个续建项目完成投资11.6亿元,23个新开工项目完成投资9.1亿元;20个市级重点项目完成投资14.4亿元,为市下达年度计划的140%;9个省“861”项目完成投资3.3亿元,完成年度计划的125%。在重点项目建设快速推进和石化扩能项目投资的强力拉动下,全区固定资产投资实现快速增长,全区实施500万元以上固定资产投资项目83个,全年累计完成投资45亿元,其中:基本建设完成投资8亿元,工业投资完成32亿元,房地产开发完成投资5亿元。

工业经济持续增长,规模企业支撑凸显。实施工业强区战略,优化产业结构,做大做强优势产业,工业经济总量不断扩大,主要工业指标较快增长。全区34家(不含市属及以上在地企业)规模以上工业企业实现产值24亿元,按可比口径增长24%,产销率达99%;实现规模以上工业增加值6.7亿元,按可比口径增长19%。产值达到5000万元以上的工业企业有15家,共完成工业产值16.2亿元,占全区规模以上工业企业产值的70%。其中飞凯高分子、菱湖涂料、兆丰印染、盈创检修等7家企业产值超亿元。飞凯高分子、时联特种溶剂、菱湖涂料等5家工业企业获省高新技术企业认定。

农业经济趋势良好,产业结构不断优化。克服严重春旱等自然灾害影响,加大强农惠农政策落实力度,不断优化农业产业结构,促进农业增效、农民增收,农业经济保持平稳较快发展。2011年,全区农业产值4.3亿元,比上年增长10%。坚持服务城市与促进农民增收相结合,把发展蔬菜作为一个重要产业积极推广,当年新增蔬菜种植面3052.4亩,全区蔬菜播种总面积已达2万亩,蔬菜总产量4.57万吨,产值2亿元。发展河口蔬菜合作社、金大地公司等3家无公害蔬菜产地和青花菜、结球甘蓝等一批无公害蔬菜产品。通过政策引导和激励扶持,推进畜禽养殖向规模化发展,已发展规模养殖场56家,其中:生猪32家、家禽14家、牛场7家、羊场2家、蜂业1家。推进农业产业化经营,通过项目扶持、技术指导、平台搭建,促进龙头企业不断壮大,全年新增市级农业产业化龙头企业9家,新增农民专业合作组织3家。

第三产业快速发展,消费市场持续升温。全区社会消费品零售总额40亿元,同比增长18%,完成计划数的101%,其中:批发零售业实现销售额36亿元,比上年增长18%;住宿和餐饮业实现营业收入3.3亿元,比上年增长20%。全区限额以上商贸企业达到30家(当年新增10家)。家电下乡惠民工程成效显著,全年销售家电下乡、以旧换新产品5万余台(件),销售金额近2亿元。

招商引资成效显著,对外开放不断扩大。全区上下紧紧围绕“一主两翼”发展战略,对内强筑平台、对外引资选商,在“大招商、招大商”方面实现新的突破。全年引进市外资金60亿元,为年计划的100%,其中:引进境外投资3326万美元,比上年增长44.3%,为年计划的133%。引进5000万元以上项目25个,其中,5亿元以上签约并履约项目2个,1～5亿元项目7个。同时,把向上争取项目资金作为引进投资重要渠道之一,全年全区共从国家、省争取各类项目资金近亿元,其中水利项目资金近4000万元。对外贸易实现恢复性增长,全年进出口总额5400万美元,比上年增长9%。

社会事业健康发展,人民生活不断改善。实施民生工程,推动各项社会事业全面健康发展,人民生活水平不断提高。2011年,区城镇居民人均可支配收入达17500元,比上年增长12%;农民人均纯收入8030元,比上年增长15%。科教文卫工作迈上新台阶。科技成果引进和推广工作进一步加强。5月,中国科协正式命名大观区为“2011～2015年全国科普示范区”。义务教育均衡发展成果得到巩固,办学条件明显改善,新建校舍6700余平方米,加固校舍2.7万平方米,义务教育阶段学校标准化建设不断推进。文化进社区、送戏下乡等各类文体活动丰富多彩,结合纪念建党90周年及辛亥革命100周年,全区共举办100余场丰富多彩的文化活动,文化进社区演出64场,送戏下乡演出43场次,电影放映328场次,广播电视“村村通”顺利推进。基层医改成果得到进一步巩固,城乡卫生服务体系不断完善,新建社区卫生服务站4个,已建成社区卫生服务中心5个。新型农村合作医疗进一步推广,全区参合农民达61677人,参合率已达到99.6%。

城乡基础设施不断完善。全年实施工农街中段道路改造、壕埂街东段、大观亭柏油路面改造等8个市政道路改造项目,在荣升街、戏南社区、马家岭等30多条小街小巷安装路灯96盏。继续实施“村村通”延伸工程6公里,谢家墩渡改桥工程交付使用,对十里铺乡华榕桥、海口镇王洲桥等4座农村公路危桥进行加固改造,改善群众住行条件。投入400万元购买专用环卫设施及车辆,形成以机械化清扫为主、人力保洁为辅的作业新模式,环卫作业的质量和效率得到全面提升。投资130多万元解决海口镇农村清洁工程,逐步建立“村收集、乡镇转运、县(区)处理”的农村生活垃圾处理模式,改善农村生活环境,提高群众生活质量。推进水利基础设施建设,刘洼水库除险加固工程、广成圩大龙潭防洪工程、五里排洪大沟综合治理、东山新铺排洪沟加固等一批水利工程70多处农田水利工程项目建设扎实推进,实施农村安全饮水工程4处,有效地解决1万农村人口和2600中小学师生饮水安全问题。

社会管理不断进步。人口和计划生育工作不断加强,全面落实计划生育各项惠民政策,计划生育服务能力和水平不断提升,全区出生人口政策符合率达到96.56%,人口自然增长率控制在6‰以内。土地管理、环境保护、市容管理及严控违法建设工作得到加强,创建国家森林城市工作扎实推进,安全生产责任制得到较好的落实,全区安全生产形势总体良好。“六五”普法全面展开,审计、统计工作得到加强,社会治安综合治理及平安创建工作富有成效,社会和谐稳定。

【重点项目推进工作被市政府授予“先进集体一等奖”】 大观区以重点项目建设为重点,以协调服务为手段,加速固定资产投资工作。实行工作督查制度,成立重大项目督查组,按季度对重大项目建设情况开展督查,对重大项目建设实行全程服务和监督,督查组对项目推进中存在的主要问题及时上报领导小组,通过联席会议解决项目存在的困难和问题,确保项目推进。健全绿色通道制度,对重点项目涉及的行政许可事项采取绿色通道审批制度,为重点项目提供便捷服务。切实促进各级政府和有关部门在涉及重点项工作时能够做到主动服务、简化程序、特事特办,以最高的工作效率、最短的工作时间、最快的审批流程,办理好项目审批的各种手续,顺利推进重点项目建设。强化项目协调服务。建立重点项目跟踪服务、保障机制,及时协调解决重点项目推进过程中遇到的困难和问题,规范和加强重点项目的全过程管理,全面掌握项目进展情况。经过考核,大观区2011年重点项目推进工作被市政府授予“先进集体一等奖”。

(吴晓莉)

宜 秀 区

【概况】 宜秀区位于长江北岸,安庆市的北部。总面积410平方公里,常住人口25万,辖3镇2乡1

个街道办事处，共35个社区和23个行政村。

综合实力显著提升。全年地区生产总值33亿元，增长12.7%；全社会固定资产投资46.8亿元，增长36.7%；财政一般预算收入3.4亿元，增长37.6%，主要经济指标增速继续保持全市领先水平。工业主导地位更加凸显，全年规模工业增加值11亿元，增长23.1%，新增规模工业企业8家，产值超亿元企业达到9家。农业基础不断夯实，农村专业合作组织达到34家，省、市农业产业化龙头企业达到19家，农业机械化推进工程、农业产业化工作保持全省先进。巨石山、鲍冲湖等景区景点观光旅游功能进一步提升，农家乐发展态势喜人，省级优秀旅游乡镇达到4个，旅游工作步入全省先进行列。商贸物流市场渐成规模，房地产业加快发展。新增小额贷款（担保）公司3家，全年融资24亿元。

发展后劲不断增强。大桥开发区围绕挖潜、规范、拓展，建成区面积达9平方公里，全年实现财政一般预算收入1.87亿元，跃升全市同类园区先进行列；北部新城区完成投资7.1亿元，市政路网总里程达30公里，建成区面积达7平方公里，区政务中心初步形成；龙山风水文化旅游产业园启动建设，机场大道延伸线和滨湖路即将开工。项目带动成效明显，年初排定的68个重点项目，开工建设52个，完成投资31.2亿元，其中省“861”和市“3231”项目完成投资16.5亿元；全年获批政府投资项目38个，争取政策性投资5700万元；全年引进内资72.3亿元，实际利用外资5051万美元，分别增长20%和31.9%。

城乡面貌不断焕新。全年共完成市、区重点工程征地5000多亩，拆迁近50万平方米，市体育中心及还建点、环城西线二期等项目征迁基本结束。全区新一轮土地利用总体规划修编工作完成。新增农村公路里程20.5公里，基本实现村村通水泥（油）路。保障性安居工程启动建设，还建安置工作扎实推进，全年开工建设还建房56万平方米，完成安置35万平方米。有线电视网、互联网、电信网实现村村通。农村清洁工程和危房改造工程加快实施，村庄整治试点初显成效。生态家园富民工程深入实施，“乡收集、区转运、市处置”的城乡环卫机制初步建立。

民生福祉不断增进。全年累计投入资金超亿元，35项民生工程任务全面完成。新增就业岗位3920个。被征地农民享受基本养老保障，城乡低保实现应保尽保。基本公共卫生服务项目全面实施，基层医药卫生体制改革列入国务院医改样本点，新农合参合率达到99.3%。五保集中供养率达到92.8%，继续保持全省领先位次。义务教育保障经费稳步增长，在全市率先完成校舍安全工程，素质教育成效明显，中高考成绩保持全市前列。特色文化名区建设扎实推进，文化惠民工程稳步实施。贯彻计划生育基本国策，人口计生工作成效明显。国防动员和后备力量建设持续保持省、市先进，双拥优抚工作加强。安全生产形势平稳，信访稳控力度加大，矛盾纠纷排查调处及时有效，社会治安防控体系不断完善，社会大局和谐稳定。

【杨桥震区灾后重建工作全面启动】 杨桥镇震区灾后恢复重建安置实施方案正式出台。2月24日上午，宜秀区召开动员大会，全面启动灾后恢复重建安置工作。副市长项小龙出席会议并讲话。

【追授吕升标为“抗震救灾”标兵】 吕升标，男，1956年7月出生，1979年3月加入中国共产党，生前系宜秀区杨桥镇杨桥社区党总支书记。安庆“1·19”地震发生后，由于杨桥社区处于震中，抗震救灾任务尤为艰巨，而灾后重建、灾民安置各项工作，更是千头万绪。吕升标时刻把党和人民的利益放在首位，在人民群众生命财产安全受到严重威胁的紧要关头，舍小家顾大家，连续奋战45个日夜。3月4日晚，为了重建安置小区尽快启动，他像往日一样，忙至深夜才回家，终因劳累过度，突发脑溢血，经医治无效于2011年3月13日不幸逝世。

他的先进事迹，集中体现共产党人危难时刻冲锋在前、不怕吃苦、奋勇作战的优秀品质，集中体现一名农村基层干部以群众利益为重、服务人民、无私奉献的高尚情怀，是区奋战在抗震救灾一线广大干群的杰出代表。为大力宣传吕升标事迹，弘扬吕升标精神，激励广大共产党员向吕升标学习，区委、区政府追授吕升标为“优秀共产党员”和“抗震救灾标兵”荣誉称号。

【安徽永安电子科技有限公司举行竣工投产典礼】 12月12日上午，安徽永安电子科技有限公司举行竣工投产典礼。市长肖超英，市委常委、常务副市长汪莹纯，副市长万士其，江苏林洋电子股份有限公司董事长、总经理陆永成，宜秀区有关领导以及市直、区直相关部门负责人出席典礼。

（区政府办）

栏目编辑：戴文君

附　录

2011年安庆市国民经济和社会发展统计公报

安庆市统计局 国家统计局安庆调查队

（2012年3月12日）

2011年是实施“十二五”规划的开局之年，全市人民在市委、市政府的坚强领导下，深入贯彻落实科学发展观，积极应对复杂多变的宏观环境，加快推进经济发展方式转变，保持了经济社会的较快发展，实现了“十二五”的良好开局。

一、综　合

国民经济保持平稳较快发展。初步核算，全年地区生产总值(GDP)1215.7亿元，按可比价格计算，比上年增长13.2％，其中第一产业增加值180.7亿元，增长4.2％；第二产业增加值672.7亿元，增长18.0％；第三产业增加值362.3亿元，增长9.8％。第二、第三产业对地区生产总值增长的贡献率为71.5％和23.5％，分别比上年提高5.4个百分点和下降4.9个百分点。地区生产总值中三次产业比例为14.9∶55.3∶29.8。

消费品市场价格上涨。全年居民消费价格比上年上涨5.5％，比上年涨幅上涨了1.9个百分点。其中，食品类价格上涨11.1％，比上年涨幅上涨4.2个百分点，是推动物价总水平上升的主要因素。价格指数中，衣着类价格上涨6.4％；居住类价格上涨3.6％；交通和通讯类价格上涨1.9％；烟酒类价格上涨2.3％；医疗保健及个人用品类价格上涨3.6％；家庭设备用品及服务类价格上涨3.7％；娱乐教育文化用品及服务类价格下降0.3％；全年商品零售价格上涨5.1％。

生产领域价格上涨。工业生产者出厂价格比上年上涨10.6％。其中，生产资料价格上涨10.6％，生活资料价格同比上涨10.5％。

各类价格指数

类　别	指数(上年＝100)
居民消费价格指数	105.5
食　品	111.1
＃粮　食	113.1
烟　酒	102.3
衣　着	106.4
家庭设备用品及服务	103.7
医疗保健及个人用品	103.6
交通和通讯	101.9
娱乐教育文化用品及服务	99.7
居　住	103.6
工业品出厂价格指数	110.6
其中：生产资料	110.6
生活资料	110.5

城镇单位从业人员有所增加。年末全市城镇非私营单位从业人员25.06万人，比上年增加0.82万人。年末在岗职工22.1万人，比上年增加0.34万人；城乡私营企业从业人员和个体劳动者49.58万人。全年城镇新增就业6.1万人，比预期目标多2.21万人。全年有2.62万人实现了再就业。年末城镇人口登记失业率为4.2％。

国民经济和社会发展中存在的主要问题是：经济

结构不优，大项目大企业少，新兴产业和现代服务业发展基础薄弱；资金、土地等要素制约趋紧，中小微企业生产经营困难增多。

二、农　业

2011年，全市贯彻中央和省委有关文件精神，加大支农力度，努力克服多种因素所带来的不利影响，农业生产形势总体稳定。全年粮食种植面积45.07万公顷，其中稻谷面积37.95万公顷、棉花种植面积7.06万公顷、油料种植面积13.49万公顷、蔬菜种植面积7.11万公顷。

2011年主要农产品产量

产品名称	单位	绝对值	比上年增长(%)
粮食	万吨	267.57	2.1
油料	万吨	28.18	11.6
棉花	万吨	10.2	10.8
蚕茧	吨	7218	－2.2
茶叶	吨	8710	18.1
蔬菜	万吨	144.65	2.7
水果	万吨	2.92	－10.9

主要农产品产量增加。全年粮食总产量267.57万吨，比上年增加5.6万吨，增长2.1%。其中，夏粮12.45万吨，增长0.6%；秋粮203.4万吨，增长3.6%。全年油料产量28.18万吨，增长11.6%。棉花产量10.2万吨，增长10.8%。蔬菜产量144.65万吨，增长2.7%。

畜牧业、渔业稳步发展。全年肉类总产量29.9万吨，比上年增长1.0%。禽蛋产量16.14万吨，增长1.6%。水产品产量34.4万吨，增长2.7%。

农业生产条件继续改善。全市农业机械总动力280.94万千瓦，比上年增长6.0%；农用拖拉机10.05万台，增长8.8%；全年化肥施用量(折纯)23.0万吨，增长5.1%。农村用电量14.08万千瓦小时，增长9.4%。

三、工业和建筑业

工业生产快速增长。全年全部工业增加值592.7亿元，比上年增长19.8%，其中规模以上工业实现增加值455.1亿元，增长21.2%。在规模以上工业中，国有及国有控股企业增加值102.5亿元，增长3.5%；集体企业6.4亿元，增长16.1%；股份制企业292.9亿元，增长25.0%；外商及港澳台投资企业26.2亿元，增长30.5%。重工业增加值267.6亿元，增长16.7%；轻工业增加值187.4亿元，增长28.4%。

全市规模以上工业经济效益综合指数达到298.67，比上年提高34.24个百分点。实现销售收入1726.3亿元，增长40.9%；实现利税165.9亿元，增长22.4%，其中利润80.4亿元，增长31.8%。

2011年主要工业产品产量

产品名称	单　位	绝对值	比上年增长(%)
纱	万吨	21.63	22.0
布	万米	35894.9	－18.9
白酒	千升	11507	83.1
原煤	吨	107853	－0.4
发电量	万千瓦小时	479749	10.4
原油加工量	万吨	482.52	1.2
汽油	万吨	96.32	－0.7
柴油	万吨	208.22	6.3
水泥	万吨	455.3	12.3
化肥	万吨	21.31	16.3
化学农药	吨	735	62.6
合成洗涤剂	万吨	16.58	－0.02

全年全社会建筑业完成增加值80亿元，比上年增长17.6%。三级及以上建筑企业实现利税总额9.8亿元，增长25.4%。房屋建筑施工面积1643.83万平方米，比上年增加17.63万平方米；房屋竣工面积919.62万平方米，比上年减少42.88万平方米。

据对全市200多家企业景气调查，四季度企业景气指数为137.38，企业家信心指数为144.52。从全年走势看，各季度景气指数均运行在景气区间，表明我市微观主体对宏观经济运行和自身发展趋势持续看好。

四、固定资产投资

投资快速增长。全年全社会固定资产投资830.2亿元，比上年增长27.9%，其中城镇投资758亿元，增长30.7%；农村非农户投资72亿元，增长4.4%。

投资结构优化。农业、交通运输、环境和公共设施管理行业投资得到加强。全年第一产业投资 24.8 亿元,比上年增长 12.3%;第二产业投资 489.4 亿元,增长 38.0%;第三产业投资 316 亿元,增长 15.9%。在投资中,工业完成投资 474.6 亿元,增长 36.3%;制造业投资 434.6 亿元,增长 37.5%。

全年房地产开发投资 99.5 亿元,增长 22.5%;商品房销售额 106.5 亿元,增长 25.1%。

"861"行动计划成效显著。全年共安排"861"行动计划续建、新开工项目 168 项,总投资规模 2413.76 亿元,当年完成投资 215.3 亿元。

五、国内贸易

全年社会消费品零售总额 397.5 亿元,增长 17.5%。分城乡看,全年城镇消费品零售额 270.7 亿元,增长 17.5%;乡村消费品零售额 126.8 亿元,增长 17.1%。分行业看,批发零售业零售额 339.4 亿元,增长 16.8%;餐饮业零售额 52.4 亿元,增长 20.7%;住宿业零售额 5.7 亿元,增长 18.8%。

反映居民消费结构升级的通讯、汽车、文化教育等消费持续升温。在限额以上批发零售业零售额中,通讯器材类增长 30.9%,汽车类增长 37.6%,文化办公用品类增长 25.1%,体育、娱乐用品类增长 25.2%,书报杂志类增长 22.1%,电子出版物及音像制品类增长 41.6%,家用电器和音像器材类增长 31.6%,石油及制品类增长 30.1%,化妆品类增长 29.5%。

六、对外经济和旅游业

进口快速增长。全年进出口总额 85824 万美元,比上年增长 26%。其中,出口 60046 万美元,增长 18.8%;进口 25779 万美元,增长 47.1%。

2011 年全市出口主要地区分布(亿美元)

指标	绝对值	比上年增长(%)
出口总额	6.00	18.8
其中:对亚洲	2.82	19.9
对欧洲	1.51	19.9
对北美洲	0.62	6.8
对非洲	0.37	40.5
对拉丁美洲	0.27	16.6
对大洋洲	0.14	20.2

全年新批外商投资企业 13 家,与上年持平;合同利用外商直接投资 7727 万美元,同比增长 30.0%;实际利用外资额 27291 万美元,比上年增长 15.8%。其中,实际利用外商直接投资 26430 万美元,同比增长 18.8%。

对外承包工程和劳务合作稳步扩大。全年对外承包工程和劳务合作新签合同金额 2101 万美元,增长 31.3%;完成营业额 2126 万美元,创历史新高,比上年同期增长 21.1%;当年外派劳务人员 164 人,增长 57.7%。

旅游业快速发展。全年接待海外游客 6.6 万人次,增长 46.9%;接待国内游客 2306.1 万人次,增长 28.3%。旅游总收入 159.5 亿元,比上年增长 31.8%。其中,旅游外汇收入 5381.01 万美元,增长 97.2%;国内旅游收入 155.84 亿元,增长 30.8%。

七、交通和邮电

全年邮电业务总量 24.4 亿元。其中,邮政业务总量 3.2 亿元,电信业务总量 21.2 亿元。年末本地固定电话用户 115 万户,比上年减少 5.8 万户;移动电话用户 333.3 万户,增加 116 万户;年末计算机互联网用户 40 万户。

年末民用汽车拥有量 17.6 万辆,比上年增长 22.0%。其中,私人汽车拥有量 14.8 万辆,增长 24.0%。民用轿车拥有量 7.7 万辆,比上年增长 32.0%。其中,私人轿车拥有量 6.8 万辆,增长 35.0%。

八、财政、金融和保险业

财政收支高幅增长。全年全市财政一般预算收入为 156.7 亿元,比上年增收 35.6 亿元,增长 29.4%。地方财政一般预算收入 72.4 亿元,增长 43.1%。财政支出结构进一步优化。全年地方财政一般预算支出 213.4 亿元,增长 32.4%。其中,一般公共服务支出增长 29.5%,文教科卫事业费支出增长 32.8%,交通运输支出增长 54.4%。

金融市场运行平稳。全市金融机构存款年末余额为 1408.63 亿元,比年初增加 250.85 亿元。其中,城乡居民储蓄存款余额为 871.71 亿元,比年初增加 155.66 亿元。全市金融机构贷款年末余额为 694.28 亿元,比年初增加 143.27 亿元。

全年全市保险系统保费收入 34.8 亿元,比上年减少 10.7%。其中,财产险业务保费收入 9.3 亿元,增长 20.0%;人身险业务保费收入 25.5 亿元,减少 18.9%。

九、教育和科学技术

教育事业持续健康发展。2011年末，全市有普通高校5所，当年招生11986人，在校学生43218人，毕业生9267人。其中，硕士研究生当年招生76人，在校生212人，毕业生62人。各类中等职业教育(不含技工学校)当年招生5.25万人，在校生11.45万人，毕业生2.64万人。普通高中招生5.33万人，在校生17.34万人，毕业生5.82万人。初中招生6.58万人，在校生24.0万人，毕业生10.63万人。普通小学招生6.25万人，在校生37.12万人，毕业生6.53万人。初中阶段适龄人口入学率为96.71%，小学学龄儿童入学率为99.24%；普通初中和小学学生辍学率分别为0.90%和0.67%。

2011年各类教育招生和毕业生情况

指标	单位	招生数	毕业生数
普通高等学校	人	11986	9267
各类中等职业学校	万人	5.25	2.64
普通中学	万人	11.91	16.45
高中	万人	5.33	5.82
初中	万人	6.58	10.63

科技事业取得新进展。获国家级科技项目20项，省级科技项目31项，市级科技项目72项。全年认定高新技术企业7家，认定高新技术产品24项。全年受理专利申请量914件，获得专利授权数587件，已实施的专利授权量444件。全年签订各类技术合同6项，技术合同成交金额3057万元。

质量检验工作得到加强。全市共有县以上产品质量检验机构59个，其中系统内12个。国家检测中心1个。法定计量技术机构9个，全年强制检定计量器具26.06万台件。

十、文化、卫生和体育

文化事业继续发展。2011年末，全市共有艺术表演团体47个，文化馆12个，公共图书馆10个，博物馆14个。广播电台1座，电视台1座，广播电视台8座，中短波转播发射台1座，调频转播发射台24座，电视转播发射台39座。全市有线电视用户63.83万户。其中，数字电视用户20.56万户。年末广播综合人口覆盖率为96.44%，电视综合人口覆盖率为97.37%。全年出版报纸4种，总印数2225.8万份；期刊(杂志)4种，总印数5万册；年末全市共有各级档案馆10个，馆藏档案资料14.02万册，库馆总建筑面积14961平方米。

卫生事业不断进步。年末全市共有卫生机构(含诊所、卫生室)2363个。其中医院、卫生院201个，卫生防疫机构10个，妇幼保健院(所、站)10个。医院、卫生院床位14780张。全市卫生技术人员总数27246人。其中，执业医师和执业助理医师18762人，注册护士6537人。乡村医生和卫生员5405人，全市农村有医疗点的村占总村数的比重达100%。全市共有11个县(市)区开展了新型农村合作医疗试点工作，实际参加农村新型合作医疗的农民488.19万人。

体育事业取得新成绩。全年我市运动健儿在国际和国内的重大比赛中，共获得金牌103枚，其中国内2枚、省内101枚；银牌130枚，其中国内1枚、省内129枚；铜牌120枚，其中国内3枚、省内117枚。全年发展二级裁判员369人，社会体育指导员300人，其中国家级体育指导员3人、二级运动员94人。全民健身运动蓬勃发展。全年共举办百人以上的体育健身活动63次，参加体育健身活动人数2.93万人。

十一、人口、人民生活和社会保障

人口自然增长率保持较低水平。据计生部门统计，2011年，全市人口出生率为9.41‰，比上年上升0.05个千分点；死亡率为4.51‰，比上年下降0.22个千分点；自然增长率4.90‰，比上年上升0.27个千分点。2011年末全市户籍人口618.65万人。

城乡居民生活水平继续提高。全年城镇居民人均可支配收入18004.76元，比上年增长18.9%；城镇居民人均消费性支出12317.3元，增长11.7%，其中食品支出增长24.9%、交通与通讯支出下降18.0%、衣着支出增长21.6%、娱乐教育文化支出增长7.6%。

全年农村居民人均纯收入5900元，比上年增长18.3%。农村居民人均生活消费支出4598元，增长35.5%，其中食品支出增长14.7%、居住支出增长39.0%。

社会保障工作加强。年末全市参加城镇职工基本养老保险人数为47.82万人，比上年增加3.03万人，其中参保职工35.17万人，参保的离退休人员12.65万人；参加城乡居民社会养老保险人数为250.17万人，其中参保的退休人员60.12万人；参加失业保险的人数为25.70万人，其中领取失业保险金人数为0.73万人，比上年减少0.09万人；参加城镇职工基本医疗保险人数为39.34万人，比上年增加0.24万人，其中参保职工27.99万人，参保的退休人员11.35万人；参加城镇居民基本医疗保险人数87.65万人，其中领取待遇5.91万人次；参加工伤保险人数28.46万人，其中领取待遇0.25万人次；参加生育保险人数25.02万人，其中领取待遇0.31万人次。全市年末享受城市居民最低生活保障的人数为6.59万人，享受农村最低生活保障的人数为22.76万人。

社会福利事业稳步发展。年末全市有各类收养性单位207个，拥有床位数23064张，收养各类人员19966人。其中：农村五保供养服务机构193个，拥有床位数21686张，收养19087人。全市建立各类社区服务设施255个，其中社区服务中心48个、社区服务站207个。全年销售社会福利彩票2.6亿元，筹集社会福利资金0.76亿元。

十二、资源与环境保护

2011年，我市加大了对资源与环境保护的投入力度，资源的有效利用与环境保护工作取得一定进展。

环境保护工作继续加强。2011年末，全市共有市级、县区级环境监测站10个。全市当年环保项目计划总投资约4.0亿元，累计建成和在建环保项目162个，自年初累计完成投资2.18亿元。全年环境检测站检测到的县(市)、区中空气质量达二级以上的天数为348天。

生态建设积极推进。全市已建成自然保护区4个，其中国家级1个、省级3个。

全年因灾造成的直接经济损失17亿元。全年农作物受灾面积221.3千公顷，其中绝收8千公顷。

全市发生火灾事故434起，造成直接经济损失706.35万元；发生交通事故1417起，死亡290人，造成直接经济损失332.86万元。

注：1、公报中数字均为初步统计数。

2、地区生产总值和各产业增加值按当年价格计算，增长幅度按可比价格计算。

（1公顷＝1万平方米＝15亩）

安庆市装备制造业发展的现状和机遇

第一节 工业经济概况

一、概　况

安庆市是安徽省重要的工业城市，是全国著名的“石化城”，制造业比较发达。拥有石油化工、机械制造、电子信息、轻纺服装、新型建材、农副食品等37个行业，200多个工业门类，1000多种大类产品，8000多户企业。初步形成石油化工、汽车及零配件、船舶制造及零部件、机械设备制造、电子信息、新材料等支柱产业。近年来，安庆市委、市政府提出“工业强市”战略，走新型工业化道路，把精力向工业集中，资源向工业汇集，政策向工业倾斜，工业发展进入高速发展期。工业经济占全市经济总量的80%以上。

截止2010年底，规模以上工业企业1548户，净增269户，从业职工21万人。2010年规模以上企业实现工业销售收入1349.4亿元，同比增长43.7%，实现工业增加值368.6亿元，同比增长25.8%，占全市GDP比重达30.5%，财政收入90亿元，同比增长44.9%。工业产品产销率为98.53%。固定资产投资780亿元，同比增长30%，工业投资380医院，同比增长35.7%，实现利用境外资金2.35亿美元，增长16.3%，实现利用市外资金586.6亿元，同比增长21.3%。

安庆市2010年规模以上工业企业经济运行情况表

序号	项　目	数　量	同比增长	备　注
1	企业数	1548户		规模以上企业
2	职工人数	21万人		

序号	项目	数量	同比增长	备注
3	销售收入	1349.4亿元	43.7%	
4	工业增加值	368.6亿元	25%	占全市GDP30.5%
5	财政收入	121.1亿元	25.8%	
6	工业性投入	380亿元	35.7%	
7	招商境外资金	2.35亿美元	16.3%	
8	招商市外资金	586.6亿元	20.3%	
9	工业品产销率	98.5%		

二、发展特点

(一)重点企业带动明显

从列入市经济运行重点监控的47户工业企业看,2010年累计完成工业总产值473.5亿元,同比增长29.1%,2010年完成工业产值超亿元企业200户。其中,超10亿元9户,超200亿元1户。从列入全市工业经济运行重点监控的47户信息直报工业企业情况看,1～7月,累计完成现价工业产值266.3亿元,同比增长39.1%;当月完成工业产值39.8亿元,同比增长22.6%。全市37个工业行业中,累计生产增长35个,当月生产增长的35个。产值在10亿元以上的行业19个,累计生产全面增长且增幅较高,反映出重点骨干企业对全市工业经济的支撑作用。

安庆市2010年7月重点行业生产情况表

单位:万元,±%

行业名称	当月	累计	当月增长	累计增长
石油加工、炼焦及核燃料加工业	197440	1335570	14.6	41.7
纺织业	119805	697638	57.3	39.0
农副食品加工业	100349	645059	29.7	32.9
化学原料及化学制品制造业	68186	505701	21.4	44.4
塑料制品业	72092	497416	24.3	44.2
非金属矿物制品业	66217	450102	34.6	42.9
交通运输设备制造业	54022	401721	13.4	43.8
通用设备制造业	61443	373431	50.9	27.7
电力、热力的生产和供应业	37065	244412	6.5	22.7
纺织服装、鞋、帽制造业	38125	232621	22.4	48.8
合计	398000	2663000	22.6	39.1

（二）创新能力不断增强

2010年，安庆市增加科技投入，推动企业科技进步，促进企业自主创新能力增强。开展国家知识产权试点市建设，国家级高新技术企业2家。全市有两个项目获得国家科技进步二等奖，一个项目获得国家火炬计划立项，省级以上名牌产品72个，专利申请量562个，增长31.3%，中国驰名商标和中国名牌6个，共有省级以上高新技术企业60家，省级企业技术中心26个，实现高新技术产业产值95亿元，同比增长15%。节能减排和环境保护工作力度加大，化学需氧量和二氧化碳排放量双双下降。高新技术产业快速发展已经成为安庆市工业发展的新亮点。

（三）民营经济发展迅速

安庆市推进全民创业战略，2010年实施各项优惠政策，减免不必要的行政事业收费，减轻企业和创业者的负担，放宽民营企业登记限制，建立中小企业服务中心11个，为广大中小企业提供"一站式"服务，促进民营经济进一步发展，2010年实现增加值480亿元，同比增长20%；民营经济营业收入1440亿元，同比增长22%。目前，全市建设较大规模的工业园区和开发区24个，2000多家民营企业入驻。目前，有11个乡镇获得省产业集群专业镇认定命名。民营经济已占全市经济总量的60%以上，占据区经济总量的80%以上。

（四）产业集聚初见端倪

目前，安庆市较大规模的工业园区（开发区）24个，其中国家级经济技术开发区1个，省级开发区14个，开发面积达90平方公里。以安庆国家级经济技术开发区为主，大桥综合经济开发区，桐城民营经济区、高河经济开发区、潜山经济开发区等省级开发区为依托，引进了1500多家企业进驻，总投资超过500亿元，初步形成了汽车零部件，船舶制造，输送机械，数控机床等特色的产业集聚，正在向产业集群方向发展。

第二节 装备制造业概况

一、装备制造业基本现状

安庆市装备制造业经过60多年的发展，形成具有一定规模和技术水平的产业体系，拥有一批行业排头兵企业，在省内也有一定的影响力。根据市统计局的资料，到2010年底全行业共有企业265家，其中通用设备制造业68家，专用设备制造业43家，交通设备制造业59家，电气机械及器材制造业55家，通信设备、计算机及其他电子设备制造业7家，仪器仪表及文化、办公用机械制造业5家，其他制造业28家，实现工业总产值145.6亿元，同比增长45.2%，占全市工业总量的15.2%。

安庆市2010年装备制造业基本情况表

产业名称	企业数	其中：规模以上企业	销售收入（亿元）
全行业	265	163	145.6
汽车及零部件	120	100	70
船舶制造	20	15	15
数控机床	10	6	6
输送机械	30	10	20
电工电器	55	20	15
石化通用	10	5	5
环保机械	10	5	6
民生机械	5	2	2

二、装备制造业主要行业概况

（一）汽车及零部件产业

安庆市汽车及零部件产业经过60多年的发展，特别是"十一五"以来，通过调整结构，突出技术进步，加快企业改革，加强合资合作，企业数量成倍增加，规模不断扩大，涌现出一批市场竞争能力强、发展前景好的企业和产品，在安庆市经济增长和增加就业等方面起着十分重要的作用，已成为安庆市的支柱产业。一批骨干企业的产品技术及生产规模在国内同行业中居领先地位。如安庆环新集团生产的活塞环产品技术质量、销售量、经济效益均居全国同行业首位，国内配套市场占有率达50%；安庆安簧有限公司生产的汽车板簧、转向节分别占国内市场的8%和15%；安徽金光机械有限公司生产的凸轮轴、安庆金庆龙机械制造有限公司生产的内燃机气门、活塞销，安徽迅启蓄电池有限公司生产的铅酸蓄电池、安徽精科机械有限公司生产的转向器，市场占有率均在国内同行业前8名。

2010年安庆市规模以上汽车及零部件生产企业近100家，其中产值过亿的企业6家，过5000万元的20家。高新技术企业9家，从业人员近2万人，专业技术人员约占20%。拥有省级技术中心6个。企业从事研发及相关人员约占企业职工总数的5%，研发投入约占销售收入的5%～7%。汽车及零部件产业实现工业销售收入70亿元，同比增加30%。已形成规模的汽车零部件有：活塞环、缸套、活塞、活塞销、气门、气门座圈、凸轮轴、曲轴、转向器、钢板弹簧、汽车锻件、蓄电池等，产品不仅在国内有竞争力，在国际市场也是畅销产品，已远销东南亚，欧盟和南非等十几个国家。

安庆市汽车整车起步于2006年，位于望江县的安达尔汽车制造有限公司是安庆市汽车整车生产的龙头企业，主要生产电动汽车。2006年8月，由浙江台州台菱电动车厂林冬明先后投资4000万元，收购原安庆安达尔汽车制造有限公司的产品目录，并投资建设电动汽车生产线。首批生产的几十辆电动汽车已投放望江出租车市场试运营。目前，该公司已寻求到战略合作伙伴，计划在“十二五”期间，投资10亿元，实施年产10万辆电动汽车项目。

（二）船舶制造产业

安庆市船舶制造产业基础条件较好，安庆市地处长江下游，岸线资源丰富，对外交通发达，在中小船舶修造上具有得天独厚的优势。安庆市委、市政府对发展船舶制造产业高度重视，在科学分析安庆市船舶制造产业现状的基础上，提出发挥自身资源优势，延伸相关产业链，壮大造船企业，从整体上做大做强安庆市船舶制造产业，并通过发展船舶制造产业作为振兴安庆制造业的重要支撑。

目前，全市现有修造船企业11家，船舶配套企业4家，年造船能力50万载重吨。按地区分，修造船企业：枞阳县5家，安庆市区2家，望江县2家，桐城市和宿松县各1家，船舶配套企业都集中于安庆市经济技术开发区。安庆市已经成为我国内河造船重点地区之一。2010年列入统计范围的船舶工业企业，累计完成工业总产值15亿元。其中，船舶配套业完成工业总产值11.7亿元；修造船业完成工业总产值3.3亿元，实现造船完工量13.7万载重吨。

近年来，船舶制造产业发展强劲，随着安庆市船用柴油机的高速发展及枞阳船舶工业园的建设，安庆造船工业也正呈现出前所未有的蓬勃生机。其发展呈以下特点：一是造船能力快速提升。全市具有建造万吨级以上船舶资质的企业有3家，造船能力达到50万载重吨以上。二是造船产业集群初步形成。现已形成了以枞阳船舶工业园和望江船舶工业园为主体的船舶修造业，以安庆开发区船舶配套园区为主体的船舶配套业。三是船舶配套业初具规模。安庆中船柴油机有限公司已成为我国船用中低速柴油机生产基地。船用其他设备，如舱室设备、甲板机械、厨房设备、灯具、油漆等一批配套产品在行业内均具有较高的知名度。

（三）具有发展潜力的机械设备制造行业

安庆市装备制造业经过多年的发展，除了汽车及零部件产业和船舶制造产业已经形成规模，在国内外有一定的知名度，还有具有发展潜力的机械设备制造行业，或高端装备制造业，如数控机床、输送机械、电工电器、化工通用机械、环保机械和民生机械等行业，其产品在国内外市场占有率也不断提高。具体情况如下：

1、数控机床行业

安庆市数控机床行业发展很快，现有6家规模以上机床制造企业，2010年销售收入近8亿元，以安徽鸿庆精机有限公司、安庆红旗机床厂、安庆机床有限公司为代表的一批机床企业已呈现高速发展的态势。主要产品有数控立式加工中心、卧式加工中心、数控双端面铣床、数控铣磨床、轻型龙门铣床、龙门刨床、活塞环加工专机、轴承加工专机、数控等离子切割机、多功能工具机、多功能冲床、台式车床等，虽然机床产业总量较小，但部分产品特色明显，市场份额较高，立式加工中心、卧式加工中心、多功能机床等出口量大，在国内外市场竞争能力较强。

2、输送机械行业

安庆市输送机械制造业起步较早，全市现有输送设备生产企业30余户，主要集中在桐城市，规模以上企业超过10家，销售收入超亿元的企业4户，2010年输送机械产业经济总量近20亿元。安徽攀登机械股份有限公司是国家定点专业生产连续输送机械设备的重点厂家和协会成员单位之一，以安徽盛运机械股份有限公司、安徽永生机械股份有限公司、安徽扬帆机械集团为代表的一批输送机械企业呈现高速发展的态势。主要产品有带式输送机、螺旋输送机、斗式提升机、链板输送机、埋刮板输送机、塔式起重机、托盘搬运车、堆高车，产品远销全国市场。

3、电工电器和软磁行业

电工电器行业是安庆装备制造业中的一个重要行业。2010年，有55家企业，职工8000多人，实现工业总产值15亿元。主要产品有电机、变压器、高低压电器开关、电线电缆、蓄电池、高压电瓷。其中，最具特色最有发展前景的高端装备制造产品：一是4812工厂利用人才和技术优势，新开发的非晶软磁材料专用成套设备，已在关键技术上取得突破，可望替代进口，这对于打破我国非晶软磁材料产业的瓶颈制约,促进全国软磁材料产业的发展,把安庆市打造成中国“软磁之都”,推动变压器等电工产品的重大变革,将产生重要影响,可望成为安庆市新的经济增长极。二是安徽博隆节能电器有限公司自主开发的开关磁阻电动机及调速系统,具有良好的节能效果,处于国内领先水平,对推动我国电机行业的节能具有重要的意义。三是安徽迅启蓄电池有限公司生产的“迅启”牌蓄电池,省名牌产品,与江淮、奇瑞、安凯、合力、北汽福田、华菱、昌河等30多家汽车和叉车等生产企业配套,并出口俄罗斯、韩国、南非、中东和东南亚国家;现已形成年产蓄电池150万kVAh的能力,汽车用启动蓄电池全国排名前10名,车用牵引蓄电池全国排名第一。此外,现生产的电力变压器具有年产110kV及以下150万kVA的能力,电机配件和维修设备产业集群已显雏形,其他产品也具有一定的规模和特色。

4、石化通用机械行业

安庆市石化通用机械行业制造力量较弱,现有生产企业10多家。2010年工业总产值6亿元,主要产品有安徽索维机电设备制造有限公司生产的化工涂料设备,如反应釜、搅拌釜、蓝磨机等产品;4812工厂生产的高压空压机、全无油润滑空压机、螺杆压缩机等产品;安庆中船柴油机有限公司生产的分离机;以及离心水泵、阀门等产品。现存在的主要问题是总量小、品种少、力量弱、未形成“气候”,特别是为安庆石化产业服务能力差,与安庆以石化产业为主的产业结构不相协调。当前,安庆市正面临皖江城市带承接产业转移的机遇。安庆市石油化工基地的建设,将为石化通用机械行业带来巨大的市场需求和发展机遇,因此,重视发展和培育石化通用机械行业十分必要。

5、环保机械行业

安庆市环保设备行业近年来发展较快,现有生产企业10多家,主要以兼业厂为主,2010年工业总产值7亿多元。产品主要有水处理设备、污水处理成套、船用油水分离器、船用废弃物焚烧炉、垃圾处理设备、医疗废弃物专用处理设备、烟气干式除尘脱硫设备等。其中,水处理设备中的关键设备一滤器,已形成多家生产、具有一定特色和批量的产品。桐城盛运机械股份有限公司年产100台套干法脱硫除尘设备和医疗垃圾焚烧设备项目可望上市获得资金支持。

目前,安庆市环保设备行业多数产品尚处于开发阶段,规模小、产量低、成套性差、产品竞争力不强、知名度不高,均有待在“十二五”期间改善提高。

6、民生机械行业

民生机械与人民生活密切相关的机械设备,是一个新兴的产业,它涉及面很广,例如医疗器械、农副食品加工设备、新能源和节能装备、日用品加工设备、混凝土施工机械及边坡绿化喷播设备、文化娱乐设备、农村饮用水设备等。安庆市的民生机械发展处于始发阶段,规模不是很大。现有企业5家,2010年工业总产值3亿元。安徽索维机电设备制造有限公司生产的罐装包装设备,安徽精英机械制造有限公司生产的剧院舞台设备,安庆市绿建电动有限公司生产的电动自动自行车、安徽佳乐建设机械有限公司生产的湿式混凝土喷射设备和边坡绿化喷播设备等都初具规模,直接或间接为民生服务。

三、装备制造业存在的主要问题

(一)产品结构不尽合理

安庆市装备制造企业总量偏小,销售收入超10亿元的只有1户,缺少“航母型”大型装备制造企业集团,企业产品结构不尽合理,大部分企业生产普通产品,低端较多,高端较少,核心竞争力不强,缺乏大企业(集团)的带动作用和品牌效应,同时配套企业加工能力也较弱,技术水平较低。

(二)企业科研经费投入不足

现有的装备制造企业和配套企业大多规模小,资金缺少,融资能力较差,科研经费投入不足,仅凭自身经营积累发展十分有限,由于科技投入不足,缺乏研发资金,导致技术储备不足,人力资本得不到发展,大部分配套企业只能靠自身积累逐步发展。导致一些中小企业自主创新研发能力不强,缺少高技术高附加值的研发能力,具有自主知识产权的产品较少,高技术产业培育缓慢,严重制约装备制造企业发展。

(三)产业布局需要调整

装备制造业企业建设缺乏全市统一规划,其配套企业在不同园区分散交错布点,各县区、开发区都有一些配套企业,没有形成专业化协作的装备制造工业配套群。造成工业园区之间在一定程度上争项目、争政策、争资源,不利于安庆市装备制造业整体发展。

装备制造业既是劳动密集型产业,也是技术密集型产业,对人才的要求比较高。目前,装备制造企业有经验的高级管理人才及专业技术人员严重短缺,且专业人才流失现象较为严重,仅靠企业现有的骨干人员已不能适应产业加快发展的需要,人才短缺已严重制约了安庆市装备制造业的快速发展。

第三节　装备制造业发展的优势和机遇

一、发展的优势

安庆市发展装备制造业具有明显的区位优势、快捷的交通优势、突出的港口优势、坚实的产业基础和良好的发展环境。

(一)区位优势

安庆市位于安徽省西南部,地处皖鄂赣三省交界处,是沟通三省并连接上海、武汉两大经济区的纽带,是3000吨级海轮入江的终点港口;是长江流入安徽的第一座城市,是长江流域重要的商贸重镇和历史文化名城,是皖西南地区政治、经济、文化、交通中心;是长三角经济圈重要的辐射地区,南京、武汉经济圈以及环鄱阳湖经济圈、合肥经济圈的节点城市,是安徽省外向型经济发展和皖江城市带承接产业转移示范区建设的重要依托,区位优势得天独厚。

(二)交通优势

安庆市交通十分方便,沪蓉、东香、安合、合铜黄等高速公路干线、105、206、318三条国道和合九铁路在市境交汇,已建成通车的安庆长江公路大桥和建设中的安庆铁路大桥及望东长江公路大桥,跨江与建设中的宁宜城际铁路、沿江高速公路、济(南)广(州)高速的安庆到景德镇段高速公路连接,将实现1.5小时到南京,3小时到上海、武汉。安庆天柱山民航机场先期已开通至北京、上海、广州、厦门等航线,目前又在扩建之中。经长江黄金水道,各类船舶可到达上海、南京、芜湖、汉口、重庆等沿江城市。安庆集公路、铁路、水运、航空为一体的立体综合交通运输网络已经形成。是连接华东、华中两大经济区的重要枢纽。

(三)港口优势

安庆素有“千年古渡百年港”之称,早在南宋安庆建城前,便有盛唐湾古渡口。1986年安庆港被国务院批准为一类外贸口岸,1996年对外国籍船舶开放,2004年被国家公布为全国内河主要港口。安庆港长江自然岸线长247公里,其中宜港岸线长105公里,包括深水岸线70公里。安庆港位于长江黄金水道的皖江城市带,是皖江北岸唯一的深水良港和国家一类外贸口岸,年吞吐能力已达到2600多万吨,安庆港紧邻长三角经济区,是连接东部和西部地区重要枢纽。是3000吨级海轮入江的终点港口。

(四)产业优势

安庆市有坚实的产业基础,石油化工是安庆市的重要支柱产业,2010年实现工业总产值264.1亿元,同比增长24.8%,占全市工业总产值的20%。在发展石油化工的基础上,安庆的制造业得以快速发展,汽车及零配件制造、船舶制造及零部件、机械设备制造、农副食品加工、轻纺服装、新型建材等产业发展迅速。当前,正在建设全球最大的汽车活塞环生产基地,全国重要的汽油机缸套生产基地,同时筹划建设全国重要的船舶制造及零部件产业基地。

(五)环境优势

近年来,安庆市委、市政府贯彻落实国务院提出的“中部崛起战略”,提出实施“工业强市”战略,紧扣省委、省政府“一年打基础、三年见成效、五年大发展”的要求,在投资、财税、金融、土地、环保以及对外开放等方面出台了相关的扶持政策。同时贯彻落实国务院和安徽省颁发的《装备制造业调整和振兴规划》、《船舶工业调整和振兴规划》,将安庆装备制造业作为支柱产业发展,即将出台相关鼓励措施,优化发展环境,提高政府服务效能,转变机关作风,提升服务水平,提高办事效率,努力使发展环境成为安庆市的知名品牌。另外中国城市国际协会(CCIA)今年六月在北京发布了“中国最具国际影响力城市”初选入围城市名单,北京等159个城市入围。我省合肥、安庆、黄山、芜湖、马鞍山5个城市榜上有名。

二、发展的机遇

在后金融危机时代,党中央、国务院继续实施积极财政政策和适度宽松货币政策,加快了《装备制造业调整和振兴规划》的实施,国家级皖江城市带承接产业转移示范区建设启动、安徽省被确定为国家技术创新工程试点省,给安庆市装备制造业发展带来重大机遇和广阔的发展空间。

(一)国家和省实施《装备制造业调整和振兴规划》

国家和省实施《装备制造业调整和振兴规划》。规划最直接、最重要的目标,就是扭转装备制造业增速下滑的趋势,保持装备制造业平衡较快增长,并着力解决制约我国装备制造业发展的结构性问题,加快转变发展方式,全面提升装备制造业生产要素的质量和水平。《装备制造业调整和振兴规划》提出了依托十大领域重点工程、实施九大产业重点项目装备自主化、提高四大配套产品夯实产业基础的要求。对照规划内容,安庆市将有一批装备制造企业能够获得国家重点支持。

(二)皖江城市带承接产业转移示范区加快建设

国家批准建立皖江城市带承接产业转移示范区,以促进国内外产业向中部地区转移,探索中西部地区承接产业转移的新途径和新模式。示范区范围是安徽省九个城市，安庆市是长江流域沿江而下的第一城市，处于皖江开发开放的龙头地位。安庆作为安徽省三大区域中心城市之一、三大产业组团之一、六大交通枢纽之一，现已成为皖江城市带承接产业转移先行、先试的重要功能区。依托区域地理优势、政策优势、资源优势、市场优势和皖江城市带的综合优势，必将成为承接国内外产业转移中心区域，吸引一批汽车及零部件产业的龙头企业到安庆落户，积极发展技术含量高、附加值高、规模大、能耗低的汽车零部件产品，形成安庆市新的增长点，推动安庆市装备制造业实现跨越式发展。

（三）国家技术创新工程试点省建设启动

2010 年年初，国家科技部等 6 部委确定我省为国家技术创新工程试点省。这对于我省也是对于安庆市实施创新推动战略，建立和完善区域创新体系，具有重大而深远的意义。实施国家技术创新工程试点工作，是转变发展方式，加速中部崛起的重大机遇，安庆市要抓住这一机遇，实施国家技术创新工程，就是要着眼于企业创新主体建设，促进产业技术创新战略联盟的构建和发展，这必将对安庆市企业自主创新能力、产业核心竞争力的提升，对培育战略性新兴产业、加快产业结构优化升级起到重要的促进作用。

（四）安庆经济技术开发区成功晋升国家队

2010 年年初，安庆市委市政府紧紧抓住皖江城市带承接产业转移示范区建设的启动，利用自身的有利条件，高起点编制发展规划，引导园区产业升级，做大做强龙头骨干企业，努力在创新承接中发挥引领和示范作用。经过努力，使安庆市省级经济技术开发区成功晋升为国家级经济技术开发区，县域各省级开发区要以此为契机，依托国家级经济技术开发区和江北集中区两个品牌，做好扩容升级的各项准备工作。利用各类资源做实做强，形成有序竞争、错位发展的良好格局。

注：此文节录自安庆市人民政府 2011 年 12 月 30 日《关于印发安庆装备制造业发展规划的通知》所附《规划》的第一章原文。

黄梅戏艺术特色

黄梅戏唱腔委婉清新，分花腔和平词两大类。花腔以演小戏为主，富有浓厚的生活气息和民歌风味，多用“衬词”如“呼舍”、“喂却”之类，有《夫妻观灯》、《蓝桥会》、《打猪草》等；平词是正本戏中最主要的唱腔，常用于大段叙述、抒情，听起来委婉悠”扬，有《梁祝》、《天仙配》等。现代黄梅戏在音乐方面增强了“平词”类唱腔的表现力，常用于大段抒情、叙事，是正本戏的主要唱腔；突破了某些“花腔”专戏专用的限制，吸收民歌和其他音乐成分，创造了与传统唱腔相协调的新腔。黄梅戏以高胡为主要伴奏乐器，加以其他民族乐器和锣鼓配合，适合于表现多种题材的剧目。

黄梅戏语言

黄梅戏语言以安庆地方语言为基础，属北方方言语系的江淮方言。其特点为——唱词结构在整本戏多为七字句和十字句式。七字句大多是二、二、三结构，十字句大多是三、三、四结构。有时可根据需要以七字、十字句为框架，字数可压缩或增扩，曲调则常使用垛句。花腔小戏的唱词灵活多变，有三至七字不等，中间常夹杂多种口语化无词意的字。句数不一定为偶数有时奇数句重复最后一句便成偶数。唱念方法均用接近普通话的安庆官话唱念。整本戏中用韵母念、官话唱，小戏说白则用安庆地方的乡音土语，唱腔仍用官话唱。

先　进　名　录

2011年获省部级以上表彰先进集体

先进集体	荣誉称号	授予单位
安庆市扶贫开发办公室	全国扶贫开发先进集体	国务院扶贫开发领导小组
安庆市统计局	全国R&D资源清查先进单位	国务院R&D资源清查领导小组办公室
中国人民银行安庆市中心支行	第三届全国文明单位	中央精神文明建设指导委员会
中国建设银行桐城支行	第三届全国文明单位	中央精神文明建设指导委员会
安庆供电公司	第三届全国文明单位	中央精神文明建设指导委员会
安庆市地方税务局	第三届全国文明单位	中央精神文明建设指导委员会
安庆市委政法委机关党支部	全国政法系统先进基层党组织	中央政法委
安庆市建设委员会	全国住房和城乡建设系统“五五”普法工作先进单位	中华人民共和国住房和城乡建设部
中共安庆市委统战部	2011年度全国统战工作实践创新成果奖	中央统战部
安庆市大观区金大地种养协会	全国科普惠农村先进单位	中国科协、国家财政部
安庆市怀宁县江镇镇土鸡协会	全国科普惠农村先进单位	中国科协、国家财政部
安徽省花亭湖绿色食品开发有限公司程岭黑猪微生态养殖科普示范基地	全国科普惠农村先进单位	中国科协、国家财政部
安庆市地税局迎江区分局办税服务厅	全国巾帼文明岗	全国巾帼建功活动领导小组
桐城市质量技术监督局	全国质量监督检验检疫系统先进集体	国家质量监督检验检疫总局
安庆市统计局	“五五”全国统计法制宣传教育先进单位	国家统计局
安庆市农业委员会渔业局	全国水生生物资源养护工作先进单位	国家农业部
安庆市农业委员会渔业局	长江禁渔先进集体	国家农业部

先　进　集　体	荣　誉　称　号	授　予　单　位
安庆市人口和计划生育委员会	全国人口计生系统科技大练兵先进集体	国家人口和计划生育委员会
安庆市国土资源局	“两整治一改革”工作全国先进集体	国土资源部
中国人民银行安庆市中心支行办公室	中国人民银行青年文明号	中国人民银行
安庆烟草职工书屋	全国优秀职工书屋	中华全国总工会
民盟安庆市委员会	全国先进集体	民盟中央
安庆市地方税务局	全省依法治省和法制宣传教育先进集体	中共安徽省委
中国人民银行安庆市中心支行	第九届安徽省文明单位	中共安徽省委、省人民政府
工商银行安庆分行	第九届安徽省文明单位	中共安徽省委、省人民政府
工商银行石化集贤支行	第九届安徽省文明单位	中共安徽省委、省人民政府
中国建设银行桐城支行	第九届安徽省文明单位	中共安徽省委、省人民政府
中国建设银行怀宁支行	第九届安徽省文明单位	中共安徽省委、省人民政府
中国建设银行宿松支行	第九届安徽省文明单位	中共安徽省委、省人民政府
安庆市地方税务局	安徽省第九届文明单位	中共安徽省委、省人民政府
安庆市烟草专卖局(公司)	安徽省第九届文明单位	中共安徽省委、省人民政府
桐城市地方税务局	安徽省第九届文明单位	中共安徽省委、省人民政府
枞阳县地方税务局	安徽省第九届文明单位	中共安徽省委、省人民政府
怀宁县地方税务局	安徽省第九届文明单位	中共安徽省委、省人民政府
潜山县地方税务局	安徽省第九届文明单位	中共安徽省委、省人民政府
岳西县地方税务局	安徽省第九届文明单位	中共安徽省委、省人民政府
太湖县地方税务局	安徽省第九届文明单位	中共安徽省委、省人民政府
望江县地方税务局	安徽省第九届文明单位	中共安徽省委、省人民政府
宿松县地方税务局	安徽省第九届文明单位	中共安徽省委、省人民政府
安庆市人口和计划生育委员会	人口和计划生育先进市	安徽省人民政府

2011年获省部级以上表彰先进个人

先进个人	荣誉称号	授予单位
汪谦慎	全国扶贫开发先进个人	国务院扶贫开发领导小组
余登九	全国扶贫开发先进个人	国务院扶贫开发领导小组
吴杰	全国行政复议工作先进个人	国务院法制办公室
蒋庆生	全国R&D资源清查先进个人	国务院R&D资源清查领导小组办公室
钱长本	全国农村科普带头人	中国科协、国家财政部
王晓春	全国老干部工作先进工作者	中共中央组织部、国家人力资源和社会保障部
徐基发	全国税务系统纪检监察先进工作者	国家税务总局
李银球	全国质监五五普法先进个人	国家质量监督检验检疫总局
胡刚	全国质检系统执法打假办案能手	国家质量监督检验检疫总局
叶小红	全国“十一五”听力语言康复工作先进个人	中国残联
杨林	全国先进个人	民盟中央
赵媛媛	全国先进个人	民盟中央
陈梅生	全国征信工作先进个人	中国人民银行、中国人民银行工会
吴宗安	中国人民银行工会工作先进个人	中国人民银行、中国人民银行工会
周士翔	中国人民银行反洗钱先进工作者	中国人民银行、中国人民银行工会
陈笃富	优秀共产党员	中共安徽省委
马世银	优秀共产党员	中共安徽省委
潘秀兰	安徽省节能先进个人	安徽省人民政府
刘克胜	全省节能减排先进个人	安徽省人民政府

栏目编辑：刘帅钢　汪忠民

索　引

D

E

F

G

H

J

K

T

W

X

Y

Z

安庆长江大桥经济开发区简介

副省长倪发科视察大桥开发区建设现场

市委书记朱读稳到大桥开发区视察

宜秀区委书记夏吉苗在永安电子生产一线调研

安庆长江大桥经济开发区(以下简称大桥开发区)是2002年7月经安徽省人民政府批准设立的开发区。大桥开发区位于安庆市城市总体规划(2003~2020年)主城区的核心区,规划建设面积11.8平方公里,规划人口10.6万人。

大桥开发区坚持"高起点规划、高质量建设、高效率推进"的原则,先后投入43多亿元,完成了9平方公里的道路、供水、排污等基础设施建设。

大桥开发区立足长三角等经济发达地区,着眼国外知名企业,着力引进投资规模大、技术含量高、带动能力强的战略性项目。已累计签约内资项目103个,合同金额283亿元;外资项目9个,合同金额2.1亿美元,实际利用外资累计达1.4亿美元。入区项目涵盖电子信息、机械制造、食品加工、生物制药、纺织服装、商贸物流等领域,台湾旺旺集团、福建七匹狼集团、江苏林洋电子股份有限公司、安徽华晶机械股份有限公司、华泰纺织有限公司、清怡紧密纺有限公司、上海医药股份有限公司、青园集团、通配集团、安徽润东集团、香港精博集团、安徽移动通信集团等一批知名企业纷纷入驻,投资置业,携手发展。

2011年大桥开发区实现规模工业产值24亿元,完成一般预算收入1.87亿元,完成固定资产投资23亿元。

区委组织部到大桥开发区调研非公有制企业党建工作

清怡纺织生产车间

迎"五四"篮球友谊赛

安庆经济

11月15日，安徽皖江农产品生产物流中心开工奠基，副省长黄海嵩、市委书记朱读稳、市长肖超英等省市领导为项目培土奠基

开发区科技成果：和兴化工国家863项目启动仪式

2011年，围绕着国务院批准的皖江城市带承接产业转移示范区的规划，围绕着省委、省政府提出的“十二五”期间安庆要建成滨江大城市的要求，围绕着市委市政府提出的“两个40%”、“两个翻一番”的预期目标，按照国家级开发区重新修订的“三并重、二致力、一促进”的发展方针，安庆开发区坚持加快发展与加快转型并重，承接转移与自主创新并重，在宏观经济政策趋紧、国际金融危机影响加深、区域竞争日益激烈的情况下，全区经济社会依然保持又好又快发展态势。全年累计完成工业总产值185.2亿元，实现工业增加值31.1亿元，同比分别增长40.6%和23.2%；完成固定资产投资62.5亿元，同比增长35.8%；全年实际利用市外资金103.2亿元，同比增长44.2%，其中实际利用境外资金8417万美元，同比增长19.5%；利用境内省外资金76.2亿元，同比增长47.5%；实现进出口总额2.56亿美元，同比增长25%。工业经济和招商引资均取得了全市第一名的好成绩。

开发区代表队参加全市庆祝建党90周年歌咏比赛

菱湖北路

技术开发区

正在建设中的铸锻工业园大型工业厂房

中船集团安庆柴油机有限公司举行中船集团柴油机配套产业园项目签约仪式

泰邦集团长谷川公司技术人员正在检验产品

南铭商贸城

安庆中船柴油机有限公司曲轴生产线

正在建设中的合叉项目3万平方米厂房是全市最大的单栋工业厂房之一

正在施工的滨江新区元山路

合力公司安庆车桥厂加工制造部一角

十 里 铺 乡

十里铺乡位于安庆市城区北大门。全乡总面积30平方公里，现辖6个村、1个社居委、49个村民小组，辖区人口约5万人，其中农业人口1.5万人。

过去五年，全乡经济总量年均递增22%；财政收入年均递增27%；全乡固定资产投资年均递增79%；农民人均纯收入年均递增18%。2011年，完成经济总量10.6亿元，实现财政收入4680万元，固定资产投资3.5亿元，农民人均纯收入8407元。经济实力在全区由中等水平跃居领跑位次，连续六年获区科学发展一等奖，连续四年被评为区招商引资先进单位。乡党委先后两次被市委授予"'五个好'乡镇党委标兵"称号。

产业结构不断优化，工业经济比重不断增长，到"十一五"末，规模工业企业增加至14家，产值达5.8亿元。具有城郊特色的三产快速发展，引进扶持了一批仓储物流和商品零售服务业，培育了一批休闲、观光、旅游等农业企业和农业产业化支柱企业，安庆市永强禽业有限责任公司连连晋级，喜获2011年第一批农业部畜禽标准化示范场称号。园区建设取得重大进展。招商引资成果丰硕，五年来，先后引进了弘立混凝土、志诚耐磨、荣禹机械等企业，共实现招商项目113个，引资总额达9.5亿元。财税工作扎实有效，实现了税收稳步增长。

全乡社会保障的覆盖率达100%；环境问题得到重视，率先做好"农村清洁工程"工作；惠民政策得到落实，惠农补贴及时发放到位；计生工作连续三年被区评为先进单位；档案工作不断规范，被评为省一级目标管理单位；始终保持对违法建筑拆除查处力度。深入开展文明创建活动，创建活动取得一定成效。2006年度获市委、市政府小城镇建设"宜城杯"二等奖。2011年创建省级文明城市受到市、区好评。文体广电事业稳步推进，乡党委、政府成功举办了建国60周年和建党90周年大型文艺汇演。

2011年度我乡被评为全市信访工作先进集体。五年来共排查调处各类矛盾纠纷446起，调解率99.6%，有力维护了社会稳定，在"双百日维稳攻坚行动"中，被省司法厅评为先进集体；安全生产工作常抓不懈，被市委、市政府命名为"平安乡镇"。

阔步迈向十二五
打造幸福新十里

安庆市老峰镇

安庆市老峰镇地处安庆市东部，北依长风港，南濒长江，在安庆市新一轮规划中属于安庆东部新城区，是安庆市滨江新区及安庆经济开发区建设的主战场。全镇现辖8个村、6个社居委，人口3万余人，面积54平方公里。

老峰镇区位资源优势明显，沿江地段拥有5公里长江黄金水道，国家级大型深水码头（马窝港）坐落其中，宁安城际铁路穿镇而过，皖江大道、秦潭路、方兴路、环城南路、内环西路等路网纵横交错，构成了四通八达的交通网，镇域内有安庆市外国语学校（东校区）、安庆职业技术学院、广圩中学等学校，皖江电力、安徽华泰纸业、博远（香港）生物科技及华茂国际纺织工业城等重点大型企业相继落户，铸锻产业园、高新产业园、临港物流园等“一区多园”格局初具雏形。随着城市东进步伐不断加速和滨江新区建设的不断推进，老峰镇正成为社会各界人士竞相投资置业的乐土。

镇办公大楼

镇综合文化站

镇中心卫生院

还建小区——平湖小区

铸锻产业园一角

农业生态示范园一角

怀宁县凉亭乡

怀宁县凉亭乡位于怀宁县东北角，合安高速穿境而过，乡政府所在地离县城18公里，距安庆市25公里，总面积65.9平方公里，耕地面积2.6万亩，其中水田2.1万亩，宜林面积2.6万亩，可养水面0.78万亩。辖10个村民委员会、1个居委会。2010年末总人口30500人，人口出生率保持在8.1‰，农民人均纯收入6800元。

2010年凉亭乡粮食总产13047吨，生猪出栏9047头，水产品产量791吨。全乡森林植被保存良好，森林覆盖率23%，境内县乡村道路四通八达，水泥路面、柏油路面达50公里，全乡公路通达率达100%，通畅率达92%。水利设施完善，有塘、堨、堰1126处，有小(二)型水库4座，电排站13座。自来水受益人口2.3万人。

双湖村三鸦寺大湖

磨山村水库

源潭铺村油坊组油菜基地

双岭村牛桥明德贻谋

高岭组徽商建筑

清白流风石刻(双岭)

青山石磨

凉亭乡计生文化大楼

双湖村龙王组油菜基地

罗 岭 镇

神猴问天冬景罗岭小龙山风光

罗岭严凤英故居

罗岭镇位于安庆市北郊，距安庆市区28公里，东临枞阳，西接怀宁，北连桐城。辖区面积102平方公里，辖小龙山、凤溪、罗岭、姥山4个社区，黄梅、花元、林春、妙山4个行政村，232个村民组，人口2.8万余人。

罗岭镇是鱼米之乡，镇内丘陵、圩畈、湖泊、山地俱全，其中耕地面积2.5万亩，水面4.5万亩，山场4.7万亩，森林覆盖率60%；是文化之乡，自古以来崇文重教，清代就以“五里三进士（龙鲤门、许鲤跃、姚松枈），隔河两状元（龙汝言、刘若宰）”名闻遐迩，也是黄梅戏一代艺术大师严凤英的故乡；是生态之乡，自然资源丰富，环境优美，旅资游源得天独厚，东有小龙山钟灵毓秀，西有练潭河澄碧如练，境内有国家级森林公园4A级风景名胜区巨石山，国家级菜子湖湿地公园；是塑料之乡，为安庆市塑料产业发源地之一，是全国棉纱包装袋生产基地，现有塑料企业60余家。塑料业是罗岭镇工业支柱产业。

2.8万罗岭人正以奋发昂扬的姿态，努力拼搏，为建设一个经济发展，环境友好，社会和谐的新罗岭而不懈奋斗。

罗岭凤溪康居新村

镇政府大楼

姥山社区光荣院

罗岭黄梅村凤英剧社送戏下乡

罗岭黄梅村休闲文化广场

桐城市吕亭镇

兴建中的农民工创业园

生态油茶基地

吕亭镇地处桐城市东北部，面积18.6万亩，辖15个行政村，人口6.3万，年财政收入5000多万。属安徽省首批扩权强镇试点镇、安徽省科技示范镇、安徽省环境优美乡镇、安徽省家纺服装产业集群镇、安徽省农业产业化优秀乡镇。

吕亭镇属工业已形成了羽绒制品、印刷包装、丝绸纺织、木业制造、机械铸造、化工等六大支柱产业，一批产业集群正在加速形成。全镇企业1260多家，规模企业15家，鸿润、霞珍、兴达、兰氏木业、双龙丝绸、京天等一批骨干企业不断成长壮大。其中国家农业产业化龙头企业2家，省农业产业化龙头企业4家，鸿润、霞珍分别获中国驰名商标、中国名牌产品，京天等企业产品获省级名牌产品。

吕亭集镇人文环境和文化品位进一步提升，谷林寺等旅游的开发进一步加快，谷林寺翡翠佛像、鲁肃读书亭、鲁谼山八景、洞宾泉等旅游资源链正在形成。

鲁谼山旅游资源群

新农村建设示范点

镇区杨塘安置点鸟瞰图

金属包装制造

集镇中心规划区鸟瞰图

丝绸制品加工车间

怀宁县石牌镇

石牌镇政府

石牌大酒店

农贸市场

怀宁县石牌镇东邻安庆，南枕长江，国土面积91.7平方公里，辖18个行政村，4个社居委，人口10万。

石牌镇是千年古镇。1950年，怀宁县城由安庆市迁至石牌镇；2002年1月，国务院批准怀宁县人民政府驻地由石牌镇迁至高河镇。1999年，被省建设厅、发改委等6部门列为“全省重点中心镇”；2000年，被省政府列为“安徽省中心建制镇”；2004年，被国家建设部、发改委等6部委列为“全国重点镇”；2009年6月被省委、省政府列为实施扩权强镇第一批试点镇。

石牌镇自古以来商贾云集、经济活跃，是皖西南农副产品集散地，辐射人口达60余万人。这里生产的“顶雪贡糕”、“华帆乳猪”等名优产品驰名全国。九盛纸业、飞达纺织等20余家千万元以上工业企业相继上马；2000多名投资者落户经商置业，前景广阔。全镇现有工业企业62家，其中规模工业企业20家；2011年实现社会生产值15亿元，其中规模工业总产值13.2亿元；财政收入2610万元，其中工商税收2500万元，农民人均纯收入7200元。

石牌镇素有“戏曲之乡”之称，是被誉为“京剧之父”的徽剧和全国地方剧中之首黄梅戏的发祥地，历史上名伶辈出，有“梨园佳子弟，无石(石牌)不成班”之誉。

怀宁雪莲畜产品有限公司

文化活动中心

廉租房工程

华帆工业集聚区

邵段工业集聚区

党委书记　江厚平

怀宁县

怀宁小市镇古称“小吏港”，又名“焦吏港”，是东汉著名乐府长诗《孔雀东南飞》的故事发生地。位于怀宁县西部、皖水中游，与潜山县城隔河相望，318国道、沪蓉高速公路穿境而过，交通区位优越。镇境东西宽6.1公里、南北长14.7公里，面积52.23平方公里，辖7个行政村1个社区，人口近2.5万。小市镇素有“粮仓”之美誉。可耕种面积1708.5公顷，宜林面积547公顷，是怀宁县产粮大镇，盛产竹、油、茶、棉等多种经济作物。年产优质大米4000万公斤，优质菜籽1000万公斤，优质棉花5000担，生猪出栏1320头。目前镇内私营企业近百家，以建材、服装、粮、油、棉、木、竹、茶加工和贸易为主，其中竹编工艺素享盛名，所产“舒席”畅销全国，闻名遐迩。县十大工业小区之一的小市镇车轴寺工业小区已成为广大

原中央电视台台长杨伟光视察影视基地

汉风犹存的影视城门楼

电视剧拍摄时的汉街风貌

汉街风貌

孔雀东南飞影视基地位于小市镇孔雀东南飞文化园内，占地129亩，整体建筑由84个仿汉建筑量体构成，建筑面积12000平方米，中央电视台拍摄的30集电视连续剧《孔雀东南飞》已于2008年6月在该基地封镜。目前，影视基地已经成为小市镇乃至怀宁县的旅游中心点。

小市镇

镇长　何世权

客商投资置业的良好平台及全镇经济发展的强力引擎。目前，已有山森制衣、荣森水洗、华天粮油生物科技有限公司、小吏港农产品开发有限公司、怀宁县安福交通器材有限公司和为民再生维生素大米等多家企业落户园区。

镇内焦刘合葬墓、孔雀台、小市“安徽龟”化石出土点、王家山石器遗址、清乾隆年间纯种洛阳牡丹等知名景点，使古镇处处绽放异彩，已建成开放的4A级旅游景区——孔雀东南飞影视城，更为小市添上了绚烂精彩的一笔。

牡丹

万年台

焦、刘合葬墓

孔雀坟位于皖河之濒的怀宁县小市镇(小吏港)，坐落于孔雀东南飞林园内的坟冢为土石结构，大理石碑文，阴刻正楷直书“汉焦仲卿刘兰芝之墓”，充分体现焦刘爱情之坚贞。

刘兰芝故居

吴嘴社区

吴嘴社区坐落于风景优美的安庆长江大桥综合经济开发区，东临大桥连接线及高速公路，南临安庆火车站，西面是安庆市开发区，北临大桥工业园区、206国道，具有得天独厚的区域优势。社区隶属安庆市宜秀区大桥街道办事处，占地面积38万平方米。建立1个党支部和1个居民委员会，下设10个居民小组，共有人口1980余人，其中党员66人。小区内环境优越，物业管理规范。居民已基本安装有线电视、电脑宽带、电话，百姓安居乐业。

社区党支部是基层组织机构的领导核心，以创建“先进党支部”为目标，充分发挥支部战斗堡垒作用，增强组织的凝聚力，战斗力和创造力。广大党员、干部在建设发展和维稳工作中发挥了先锋模范作用，坚持深入落实科学发展观及创先争优活动，提高党组织的执政能力，发挥党的先进性，全心全意为为人民服务，以改革创新精神全面推进党的建设。随着皖江城市带发展，安庆实现“双百”城市，赶超跨越的不断深入，社区以立足大桥开发区前沿阵地，用活大桥开发区预置村级发展空间政策、构筑社区集体经济发展平台，社区建起标准化工业厂房1.8万平方米，占地面积2.8万平方米的工业园区。全面投放市场并引进工业企业15户进驻，其中有5家进入规模式企业，发挥了强大经济效益。社区集体经济不断壮大，年收入超百万元。居民经济收入与发展速度逐年递增。尤其是吴嘴工业园的建起成为宜秀区的一大亮点，从此推进了社区经济社会各项事业的全面发展。

吴嘴工业一园

迎春花苑(一期)

吴嘴工业二园

迎春花苑(二期)

地址：大桥开发区纬六路吴咀工业园　　电话：5369218

枞阳县林业局

植树造林

道路绿化

林下经济

枞阳县位于安徽省西南部，长江下游北岸，境内依山、滨江、怀湖，地形复杂，林业用地面积39902.7公顷，有林地面积28966.1公顷，湿地面积有38153.8公顷，森林覆盖率17.9%，林木绿化率21.34%。

目前我县血防项目造林1000亩,一般社会造林1000亩，巩固退耕还林成果专项造林319亩，补植补造林2632亩。全县2003年退耕还林顺利通过国家林业局检查验收。在全县创建国家森林城市建设中，我们认真贯彻落实市创森工作会议精神，扎实推进创森工程的实施。2011年共完成绿色城市工程城区绿化10公顷，公共绿地总面积约30万公顷；绿色通道工程3公里；绿色村庄工程新增村庄绿化11个；集镇绿化工程新增横埠镇、会宫镇建制镇绿化2个；完成全县古树名木保护工程，对百年以上大树全部进行挂牌保护；完成森林生态建设工程低产林改造200公顷、现有林培育2333公顷、封山育林1667公顷、植被恢复工程100公顷，抓好退耕还林、长防林、血防林等项目建设；建成林业产业工程速丰林35公顷、经果林18公顷、花卉苗木基地70公顷、林下经济600公顷；开展生态文化弘扬工程，建立大山生态科普教育基地、旗山公园义务植树基地和官埠桥镇共青林志愿基地3个，湿地水网绿化1000公顷工程正在建设实施中。

大山生态村

安庆市地方志办公室

2012年7月19~20日，首次召开《安庆年鉴》评稿会

2012年5月14日，全市地方志办公室主任会议召开

高河镇骑龙居委会

各级领导来社区农民工创业园调研

骑龙社区支部书记、省劳模陈宗和

上级领导带领社区一班人认真听取电视电话会议

怀宁县高河镇骑龙居委会位于怀宁县新县城南侧，占地4950亩，辖区内有18个居民小组，65个居民小区，现有人口近2万人，居委会自2005年成立以来，创建了“怀宁县高河镇骑龙农民工创业园”，并成功申报省级“农民工创业园”，社区连续多年获得“县经济十强村”、“安庆市充分就业社区”称号；社区在服务管理上率先实行“为民服务大厅”一站式服务，并在全县推广施行。成立“社区卫生服务站”，聘请专家名医进社区现场为民提供优质的医疗服务。社区在党风廉政建设上连续几年获得“先进基层建设单位”并于2010年获得“安庆市党风廉政文化建设示范社区”。社区于2008年购置治安巡逻车，成立治安巡逻队，实行夜间在各小区内巡逻制度后，受到居民的好评，取得了较好的社会效益。社区连续几年取得了“综治平安社区”，居委会组织志愿队，社会服务团体积极参与各项事业创建，2010年评为“安庆市文明社区”。

社区研讨调研农房改造

社区老年人正在晨练

骑龙社区——门头效果图

安庆市第

党委书记、院长　储艳云

团结奋进的医院领导班子

消化内科一科研项目通过省级鉴定

"三甲"医院揭牌庆典

2011年10月18日，中国残联"健康光明安庆行"启动仪式在市一院举行

安庆市第一人民医院始建于1953年9月，2012年2月被省卫生厅批准为三级甲等医院。现占地约3万平方米，建筑面积6.4万平方米，医院实际开放床位为780张，设有21个病区，45个临床医技科室，拥有两个研究所，四个中心。在职职工1159人，卫生技术人员970人，其中高级职称132人，中级345人，研究生91人。有30余名专家被全省各医学高校聘为兼职正、副教授。

医院瞄准科技前沿，近两年投资近亿元购置了西门子高端64排128层螺旋CT，1.5T核磁共振系统，东芝全数字化专用心脏彩超，三维全身彩色超声诊断仪，进口外科手术显微镜等200多件套高精尖医疗设备，为临床诊断治疗提供了有力的技术支撑。

医院已有普外科、心内科等14个学科被评为市级临床医学重点学科、重点发展学科、特色专科，有力地推动了医院学科群的发展，学科建设日臻完善。一些高难度的医疗技术在临床得到广泛应用，每年开展新技术百余项。多年来，医院荣获市科技进步奖40余项。

近几年，医院先后获得安徽省卫生先进单位、安庆市平安医院、安庆市文明标兵单位、安庆市诚信医院、安庆市无烟医院等多项荣誉。规划中的新院区占地11万多平方米，总建筑面积20.5万平方米，设置床位1500张，未来五年将建成皖西南地区规范化、现代化的大型综合性三甲医院，竭诚为安庆及周边地区群众提供全程、优质、高效、便捷的医疗服务。

以色列眼科专家来院交流

规划中的新区医院